안티프래질

ANTIFRAGILE

Copyright © 2012 by Nassim Nicholas Taleb.
ALL RIGHTS RESERVED.
Korean edition copyright © 2013 by Mirea N Co., Ltd.
This Korean edition is published by arrangement with Nassim Nicholas Taleb through Brockman, Inc.

이 책의 한국어판 저작권은 Brockman, Inc.를 통한 Nassim Nicholas Taleb와 독점 계약한 (주)미래엔에 있습니다. 저작권법에 의해 한국 내에서 보호를 받는 저작물이므로 무단 전재 및 무단 복제를 금합니다.

불확실성과 충격을 성장으로 이끄는 힘

안티프래질
Antifragile

나심 니콜라스 탈레브 지음
안세민 옮김

※ 본 도서는 한글 맞춤법에 따른 표기를 원칙으로 하고 있으나, 일부 영문 표기나 단어들은 문맥상 저자의 의도에 더 부합하고 독자들에게 친숙한 표현으로 명기하였습니다.

※ 이 책 뒷부분의 〈부록Ⅰ〉과 〈부록Ⅱ〉는 매우 기술적인 내용으로, 전공자 및 해당 업종 종사자들의 편의를 위해 원문 그대로 실었습니다.

사라 조세핀 탈레브에게

내용 요약과 책의 구성

두꺼운 글씨의 단어는 이 책의 뒷부분에 나오는 〈용어 설명〉에서 그 의미를 설명한다.

1권 안티프래질: 개론

1장 우리가 교실에서 '안티프래질'이라는 단어를 사용하지 않는 이유를 설명한다. 다모클레스, 불사조, 히드라의 예를 들어 프래질, 강건함, 안티프래질의 관계를 이끌어낸다. 영역 의존성.

2장 과잉보상을 어디에서 찾을 수 있는가? 불꽃처럼 타오르는 사랑은 경제학 외에 가장 강력한 안티프래질의 사례다.

3장 유기체와 기계의 차이. 투어리스티피케이션과 인생에서 무작위성을 제거하려는 시도.

4장 전체의 안티프래질은 때로 개별 단위의 프래질에 바탕을 둘 수 있다. 인생에서 죽음은 왜 필요한가? 집단을 위한 실패가 주는 혜택. 리스크를 두려워하지 않는 사람이 필요한 이유. 중요한 사항을 놓치고 있는 근대에 관한 몇 가지 의견. 기업가와 리스크 감수자에 대한 경의.

2권 근대는 안티프래질을 거부한다

프로크루스테스의 침대

5장　형제의 직업을 통해 바라보는 두 종류의 무작위성. 스위스는 어떻게 하향식 지배로부터 벗어나게 되었나? 평범의 왕국과 극단의 왕국의 차이. 도시국가와 상향식 정치 시스템의 장점. 지방자치제의 잡음이 지닌 안정화 효과.

6장　무작위성을 좋아하는 시스템. 물리학 영역과 이를 벗어난 영역에서의 어닐링. 유기체와 복잡계(정치적, 경제적 등)를 대상으로 지나치게 안정을 추구할 때 나타나는 효과를 설명. 주지주의의 단점. 미국의 대외정책과 거짓된 안정.

7장　어설픈 개입과 의원성 질환을 설명. 가장 소홀하게 여겨졌던 근대의 산물. 신호와 잡음, 그리고 잡음에 대한 지나친 개입.

8장　근대가 낳은 예측.

3권 예측이 필요하지 않은 세상

9장　프래질을 후각적으로 인식하는 뚱보 토니. 네로. 장시간의 점심. 프래질리스타 괴롭히기.

10장　자신이 만들어낸 약을 쓰지 않으려는 트리파트 교수. 모든 안티프래질한 대상은 하강국면보다 상승국면을 더 많이 가지고(기본적인 비대칭성), 가변성, 실수, 스트레스로부터 이익을 얻게 되는 이유를 설명하기 위해 세네카의 생각과 스토아 철학을 활용한다.

11장　혼합할 것과 그렇지 않을 것. 프래질에서 안티프래질로 전환시키기 위한 수단으로서 바벨 전략을 소개한다.

4권 옵션의 특징, 기술, 안티프래질적 특성을 지닌 지능

(질서를 좋아하는 교육과 무질서를 좋아하는 혁신 간의 긴장)

12장	탈레스와 아리스토텔레스. 옵션의 특징은 불확실한 상황을 자세히 알 필요가 없도록 해준다. 통합의 문제로 오해가 생기는 이유. 아리스토텔레스는 어떻게 핵심을 놓치게 되었는가? 개인 생활에서의 옵션. 팅커링이 계획에 따른 움직임보다 나은 조건. 합리적인 산책가.
13장	성장의 이면에서 작용하는 비대칭적인 보상. 소비에트-하버드 환상 혹은 새에게 날아가는 법을 가르친 효과. 부수 현상.
14장	생목의 오류. 인식론과 시행착오 간의 긴장, 그리고 역사를 통한 역할. 지식이 부를 창출하는가? 그렇다면 어떤 지식이 부를 창출하는가? 두 가지가 서로 같은 대상이 아닐 때.
15장	기술의 역사를 다시 쓰기. 어찌하여 과학의 영역에서는 패자가 역사를 다시 쓰는가? 나는 내가 일하는 영역에서 이런 현상을 어떤 식으로 경험했는가? 이런 현상을 어떻게 일반화시킬 수 있는가? 생물학적 지식이 의학을 해롭게 하는가? 행운의 역할 숨기기. 무엇이 훌륭한 기업가를 만드는가?
16장	사커 맘을 다루는 방법. 산책가를 만들기 위한 교육.
17장	뚱보 토니가 소크라테스와 맞짱을 뜨다. 왜 설명할 수 없다고 해서 실행할 수 없어야 하는가? 왜 실행하는 것을 반드시 설명해야 하는가? 디오니소스의 힘. 속아 넘어가는 사람과 그렇지 않은 사람의 차이.

5권 비선형성

18장	볼록성. 오목성. 볼록성 효과. 규모가 프래질을 초래하는 이유.
19장	철학자의 돌. 볼록성 효과를 더욱 자세히 살펴보다. 패니메이는 어떻게 무너지게 되었나? 비선형성. 프래질과 안티프래질 탐지법. 볼록성 바이어스와 옌센의 부등식, 그리고 이에 대해 무지한 사람에게 미치는 영향.

6권 비아 네가티바

20장   네오매니어. 비아 네가티바에 근거하여 미래를 바라본다. 린디 효과: 나이에 비례하여 옛 것이 새 것보다 더 오랫동안 남게 된다. 엠페도클레스의 타일. 이치에 맞지 않게 여겨지는 것이 이치에 맞게 여겨지는 것보다 우위에 있는 이유.

21장   의학과 비대칭성. 의학적 문제에서의 의사결정 원칙: 상태가 심각한 환자의 보상은 볼록성을 띠고 상태가 경미한 환자의 보상은 오목성을 띠는 이유.

22장   제거적 전략을 따르는 의학. 개인의 생활과 환경이 갖는 무작위성의 구조 간의 조화. 내가 영원히 살기를 원하지 않는 이유.

7권 프래질과 안티프래질의 윤리

23장   프래질의 이전으로서 대리인 문제. 승부의 책임. 승부의 영혼 혹은 믿음의 약속. 로버트 루빈 문제. 조지프 스티글리츠 문제. 앨런 블라인더 문제. 세 가지 모두가 대리인 문제를 안고 있으며, 한 가지는 체리 피킹의 문제에 해당한다.

24장   윤리적 전도. 집단은 잘못을 저지를 수 있고, 집단을 이루는 개인도 이러한 사실을 알고 있다. 사람들은 어떻게 하여 잘못된 의견에 빠져드는가? 그리고 그들이 그러한 의견에서 빠져나오도록 하는 방법은?

25장   결론.

에필로그   네로가 아도니스의 죽음과 부활을 기리는 기념식에 참석하기 위해 레반트 지역에 가 있는 동안 어떤 일이 일어났는가?

차 례

내용 요약과 책의 구성 6
서문 13

1권 안티프래질 : 개론 51

- 1장   다모클레스와 히드라 52
- 2장   도처에서 찾아볼 수 있는 과잉보상과 과잉반응 67
- 3장   고양이와 세탁기 88
- 4장   나를 희생시키는 것이 다른 사람을 더욱 강하게 만든다 105

2권 근대는 안티프래질을 거부한다 129

- 5장   수크와 사무실 131
- 6장   내가 (어느 정도는) 무작위성을 좋아한다고 말하라 157
- 7장   어설픈 개입 173
- 8장   예측, 근대의 산물 209

03권 예측이 필요하지 않은 세상 217

9장	뚱보 토니와 프래질리스타 218
10장	세네카가 말하는 인생의 오르막과 내리막 231
11장	록 스타와 결혼하지 말라 244

04권 옵션의 특징, 기술, 안티프래질적 특성을 지닌 지능 259

12장	탈레스의 달콤한 포도 264
13장	새에게 나아가는 법을 가르치다 285
14장	두 가지가 서로 같은 대상이 아닐 때 308
15장	패자가 쓰는 역사 330
16장	무질서가 주는 교훈 370
17장	뚱보 토니, 소크라테스와 맞짱 뜨다 383

05권 비선형성 407

| 18장 | 바윗덩어리 1개와 작은 돌멩이 1000개의 차이 412 |
| 19장 | 철학자의 돌과 그 반대 447 |

비아 네가티바 463

20장	시간과 프래질 477
21장	의학, 볼록성, 불투명성 520
22장	오래 살기 위해서, 그러나 너무 오래 살아서는 안 된다 554

프래질과 안티프래질의 윤리 579

23장	승부의 책임: 다른 사람의 희생을 바탕으로 하는 안티프래질과 옵션 580
24장	윤리를 직업에 짜맞추다 633
25장	결론 656

에필로그 661

용어 설명 663

부록 I 672

부록 II 683

주 692

참고 문헌 722

찾아보기 748

서문

바람을 사랑하는 법

바람은 촛불 하나는 꺼뜨리지만 모닥불은 살린다.

무작위성, 불확실성, 카오스도 마찬가지다. 나는 당신이 이런 것들을 피하지 않고 활용하기를 원한다. 불이 되어 바람을 맞이하라. 지금 하는 말은 무작위성과 불확실성에 대한 필자의 반항적인 태도를 잘 보여준다.

우리는 불확실성을 다루면서 겨우 살아남기만을 원하지는 않는다. 로마 시대의 공격적인 스토아 철학자들처럼 불확실성에서 살아남을 뿐만 아니라 결정적인 발언권을 가지려고 한다. 우리의 임무는 눈에 보이지 않으면서 불투명하고 설명할 수 없는 대상을 길들이고, 심지어 지배하고 정복하는 것이다.

그럼 어떻게 이런 임무를 완수할 것인가?

안티프래질

세상에는 충격으로부터 혜택을 보는 것들이 있다. 이런 것들은 가변성, 무작위성, 무질서, 스트레스에 노출될 때 번창하고 성장하며, 모험과 리스크, 불확실성을 좋아한다. 그러나 이런 현상이 도처에서 발생하고 있지만, 충격을 가하면 부서진다는 의미인 프래질에 정확하게 반대가 되는 단어는 없다. 이제부터 이런 단어를 '안티프래질Antifragile'이라고 부르자.

안티프래질은 회복력 혹은 강건함 이상의 의미를 갖는다. 회복력이 있는 물체는 충격에 저항하면서 원상태로 돌아온다. 반면, 안티프래질한 대상은 충격을 가하면 더 좋아진다. 이런 특징은 진화, 문화, 사상, 혁명, 정치 시스템, 기술 혁신, 문화적이거나 경제적인 성공, 기업의 생존, 훌륭한 조리법(닭고기 수프나 코냑 한 방울을 떨어뜨린 타르타르 스테이크), 도시의 성장, 법률 시스템, 적도 지방의 삼림, 박테리아의 저항, 심지어 지구상에서 인간의 존재처럼 시간이 지나면서 변하는 모든 것들의 배후에 있다. 그리고 안티프래질은 인간의 몸처럼 살아 있는 유기체(또는 복잡계)와 책상 위의 스테이플러처럼 생명이 없는 물리적 대상 간의 경계를 정해 준다.

안티프래질은 무작위성과 불확실성을 좋아한다. 이는 일정 정도의 오차를 좋아한다는 의미다. 안티프래질은 우리에게 미지의 것을 다루도록 해주고 무엇인가를 이해하지 않고도 잘 실행할 수 있도록 해주는 매우 독특한 성질을 갖고 있다. 더욱 적극적으로 표현하자면, 안티프래질 덕분에 우리는 생각보다 실행을 통해서 더 잘할 수 있다. 나는 매우 똑똑하고 프래질하기보다 차라리 우둔하고 안티프래질하기를 원한다.

우리는 주변에서 일정 정도의 스트레스나 가변성을 좋아하는 대상을 쉽게 볼 수 있다. 바로 경제 시스템, 인간의 몸, 영양(당뇨병을 비롯해 현대의 이와 비슷한 질병은 음식물 섭취의 무작위성의 결여나 간헐적인 단식과 같은 스트레스의 결여와 관련이 있다), 정신이 그렇다. 심지어 안티프래질한 금융 계약도 있다. 이런 계약은 시장의 가변성으로부터 이익을 얻도록 명시적으로 작성된다.

안티프래질은 프래질을 더 잘 이해하도록 해준다. 질병을 없애지 않고 건강을 증진시킬 수 없듯이, 또는 손실을 먼저 줄이지 않고서 부를 증진시킬 수 없듯이, 프래질을 줄이지 않고서 안티프래질해질 수는 없다.

예측을 요구하지 않는다

우리는 안티프래질의 메커니즘을 이해함으로써 비즈니스, 정치, 의학, 인생처럼 불확실성이 존재하는 영역에서 예측을 요구하지 않는 의사 결정에 도움이 되는 체계적이고 광범위한 지침서를 만들 수 있다. 이런 작업은 미지의 것이 지배하는 어떤 영역에서도, 그리고 무작위성, 예측 불가능성, 불투명성, 혹은 사물에 대한 불완전한 이해가 존재하는 어떤 상황에서도 할 수 있다.

대상을 해롭게 하는 사건의 발생을 예측하는 것보다 그것이 프래질한지 아닌지 파악하는 것이 훨씬 더 쉽다. 프래질은 측정할 수 있지만 리스크는 측정할 수 없다. 다시 말해서, 카지노 밖 혹은 자신을 리스크 전문가라고 스스로 말하는 사람이 생각할 수 있는 범위 밖에 있는 리스크는 측정할 수가 없다. 이런 사실은 내가 블랙 스완이라고 불렀던 문제(필연적으로 나타나는 매우 드문 사건의 리스크를 측정하거나 이런 사건의 발생을 예측하는 것은 불가능하다)에 대한 해법을 제시한다. 가변성 때문에 발생하는 피해의 민감도를 다루는 것은 이런 피해를 일으키는 사건을 예측하는 것보다 더 쉽다. 따라서 나는 예측, 리스크 관리에서 더욱 쉬운 접근방식을 제안할 것이다.

모든 영역에서 우리는 프래질을 줄이거나 안티프래질을 활용해 프래질에서 안티프래질로 가기 위한 원칙을 제안한다. 그리고 간단한 비대칭성 테스트를 통해서 안티프래질과 프래질을 탐지할 수 있다. 무작위적인 사건이나 충격에서 손실보다 이익이 더 크면 안티프래질하고, 그 반대는 프래질한 것이다.

안티프래질을 제거하다

안티프래질이 살아남은 모든 자연적 시스템 혹은 복잡계의 특징이라면, 이런 시스템에서 가변성, 무작위성, 스트레스를 제거하면 시스템에 피해를 줄 것이다. 시스템은 약해지거나 소멸하거나 붕괴할 것이다. 지금까지 우리는 무작위성과 가변성을 억누르면서 경제, 건강, 정치, 교육 등 거의 모든 것을 프래질하게 만들어왔다. 침대에서 한 달을 보내면 근육이 약해지듯이(〈전쟁과 평화War and Peace〉 풀 버전과 〈소프라노스The Sopranos〉 드라마 86개 에피소드와 함께라면 더욱 그렇다), 스트레스를 제거하면 복잡계는 약화되거나 소멸한다. 지금 우리가 사는 근대의 구조화된 세계는 하향식 정책을 비롯한 각종 장치들을 통해 우리에게 피해를 입혀왔다(이 책에서 나는 이런 현상에 '소비에트-하버드 환상Soviet-

Harvard delusions'이라는 이름을 붙였다). 마치 안티프래질한 시스템에 모욕을 주기라도 하듯이 말이다.

이런 현상은 근대가 낳은 비극이다. 마치 자녀를 지나치게 보호하는 부모처럼 우리에게 도움을 주려다 가장 큰 피해를 입히고 있다.

하향식인 모든 것은 대상을 프래질하게 만들고 안티프래질과 성장을 가로막는 반면, 상향식은 적당한 스트레스와 무질서가 존재한다면 대상을 번창하게 만든다. 발견의 과정(또는 혁신이나 기술의 진보) 그 자체는 정규 교육보다는 안티프래질한 팅커링(276쪽 참조), 공격적인 리스크 감수에 더 많이 의존한다.

다른 사람의 희생을 바탕으로 이익을 얻는다

우리 사회를 프래질하게 만들고 커다란 위기를 일으키며 승부의 책임skin in the game(워렌 버핏이 말한 내부자가 자신의 돈으로 회사 주식을 사는 것으로, 자신의 돈이 걸려 있으면 성공 확률이 높아진다는 이야기다-옮긴이)을 지지 않게 만드는 요소가 있다. 다른 사람의 희생을 바탕으로 이익을 취하면서 안티프래질해지는 사람들이 있다. 이들은 다른 사람들을 손실의 위험에 노출시키면서 자신은 가변성, 변화, 무질서로부터 이익을 얻는다. 그리고 이처럼 다른 사람의 피해를 바탕으로 얻는 안티프래질은 소비에트-하버드 이상주의자들에 의해 가려지면서 사람들의 눈에 띄지 않았다. 이런 비대칭성은 거의 알려지지 않았고, 지금까지 이것을 가르치는 사람은 아무도 없었다. 2008년에 시작된 금융 위기를 겪으면서 이런 비대칭성을 확인했지만, 현대의 제도와 정치 문제가 더욱 복잡해진 까닭에 쉽게 은폐되고 말았다. 옛날에는 자신의 행동으로 피해를 보는 리스크를 감수했던 사람들만이 높은 지위를 얻었다. 그리고 그들은 다른 사람들을 위해 그런 선택을 했던 영웅들이었다. 그러나 오늘날에는 정확하게 그 반대 현상이 일어나고 있다. 이제 우리는 영웅의 반대가 되는 새로운 계급(즉 관료, 은행업자, 유명인의 이름을 들먹이는 사람들의 국제적 모임 International Association of Name Droppers, IAND의 회원인 다보스 회의 참석자, 실질적인 책임을 지지 않고 피해도 보지 않으면서 엄청난 권력을 행사하는 학계 인사)의 등장을 목격하고 있다. 그들은 시민들이 대가를 치르는 동안 자신의 이익을 위해 시스템을 악용하고 있다.

역사상 어떤 순간에도 리스크를 감수하지 않는 사람들, 즉 개인적으로 리스크에 노출되지 않은 사람들이 지금처럼 커다란 권력을 행사한 적은 없었다.

이제 중요한 윤리 원칙은 다음과 같아야 한다. 다른 사람들을 프래질하게 만드는 대가로 자신이 안티프래질해져서는 안 된다.

블랙 스완에 대한 해독제

나는 내가 잘 알지 못하는 세상에서 행복하게 살고 싶다.

블랙 스완은 엄청난 결과를 초래하는 대형 사건으로서 예측이 불가능한 데다 불규칙적으로 일어난다. 이처럼 예측할 수 없는 블랙 스완 현상으로 경악과 피해를 동시에 경험하는 예측 전문가들을 칠면조라고 부른다. 나는 일상적으로 일어나는 현상에 대한 이해를 미세 조정하고, 이를 통해 블랙 스완 현상을 찾아내지 못하고, 혹은 이에 따르는 충격을 측정하지도 못하는 모델, 이론, 학설을 이끌어내지만, 결국 대부분의 역사는 블랙 스완 현상에서 비롯된다고 주장한 적이 있다.

블랙 스완 현상은 우리의 두뇌를 강탈해 자신이 이런 현상을 거의 예측하고 있다고 느끼도록 만든다. 왜냐하면 사후에는 블랙 스완 현상에 대한 설명이 가능하기 때문이다. 이런 예측 가능성에 대한 환상 때문에 인생에서 블랙 스완 현상의 역할을 깨닫지 못하는 것이다. 인생은 생각하는 것보다 훨씬 더 복잡하게 얽히고설켜 있다. 우리의 두뇌는 역사를 매끄러운 선형의 것으로 바꾸려는 작업을 한다. 이런 작업은 무작위성을 과소평가하게 만든다. 그러나 우리는 무작위적인 현상을 보면서 두려움을 느끼고, 이에 대해 과잉반응한다. 이런 두려움과 질서에 대한 갈망 때문에 눈에 보이지 않는 사물의 논리는 차단된다. 그리고 인간이 만들어낸 시스템은 블랙 스완 현상이 주는 피해에 노출되고, 이로부터 결코 혜택을 얻어내지 못한다. 질서를 추구하면 가짜 질서를 얻게 된다. 그러나 무작위성을 수용하면 질서를 얻고 동시에 이를 지배할 수 있다.

복잡계는 탐지하기 어려운 상호 의존성과 비선형 반응으로 가득하다. 여기서 비선형은 당신이 약 복용량을 두 배로 늘리거나 공장 종업원 수를 두 배로 늘리면 처음 얻었던 효과의 두 배를 얻지 못하고 훨씬 더 많거나 혹은 훨씬 더 적은 효과를 얻는다는 것을 의미한다. 필라델피아에서 2주를 보낸다고 해서 1주를 보내는 것에 비해 두 배의 즐거움을 얻지는 못한다. 이것은 내 경험이다. 이런 반응을 그래프로 나타내면 직선이 아니라 곡선의 모양을 띤다. 이런 환경에서는 인과관계에 관한 단순한 연상이 오류로 나타난다. 다시 말해서, 한 가지 부분만 보아서는 상황이 어떻게 돌아가는지 알기 어렵다.

인위적인 복잡계에서는 예측 가능성이 떨어지거나, 심지어 통제하기 힘든 연쇄 반응의 고리가 폭포수처럼 이어질 가능성을 품고 있다. 그러다 결국 대형 사건이 터지게 된다. 따라서 기술적 지식이 늘어나고 있는 근대 사회에서는 역설적으로 이런 변화가 예측을 훨씬 더 어렵게 만들고 있다. 이제 인위적인 것들이 늘어나면서 조상들의 자연스러운 모델로부터 멀어지고, 모든 것이 복잡하게 만들어지면서 강건함을 잃고 블랙 스완의 역할이 더욱 커지게 되었다. 더구나 우리는 이 책에서 네오매니어라고 부르는 새로운 질병의 희생자가 되었다. 이 질병은 우리에게 블랙 스완에 취약한 시스템(우리는 이것을 기술 진보라고 부른다)을 만들도록 한다.

블랙 스완 문제가 우리를 괴롭히는 측면(실제로는 핵심적이지만 주로 놓치고 있는 측면이다)은 드문 사건이 일어날 가능성을 계산할 수 없다는 것이다. 5년에 한 번 발생하는 홍수보다 100년에 한 번 발생하는 홍수에 대해서 훨씬 더 모른다(작은 확률의 문제가 닥치면 모델 오차는 훨씬 더 커진다). 어떤 사건이 드물게 발생할수록 다루기가 어려워진다. 그리고 드물게 발생하는 사건의 발생 빈도에 관해서 모를수록 예측과 모델에 관여해 화려한 수식이 동원된 파워포인트 자료를 발표하는 과학자들은 더 많은 자신감을 갖게 된다.

대자연이 (자신의 안티프래질 덕분에) 드물게 발생하는 사건에 관한 한 가장 뛰어난 전문가이며, 블랙 스완 현상에 대해서는 최선의 관리자라는 사실은 우리에게 큰 도움을 준다. 대자연은 수십 억 년 동안 추대위원회의 지명을 받은 아이비리그 출신의 이사들로부터 지배와 통제를 받지 않고도 지금까지 살아남는 데 성공했다. 안티프래질은 단지 블랙 스완에 대한 해독제뿐만이 아니다. 안티프래질을 이해하면 역사, 기술, 지식과 그 밖의 모든 영역에서 나타나는 블랙 스완 현상의 역할을 인정하는 데 지적인 두려움을 덜 느끼게 된다.

강건하다는 사실만으로는 충분하지 않다

대자연이 안전하기만 한 것이 아니다. 대자연은 파기하고 대체하고 선별하고 개조하는 데 적극적이다. 무작위적인 사건에 대해서는 강건하다는 사실만으로는 충분하지 않다. 길게 보면 무자비한 시간 앞에서는 가장 강건한 것이라도 모두 부서지게 되어 있다. 그럼에도 불구하고 지구는 40억 년 동안 자신의 모습을 유지해왔다. 단언컨대, 그것은 강건함만으로는 불가능했을 것이다. 우리는 어떤 것도 시스템을 무너뜨리지 않을 만큼 완벽하게 강건하기를 바란다. 그러나 완벽하게 강건한 것을 얻기란 불가능하므로 무작위적인 사건, 예상하지 못한 충격, 스트레스, 가변성으로부터 고통받지 않고 오히려 이들을 활용해 시스템이 스스로 끊임없이 재생하는 메커니즘이 필요하다.

안티프래질한 대상은 예측 오차로부터 장기적인 혜택을 얻는다. 이런 생각을 받아들이면, 무작위성으로부터 이익을 얻는 많은 사람들이 세상을 지배하고, 무작위성으로부터 피해를 보는 사람들은 사라지게 된다는 사실을 깨닫게 될 것이다. 이런 사실을 뒷받침하는 사례들은 많다. 사람들은 잘 짜여진 설계, 연구기관, 관료들의 자금 지원 덕분에 세상이 돌아간다는 환상을 갖는다. 하지만 이것이 환상이라는 사실을 보여줄 만한 아주 강력한 증거가 있다. 이런 환상은 새에게 날아가는 법을 가르치는 것에 비유할 수 있다. 기술은 특이한 취향을 가진 사람들이 무대 뒤편에서 팅커링과 시행착오의 방식으로 리스크를 수용하면서 개척해낸 안티프래질의 결과다. 엔지니어와 팅커러들이 시행착오를 거치면서 기술을 개발하는 동안 학계에 종사하는 사람들은 역사 교과서를 쓴다. 이제 우리는 성장과 혁신을 비롯한 많은 영역에서 역사적 해석을 재조명할 필요가 있다.

측정 가능성

프래질은 측정이 가능하다. 그러나 리스크는 그렇지 않다. 특히 드물게 일어나는 사건의 위험성은 더욱 측정이 불가능하다.[1]

나는 아무리 정교한 계산 방법을 가지고 있어도 드물게 일어나는 사건이나 충격의 위험과 확률을 계산할 수는 없지만, 프래질과 안티프래질은 추정하고 심지어 측정할 수 있다고 말했다. 위험 관리 기법은 미래에 발생하게 될 사건을 연구하는 분야다. 그리고 일부 경제학자들과 정신병자들은 이처럼 미래에 드물게 일어나는 사건의 발생을 측정할 수 있다고 주장하고, 남에게 잘 속아 넘어가는 사람들이 그들의 말에 귀를 기울인다. 그러나 우리의 경험과 그들의 실적을 살펴보면 그렇지 않다.

이에 반해 프래질과 안티프래질은 커피 테이블, 기업, 산업, 국가, 정

---

[1] 카지노나 인위적인 상황 또는 인위적인 구조처럼 일부 한정된 범위 밖에 있는 리스크는 측정이 불가능하다.

치 체제처럼 대상의 현재의 특징을 나타내는 한 부분이다. 우리는 프래질을 탐지해 인식할 수 있고, 측정할 수 있으며 최소한 프래질의 규모를 비교할 수도 있다. 반면 리스크를 비교할 수 있다는 말은 지금으로선 신뢰하기 어렵다. 먼 미래에 드물게 일어나는 사건이나 충격이 다른 사건이나 충격에 비해 발생할 가능성이 더 높다는 주장은 신뢰를 줄 수 없다(당신이 스스로를 속이기를 즐기지 않는 사람이라면 말이다). 그러나 어떤 사건이 일어났을 때 어떤 대상이나 구조가 다른 것보다 더 프래질하다는 주장은 자신있게 할 수 있다.

가령, 할머니가 당신보다 갑작스러운 온도 변화에 더욱 프래질하다고 말할 수 있다. 정치적 변화가 일어나면 군사 독재 정권이 스위스 정권에 비해 더 프래질하다고 말할 수 있고, 경제위기가 일어나면 어떤 은행이 다른 은행보다 더 프래질하다고 말할 수 있다. 또한 지진이 발생하면 부실하게 지어진 현대적인 빌딩이 샤르트르 대성당Cathedral of Chartres보다 더 프래질하다고 말할 수 있다. 그리고 더욱 중요하게는, 어떤 것이 더 오랫동안 지속될 것인지도 예상할 수 있다.

나는 자꾸 예측해야 하고 겁을 먹게 만드는 리스크를 논의하는 대신 프래질의 개념을 강조하고자 한다. 프래질은 리스크와 달리 예측하려 하거나 겁을 먹게 만들지 않으면서 안티프래질과 반대 의미를 지닌 흥미로운 단어다.

안티프래질을 측정하는 방법으로 '철학자의 돌philosopher's-stone'이라고 불리는 비결이 있다. 이는 간결하고도 단순한 원칙을 사용해 건강에서부터 사회 구조에 이르는 다양한 영역에 걸쳐 안티프래질을 식별할 수 있도록 해준다.

우리는 실생활에서 무의식적으로 안티프래질을 이용해왔지만 지적 활동에서 의식적으로 이것을 거부해왔다.

프래질리스타

우리는 스스로 이해하지 못하는 대상에는 간섭하려 들지 않는다. 그런데 이와 반대의 성향을 가진 사람들도 있다. 프래질리스타는 대체로 금요일에도 양복에 넥타이를 매고서 동료가 던지는 농담에도 냉담한 표정을 짓는다. 그리고 주로 앉아서 생활하며 비행기를 타고 신문을 자세히 살펴보기 때문에 일찍부터 허리 통증으로 고생하는 사람들이 많다. 그들은 때로 이상한 의식을 치르기도 하는데, 이런 의식을 '회의'라고 부른다. 또 자신이 보지 않은 것은 그곳에 없다고 간주하며, 자신이 이해하지 못하는 것은 존재하지 않는다고 생각한다. 그들은 마음속으로 미지의 것을 존재하지 않는 것으로 잘못 인식하는 경향이 있다.

프래질리스타는 과학적 지식의 범위를 (비과학적으로) 과대 추정해 소비에트-하버드 환상에 빠져든다. 그런 환상 때문에 그들은 어설픈 합리주의자, 또는 합리화하는 사람, 때로는 어떤 대상의 배후에 있는 원인이 저절로 자신에게 다가온다고 믿는다는 의미에서 단순히 합리주의자라고 불린다. 여기에서 합리적인 것과 합리화하는 것을 혼동해서는 안 된다. 이 두 가지는 거의 항상 정반대의 의미를 갖는다. 일반적으로 물리학을 제외한 복잡한 영역에서 어떤 대상의 배후에 있는 원인은 우리들에게 그 모습을 드러내지 않는 경향이 있다. 그리고 프래질리스타에게는 훨씬 더 그렇다. 자연적인 것들이 자신을 사용자 매뉴얼의 형태로 알리지 않는다는 특징은 유감스럽게도 프래질리스타에게는 크게 문제가 되지 않는다. 일부 프래질리스타들은 과학에 대한 자신의 정의를 기반으로 사용자 매뉴얼을 스스로 작성하기 위해서 모인다.

따라서 이런 프래질리스타 덕분에 근대의 문화는 신비롭고 난해한 것, 니체Nietzsche가 말하는 디오니소스적인 것으로부터 점점 더 멀어져 가고 있다.

니체의 말을 그보다는 덜 시적이지만 그에 못지않은 통찰력을 지닌 브루클린 영어로 표현하자면, 프래질리스타는 이 책의 등장 인물 뚱보 토니Fat Tony가 말하는 '속아 넘어가는 사람들의 게임sucker game'을 하고 있다는 것이다.

간단히 말해서 프래질리스타(의학, 경제학, 사회계획)는 당신으로 하여금 눈에 띄는 혜택은 작지만 눈에 띄지 않는 잠재적인 부작용은 엄청나게 큰 인위적인 정책과 행위에 개입하도록 한다.

의료계의 프래질리스타는 우리 몸의 자연 치유력을 부정하고 지나치게 개입함으로써 잠재적으로 심각한 부작용을 일으키는 약을 처방한다. 정책 프래질리스타(개입주의 사회계획가)는 경제를 자신이 끊임없이 수리해야 하는 세탁기처럼 생각하고 붕괴시켜버린다. 정신의학의 프래질리스타는 어린이의 지적·정서적 발달을 약으로 해결하려고 하며 사커 맘 프래질리스타도 마찬가지다.

금융 프래질리스타는 사람들에게 은행 시스템을 붕괴시키는 리스크 모델을 사용하도록 만들고, 그 다음에 또다시 사용하도록 만든다. 군부 프래질리스타는 복잡계를 교란시키고, 예측 프래질리스타는 당신이 더 많은 리스크를 감수하도록 만든다. 이 밖에도 다양한 종류의 프

래질리스타가 있다.[2]

실제로 정치적 담론에는 개념이 많이 등장하지 않는다. 정치인들은 안티프래질이 아니라 회복력과 견고함이라는 소극적인 개념에 바탕을 두고 목표와 공약을 내세운다. 그리고 통치 과정에서 성장과 진화의 메커니즘을 억누른다. 회복력이라는 소심한 개념 덕분에 우리가 지금 이 자리까지 온 것은 아니다. 그리고 정책 담당자 덕분에 지금 이 자리까지 온 것도 아니다. 이는 리스크와 시행착오를 기꺼이 받아들인 사람들 덕분이며, 그들은 우리가 격려하고 보호하고 존경해야 할 사람들이다.

단순한 것이 더욱 정교할 수 있다

복잡계는 사람들의 믿음과 달리 복잡한 시스템, 규정, 정책을 요구하지 않는다. 오히려 단순할수록 더 좋다. 복잡한 상태는 예상하지 못한 결과의 사슬이 계속 증가하도록 만든다. 불투명성 덕분에 개입은 예상하지 못한 결과를 낳고, 이런 결과에 대한 변명과 함께 2차적인 효과를 수정하기 위한 또 다른 개입을 낳는다. 결국 예상하지 못한 반응이 여기저기서 나타나면서 이전의 반응보다 더 나쁜 반응을 일으킨다.

그럼에도 불구하고 근대에는 단순함을 추구하기 어렵다. 궤변을 늘어놓으면서 자신이 하는 일을 정당화하려는 특정 집단 사람들의 이익

---

2   프리드리히 하이에크Friedrich Hayek는 유기적 가격 형성organic price formation에 관한 자신의 생각을 리스크와 프래질로 연결시키지는 않았다. 그가 생각하기에 관료주의자는 단지 비효율적인 사람이며 프래질리스타는 아니었다. 지금의 논의는 프래질과 안티프래질에서 시작하면서 우리들을 유기적 가격 형성과 같은 부차적인 논의로 안내한다.

에 반하기 때문이다.

　단순한 것은 더 많은 효력을 갖는다. 따라서 나는 우리가 이해하지 못하는 세상에서 살아가도록 하고, 명백하게 이해하지 못하는 대상을 두려움 없이 다루도록 하며, 훨씬 더 바람직하게는 인간으로서 부끄럽지 않고 당당하게 나서서 우리의 무지를 똑바로 바라보게 해줄 몇 안 되는 방법, 원칙, 금지 명령을 제시할 것이다. 그러나 여기에는 몇 가지 구조적인 변화가 필요하다.

　나는 우리가 단순하고 자연스러운 길을 갈 수 있도록 인위적으로 만들어낸 시스템을 수정하기 위한 로드맵을 제안하려고 한다. 그러나 단순함을 이루어내는 것이 그렇게 단순한 일은 아니다. 스티브 잡스는 '우리가 단순하게 생각할 수 있도록 머릿속을 깨끗하게 정리하려면 열심히 노력해야 한다.'는 사실을 알았다. 아랍인들도 이런 생각을 다음과 같은 통렬한 문장으로 표현했다. 그것을 이해하려면 실력이 없어도 된다. 그것을 글로 쓰려면 정복해야 한다.

　경험법칙은 경험을 통해 찾아낸 방법으로 대상을 단순하게 만들어 실행에 옮기기 쉽도록 해준다. 그러나 경험법칙의 중요한 장점은 사용자가 이런 법칙이 완벽하지 않고 편리한 것에 불과하다는 사실을 알고는, 그 장점에 속아 넘어가지 않는다는 데 있다. 이런 사실을 잊어버리면 경험법칙은 위험해진다.

이 책의 내용

안티프래질로 가는 여정에서 우리는 비선형성을 만나게 된다.

언젠가 나는 기술적으로 정의하지 않은 상태에서 프래질은 가변성을 좋아하지 않는다고 표현할 수 있다는 생각이 들었다. 가변성을 좋아하지 않는 것은 무작위성, 불확실성, 무질서, 오차, 스트레스 역시 좋아하지 않는다. 프래질한 것들을 한 번 생각해보라. 거실의 유리 액자, 텔레비전, 찬장에 놓여 있는 도자기 컵이 여기에 해당된다. 당신은 이런 물건들에 프래질이라는 라벨을 붙이면서, 이들을 질서와 평화를 유지하면서 예측이 가능한 조용한 상태로 두기를 원할 것이다. 프래질한 물건들은 지진이 일어나거나 주의가 산만한 조카가 방문하면 혜택을 얻지 못한다. 가변성을 좋아하지 않는 것들은 스트레스, 피해, 혼란, 무질서, 불확실성, 시간, 눈에 보이지 않는 결과를 좋아하지 않는다.

그리고 이와 같이 프래질에 대한 명시적인 정의에서 안티프래질의 개념이 나온다. 안티프래질은 가변성을 좋아한다. 시간도 좋아한다. 그리고 비선형성과 끈끈한 관계를 갖는다. 비선형적인 반응을 보이는 모든 것들은 무작위성의 원인에 대해 프래질하거나 안티프래질하다.

프래질한 것들은 가변성을 싫어하고 그 역도 마찬가지라는 명백한 특성이 과학과 철학의 담론에서 완전히 제외되어왔다는 사실은 참으로 신기한 일이다. 정말이지 완전히 제외되어왔다. 그리고 나는 지금까지 성인 시절의 대부분의 시간(약 20년)을 어떤 대상의 가변성에 대한 민감도 연구라는, 경영학의 이상한 전공 분야에 빠져 있었다(나 자신도 이상한 분야라는 사실을 잘 안다. 이에 대해서는 나중에 이야기하겠다).

나는 이 분야를 연구하면서 무작위성을 사랑하거나 싫어하는 대상을 확인해왔다. 따라서 내가 해야 할 일은 지금까지 금융 부문에서 생각해낸 것들을 정치학과 의학에서부터 저녁 식사 계획에 이르기까지 다양한 부문에서 나타나는 불확실성하에서의 의사결정 영역으로 확장하는 것이다.[3]

가변성을 다루는 이처럼 이상한 직업에 종사하는 사람들을 두 가지 범주로 나눌 수 있다. 첫 번째 범주에는 미래의 사건을 연구하여 책과 논문을 쓰는 학자, 연구원, 평론가가 있다. 그리고 두 번째 범주에는 미래의 사건을 연구하는 대신 사물이 가변성에 어떻게 반응하는가를 이해하려는 실행가가 있다. 그러나 실행가들은 책이나 논문을 쓰거나 강연을 하거나 방정식과 이론을 도출하기에는, 그리고 따분하고 고고한 학자로 남아서 존경을 받기에는 자신의 생각을 실행에 옮기느라 너무도 바쁜 사람들이다. 이 두 가지 범주의 차이는 시사하는 바가 크다. 앞에서 말했다시피, 어떤 대상이 가변성에 의해 피해를 보는지(그래서 프래질한지) 확인하는 일은 큰 피해를 일으키는 블랙 스완 현상을 예상하는 일보다 훨씬 더 쉽다. 그러나 오직 실행가만이 이런 핵심을 자연스럽게 이해할 수 있다.

---

3 '가변성을 싫어한다'에 해당되는 기술적 용어는 '숏 베가short vega' 혹은 '숏 감마short gamma'로서 '가변성이 커지면서 피해를 본다.'는 의미다. 그리고 '롱 베가long vega' 혹은 '롱 감마long gamma'는 '가변성이 커지면서 이익을 본다.'는 의미다. 나는 이 책에서 '숏'과 '롱'을 부정적 노출과 긍정적 노출을 의미하는 것으로 사용하겠다. 또한 나는 사물이 가변성에 어떻게 반응하는가에 관심을 갖고, 가변성을 예측하는 인간의 능력을 결코 믿지 않는다.

(오히려 행복한) 무질서과

한 가지 기술적인 이야기를 해보자. 프래질과 안티프래질은 그것이 가변성과 관련된 것에 노출되면서 잠재적으로 이익을 얻거나 손해를 보는 것을 의미한다. 그러면 가변성과 관련된 것은 무엇인가? 간단히 말해서 무질서과에 속하는 것은 무엇인가?

> 무질서과: (1) 불확실성 (2) 다양성 (3) 불완전한 지식 (4) 우연 (5) 혼란 (6) 가변성 (7) 무질서 (8) 엔트로피 (9) 시간 (10) 미지의 것 (11) 무작위성 (12) 동요 (13) 스트레스 요인 (14) 오차 (15) 결과의 분산 (16) 지식의 결여

여기서 불확실성, 무질서, 미지의 것은 그 효과가 완전히 동일하다. 다시 말해서 안티프래질한 시스템은 이런 것들로부터 이익을 얻고 프래질한 시스템은 손해를 본다. 우리가 이런 시스템을 대학교 캠퍼스의 서로 다른 건물에서 확인하거나, 자신의 삶에서 리스크를 결코 받아들이지 않으면서 철학자연하는 사람, 더욱 나쁘게는 인생을 전혀 모르는 사람이 이런 시스템은 서로 같은 성질의 대상이 아니라고 주장하더라도 말이다.

시간이 왜 무질서과에 등장하는가? 시간은 기능상 가변성과 비슷하다. 시간이 많을수록 더 많은 사건이 일어나고 무질서가 더 심해진다. 당신이 작은 오차로부터 제한적인 피해를 입고 이에 안티프래질하다고 생각해보라. 시간은 당신에게 혜택이 되는 오차, 즉 반대 방향에서의 오차를 제공해준다. 이는 당신 할머니의 경험에서 비롯되는 간단한

지혜다. 프래질한 대상은 시간이 지나면 부서진다.

오직 한 권의 책

오직 한 권의 책에만 집중해야 한다는 생각은 이 책의 저술이 내 업무의 중심이 되도록 했다. 나는 지금까지 오직 한 가지의 중심이 되는 생각에만 집중하면서 살아왔다. 그리고 매번 그 생각의 다음 단계로 넘어갔다. 가장 최근의 단계가 바로 이 책이 담고 있는 생각으로서, 여기서 큰 진전을 이루었다. 나는 나 자신의 '실천적 자아practical self'를 일깨우면서 실행가로서의 기질을 다시 발휘하려고 한다. 이렇게 하는 것이 여러 분야에서 무작위성, 불확실성에 관해 지적·철학적 관심을 가진 실행가 겸 '가변성 전문가volatility specialist'로서 살아온 나의 인생 역정과 합치될 수 있기 때문이다.

　내가 쓰는 글은 특정 주제를 대상으로 시작과 끝 그리고 유효 기간을 지닌 고립적인 에세이가 아니다. 오히려 중심이 되는 생각에서 나오면서 서로 중복되지 않는 장으로 구성되어 있다. 그리고 인세르토Incerto(불확실성, 리스크 등을 의미하는 이탈리아어 – 옮긴이)라고 불리는 나의 전집은 주로 불확실성, 무작위성, 확률, 무질서 그리고 우리가 이해하지 못하는 세상, 또는 우리가 보지 못한 요소와 특징을 지닌 세상에서 무엇을 할 것인가, 즉 불투명성을 지닌 상황에서의 의사결정에 초점을 두고 있다. 이 전집은 3부작으로 구성되어 있으며 철학적·기술적 내용이 부록으로 실려 있다. 이 3부작은 어떤 책(예를 들어 『안티프래질Antifragile』)의 임의의 장과 또 다른 책(예를 들어 『행운에 속지 마라Fooled by Randomness』)의 임의의 장 사이의 거리는 두꺼운 책 한 권의

장 사이의 거리와 비슷해야 한다는 원칙을 갖고 있다. 이런 원칙은 이 전집이 혼란 상태에 빠져들지 않으면서 과학, 철학, 경영학, 심리학, 문학, 자서전 등 여러 영역을 넘나들 수 있도록 해준다.

따라서 『안티프래질』과 『블랙 스완 The Black Swan』의 관계는 다음과 같다. 이 책이 『블랙 스완』보다 늦게 발간되면서 『블랙 스완』에 나오는 생각을 자연스럽게 규정된 결론으로 받아들이고는 있지만, 이 책이 주가 되고 『블랙 스완』은 일종의 보조 도서로서 이론을 다루는 부록이 될 것이다. 왜 그럴까? 『블랙 스완』과 이전에 발간된 『행운에 속지 마라』는 사람들에게 무시무시한 상황을 납득시키는 데 많은 노력을 기울여 쓴 책이기 때문이다. 반면 이 책은 블랙 스완 현상이 사회와 역사를 지배한다(그리고 사후적 합리화 때문에 사람들이 스스로 블랙 스완 현상을 예상할 수 있다고 착각한다)는 사실과, 그 결과로서 비선형성이 특히 심할 경우 어떤 일이 일어날지 모른다는 사실을 납득시킬 필요가 없다는 입장에서 시작한다. 따라서 당장 실천적인 문제를 다룰 수 있게 된다.

믿음과 용기가 없다

당신이 실행가의 기질을 발휘할 수 있도록 이 책에서 나는 '내가 만든 음식을 먹는다.'는 원칙을 제시할 것이다.

나는 글을 쓸 때에는 내가 했던 일, 그리고 나 자신이 수용하거나 회피하면서 다른 사람에게도 수용하거나 회피하기를 권했던 리스크에 대해서만 쓴다. 내 생각이 틀렸으면 제일 먼저 마음이 아플 사람은 바로 나 자신이다. 나는 블랙 스완이 지배하는 세상에서 은행 시스템의 프래질을 경고하면서, (특히 다른 사람들이 내가 전하는 메시지에 귀를 기울이지 않을 때) 붕괴 쪽에 내기를 걸었다. 그렇지 않았더라면, 내가 은행 시스템의 프래질을 경고했던 경험을 가지고 글을 쓰는 일은 윤리적으로 온당하지 않을 것이다. 의학과 기술 혁신을 포함해 우리 삶에서 벌어지는 간단한 문제에 이르기까지 거의 모든 영역에서 이처럼 개인의 입장에서 혹평을 할 수 있다. 그렇다고 해서 개인의 경험이 어떤 생각에 관한 결론을 이끌어낼 정도로 충분히 많은 표본을 구성한다는 의미는 아니다. 단지 개인의 경험은 어떤 의견에 대해 믿음을 더해줄 뿐이다. 개인의 경험에는 좋은 것만 골라서 취하려는 체리 피킹cherry-picking이 나타나지 않는다. 체리 피킹은 데이터에 기반을 둔 연구에서 자주 나타나며, 연구자들이 과거의 패턴을 찾아내고는 다량의 데이터를 확보한 덕분에 이야기를 만들어내는 함정에 빠지도록 한다.

  나는 글을 쓰면서 글의 한 부분을 구성하기 위해 도서관에서 특정 주제에 관한 책을 참조하는 것은 적절하지 못하며, 나아가 윤리적으로 문제가 있다고 생각한다. 이런 생각은 필터의 기능을 한다(사실상 유일한 필터다). 어떤 주제가 나 자신의 호기심을 채우거나 목적을 위해 독자적으로 참조할 만큼 충분한 재미가 없다면, 그리고 나도 이전에 재미가 없어서 참조하지 않았다면 그 주제에 대해서는 글을 쓰지 말아야 한다. 그렇다고 해서 도서관이 물리적으로나 실질적으로 도움이 되지 않는다는 의미는 아니다. 도서관이 아이디어가 나오는 장소가 되어서는 안 된다는 의미다. 특정 주제에 관한 글을 쓰기 위해 스스로 학습해 지식을 얻어야 하는 학생들에게는 도서관이 유용하다. 반면에 다른 사람들이 진지하게 받아들일 만한 글을 통해 보상을 받는 전문가들은 더욱 강력한 필터를 사용해야 한다. 오랜 고민 끝에 여과되어 나오는 아이디어만이 받아들여질 만하다. 그리고 이런 아이디어는 도서관이 아니라 현실에서 나온다.

이제 '믿음의 약속doxastic commitment'이라는 별로 알려지지 않은 철학적 개념을 부활시켜야 할 때가 되었다. 믿음은 말을 능가한다. 그리고 우리는 이런 믿음의 약속에 따라 개인적 리스크를 기꺼이 받아들인다.

당신이 무엇인가를 보았다면

근대는 윤리를 법률로 대체했다. 그리고 이런 법률은 노련한 법조인들의 먹잇감이 될 수 있다. 따라서 나는 시스템을 악용하는 사람들에 의해 나타나는 프래질의 이전, 즉 안티프래질을 훔쳐가는 행위를 들추어낼 것이다. 그리고 그들을 실명으로 거론할 것이다. 시인과 화가는 자유로운 삶을 산다. 그리고 자유에는 엄격한 도덕적 의무가 따른다. 이런 의무를 준수하기 위해 내가 제시하는 첫 번째 윤리 원칙은 다음과 같다.

> 사기꾼을 보고 사기꾼이라고 말하지 않는다면, 당신도 사기꾼이다.

오만한 사람에게 친절하게 행동하는 것과 친절한 사람에게 오만하게 행동하는 것이 같듯이, 악행을 저지르는 사람에게 친절하게 행동하는 것은 그런 행동을 묵인하는 것과 마찬가지다.

사석에서 와인을 반 병 정도 마신 많은 저술가와 학자들이 자신의 글과는 다른 이야기를 한다. 그들의 글은 명백히 가짜다. 그리고 사회 문제의 대부분이 '다른 사람들은 그렇게 하더라.'라는 주장에서 나온다. 따라서 내가 사석에서 레바논산 백포도주를 세 잔 마시고 나서 윤리적으로 노력을 요하는 위험한 프래질리스타를 비난했다면, 지금 이 글을 쓰면서도 똑같이 해야 할 의무가 따른다.

가짜 글을 쓰는 사람이나 기관을 비난하는 사람이 아직 없었다면, 그들을 비난하는 데에는 대가가 따른다. 하지만 억지력을 생각하면 그 대가는 충분히 치를만 하다. 수학자 브누아 만델브로Benoît Mandelbrot는 『블랙 스완』의 원고를 읽고 나서 나에게 조용히 이렇게 말했다(『블랙 스완』은 그에게 바치는 책이다). "당신에게 행운을 빕니다, 라는 말을 어느 나라 말로 해야 합니까?" 나는 어떤 행운도 바라지 않았다. 하지만 나는 온갖 종류의 공격에도 안티프래질했다. 프래질리스타 대표단으로부터 공격을 받을수록 사람들이 나의 주장에 관심을 더 많이 갖게 되었고, 내가 전하는 메시지는 더욱 널리 퍼져가기만 했다. 이제 와서 생각해보니 더욱 직설적으로 글을 쓰지 않았던 것이 유감스럽기만 하다.

타협은 묵인과 같은 의미다. 내가 인정하는 단 하나의 근대 명언은 조지 산타야나George Santayana가 했던 말이다. "불의와 타협하지 않는 진실함을 가지고 세상과 세상 사람들을 판단할 때, 그 사람은 도덕적으로 자유롭다." 이것은 목표일 뿐만 아니라 의무가 되어야 한다.

시대에 뒤처지지 않는 삶

이제 두 번째 윤리 원칙을 이야기하겠다.

나는 다른 사람에게 과학적 과정을 요구했기 때문에 나 자신도 그런 과정을 제시할 의무를 갖는다. 그러나 그 이상의 의무는 없다. 나는 의학이나 그 밖의 다른 과학에서 경험적 주장에 관한 글을 읽으면, 이런 주장이 동료 평가, 사실 확인, 접근방식의 엄밀성에 대한 평가로 이루어진 과정을 거쳐야 한다고 요구하고 싶다. 반면에 논리적 주장이나 수학적으로 뒷받침되는 주장은 이런 과정을 요구하지 않는다. 이런 주장은 스스로 입증될 수 있어야 한다. 따라서 나는 전문적이고 학술적인 영역에서 다루는 기술적인 주석을 함께 싣겠지만 그 이상의 의미를 두지는 않겠다(그리고 이런 주석은 증명을 요구하거나 기술적으로 더욱 정교한 주장을 요구하는 진술에만 한정하겠다). 그러나 지식의 가치를 떨어뜨리면서 이를 일종의 경쟁 스포츠로 변질시키는 입신 출세주의를 거부하는 나 자신은 출처가 분명하다는 사실을 보여주기 위해 이런 주석을 제외하고 발간하는 것을 꺼려왔다.

나는 트레이더로서 그리고 스스로 이상하다고 말했던 분야의 직장인으로서 20년 넘게 지내다가, 지금은 다른 사람들이 학술계라고 일컫는 분야에 종사하고 있다. 이제는 연구논문을 써야 한다. 실제로 나는 논문을 쓰면서 생활에서의 안티프래질을 떠올렸고, 자연스러운 것과 부자연스러운 것의 소외에서 비롯되는 이분법도 생각해냈다. 현장에서의 삶은 재미있고 활기차고 긴장감도 있었으며, 무엇보다 자연스러웠다. 지금 학술계에서의 삶에는 이런 요소가 전혀 없다. 그리고 불안정하고 리스크가 따르는 직장인으로 지내다가 학자가 되면 조용하고 정신적으로 편안해질 것으로 생각하는 사람들이 많이 있지만 사실은 전혀 그렇지 않다.

실제로는 새로운 문제와 불안한 일들이 매일 발생하기 때문에 하루 전에 겪었던 골치 아팠던 일, 화가 났던 일, 싸웠던 일은 잠시 잊어버리게 된다. 박혀 있던 못을 빼고 각양각색의 다른 못으로 대체한다. 학술계(특히 사회과학)에서 일하는 사람들은 서로를 믿지 않는다. 그들은 사소한 것에 집착하고 질투하고 차갑게 대하며, 작은 거절에도 원한을 갖고 산다. 그리고 변하지 않은 환경 속에서 컴퓨터 스크린과 외롭게 마주 대하면서 시대에 뒤처진 삶을 살고 있다. 나는 현장에서는 이런 수준의 질투는 말할 것도 없고 질투 자체를 경험한 적이 없다. 내가 경험하기로 돈과 거래는 관계를 정화시켜주는 것이었다. 인식과 신뢰와 같은 의견이나 추상적인 문제는 관계를 왜곡시키고 영원한 대립 관계를 조장했다. 나는 남들에게 내세울 만한 경력만을 좇는, 신뢰할 수 없고 짜증스럽고 탐욕스러운 인간들을 알게 되었다.

(대규모 시장이나 기업은 아니지만) 기업 혹은 레반트 지역의 야외 시장인 수크Souk는 너그럽고, 정직하고, 사랑스럽고, 믿을 수 있으며, 개방적인 품성을 지닌 최고의 인간을 배출하는 곳이다. 나는 근동 지역의 기독교 소수파의 한 사람으로서 (특히 소규모) 기업이나 시장은 관용과 인내의 품성을 갖게 해주는 유일한 곳이라고 단언할 수 있다. 그곳에서는 합리화나 훈계를 배척한다. 안티프래질한 팅커링처럼, 실수는 사소하고 기억에서 금방 사라진다.

나는 자신의 운명을 사랑하는 사람들이 모인 환경에서 그들과 함께 행복하게 살아가고 싶다. 그리고 다른 학자들과 충돌하면서 지내기 전까지는 그런 환경이 (독자적인 학문 세계를 추구할 수도 있는) 현장이 되리라고는 전혀 생각하지 못했다. 생물학자이자 자유주의 경제학자인 매트 리들리Matt Ridley는 나에게 지성을 중시했던 페니키아 상인(더욱 정확하게 말하면 가나안 상인)의 기질이 있다는 생각이 들게 만들었다.[4]

이 책의 구성

이 책은 총 일곱 권과 주석으로 구성되어 있다.

왜 일곱 권이냐고? 소설가이자 수필가인 롤프 도벨리Rolf Dobelli가 윤리 문제와 비아 네가티바에 대한 내용을 개별적으로 다룬 장들을 읽고 맨 처음 보인 반응은, 각 권을 따로 떼어내 짧거나 중간 정도 분량의 에세이 책으로 발간할 필요가 있다는 것이었다. 도서 요약에 종사하는 사람이라면 4~5개 정도의 설명서를 따로 작성하면 될 것이다. 그러나 나는 각 권이 고립되게 움직이는 에세이는 전혀 아니라고 생각한다. 각 권은 중요한 아이디어의 응용과 함께 진화, 정치, 경영 혁신, 과학적 발견, 경제학, 윤리학, 인식론, 철학 등 다양한 영역을 더욱 깊이 다루고 있다. 따라서 '섹션' 혹은 '부'라고 부르기보다는 '권'이라고 부르고 싶다. 나는 책의 내용을 저널에 실리는 논문으로 확장시킬 생각은 없으며, 단지 많은 독자들에게 읽히기를 바랄 뿐이다. 학술계 종사자들은

---

4 다시 말하지만, 여기서 제발 회복력 이야기는 하지 말아주기 바란다. 강연을 마칠 무렵이면 "그래서 강건하다는 것과 안티프래질하다는 것의 차이가 무엇입니까?"라는 질문을 많이 받는다. 이보다 더 무식하거나 훨씬 더 짜증나게 만드는 사람은 "안티프래질은 회복력이 있다는 뜻입니까? 그렇지 않습니까?"라고 묻는 사람이다. 내가 대답하면 그들은 대체로 "왜 그런 말을 처음부터 하지 않았습니까?"라는 듯한 표정을 짓는다(물론 나는 처음부터 그렇게 말했다). 심지어 내가 안티프래질을 정의하고 탐지하는 논문을 써서 제출하면 이를 심사하는 사람들조차 논점을 완전히 놓치고는 안티프래질과 강건함을 같은 의미로 생각한다. 과학자들도 내가 제시하는 개념을 곰곰이 따져본다. 따라서 다음과 같이 다시 설명할 필요가 있겠다. 강건함 혹은 회복력은 가변성이나 무질서에 의해 피해를 보거나 이익을 얻도록 해주지 않는다. 반면에 안티프래질은 이런 것들로부터 이익을 얻도록 해준다. 그러나 이런 개념이 몸에 배도록 하려면 약간의 노력이 필요하다. 사람들이 강건하다거나 회복력이 있다고 하는 것들 중 많은 것들은 단지 강건하거나 회복력이 있을 뿐이다. 나머지 절반이 안티프래질하다.

즐거움이나 호기심에서, 단지 독서가 좋아서가 아니라 글을 쓰는 데 인용하기 위해 책을 읽는 경향이 있다. 그래서 텍스트를 재빨리 훑어보기 힘들거나 자신이 관련된 기존의 담론과 연관시켜서 한 문장으로 요약할 수 없을 때 좌절한다.

게다가 에세이는 교과서와 상극이다. 에세이에는 더욱 철학적이고 과학적인 탐구와 함께 자전적인 성찰과 비유가 혼합되어 있다. 나는 리스크와 관련된 나 자신의 경험을 바탕으로 혼신의 힘을 다해서 확률에 관한 이야기를 썼다. 내가 입은 상처를 바탕으로 글을 썼기 때문에 내가 쓴 글은 자서전과 떼려야 뗄 수 없는 관계에 있다. 따라서 개인적인 이야기를 다룬 에세이가 불확실성이라는 주제를 다루기에는 이상적인 형태라고 생각한다.

이 책의 순서는 다음과 같다.

서문의 부록에서는 트라이애드Triad를 표로 보여준다. 프래질 스펙트럼을 따라 세상을 종합적으로 보여주는 지도가 될 것이다.

1권 〈안티프래질: 개론〉에서는 새로운 특징을 제시하고 전형적인 안티프래질 시스템으로서 진화와 유기체에 관해서 설명한다. 또한 집단의 안티프래질과 개인의 프래질 간의 트레이드오프 관계를 살펴본다.

2권 〈근대는 안티프래질을 거부한다〉에서는 시스템(특히 정치 시스템)에 내재된 가변성을 억누르면 어떤 일이 발생하는지 살펴본다. 또한 국민국가라고 불리는 새로운 장치를 설명하고, 당신을 도와주려다 극심한 피해를 안기는 어설픈 개입주의자가 일으키는 손실에 대해서도 설명한다.

3권 〈예측이 필요하지 않은 세상〉에서는 뚱보 토니가 등장해 프래질에 대한 자신만의 직관적인 탐지 방법을 소개하고, 로마 시대의 철학자이자 행동가인 세네카의 저작에 기반을 두고 사물의 비대칭성에 관해서 설명한다.

4권 〈옵션의 특징, 기술, 안티프래질적 특성을 지닌 지능〉에서는 세상의 신비한 특징을 설명한다. 즉 인간의 지능이 아니라 사물의 배후에서 작용하는 비대칭성과 옵션의 특징이 어떻게 우리를 여기까지 이르도록 했는지를 설명한다. 이는 소비에트-하버드식 방법론을 부정하는 것이다. 그리고 토니가 소크라테스와 논쟁을 벌이면서 우리가 자신의 언어로 설명할 수 없는 것에 대해서 어떤 태도를 보이고 있는지 살펴본다.

5권 〈비선형성〉에서는 철학자의 돌과 그 반대에 관해서 설명한다. 즉 납을 어떻게 금으로 바꾸는가, 그리고 금을 어떻게 납으로 바꾸는가를 설명한다. 5권의 두 장은 기술적인 문제를 다룬다(이 책에서 배관 공사에 해당한다). 여기에서는 프래질을 비선형성 혹은 더욱 구체적으로는 볼록성 효과를 지닌 함수 형태로 나타내고, 볼록성을 지닌 전략을 가지고 이익을 얻어내는 과정을 설명한다.

6권 〈비아 네가티바〉에서는 추가가 아니라 제거하는 (즉 개입하지 않고 누락시키는) 전략에 담긴 지혜와 효력을 설명한다. 여기서는 볼록성 효과의 개념을 적용한다. 물론 첫 번째 적용 분야는 의학이다. 나는 오로지 인식론적, 리스크 관리론적 접근방식에서 의학을 바라볼 것이다. 그럼 의학이 이전과 다르게 보일 것이다.

7권 〈프래질과 안티프래질의 윤리〉에서 어떤 당사자는 이익을 보고 다른 당사자는 피해를 입게 되는 방식으로 프래질이 이전되는 현상을 윤리적 관점에서 설명하고, 승부의 책임 부재에서 발생하는 문제를 살펴본다.

이 책의 마지막 부분은 그래프, 주, 기술적인 내용을 다루는 부록으로 구성되어 있다.

이 책은 3단계로 서술되었다.

첫 번째 단계에서는 비유와 예시를 통해 문학적이고 철학적으로 서술한다. 5권(특히 볼록성 개념을 다루는 철학자의 돌)을 제외하고는 기술적인 설명을 최소화한다. 이런 개념에 대해 잘 아는 독자들은 다른 권에 이와 관련된 아이디어가 잘 스며들어 있으므로 5권을 생략하고 그냥 넘어가도 된다.

두 번째 단계인 부록에서는 그래프와 더욱 기술적인 설명을 한다. 그러나 기술적인 내용을 자세히 다루지는 않는다.

세 번째 단계는 기술적 논문과 주를 통해 더욱 정교하게 뒷받침하는 백업 자료다(나의 비유와 예시를 증명해야 할 대상으로 오해하지는 말아 달라. 개인적 에세이는 과학 문헌이 아니다. 과학 문헌은 그냥 과학 문헌일 뿐이다). 이 모든 백업 자료들은 인터넷을 통해 자유롭게 얻을 수 있다.

부록: 트라이애드 혹은 세 가지 특징에 따라 세상과 사물을 바라보는 지도

이제 나는 독자들을 위해 카토Cato the Elder, 니체, 탈레스Thales of Miletus, 도시국가 시스템의 효능, 장인들의 지속가능성, 발견의 프로세스, 불투명성이 지닌 비대칭성, 금융 파생상품, 항생제에 대한 내성, 상향식 시스템, 소크라테스의 과격한 합리주의로의 초대, 새에게 날아가는 법을 가르치기, 극단적인 사랑, 다윈의 진화론, 옌센의 부등식의 수학적 의미, 옵션의 특징과 옵션 이론, 조상들의 경험법칙, 조제프 드 메스트르Joseph de Maistre와 에드먼드 버크Edmund Burke의 저작, 비트겐슈타인의 반합리주의, 경제학 교육기관의 속임수 이론, 팅커링과 브리콜라주(276쪽 참조), 자살 공격으로 더욱 극단적으로 치닫는 테러리즘, 장인들의 사회를 위한 변명, 중산층의 윤리적 결함, 원시 조상들의 해결 방법과 영양 섭취, 의원성 질환의 문제, 메갈로사이콘(586쪽 참조)이라는 훌륭한 개념, 볼록성에 대한 집착과 오목성에 대한 공포, 2008~09년의 금융위기, 여분에 관한 잘못된 이해, 여행가와 산책가의 차이와 같이 겉으로는 멀리 떨어져 있는 것처럼 보이는 요소들을 하나의 실로 연결해 보려고 한다. 나는 이 모든 것들을 하나의 실로 간단하게 연결할 수 있다고 확신한다.

과연 그것이 어떻게 가능할까? 사람들이 중요하게 여기는 대상이 내가 트라이애드라고 부르는 세 가지 범주에서 어떻게 연결되거나 분류되는지 살펴보기만 하면 된다.

트라이애드에 나오는 대상

나는 서문에서 미래의 확률을 예측하고 계산하기보다는 프래질에 관심을 두어야 하고, 프래질과 안티프래질은 스펙트럼에 나타나는 정도에 해당한다고 말했다. 여기서 해야 할 일은 이런 스펙트럼의 지도를 그리는 것이다. 이런 작업은 '현실 세계에서의 해법'이라고 불릴 수 있다. 비록 학자들을 비롯해 현실 세계로부터 떨어져 사는 사람들만이 '해법' 대신 '현실 세계에서의 해법'이라는 표현을 쓰지만 말이다.

트라이애드는 각 대상을 다음과 같은 명칭을 붙인 세 가지 단계로 분류한다.

프래질　　강건함　　안티프래질

프래질은 고요함을 좋아하지만 안티프래질은 무질서로부터 이익을 얻는다. 그리고 강건함은 이 두 가지에 크게 개의치 않는다. 독자들은 트라이애드를 전체적으로 훑으면서 이 책이 전해주는 핵심 내용이 다양한 영역에서 어떻게 적용되는지 알 수 있을 것이다. 이제 어떤 주제를 가지고 특정 대상이나 정책을 논의한다고 해보자. 이때 해야 할 일은 그것이 트라이애드에서 어떤 범주에 해당되는지를 확인하고, 상황을 더 좋게 만들기 위해 무엇을 해야 할 것인지 생각하는 일이다. 예를 들어 중앙집권적인 국민국가는 트라이애드의 가장 왼편에 있으며 프래질하다는 사실을 분명하게 보여준다. 그리고 분권화된 도시국가는 가장 오른쪽에 있으며 안티프래질하다는 사실을 보여준다. 우리는 분권화된 도시국가의 특징을 추구함으로써 국민국가의 바람직하지 못한 프래질에서 벗어날 수 있다. '오류'를 살펴보자. 왼쪽의 프래질한 범주의 오류는 드물게 나타나지만 일단 발생하면 너무 커서 돌이킬 수 없다는 사실을 설명한다. 오른쪽에서 오류는 규모가 작고 유익하게 작용하며 심지어 돌이킬 수도 있고 금방 극복할 수 있다고 설명한다. 또한 더 많은 정보를 제공해주는 기능도 한다. 따라서 팅커링과 시행착오를 활용하는 시스템은 안티프래질한 특징을 갖는다. 안티프래질해지려면, 실수를 싫어하는 상황의 오른편에 있는, 즉 실수를 좋아하는 상황을 만들면 된다. 이런 상황에서는 피해가 작은 실수를 여러 번 저지르는 것이 유리하다. 우리는 이런 과정과 접근방식을 '바벨' 전략이라고 부를 것이다.

'건강'과 관련된 범주를 살펴보자. 무엇인가를 추가하는 것은 왼쪽에 있고 제거하는 것은 오른쪽에 있다. 경험적으로 보면 약, 글루텐, 과당, 신경안정제, 매니큐어처럼 자연스럽지 못한 스트레스 요인을 제거하는 것은 약을 복용하는 것보다 더욱 강건하다. 약을 복용하면, 효능이 랍시고 주장하는 진술에도 불구하고 알려지지 않은 부작용이 따르기 때문이다.

독자 여러분도 공감하겠지만, 이 지도는 문화, 건강, 생물, 정치 시스템, 기술, 도시계획, 사회 활동, 경제 활동을 포함해 독자 여러분들이 직접적으로 관심을 가질 만한 다양한 영역에 걸쳐 아주 길게 뻗어 있다. 나는 의사결정자와 산책가의 기질을 동시에 가지려고 했다. 따라서 우리는 간단한 방법을 통해 리스크 분석에 기반을 둔 정치 철학과 의학적 의사결정을 추구할 수 있다.

트라이애드의 작동

프래질과 안티프래질은 상대적인 의미를 갖는다. 트라이애드의 오른쪽 아이템은 왼쪽 아이템에 비해 더 안티프래질하다. 예를 들어 장인은 중소기업가보다 더 안티프래질하고, 록 스타는 장인보다 더 안티프래질하다. 채무는 항상 당신을 왼쪽에 두면서 경제 시스템을 프래질하게 만든다. 그리고 많은 사물이 스트레스가 일정 수준에 이를 때까지 안티프래질하다. 우리 몸은 어느 정도로 학대하면 더 좋아진다. 그러나 일정 정도까지만 그렇다. 바벨탑 꼭대기에서 떨어뜨리면 결코 더 좋아지지 않는다.

가운데 줄에는 강건함이 자리를 잡고 있다. 이런 강건함은 '관대함은 낭비와 인색함의 중간'을 의미한다는 아리스토텔레스의 중용golden middle('golden mean'으로 잘못 표기될 때가 많다)에 해당되지는 않는다. 일반적으로 안티프래질은 바람직하지만, 항상 그렇지는 않다. 안티프래질해지려면 엄청난 희생이 따르는 경우도 있기 때문이다. 또 불멸의 존재 때문에 죽을 수 있다는 니체의 말을 생각해보면, 강건함이 항상 바람직하다고 볼 수도 없다.

지금까지 독자 여러분은 새로운 단어를 가지고 씨름하면서 이런 저런 질문을 해보았을 것이다. 어떤 대상을 안티프래질하다고 간주하는 것이 상당히 모호하며 피해나 가변성과 같은 구체적인 원인에 일정 정도까지 노출하는 것에만 한정시킨다면, 프래질하다고 간주하는 것 역시 마찬가지다. 안티프래질은 주어진 상황에서 상대적인 의미를 갖는다. 어떤 권투 선수는 신체적 조건에서 강건하고 원기 왕성하기 때문에 경기를 거듭할수록 실력이 늘지만, 여자 친구에게 버림받는 순간 감정적으로 쉽게 프래질해져 눈물을 흘릴 수 있다. 하지만 할머니는 권투 선수와 반대일 수 있다. 신체적으로는 프래질하지만 강인한 성품을 지닐 수 있다. 나는 레바논 전쟁이 한창일 때 보았던 할머니를 지금도 생생하게 기억한다. 체구가 아주 작고 검정색 옷을 입은 미망인 할머니가 적군이나 마찬가지인 민병대원에게 전투 중에 자기 집 창문을 깨뜨린 것을 가지고 야단치고 있었다. 그들은 할머니에게 총을 겨누고 있었고, 한 발이라도 쏘면 할머니는 죽게 될 판이었다. 그러나 그들은 할머니의 위세에 눌려 아무 말도 못하고 가만히 있었다. 할머니는 권투 선수와 정반대다. 신체적으로 프래질하지만 성품은 강인하다.

이제 트라이애드를 살펴보자.

표 1 주요 트라이애드: 노출의 세 가지 형태

	프래질	강건함	안티프래질
그리스 신화	다모클레스의 칼, 탄탈로스의 처지	불사조	히드라
뉴욕과 브루클린 신화	은행원 존	네로 튤립	뚱보 토니, 예브게니아 크라스노바*
블랙 스완	부의 블랙 스완에 노출		정의 블랙 스완에 노출
비즈니스	뉴욕, 은행 시스템		실리콘 밸리, 일찍 포기하라, 우직한 바보가 되라
생물과 경제 시스템	효율성, 최적화	여분	겹침(기능상의 여분)
오류	실수를 싫어한다	실수는 단지 정보일 뿐이다	(작은) 실수를 사랑한다
오류	너무 커서 돌이킬 수 없다, 드물게 일어나면서 파멸을 초래한다		돌이킬 수 있는 작은 실수
과학/기술	유도된 연구	편의주의적 연구	확률적 팅커링 (안티프래질한 팅커링 혹은 브리콜라주)
이분법적 사건과 노출	사건을 연구하고, 그 사건의 리스크와 통계적 특징을 측정한다	사건에 대한 노출, 노출의 통계적 특징을 연구한다	사건에 대한 노출을 수정한다

* 닥터 존, 네로 튤립, 뚱보 토니, 예브게니아 크라스노바는 『블랙 스완』에 나오는 등장 인물이다. 네로 튤립은 『행운에 속지 마라』의 등장 인물이기도 하다.

과학	이론	현상학	경험법칙, 실용적 방법
인간의 몸	완화, 위축, 노화 (나이가 들수록 근육량과 근력이 줄어든다)	미트리다티제이션, 회복	호르메시스, 근육량과 근력이 늘어난다
사고방식	근대	중세 유럽	고대 지중해
인간관계	친구	친척	이성에 대한 매력
고대 문화(니체)	아폴로의 힘	디오니소스의 힘	아폴로의 힘과 디오니소스의 힘 사이의 조화
윤리	약자	위엄	강자
윤리	승부의 책임이 없는 시스템	승부의 책임이 있는 시스템	승부의 영혼이 있는 시스템
규정	규칙	원칙	미덕
시스템	무작위성의 원인이 한 곳에 집중		무작위성의 원인이 여러 곳으로 분산
수학(함수)	비선형-오목 혹은 오목-볼록	선형 혹은 볼록-오목	비선형-볼록
수학(확률)	왼쪽으로 치우친 분포, 부의 편포 negative skewed	가변성이 낮은 분포	오른쪽으로 치우친 분포, 정의 편포 positive skewed
옵션 트레이딩	가변성을 싫어한다, 숏 감마, 숏 베가	가변성에 개의치 않는다	가변성을 좋아한다, 롱 감마, 롱 베가
지식	명시적임	묵시적임	볼록성을 지니면서 묵시적임
인식론	참과 거짓		속아 넘어가는 사람과 그렇지 않은 사람
인생과 사고	자신이 정해놓은 계획에 따라 틀에 박힌 교육을 받으면서 지식을 얻으려는 여행가 스타일		학교보다는 장서를 많이 갖춘 개인 서재에서 시간을 보내는 산책가 스타일
재정 문제	회사원, 영원히 애를 태우면서 살아가야 하는 계층	치과 의사, 피부과 의사, 틈새 직업에 종사하는 사람, 최저임금을 받는 사람	택시 운전기사, 장인, 매춘부, 돈에 목을 매지 않을 정도로 돈이 있는 사람

학문	교실	실생활, 파테마타 마테마타 pathemata mathemata (고통으로부터 배운다-옮긴이)	실생활, 개인 서재
정치 시스템	국민국가, 중앙집권		도시국가, 지방 분권
사회 시스템	이데올로기		신화
	농경 사회 이후의 근대		유목, 수렵, 채집, 부족 사회
지식	학문적 지식	전문 지식	독서 등을 통해 얻은 해박한 지식
과학	이론	현상학	증거에 바탕을 둔 현상학
심리적 안정	외상후 스트레스		외상후 성장
의사결정	모델에 기반을 둔 통계적 의사결정	경험법칙에 기반을 둔 의사결정	볼록성을 갖는 경험법칙
사상가	플라톤, 아리스토텔레스, 아베로에스	초기 스토아 학파 철학자, 메노도투스, 칼 포퍼, 버크, 존 그레이	로마 시대의 스토아 학파 철학자, 니체 (헤겔을 지양 Aufheben 하는 니체), 야스퍼스, 비트겐슈타인
경제 활동	경제학자연하는 사람들의 추종	인류학자	종교인
경제 활동 (경제 활동에 따른 결과)	관료		기업가
평판(직업)	학자, 기업 경영자, 교황, 주교, 정치인	우체국 직원, 트럭 운전기사, 열차 차장	예술가, 저자
평판(계층)	중산층	최저임금을 받는 사람	보헤미안, 귀족, 조상 전래의 부를 가진 사람
의학	비아 포지티바, 추가적 치료(약을 처방한다)		비아 네가티바, 제거적 치료(담배를 피지 않고, 탄수화물을 다량 함유한 식품을 섭취하지 않는다)
철학/과학	합리주의	경험주의	회의주의적 경험주의, 제거적 경험주의
	분리론		전체론

경제 활동		소유자 경영	
금융	숏 옵션		롱 옵션
지식	실증 과학 Positive science	부정 과학 Negative science	인문학
스트레스	만성 스트레스		회복 가능한 급성 스트레스
의사결정	개입하려는 전략		개입하지 않으려는 전략(기회를 흘려보낸다)
문학	전자 책 단말기	종이 책	구전
비즈니스	산업	중소기업	장인
음식	식품 회사		레스토랑
금융	채무	주식	벤처 캐피탈
금융	공공 부채	(구제금융이 제공되지 않는) 민간 부채	전환 사채
일반 원리	적용 범위가 넓다	적용 범위가 좁고 특수하다	적용 범위가 좁지만 특수하지 않다
일반 원리	단일 방식 전략		바벨 전략
리스크 수용	마코위츠	켈리 기준	켈리 기준 (유한한 베팅)
법률 시스템	성문법, 법률		불문법, 형평법
규정	규정집		경험적 규정
금융	은행, 경제학자연하는 사람들이 관리하는 헤지 펀드	헤지 펀드(일부)	헤지 펀드(일부)
비즈니스	대리인 경영		소유자 경영
잡음과 신호	신호만 잡힌다		확률적 공명, 시뮬레이티드 어닐링
모델 오차	오차에 오목함		오차에 볼록함
교육	사커 맘	거리의 생활	바벨, 부모가 자녀에게 책을 가까이할 수 있도록 지원, 친구들과 싸우면서 자라도록 함

신체 단련	계획적인 운동, 운동 기구를 사용하는 운동	길거리에서의 싸움
도시화	로버트 모제스, 르 코르뷔지에	제인 제이콥스

# 01권

안티프래질
: 개론

1장과 2장은 안티프래질을 소개하고 그 예를 설명한다. 3장은 고양이와 세탁기의 예를 들어 유기적인 부분과 기계적인 부분의 차이를 설명한다. 4장은 어떤 안티프래질이 다른 대상의 프래질에서 나타나는 과정과, 실패가 어떤 것에는 도움이 되고 다른 것에는 그렇지 못한 이유를 살펴본다. 이런 내용은 사람들이 너무나 많은 관심을 갖고 있는 진화와 연관된다.

다모클레스와 히드라

내 목을 베어주세요 / 어떤 마법에 의해서 색이 색으로 불리는가?
/ 두바이에서는 역기를 어떻게 들어 올리는가?

삶의 절반에는 명칭이 없다

지금 당신은 시베리아에 사는 사촌에게 샴페인 잔 세트를 선물로 보내기 위해 우체국에 있다고 하자. 운송 도중에 샴페인 잔이 파손될 수도 있기 때문에, '부서지기 쉬움 fragile', '깨지기 쉬움', '취급 주의'라고 우편물 박스에 붉은 글씨로 적어두려고 할 것이다. 이런 상황에서 '부서지기 쉬움'의 반대말은 정확하게 무엇일까?

대부분의 사람들이 '부서지기 쉬움'의 반대말로 '강건함', '회복력이 있음', '단단함' 등을 꼽을 것이다. 강건하거나 단단한 물건을 보낼 때는 우편물 박스에 이와 같은 단어를 굳이 적어둘 필요가 없다. 실제로 두꺼운 글씨로 '강건함'이라고 적혀 있는 우편물 박스를 본 적이 있는가? 자, 그러면 이제 논리적으로 따져보자. 정확하게 말해서, '부서지기 쉬움'이라고 적혀 있는 우편물의 반대말은 '부주의하게 취급하세요.'라고 적혀 있는 우편물이다. 그 내용물은 깨지지 않을 뿐만 아니라 외부에서 충격이 가해질수록 더욱 단단해진다. 부서지기 쉬운 것은 최선의 경우에 손상되지 않는 것을 의미한다. 강건한 것은 최선의 경우뿐만 아니라 최악의 경우에도 손상되지 않는 것을 의미한다. 따라서 부서지기 쉬운 것의 반대말은 최악의 경우에도 손상되지 않으면서 더욱 단단해지는 것이 된다.

우리는 이와 같은 우편물에 대해서 '안티프래질antifragile'이라고 부른다. 옥스퍼드 사전에는 프래질fragile의 반대 의미를 지닌 단일어가 없기 때문에 이런 신조어가 필요하다. 안티프래질에 내포된 아이디어는 의식에서 한 부분을 차지하지는 않는다. 그러나 다행스럽게도 우리 조상들의 행동, 생물학적 기관, 지금까지 살아남은 모든 시스템의 도처에 존재하는 특징에서 한 부분을 차지한다.

우리의 의식에서 안티프래질의 개념이 얼마나 생소한지 확인하기 위해서, 모임이 있을 때마다 사람들에게 프래질의 반대말을 한 번 물어보라. 이때 사람들에게 당신이 정확하게 프래질과 반대되는 특징과 결과를 가진 단어를 묻고 있다는 사실을 끈질기게 주지시켜야 한다. 이 책에 나오는 '강건함', '부서지지 않음', '단단함' 말고도 예상되는 대답이 '튼튼함', '강함', '내성이 있음' 등일 것이다. 그러나 틀린 대답이다. 그 자체로도 틀렸고 논리적으로도 잘못되었다. 사실 내가 본 모든 반의어, 동의어 사전에서도 마찬가지 오류를 범하고 있다.

또 다른 관점에서 생각해보자. 긍정의 반대말은 중립이 아니라 부정이다. 따라서 긍정적인 프래질positive fragility의 반대말은 '강건함', '강함', '부서지지 않음'의 의미만을 전달하는 중립적인 단어가 아니라 부정적인 프래질negative fragility(즉 내가 이름 붙인 '안티프래질')이 되어야 한다. 지금 하는 이야기를 수학적으로 표현하자면, 안티프래질은 프래질 앞에 마이너스 부호를 붙인 것이다.[1]

이런 사각지대는 도처에 존재한다. 우리가 주로 사용하는 언어(고어, 현대어, 구어, 속어)에는 안티프래질에 해당되는 단어가 없다. 러시아어에서도, 표준 브루클린 영어에서도 깨지지 않는다는 의미로 통하면 통했지, 안티프래질에 해당되는 단어는 없다.[2]

우리 삶의 절반은 또 다른 흥미로운 부분이 차지하고 있지만, 이것을 부르는 명칭은 없다.

---

[1] 오목성concavity이 볼록성convexity 앞에 마이너스 부호를 붙이는 것과 마찬가지다. 이런 오목성은 때로 안티볼록성anticonvexity이라고 불린다.

[2] 나는 브루클린 영어뿐만 아니라 인도유럽어족에 속하는 대부분의 언어를 살펴보았다. 물론 고대 언어(라틴어와 그리스어)와 현대 언어를 함께 살펴보았다. 여기에는 로맨스어(이탈리아어, 프랑스어, 스페인어, 포르투갈어), 슬라브어(러시아어, 폴란드어, 크로아티아어), 게르만어(독일어, 네덜란드어, 아프리칸스어), 인도-이란어(힌두어, 우르두어, 페르시아어)가 포함된다. 셈어(아랍어, 히브리어, 아람어)와 터키어처럼 인도유럽어족에 속하지 않은 언어에도 안티프래질에 해당하는 단어가 없기는 마찬가지다.

그림 1 스트레스와 무질서를 간절히 원하는 우편물 박스
(저작권: 조토 엔터프라이즈 Giotto Enterprise, 조지 나스 George Nasr)

내 목을 베어주세요

안티프래질에 해당하는 일반적인 명칭을 가지고 있지는 않지만, 신화적 등가물이나 역사에 나오는 그럴듯한 은유적 표현을 찾아낼 수는 있다. 로마인들이 재생시킨 그리스 신화를 보면, 시칠리아의 참주 디오니시우스 2세Dionysius II가 아첨을 일삼는 다모클레스Damocles를 화려한 잔치에 초대하고는 천장에 말총 한 올로 매달아 놓은 칼 밑에 앉게 했다는 전설이 있다. 말총 한 올은 약간의 충격에도 쉽게 끊어진다. 그러면 피를 부르는 광경이 연출되고, 비명 소리가 들리고 고대의 앰뷸런스와 같은 것이 출동한다. 이런 다모클레스의 처지를 프래질로 표현할 수 있다. 칼날이 그의 목을 향해 떨어지는 것은 시간 문제다.

   전설 이야기를 하나 더 해보자. 그리스인들이 재생시킨 고대 유대인과 이집트인들의 전설에는 화려한 색을 지닌 불사조가 등장한다. 파괴되는 순간마다 자신의 유해로부터 다시 태어나는 새다. 불사조는 항상 처음의 상태로 되돌아간다. 불사조는 내가 자란 레바논 베이루트Beirut의 상징이었다. 전설에 의하면, 5000년 가까운 역사를 지닌 베리투스Berytus(베이루트의 옛날 명칭)는 그 동안 일곱 번이나 파괴되었고, 일곱 번이나 재건되었다. 이 이야기는 나 자신이 여덟 번째 에피소드를 직접 목격했기 때문에 실감나게 들린다. 내가 어렸을 때 베이루트의 중심부(도시에서 5000년 가까운 역사를 지닌 부분)는 피비린내 나는 내전으로 여덟 번째로 완전히 파괴되었다. 그 후 여덟 번째로 재건되는 모습도 지켜보았다.

그러나 베이루트는 가장 최근, 예전에 비해 훨씬 더 바람직한 형태로 재건되었다. 아이러니하게도, 551년 지진으로 로마법 학교가 땅 속에 파묻히게 되었는데, 역사가 보너스를 주기라도 하듯이 재건 기간 동안 발견된 것이다(고고학자들과 부동산 개발업자들이 공개적으로 서로 험악한 말을 주고받기는 했지만 말이다). 이런 경우는 불사조가 아닌, 강건함을 뛰어넘는 무엇인가에 해당된다. 그리고 '히드라Hydra'라는 세 번째 신화적 은유로 우리를 이끈다.

그리스 신화에는 레르나Lerna 호수에 사는 뱀처럼 생긴 생명체, 히드라가 등장한다. 히드라는 머리를 여러 개 가지고 있는데, 머리 하나를 자를 때마다 두 개가 다시 생긴다. 따라서 히드라는 상대방이 자신에게 위해를 가하기를 원한다. 결국 히드라는 안티프래질을 상징하는 셈이다.

다모클레스의 칼은 권력과 성공에 따르는 부작용을 상징한다. 위험을 맞이하지 않고서는 권력을 얻을 수 없다. 당신을 쓰러뜨리기 위해 기회를 엿보는 누군가가 항상 있다. 위험은 다모클레스의 칼처럼 고요하면서도 냉혹하고 불연속적으로 다가온다. 다모클레스의 칼은 오랫동안 고요하게 매달려 있다가 사람들이 익숙해지거나 그 존재를 잊어버릴 때 갑자기 떨어질 것이다. 블랙 스완은 당신이 잃어버릴 것(성공이나 성장에 따르는 희생)이 더 많아지면서 다가올 것이다. 다시 말하자면 과도한 성공에 따르는 피할 수 없는 형벌을 의미한다. 결국 중요한 문제는 화려한 잔치에 내포되어 있는 부와 권력이 아니라 말총이 얼마만큼 강건한가에 있다. 그러나 다행스럽게도 남의 이야기를 잘 들을 줄 아는 사람이라면, 이런 취약성을 식별하고 측정할 수 있으며, 다룰 수도 있다. 여기 나오는 트라이애드가 전하는 요점은 많은 경우 말총이 얼마만큼 강건한가를 측정할 수 있다는 사실이다.

게다가 붕괴의 위험이 도사리고 있는 성공이 사회에 어느 정도로 해를 끼칠 수 있는지 생각해보라. 천장에 매달린 칼이 다모클레스를 향해 떨어졌을 때, 우리가 흔히 말하는 부수적인 피해란 다른 사람들에게 해를 끼치는 것을 의미한다. 예를 들어, 대규모 기관의 붕괴는 사회 전체에 커다란 영향을 미친다.

세상은 점점 복잡해지고 정교하게 변해간다. 그리고 전문성을 지속적으로 추구하면서 붕괴에 더욱 취약해진다. 이렇듯이 정교하게 변해가는 세상은 블랙 스완에 프래질이라는 의미를 부여한다. 이런 생각은 고고학자 조지프 테인터 Joseph Tainter에 의해 우리에게 가깝고도 설득력 있게 다가왔다. 그러나 반드시 그렇지는 않다. 현실을 이해하지 못하고 추가적인 조치를 취하지 않는 사람에게만 그렇다. 성공이 주는 피해를 예방하려면, 이를 상쇄하기 위해서 높은 수준의 강건함, 나아가

1장 다모클레스와 히드라

높은 수준의 안티프래질을 갖추면 된다. 우리는 불사조, 더 나아가 히드라가 되기를 원한다. 그렇지 않으면 다모클레스의 칼끝이 우리를 향해 다가올 것이다.

명칭을 부여해야 할 필요성

사람은 자신이 안다고 생각하는 것보다 더 많이 알고, 말로 표현할 수 있는 것보다 훨씬 더 많이 안다. 사람의 틀에 박힌 사고 시스템이 자연 그대로의 것을 더럽히더라도, 안티프래질에 대한 명칭을 가지고 있지 않더라도, 또 머리를 쓸 때마다 이런 개념을 가지고 씨름하더라도, 우리의 행동이 이런 자연 그대로의 것, 즉 안티프래질이라는 개념을 무시한다는 의미는 아니다. 사람의 행동에서 알 수 있듯이 인식과 직관은 아는 것, 요약하는 것, 단어를 통해 논의하는 것, 교실에서 가르치는 것보다 더 우월할 수 있다. 앞으로 아포파틱apophatic(현재 쓰는 단어로는 명시적으로 혹은 직접적으로 표현할 수 없는 대상)이라는 설득력을 지닌 개념에 대해서 폭넓게 논의할 예정이다. 지금은 이것을 신기한 현상 정도로만 여기고 그냥 넘어가자.

언어학자 기 도이처Guy Deutscher는 자신의 저서 『그곳은 소, 와인, 바다가 모두 빨갛다Through the Language Glass』에서 원시인들은 색맹이 아닌데도 두 가지 혹은 세 가지 색깔에 대한 명칭만 가지고 있다고 말했다. 그러나 실제로 테스트를 해보면, 그들은 같은 계열의 색깔끼리 성공적으로 연결시킬 수 있다. 그들은 무지개를 보면서 색깔의 섬세한 차이를 인식할 수 있지만, 이런 차이를 언어로 표현하지는 않는다. 원시인들은 생물학적으로 색맹이 아니지만, 문화적으로는 색맹이다.

마찬가지로 대부분의 사람은 안티프래질에 대해 생물학적으로는 아니지만 지적으로는 맹인이다. 그 차이를 이해하기 위해 색깔의 섬세한 차이를 설명하기 위한 이야기를 구성할 때에는 '블루blue'라는 이름이 필요하지만, 행동으로 옮길 때에는 이름이 필요하지 않다는 사실을 생각해보라.

우리는 지금 당연하게 여기는 많은 색깔에 대해서 과거 오랜 세월 동안 이름을 붙이지 않았다. 서구 문화에 관한 주요 문헌을 보아도 이런 색깔에 대한 이름이 등장하지 않는다. 지중해 지역의 고대 그리스인들과 유대인들은 어두움과 밝음에 관련된 색깔을 몇 안 되는 단어를 써서 표현했다. 예를 들어, 호머가 살던 시대에는 색깔을 표현하는 단어가 3~4개밖에 되지 않았다. 검정색, 흰색, 무지개의 애매한 부분을 표현하는 빨간색 혹은 노란색이 전부였다.

나는 도이처와 직접 이야기를 나눈 적이 있다. 그는 아주 친절하게 설명해주었는데, 고대에는 블루처럼 기본적인 색을 표현하는 단어조차도 없었다고 했다. 고대 그리스인들이 블루라는 단어를 사용하지 않았다는 사실은 호머가 '어두운 와인색의 바다oinopa ponton'라는 표현을 반복적으로 사용한 것에서도 알 수 있다. 사실 이런 표현은 나를 포함해 많은 독자들을 어리둥절하게 만든다.

흥미롭게도, 이 사실을 처음 발견한 사람은 1850년대 영국 수상을 네 번이나 역임했던 윌리엄 글래드스턴William Gladstone이었다(부당하게도 그는 이 때문에 저널리스트들로부터 많은 비난을 받기도 했다). 상당히 박식했던 글래드스턴은 정치적 공백 기간 중에 호머를 주제로 1700쪽에 달하는 인상적인 논문을 썼다. 그는 논문의 마지막 부분에서 호머의 시에는 색깔과 관련된 단어가 제한적으로 나온다고 설명하면서, 그 이유를 인류가 여러 세대에 걸쳐 시각을 훈련시켜왔기 때문에 현대인들이 더 많은 색깔을 민감하게 느낄 수 있다는 데서 찾았다. 그러나 문화의 시대적 흐름에 따른 색깔의 다양성과 무관하게, 사람들은 기본적으로 색맹이 아니라면 색깔의 섬세한 차이를 인식할 수 있다.

글래드스턴은 여러 가지 면에서 인상적인 사람이었다. 박식하고 캐릭터가 강했으며, 약자를 존중하는 마음을 가졌고 에너지가 넘쳤으며, 지적으로도 용감하게 행동했다. 게다가 뛰어난 예지 능력을 지니고 있었다. 그는 동시대 사람들이 감히 상상조차 할 수 없는 사실을 생각해냈는데 호머의 서사시 〈일리아드〉가 실제 이야기라는 것이었다(당시에는 트로이가 아직 발견되지 않았다). 또한 이 책의 내용과 관련해 그가 보여준 더욱 뛰어난 예지 능력은 바로 균형재정을 주장했다는 점이다(재정적자는 사회·경제 시스템을 취약하게 만드는 근본적인 원인이다).

원시 단계의 안티프래질

지난 과거를 돌이켜보면, 안티프래질의 개념을 설명하기에 적당한 이름이 두 가지 있었다. 이 이름은 특별한 경우에 해당되는 안티프래질을 가장 먼저 설명해줄 수 있다. 또한 안티프래질의 온건한 측면에 해당되고 의학 분야에만 한정되지만, 이야기를 시작하기에는 좋은 출발점이다.

전해져 내려오는 이야기에 따르면, 소아시아 지역의 폰투스 왕 미트리다테스 6세 Mithridates VI는 부왕의 암살 이후 숨어 지내면서, 독살로부터 자신을 지키기 위해 독극물의 복용량을 더욱 늘려서 나중에는 치사량에 가까운 양을 섭취하려고 했다. 그는 그 과정을 복잡한 종교의식으로까지 발전시켰다. 그러나 독극물에 대한 면역력이 생기면서, 음독자살하려던 미트리다테스 6세의 시도는 실패로 돌아가게 되었다. 결국 그는 동맹국의 장수에게 자신의 목을 쳐달라고 부탁함으로써 생을 마감했다.

고대의 명의 셀수스Celsus에 의해 안티도툼 미트리다티움Antidotum Mithridatium으로 알려진 이 방법은 로마에서 상당히 유행했다. 이 방법은 그로부터 100년이 지나 네로 황제가 어머니를 살해하려고 했을 때도 문제를 일으켰다. 네로 황제는 칼리굴라Caligula 황제의 여동생이자 자신의 어머니인 아그리피나Agrippina를 살해하려는 생각에 사로잡혀 있었다(파란만장한 삶을 살았던 아그리피나는 나중에 철학자 세네카Seneca와도 내연의 관계였다고 전해진다. 세네카에 관한 이야기는 나중에 또 하겠다). 그러나 아그리피나는 하나밖에 없는 아들이 어떤 행동을 할 것인지 잘 알고 있었고, 자신이 남편 중 한 사람을 죽일 때 사용했던 독약에 대해서도 알고 있었다. 그래서 아들이 자신을 독살하리라는 의심을 하고는, 아들의 부하가 전해줄 독약에 대한 면역력을 강화하려고 했다. 결국 네로 황제는 자객들에게 자기 어머니를 칼로 찔러 죽이라는 명령을 내리게 되었고, 아그리피나는 미트리다테스 6세와 같은 방식으로 죽음을 맞이했다. 우리는 이런 역사적 사실로부터 사람들은 모든 것에 대해 강건해질 수는 없다는, 작지만 의미 있는 교훈을 얻게 된다. 그리고 2000년이 지난 지금도 칼날 앞에서 죽지 않고 버텨내는 사람은 아무도 없다.

면역력을 높이기 위해서 독성 물질을 소량으로 투약하는 방법이 있다. 그러면 시간이 지나면서 그 물질이 조금 더 들어오더라도 내독성이 생기는데, 이 방법을 미트리다티제이션Mithridatization이라고 부르자. 백신 접종이나 알레르기 약에 많이 사용되는 방법이다. 이전에 비해 조금 더 강건해지기는 했지만, 아직은 안티프래질이라고 말할 단계는 아니다. 하지만 안티프래질을 향해 가고 있는 중이다. 여기서 우리는 독성 물질을 투약하지 않으면 취약해질 것이고, 강건해지려면 독성 물질을 소량으로 투약해야 한다는 암시를 얻었다.

이제 소량의 독성 물질이 우리 몸을 한층 더 강건하게 해주는 경우를 생각해보자. 약리학자들은 소량의 독성 물질이 실제로 인체에 유익한 약물로 작용하는 현상을 호르메시스hormesis라고 말한다. 즉 인체에 해롭기는 하지만 소량이라면, 과잉반응을 촉진하면서 대체로 유익하게 작용하는 현상을 의미한다. 우리는 이런 현상을 '해로운 물질로부터 얻는 혜택'의 관점이 아니라 '해로움 혹은 약효는 복용량에 달려 있다.'는 관점에서 해석해야 한다. 지금 과학자들은 복용량과 반응 간의 비선형성에 흥미를 갖고 있다.

옛날 사람들도 호르메시스를 잘 알고 있었다(블루를 알고는 있었지만 언어로 표현하지 않았던 것과 마찬가지로 말이다). 1888년이 되어 호르메시스를 최초로 과학적으로 설명한 사람은 독일의 독물학자 휴고 슐츠Hugo Schulz였는데, 이때에도 여전히 호르메시스라는 이름이 부여되지는 않았다. 슐츠는 독성 물질을 소량으로 투입하면 효모의 성장을 촉진하지만 다량으로 투입하면 해롭게 작용한다는 사실을 관찰했다. 일부 과학자들은 채소의 장점을 우리가 비타민이라고 부르는 것, 또는 다른 방식으로 합리화시킨 이론(다시 말해서, 이야기 그 자체로는 타당성이 있어 보이지만 경험적으로는 엄격한 검증을 거치지 않은 아이디어)으로 설명하기는 어렵다고 주장한다. 오히려 식물은 독성 물질을 함유하는 식으로 자신을 지켜내고 다른 포식자들을 물리치는데, 우리가 채소를 적당히 섭취하면 이 물질이 우리 몸을 돋우게 된다고 설명한다. 즉 독성 물질을 소량으로 섭취하면 건강에 도움이 된다.

많은 과학자들은 실험실의 동물을 대상으로 칼로리 공급량을 줄이면 (일시적이든 영구적이든 간에) 건강해지고 움직임이 활발해지며, 무엇보다 수명이 길어진다고 주장한다. 인간의 경우, 칼로리 공급량을 줄였을 때 수명이 길어진다면 연구자들은 이 가설을 검증할 수 없게 된다(이런 가설이 옳다면, 실험 대상자들이 연구자들보다 더 오래 살기 때문이다). 하지만 인간은 칼로리 공급량을 줄이면 더 건강해질 것으로 보인다(그리고 유머 감각도 더 나아질 것으로 보인다). 그러나 지나칠 정도로 많은 칼로리가 정반대의 효과를 지니기 때문에, 일시적인 칼로리 감소는 다음과 같이 해석할 수 있다.

지나칠 정도로 규칙적인 식사는 우리 몸에 좋지 않다. 그리고 공복으로 인한 스트레스를 느끼지 못하면 결국 수명을 단축하는 결과를 초래할 수 있다. 따라서 호르메시스는 인간에게 적당한 음식 섭취량과 굶주림의 관계를 재설정해준다. 다시 말하면 호르메시스는 표준을 의미하며, 호르메시스의 부재는 우리에게 해로운 결과를 초래한다.

1930년 이후로 호르메시스는 과학적인 관심의 대상으로부터 사라지게 되었다. 그 이유는 일부 사람들이 이를 동종요법homeopathy과 연관시켜서 생각했기 때문이다. 그러나 호르메시스와 동종요법은 그 메커니즘이 크게 다르기 때문에 이런 연관은 적절하지 않다. 동종요법은 미세하고도 효력이 매우 약화된 병원체(지각하기 불가능할 정도로 매우 작아서 호르메시스를 일으킬 수 없다)가 해당 질병을 치료하는 데 도움이 되는 경우를 의미한다. 이 요법은 경험적 근거가 부족하기 때문에 오늘날에는 대체의학에 포함된다. 반면, 하나의 현상으로서 호르메시스의 경우에는 이를 뒷받침하는 과학적 근거가 충분하다.

여기서 중요한 사실은 스트레스의 근원을 제거하는 것이 반드시 좋은 결과를 만들지는 않으며, 명백하게 해로운 결과를 초래할 수도 있다는 것이다.

영역 독립은 영역 의존성을 의미한다

한 가지 측면만 파악하고 다른 측면은 파악하지 못하는 사람들은 어느 정도 스트레스가 필요하다는 생각을 놓치고 있다. 따라서 우리는 인간의 특징 중 하나인 '영역 의존성domain dependence' 현상을 확인할 수 있다. 여기서 영역이란 행위의 영역을 의미한다. 어떤 사람은 특정 영역(예를 들어 의학)을 잘 이해할 수 있지만, 다른 영역(예를 들어 사회와 경제 현상)을 잘 인식하지 못할 수 있다. 혹은 교실에서 가르치는 내용은 잘 이해하지만 현실에서 벌어지는 복잡한 구조는 잘 이해하지 못할 수도 있다. 인간은 자신에게 익숙한 상황을 벗어나면 다른 상황을 잘 인식하지 못하는 경향이 있다.

나는 도시를 사칭하는 두바이의 어느 호텔 진입로에서 영역 의존성의 생생한 사례를 경험한 적이 있다. 은행업자로 보이는 어떤 사람이 제복을 입은 짐꾼에게 자신의 짐을 나르도록 시키고 있었다(나는 은행업자만 보면 알레르기 반응을 일으키고 심지어 숨이 가빠지기도 하기 때문에 최소한의 단서만 가지고도 어떤 사람이 은행업자인지 금방 알아낼 수 있다). 15분 정도 지나서 헬스 센터에서 그 사람을 다시 보게 되었다. 그는 처음에는 프리웨이트를 했고, 그 다음에는 케틀벨을 사용했는데 그 모습이 마치 서류 가방을 흔드는 동작처럼 보였다. 이처럼 영역 의존성은 광범위하게 퍼져 있다.

게다가 문제는 미트리다티제이션과 호르메시스가 의학 분야에서는 잘 알려져 있고 사회와 경제 분야에서는 간과되고 있다는 데에만 국한되지 않는다는 점이다. 의학 분야에서도 어떤 경우에는 잘 적용되지만 다른 경우에는 간과되고 있다. 같은 의사라도 튼튼해지려면 운동을 해야 한다고 권하면서, 몇 분 뒤에는 작은 감염에도 병들지 말라고 항생제 처방전을 써주기도 한다.

영역 의존성의 또 다른 경우를 살펴보자. 미국 시민에게 의회의 간섭을 받지 않고 상당히 독립적으로 운영되는 반관반민 기관이 자동차, 신문, 말벡 와인의 가격을 통제해야 되는지 물어보라. 아마도 펄쩍 뛰면서 화를 낼 것이다. 이런 가격 통제는 미국이 가치를 두는 모든 원칙을 위반하기 때문이다. 그리고 당신을 소련 해체 이후의 공산주의자라고 의심할 것이다. 그렇다면 같은 기관이 유로화 혹은 몽골의 투그락화 대비 환율을 통제할 수 있는지 물어보라. 같은 반응을 보일 것이다(프랑스에서는 그러지 않는다). 그러면 미국 연방준비은행이 또 다른 상품의 가격인 대출 이자율을 통제하는 역할을 성공적으로 수행하고 있다고 점잖게 지적해보라. 공화당 대통령 후보이자 자유론자인 론 폴Ron Paul은 연방준비은행을 폐지하거나 그 역할을 축소하자고 주장하는 독특한 사람이었다. 그러나 그가 다른 상품의 가격을 통제하는 기관의 창설을 주장하더라도 독특한 사람이 되기는 마찬가지다.

언어를 배우는 데 소질이 있기는 하지만 어떤 언어의 개념을 다른 언어로 전달하지 못한다면, 이 사람은 새로운 언어를 습득할 때마다 '의자', '사랑', '애플파이'와 같은 단어를 다시 배워야 한다. 이 사람은 영어의 '하우스house', 스페인어의 '카사casa', 셈어의 '비트byt'를 분간하지 못할 것이다. 마찬가지로 우리 모두 서로 다른 상황에서 같은 개념을 접했을 때 개념을 제대로 분간해내지 못한다. 이 사실은 우리가 사물의 가장 피상적인 부분(예를 들어 선물의 포장지)에 의해 속을 수밖에 없다는 뜻처럼 여겨진다.

바로 이런 이유 때문에 도처에 너무나 명백하게 존재하는 안티프래질을 인식하지 못한다. 성공, 경제성장, 혁신이 스트레스 요인에 대한 과잉보상overcompensation에서 비롯된다고 보는 사고방식은 인식하면서 말이다. 또한 우리는 다른 곳에서 작용하는 이런 과잉보상을 제대로 인식하지 못하고 있다(그리고 영역 의존성은 많은 연구자들이 불확실성, 불완전한 이해, 무질서, 가변성이 무질서과의 구성원이라는 사실을 인식하기 어려운 원인이기도 하다). 개념 전달의 어려움은 인간이 가져야 하는 지적 장애요인이다. 그리고 우리는 이런 장애요인을 극복하고 타개하기 위한 노력을 기울일 때 지혜와 합리성을 얻을 수 있다.

다음 장에서는 과잉보상에 관해 자세히 살펴보자.

도처에서 찾아볼 수 있는 과잉보상과 과잉반응

히스로 공항 활주로에서 글을 쓸 수 있을까? / 교황에게 당신의 책을 금서로 지정해달라고 부탁하라 / 경제학자를 두들겨 패는 방법(그러나 너무 세게 패지 말고, 감옥에서 얼마간 지낼 정도로만 패라)

언젠가 영국 정부에서 정책 자문가로 일하는 데이비드 핼펀David Halpern의 사무실을 방문했을 때 나 자신의 영역 의존성이 갑자기 떠올랐다. 내가 안티프래질에 관해 말을 꺼내자, 그는 외상후 스트레스 증후군post traumatic stress syndrome의 반대 개념인 외상후 성장post-traumatic growth에 관해 설명해 주었다. 이는 시련을 겪으면서 더욱 성장해가는 것을 의미한다.

창피한 이야기지만, 나는 외상후 성장에 관해서 들어본 적도 없고 그 존재를 생각해본 적도 없었다. 외상후 성장에 관한 문헌은 많지 않았고 심리학 분야를 벗어나서는 널리 알려지지도 않았다. 우리는 외상후 스트레스 증후군에 관한 끔찍한 이야기는 많이 듣지만, 지식인들 사이에서 회자되는 전문 용어인 외상후 성장에 관해서는 들어본 적이 별로 없다. 그러나 '아픈 만큼 성숙해진다'는 표현에서 알 수 있듯이, 일반인들은 외상후 성장에 해당되는 현상을 이해하고 있다. 또 지중해 주변 국가들의 고전 문학작품, 할머니들이 들려주는 옛날 이야기에서도 마찬가지다.

학자들은 무작위성에서 비롯되는 긍정적인 반응(안티프래질)보다는 부정적인 반응(프래질)에 관심을 갖는 경향이 있다. 이런 경향은 심리학뿐만 아니라 다른 분야도 마찬가지다.

어떻게 혁신을 이루어내는가? 먼저 절망적이지는 않더라도 심각하게 어려운 상황에 빠져보라. 나는 필요가 혁신과 발전을 낳는다고 믿는다. 이런 혁신과 발전은 초기 발명 혹은 발명을 위한 시도의 예상치 못한 부작용에서 발생되는 필요를 충족시키는 수준을 훨씬 뛰어넘는 방식으로 전개된다. 물론 라틴어 속담 중 '배고픔이 발전을 낳는다.'는 말에서 알 수 있듯이, 옛날 사람들도 같은 생각을 했다. 이런 생각은 고전 문학작품에서도 엿볼 수 있는데, 로마의 시인 오비디우스Ovid는 "곤경은 천재를 일깨워준다."고 했다. 이 문장을 달리 표현하자면 '안 좋은 일이 생기면 전화위복의 계기로 삼자.'는 의미다.

곤경에 과잉반응해 엄청나게 많은 에너지를 분출하는 것이 바로 혁신이다!

옛날부터 전해오는 이 메시지는 보기보다 아주 심오한 의미를 담고 있다. 이것은 다양한 수준의 혁신과 진보에 관한 현대적인 방법이나 생각과는 상충된다. 왜냐하면 우리는 혁신이 정부의 자금 지원과 계획을 통하거나 혹은 하버드 경영대학원에서 혁신과 기업가 정신을 가르치는 유명 교수(그는 무엇인가를 혁신시켜주는 사람이 결코 아니다)의 강의를 듣는 데서, 또는 컨설턴트(그 역시 마찬가지로 무엇인가를 혁신시켜주는 사람이 아니다)를 고용하는 데서 비롯된다고 생각하는 경향이 있기 때문이다. 그러나 잘못된 생각이다. 산업혁명에서부터 실리콘 밸리의 등장에 이르기까지 교육받지 않은 기술자와 기업가들이 기술 진보를 위해 엄청나게 공헌했던 사실을 상기해보면 내 말을 금방 이해할 수 있을 것이다.

그러나 한눈에 보이는 상반되는 증거와 옛날부터 전해져 내려오는 쉽게 얻을 수 있는 지혜에도 불구하고, 현대인들은 '필요는 발명의 어머니'라는 생각을 수용하기보다 편안하고 안정되고 예측 가능한 상황에서 혁신을 추구하려고 한다.

로마의 위대한 정치가 카토와 마찬가지로, 많은 사람들이 어떤 형태가 되었든 편안함을 쇠퇴로 가는 지름길로 생각한다.[1] 카토는 의지가 약해질 것을 우려해 너무 쉽게 얻을 수 있는 편안함을 추구하지 않았다. 그리고 그가 두려워하는 연약함은 개인적인 차원의 문제가 아니었다(사회 전체를 병들게 할 수 있다).

생각해보라. 내가 이 글을 쓰고 있는 지금, 우리는 채무 위기를 겪고 있다. 전체적으로 보면, 세계 경제는 지금보다 더 부유했던 적이 없고,

---

[1] 『행운에 속지 마라』에 나오는 정치가 카토는 로마에서 그리스 철학자를 추방시킨 인물이다.

주로 빌린 돈으로만 살아가다 보니 지금보다 더 심하게 빚에 의존해본 적도 없다. 각종 정보와 데이터는 우리가 더 부유해질수록 소득의 범위 내에서 살아가기 힘들다는 사실을 보여준다. 풍요로움은 결핍보다 관리하기가 더 어렵다.

항공기의 자동화가 조종사들에게 지나칠 정도로(심지어 위험할 정도로) 편안한 환경을 제공하여 그들의 도전정신을 희석시킨다는 최근 입증된 결과를 듣는다면, 카토는 아마 회심의 미소를 지을 것이다. 도전정신이 부족한 미숙한 조종사가 따분한 상태에서 항공기를 조종한다면, 대형 사고로 이어질 가능성이 높다. 항공기의 자동화 비율을 높이는 미국 연방 항공국Federal Aviation Administration, FAA 규정에 일부 문제가 있지만, 다행스럽게도 FAA는 최근 이런 문제를 깨달았다. 조종사들이 자동화된 시스템에 따르는 엄청난 책임을 종종 잊어버리고 있다는 사실을 말이다.

경마에서 이기려면

경주마는 자기보다 열등한 경주마와 경쟁하면 지고, 자기보다 더 우수한 경주마와 경쟁하면 이긴다는 말이 있다. 스트레스 요인이 없을 때 (즉 호르메시스의 반대로서 도전정신이 결여된 상태일 때) 나타나는 보상 부족undercompensation은 가장 뛰어난 경주마에게 최선의 결과를 주지 못한다. 프랑스의 시인 보들레르Baudelaire는 신천옹이 거대한 날개 때문에 걸어다니지 못한다고 했다. 또 많은 학생들이 기본 미적분보다 심화

미적분에서 더 좋은 점수를 얻는다.

이런 과잉보상의 메커니즘은 가장 있을 법하지 않은 곳에서 발생하곤 한다. 장거리 여행 이후에 피로를 느낀다면, 휴식을 취하기보다 헬스 센터로 간다. 또 긴급하게 처리해야 할 일이 있으면, 그 일을 사무실에서 가장 (혹은 두 번째로) 바쁜 사람에게 주는 것도 널리 알려진 방법이다. 시간이 남아돌면 게을러지고 동기를 잃게 되면서 시간을 허비하는 경우를 많이 본다. 바쁠수록 다른 일도 더욱 능동적으로 처리한다. 과잉보상은 바로 이런 경우에 발생한다.

나는 강연을 하면서 한 가지 요령을 발견했다. 컨퍼런스 주최자는 강연하는 사람이 텔레비전 아나운서처럼 분명하게 발음해야 하고, 심지어 필요하다면 청중의 관심을 끌기 위해 춤도 춰야 한다고 말한다. 어떤 사람은 저자에게 스피치 스쿨에 다닐 것을 권하기도 한다. 나도 이런 제안을 처음 받고 화가 나서 강연장을 떠나며 출판사를 바꾸겠다고 결심한 적이 있다. 나는 시끄럽게 이야기하는 것보다 조용하게 이야기하는 것이 더 낫다고 생각한다. 약간은 알아듣기 힘들게, 그리고 덜 분명하게 이야기하는 것이 좋다.

곡물 트레이더(경매가 끊임없이 이루어지는 곳에서 많은 사람들에게 미친 듯이 소리를 지르는 사람)로 일하던 시절, 나는 목소리는 서열에 반비례한다는 사실을 깨달았다. 마피아의 거물처럼 가장 힘 있는 사람은 조용하게 말한다. 강사는 청중이 열심히 듣도록 자제력을 발휘해야 한다. 이렇게 해서 청중으로 하여금 집중하도록 만들어야 한다. 이런 집중의 역설은 어느 정도 확인된 바가 있다. '어눌함'이 갖는 효과가 이를 경험적으로 입증해준다. 이때 우리는 정신을 집중하면서 두뇌를 더욱 활발하고 분석적으로 움직이려고 한다.² 경영학의 구루 피터 드러커Peter Drucker와 심리학자 자크 라캉Jacques Lacan은 발음을 정확하고 깔끔하게 하는 텔레비전 아나운서와 대조되는 사람들이다. 하지만 그들은 청중이 집중할 수 있도록 능숙한 솜씨로 최면을 걸었다.

우리가 소음이 약간 있을 때 더 잘 집중할 수 있는 것도 이런 과잉보상의 메커니즘 때문이다. 마치 소음에 대항해 집중력을 연마하기라도 하는 것처럼 말이다. 많은 사람들이 큰 소리로 웃고 떠들고 있더라도 우리는 휴식을 취하는 동안 소음을 걸러내고 신호를 분간할 줄 아는 능력을 지니고 있다. 따라서 과잉보상의 메커니즘에 따라 행동할 뿐만 아니라 소음이 필요할 때도 있다. 나는 다른 작가들과 마찬가지로 카페에서 일을 한다. 나뭇잎이 바람에 흔들리는 소리를 듣거나 파도 소리를 들으면서 잠을 청할 때를 생각해보라. 또 깊이 잠들 수 있도록 백색 잡음white noise †을 일으키는 전기 장치도 있다. 이처럼 주의를 산만하게 하는 작은 요인들은 호르메시스적 반응hormetic response과 마찬가지로 일정 수준에서만 효과가 있다. 아직 시도해보지는 않았지만, 히스로 공항Heathrow airport 활주로에서 글을 쓰기란 확실히 불가능할 것 같다.

---

2 이런 약간의 노력은 서로 다른 두 개의 멘탈 시스템 간의 전환을 일으킨다. 이 두 가지 시스템 중 하나는 직관적으로 작용하고 다른 하나는 분석적으로 작용하는데, 심리학자들은 이들을 시스템 1, 시스템 2라고 부른다.

† 백색 잡음에서 '백색'에 특별한 의미가 있는 것은 아니다. 백색 잡음은 단순히 정규분포를 따르는 무작위적인 잡음을 의미한다.

여분으로서의 안티프래질적 반응

런던에서 '외상후'라는 말을 들었을 때 무엇인가 떠오르는 것이 있었다. 그것은 바로 이런 안티프래질의 특징을 갖는 호르메시스적 반응은 일종의 여분redundancy에 불과하다는 생각이었다. 그리고 대자연에 관한 모든 생각이 내 마음속에서 하나로 통합되고 있다는 느낌을 받았다. 바로 여분에 관한 생각이었다. 자연은 스스로 알아서 초과 보험에 가입하려고 한다.

자연이 위험을 관리하는 주요 방식은 바로 여분을 갖는 것이다. 우리는 두 개의 신장을 가지고 있다. 회계 직원을 둘 때도 마찬가지다. 또 많은 경우 여분의 부품, 여분의 용량을 가지고 있다(폐, 신경계, 동맥 혈관 등을 생각해보라). 반면 우리 인간은 아낌없이 쓰면서 여분을 비축해 두지 않는 경향을 가지고 있다. 지금 우리는 사상 초유의 채무 위기를 겪고 있지 않은가? 또 현금 5만 달러를 은행에 예치하거나 매트리스 밑에 두는 것은 여분이며, 은행에서 같은 금액을 빌리면 여분에다 마이너스 부호를 붙인 것이다. 여분은 드문 경우가 발생하지 않는다면 낭비처럼 여겨질 수 있기 때문에, 이 두 가지를 구분하기가 애매할 수도 있다.

더구나 여분은 반드시 겁이 많다는 것을 의미하지는 않는다. 오히려 상당히 공격적인 의미를 갖고 있다. 예를 들어, 당신이 혹시나 하는 마음으로 창고에 여분의 비료를 쌓아두었다고 하자. 만약 중국이 비료 공급을 중단해 비료가 부족해지면, 그 여분을 팔아 엄청난 이익을 챙길 수 있다. 또 여분의 석유를 비축해두면 공급이 부족해질 때 팔아서 이익을 얻을 수 있다.

같은 논리가 과잉보상에도 적용된다. 과잉보상은 일종의 여분이다. 히드라가 추가적으로 얻는 머리는 인간이 갖는 여분의 신장과 다르지 않다. 또 추가적인 스트레스 요인을 견뎌내는 능력 향상과도 다르지 않다. 당신이 15밀리그램의 독성 물질을 소화했다면 당신의 몸은 20밀리그램 이상도 소화해낼 수 있고, 의도하지는 않았지만 더욱 튼튼해질 것이다. 이처럼 당신이 견뎌낼 수 있는 5밀리그램에 달하는 추가적인 독성 물질은 요긴하게 쓰이게 될 제품을 추가로 쌓아두는 것과 같다. 은행에 현금을 예치하거나 창고에 식량을 쌓아두는 것처럼 말이다. 그리고 혁신의 원동력을 생각해보자. 퇴보에서 비롯되는 동기와 의지력이 더해지면 혁신 능력은 더욱 향상될 수 있다. 그것은 식량을 추가로 쌓아두는 것과 같다.

　과잉보상은 항상 과도한 형태로 나타난다. 더욱 나쁜 결과에 대비하고 더욱 큰 위험 가능성을 염두에 두면서 여분의 능력과 힘을 키우도록 한다. 물론 편의주의적인 측면에서 볼 때, 이런 여분의 능력과 힘은 그 자체로 유용하다. 여분은 편의주의적이며, 여분의 능력과 힘은 위험이 없는 경우에도 커다란 이익을 줄 수 있다. 앞으로 MBA 학위를 가진 애널리스트 혹은 경영학 교수가 되려는 사람을 만난다면, 여분은 방어를 위한 것이 아니라고 말해주라. 여분은 보험이라기보다 투자에 가깝다. 그리고 우리가 비효율적이라고 부르는 것이 때로는 상당히 효율적이라는 이야기도 전해주라.

　실제로 우리 몸은 상당히 정교한 방식으로 위험의 가능성을 우리 이성보다 더 정확하게 찾아내고 판단한다. 예를 들어, 리스크 관리 전문가는 과거를 통해 최악의 시나리오에 관한 정보를 얻고 이를 활용해 미래의 위험을 추정한다. 이런 방법을 '스트레스 테스팅stress testing'이라고 부른다. 그들은 역사적으로 최악의 불황, 최악의 전쟁, 최악의 이자율 혹은 최악의 실업률을 미래에 발생하게 될 최악의 상황에 대한 정확한 추정 결과로 생각한다. 그러나 그들은 다음과 같은 비일관성을 간과하고 있다. 이른바 최악의 상황은 지금까지 발생했던 최악의 상황을 능가한다는 점을 말이다.

나는 이런 정신적 결함을 '어리석은 자들은 자기가 보았던 가장 높은 산을 세계에서 가장 높은 산이라고 믿는다.'고 말했던 로마의 시인이자 철학자 루크레티우스Lucretius의 이름을 따서 '루크레티우스 문제the Lucretius problem'라고 불렀다. 어떤 종류가 되었든, 사람은 이미 보았거나 들었던 것 중에서 가장 큰 것을 존재 가능한 가장 큰 대상으로 생각한다. 그리고 이런 식의 판단을 오랫동안 해왔다. 관료들이 처음으로 완전한 형태의 하향식으로 통치했던 민족국가인 고대 이집트에서는 나일강 수위가 가장 높았을 때를 표시하고는 이를 미래에 발생하게 될 최악의 시나리오로 추정했다.

2011년 해일이 몰려왔을 때 발생했던 후쿠시마 원전 사고도 마찬가지다. 후쿠시마 원자로는 과거에 발생했던 최악의 지진을 염두에 두고 설계되었지만, 이보다 훨씬 더 심한 재앙은 고려하지 않았다. 그리고 과거에 발생했던 최악의 사건은 예기치 않게 일어났던 전례에도 없던 일이라는 사실을 생각하지 못했다. 마찬가지로 연방준비은행의 총재를 지냈던 '프래질리스타' 앨런 그린스펀Alan Greenspan은 의회에 출석해 "이전에는 그런 일이 일어나지 않았습니다."라는 유명한 변명을 늘어놓았다. 그린스펀과 달리, 자연은 더 나쁜 상황이 발생할 수 있다고 가

정하면서 과거에 발생하지 않았던 상황에 대비한다.[3]

인간이 마지막 전쟁을 치렀다면, 자연은 그 다음에 있을 전쟁을 준비한다. 우리 몸은 미래에 대비해 이성보다 더욱 풍부한 상상력을 갖고 있다. 웨이트 트레이닝을 생각해보자. 우리 몸은 여러 가지 악조건에 넘칠 정도로 대비한다(물론 생물학적 한계까지다). 그리하여 몸은 더욱 강해진다.

금융위기의 여파로 나는 온갖 종류의 협박을 받았다. 〈월스트리저널The Wall Street Journal〉은 나에게 경호원을 고용하라고 권하기까지 했다. 나는 속으로 '걱정하지 말자. 이런 협박을 하는 사람은 불만을 품은 은행업자들일 거야.'라고 생각하고 마음을 다지려고 노력했다. 어쨌든, 사람들은 처음에는 공황 상태에 빠져들지만, 나중에는 정신을 차리고 금융위기에 관한 기사를 읽는다(그러나 반대 순서로 행동하지는 않는다). 그러나 이런 원칙은 나에게 해당하지 않았다. 런던이나 뉴욕에 있을 때 나는 카밀레 차를 마시고도 마음을 진정시키지 못했다. 나는 피해망상에 빠져들기 시작했다. 사람들이 많은 곳에서는 누군가가 나를 미행하고 있다는 생각까지 했다.

경호원을 고용하라는 제안을 심각하게 받아들이고는, 나 자신이 경호원이 되거나 경호원처럼 보이는 것이 더 낫다(훨씬 더 경제적이다)고 생각했다. 그 무렵 체중이 130킬로그램이나 되는 트레이너인 레니 케

---

[3] 이처럼 명백한 사실이 경험적으로 입증되지는 않았다. 과거의 역사를 가지고 극단적인 사건의 발생을 예상할 수 있는가? 간단한 테스트만으로, 유감스럽게도 그렇지 않다는 답이 나온다.

이크Lenny Cake를 알게 되었다. 그는 야간에 경비원으로도 일했다. 그의 별명과 체중은 그가 케이크를 좋아한 데서 비롯되었다. 어쨌든 나이가 60세인 레니 케이크는 주변에서 신체적으로 가장 위압감을 주는 사람이었다. 나는 트레이닝을 받기보다 그가 운동하는 모습을 살펴보았다. 케이크는 자신이 들어 올릴 수 있는 바벨의 중량을 최대로 끌어올리는 데에만 관심을 두고 훈련하고 있었는데, 이 방법이 가장 효과적이고 시간을 절약할 수 있다고 생각하는 것 같았다.

이 방법은 과거에 들어 올렸으며 현재에 들어 올릴 수 있는 바벨의 최대 중량을 늘리는 데에 관심을 갖게 만든다. 마치 나일강 수위를 표시하는 것처럼 말이다. 이에 따라 운동을 하면, 같은 동작을 반복하면서 시간을 지루하게 보내기보다 이전의 기록을 초과하는 데 관심을 기울이게 된다. 나는 이런 웨이트 트레이닝을 통해 우리 몸에 내재된 자연의 원리를 알게 되었다. 그 원리는 근거에 바탕을 둔 다음 이야기와도 일치한다. "신기록을 향해 달려가라. 그리고 남은 시간에 쉬면서 스테이크를 실컷 먹어라."

나는 지난 4년 동안 나 자신의 한계를 끌어올리기 위해 노력했다. 그리고 내 몸 안의 무엇인가가 과거의 최대 중량보다 더 높은 수준을 예상하고 있다는 사실이 놀라웠다. 150킬로그램에 달하는 바벨을 들어 올리기 위해 필사적으로 힘을 쓴 다음에 휴식을 취하면서, 내 몸이 다음에는 152킬로그램을 들어 올릴 것으로 예상하고 힘을 키워가고 있다는 사실을 느꼈다. 덕분에 피해망상을 극복하고 사람들이 많은 곳에서도 마음의 안정을 유지할 수 있었을 뿐만 아니라, 예상하지도 못했던 약간의 편익까지 얻었다. 케네디 공항에서 택시 기사들이 계속 승차를 권유하면서 귀찮게 하자, 화가 나서 낮은 목소리로 "썩 꺼져!"라고 말한 적이 있었다. 그러자 택시 기사들은 바로 달아났다.

그러나 심각한 단점도 있다. 컨퍼런스에서 만난 독자들 중 일부는 경호원처럼 생긴 저자를 보면서 마음이 편하지 않았을 것이다. 저자들은 주로 마른 체형에 연약한 모습을 한, 모직 재킷을 입었을 때에는 정말 볼품이 없는 사람들이니까 말이다. 그러나 푸줏간 주인처럼 생기지는 않았다.

나의 지적 라이벌(개인적으로는 친구이다)이자 리스크 애널리스트 아론 브라운 Aaron Brown이 다음과 같은 주장을 한 적이 있는데, 이는 다원주의자들이 깊이 생각해볼 만한 가치가 있다. 적응이라는 표현은 그 자체로 상당히 부정확하고 애매하다. 바로 이런 이유 때문에, 단순한 적응을 뛰어넘는 개념인 안티프래질이 혼란을 명료하게 해줄 수 있다. 적응은 어떤 의미를 갖는가? 고유의 환경이 갖는 역사에 정확하게 맞추는 것일까, 아니면 강력한 스트레스 요인을 지닌 환경을 추정하는 것일까? 사람들은 안티프래질의 개념은 간과한 채, 첫 번째 종류의 적응을 생각하는 경향이 있다. 그러나 선택에 관한 표준 모델을 수량적으로 표현하자면, 단순한 적응이 아니라 과잉보상을 의미한다.[4]

외상후 성장의 안티프래질적 반응을 연구하던 심리학자들조차 적응의 개념을 완전히 깨닫지 못하고 '회복력'으로 이해하고 만다.

---

[4] 간단한 필터링 원칙을 가정해보자. 종을 이루는 모든 구성원들은 생존을 위해 목 둘레가 40센티미터는 되어야 한다. 몇 세대가 지나고 나면 살아남은 구성원들의 목 둘레 평균은 40센티미터보다 클 것이다. 이를 기술적으로 설명하자면, 흡수 장벽 absorbing barrier이 있는 확률 과정 stochastic process의 평균은 주어진 장벽보다 더 높게 나타난다.

소요, 사랑의 안티프래질과 그 밖의 스트레스가 주는 생각지 못한 혜택

영역 의존성을 극복하려고 노력하는 순간, 과잉보상 현상이 도처에서 나타난다.

생물학에서 박테리아의 저항을 이해한 사람은 세네카의 저서 『디 클레멘시아 De Clemencia』에 나오는 처벌의 역효과에 관한 다음 설명을 이해하지 못한다. 세네카는 "나뭇가지를 쳐내면 수많은 나뭇가지가 다시 자라나듯이, 처벌을 반복하다 보면 몇몇 사람의 증오감은 잠재울 수 있을지 몰라도 다른 사람들의 증오감은 더욱 증폭된다."고 말했다. 혁명은 압제를 먹고 자라기 때문에, 시위대를 향해 총을 발사하더라도 사람들은 끊임없이 몰려온다. 아일랜드 혁명가의 가사는 이런 현상을 잘 요약해준다.

바리케이드가 높을수록 우리는 더 강해질 것이다.

어느 순간, 분노에 찬 군중들은 대의를 위해 기꺼이 자신의 목숨을 바친 사람들의 영웅적인 행동에 감동을 받아 순교자가 되기를 갈망한다. 바로 이런 이유 때문에 정치운동이나 반란은 높은 수준의 안티프래질을 갖는다. 따라서 헤라클레스가 히드라를 물리친 것과 마찬가지로 반란 세력을 교묘히 다루면서 그들의 요구를 받아들이거나 더욱 기민한 책략을 모색하지 않고서, 무턱대고 힘으로 진압하는 것은 잘못된 선택이다.

안티프래질이 스트레스 요인과 손상에 과잉반응해 과잉보상의 모습으로 나타나는 것이라면, 안티프래질의 성격을 가장 강하게 가진 것 중 하나가 바로 불꽃처럼 타오르는 사랑(또는 증오)이다. 사랑은 지리적 거리나 신분처럼 둘 사이를 가로막는 모든 장애물에 과잉반응한다. 자신의 의지와는 무관하게 안티프래질적 열정에 빠져든 사람을 주인공으로 한 문학 작품은 수없이 많다. 프루스트Proust의 장편 소설 『잃어버린 시간을 찾아서À La recherche du temps perdu』에서는 신분이 높고 지적인 캐릭터를 지닌 유대인 예술 애호가 스완Swann이 고급 매춘부인 오데트Odette에게 사랑의 감정을 느낀다. 오데트는 스완을 차갑게 대했지만, 그녀의 이런 태도는 스완으로 하여금 더욱 집착하게 만들었다. 스완은 오데트와 함께 있는 시간을 얻기 위해서라면 무엇이든 하려고 했다. 언젠가 스완은 오데트를 미행하여 그녀가 다른 남자를 만나는 모습을 숨어서 지켜본 적도 있었다. 스완의 이런 행동 때문에 오데트는 스완을 더욱 피하려고 했다. 이 이야기는 프루스트가 자신의 남자 운전기사에 대한 연애 감정을 소설로 꾸민 것으로 알려져 있다.

디노 부차티Dino Buzzati의 반자서전적 소설 『정사Un amore』에서는 중년의 밀라노인이 스칼라 극장의 댄서이자 밤에는 매춘부로 일하는 여인을 사랑한 이야기가 나온다. 물론 이 댄서는 중년의 밀라노인을 나쁜 마음으로 이용해 먹는다. 그럴수록 이 밀라노인은 그녀와의 잠깐의 만남을 통해 자신의 안티프래질적 갈망을 충족시키기 위해 이런 학대를 기꺼이 받아들인다. 그러나 실제 이야기는 해피엔딩으로 끝난다. 실제로 부차티는 60세에 언뜻 보기에는 소설의 주인공일 것 같기도 한 댄서 출신의 25세의 여인 알메리나Almerina와 결혼한다. 결혼한 지 얼마 안 되어 부차티가 사망하고 나서 알메리나는 남편의 문학적 유산을 훌륭하게 관리해주었다.

루크레티우스와 같은 많은 작가들이 사랑이 갖는 이런 종속, 구속, 소외를 예방 가능한 질병이라고 외쳤지만 결국 그들은 우리에게, 그리고 자기 자신에게 거짓말을 하고 있는 셈이다. 전해져 내려오는 이야기에 따르면, 로맨스를 반대했던 성직자 루크레티우스도 도저히 통제할 수 없는 안티프래질적 사랑에 빠진 적이 있다고 한다.

고통스러운 사랑과 마찬가지로, 어떤 생각은 안티프래질적 성격이 너무나 강해서 이로부터 빠져나오거나 강박 관념으로 여기면서 잊어버리기 위해 노력할수록 이런 생각을 오히려 더욱 키우게 된다. 심리학자들은 생각을 통제하는 과정에 내재된 아이러니를 잘 보여준다. 당신이 생각을 통제하기 위해 노력할수록, 생각은 당신을 통제하게 된다.

내 책을 금서로 정해주세요: 정보의 안티프래질

정보는 안티프래질적 특성을 지닌다. 정보는 알리려고 할 때보다 덮으려 할수록 널리 전파된다. 또 많은 사람들이 자신을 방어하려 할수록 오히려 명예를 실추시킨다.

교활한 베네치아인들은 비밀인 것처럼 위장하면서 그 정보를 널리 전파하려고 했다. 소문과 관련해서 다음과 같은 실험을 해보라. 누군가에게 비밀인데 다른 사람에게는 절대로 말하지 말라고 하면서 그 이야기를 해보라. 비밀이라고 하면 더욱 널리 전파된다.

우리는 이미 책과 사상이 안티프래질적 특징을 갖고 있으며 공격으로부터 자양분을 얻는다는 사실을 잘 알고 있다. 스토아 학파 철학자 중 한 사람이었던 로마 황제 마르쿠스 아우렐리우스Marcus Aurelius의 표현을 빌리자면, '불은 장애물을 먹고 자란다.'고 한다. 책이 갖는 안티프래질적 특징은 사람들이 금서에 관심을 갖게 만든다. 어린 시절 내가 처음으로 읽었던 소설은 그레이엄 그린Graham Greene의 『권력과 영광The Power and the Glory』이었는데, 나는 단지 이 소설이 로마 교황청이 정한 금서 목록에 있다는 이유 때문에 읽었다. 마찬가지로 10대에는 미국을 떠나 유럽으로 갔던 헨리 밀러Henry Miller의 소설을 닥치는 대로 읽었다. 그의 소설은 23개 주에서 금서로 지정되면서 한 해에 100만 부씩이나 팔렸다. 『보바리 부인Madame Bovary』『채털리 부인의 사랑Lady Chatterley's Lover』도 마찬가지다.

책의 경우, 비난은 지루하지 않다는 확실한 증표로서 관심을 불러일으킨다. 책이 지루하다는 평판은 최악의 경우다. 아인 랜드Ayn Rand 현상을 생각해보라. 그녀의 대표작 『아틀라스Atlas Shrugged』와 『파운틴헤드The Fountainhead』는 혹독한 비난과 그녀의 명예를 손상시키려는 노력에도 불구하고 (실제로는 비난과 노력 덕분에) 반세기가 넘는 기간 동안 수백만 명의 독자들에게 읽혀졌다. 1차적인 정보는 선명함에 있다. 다른 사람들로 하여금 그 책을 읽지 않도록 하기 위해 노력하고 있는 사람이 있는가가 중요하다. 우리 인생을 가지고 더욱 일반적으로 말하자면, 중요한 것은 누군가를 비방하려고 노력하는 사람이 있는가에 있지, 말을 얼마나 많이 하는가에 있지 않다. 독자들이 많아지기를 진정으로 원한다면, 그들이 분노감을 가지고 과잉반응하게 만들라. 그리고 과소평가가 반대의 효과를 갖도록 활용하라.

발자크Balzac는 여배우가 기자들에게 기사를 좋게 써달라고 청탁하는 방법을 설명한다. 가장 영리한 방법은 기자들이 나쁜 기사를 쓰도록 하는 것이다. 그러면 많은 사람들의 관심을 끈다.

나는 얼마 전에 톰 홀랜드Tom Holland의 이슬람의 등장에 관한 책을 샀는데, 그 이유는 레반트 지역에 관한 가장 뛰어난 권위자 글렌 보워삭Glen Bowersock이 그를 크게 비난했다는 데 있었다. 그때까지 나는 톰 홀랜드를 대중적인 작가로만 생각하고 별다른 관심을 갖지 않았다. 나는 보워삭의 리뷰도 읽으려 하지 않았다. 여기서 간단한 경험법칙이 작용한다. 책의 품질을 판단하려면, 가장 심하게 비난하는 사람 혹은 가장 점잖게 비난하는 사람(점잖게 비난하는 사람에게는 저자가 신문이나 잡지를 통해 대답을 해준다)을 활용하라.

비난 그 자체도 억누를수록 안티프래질적 특성을 나타낼 수 있다. 비난하는 사람이 자신의 비난에 대한 확인으로서 상대방의 반박을 기대하는 순간에 말이다. 질투심이 넘치는 장 프레롱Jean Fréron은 총명한 볼테르Voltaire를 화나게 하여 자신을 향해 비꼬는 시를 쓰도록 만드는 식으로 유럽 지성사에서 두드러진 역할을 했다. 사실 볼테르 자신도 상대방을 짜증나게 만들고는 그 사람이 보여주는 반응으로부터 재미를 보고 사는 사람인데, 자신이 비난받는 상황에 처하면서 일이 어떻게 돌아가는지 알아차리지 못했던 것 같다. 아마 볼테르의 매력은 자신의 기지를 절제할 줄 몰랐던 데에 있지 않을까 싶다.

이처럼 숨어 있는 안티프래질적 특성은 생각과 인격에 비난을 받을 때 그 모습이 드러난다. 우리는 이런 비난을 두려워하고 부정적인 평판을 싫어하지만, 상당히 적극적이면서 화를 잘 내는 성격이라면 참기보다는 반박함으로써 비난하는 사람의 기분을 크게 상승시켜주는 결과를 만들어버린다. 한편, 비난을 받아야 하지만 비난할 만한 가치가 별로 없는 수많은 사람들 대신 비난을 할 만한 가치가 충분한 당신에게 비난이 가해지는 현상을 선택 편향selection bias이라고 한다. 이때 당신을 비난하면서 결과적으로 당신을 유명하게 만드는 사람의 에너지는 안티프래질적 특성에서 비롯된다.

나의 증조부 니콜라스 고슨Nicolas Ghosn께서는 정적들이 수없이 많은데도 불구하고 오랫동안 권력을 유지했던 아주 영리한 정치인이었다(그에게 최대의 적은 나에게는 집안의 고조부뻘 되는 사람이었다). 그의 장남이셨던 나의 할아버지도 정치인의 길을 가셨는데, 증조부께서는 운명하실 때 할아버지께 이런 말씀을 남겼다고 한다. "아들아, 나는 네게 무척 실망했다. 나는 너를 두고 나쁘게 이야기하는 사람을 본 적이 없다. 너는 질투심을 일으키는 능력이 없는 사람이다."

직업을 바꿔라

볼테르 이야기에서 알 수 있듯이, 들끓는 비난을 잠재울 수는 없다. 이런 비난이 당신을 해롭게 한다면, 거기서 빠져나오는 것이 상책이다. 평판을 관리하는 것보다 직업을 바꾸는 편이 더 쉽다.

어떤 직업은 나쁜 평판에 상당히 취약하다. 지금과 같은 인터넷 시대에는 이런 평판을 통제하기가 불가능하다. 이런 직업은 가질 만한 가치가 없다. 평판을 통제하려고 해서는 안 된다. 정보의 흐름을 통제하는 식으로 평판을 통제할 수는 없다. 대신 평판에 대한 노출에 신경을 써라. 가령, 나쁜 평판으로부터 영향을 받지 않는 곳에 자리를 잡거나 정보의 안티프래질적 특성으로부터 이익을 얻을 수 있는 곳에 자리를 잡는 것이다. 이런 관점에서 보면, 작가는 안티프래질적 특성이 있는 곳에 있다. 그러나 가장 현대적인 직업은 대체로 그렇지 않다는 사실을 알게 될 것이다.

나는 밀라노에서 이탈리아의 출판업자 루카 포르멘톤Luca Formenton에게 손짓, 발짓을 해가면서 안티프래질을 설명한 적이 있다. 내가 그곳에 간 이유는 모스카토 와인을 즐기는 한편, 강연을 하는 또 다른 사람이 유명한 프래질리스타 경제학자라는 사실 때문이었다. 그래서 갑자기 나도 작가라는 생각이 들어서 루카에게 다음과 같은 사고 실험을 제안했다. 내가 사람들이 많이 있는 곳에서 그 경제학자를 공개적으로 때리면, 프래질과 안티프래질이라는 새로운 개념에 대한 관심을 불러일으키는 것과 동시에 나 자신에게 어떤 일이 일어날까? 카놀리(크림 형태의 속을 파이 파스타로 말아 기름에 튀긴 것 - 옮긴이)가 당신에게 한입 깨물어 달라고 유혹하듯이, 이 경제학자의 얼굴은 따귀를 한 대 쳐달라고 유혹하는 것처럼 보였다.

루카는 잠시 생각을 해보더니 "그 사람이 그런 행동을 하는 걸 원하지는 않겠지만, 책 판매에는 나쁘지 않을 거야."라고 말했다. 저자인 내가 〈코리에레 델라 세라Corriere della Sera〉(이탈리아 밀라노에서 발행되는 조간신문 - 옮긴이) 1면에 등장하게 만드는 사건은 내 책을 위해서는 전혀 해롭지 않을 것이다. 예술가나 저자에게 해로운 스캔들은 거의 없다.[5]

---

[5] 프랑스 작가들 중에는 자신의 범죄 행위 덕분에 유명해진 사람들이 많이 있다. 이런 작가들로 시인 롱사르Ronsard, 소설가 장 쥬네Jean Genet 등이 있다.

이제 내가 런던 증권거래소에 상장된 어떤 기업의 중간 관리자라고 가정해보자. 항상 양복에 넥타이를 매고 있어야 하고, 간편한 복장을 할 기회는 거의 없을 것이다. 내가 프래질리스타를 비난하면 나에게 어떤 일이 생길까? 이런 이력은 영원히 나를 따라다니면서 괴롭힐 것이다. 나는 정보가 갖는 안티프래질적 특성의 희생자가 될 것이다. 그러나 거의 최저임금을 받는 건설 노동자, 혹은 택시 운전기사는 평판으로부터 상당히 자유롭다. 이런 사람들은 안티프래질적 특성을 가진 예술가와 비교할 때 단순히 강건하다고 할 수 있다. 반면, 은행에서 담보 대출을 담당하는 중간 간부들은 평판에 매우 취약하다. 사실 그들은 해마다 바베이도스Barbados에서 휴가를 보내야 하기 때문에 자신을 부패하게 만드는 가치 체계에 사로잡힐 수 있다.

워싱턴의 공직자들도 마찬가지다. 어떤 사람이 평판으로부터 자유로운가, 다시 말해 강건한가를 확인하려면 이처럼 간단한 경험의 법칙을 활용하라. 몇 안 되는 예외를 제외하고 자유로운 복장을 하는 사람들은 평판에 대해 강건하거나 심지어 안티프래질적 특성을 갖는다. 면도를 깔끔하게 하고 양복을 입고 넥타이를 맨 사람은 자신에 관한 정보에 취약하다.

대기업과 정부는 정보가 반발력과 정보를 통제하려는 사람을 통제할 능력을 가지고 있다는 사실을 잘 모르는 것 같다. 기업이나 빚에 허덕이는 정부가 믿음을 주기 위해 노력한다는 이야기를 들으면, 우리는 그들이 취약하며 운이 다한 것으로 생각해야 한다. 정보는 무자비하다. 투자자들을 진정시키기 위해 기자회견을 개최하면, 투자자들은 달아나고 죽음의 악순환을 일으키면서 결국 뱅크런 사태까지 초래한다.

바로 이런 이유 때문에, 재정 보수주의를 확고하게 신봉하는 나는 정부의 빚에 대해 강박에 가까운 입장을 가지고 있다. 빚이 없다면, 당신은 경제학계에서 자신에 대한 평판에 신경 쓰지 않는다. 그리고 평판에 대해서 신경 쓰지 않을 때에만, 좋은 평판을 얻는 경향이 있다. 유혹과 마찬가지로 사람들은 별로 원하지 않는 사람에게 너무 많은 것을 준다.

그리고 우리는 훨씬 더 많은 영역에서 정보가 갖는 이런 안티프래질적 특성에 대해 잘 모르고 있다. 만약 내가 조상 환경ancestral environment(과거 인간이 적응했던 환경으로 신속한 의사결정, 세분화된 직업, 소가족 제도 등으로 이루어진 현대 사회와는 다르다-옮긴이)에서 라이벌을 두들겨 팬다면, 부상을 입히거나 영원히 제거시킬 수 있다. 이런 과정에서 약간의 운동도 하게 된다. 만약 내가 마피아에게 그를 제거해줄 것을 의뢰하면, 그는 세상에서 사라진다. 그러나 웹사이트나 저널을 통해 그를 공격하면, 나는 그를 돕고 나 자신에게는 해를 입히는 꼴이 된다.

나는 다음과 같은 생각으로 이번 장을 마무리하고자 한다. 결국, 우리에게 혜택을 가장 많이 준 사람은 조언해주고 도와주려고 했던 사람이 아니라 우리를 해치려고 했던(그러나 결국에는 실패하고 말았던) 사람이라는 사실이 마음을 상당히 착잡하게 한다.

다음 장에서는 스트레스를 좋아하는 것과 좋아하지 않는 것 간의 주요 차이점을 살펴보겠다.

고양이와 세탁기

―――――――――――――

스트레스는 지식이다(그리고 지식은 스트레스다) / 유기체와 기계 / 지금은 통역이 필요없다 / 근대가 도래하고 나서 200년이 지난 지금, 자연이 주는 자극을 일깨워라

다음과 같이 대담한 추론을 해보자. 모든 생명체는 어느 정도 안티프래질적 특성을 지닌다(그 역은 아니다). 이 말은 마치 생명의 신비는 안티프래질에 있다고 말하는 것 같다.

자연은 변화의 요인과 범위에 따라 안티프래질적 특성과 프래질적 특성을 동시에 지닌다. 인간의 몸은 스트레스를 받으면 일정 정도 강해질 수 있다. 예를 들어 일시적으로 스트레스가 가해지면 골밀도가 더 높아지는데, 1892년 논문에서 이런 현상을 제시했던 독일 외과 의사의 이름을 따서 이를 볼프의 법칙Wolff's Law이라고 부른다. 그러나 접시,

자동차와 같은 무생물에게는 이런 현상이 적용되지 않는다(무생물은 강건할 수는 있지만 본질적으로 안티프래질적 특성을 가질 수 없다).

무생물은 스트레스를 받으면 피로 현상을 겪거나 쪼개진다. 내가 보았던 아주 드문 예외 중에는 대학원생 브렌트 캐리Brent Carey가 제출한 2011년 실험 보고서가 있다. 그는 이 보고서에서 탄소 나노튜브carbon nanotube라는 복합 재료를 특정한 방식으로 배열하면 이전의 합성 물질에서 찾아보지 못했던 자기강화 반응(생명체에서 나타나는 국지적 자기강화 작용과 비슷하다)을 일으킨다는 사실을 입증했다. 캐리의 보고서는 생물과 무생물의 경계를 뛰어넘는 것으로서 하중 적응성 지탱 장비의 개발을 가능하게 했다.

지금 설명한 차이점을 가지고 생물과 무생물의 경계를 표시할 수 있다. 인공물이 인체의 조직으로 사용되려면 안티프래질적 특징을 지녀야 한다는 사실은 생물과 합성 물질을 구분할 수 있게 해주는 현저한 차이다. 집, 조리 기구, 컴퓨터 책상은 결국 마모되고, 스스로 수선되지도 않는다. 오래된 청바지가 더 멋져 보이듯이, 장인이 만든 제품이라면 시간이 지날수록 더욱 빛을 발한다. 그러나 결국 세월 앞에서는 어쩔 수 없이 로마 시대의 잔해처럼 변하고 만다. 청바지는 닳을수록 멋있어 보이지만, 천 자체는 더 강해지지도 않고 스스로 수선되지도 않는다. 하지만 더욱 강해지고 스스로 수선할 수도 있으며, 시간이 지나면서 더욱 개선되는 재료를 생각해보라.[1]

---

1   지금 이야기를 달리 표현하자면, 기계는 낮은 수준의 스트레스, 즉 재료 피로material fatigue 현상으로 손상된다. 반면 유기체는 낮은 수준의 스트레스, 즉 호르메시스의 부재로 손상된다.

인간은 스스로 치유할 수 있지만 결국에는 늙어간다(그러는 동안 자신의 유전자, 책, 기타 정보를 남기기 바라지만 이것은 또 다른 문제다). 노화 현상을 제대로 이해하기는 쉽지 않지만 주로 지적 편견, 논리적 결여가 두드러지게 나타나는 것을 말한다. 우리는 노인들이 늙어가는 모습을 보면서 노화를 뼈와 근육이 약해지고 뇌기능이 감퇴하며, 프랭크 시나트라Frank Sinatra의 음악을 좋아하고 여러 가지 퇴화 과정을 겪는 것으로 생각한다. 그러나 이런 자기 수선의 실패는 주로 부적응에서 비롯된다(노인들의 경우, 스트레스 요인이 거의 없거나 스트레스로부터 회복되는 시간이 너무 짧다). 그리고 나의 경우, 부적응은 설계했던 모형과 환경이 갖는 무작위성의 구조(기술적으로 말하자면 확률 분포의 통계적 특징을 의미한다) 간의 불일치를 의미한다.

어쨌든 노화에서 우리가 살펴보는 것은 부적응과 노쇠의 조화인데, 이 두 가지는 서로 분리될 수 있다. 노쇠는 피할 수 없으며 피해지지도 않지만(다음 장에서 살펴보게 될 생명의 논리와도 상충된다), 부적응은 피할 수 있다. 노화의 상당 부분은 편안함이 주는 효과(현대 문명의 질병)를 잘못 이해한 데서 비롯된다. 수명이 점점 늘어나면서 아픈 사람들도 점점 많아진다. 자연 환경에서 사람들은 노화 현상을 겪지 않고 죽거나, 노화가 시작되고 나서 얼마 지나지 않아 죽는다. 예를 들어, 현대인들의 혈압은 시간이 지나면서 점점 악화되지만, 수렵과 채집 생활을 하는 사람들의 혈압은 죽을 때까지 거의 변하지 않는다.

이런 인위적인 노화는 우리 몸이 갖고 있는 안티프래질적 특성을 억압하는 데서 비롯된다.

복잡계

이렇게 유기적인 부분과 기계적인 부분으로 양분하면 두 가지 현상이 갖는 차이점을 이해하는 데 크게 도움이 되지만, 우리는 더 많은 것을 관찰할 수 있다. 사회 활동, 경제 활동, 시장, 문화 활동은 분명히 인위적인 것이지만 스스로 자기조직화self-organization(시스템의 구조가 외부로부터의 압력과 관련 없이 스스로 혁신적인 방법으로 조직을 꾸려나가는 것을 말한다—옮긴이)의 단계에 도달한다. 이런 것들은 생물은 아니지만 복제하고 증식한다는 점에서 생물을 닮았다(예를 들어 각종 소문, 사상, 기술, 비즈니스 등을 생각해보라). 이들은 세탁기보다 고양이에 더 가깝지만, 세탁기로 잘못 인식되는 경향이 있다. 따라서 우리는 생물, 무생물의 차원을 뛰어넘는 구분을 해야 한다. 더 효과적인 구분은 복잡계complex system와 단순계noncomplex system로 나누는 것이다.

단순한 반응을 보이는 인위적·기계적·공학적 장치는 복잡하게 설계되어 있지만 상호의존성이 없기 때문에 복잡계가 아니다. 전등 스위치를 누르면 정확한 반응을 얻을 수 있다. 러시아에서도 애매한 반응을 보이지 않는다. 그러나 복잡계에서는 상호의존성이 선명하게 나타난다. 생태학의 관점에서 생각해보자. 어떤 동물을 제거하면 먹이사슬이 파괴된다. 그 동물의 포식자는 굶게 되고 먹이는 엄청나게 확산되어 여러 가지 부작용을 일으킨다. 가나안인, 페니키아인, 로마인, 마운트 레바논 주민은 사자를 제거할 수 있다. 그러면 나무 뿌리를 먹고사는 염소의 개체수가 늘어나서 산악 지역의 삼림이 파괴되고 예상치 못했던 사태가 발생한다. 마찬가지로 뉴욕에 있는 은행을 폐쇄하면, 아이슬란드에서부터 몽골에 이르기까지 전 세계에 영향을 미친다.

복잡한 세상에서는 '원인cause'이라는 단어의 개념 자체가 수수께끼다. 포착하기가 거의 불가능하거나 실제로 정의되지 않기 때문이다(이는 내가 무엇인가에 대한 원인을 끊임없이 제공하는 신문을 무시하는 또 다른 이유이기도 하다).

스트레스는 정보다

상호 작용하는 요소들을 지닌 복잡계의 가장 중요한 점은 스트레스를 통해서 (혹은 스트레스 덕분에) 각 요소들 간에 정보를 전달한다는 사실이다. 우리 몸은 환경에 관한 정보를 논리적 장치, 지능, 추리력, 계산 능력이 아니라 호르몬 혹은 아직 발견하지 못한 다른 물질을 매개로 하는 스트레스를 통해 얻는다. 앞에서 설명했다시피, 사람의 뼈는 중력이 가해지면 가령, 이삿짐 센터에서 잠깐 일을 하면 더욱 강해진다. 그러나 무중력 상태의 우주 정거장에서 크리스마스 휴가를 보내거나 (사람들이 잘 모르는 사실이지만) 자전거를 오래 타면, 뼈는 더 약해진다. 여름을 소비에트 스타일의 협동농장에서 보내면 손바닥에 굳은살이 박힌다. 지중해 지역 출신이라면, 겨울에는 피부색이 밝아지고 여름에는 갈색으로 변한다(아일랜드나 아프리카처럼 연중 기후가 변하지 않는 지역 출신은 덜 그렇다).

또한 실수와 그에 상응하는 결과는 정보가 된다. 어린 아이들은 논리적 사고 능력이 발달하지 않았기 때문에 고통이 유일한 위험 관리 정보다. 실제로 정보를 빼고는 복잡계를 제대로 설명할 수 없다. 그리고

그림 2 이 그림은 내가 왜 뼈에 스트레스를 가하려고 하는지 보여준다. 인도, 아프리카, 아메리카 대륙의 전통 사회에서 사람들이 머리 위에 물통이나 곡물을 담은 항아리를 얹어놓는 모습을 많이 보았을 것이다. 레반트 지역에서는 머리 위에 암포라(목이 길쭉하고 바닥이 뾰족하고 손잡이 두 개가 달린 항아리 – 옮긴이)를 얹어놓은 여인을 소재로 하는 사랑 노래도 전해져 내려온다. 이런 스트레스로부터 얻는 건강이 골밀도 치료보다 더 낫다. 그러나 약사들의 수입에는 도움이 되지 않는다.

주변에는 보이는 것보다 더 많은 정보 매개체가 있다. 우리는 이런 현상을 '인과관계의 불투명성causal opacity'이라고 부를 것이다. 이것은 기존의 분석 수단과 표준적인 논리가 들어맞지 않는 상황에서 원인으로부터 결과에 이르는 화살을 관찰하기란 아주 어렵다는 것을 의미한다. 어떤 사건에 대한 예측 가능성이 낮다면, 그 가능성을 낮추는 것이 바로 인과관계의 불투명성이다. 뿐만 아니라, 비선형성 때문에 우리는 보통의 시스템에서보다 더 높은 수준의 가시 능력을 갖추어야 한다(하지만 우리가 갖고 있는 것은 인과관계의 불투명성을 지닌 시스템이다).

다시 뼈 이야기를 해보자. 나는 뼈에 관심이 많다. 그리고 앞으로 하게 될 이야기는 내가 운동 기구를 사용하는 것보다 무거운 물체를 들어 올리는 데 관심을 집중하도록 했다. 뼈에 대한 나의 강박관념은 2003년 〈네이처Nature〉지에 실린 제라드 카젠티Gerard Karsenty 연구팀의 논문에서 비롯되었다. 이전에는 노화가 뼈의 약화를 촉진한다고 생각했다(골밀도가 떨어지면서 뼈는 부서지기 쉽다). 마치 호르몬에 의해 야기된 일방적인 관계가 있는 것처럼 말이다(여성은 폐경기가 지나면서 골다공증을 경험하기 시작한다).

그러나 카젠티를 비롯해 같은 주제를 연구했던 사람들은 반대의 관계도 성립한다는 사실을 입증했다. 즉 골밀도와 뼈 기능의 저하가 노화와 당뇨병을 촉진하고 남성들에게는 생식 능력과 성기능 저하를 촉진한다. 우리는 복잡계에서 어떤 인과관계도 따로 떼어낼 수 없다. 더구나 뼈 이야기와 이와 관련된 인과관계에 대한 오해는 스트레스(여기서는 뼈가 무거운 물체를 지탱하면서 받는 스트레스를 의미한다)의 부재가 노화를 어떻게 촉진할 수 있는지, 그리고 스트레스를 몹시 갈망하는 안티프래질 시스템에서 스트레스를 제거하면 얼마나 취약해지는지를 설명해준다(이 이야기는 2권에 나오는 정치 시스템에도 적용할 수 있다).

내가 따르려고 했던 레니의 운동 방법은 근육을 강화하는 것과 마찬가지로 뼈에 스트레스를 가하면서 뼈를 강화하는 것이었다. 레니는 이런 메커니즘을 잘 몰랐겠지만, 경험을 통해 무게를 견뎌내는 방법이 뼈를 강화시켜준다는 사실을 깨달았을 것이다. 그림 2에 나오는 여인은 평생 동안 머리 위에 무엇인가를 얹어놓고 살아왔기 때문에 건강한 데다 자태도 훌륭하다.

안티프래질적 특징에는 몇 가지 조건이 있는데, 스트레스의 빈도가 어느 정도 중요하다. 인간은 만성보다 급성 스트레스에 더 잘 대처하는 경향이 있다. 특히 급성의 경우 회복을 위해서는 충분한 시간이 필요한데, 이때 스트레스 요인이 전달자로서의 역할을 할 수 있게 해준다. 예를 들어, 키보드에서 뱀이 나오거나 흡혈귀가 내 방으로 들어오는 모습을 보고 크게 놀란 뒤에 마음의 안정을 찾을 때까지 충분한 시간 동안 바로크 음악과 함께 카밀레 차를 마시는 것은 건강에 좋다. 물론 뱀 혹은 흡혈귀에 맞서 영웅처럼 격렬하게 싸움을 해서 그것들을 제압하고 시체를 옆에 두고 사진을 찍을 수 있다면 말이다.

이런 스트레스는 사장의 잔소리, 주택담보대출, 세금 문제, 소득신고서 작성, 시험, 집안일, 이메일 답장, 각종 서류 작성, 출근처럼 삶을 구속하는 부드럽지만 지속적인 스트레스보다는 확실히 더 낫다. 다시 말해서, 현대 문명이 주는 압박보다는 더 낫다는 말이다. 실제로 신경생물학자들은 첫 번째 형태의 스트레스는 건강을 위해 필요하지만, 두 번째 형태는 해롭다고 말한다. 회복되지 않은 낮은 단계의 스트레스가 얼마나 해로운가를 알기 위해서 중국에서 벌어지는 물고문을 생각해보자. 머리 위의 같은 곳에 지속적으로 떨어지는 물방울은 고문 받은 사람이 회복할 수 없도록 만든다.

사실 헤라클레스는 머리의 절단 부위를 불로 태우는 방법을 써서 히드라를 제압했다. 그는 이런 방법으로 머리가 다시 생겨나지 않도록 했는데, 달리 표현하자면 안티프래질적 반응을 일으키지 않도록 한 것이다. 다시 말해 히드라가 회복할 수 없도록 만든 것이다.

표 2 기계적 형태와 유기적 형태(생물학적 형태와 비생물학적 형태)

기계적 형태, 단순계	유기적 형태, 복잡계
지속적인 유지와 보수가 필요	자기 치유
무작위성을 싫어한다	무작위성(작은 변화)을 사랑한다
회복시킬 필요가 없다	스트레스를 조절해 회복시킬 필요가 있다
상호의존성이 전혀 없거나 거의 없다	상호의존성이 높다
스트레스가 재료 피로를 일으킨다	스트레스의 부재가 시스템을 위축시킨다
사용하면 늙는다(소모된다)	사용하지 않으면 늙는다*
충격으로부터 제대로 보상받지 못한다	충격으로부터 과잉보상이 나타난다
시간이 지나면 노화된다	시간이 지나면 숙성과 노화가 동시에 생긴다

* 프라노 바로빅Frano Barović은 이번 장을 읽고 나에게 이렇게 말했다. "기계는 사용하고 없애라. 유기체는 사용하라. 그렇지 않으면 없어질 것이다." 모든 생명체는 스트레스를 요구한다. 그러나 모든 기계를 사용하지 않고 그대로 내버려둘 필요는 없다. 이에 대해서는 앞으로 어닐링을 설명하면서 자세히 이야기하겠다.

표 2는 두 가지 형태의 차이점을 보여준다. 대부분이 기계적 형태와 유기적 형태 중 어느 하나에 속하지만, 중간 단계도 있을 수 있다는 사실에 유의하라.

독자들은 정치 시스템(혹은 이와 비슷한 복잡계)을 하향식으로 통제하면서 직면하게 되는 중요한 문제에 대해서 힌트를 얻을 수 있다. 이에 관해서는 2권에서 자세히 다룰 것이다. 프래질리스타들은 경제를 마치 주기적으로 보수해야 하는 세탁기와 같은 것으로, 혹은 우리 몸을 CD 플레이어와 같은 것으로 잘못 생각한다. 애덤 스미스Adam Smith는 일단 작동되면 스스로 돌아가는 시계에 경제를 비유하기도 했다. 그러나 나는 스미스가 경제문제를 이런 관점에서 파악했다고 생각하지 않는다. 그는 경제를 유기체의 관점에서 바라보았지만 당시로서는 그것을 표현할 만한 학문적 토대가 없었을 것이다. 보이지 않는 손의 개념을 창안한 것으로 볼 때, 우리는 스미스가 상호의존성뿐만 아니라 복잡계의 불투명성을 이해했다고 봐야 한다.

그러나 슬프게도 플라톤Platon은 스미스와 달랐다. 플라톤은 국가를 '항해 중의 배ship of state'에 비유했는데, 물론 이 배는 선장의 지휘를 받는다. 그는 궁극적으로는 이 배의 선장을 하기에 적합한 사람은 절대 권력을 지닌 자비로운 사람으로서 선善의 이데아에 다가가는 철인 통치자philosopher king라고 주장했다. 이따금 우리는 '누가 우리를 지배하는가!'라고 외치는 소리를 듣는다. 마치 세상을 지배할 사람이 필요하기라도 하다는 듯이 말이다.

균형, 되돌아가지 않음

사회과학자들은 상반되는 힘(예를 들어, 수요와 공급) 간의 조화를 나타내기 위해서 '균형equilibrium'이라는 단어를 사용한다. 따라서 추의 움직임에서 보듯이 어느 한쪽 방향에서 작용하는 작은 흔들림은 안정 상태로 되돌려 놓으려는 반대 방향에서 작용하는 힘에 의해 상쇄된다. 간단히 말해서, 균형은 경제의 목표라 할 수 있다.

사회과학자들이 우리에게 원하는 것을 자세히 살펴보면, 이런 목표는 죽음이 될 수 있다. 복잡계 이론가인 스튜어트 카우프만Stuart Kaufman은 표 2에 나오는 두 가지 서로 다른 세계를 구분하기 위해 균형의 개념을 다음과 같이 사용한다. 기계적 형태 혹은 단순계에서 균형은 관성에 의해서 이루어지며, 유기적 형태 혹은 복잡계에서 균형은 죽음과 함께 발생한다. 카우프만이 제시하는 예를 살펴보자. 욕조 속에서 소용돌이가 일어났고 이후에도 계속된다고 하자. 이런 상황은 영원히 균형에 도달할

수 없다. 유기체와 동적 시스템dynamic system은 이런 상태로 존재한다.²
유기체와 동적 시스템의 경우, 정상 상태는 일정 정도의 가변성, 무작
위성, 정보의 지속적인 교환, 스트레스를 요구한다. 이것은 가변성을
잃어버리면 곧 죽음을 맞이한다는 의미다.

아이들에게 죄를 범하다

우리는 스트레스를 몹시 싫어하고 이해하지 못할 뿐만 아니라 가변성
과 변화를 제거하기 위해서 인생, 생활양식, 과학, 지혜에 대해서 범죄
를 저지르고 있다.

 나는 미국 성인 10명 중 1명이 프로잭Prozac과 같은 항우울제를 복용
하고 있다는 사실에 분노와 좌절감을 느낀다. 실제로 감정의 기복이
심하면 왜 약물치료를 받지 않는지 해명해야 한다. 병이 심각하다면
약물을 사용해야 하는 타당한 이유가 있다. 그러나 우울, 슬픔, 근심은
지능의 2차적인 요소다(어쩌면 1차적인 요소일 수도 있다). 비가 올 때면
나는 마음이 여유로워지고 몸이 축 늘어지면서 사색에 잠긴다. 그리고
는 창문에 부딪히는 빗방울 소리를 들으면서 베를렌Verlaine이 '가을의
흐느낌sanglots'이라고 했던 것을 천천히 적는다. 어떤 날에는 시흥이 넘

---

2 화학자 일리야 프리고진Ilya Prigogine은 이런 상태를 '소산 구조dissipative structure'라고 불렀다.
이는 단순한 균형 구조와 크게 다르다. 소산 구조는 영원히 균형으로 돌아가지 않는 상태에서
에너지와 물질의 교환으로 형성되고 유지된다.

칠 정도로 우수에 잠겨든다. 이런 상태를 포르투갈어로 사우다데saudade, 터키어로 휴쥰hüzün이라고 한다. 또 다른 날에는 활력이 넘친다. 글을 쓰기보다는 많이 걷거나 다른 일을 한다. 연구자들과 토론하고 이메일에 답장을 하고 칠판에 그래프도 그려본다. 그럼 나는 식물인간이 된 것인가, 아니면 행복한 멍청이가 된 것인가?

지난 세기에 프로작이 있었다면 보들레르의 울분, 에드거 앨런 포Edgar Allan Poe의 분위기, 실비아 플라스Sylvia Plath의 시를 비롯해 많은 시인들이 불렀던 슬픔의 노래는 찾아보기 힘들었을 것이다. 거대 제약 회사가 계절의 변화를 없앨 수만 있다면, 돈을 벌기 위해 아마 그렇게 했을 것이다.

위험은 또 다른 곳에서도 발생한다. 우리는 아이들뿐만 아니라 사회와 미래에도 해악을 끼치고 있다. 아이들의 삶에서 변화의 가능성을 줄이려는 시도는 아이들을 이른바 '문화적으로 세계화된 위대한 사회'에 가두고 다양성과 차이를 줄이는 결과를 초래한다.

통역의 응징

스트레스의 또 다른 특징은 언어의 습득에서도 나타난다. 나는 교과서를 통해 문법을 시작하고 3개월에 2번씩 시험을 보고 정해진 원칙에 따라 단어를 채워 넣는 방식으로 자신의 모국어를 배웠다는 사람을 본 적이 없다. 우리는 어려운 상황에서 시행착오를 거치면서 자신의 의사를 표현해야 할 때(특히 열대 지방에서 저녁 식사를 한 후 통증이 찾아왔을 때처럼 신체적 문제가 생겨 절실하게 도움을 청할 때) 언어를 가장 잘 익힌다.

공부벌레가 되지 않고도 다른 방식으로 새로운 언어를 배울 수 있다.

바로 실수에 대한 두려움을 잊고 다른 사람의 마음을 읽어야만 하는 상황에서 대화를 하는 것이다. 안타깝게도 성공, 부, 기술은 이런 방식의 습득을 더욱 어렵게 만든다. 몇 년 전, 내가 유명세를 타지 않았을 때다. 해외의 세미나 기획자는 나에게 영어에 능통한 가이드를 붙여주지 않았다. 그래서 나는 커뮤니케이션 문제를 스스로 해결해야 했는데, 어린아이처럼 사전도 없이 손가락으로 가리켜가며 시행착오를 통해 단어를 습득했다.

지금 나는 명예와 편안함 때문에 응징을 받고 있다. 그리고 이런 편안함을 거부할 수도 없다. 이 응징은 영어에 능통한 사람이 공항에서 나를 반기며 잘못된 철자를 지적해주고 불편하고 애매한 상황을 겪지 않도록 해주며, 따분한 교과서에서는 배우지 않은 러시아어, 터키어, 크로아티아어, 폴란드어에 전혀 노출되지 않도록 해주는 식으로 다가온다. 더구나 그 사람은 아주 상냥하고 수다스럽다. 그런데 시차적응으로 피로를 느낄 때 이런 수다는 오히려 고통스럽다.

한편, 외국에 갇혀 지내는 생활을 해보는 것도 새로운 언어를 배우는 최선의 방법이 될 수 있다. 내 친구 차드 가르시아Chad Garcia는 모스크바의 어느 병원에서 가상의 질병 때문에 본의 아니게 격리된 생활을 한 덕분에 러시아어를 배울 수 있었다. 그것은 병원이 개입된 아주 교묘한 방식의 납치 행위였는데, 구소련 붕괴 이후 혼란기에 성행했다. 당시 병원은 여행자들의 서류에 이상이 없다는 사실을 확인시켜주기 위해서 고액의 수수료를 내지 않으면 강제로 입원시킬 수 있었다. 그때 차드는 러시아어를 잘하지 못했지만 톨스토이의 원전을 읽어야 했고 덕분에 상당히 많은 단어를 익힐 수 있었다.

투어리스티피케이션

내 친구 차드는 이런 혼란으로부터 혜택을 보았다. 그러나 이런 혼란은 투어리스티피케이션touristification이라는 현대적인 질병 때문에 점점 사라지고 있다. 투어리스티피케이션은 인간을 매뉴얼에 따라 간단한 기계적 반응을 보이는 세탁기처럼 취급하는 현대 생활의 한 측면을 나타내기 위해서 내가 만들어낸 용어다. 투어리스티피케이션은 사물로부터 불확실성과 무작위성을 체계적으로 제거해 아주 작은 부분까지 정확하게 예측할 수 있도록 해준다. 이 모든 것들이 편안함, 편리함, 효율성을 위해서 진행된다.

여행가와 모험가(혹은 산책가flâneur)와의 관계는 투어리스티피케이션과 인생의 관계와 같다. 투어리스티피케이션은 여행뿐만 아니라 인간의 행위를 배우가 대본에 따라 움직이는 것처럼 만들어버린다. 앞으로 우리는 투어리스티피케이션이 불확실성을 좋아하는 시스템이나 유기체에게 혜택이라는 환상을 주면서 이들로부터 무작위성의 마지막 한 방울까지 빨아들여 이들을 거세시키는 방법을 보게 될 것이다. 그 예로 교육 제도, 목적론에 입각한 연구비 제공, 프랑스 학사 학위, 운동 기구 등을 꼽을 수 있다.

그리고 전자 달력도 마찬가지다.

그러나 더 나쁜 투어리스티피케이션은 쉬는 동안에도 현대인들을 구속하는 생활양식이다. 예를 들어 금요일 밤의 오페라, 예정된 파티, 예정된 웃음 말이다. 다시 말해, 황금의 감옥이라 할 수 있다.

이처럼 목적을 지향하는 태도가 내 마음 깊숙한 곳에 자리잡은 실존적 자아를 병들게 한다.

모험을 향한 갈증

그러면 무엇이 우리를 무작위성의 실존적 측면으로 이끄는가? 우리가 세탁기 혹은 뻐꾸기 시계가 아니라면(그러니까, 살아 있다면), 마음 깊숙한 곳에 자리잡은 무엇인가가 어느 정도의 무작위성과 무질서를 원할 것이다.

무작위성과 관련한 기분 좋은 감정이 하나 있다. 우리는 스포츠 관람에서부터 라스베이거스에서 숨을 죽여가면서 실제로 하는 도박에 이르기까지 적당한 (그리고 아주 익숙한) 게임의 세계를 좋아한다. 이번 이야기를 쓰고 있는 나는 자신의 내면에 자리를 잡고 나를 놀라게 만드는 그 무엇인가를 끄집어내면서 꽉 짜인 부담스러운 계획으로부터 도피하고 싶은 생각이 든다. 글을 쓴다는 것은 모험에 따르는 흥분이 생길 때에만 가치가 있다. 나는 이런 흥분 때문에 책을 쓰는 것을 좋아하지만, 사설 반대면에 나오는 750단어짜리 칼럼이 주는 속박은 싫어한다. 편집장이 속물 근성을 갖고 있지 않더라도 이런 속박은 신물이 난다. 실제로 저자가 지겨워하면서 쓴 글은 독자들도 지겨워하며 읽도록 만든다.

날마다 벌어지는 일을 정확하게 예측할 수 있다면 내 삶은 죽도록 지겨울 것이다.

더구나 이런 무작위성은 충실한 삶을 위해서도 필요하다. 엄청난 부자라도 극심한 갈증 뒤에 마시는 물보다 더 가치 있는 액체는 살 수 없다. 어떤 물건도 전철에서 잃어버렸다 되찾은 지갑이나 노트북보다 더 큰 감흥을 주지 않는다. 게다가 인간은 조상 환경에서 자연이 주는 자극(두려움, 굶주림, 성욕)에 금방 흥분하고, 이런 자극이 문제를 해결하고 환경에 적응하게 만든다. 어떤 아이가 자동차에 깔려서 울고 있다면, 초인적인 힘을 발휘해 자동차를 들어 올리지 않는가? 또 사나운 동물이 다가오면, 엄청나게 빨리 달리지 않는가? 이런 상황을 계획에 따라 오후 6시에 체육관에 가서 트레이너의 잔소리를 들어야 하는 중압감과 비교해보라(물론 당신 스스로 경호원처럼 보여야 하는 긴박한 상황에 놓여 있지 않을 때를 의미한다). 또 18일짜리 다이어트 프로그램을 준수하는 것에 비해, 환경의 무작위성 때문에 음식이 부족하여 끼니를 거르는 것이 얼마나 더 쉬운지 생각해보라.

인생을 일종의 프로젝트라고 생각하는 사람들이 있다. 그들과 대화를 나누다 보면 금방 싫증이 난다. 인생은 소금이 들어가지 않은 음식처럼 느껴진다. 스릴을 추구하는 나에게는 따분함을 탐지하는 허튼수작 탐지기 bullshit detector 라는 것이 있다. 마치 따분함을 혐오하는 자연주의적 필터를 장착하고 있는 것처럼 말이다. 조상 환경에서는 숙제, 직장 상사, 공무원, 학점, 학장과의 대화, MBA 학위를 가진 컨설턴트, 작업 순서도, 신청서, 뉴저지로의 출장, 문법을 따지는 사람, 따분한 사람과의 대화도 없다. 삶은 무작위성을 띠는 자극으로 이루어지며, 좋든 싫든 간에 과업으로 여겨야 할 대상은 아무 것도 없다.[3] 물론 위험하다. 그러나 결코 따분하지는 않다.

마지막으로 변화의 가능성(따라서 무작위성)을 지닌 환경은 인간이

---

3   루소와 홉스도 마찬가지로 생각했다. 어쩌면 원시 시대의 인생은 잔혹하고도 짧았지만, 초기 인류의 불미스런 측면이 현대에 가해지는 고문을 피하기 위한 불가피한 대가라는 거래 관계를 설정하는 것은 논리적으로 심각한 오류다. 두 시대의 장점을 취하지 말아야 할 이유가 없다.

만들어낸 시스템과 달리 우리에게 만성적인 스트레스를 가하지 않는다. 인공적으로 만들어 놓은 길이 아니라 자연 그대로의 울퉁불퉁한 길을 걷다 보면, 걸음걸이는 항상 변하게 된다. 하지만 무작위성이 없는 헬스 센터의 운동 기구는 정반대다. 같은 동작을 끊임없이 반복하게 만든다.

대부분의 현대인들은 예방 가능한 만성 스트레스를 가지고 있다.

다음 장에서는 안티프래질을 전문적으로 다루는 진화론을 자세히 살펴보겠다.

4장

나를 희생시키는 것이
다른 사람을 더욱 강하게 만든다

누군가의 안티프래질은 다른 사람을 프래질하게 만든다 / 너무 많이 생각하고 행동은 하지 않는다는 생각은 어디에서 나왔을까? / 다른 사람의 성공을 위한 실패 / 언젠가는 감사 카드를 받게 될 것이다

계층별 안티프래질

이번 장에서는 실패, 진화, 안티프래질의 관계를 살펴보겠다. 주로 다른 사람의 실패에 관한 이야기를 할 것이다. 누군가의 안티프래질은 반드시 타인의 프래질에 대한 대가로 나타난다. 시스템에서 어떤 단위(프래질한 단위 혹은 사람)의 희생은 반드시 다른 단위(혹은 전체)의 혜택을 위해서 필요하다. 지금 막 시작하는 기업의 프래질은 경제 전체의 안티프래질을 위해 필요하다. 이런 사실은 무엇보다도 기업가 정신이

살아나도록 한다. 개별 기업가들의 프래질과 필연적으로 나타나는 높은 실패율을 생각해보라.

따라서 안티프래질은 계층과 계급을 통해 좀 더 복잡해지고 흥미로워진다. 자연의 유기체는 유일한 최종 단위가 아니라 여러 개의 하위 단위로 구성되며, 그 자체가 더 큰 집단의 하위 단위가 될 수도 있다. 이런 하위 단위는 서로 경쟁할 수도 있다. 사업을 예로 들어보자. 개별 레스토랑들은 프래질하다. 서로 경쟁해야 하지만, 그 지역의 레스토랑 집단은 이런 이유 때문에 안티프래질하다. 레스토랑들이 개별적으로 강건하게 유지된다면, 레스토랑 산업 전체는 침체되거나 약화될 것이고 구내 식당보다 나은 음식을 제공하지 않을 것이다(구소련 체제에서 배급되는 음식을 생각해보라). 더구나 경제위기로 정부가 구제금융이라도 실시하게 된다면, 레스토랑 산업 전체가 수요 부족으로 허덕일 것이다. 결국 품질, 안정, 신뢰는 레스토랑 자체의 프래질에서 비롯된다.

따라서 시스템 내부의 일부 구성 요소는 시스템 전체를 안티프래질하게 만들기 위해 프래질해야 한다. 다시 말하면, 유기체 자체는 프래질하지만, 유전자 내의 암호화된 정보는 안티프래질하다. 이 사실은 진화론의 배후에 있기 때문에 중요하다. 또 기업가와 개별 과학자들에게도 똑같이 적용된다.

더구나 우리는 앞에서 '희생'이라는 단어를 언급했다. 슬프지만, 실패로부터 나오는 혜택은 다른 사람과 집단에게 넘어간다. 마치 개인은 자신이 아니라 더 큰 이익을 위해 실패하기로 미리 정해져 있는 것처럼 말이다. 유감스럽게도 우리는 이런 계층화와 프래질의 이전을 고려하지 않고 실패를 논하는 경향이 있다.

진화와 예측불가능성

앞서 미트리다티제이션과 호르메시스를 원시 단계의 안티프래질이라고 했다. 이 둘은 다소 소박하기 때문에, 복잡계를 전체적으로 관찰하기 위해서 세련되게 만들고 나아가 이를 초월할 필요가 있다. 여기서 호르메시스는 구체적인 예고, 안티프래질은 현상이다.

첫째, 미트리다티제이션과 호르메시스는 아주 약한 형태의 안티프래질로서 가변성, 사고, 손상으로부터 얻는 이익이 제한적이다. 그리고 투여량이 일정 수준을 넘는 데서 발생하는 보호 또는 유익의 역효과도 마찬가지다. 호르메시스는 약간의 무질서를 좋아하고 또 원한다. 미트리다티제이션과 호르메시스가 결핍되면 위험하다는 점에서 상당히 흥미롭다. 이것은 우리가 직관적으로 생각하지 못했던 결과다. 사실 직관은 복잡한 반응을 쉽게 이해하지 못한다. 이런 복용량과 반응의 관계는 비선형이지만, 우리는 선형으로 생각해버린다. 우리의 선형 마인드는 미묘한 차이를 좋아하지 않는다. 정보를 이원적으로만 구분해서 해로운 것과 도움이 되는 것으로 나눠버린다.

둘째, 미트리다티제이션과 호르메시스의 주요 약점을 말하자면, 상황이 더욱 미묘해질 때에는 유기체를 외부에서만 바라보고 그것을 전체(즉, 하나의 단위)로 간주한다는 것이다. 진화와 관련해서 호르메시스를 뛰어넘는 다양하고도 기반이 탄탄한 안티프래질이 있다. 실제로 호르메시스와 크게 다르고, 반대되기도 한다. 이런 안티프래질도 내부가 아닌 외부에서 바라보았을 때 손상이 가해지면 더욱 강해진다는 측면에서 호르메시스라고 이야기할 수도 있다. 이런 안티프래질은 진화와 관련되며 정보의 단계에 따라 작동한다(유전자도 정보다). 호르메시스와는 다르게, 단위는 스트레스에 반응해 더 강해지지 않고 사멸한다. 그러나 다른 단위가 살아남아 유익을 전달해준다. 이렇게 살아남은 단위는 단위로 이루어진 집단을 개선시키는 역할을 하고, 궁극적으로는 교과서와 〈뉴욕타임스〉의 화요일 '사이언스Science' 지면에 나오는 진화라는 애매한 용어의 의미를 수정하게 만든다. 따라서 이런 안티프래질은 본질적으로 약한 유기체에 관한 안티프래질이라기보다는 유기체가 살아남도록 만드는 유기체의 유전자 코드에 관한 안티프래질이다. 이 코드는 단위 그 자체의 생존을 걱정하지 않는다. 반대로 단위 주변에 있는 많은 것들을 파괴시킨다. 로버트 트리버스Robert Trivers는 '이기적인 유전자selfish gene'라는 개념을 통해 유전자와 유기체의 경쟁을 생각해냈다.

사실 진화에서 가장 흥미로운 측면은 오직 진화의 안티프래질적 특성 때문에 진화가 발생한다는 것이다. 진화는 스트레스, 무작위성, 불확실성, 무질서를 좋아한다. 개별적 유기체는 상대적으로 프래질하지만, 전체 유전자는 적응력을 높이기 위해 충격을 이용한다. 따라서 이런 사실로부터 우리는 자연과 개별 유기체 사이에 긴장이 있다는 것을 알 수 있다.

자연에 존재하는 모든 생명체나 유기체는 결국 죽게 되어 있다. 므두셀라Methuselah(노아의 홍수 이전에 969년 살았다는 유대의 족장-옮긴이)조차 1000년을 넘기지 못했다. 그러나 자신과 어느 정도 다른 유전자 코드, 즉 수정된 유전자 정보를 지닌 자손을 남기면서 죽는다. 므두셀라의 유전자 정보는 지금도 여전히 다마스쿠스, 예루살렘, 브루클린, 그리고 뉴욕에 남아 있다. 자연은 복제 능력이 고갈된 구성원은 크게 도움이 되지 않는다는 사실을 알고 있다(인간과 코끼리가 자손을 돌보기 위해 복제 능력이 상실된 할머니가 필요해 집단을 이루고 사는 경우는 예외다). 또 자연은 유전자 코드를 통한 방식으로 자손을 남기는 작업이 지속되기를 원한다. 따라서 유기체는 자연의 안티프래질을 위해 소멸되어야 하는 것이다. 자연은 자기중심적이고 이기적이며 무자비하다.

유효기간이 없는 불멸의 유기체가 존재하는 상황을 생각해보라. 이런 유기체는 생존을 위해 주변에서 벌어질 모든 무작위적인 사건에 완벽하게 대비해야 한다. 심술궂게도 무작위적인 사건은 닥치는 대로 발생한다. 유기체가 충격을 견뎌내기 위해 미리 준비할 수 있도록 언제 발생할 것인지 사전에 예고하지 않는다. 불멸의 유기체로서는 이런 모든 사건에 대한 사전 적응이 필수적이다. 무작위적인 사건이 발생하는 순간, 이에 반응하기에는 너무 늦다. 따라서 유기체는 이런 충격을 버텨낼 준비가 되어 있어야 하고, 그렇지 않으면 사라져야 한다.

우리 몸은 약간은 넘칠 정도로 스트레스에 대비하고 있다. 그러나 이것으로 충분하지 않다. 우리 몸은 여전히 미래를 보지 못한다. 다음 전쟁을 준비할 수는 있지만 이기지는 못한다. 사후 적응은 아무리 빨라도 결국은 항상 늦게 마련이다.[1]

이런 불멸의 조건을 충족하려면 유기체는 미래를 완벽하게 예측할

---

1   이런 적응성 기준adaptability criterion이 왜 확률에 대한 무지를 보여주는지 기술적으로 설명해보자(기술적인 설명이 필요하지 않은 독자들은 넘어가도 된다). t기에 t기 이후의 사건을 보지 못해서 압축할 수 없는 시차를 두고 반응해야 하는 확률 과정의 특징을 '미래를 예상하지 못하는 전략nonanticipative strategy'이라고 부르고, 이는 '확률 적분stochastic integration'하기 위한 조건이 된다. 여기서 '시차의 비압축성The incompressibility of the lag'은 핵심적이면서 피해갈 수 없는 문제다.

필요가 있다(거의 완벽한 것으로는 충분하지 않다). 그러나 유기체가 세대 간 수정修正을 하면서 유한하게 생존하도록 만든다면, 자연은 사물의 진행 방향이 극도로 모호한 상황을 초월하여 미래를 예측할 필요가 없다. 실제로는 이처럼 모호한 방향조차 필연적이지 않다. 모든 무작위적인 사건은 생태학적 변화 형태에 대해 자신만의 해독제를 가지고 있다. 마치 자연이 모든 단계에서 스스로 변했고, 매 순간 자신의 전략을 수정했던 것처럼 말이다.

이 이야기를 경제와 제도의 관점에서 생각해보자. 자연이 경제를 운영한다면, 살아 있는 구성원들이 영원히 생존할 수 있도록 구제금융을 지속적으로 지원하지는 않을 것이다. 행정기구와 미래보다 한 수 더 앞서려고 노력하는 예측 기관이 영원히 존재할 수도 없을 것이다. 자연은 미국예산관리국United States Office of Management and Budget 사기꾼들의 지적 오만도 그냥 내버려두지 않을 것이다.

역사를 자연과 비슷한 복잡계로 바라본다면, 역사도 하나의 왕국이 지구를 영원히 지배하도록 놔두지 않을 것이다. 바빌로니아에서부터 이집트, 페르시아, 로마, 현대의 미국에 이르기까지 모든 강대국들이 자신들의 통치가 영원할 것이라고 믿고 그것을 입증해줄 역사학자를 양성하려 애를 쓰더라도 말이다. 무작위성과 예측불가능성에 내재된

유기체만이 '미래를 예상하지 못하는 전략'을 가질 수 있다(따라서 자연은 예상할 수 없는 대상이 될 수 있다). 이 점은 결코 가볍게 보아 넘길 일이 아니며, 스트라토노비치Stratonovich가 이끄는 러시아의 확률론자들과 그의 적분 방법을 사용하는 사람들조차 미래는 우리가 찾아낼 수 있는 신호를 준다는 식의 사고의 멘탈 왜곡mental distortion 상태에 빠지면서 이 점을 혼란스러워한다. 그들의 미래관은 단지 희망 사항일 뿐이다.

시스템은 인구와 인종을 계속 변화시키면서 각 세대마다 스스로를 재창조하기 위해 강건함을 넘어서는 메커니즘을 구축한다.

블랙 스완 관리 기본 원칙은 스피노자나 동양 종교에서 나타나는 범신론 혹은 크리시푸스Chrisippus나 에픽테토스Epictetus의 스토아 철학에서처럼 자연 그 자체를 불멸의 유기체로 간주하지만 않는다면, 자연(그리고 자연과 같은 시스템)은 불멸의 유기체 내에서의 다양성이 아니라 유기체 간의 다양성을 선호한다는 점이다. 문명사학자를 만나면, 이 이야기를 전해주길 바란다.

진화가 무작위성과 가변성으로부터 혜택을 얻는 방법을 살펴보자(물론 얼마간의 혜택이다). 시스템 내에서, 멸종을 불러오는 극단적인 충격이 아닌 어느 정도의 잡음과 동요가 빈번할수록 적자생존과 무작위적인 돌연변이의 효과는 다음 세대의 특징을 규정짓는 데 더 많은 역할을 한다. 어떤 유기체가 10개의 자손을 번식한다고 하자. 환경이 완벽하게 안정적이라면 10개 모두 번식할 수 있다. 그러나 환경이 불안정하여 10개의 자손 중 5개를 밀어낸다면(대체로 약한 자손을 밀어낸다), 결국 더 나은 자손들만 번식하고 생존에 적합한 유전자가 남게 된다. 마찬가지로 유전자 코드의 잘못된 복제로 간헐적이고 무작위적이면서 자연스럽게 나타나는 돌연변이 덕분에 자손들 간 다양성이 존재한다면, 가장 좋은 자손이 번식하게 되어 종 전체의 생존 적합성이 향상된다. 따라서 진화는 돌연변이의 무작위성과 환경의 무작위성으로부터 혜택을 얻는다. 이 두 가지 작용은 살아남은 다음 세대의 특징을 비슷한 방식으로 변화시킨다.

극단적인 사건이 발생해 종 전체가 사라지더라도 대단한 일은 아니다. 이것은 게임의 한 부분일 뿐이다. 살아남은 가장 적합한 종들이 멸종된 공룡의 자리를 계승했듯이, 이것 역시 진화다. 진화는 종에 관한 이야기가 아니라 자연이 주는 서비스에 관한 이야기다.

그러나 진화가 무작위성을 일정 한계까지만 좋아한다는 사실에 주목하자.[2] 재앙이 발생하여 지구상의 모든 생명체를 멸종시키면 가장 적합한 종도 멸종된다. 마찬가지로 무작위적인 돌연변이의 발생 빈도가 너무 높으면 적자생존의 혜택이 유효하지 않을 수도 있다. 심지어 새로운 돌연변이 때문에 손실이 발생할 수도 있다. 앞으로도 계속 언급하겠지만, 자연은 일정 정도까지 안티프래질하다. 그 정도는 상당히 높아서 아주 커다란 충격을 수용할 수 있다. 핵전쟁으로 지구상의 상당히 많은 생명체가 멸종되더라도 모든 생명체가 멸종되는 것이 아니라, 쥐나 박테리아가 어디선가 모르게(어쩌면 심해에서) 나타나 인류가 없는 상태(물론 예산관리국 직원도 없다)에서 새로운 스토리를 만들어 갈지도 모른다.

따라서 호르메시스는 개별 유기체가 자신에게 가해지는 직접적인 손상으로부터 혜택을 받는 상황에 해당되지만, 진화는 손상이 개별 유기체를 사라지게 하고 혜택이 다른 유기체(살아남은 유기체와 미래의 세대)에게 이전되는 때 나타난다.

항생제에 대한 내성을 생각해보면 유기체 집단이 진화를 위해 손상

---

2 가변성에 대한 사랑이 한계가 없을 때 우리는 이를 스트롱 안티프래질 Strong antifragility이라고 부른다. 이때 이익은 끝이 보이지 않을 정도로 엄청나게 많거나 무한하게 된다(하늘이 그 한계이다). 이런 상황은 실제로 자연에는 존재하지 않으며 경제적 계약이나 문화 상품처럼 인위적으로 만들어낸 장치에만 존재한다. 더욱 자세한 내용은 부록을 참조하기 바란다.

을 얼마나 좋아하는지 알 수 있다. 박테리아를 손상시키기 위해 노력하면 할수록 살아남은 박테리아는 더 강해진다(완전히 박멸시키지 않는다면 말이다). 암 치료도 마찬가지다. 화학요법과 방사선 요법의 독성에도 살아남은 암세포는 더 빨리 증식해서 정상 세포가 약해지며 생긴 빈자리를 차지해버린다.

유기체가 집단이고 집단이 유기체다

개체의 손상이 집단의 혜택이 되는 상황에서, 개체가 아니라 집단의 관점에서 현상을 바라봐야겠다는 생각은 물리학자에서 유전학자로 변신한 앙뜨완느 단쉰Antoine Danchin이 쓴 안티프래질에 관한 논문을 읽고 떠올랐다.[3] 그의 분석은 유기체는 고립된 존재가 아니라 계층이나 계급을 가진다는 사실을 수용하고 있다.

집단의 관점에서 사물을 보면, 안티프래질의 특징을 설명할 때 호르메시스와 미트리다티제이션이라는 용어를 뛰어넘는 것이 있어야 한다. 왜냐고? 앞에서 했던 이야기를 반복하자면, 호르메시스는 유기체가 손상으로부터 직접적인 혜택을 받는다는 의미에서 안티프래질의 구체적인 예에 불과하기 때문이다. 진화의 경우, 계급적으로 우월한 유기체가 손상으로부터 혜택을 받는다. 외부에서 보면 호르메시스가 있는 것처럼 보이지만, 내부에서 보면 승자와 패자가 있다.

---

[3] 그와 그의 공저자들은 〈유전자Genes〉라는 저널에 생물학적 시스템에서 나타나는 안티프래질에 관한 생각을 담은 논문을 발표했다. 흥미롭게도 이 논문은 이 책의 초고에 반응을 보였다. 그 다음에는 이 책이 단쉰의 논문을 반영해 수정되었다.

계급은 어떻게 작용하는가? 나무에는 가지가 많다. 그리고 그 가지들은 작은 나무처럼 보인다. 또 큰 가지에는 더 작은 가지들이 달려 있다. 더 작은 가지들은 더 작은 나무처럼 보인다. 이런 현상은 수학자 브누아 만델브로가 설명한 '자기 유사성을 지닌 프랙탈Fractal self-similarity'의 한 가지 예다. 모든 사물에는 이와 비슷한 위계 질서가 있으며 우리는 단지 외부에서 가장 높은 계급을 볼 뿐이다. 세포에는 세포 간 분자의 집단이 있다. 유기체는 세포의 집단이다. 종은 유기체의 집단이다. 종의 강화 메커니즘은 일부 유기체의 희생에서 비롯된다. 또 유기체는 일부 세포의 희생으로 강화된다. 밑으로 가도 위로 가도 마찬가지다.

예를 들어 단쉰에 따르면, 독성 물질을 소량 복용했을 때 몸 속의 유기체가 이전보다 더 강해지는 강화 메커니즘은 시스템 내부의 진화다. 즉 세포 내의 약한 단백질이 더 강하고 젊은 단백질로 교체되고 강한 단백질은 비축된다. 다이어트를 할 때, 먼저 나쁜 단백질이 망가지고 몸이 새로운 단백질을 재생시키는데, 이런 과정을 자가소화 작용autophagy이라고 한다. 가장 적합한 단백질을 위해 가장 약한 단백질을 선택해 소멸시킨다는 의미에서 이런 과정도 진화다. 그러나 외부로부터 스트레스를 받으면 유기체 내에서의 생존을 위한 노력이 전체적으로 더 좋아지게 한다는 생각을 받아들이기 위해 노화 단백질이나 자가소화작용과 같은 구체적인 생물학 이론을 이해할 필요는 없다.

실패해 주셔서 고맙습니다

이제 누군가의 실패가 다른 사람에게 어떻게 혜택이 되는지 살펴보자.

우리는 프래질, 실패, 안티프래질의 관계를 다음과 같이 단순하게 만들 수 있다. 당신이 프래질하면, 정밀하게 계획된 프로세스에서 최대한 이탈하지 않으려고 한다. 왜냐하면 이탈은 도움이 되기보다 손해가 되기 때문이다. 이런 사실 때문에 프래질은 예측 가능성을 요구한다. 그리고 역으로 말해, 예측 가능한 시스템은 프래질을 초래한다. 만약 이탈을 원한다면, 당신은 미래에 발생 가능한 결과의 분포를 걱정하지 않는 사람이다. 대부분의 결과가 당신에게 도움이 되기 때문이다. 결국 당신은 안티프래질한 사람이다.

착오를 정보로 인식해 합리적으로 처리한다면, 시행착오 속의 무작위적인 요소가 그렇게 무작위적이지는 않다. 모든 시행이 효과가 없는 정보만 제공한다면, 오히려 해법에만 집중할 수 있다. 결국 모든 시도는 가치가 있고 실패보다는 비용에 가깝다. 물론 이런 과정에서 우리는 많은 것을 발견한다.

다른 사람의 실패로부터 배우기

그러나 이번 장에서는 계급, 단위, 계층, 프랙탈 구조를 다루고, 단위의 이해관계와 하위 단위의 이해관계 사이의 차이를 살펴볼 것이라는 점을 명심하자. 때로는 다른 사람의 실패가 남아 있는 사람에게 혜택이 되는 경우도 있다. 앞서 스트레스가 정보라는 사실을 살펴보았다. 안티프래질하려면 실패에서 발생하는 손실이 혜택보다 작아야 한다. 물론 여기서 실패는 모든 실패가 아니라 일부 실패를 의미한다. 시스템을 파괴하지 않는 한 실패는 더 큰 재앙을 예방한다. 공학자이자 공학사학자 헨리 페트로스키Henry Petroski는 명쾌한 지적을 했는데, 타이타닉호가 그처럼 많은 사람의 생명을 앗아가는 대형 사고를 일으키지 않았더라면 우리는 더 큰 선박을 건조했을 것이고, 이후 나타나는 재앙은 훨씬 더 비극적이었을 것이라는 이야기다. 죽은 사람들은 더 큰 이익을 위해서 희생된 것이다. 다시 말하면, 죽은 사람들이 더 많은 생명을 구했다는 사실에는 의심의 여지가 없다. 타이타닉호 이야기는 시스템의 이익과 개별적인 부분에서 발생하는 손실 간의 차이를 보여준다.

후쿠시마 원전 사고도 마찬가지다. 이 사건은 (붕괴 가능성은 낮더라도) 원자로의 문제점을 깨닫고 더 큰 재앙에 대비하도록 해준다(당시 스트레스 테스트는 형식적이었고 리스크 모델은 확실히 잘못되었다는 사실을 상기하라. 어느 누구도 생각하고 싶지 않은 경제위기처럼 말이다).

비행기 사고도 안전에 대해서 생각하게 만든다. 시스템을 향상시켜 다음 비행을 더 안전하게 해준다. 따라서 죽은 사람들이 산 사람들의 안전에 기여하는 셈이다. 스위스 항공 111, 트랜스월드 항공Trans World Airlines 800, 에어 프랑스 447 모두 시스템에 이익을 주었다. 이와 같은 시스템은 안티프래질하고 작은 실패를 활용할 준비가 되어 있기 때문에 배우는 것이 있다. 그러나 경제위기는 그렇지 않다. 경제 시스템은 프래질하게 만들어졌기 때문이다. 왜 그럴까? 비행기는 엄청나게 많다. 그리고 어느 한 비행기의 사고는 다른 비행기의 사고와 연관되지 않는다. 따라서 실패는 그 범위가 한정되고 인식이 가능하다. 반면, 세계 경제 시스템은 하나가 되어 움직이므로 실패는 확산되고 증폭된다.

다시 한 번 강조하지만, 우리는 전체가 아닌 부분의 실패를 이야기하고 있다. 종말을 초래할 정도로 심각하지 않은 작은 실패 말이다. 이는 좋은 시스템과 나쁜 시스템을 구분할 수 있게 한다. 항공 산업과 같은 좋은 시스템은 실패가 미래의 실패 가능성을 낮추는 부의 상관관계가 있기 때문에 작은 실패들을 활용할 준비가 되어 있다. 지금까지 나는 주변 환경은 항공 산업처럼 안티프래질할 수도 있고, '세계는 평평하다'는 말처럼 서로 연관성을 갖는 현대 경제처럼 프래질할 수도 있다는 이야기를 했다.

모든 비행기 사고가 다음 사고의 발생 가능성을 줄이는 반면, 모든 금융위기는 다음 위기의 가능성을 높인다. 이상적인 사회경제 시스템을 구축할 때 전염성이 강한 두 번째 유형의 실패를 없애야 한다. 이제 대자연에 관한 이야기를 다시 한 번 해보자.

자연스러움은 오직 자연발생적인 실패에서 얻어진다. 무거운 돌을 들어 올리다가 실패하면 작은 상처를 입게 된다. 그러면 다음에 다시 한번 들어 올릴 때에는 이런 고통을 피하려고 한다(이것이 바로 고통의 목적이다). 표범은 마치 자연의 교향곡처럼 우아하게 움직인다. 사슴을 나무 위로 끌어올릴 때에는 가르침을 받아서 미리 정해진 동작에 따라 움직이지 않는다. 테니스, 볼링, 사격처럼 인위적인 스포츠 경기를 할 때에는 훈련이 필요하다. 그러나 자연스러운 동작을 할 때에는 훈련이 필요하지 않다.

어떤 사업은 실패를 좋아한다. 보험 회사들은 위험을 분산시키기 위해 재앙에 가까운 리스크를 보장해주는 재보험에 가입한다. 재보험 회사들은 실현 가능성은 아주 낮지만 타격을 주는 재난이 발생하고 나면

성장한다. 이런 재보험 회사들이 만일을 대비해 준비를 철저히 한 덕분에 재난이 발생한 후에도 계속 사업을 유지할 수 있다면, 위험에 과잉반응하는 고객들을 상대로 엄청나게 높은 보험료를 부과해 수익을 올릴 수 있다. 재보험 회사들은 재보험에 관한 공정 가격, 즉 적정 가격에 대해서는 잘 모르지만 스트레스가 발생하면 가격이 높아진다는 사실은 확실히 알고 있고, 덕분에 오랫동안 수익을 올릴 수 있다. 그들에게 필요한 것은 실패하더라도 살아남을 수 있을 정도로 실패를 작게 유지하는 것이다.

마더 테레사 되기

가변성은 실패와 적응을 낳고 누가 당신의 친구인지 알 수 있게 해준다. 성공과 실패는 정보를 제공한다. 그것은 인생에서 바람직한 요소이기는 하지만, 간혹 당신 자신의 잘못으로 타인에게 피해를 주고 나서야 그 사람의 성격을 알게 될 때도 있다(나는 내 잘못을 용서해주는 사람들의 관대함에 놀라움을 느낄 때가 더러 있었다).

물론 타인의 잘못에서도 배울 점이 있다. 우리는 상대방이 도덕적으로 잘못을 저지를 만한 상황에 놓이지 않는다면, 그 사람이 어떤 유형의 사람인지 결코 알 수 없다. 고등학교 시절의 한 학급 친구가 떠오르는데, 그녀는 참한 느낌의 소녀로 반물질주의적 유토피아를 추구하던 내 어린 시절의 한 부분을 차지하고 있다. 그러나 예상과 다르게 (그리고 순수한 외모와는 달리), 그녀는 마더 테레사나 로자 룩셈부르그Rosa Luxemburg와 같은 여자가 아니었다. 부자였던 첫 번째 남편이 처음으로 재정적인 어려움에 처하자, 그를 버리고 돈이 더 많고 권력이 있는 남자에게 갔다. 환경이 변하지 않았다면, 나는(아마 그녀도 마찬가지였을 것이다) 그녀를 이상주의자나 성녀로 착각했을 것이다. 사회의 일부 구성원들(그녀와 결혼하지 않은 사람들)은 귀중한 정보를 얻었지만, 다른 구성원(그녀에게 버림받은 남편)은 대가를 치렀다.

나는 실패를 한 후 새로운 정보를 얻거나 그 이유를 찾기보다, 자기반성을 하지 않고 실패를 활용하려고도 하지 않으며 당혹스럽고 방어적인 자세만 취하는 사람을 패배자loser로 규정한다. 이런 유형의 사람은 자신을 피할 수 없는 운명이나 나쁜 상사의 희생자라고 생각한다.

마지막으로 한 마디만 덧붙인다. 실패를 한 번이라도 겪어본 사람은 실패를 겪어보지 않았던 사람에 비해 믿음이 더 간다. 또 실패(똑같은 실패는 아니다)를 여러 번 겪어본 사람은 실패를 한 번도 겪어보지 않았던 사람에 비해 훨씬 더 믿음이 간다.

집단은 왜 개인을 싫어하는가

우리는 계층 덕분에 생물학적 안티프래질이 작용하는 모습을 살펴보았다. 또 하위 유기체 간의 경쟁은 진화에 기여한다(우리 몸의 세포는 서로 경쟁한다. 세포 내의 단백질도 서로 경쟁한다). 이런 현상을 인간 사회에 비유해보자. 경제는 다양한 계층으로 구성되어 있다. 개인, 장인, 중소기업, 기업 내의 부서, 산업, 지역 경제 등이 있고 그 위에 전체 경제가 있다. 이처럼 우리는 전체를 수많은 계층으로 나눌 수 있다.

경제가 안티프래질해지고 진화하려면 모든 개별 기업은 필연적으로 프래질해야 한다. 진화에서는 발전을 이룩하고 적절하지 않은 개체의 재생산을 방지하기 위해, 경쟁에서 진 유기체(혹은 유전자)는 사라져야 한다. 따라서 강한 자의 안티프래질은 약한 자의 프래질과 희생을 요구한다. 아침에 일어나서 커피 메이커를 사용해 카푸치노를 마실 때마다 우리는 실패한 커피 메이커 사업가의 프래질로부터 혜택을 받는다. 그가 실패한 덕분에 우리 식탁에는 우수한 제품이 놓이게 되는 것이다. 또 전통 사회를 생각해보라. 그곳에도 현대 사회와 비슷한 계층이 존재한다. 즉 개인, 직계가족, 확대가족, 부족, 같은 언어를 사용하는 민족이 있다.

개미 집단에는 희생이 일반적인 양식으로 자리를 잡았지만, 개별 기업가들은 전체 경제를 위한 희생에는 관심이 없다. 대신 그들은 안티프래질이나 최소한 자신의 강건함을 추구하는 데 큰 관심을 갖는다. 그것이 집단, 즉 전체 경제의 이익과 반드시 양립할 수 있는 것은 아니다. 그래서 문제는 집단의 이익이 개별 구성원들의 이익과 다르다는 데서 발생한다. 실제로 집단은 개별 구성원들에게 손해를 요구한다.

이런 무자비성이 발전을 위한 동력이라는 것이 상당히 유감스럽다.

그렇다면 해결 방법은 무엇일까? 안타깝게도 모두를 즐겁게 하는 방법은 없다. 그러나 가장 약한 자에게 미치는 손실을 줄이는 방법은 있다.

문제는 당신이 생각하는 것보다 더 심각하다. 기업가들은 살아남기 위한 방법을 찾으려고 비즈니스 강좌를 듣는다. 그러나 전체 경제는 그들이 살아남지 못하기를 원한다. 더 정확히 말하면, 승산이 있다는 믿음에 눈이 멀고 위험을 무분별하게 수용하기를 원한다. 각각의 산업은 수많은 실패로부터 발전한다. 자연과 자연 비슷한 시스템은 개별 경제 주체의 자기 과신을 원한다. 자신의 실패는 다른 사람에게 영향을 미치지 않는다고 가정하면서, 자신의 성공 가능성을 지나치게 높게 평가하고 실패의 위험을 지나치게 낮게 보는 자기 과신 말이다. 다시 말하면, 자연은 전체적이 아닌 국지적인 자기 과신을 원한다.

레스토랑 주인들은 자신은 파산하지 않고 잘할 수 있을 것이라는 믿음으로 사업을 시작한다. 그러나 우리는 하루에도 수많은 레스토랑이 파산하고, 또 그렇기 때문에 성업 중인 레스토랑들이 나온다는 사실을 알고 있다. 리스크를 성급하게 수용하는 것이 자신의 파멸을 부르기도 하지만, 경제 전체로 봐서는 바람직한 것이다. 모두가 같은 리스크를 받아들이는 것이 아니라 이런 리스크가 작고 국지적인 상황에서는 말이다.

정부는 이런 모델을 붕괴시키면서 대기업에게 구제금융이라는 혜택을 제공한다. 다른 기업에 미치는 전염성을 막기 위해 대기업들을 구제해야 한다는 취지에서다. 하지만 구제금융은 리스크 수용의 건전성(생존에 적합하지 않은 기업으로 프래질을 이전하는 것)에 역행하는 행위다. 사람들은 구제금융이 어느 누구도 실패하지 않도록 하기 때문에 다른 사람들마저 몰락시키는 시스템을 구축하게 된다는 사실을 쉽게 깨닫지 못한다. 지속적인 실패만이 시스템을 보존해줄 수 있다. 역설적으로 들리지만, 대부분의 정부 개입과 사회 정책은 약한 자에게 상처를 입히고 기존 세력을 강화시켜준다.

나를 죽이지 못한 것은 다른 사람을 죽인다

잘못된 믿음 한 가지를 밝혀보자. 나는 안티프래질의 옹호자로서 안티프래질이 존재하지 않는데도 마치 이를 본 것처럼 생각하는 환상에 대해 경고하고 싶다. 우리는 실제로 개인의 희생으로 발생하는 안티프래질을 시스템의 안티프래질이 아니라 개인의 안티프래질이라고 오인할 수 있다(호르메시스와 선택의 차이를 생각하라).

니체는 "나를 죽이지 못한 것은 나를 더 강하게 만든다."고 했다. 이것은 미트리다티제이션 혹은 호르메시스를 의미하는 것으로 잘못 해석될 수 있다. 물론 미트리다티제이션이나 호르메시스 중 하나를 의미할 수도 있지만, '나를 죽이지 못한 것이 나를 더 강하게 만들지는 않는다. 다만 내가 다른 사람보다 더 강하기 때문에 내가 살아남았다. 하지만 약한 사람이 죽었기 때문에 전체 집단은 평균적으로 더 강해졌다.'는 의미로 해석할 수 있다. 다시 말해서, 나는 생존 시험을 통과한 것이다. 언젠가 나는 구소련을 탈출한 새로운 마피아 요원이 소련의 강제수용소 굴라크Gulag를 체험했기 때문에 더 강한 사람이 되었다고 주장하는 어느 신문 칼럼을 인과관계에 관한 잘못된 믿음의 예로 제시하면서 이 문제를 거론한 적이 있다. 굴라크에서는 가장 약한 사람을 먼저 죽이기 때문에, 수용소 생활자들이 더 강한 사람이 되었다는 환상을 가질 수 있다. 때로 우리는 생존 시험에서 살아남은 집단이 원래의 집단보다 더 강해졌을 때, 살아남은 사람들을 보면서 이런 시험이 그들로 하여금 더 강해지도록 만들었고 착각한다. 생존 시험은 떨어진 사람을 죽이는 잔인한 시험에 불과하다. 사실 우리가 본 것은 개인의 프래질을 바탕으로 집단이 안티프래질해진 것이 전부다. 이를 다른 방식으로 표현하면, 살아남은 집단은 약한 사람이 죽었기 때문에 원래의 집단보다 분명히 더 강하다. 그러나 개인의 관점에서 보면 그렇지 않다.
　시스템이 발전하려면 누군가는 그 대가를 치러야 한다.

나와 우리

이처럼 개인과 집단의 이해관계 사이에 존재하는 긴장은 역사상 새로운 국면이다. 과거에는 이런 긴장 관계가 개인의 이해와는 거의 무관하게 다루어졌다. 영웅적 행동의 이면에는 집단을 위한 희생이 있었다. 이런 희생은 집단에게는 좋은 일이었지만, 전쟁의 소용돌이 속에서 죽어가는 개인에게는 나쁜 일이었다. 또 영웅적 행동을 찬양하고 집단을 위해 개인에게 희생을 요구하면서 자살 폭탄 공격이라는 비정상적인 행동까지 하게 만들었다. 테러리스트들은 죽기 직전에 자신의 죽음에 대해 무심해지는 황홀경과 같은 분위기에 빠져든다. 처녀와 향응이 가득한 이슬람 천국으로 인도해줄 것이라는 약속 때문에 자살 폭탄 테러범이 움직인다는 주장은 거짓이다. 왜냐하면 인류학자 스콧 아트란Scott Atran이 지적했듯이, 레반트 지역에서 첫 번째 자살 폭탄 테러를 감행했던 사람은 이슬람교도가 아니라 그리스 정교를 믿는 혁명가였기 때문이다.
　인간의 내면에는 함께 어울려서 춤을 추거나 대규모 시위 혹은 전쟁에 참여할 때 집단을 위해 개인을 희생하게 만드는 스위치 같은 것이 있다. 우리는 집단의 분위기에 빠져든다. 우리는 엘리아스 카네티Elias Canetti(불가리아의 소설가이자 극작가로 1981년에 노벨 문학상을 받았다. 그의 작품은 사회와 대립하는 개인 및 군중 심리를 탐구하고 있다-옮긴이)가 말하는 리드미컬하게 약동하는 군중 속의 일부가 된다. 군중들의 열기 속에 권위를 두려워하는 마음이 완전히 사라진다면, 다음 번 가두 시위에서는 다양한 종류의 군중이 되어보는 경험을 해볼 수 있다.

이제 논점을 일반화시켜보자. 어느 정도 거리를 두고 세상을 바라보면, 인간과 자연 간에 존재하는 뚜렷한 긴장, 즉 프래질한 대상들의 교환관계에서 발생하는 긴장을 관찰할 수 있다. 진화를 위한 선택이 일어날 수 있도록 모든 종들이 (특히 재생산 이후에) 개별 개체가 프래질하기를 바라는 것처럼, 자연이 집단으로 하여금 어떻게 살아남기를 원하는지 살펴보았다. 또한 집단의 생존을 위해서, 개별 개체의 프래질을 바탕으로 집단이 안티프래질해지는 것이 반드시 필요한 이유도 살펴보았다. 즉 DNA가 정보이며, 집단의 개별 개체는 소멸하게 되어 있고 따라서 집단의 이익을 위해 희생할 준비가 되어 있으며, 실제로 그렇게 되도록 설계되어 있다면, 집단은 잠재적으로 안티프래질하다.

나는 여기에 나오는 적응과 선택이라는 개념이 상당히 불편하다. 어떤 때에는 상당히 고통스럽기까지 하다. 나는 대자연의 무자비한 선택과 배신을 혐오한다. 또 누군가가 피해를 입어야 발전이 이루어진다는 개념도 싫다. 나는 휴머니스트로서, 개인의 희생을 토대로 집단이 안티프래질해지는 데에는 반대하는 입장이다. 이런 식의 안티프래질은 인류가 서로 배려하지 않는 삶을 살아가도록 만들기 때문이다.

계몽운동은 개인의 권리, 자유, 자주, 행복 추구권과 함께 개인의 사생활을 중시했다는 데 커다란 의미가 있다. 계몽운동과 계몽운동의 영향을 받아 등장했던 정치 시스템은 개인의 희생을 바탕으로 집단이 안티프래질해지는 것을 거부하면서, 개인을 역사 전반에 걸쳐 나타나는 사회, 민족, 가문의 지배로부터 해방시켜주었다.

전통 문화의 구성원은 집단을 중시하며, 집단은 개인의 행위로 인해 피해를 볼 수 있다고 인식한다. 예를 들어, 딸이 혼전 임신을 하거나 가족 중 한 사람이 대규모 금융 사기 혹은 폰지 사기Ponzi scheme(투자 사기 수법의 하나로 실제 아무런 이윤 창출 없이 투자자들이 투자한 돈을 이용해 다른 투자자들에게 수익을 지급하는 방식-옮긴이)에 연루되었을 때, 혹은 최악으로는 대학교에서 사기성 금융 경제학을 가르칠 때 가문의 명예가 실추된다. 그리고 그런 관습은 오랫동안 지속된다. 19세기 후반 혹은 20세기 초반까지만 하더라도 프랑스의 농촌 지역에서는 멀리 떨어져 사는 사촌의 빚을 갚기 위해 저축한 돈을 전부 주기도 했다(이런 관습을 passer l'éponge라고 하는데, 글자 그대로 옮기자면 칠판에 적힌 채무를 지우기 위해 스펀지를 사용한다는 의미다). 물론 그것은 확대 가족의 명예를 유지하기 위한 행동이었고 일종의 의무로 여겨졌다(나 역시 21세기가 되어서도 이런 일을 위해 저축한 돈의 일부를 쓴 적이 있다).

확실히 그런 관습은 우리가 살아가는 데 필요하다. 상호의존성과 복잡성이 존재하는 세상에서는 다른 사람의 이익을 무시하고 자신의 이익만을 추구하는 데에 신중해야 한다.[4]

---

[4] 많은 사람들이 처음에는 자신의 죽음을 최악의 블랙 스완 상황이라고 생각하지만, 잘못된 생각이다. 만약 그들이 근대 경제학에 지나치게 매몰되지 않았다면, 자신의 죽음에 사랑하는 사람들의 죽음과 인류의 종말까지 더해지는 상황이 자기 자신만의 죽음보다 훨씬 더 나쁜 상황이라고 생각할 것이다. 내가 복잡계에 관해 설명했던 내용을 생각해보라. 우리는 커다란 사슬의 한 부분에 불과하다. 그리고 커다란 사슬의 한 부분을 보존하는 것뿐만 아니라 우리 자신과 시스템 둘 다 걱정스럽다.

시칠리아 출신의 마피아 조직 코자 노스트라Cosa Nostra에서 '명예로운 사람uomo d'onore'이라는 칭호는 경찰에 잡혀가더라도 묵비권을 행사하고 자신의 이익보다는 조직의 보위를 먼저 생각하면서, 검사에게 협조하여 다른 조직원에게 폐를 끼치느니 감옥 생활을 오래 하기로 선택한 사람에게 주어진다. 코자 노스트라라는 조직이 개인을 우선하는 것이다. 그리고 지금 마피아 조직이 가장 우려하는 조직원은 검사와 유죄 답변 거래를 일삼는 젊은 세대들이다(마피아 조직에서 명예는 집단의 결속에만 한정되어 있다. 다른 상황에서 그들은 거짓말을 일삼으며 명예라고 할 만한 구석이 없다. 그리고 사람을 죽일 때 뒤에서 공격한다. 지중해 동부 지역에서는 이런 행위가 가장 비겁한 것으로 여겨진다).

비슷한 예로, 생태학적으로 프래질해지는 위험을 무릅쓰고, 인간은 자신의 생존을 보장해주는 다른 종의 희생을 바탕으로 자신의 이기심을 충족시키고 있다. 인간의 이해가 자연의 이해를 우선하는 것이다. 자연을 지나치게 희생시키면 결국 자신에게도 해로운 결과가 돌아오지만, 우리는 스스로를 방어하기 위해 어느 정도의 비효율성과 프래질을 묵인하고 있다.

지금까지 집단의 이해와 개인의 이해 간의 트레이드오프 관계를 살펴보았다. 경제는 개인을 소멸시키지 않고서는 발전할 수 없다. 개인을 보호하면 해로운 결과가 나타나며, 개인의 이익을 위해 진화를 억제하는 것은 바람직하지 않다. 그러나 개인을 굶주림으로부터 지켜주고 개인에게 사회적 보호를 제공해줄 수 있다. 이제 왜 그런지 살펴보자.

기업가의 날

나는 진정한 이상주의자로서 내가 지금까지 생각한 내용들을 싫어한다해도, 희망은 있다고 본다.

영웅적 행동에 대한 존중은 다른 사람을 위해 자신을 희생하는 사람에게 사회가 주는 보상이다. 그리고 기업가 정신은 위험을 두려워하지 않는 영웅적 행동으로써 경제를 발전시키기 위해서, 심지어 경제를 유지하기 위해서도 반드시 필요하다.

또한 전문성의 개발을 강화하다 보면 인식론적인 바탕도 필연적으로 축적된다. 어떤 것을 찾아내지 못한 사람은 타인에게 그것이 존재하지 않는다는 지식(최고의 지식이다)을 알려주지만, 인정이나 신뢰를 받지는 못한다. 그는 타인에게 인센티브가 돌아가는 과정의 중심에 있다. 더 큰 문제는 그가 존중받지 못한다는 것이다.[5]

나는 자기 과신으로 레스토랑을 열었다가 실패한 사람의 은혜를 잊고 살았다. 그가 참치 통조림을 먹는 동안 나는 좋은 음식을 먹고 지내면서 말이다.

전사한 군인을 존경하는 것과 마찬가지로, 전사자만큼은 아니지만, 실패한 기업가도 같은 논리에 입각해 존경해야 한다(특히 일본에서 실패한 기업가들은 살아 있기는 하지만, 심정적으로 아주 힘들고 사회적으로도 오명을 뒤집어쓰고 있다). 왜냐하면 개인적인 위험을 무릅쓰지 않았더라면 성공한 요리사, 사이비 철학자, 시사 해설가, 컨설턴트, 로비스트, 경

---

5 언론인 장 루이 로우Jean-Louis Rheault는 "많은 사람들이 기업가를 추상적으로 미화할수록 실제로 만나게 되는 기업가를 경멸하게 된다."고 말했다.

영학 교수가 될 수 없듯이, 생사 여부와 상관없이 용감하게 싸웠다면 실패한 군인이란 없고, 마찬가지 이유로 실패한 기업가, 실패한 과학자도 없기 때문이다. 참으로 유감스럽다.

심리학자들은 사람들이 모험에 임할 때 성공의 가능성을 깨닫지 못하게 만드는 병을 '자기 과신'이라고 부른다. 그러나 안티프래질한 경우에 다른 사람에게 이익을 주는 영웅적이고 온건한 형태의 리스크 감수와 후쿠시마 원자로의 위험을 계산하는 과학자들의 자기 과신처럼 부의 블랙 스완과 관련된 리스크 감수 사이에는 엄연한 차이가 있다. 전자의 경우, 자기 과신은 좋은 것이므로 치료해야 할 대상이 아니다. 하강국면을 경험하지 않은 채 잔뜩 웅크린 자세로 위계 질서의 사다리를 올라가는 중간 관리자에 기업가들을 비유해보자. 이런 집단은 위험을 거의 수용하지 않는다.

에라스무스가 말했던 '은혜를 모르는 대중들 ingratitudo vulgi'은 세계화와 인터넷 시대에 점점 더 늘어나고 있다.

나의 꿈(해법)은 다음과 같은 메시지를 전하기 위해 국가가 기업가의 날을 정하는 것이다.

> 여러분들 대부분이 실패하고 존경받지 못하고 가난할 것이다. 그러나 우리는 세계 경제를 발전시키고 많은 사람들을 가난으로부터 구제하기 위해 위험을 감수하고 자신을 희생하는 여러분들에게 커다란 은혜를 입고 있다. 여러분들은 안티프래질의 원천이다. 국가가 여러분에게 감사의 마음을 전한다.

> # 2권
> # 근대는 안티프래질을
> # 거부한다

보들레르가 신천옹에게서 느끼는 슬픈 감정을 시로 표현했듯이, 날아다니는 새는 땅에서 잘 걷지 못한다. 여기서 '가변성volatility'이라는 단어가 라틴어에서 '날다fly'를 의미하는 'volare'에서 나왔다는 사실은 꽤 적절해 보인다. 정치적 (그리고 다른) 시스템에서 가변성을 제거하면, 시스템에 피해를 주고 궁극적으로 붕괴라는 훨씬 더 큰 가변성을 낳는다.

  2권에서는 호르메시스, 즉 유기체의 자연적인 안티프래질을 부정하는 데서 나타나는 프래질을 다룰 것이다. 그리고 좋은 의도를 가지고 개입하려다 시스템에 피해를 주게 되는 과정도 설명한다. 우리는 스트레스와 무작위성을 거부하면서 사회적·경제적 시스템을 취약하게 만든다. 그리고 이런 시스템을 근대가 주는 편안하고 안락하지만, 궁극적으로는 해로운 프로크루스테스의 침대Procrustean bed에 억지로 집어넣는다.

프로크루스테스는 그리스 신화에 나오는 여관 주인인데, 손님을 상대로 침대 길이에 맞추기 위해 키가 작은 사람은 사지를 잡아 늘렸고 키가 큰 사람은 잘라냈다고 전해진다. 결국 침대 길이는 손님에게 꼭 맞게 되었다.

3장에서 보았듯이, 유기체를 간단한 기계처럼 취급하면 프로크루스테스의 침대와 마찬가지로 일종의 단일화, 근사화 혹은 축소화하게 된다. 우리는 종종 어떤 대상의 무작위성을 떨쳐버리려는 압박감 때문에 숭고한 의도를 가지고 이런 오류를 저지르고 있다. 결국 무작위성에 대한 두려움, 안정적인 것에 대한 사랑으로 그것을 붕괴시켜버린다.[1]

2권에서는 인간과 자연의 힘 사이의 경쟁, 안티프래질한 시스템의 무작위성에 대한 갈망, 그리고 우리가 지나치게 안정을 추구할 때 사회·정치 시스템이 블랙 스완 현상에 취약해지는 이유에 대해 논의하겠다.

---

[1] 비선형으로 움직이는 대상을 가지고 단순하게 선형으로 움직이는 것으로 취급하면, 이런 단순화는 실패해 극심한 피해를 초래한다. 이는 프로크루스테스의 침대에 해당하는 가장 흔한 사례다.

수크와 사무실

붉은색의 볼셰비키와 백계 러시아인 모두 취리히로 가다 / 감옥보다 전쟁을 더 좋아하다 / 칠면조를 좌절시킨 프로젝트 / 우리는 극단의 왕국에 있다는 사실을 기억하라

두 종류의 직업

키프로스 출신의 존John과 조지George는 일란성 쌍둥이로, 지금은 런던에 살고 있다. 존은 은행 인사팀에서 25년 동안 직원들을 전 세계로 재배치하는 업무를 맡고 있으며, 조지는 택시 운전기사다.

  존의 수입은 완벽하게 예상 가능하다. 덕분에 매년 1달 동안 휴가를 떠날 수 있었고, 25년 장기 근속자에게 주는 금시계도 받았다. 매달 3082파운드가 낫웨스트NatWest 은행 구좌에 입금된다. 그는 이 돈의 일

부를 런던 서부에 있는 집의 장기 대출금을 갚고 각종 공과금을 내고 페타 치즈를 사는 데 쓰고, 나머지를 저축한다. 사람들이 기지개를 켜고 나서도 이불 속에서 꾸물거리는 토요일 아침마다, 그는 잠을 깨고는 아무런 걱정 없이 혼잣말로 "인생은 살 만해."라고 중얼거리곤 한다. 최소한 금융위기로 퇴출될 수도 있다는 위기 의식이 생기기 전까지는 그랬다. 존에게 실업은 심각한 일이다. 인사 전문가인 존은 50세에 퇴출되어 오랫동안 새로운 직장을 찾지 못하는 경우를 많이 보아왔다.

존과 가까운 곳에 사는 조지는 검정색 택시를 운전한다. 검정색 택시는 3년 동안 운전 일을 하면서 런던의 길을 훤히 꿰고 있는 운전기사에게 주는 라이선스로서, 예약을 받지 않고 길거리에서 손님을 태울 수 있는 권한을 부여한다. 조지의 소득은 변화가 심하다. 벌이가 좋은 날에는 수백 파운드나 번다. 하지만 좋지 않은 날에는 비용조차 충당하지 못한다. 그러나 평균적으로는 존과 비슷하다. 지난 25년 동안 손님이 없는 날은 단 하루였다. 소득이 일정하지 않은 조지는 존처럼 안정적인 직업을 갖지 못한 것을 상당히 아쉬워한다. 그러나 실제로는 그럴 필요가 없다. 조지는 존보다 더 많은 것을 가지고 있기 때문이다.

우리는 무작위성이란 위험한 것이고, 나쁜 것이기 때문에 제거해야 한다는 잘못된 믿음을 갖고 산다.

장인, 택시 운전기사, 매춘부(대단히 오래된 직업이다), 목수, 배관공, 재단사, 치과의사는 소득이 일정하지 않다. 그러나 소득을 제로로 만들어버리는 크지 않은 블랙 스완 앞에서 허무하게 무너지지는 않는다. 그들은 위험 요소를 뚜렷하게 볼 수 있다. 안정적인 회사원은 그렇지 못하다. 그들은 인사팀이 주는 전화 한 통에 소득이 제로가 되는 끔찍한 상황을 경험할 수 있다. 회사원에게는 위험이 숨어 있다.

기능을 보유한 사람들은 무작위성 덕분에 일정 수준의 안티프래질을 지니고 있다. 작은 변화는 그들에게 적응을 요구하고, 주변 환경으로부터 배워서 끊임없이 변화하라고 압박한다. 스트레스는 정보라는 사실을 기억하자. 이런 직업을 가진 사람들은 자신이 주인이 되어 적응해야 한다는 스트레스에 끊임없이 노출된다. 게다가 그들에게는 선물을 받거나 놀랄 만큼 좋은 소식을 듣거나, 공짜 옵션을 가질 기회도 생긴다(이는 안티프래질에서 비롯되는 특징인데, 4권에서 다시 설명하겠다). 조지는 가끔 엄청난 요구를 받는다. 물론 거절할 자유도 얼마든지 있다. 아이슬란드의 화산 폭발로 영국 항공사가 운항을 중단했을 때, 결혼식에 참석해야 하는 어떤 돈 많은 여자 손님이 프랑스 남부까지 태워달라고 요구한 적도 있었다. 왕복 2000마일이나 되는 멋진 여행이었다. 마찬가지로, 가능성은 얼마 되지 않지만 매춘부 역시 자기한테 홀딱 반해서 비싼 다이아몬드를 선물하는 고객을 만날 수도 있고, 심지어 청혼도 받을 수 있다. 얼마 지나지 않아 이혼녀가 될 가능성이 높지만 말이다.

그리고 자기 자신이 고용주인 조지는 일을 그만둘 때까지 계속할 자유가 있다. 실제로 많은 택시 운전기사들이 80살이 넘어서도 시간을 보내기 위해서 일을 한다. 하지만 50세가 넘어서는 취업이 거의 불가능한 존은 그렇지 못하다.

존과 조지의 소득의 가변성에서 나타나는 차이와 관련된 이야기는 정치 시스템에도 적용할 수 있다. 또 앞으로 두 개의 장에서 살펴보겠지만, 우리가 살아가면서 겪는 모든 에피소드에서도 마찬가지다. 무작위성을 인위적으로 줄이면 존의 소득과 비슷한 양상을 띤다. 큰 변화가 없이 안정적이지만 프래질하다. 몇 안 되는 복지국가에서는 일정한 실업 수당이 지급되겠지만, 존의 소득은 소득이 제로가 되도록 만들 수도 있는 큰 충격에 취약하다.

조지의 소득은 자연적인 무작위성에 가깝다. 소득이 제로가 될 만큼 큰 충격을 가하지는 않지만, 매일 가변적이다. 더구나 이런 무작위성은 시스템을 개선시켜 안티프래질하도록 해준다. 예를 들어, 어떤 택시 운전기사나 매춘부의 주간 소득이 줄었다면, 이를 주변 여건이 변했기 때문에 고객들이 많이 모이는 지역을 새롭게 개척하라는 요구로 받아들여야 한다. 또 월간 소득이 크게 줄었다면, 기술을 수정하라는 의미다.

더구나 자영업자에게는 파멸을 부르지 않을 정도의 작은 실수는 적응 방법을 알려주는 소중한 정보다. 이에 반해 존과 같은 사람을 고용하는 단체는 직원이 저질렀던 실수를 인사 기록에 영원히 남겨둔다. 언젠가 요기 베라Yogi Berra가 "우리는 일을 그르칠 만한 실수를 했다."는 말을 한 적이 있다. 그리고 존에게는 모든 실수가 일을 그르칠 만한 실수다. 자연은 작은 실수를 좋아한다. 이런 실수 없이는 유전적인 변이가 불가능하기 때문이다. 그러나 인간은 그렇지 않다. 우리는 판단을 할 때 안티프래질을 싫어하는 정신적 바이어스에 휘둘린다.

따라서 슬프게도 인간은 조지에게 해당되는 무작위성을 싫어하면서 시스템을 프래질하게 만든다. 다시 한 번 강조해서 말하자면, 작은 실수를 기피하면 훨씬 더 심각하고 커다란 실수를 범하게 된다.

중앙 정부 모델은 존의 소득에 비유되고, 도시국가 모델은 조지의 소득에 비유된다. 존은 대규모 고용주를 한 명 가지고 있다. 하지만 조지는 소규모 고용주를 여러 명 가지고 있으므로 자신에게 가장 적합한 사람을 고를 수 있고 더 많은 옵션을 갖고 있다. 어떤 사람은 안정적이지만 프래질한 것에 대해서 환상을 가지고 있다. 또 다른 사람은 무작위적이지만 강건하고 심지어 안티프래질한 것에 대해서 환상을 가지고 있다.

시스템이 갖는 무작위성을 더 많이 인식할수록, 블랙 스완이 출현할 가능성은 낮다. 이제 이것이 정치 시스템에 어떻게 적용되는지 스위스의 사례를 통해서 살펴보자.

취리히에서 레닌을 만나다

최근 나는 취리히의 어느 카페를 개조한 고급 레스토랑에서 미국보다 최소한 3배는 더 비싼 가격이 적혀 있는 메뉴판을 자세히 들여다본 적이 있다. 최근의 경제위기는 스위스를 예전보다 훨씬 더 좋은 안식처로 만들어주었고, 스위스 화폐의 가치도 크게 상승시켜 놓았다. 스위스는 지구상에서 가장 안티프래질한 곳이다. 그리고 다른 지역에서 발생하는 충격으로부터 혜택을 보았다. 내가 아는 어떤 작가는 나에게 레닌Lenin이 이곳에 살면서 카페에서 다다이스트Dadaist 시인 트리스탕 차라Tristan Tzara와 함께 체스 게임을 하곤 했다는 이야기를 들려주었다. 그렇다. 나중에 레닌으로 알려진 러시아의 혁명가 블라디미르 일리치 울리야노프Vladimir Ilyich Ulyanov가 스위스에 머물면서 자신의 계획을 구상하고 있었던 것이다.

그 계획은 하향식 통치 국가를 건설해 사람들을 중앙 정부의 통제하에 두는 대규모 실험을 수행하려는 것이었다. 그곳에 레닌이 존재했다는 사실 자체가 나에게 으스스한 기분이 들도록 했다. 며칠 전에 내가 레닌의 박해를 받고 망명한 러시아 출신의 귀족 블라디미르 나보코프Vladimir Nabokov가 말년을 보냈던 제네바 호수의 휴양지, 몽트뢰Montreux에서 열린 컨퍼런스에 참석했기 때문이다.

나중에 자리가 뒤바뀌게 된 붉은색의 볼셰비키와 백계 러시아인White Russians(러시아 내전 당시의 반볼셰비키파 러시아인 - 옮긴이) 모두에게 안식처를 제공하는 일이 스위스 정부가 하는 주요 업무 중의 하나라는 사실이 우습기도 했다. 취리히, 제네바, 로잔과 같은 주요 도시에는 이슬람주의자에게 쫓겨난 이란 왕족 출신의 망명객에서부터 최근에는 플랜 B를 추진 중인 아프리카의 실력자에 이르기까지 정치 망명객들의 흔적이 많이 남아 있다. 볼테르도 제네바와 가까운 곳에 위치한 프랑스 국경 지역의 페르니Ferney에서 얼마 동안 숨어 지낸 적이 있었다(프랑스 국경 지역이 스위스 땅과 연결되기 전이다).

끈질기게 개혁을 주장하던 볼테르는 프랑스 왕과 가톨릭 교회를 비롯한 권위에 맞서다 페르니로 달려갔던 것이다. 한편, 사람들이 볼테르에 대해 잘 모르는 것이 있는데, 그에게는 그곳에 머물러야 할 금전적인 동기가 생겼다는 사실이다. 자수성가한 볼테르는 돈 많은 상인이며 투자자, 투기자이기도 했다. 그가 쌓아놓은 재력의 상당 부분이 스트레스에 대한 안티프래질에서 비롯되었다는 사실을 알아야 한다. 왜냐하면 그가 재산을 모으기 시작한 시기가 바로 초기 망명 기간이기 때문이다.

볼테르와는 다른 유형의 망명객이 있다. 이들은 소요 지역 출신의 재정적 망명자로서 몸에 걸친 비싸고 지루해 보이는 옷과 반짝이는 명품 시계, 재미없는 말투, 인위적인 매너를 통해(즉, 볼테르와는 다른 이미지들이다) 그들을 구별할 수 있다. 다른 부자들과 마찬가지로, 그들도 자신의 농담에 자기가 웃을 수 있는 특권을 가졌다고 생각한다. 이처럼 따분해 보이는 사람들은 자기 몸이 아니라 재산을 숨길 곳을 찾는다. 본국에서의 정치적 탄압을 피해 망명하려는 일부 정치인들은 토요일 밤을 더욱 신나게 보낼 수 있는 프랑스나 영국을 선호하겠지만, 그들의 은행 구좌는 확실히 스위스를 선호한다. 스위스는 지난 수세기 동안 경제적으로 지구상에서 가장 강건한 국가였고, 지금도 그렇다.

스위스에는 안전하게 숨을 곳을 찾는 다양한 사람들과 더불어 그들의 지갑이 있다. 그러나 이런 망명객들은 한 가지 명백한 사실을 모르고 있다. 그것은 바로 지구상에서 가장 안정적인 국가에 정부가 없다는 사실이다. 정부가 없음에도 불구하고 국가가 안정적이라는 것이 아니다. 오히려 정부가 없기 때문에 안정적이라는 의미다. 스위스 국민들에게 스위스 대통령 이름이 뭔지 물어보고 몇 사람이나 제대로 대답하는지 확인해보라. 그들은 대체로 프랑스나 미국 대통령 이름은 알지만, 자기 나라 대통령 이름은 모른다. 스위스 화폐가 가장 안전하다고 하지만 중앙은행은 전체 경제 규모에 비해 상당히 작다.

이처럼 권력을 차지하기 위해서 기회를 엿보는 정치인들이 정부의 부재를 인식하고, 정부가 없기 때문에 자신이 스위스에 있다는 사실을 인정하고, 국민국가와 정치 시스템에 대한 생각을 바꾸려고 할까? 전혀 그렇지 않다.

스위스에 정부가 없다는 말은 옳지 않다. 스위스에는 사람들이 흔히 말하는 규모가 큰 중앙 정부가 없을 뿐이다. 스위스 국민들에 대한 통치는 전적으로 상향식 방식으로 이루어지고 있으며, 거의 독립국가에 준하는 자치권을 지닌 작은 주들이 결합해 스위스 연방을 구성하고 있다. 또 식수 공급을 둘러싼 싸움을 비롯해 불쾌감을 조성하는 여러 논쟁에서 보듯이 주민들 간의 반목이 심해서 불안정한 요소가 많다. 남의 일에 참견하려는 사람들이 많이 나타나는 구조기 때문에 그다지 유쾌한 상황은 아니다. 이를 두고 위가 아닌 아래로부터의 독재라고 말할 수도 있다(어쨌거나 독재라고도 볼 수 있다).

그러나 원대한 사상은 이처럼 지적이라고 볼 수 없는 분위기에서 나오는 것이 아니기 때문에, 이런 상향식 독재는 유토피아적 이상주의에 빠지지 않도록 해준다. 그리고 이런 과정이 그렇게 지적이지 않고 웅대하지 않으며 심지어 완전히 별볼일 없다는 것은, 일요일 오후 제네바 구舊 시가지의 카페에서 얼마간의 시간을 보내보면 충분히 확인할 수 있다. 한편, 스위스가 이룩해놓은 위대한 업적에 관해서 빈정거리는 유명한 말이 있는데, 다른 나라가 훌륭한 제품을 생산하는 동안 스위스는 뻐꾸기 시계를 발명했다는 것이다. 스위스가 뻐꾸기 시계를 발명하지 않았다는 사실을 제외하고는 멋진 이야기다. 그러나 이런 시스템은 모든 측면에서 (따분한) 안정을 제공해준다.

또 제네바, 취리히의 일부 지역, 그슈타드와 생모리츠의 스키 리조트처럼 소름 끼칠 정도로 화려한 풍경은 스위스 사람들이 직접 만든 것도 아니고 여기에 일정 역할을 담당한 것도 아니다. 그것은 스위스가 추악한 부자들과 조세 피난처를 찾는 이들을 끌어들이는 데 성공하면서 나타난 결과에 불과하다.

이야기를 마무리하자면, 국민국가가 아닌 소규모 지방자치체의 연합의 형태를 띤 국가로서 주요 선진국의 자리를 차지하게 된 마지막 사례가 바로 스위스다.

상향식 변화

내가 말하는 상향식 변화(혹은 잡음)는 자치 지역에서 발생하는 정치적 가변성, 이를테면 사소한 분쟁 혹은 일상적인 사건에서의 불화 등의 형태를 의미한다. 이런 형태는 규모를 변화시키면 새로운 특성을 지닌다. 다시 말하면, 어떤 자치 지역의 인구를 100배로 늘리는 식으로 규모를 키우면, 전혀 다른 양상이 전개된다. 덩치가 큰 아이가 더 작은 어른과 똑같이 행동하지 않듯이, 규모가 큰 자치 지역이 국가처럼 움직이지는 않는다. 차이는 질적인 데에 있다. 어떤 자치 지역의 인구가 증가하면 당사자 간의 관계의 질이 변한다. 서문에서 이야기했던 비선형성을 기억하자. 당신이 어떤 실체의 크기를 10배로 키웠다면, 그 실체의 특성을 보존하지 못하고 변환시킨 것이다. 이야기가 세상에서 벌어지는 일에서 추상적인 수학의 세계로 옮겨갔다. 더 흥미롭고 학문적이지만, 유감스럽게도 감흥을 주지는 않는다.

지역 간에도, 그리고 내부 구성원 간에도 서로 적대적인 지방자치체들과 서로 으르렁거리는 사람들이 온건하고도 안정적인 정부를 구성한다. 지역 단위에서 벌어지는 변화와 잡음으로 안정을 유지하는 스위스는 조지의 소득에 비유된다. 택시 운전기사의 소득은 매일 변하지만

1년 단위로는 안정적이듯이, 스위스는 지방자치체들의 모임이 탄탄한 시스템을 창출하면서 전체적으로 안정을 유지한다.

지역 문제를 다루는 방식은 규모가 크고 추상적인 공공 지출을 다루는 방식과 크게 다르다. 과거에 우리는 규모가 작은 씨족 사회에 살면서 그런대로 잘 처리해왔다.[1]

게다가 생물학적 반응은 규모가 큰 시스템보다 자치 환경에서 더 잘 나타난다. 공직자들은 수치심으로 얼굴이 붉어지는 모습을 보여주지 않는다. 또 과도하게 예산을 지출하거나 베트남 전쟁을 치르면서 많은 사람들을 죽음으로 몰아넣더라도 생물학적 반응을 보이지 않는다. 동료와의 눈 맞춤은 서로의 행동을 변화시키지만, 사무실 책상에 앉아서 국민의 피를 빨아먹는 사람들에게 숫자는 그냥 숫자일 뿐이다.

일요일 아침마다 교회에 가는 사람은 자신의 잘못에 대해 불편한 마음을 갖고, 더 많은 책임감을 느낀다. 사람들은 작은 지역 단위에서는 수치심 때문에 다른 사람에게 피해를 주는 행동을 하지 않으려고 한다. 그러나 단위가 커지면, 다른 사람들은 추상적인 항목에 불과하다. 따라서 사람들과 사회적·정서적 소통이 별로 없는 공직자들의 뇌 구조는 감정보다 숫자, 도표, 통계, 이론에만 매몰되기 쉽다.

나의 동료 마크 블라이스Mark Blyth에게 이런 생각을 이야기하면, 그는

---

1   여기서 나는 자치권을 가진 도시국가가 경제적으로 활발하게 움직일 것인가에 관한 경제적 논점을 고려하지 않았다(실제로 앙리 피렌느Henri Pirenne와 막스 베버Max Weber는 이런 도시국가들이 활발하게 움직인다고 어느 정도는 낭만적인 방식으로 주장했다). 나의 (수학적) 논점은 어느 정도의 독립적인 가변성을 지닌 작은 단위의 모임이 갖는 리스크의 특징이 큰 단위 하나가 갖는 리스크의 특징과 크게 다르다는 것이다.

'스탈린은 지방자치체에서는 존재할 수 없었다.'는 말을 불쑥 내뱉는다.

작은 것은 여러 모로 아름답다. 작은 것(이런 작은 것들이 모여서 전체가 된다)이 큰 것보다 더욱 안티프래질하다는 사실을 받아들이기로 하자. 실제로 큰 것은 부서지게 되어 있다는 말은 슬프게도 대기업, 덩치가 큰 포유동물이나 행정기관에 보편적으로 적용된다.[2]

국가의 추상적인 측면과 관련해 또 다른 심리적인 문제가 있다. 인간은 구체적이지 않은 대상을 무시하는 경향이 있다. 인간의 마음은 텔레비전에 나오지 않은 수천 명의 죽음보다 옆에서 우는 한 명의 아이에게 더 쉽게 흔들린다. 하나는 통계에 불과하지만, 다른 하나는 비극이다. 인간의 감성 에너지는 그럴듯한 사건을 맞이해 맹목적이기까지 하다. 미디어는 자극적인 사건을 끊임없이 찾아 헤매는 우리의 감성 에너지를 이용해 상황을 더욱 악화시킨다. 그리고는 불공정한 결과를 초래한다. 지금 이 순간에도 매 7초마다 한 명이 당뇨병으로 죽어간다. 그러나 뉴스는 허리케인으로 집이 날아가버린 사람들의 이야기만 다룬다.

문제는 우리가 관료주의를 만들어 놓고는, 추상적이고 이론적인 근거에 바탕을 두고 의사결정을 하는 공직자들이 책임감을 가지고 합리적으로 일할 것이라는 환상을 갖는 데 있다.

성가신 유전자를 지닌 로비스트들은 소규모 자치 지역에서는 존재할 수 없다. 벨기에에 위치한 유럽위원회 European Commission를 중심으로

---

2 싱가포르와 말레이시아처럼 규모가 다른 국가를 대상으로 정치 시스템을 비교하면서 논쟁하는 모습을 보면 안타까움을 느낀다. 단위의 규모는 시스템보다 더 중요할 수 있다.

권력을 집중시킨 덕분에, 유럽인들은 대기업을 위해 민주주의를 악용하려는 이런 돌연변이체의 존재를 금방 알아차릴 수 있었다. 로비스트 한 사람이 브뤼셀에서 이루어지는 결정이나 규정 중 하나에라도 영향을 미치면, 그 성과는 엄청나다. 자치 지역의 경우, 그곳에 상주하면서 주민들을 설득하려면 로비스트 군단이 필요하다. 이에 비해 브뤼셀에서 활동하는 로비스트들은 적은 비용을 들여 훨씬 더 큰 보상을 받을 수 있다.[3]

규모가 갖는 또 다른 효과를 생각하면, 작은 기업은 로비스트를 고용할 가능성이 적다.

상향식에 내재된 효과는 법에도 나타난다. 이탈리아의 정치학자이자 법철학자인 브루노 레오니 Bruno Leoni는 다양성을 담보해줄 수 있기 때문에, 판례법을 적용하는 것이 법전을 엄격하고 명시적으로 적용하는 것보다 더 바람직하다고 주장했다. 사실 법관이 누구인가는 복권과도 같지만, 판례법이 엄청난 과실을 방지하는 데 도움이 된다.

나는 정치 시스템이 갖는 자연적인 안티프래질을 보여주기 위해 스위스의 예를 들었다. 그리고 정치적 잡음을 최소화하는 대신, 잡음을

---

[3] 다행스럽게도 유럽 연합 European Union은 하위성 원칙 the principle of subsidiarity(결정 사항을 조직 전체가 아닌 관계국에서 시행하는 방식 - 옮긴이) 덕분에 권력의 지나친 집중을 법적으로 방지할 수 있다. 이것은 효과적인 관리가 가능하도록 정책을 최소 단위로 집행해야 한다는 원칙을 의미한다. 이런 생각은 가톨릭 교회에서 비롯되었다. 이성적으로 말하자면, 단위는 국가처럼 아주 클 필요도 없고 개인처럼 아주 작을 필요도 없으며, 개인과 국가 사이 어딘가에 있으면 된다. 이는 이성적으로 강력한 의미를 갖는다. 특히 4장에서 살펴보았던 프래질의 이전 문제와 (나중에 살펴보게 되겠지만) 규모가 대상을 프래질하게 만든다는 관점에서 보면 더욱 그렇다.

자연스럽게 흘러갈 수 있도록 해주는 메커니즘을 통해 안정을 얻을 수 있음을 보았다.

스위스의 또 다른 면을 이야기해보자. 역사상 가장 성공적인 국가지만, 다른 선진국에 비해 대학 교육의 수준은 아주 낮다. 스위스의 시스템은 이론 교육보다는 직업 교육에 치중하는 도제 모델에 바탕을 두고 있다(은행 시스템도 마찬가지다). 다시 말하면, 책을 통해 얻은 지식(무엇을 아는가)보다 기능(방법을 아는가)을 중시한다.

극단의 왕국으로부터 멀어져라

이제 주변에서 벌어지는 일의 가변성에 개입할 때 나타나는 효과를 기술적인 측면에서 살펴보자. 앞에서 설명한 상향식 시스템과 자연적 시스템의 가변성에는 수학적인 특징이 있다. 이런 가변성은 내가 말하는 제어하기 힘든 극단의 왕국Extremistan(주로 안정적이지만 때로 엄청난 혼란을 일으킨다. 실패는 엄청난 결과를 초래한다)이 아닌 평범의 왕국Mediocristan(놀랄 만한 변화가 많지만 시간이 지나면서 전체적으로 상쇄된다. 또 지방자치체가 모여 커다란 연방국가를 형성한다)에서 볼 수 있는 종류의 무작위성을 창출한다. 하나는 오르내릴 뿐이지만, 다른 하나는 크게 점프한다. 그리고 은행업자와 택시 운전기사의 소득처럼 하나는 작은 변화가 수없이 많은 반면, 다른 하나는 크게 변한다. 두 가지 유형의 무작위성은 질적으로 크게 다르다.

평범의 왕국에서는 변화가 많지만 극단적인 변화는 전혀 없다. 반면,

극단의 왕국에서는 변화가 별로 없지만 한 번 발생하면 엄청나게 크다.

이런 차이점을 이해하기 위한 또 다른 방법이 있다. 당신의 칼로리 흡수량은 평범의 왕국에서의 변화다. 1년 동안의 칼로리 소모량을 늘리려 해도 하루 만에 큰 성과를 올릴 수는 없는 일이다. 예를 들어 1년 동안의 칼로리 소모량이 80만 칼로리일 때, 하루의 칼로리 소모량인 5000칼로리는 전체에서 0.5%를 조금 넘는다. 따라서 예외적이고 아주 드문 사건이 전체적으로나 장기적으로 커다란 역할을 하지 못한다. 하루 만에 체중을 두 배로 늘릴 수도 없다. 한 달 혹은 1년을 주더라도 힘들 것이다. 그러나 재산을 한순간에 두 배로 늘리거나 절반을 날려버릴 수는 있다.

이와 대조적으로 소설 판매부수를 보면, 상위 0.1%가 절반 이상을 차지한다(아마 전체 이윤으로 보면 90% 정도를 차지할 것이다). 따라서 출판 시장에서는 0.1%에 해당되는 예외가 전체를 지배한다. 마찬가지로 역사가 불연속적으로 움직이면서 점프를 하여 다른 상태로 바뀌듯이, 경제와 금융 현상도 극단의 왕국에서 벌어진다.[4]

그림 3은 인간이 어설프게 개입해 자연적인 무작위성을 제거해버리면, 안티프래질한 시스템이 어떻게 손상되는지 보여준다. 지방자치체의 소음을 제거하는 경우뿐만 아니라, 어린 아이를 멸균상태의 환경에서 지내도록 하다가 바깥 세상으로 내보내는 경우, 정치 시스템에 위

---

4 무작위성이 소규모로 반복되는 정치적 무질서의 형태로 수많은 소규모 단위에 걸쳐 분포한다면, 이는 첫 번째 유형 즉 온화한 평범의 왕국에 해당한다. 무질서가 한 곳으로 집중되면 이는 엉큼한 극단의 왕국에 해당한다.

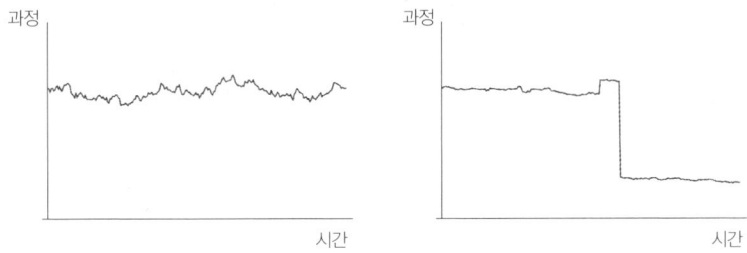

그림 3 첫 번째 그래프는 지방자치체의 잡음과 수크(아랍 국가의 시장 – 옮긴이)의 가변성을 보여 주고, 두 번째 그래프는 중앙 정부 혹은 인위적으로 관리되는 시스템의 가변성을 보여준다. 또한 첫 번째 그래프는 택시 운전기사의 수입을 나타내고, 두 번째 그래프는 직장인의 수입을 나타내며 폭포수의 움직임 혹은 블랙 스완의 출현을 보여준다. 인간이 프로세스를 매끄럽게 하거나 통제하기 위해서 지나치게 개입하면, 평범의 왕국은 극단의 왕국으로 바뀐다. 이런 효과는 건강, 정치, 경제를 비롯해 심지어 프로작의 복용 여부에 따라 크게 달라지는 감정의 영역에서 가변성을 제거했을 때 나타난다. 또한 기업가 정신이 충만한 실리콘 밸리는 첫 번째 그래프에 해당하고, 은행 시스템은 두 번째 그래프에 해당한다.

로부터 강제적인 안정을 부여하는 경우, 가격을 통제하는 경우, 기업 규모를 확장하는 경우에도 같은 논리를 적용할 수 있다.

 인간이 종 모양의 정규분포를 보이는 안정적이고 통제 가능한 가변성을 지닌 시스템(평범의 왕국)을 예측 불가능하고 주로 점프를 하면서 움직이는, '두꺼운 꼬리' 시스템으로 변화시킨 것이다. 극단의 왕국에서 흔히 나타나는 '두꺼운 꼬리'는 중심에서 멀리 떨어진 사건이 중요한 비중을 차지한다는 의미다. 첫 번째 그래프는 가변성이 있다. 오르내리기는 하지만 가라앉지는 않는다. 반면, 두 번째 그래프는 두드러지게 오르내리지 않다가 갑자기 가라앉아버린다. 장기적으로는 두 번째 시스템이 훨씬 더 가변적이고, 변화의 충격도 더 크다. 첫 번째 시스템에 어설프게 개입하면 궁극적으로는 두 번째 시스템을 따르는 결과를 얻게 된다.

극단의 왕국에서는 예측 가능성이 아주 낮다. 두 번째 시스템에서는 무작위성이 매끄러운 모습을 하고 숨어 있어서 드러나지 않는다. 실패하는 경우는 드물지만, 한번 실패하면 거의 재앙에 가깝다. 4권에서는 계획에 사로잡혀 있으면 바로 이런 이유 때문에 실패하게 된다는 사실을 설명할 것이다. 실제로 계획이 기업에 도움이 된다는 주장은 잘못된 믿음이다. 미래를 예측할 수 있다고 간주하고 정책을 입안하기에는 세상이 너무나도 무작위적이고 예측이 불가능하다는 것을 살펴보았다. 결국, 살아남으려면 주변 여건과 적응 간의 적절한 상호 작용이 필요하다.

위대한 칠면조 문제

이제 기술적 용어들과 두꺼운 꼬리 모양의 그래프, 극단의 왕국에서 빠져나와 레바논 이야기를 해보자. 극단의 왕국에서는 과거에 나타났던 일들에 속아 넘어가서 스토리가 뒤로 거슬러 올라가기 쉽다. 그림 3의 두 번째 그래프를 보더라도, 점프가 있기 전까지는 시스템이 안전하다고 믿기 쉽다. 특히 무작위성이 놀랄 만큼 많이 나타나는 첫 번째 시스템에서 외견상 안전해 보이는 두 번째 시스템으로 발전적으로 옮겨갔다고 믿는 경우에는 더욱 그렇다. 두 번째 시스템은 실제로 그렇지는 않지만, 무작위성이 크게 줄어든 것처럼 보인다.

푸줏간 주인은 칠면조에게 1000일 동안 먹을 것을 준다. 그는 매일 통계적 신뢰도를 조금씩 높여가면서 칠면조를 사랑하는 자신의 마음

그림 4 칠면조는 추수감사절을 깨닫지 못한 상태에서 '증거'를 활용하여 과거에 바탕을 두고 미래를 '정밀하게' 예측한다(저작권: 조지 나스).

을 애널리스트들에게 확인시켜준다. 주인은 추수감사절 며칠 전까지 칠면조에게 계속 먹이를 줄 것이다. 그러다 칠면조는 자신이 칠면조가 된 것을 원망하는 날이 오게 된다. 칠면조는 자신을 아끼는 주인에 대한 믿음이 최고조에 다다르고 자신의 삶에 대해서 아주 편하게 예측하고 있는 바로 그 순간 벌어지는 놀라운 광경 앞에서 믿음을 수정할 것이다. 이 이야기는 버트란트 러셀Bertrand Russell의 비유를 각색한 것이다. 여기서 핵심은 이처럼 놀라운 상황이 바로 블랙 스완 현상이라는 것이다. 그런데 이 현상은 푸줏간 주인이 아니라 칠면조에게만 해당한다.

우리는 칠면조 이야기에서 최악의 실패를 확인할 수 있다. 그것은 지식인 사회에 만연한 실패이자 사회과학에 바탕을 둔 실패로, 해악이 되는 증거의 부재를 부재의 증거로 오인하는 데서 비롯되는 실패다.

따라서 우리의 사명은 칠면조가 되지 않는 방법, 혹은 가능하다면 안티프래질한 칠면조가 되는 것이다. 칠면조가 되지 않는 것은 진정한 안정과 인위적인 안정의 차이를 구분하는 데서 시작한다.

우리는 무작위성을 억누르고 있던 시스템이 폭발하면 어떤 일이 일어날지 쉽게 예상할 수 있다. 2003년 미국에 의해 사담 후세인Saddam Hussein 정권이 축출되고 바트당Baath Party이 몰락한 것이 바로 그 생생한 사례다. 수많은 사람들이 죽었고, 10년이 지나서도 그곳에서는 여전히 혼란이 끊이지 않고 있다.

1만 2천년

앞서 스위스의 사례를 통해 국가에 관한 논의를 시작했다. 이제 조금 먼 동쪽으로 가보자.

시리아 북부와 레바논이 위치한 레반트 북부 지역은 토기가 없는 신석기 시대부터 20세기 중반에 이르기까지 인류 역사상 가장 오랫동안 번성했던 지역이다. 영국이 약 500년 동안, 스칸디나비아 지역이 300년에 못 미치는 기간 동안 번성해왔던 것에 비해, 이 지역은 1만 2천년 동안 번성했다. 이처럼 역사학자들이 '장기 지속longue durée'이라고 일컫는 기간 동안 번성해온 곳은 지구상에서 좀처럼 찾아보기 힘들다. 많은 도시들이 나타났다 사라지곤 했는데, 비교적 풍요로웠던 도시로는 알레포Aleppo, 에메사Emesa(오늘날의 홈스Homs), 라오디게아Laodicea(오늘날의 라타키아Lattakia)가 있다.

고대 이후로 레반트 북부 지역은 실크 로드의 중심부에 위치하고 있어서 상인들의 세력이 강했고, 로마를 비롯한 지중해 지역으로 밀을 공급했기 때문에 농업 지주들의 세력도 강했다. 또 이 지역은 로마 황제, 동서 교회의 분열 이전에는 가톨릭 교황을 여러 명 배출했고, 그리스 문학가와 철학자(이들 중에는 플라톤 아카데미의 수장들도 여러 명이 포함되어 있다)도 수십 명이나 배출했다. 게다가 뛰어난 통찰력을 지닌 IT 기업가, 스티브 잡스의 조상이 살던 곳이기도 하다. 지금 나는 잡스가 물려준 애플 컴퓨터를 가지고 이 책을 써 내려가고 있으며, 많은 독자들이 잡스의 또 다른 유산인 아이패드 태블릿을 가지고 이 문장을 읽게 될 것이다. 이 지역은 로마 시대에 지역 귀족들이 지배했고, 이후에 등장한 오토만 제국도 분권 정책을 추진한 것으로 보아 상당한 수준의 자치권을 누렸음을 알 수 있다. 도시들은 자체적으로 동전을 발행하기도 했다.

이후 두 가지 사건이 일어났다. 첫 번째 사건은 제1차 세계대전 이후 이 지역의 일부는 새로 수립된 시리아에 포함되었고, 또 다른 일부는 레바논에 포함되었다. 당시까지는 이 지역 전체가 오토만 제국에 속해 있었지만, 어느 정도 자치권을 누리고 있었다. 오토만 제국은 이전의 로마 제국과 마찬가지로 전쟁에 몰두하는 동안 세금만 제대로 징수되고 있으면 지역 귀족들이 이 지역을 지배하도록 내버려두었다. 오토만 제국의 평화, 팍스 오토마나pax Ottomana는 이전의 팍스 로마나pax Romana와 마찬가지로 교역을 위해 바람직했다. 계약들은 잘 이행되었고, 그것은 정부가 가장 원하는 바였다. 역사학자 필립 만셀Philip Mansel이 최근 향수를 불러일으킨 책『레반트Levant』를 출간했는데, 지중해 동부 지역의 도시들이 배후 국가로부터 떨어져 나와 도시국가 형태로 운영되는 과정을 분석한 내용이다.

이후로 지난 수십 년 동안 시리아의 근대주의자 정당인 바트당은 이른바 유토피아를 강요했다. 바트당이 중앙집권화하고 국가 통제주의에 입각한 법률을 시행하자 알레포, 에메사는 금방 쇠퇴하기 시작했다.

바트당이 추진했던 근대화 프로그램은 과거에 수크에서 볼 수 있던 향수 어린 북새통을 제거하고 그곳에 정갈한 모습의 현대식 사무실을 짓는 것이었다. 물론 효과는 즉각적으로 나타났다. 교역에 종사하던 사람들은 뉴욕이나 뉴저지(주로 유대인), 캘리포니아(주로 아르메니아인), 베이루트(주로 기독교인)로 이주했다. 베이루트는 교역에 종사하기에 알맞은 분위기다. 중앙 정부의 역할이 크지 않고 체계가 잡혀 있지 않은 국가인 레바논은 실제로 하나의 지방자치체라고 간주할 수 있을 정도로 작다(중간 규모의 대도시 지역보다도 더 작다).

전쟁, 감옥 혹은 두 가지 모두

레바논이 좋은 여건을 많이 갖추고 있긴 하지만, 치안이 너무 느슨해 다양한 팔레스타인 무장 세력과 기독교 민병대가 활동하고 있으며 공동체 간의 군비 경쟁이 조용하게 진행되고 있다. 또 공동체 간의 불안이 상존하기 때문에 기독교도들은 그들의 정체성을 부각시키기 위해 노력하고 있다. 무질서가 활력을 불어넣기는 하지만, 레바논은 지나칠 정도로 무질서하다. 뉴욕 마피아 보스들이 합동참모 본부보다 더 큰 규모의 군대를 보유해도 무방한 것처럼 여겨진다(예를 들어 존 고티John Gotti가 미사일을 보유하고 있다고 상상해보라). 그래서 1975년에는 격렬한 내전이 발발하기에 이르렀다.

    나의 할아버지 친구분 중에는 알레포에서 살다가 바트당 정권을 피해 레바논으로 오신 분이 한 분 계셨다. 부유한 상인이던 그 분의 말씀 중 한 구절이 여전히 머릿속에 충격으로 남아 있다. 레바논에서 전쟁이 한창일 때, 할아버지께서 친구분에게 왜 알레포로 돌아가지 않느냐고 묻자 그 분은 단호하게 "우리 알레포 사람들은 감옥보다 전쟁을 더 좋아한다네."라고 대답하셨다. 나는 알레포 사람들이 그 분을 투옥시킬 것이라는 의미로 생각했다. 그러나 곧 감옥이라는 단어가 정치적·경제적 자유의 박탈을 의미한다는 사실을 깨달았다.

    경제 활동도 감옥보다는 전쟁을 더 좋아하는 것 같다. 100년 전에 레바논과 시리아 북부 지역은 1인당 소득이 거의 비슷했다. 그리고 같은 문화, 언어, 민족성을 가지고 있었고 같은 음식을 먹었으며, 주고받는 농담도 비슷하다. 레바논은 느슨한 국가인데 반해, 시리아는 바트당 정권이 근대화 프로그램을 강력하게 추진하는 국가라는 점을 제외하고는 모든 점이 같다. 온갖 형태의 무질서 속에서 내전으로 많은 사상자를 내었고 두뇌 유출도 겪었으며, 이후로도 오랫동안 경제가 정체되었는데도 불구하고, 지금 레바논의 생활 수준은 시리아에 비해 3~6배나 더 높다.

    결국 마키아벨리의 말은 옳았다. 장 자크 루소Jean-Jacques Rousseau는 마키아벨리의 말을 인용하면서 이렇게 적었다. "마키아벨리는 '우리 공화국은 살인, 내전의 소용돌이 속에서도 더 강해지고, 시민들은 미덕을 쌓아가고 있다…… 약간의 동요는 정신에 자양분을 공급해주며, 종이 번성하도록 만드는 것은 평화가 아니라 자유다.'라고 말했다."

팍스 로마나

중앙집권적 국민국가는 역사에서 완전히 새로운 형태는 아니다. 실제로 고대 이집트의 통치 형태와 거의 같다. 그러나 고대 이집트의 통치 형태는 역사에서 단발적인 사건이었고, 오랫동안 유지되지도 않았다. 이집트는 킬러 앱killer app(새로운 테크놀로지의 보급에 결정적 계기가 되는 애플리케이션 - 옮긴이)이라 할 수 있는 공격용 전차를 갖춘 소아시아 지역의 제멋대로인 야만적 침입자들로부터 수시로 괴롭힘을 당하면서 쇠퇴기를 맞이하게 되었다.

고대 이집트 왕조는 국가를 제국처럼 통치하지 않고 통합된 국가처럼 통치했다. 앞에서 설명했다시피, 이런 통치 형태는 크게 다른 유형의 가변성을 낳게 된다. 국민국가는 중앙집권적인 관료들에게 의존한다. 반면 로마 제국이나 오토만 제국과 같은 제국은 지역 엘리트에게 의존하므로 실제로는 도시국가가 번성하고 자치권을 보장해주게 된다. 이런 자치권이 군사 부문이 아니라 상업 부문에서 주어지기 때문에 평화적인 분위기가 조성된다. 실제로 오토만 제국에서는 신하와 영주가 군사적인 분쟁에 휘말리지 않도록 좋은 관계를 유지하려고 노력했으며, 이런 관계는 군사적인 유혹을 제거하고 모두가 번창하는 데 도움이 되었다. 결국 이런 시스템은 겉으로 보기에 얼마나 부당하게 여겨지는지와는 상관없이, 지역 엘리트들이 전쟁보다 상업에 몰두하도록 만들었다. 결과적으로 신하와 영주가 스스로 자신을 보호하는 셈이었다. 지금까지 이야기는 바로 데이비드 흄David Hume이 자신의 저서 『영국사The History of England』에서 국가의 규모가 커지면 전쟁의 유혹을 받기 때문에 소규모 국가를 선호하면서 제기했던 주장이었다.

로마 제국이나 오토만 제국이 자유를 사랑하는 마음에서 지역 엘리트들에게 자치권을 허용한 것은 아니었다. 단지 편의상 그렇게 했을 뿐이다. 제국과 자치권을 갖는 지역 간의 결합은 별개의 국민국가와 국경을 가진 중앙집권적 국민국가보다 더 많은 안정을 가져다 주었다.

그러나 국가들이 이집트와 중국처럼 중앙집권적 통치 형태를 갖추었다 하더라도 실제로는 로마 제국이나 오토만 제국과 크게 다르지 않았다. 학자들과 관료들이 중앙에 집중되어 지식을 독점하고 있었다는 점을 제외하고는 말이다. 당시에는 인터넷 송금 혹은 계좌 송금을 감시하는 방식으로 조세 징수를 감독할 수 없었다. 그리고 전신, 철도, 전화와 같은 근대의 통신 네트워크가 등장하기 전까지 국가는 칙서 송달관에게 의존해야 했다. 따라서 지역의 통치자들이 국왕처럼 행동하면서 많은 문제를 처리했다. 중앙집권적 국가의 경우 최근까지도 경제 전체에서 정부가 차지하는 비중이 겨우 5% 정도였다(지금 유럽 국가에서는 이런 수치가 거의 10배에 달한다). 그리고 정부는 전쟁 문제에 신경을 써야 했기 때문에 경제 문제는 기업가들에게 맡겨야 하는 상황이었다.[5]

전쟁과 전쟁이 없는 상태

독일과 이탈리아에 국민국가가 수립되기 전의 유럽을 살펴보자(두 나

---

5 사람들은 분열이 나쁘고 마치 발칸 지역에 대안이 있는 것처럼 간주하면서, 분열된 국가 때문에 혼란이 발생하게 된다는 의미로 '발칸화Balkanization'라는 표현을 사용한다. 그러나 분열이 낳은 성공을 의미하는 '헬베티제이션Helvetization'이라는 표현을 사용하는 사람은 아무도 없다.

라에 국민국가가 수립된 것을 두고, 마치 두 나라가 과거 언젠가 통치 체계가 제대로 잡혀 있었다는 듯이 '재통일'이라고 일컫는 이들이 있다). 국민국가가 수립되기까지, 두 나라에서는 소규모 제후국 혹은 도시국가들이 일정한 질서 없이 여러 갈래로 흩어져서 끊임없이 반목하고 있었다. 제노바와 베니스는 지중해 동부와 남부를 두고 오랜 세월에 걸쳐 길거리의 싸움꾼들처럼 경쟁하고 있었다. 하지만 서로 반목하는 제후국들에게 한 가지 위안이 되는 사실이 있었다. 평범해서는 하나 이상의 적을 대적하지 못한다는 것이었다. 그래서 이곳에서의 전쟁은 동맹으로 변해 갔다. 긴장은 어디에나 항상 존재했다. 그러나 이런 긴장은 오랜 가뭄 뒤에 한꺼번에 내리는 폭우가 아니라 부슬부슬 내리는 영국의 보슬비처럼 심하지 않아서 다루기가 쉬웠다. 바로 평범의 왕국을 의미했다.

19세기 후반에 유행하던 국민국가 수립은 이후로 600만 명이 넘는 희생자를 낳았던(800만 명이라고 주장하는 사람도 있다) 두 차례의 세계대전과 그 후속편을 낳았다. 전쟁과 전쟁이 없는 상태의 차이는 매우 커서 그림 3에 나오는 불연속적인 점프로 설명할 수 있다. 이것은 시장에서 승자가 모든 것을 독식하는 세상이나 드물게 벌어지는 사건이 지배하는 세상으로 변화한 것과 크게 다르지 않다. 제후국들의 모임은 앞에서 설명했던 레스토랑 산업과 비슷하다. 가변성이 있긴 하지만 은행 산업과는 다르게 레스토랑 산업 전체의 위기로 이어지지는 않는다. 그 이유는 레스토랑 산업을 구성하는 수많은 소규모 단위들이 독립적으로 경쟁하면서 개별적으로 시스템 전체를 위협하거나 불연속적인 점프를 일으키지는 않기 때문이다. 다시 말해서, 무작위성이 한 곳에 집중되지 않고 여러 곳으로 분산된다.

어떤 사람은 칠면조처럼 순진하게 세상은 점점 더 안전해지고 있으며, 신성한 국가가 이런 안전을 책임져준다고 믿는다. 지구상에서 폭력 사건이 가장 덜 발생하는 국가가 상향식 시스템을 지닌 스위스인데도 말이다. 이런 믿음은 핵무기를 사용하는 경우의 수가 적기 때문에 핵무기가 더 안전하다고 말하는 것과 같다. 폭력 사건의 발생은 계속 줄어들고 있지만 전쟁은 훨씬 더 심각한 재앙을 초래할 가능성이 높다. 우리는 미국이 소련을 향해 핵무기를 막 발사하려던 참이었던 1960년대에 최악의 재앙에 아주 가까이 다가간 적이 있었다. 극단의 왕국에서의 리스크를 생각할 때는 증거를 찾으려고 해서는 안 되고(증거는 너무 늦게 나온다), 잠재적인 피해를 생각해야 한다. 세상은 더 큰 피해가 발생할 만한 단서를 결코 보여주지 않는다.[6] 하지만 데이터를 신봉하는 사람들에게 리스크는 과거가 아니라 미래에 있다고 설득하기가 어렵다.

복잡하게 얽혀 있는 다민족 국가였던 오스트리아-헝가리 제국Austro-Hungarian Empire은 오토만 제국과 함께 제1차 세계대전 이후 사라지고, 통치 체계가 제대로 잡힌 국민국가로 대체되었다. 여러 민족으로 구성된 (이런 결과는 오히려 오토만 제국이 남긴 유산일 수도 있다) 오토만 제국은

---

6 (겉으로 드러나지 않는 요소를 적절하게 조정해) 데이터를 더욱 엄밀하게 살펴보면, 어떤 전쟁은 세계 인구의 10%를 죽음으로 몰아넣을 수 있다는 주장이 통계적으로 완벽하게 타당하다. 그리고 이런 주장은 결코 '아웃라이어outlier'에 근거한 것이 아니다. 앞으로 살펴보겠지만, 벤 버냉키Ben Bernanke는 자신이 말한 대안정기the Great Moderation라는 표현에 스스로 칠면조가 되어 속아 넘어갔다. 위에서 가변성을 억누를 때, 사람들은 이처럼 가변성이 축소된 프로세스의 특징을 잘못 이해할 수 있다. 스티븐 핑커Steven Pinker와 같은 사람은 통계적 프로세스statistical process의 성질을 오해하고는 재무학에서의 '대안정기'와 비슷한 논문을 썼다.

스위스 모델에 따라 터키가 되는데, 어느 누구도 이런 부조화에 주목하지 않는다. 비엔나는 언어를 제외하고는 공유하는 것이 별로 없는 오스트리아로 빨려 들어가게 되었다. 뉴욕에서 텍사스 중부로 가면서, 그곳을 여전히 뉴욕이라고 부르는 상황을 생각해보라.

당시 세계에서 가장 영향력 있는 작가였던 비엔나 출신의 유대인 소설가 슈테판 츠바이크Stefan Zweig는 사람들의 심금을 울리는 회고록 『옛날의 세상The World of Yesterday』에서 비엔나가 주는 비애감을 표현했다. 비엔나는 알렉산드리아Alexandria, 스미르나Smyrna, 알레포, 프라하Prague, 테살로니키Thessaloniki, 콘스탄티노플Constantinople(지금의 이스탄불), 트리에스테Trieste와 같은 다문화 도시였지만, 국민국가의 모습을 한 프로크루스테스의 침대에 억지로 길이를 맞추고 들어가야만 했다. 시민들을 지난 세월의 향수에 젖어들게 해놓고서 말이다.

츠바이크는 이런 상실감을 통제할 수도 없고 다른 곳에서 풀 수도 없어서, 나중에 브라질에서 자살하게 된다. 나는 레반트 지역의 기독교 세계가 레바논 전쟁으로 산산이 부서지면서 신체적·문화적 망명객이 되어 츠바이크와 비슷한 상황에 처해졌을 때 그의 책을 처음 읽었는데, 그가 뉴욕으로 갔더라면 그처럼 극단적인 선택을 하지는 않았으리라는 생각이 들었다.

내가 (어느 정도는) 무작위성을 좋아한다고 말하라

극단의 왕국에서의 맥스웰 / 당나귀에게 먹이를 주기 위한 복잡한 메커니즘 / 베르길리우스가 "그것을 지금 당장 하라."고 말했다

5장의 요점은 프래질한 은행업자 존이 처한 위험의 특징은 안티프래질한 택시 운전기사 조지의 것과 엄청나게 다르다는 것이었다. 마찬가지로 중앙집권 체제가 갖는 위험의 특징은 지방자치체의 연방처럼 혼란스러운 체제의 것과도 크게 다르다. 어느 정도의 무작위성 덕분에 두 번째 형태는 장기적으로는 안정적이다.

 저명한 전자기학자 제임스 클러크 맥스웰James Clerk Maxwell은 얼마만큼의 지나친 제어가 역화를 일으켜 폭발이 일어나는지를 과학적으로 설명했다. 속도 조절기는 갑작스러운 변화를 상쇄시켜 증기 엔진의 속

도를 조절하기 위한 장치다. 이는 엔진을 안정시켜주는 장치지만, 역설적으로 가끔 일으키는 변덕스러운 행동으로 대형 사고의 원인이 되기도 한다. 가벼운 제어는 효과가 있지만, 지나친 제어는 과잉반응을 일으켜 기계가 산산조각이 날 수도 있다. 맥스웰은 1867년 「속도 조절기에 관하여On Governors」라는 유명한 논문에서, 이런 행동을 모델화시켜서 엔진의 속도를 지나치게 제어하면 불안정한 현상을 일으키게 된다는 사실을 수학적으로 증명했다.

지나친 제어에 따른 위험과 이에 대한 맥스웰의 명쾌한 증명은 다른 영역에서도 적용될 수 있고, 거짓된 안정과 장기적으로 숨어 있는 프래질을 밝히는 데에도 도움이 된다.[1] 시장에서 가격을 고정시키거나, 이른바 노이즈 트레이더noise traders라 불리는 투기자들과 그리고 그들이 일으키는 온건한 수준의 불안정을 제거하면, 커다란 점프가 나타나기 전까지는 안정되었다는 환상을 가질 수 있다. 불안정에 익숙하지 않은 사람들은 가격이 조금만 변해도 이를 내부 정보insider information의 유출 혹은 시스템 상태의 변화로 판단하고 공황을 일으킨다. 통화 가치가 변하지 않을 때 사람들은 작은 변화에도 세상이 끝나는 줄 안다. 따라서 어느 정도의 혼란을 주입해야 시스템을 안정시킬 수 있다.

실제로 사람들을 약간의 혼란에 빠뜨리는 것은 도움이 된다. 그것은 당신에게도 좋고 다른 사람들에게도 좋은 일이다. 예를 들어, 지난 15년

---

[1] 금융업자 조지 쿠퍼George Cooper는 자신의 저서 『금융위기의 기원The Origin of Financial Crises』에서 똑같은 주장을 했다. 이 주장이 너무나도 명쾌해서 트레이더로 일하는 오랜 친구 피터 닐슨Peter Nielsen은 자기가 아는 모든 사람들에게 이를 전파할 정도였다.

동안 매일같이 6시면 집에 도착하는, 지극히 시간 약속을 잘 지키고 예측가능한 사람을 상상해보자. 그가 집에 오는 시간으로 시계를 맞출 수 있을 정도다. 만약 이 사람이 어쩌다 몇 분이라도 늦게 온다면 가족들은 크게 걱정할 것이다. 약간의 변화가 있는 사람이라면, 30분 정도 늦게 오더라도 가족들은 전혀 걱정하지 않는다.

변화는 환경 정화에도 도움이 된다. 작은 산불은 인화성 물질을 정기적으로 정화시켜서 이런 물질이 쌓이지 않도록 해준다. 따라서 산불을 예방하기 위한 체계적인 노력은 큰 산불을 훨씬 더 나쁘게 만드는 결과를 초래한다. 마찬가지로, 안정은 경제에도 좋지 않다. 오랫동안 좌절을 겪어보지 않고 성장만을 거듭해온 기업은 결국 취약해진다. 그리고 기업의 약점은 드러나지 않고 조용히 쌓이기만 한다. 따라서 위기를 뒤로 미루는 것은 좋은 생각이 아니다. 마찬가지로 시장이 변하지 않는 것은 리스크가 아무런 제재를 받지 않고 숨어서 쌓이도록 해주는 꼴이다. 시장 트라우마가 없는 기간이 길면 길수록, 격변의 상처는 더욱 커진다.

안정이 갖는 역효과를 과학적으로 분명하게 입증할 수 있지만, 나는 트레이더로 일하던 시절에 노련한 베테랑들로부터 들었던, 오랫동안의 경험에 바탕을 둔 이야기를 하려고 한다. 시장이 오랫동안 기록하지 않았던 최저점을 통과하면, 수많은 사람들이 출구로 몰려가기 위해 혈안이 된다. 돈을 잃어본 적이 없는 사람들은 비통한 심정으로 상실감에 빠져든다. 이런 최저점이 2년 만에 처음 나타나는 것이라면 '2년 저점 two-year low'이라고 부른다. 그리고 2년 저점은 1년 저점보다 더 큰 상처를 입힌다. 트레이더들은 이런 상황을 두고 '약한 손 weak hands'을

'클린업cleanup'한다고 말한다. '약한 손'이란 프래질한 사람들이지만 정작 자신은 그런 줄도 모르고, 안심할 수 없는 상황을 두고 안심하는 사람들을 이르는 말이다. 이런 약한 손들이 출구를 향해 달려가면서 집단적으로 시장 붕괴를 일으킨다. 가변적인 시장이라면, 이런 사람들이 그토록 오랫동안 클린업 상황을 경험하지 않도록 내버려두지 않는다. 따라서 시장 붕괴를 미연에 방지할 수 있다.

라틴어 속담에 '파도에 흔들리지만 가라앉지 않는다.'는 말이 있다.

배고픈 당나귀

지금까지 나는 안티프래질한 시스템에서 무작위성을 억제하는 것은 바람직하지 않다고 얘기했다. 이제 안티프래질한 시스템이 항상 연료를 필요로 하듯이, 무작위성을 추가하는 것이 표준적인 운영 방식이 되는 상황을 살펴보도록 하자.

배고프고 목마른 당나귀가 음식과 물 사이에서 이러지도 저러지도 못한다면, 결국 배고픔과 목마름 때문에 죽을 수밖에 없다. 그러나 이 당나귀는 무작위적인 넛지random nudge 덕분에 살 수 있다. 이것은 이런 사고 실험을 소개한 중세 철학자 장 드 브리당Jean de Buridan의 이름을 따서 '브리당의 당나귀Buridan's Donkey'로 회자된다. 어떤 시스템이 위험한 교착 상태에 빠져 있을 때에는 오직 무작위적인 행동만이 그 문제를 풀고 시스템을 자유롭게 할 수 있다는 의미다. 당신도 당나귀와 같은 상태에서 무작위적인 판단을 하지 않는다면, 죽음을 맞이할 수밖에 없다. 시스템의 성능을 개선하기 위해 무작위적인 잡음을 주입하는 것은 여러 분야에 적용될 수 있다. '확률적 공명 stochastic resonance'은 주변에 무작위적인 소음을 주입시켜 소리를 더욱 정확하게 들을 수 있도록 하는 메커니즘이다. 우리는 앞에서 적당한 소음이 있어야 신호를 더 잘 인식할 수 있다는 과잉보상의 심리적 효과를 살펴본 적이 있다. 하지만 여기서는 심리적 효과가 아니라 시스템의 물리적 특성을 이야기하고 있다. 멀리 떨어져 있는 수신기로는 포착할 수 없을 정도로 약한 조난 신호도 주변의 소음이나 무작위적인 간섭이 있으면 잘 들을 수 있다. 조난 신호에 '쉬' 하는 소리를 무작위적으로 주입하면, 가청 범위를 훨씬 더 확장시킬 수 있다. 이런 상황에서 공짜로 이용할 수 있는 무작위성보다 더 나은 것은 없다.

야금술에서 금속 재료의 강도와 균질성을 높이기 위한 기술인 어닐링을 생각해보자. 결정의 크기를 키우고 불순물을 제거하기 위해서는 금속 재료를 가열하고 서서히 냉각하는 과정을 거치게 된다. 브리당의 당나귀와 마찬가지로, 열은 원자들이 에너지가 높은 상태에서 원래 있던 곳으로부터 떨어져 나와 무작위적으로 돌아다니게 만든다. 냉각은 이런 원자들이 새롭고 더 나은 배치를 할 수 있도록 해준다.

어린 시절 나는 아버지를 통해 어닐링의 한 가지 사례를 경험할 수 있었다. 아버지는 매일 퇴근할 때마다 나무로 만든 기압계를 톡톡 치는 버릇이 있었다. 그리고 기압계를 읽으며 일기 예보를 해주시곤 했다. 기압계가 스트레스를 받으면 바늘이 흔들리면서 평형 상태를 찾으려 한다. 이는 내가 어렸을 때 경험했던 안티프래질의 한 가지 예다. 수학자들은 야금술로부터 영감을 받아 더욱 일반적인 최적해를 얻기 위해 '시뮬레이티드 어닐링 simulated annealing'이라는 시뮬레이션 기법을 사용한다. 이 기법은 무작위성을 추가해 더욱 일반적인 최적해를 얻을 수 있도록 설계되었다.

무작위성은 탐사에서도 효력을 발휘해 때로는 인간이 개발해낸 탐사법보다 더 나을 수 있다. 네이선 미어볼드 Nathan Myhrvold 는 나에게 1975년 〈사이언스〉에 실린 문제의 논문에 관심을 갖도록 했는데, 그 논문은 무작위적인 땅파기가 당시 채택되던 어떤 탐사법보다 더 우월하다는 사실을 입증하는 것이었다.

또한 아이러니하게도, 무작위성을 추가하는 방법으로 카오스 시스템(카오스라고 불리는 혼돈 상태에 처해 있는 시스템)을 안정시킬 수 있다. 나는 공이 탁자 표면에서 일어나는 안정적인 진동에 반응해 탁자 위에서 무질서하게 튀어 오르도록 하는 한 박사과정 학생의 실험을 통해 이런 효과를 흥미롭게 관찰할 수 있었다. 이런 안정적인 충격은 공을 아무렇게나 마구 움직이도록 했고, 실험자가 스위치를 움직이자 놀랍게도 공이 일정한 패턴을 따라 부드럽게 튀어 오르기 시작했다. 이런 놀라운 변화는 무질서의 제거가 아니라 무작위성의 추가에서 비롯된 것이었다. 이처럼 아름다운 실험을 보고 나서, 나는 길거리로 나와 처음 보는 사람에게 '나는 무작위성을 좋아합니다!'라고 외치고 싶을 정도로 열광했다.

정치적 어닐링

일반인에게 스트레스와 불확실성이 우리 삶에서 어떤 역할을 하는지 설명하기란 쉽지 않다. 정치인들에게 그 역할을 설명한다면, 그들은 어떻게 반응할까? 그런데 일정 정도의 무작위성이 가장 필요한 곳이 바로 정치권이다.

언젠가 나는 완전한 무작위성에 의해 지배되는 도시에 관한 우화를 바탕으로 쓰여진 영화 대본을 본 적이 있다. 도시의 통치자는 일정한 간격을 두고 시민들에게 새로운 역할을 무작위적으로 부여한다. 예를 들어, 푸줏간 주인이 제빵업자가 되고 제빵업자는 죄수가 되는 식이다. 결국 시민들은 통치자에게 맞서서 반란을 일으키고, 절대 양도할 수 없는 권리인 안정을 요구하기에 이른다.

그때 나는 갑자기 이와 반대가 되는 우화도 만들어져야 한다는 생각이 들었다. 통치자가 시민들의 역할을 무작위적으로 정하는 것이 아니라 시민들이 통치자의 역할을 무작위적으로 정해주는 이야기 말이다. 그러면 제비뽑기를 통해 통치자를 임명하거나 무작위적으로 탄핵시킬 수도 있다. 이것은 시뮬레이티드 어닐링과 비슷하고, 틀림없이 효과가 있을 것이다.

고대 사람들도 그 효과를 분명히 알고 있었다. 고대 아테네 시민들은 정치 시스템의 타락을 방지하기 위해 대표자를 추첨으로 뽑았다. 다행스럽게도, 오늘날의 정치 시스템에서도 같은 효과를 확인할 수 있다. 알레산드로 플루치노Alessandro Pluchino와 그의 동료들은 컴퓨터 시뮬레이션을 통해 무작위적으로 선출된 정치인들이 의회 시스템의 기능을 개선시킬 수 있다는 연구 결과를 발표했다.

때로 정치 시스템은 다른 형태의 스트레스를 통해서도 혜택을 얻는다. 볼테르는 가장 좋은 정치 시스템은 암살이 어느 정도는 가미된 것이라고 말했다. 국왕 시해는 기압계가 더 잘 작동할 수 있도록 톡톡 치는 것과 같다. 그러면 자발적으로는 절대 시행될 수 없었지만 필요했던 내각 개편을 할 수 있게 된다. 윗자리가 비어 있으면, 어닐링 효과를 일으켜 새로운 지도자가 등장하도록 한다. 결국 살인을 통한 갑작스러운 권력 교체는 자연적 욕망을 따르는 영구 집권을 가로막는다. 마피아 조직에게 살인은 권력 승계를 위한 표준 절차다(최근에 알려진 어닐링은 존 고티가 조직의 지부장이 되기 위해 뉴욕의 어느 스테이크 하우스 앞에서 전임자를 살해한 사건이다). 마피아 조직 이외에도 기업의 회장이나 이사진들은 오랫동안 자리를 비워주지 않는다. 또 CEO, 정년을 보장받은 교수, 정치인, 저널리스트들도 마찬가지다. 우리는 무작위적인 제비뽑기를 통해 이런 상황을 상쇄시킬 필요가 있다.

불행하게도 우리는 정당을 무작위적으로 없앨 수 없다. 지금 미국을 괴롭히고 있는 것은 양당제도 그 자체가 아니라 두 정당에서 헤어나지 못하고 있는 모습이다. 정당은 생명체와 달리 유통 기한이 따로 정해져 있지 않다.

마지막으로 고대 사람들은 어려운 상황에서는 무작위적인 제비뽑기를 해서 그것을 신의 계시로 생각했다. 제비뽑기는 의사결정 과정을 거치지 않고 출구를 무작위적으로 선택하게 해준다. 따라서 이후에 나타나는 결과에 대해 책임을 지지 않아도 된다. 신이 결정해주는 대로 따라가기만 하면 된다. 따라서 나중에 결과를 알고 난 후 후회할 필요가 없다. 예를 들어, 로마의 서사시인 베르길리우스Virgil의 이름을 따서 '베르길리우스의 점sortes virgilianae'이라고 부르는 것이 있는데, 그의 서사시 〈아이네이스Aeneid〉를 아무렇게나 펼쳐서 거기에 나오는 구절을 가지고 행동의 지침으로 삼는 것을 말한다. 까다로운 결정을 할 때는 이런 방법을 사용할 필요가 있다. 나는 목이 쉴 때까지 다음과 같이 반복할 것이다. 고대 사람들은 무작위성을 활용하기 위해 신비하고도 세련된 방법을 개발했다고 말이다. 실제로 나는 경험을 통해 레스토랑에서 이런 무작위성을 활용하는 방법을 깨우쳤다. 레스토랑에서는 길고 복잡한 메뉴가 주어지고, 선택을 하고 나서는 다른 것을 선택하지 않은 것에 대해 후회하는, 다시 말해 심리학자들이 말하는 선택의 횡포tyranny of choice를 경험한다. 이럴 때 나는 일행 중 가장 뚱뚱한 남자의 선택을 그대로 따라한다. 그리고 그런 사람이 없을 때에는 바알신Baal(고대 셈인의 신화에서 태양, 산, 숲, 샘 등의 신으로 자연의 생산력을 상징한다-옮긴이)이 나를 위해 선택해준 셈치고, 메뉴를 살펴보지도 않고 무작위적으로 골라버린다.

안정이라고 불리는 시한 폭탄

산불이 발생하지 않으면 인화성 물질이 축적된다고 했다. 내가 전쟁과 같은 정치적 불안이 존재하지 않으면 폭발 물질과 폭발의 움직임이 표면 아래에서 계속 쌓이게 된다고 말할 때마다 사람들은 화를 낸다.

두 번째 단계: (소규모) 전쟁은 우리의 생명을 구해주는가

반계몽 정치철학자 조제프 드 메스트르는 갈등이 국가를 강화시켜준다고 했다. 이 말에는 논쟁의 여지가 많다. 전쟁은 나쁜 것이고, 잔인한 내전의 희생자로서 나는 전쟁의 공포를 생생하게 증언할 수 있다. 그러나 그의 논증에서 한 가지 재미있고 훌륭하기까지 한 것은 그가 어떤 사건에서 비롯되는 손실을 분석하면서 나머지 부분을 무시하는 오류를 지적한 점이다. 또한 재미있는 것은 사람들이 그 반대의 오류, 즉 금방 나타나는 이익을 분석하면서 장기적인 부작용을 고려하지 않는 오류는 더 쉽게 포착한다는 사실이다. 우리는 나뭇가지를 치면 나무가 더욱 튼튼해진다는 사실을 잘 이해하는 정원사와 달리, 나중에 벌어지는 두 번째 단계는 고려하지 않고 희생자를 손실로 간주해버린다.

마찬가지로 강제되고 부자연스럽고 어색한 평화는 엄청난 인명 손실을 가져올 수 있다. 군비 증강에 힘썼던 국민국가의 등장과 함께 거의 1세기 동안 어색한 평화의 시기를 보내다가 제1차 세계대전을 일으켰던 유럽 국가들의 자기 만족을 생각해보라.

우리 모두 평화를 사랑하고 경제적·정서적 안정을 원한다. 그러나 이런 안정에 속아 넘어가는 사람이 되기를 원하지는 않는다. 매년 새 학년이 되면 백신 주사를 맞는다. 면역력이 생기도록 하려면 약간의 독성 물질을 주입해야 한다. 그러나 이런 메커니즘은 정치와 경제 영역으로는 이전되지 않고 있다.

대외 정책 담당자는 들으시오

요약하자면, 무작위성을 인위적으로 억누르면 시스템이 프래질하게 될 뿐만 아니라 숨어 있는 리스크를 확인할 길이 없다. 무작위성은 정보라는 사실을 기억하자. 실제로 리스크가 표면 아래에서 조용히 쌓이기만 하는 시스템은 너무나 고요하기 때문에 무작위성을 거의 찾아볼 수 없다. 비록 정치 지도자와 경제 정책 담당자의 의도는 경기 변동을 최소화해 시스템을 안정시키는 것일지라도, 그 결과는 반대로 나타난다. 인위적인 제약이 가해지는 시스템은 블랙 스완 현상에 무너지기 쉽다. 이런 환경에서는 결국 거대한 붕괴를 경험하게 된다. 그림 3에서 보았듯이, 거의 모든 사람들이 겉으로 보이는 안정에 방심하고 있다가 처음의 불안정한 상황보다 더 나쁜 상황을 맞이하게 된다. 붕괴에 걸리는 시간이 길면 길수록, 경제와 정치 시스템에 미치는 피해는 더욱 심각해진다.

대외 경제 정책에서, 두 번째 단계는 잊고 안정을 달성하는 방식으로 안정을 추구하는 것은 이러한 안정에 속아 넘어가는 결과를 초래한다. 실제로 이런 사례는 엄청나게 많다. 2011년 소요가 일어나기 전까지 40년 동안 '혼란을 피하기 위한다'는 명목으로 미국의 지원을 받았던 이집트의 부패한 정부를 생각해보라. 그 부작용으로 초강대국을 힘에 업고 권력을 쟁취한 약탈자 집단이 등장했다. 그들은 대마불사의 자세로 납세자를 속여 거액의 성과급을 챙겨가는 은행업자들과 다를 바 없다.

사우디아라비아는 절대적인 힘을 지닌 권력자가 안정은 물론, 모든 가능한 도덕적·윤리적 기준을 부정하면서 강요한 하향식 안정의 표준적인 사례로서, 지금 나를 가장 걱정하고 화나게 만드는 국가다.

헌법 없이 왕정 체제를 유지하고 있는 미국의 동맹국들도 똑같다. 이런 국가들도 도덕적으로 한심하기는 마찬가지다. 7000~15000명에 달하는 왕족들이 국가를 이끌어가면서 보여주는, 쾌락을 추구하는 사치스러운 생활 방식은 처음 국가가 건설되었을 때의 순수했던 사상과는 아주 거리가 멀다. 또한 처음에는 아미시(Amish, 17세기의 스위스 목사 암만J. Ammann이 창시한 메노Menno파의 한 분파. 미국 펜실베이니아로 이주해 매우 검소한 복장과 전기, 자동차를 사용하지 않는 것으로 유명하다 — 옮긴이) 공동체 사람들처럼 검소한 삶을 추구하던 사막 지역의 족장들도 절대 권력을 얻으면서 무절제한 쾌락을 추구하는 사람으로 변해버렸다. 그들은 쾌락을 즐기기 위해 수행원들과 함께 전용 비행기를 타고 움직인다. 조상들의 삶과는 굉장히 거리가 먼 행태다. 또 그들의 가족은 모아놓은 재산을 서구 국가들의 금고에 안전하게 모셔놓았다. 미국이 없었다면, 이런 국가들은 혁명과 소요의 소용돌이 속에 빠져들었다가 아마 지금쯤은 안정을 유지하고 있을 것이다. 그러나 이런 혼란을 억제하면, 나중에 문제는 훨씬 악화된다.

사우디아라비아 왕가와 미국의 동맹은 확실히 안정을 가져다 주었다. 어떤 안정을 의미하는가? 그 안정은 시스템을 '얼마나 오랫동안' 억누를 것인가? 실제로 '얼마나 오랫동안'이라는 표현은 적절하지 않다. 이런 안정은 결국 갚아야 하는 대출금과도 같다. 24장에서는 윤리 문제를 다루면서, 도덕적으로 확고한 원칙을 위반하기 위해 '무엇을 위해서'라는 정당성을 찾게 해주는 결의론casuistry에 관해 설명할 것이다. 한편, 미국을 향한 이란인들의 반감은 자국 국민들을 탄압하고, 미국에게 페르시아 만에 '안정적'으로 접근할 권한을 부여했던 이란 국왕을 민주국가 미국이 후원한 데에서 비롯되었다는 사실을 아는 사람은 많지 않다. 오늘날 이란의 신정주의 정권은 주로 이런 압제에서 나온 결과다. 따라서 우리는 두 번째 단계에서 불가피하게 나타나게 될 부작용을 생각해볼 필요가 있다.

더욱 걱정스러운 것은 특히 2001년 9·11사태 이후로 미국의 대중동 정책이 '이슬람 원리주의Islamic fundamentalism의 확산을 막아야 한다'는 명분(거의 모든 정권이 사용했던 정치적 수사다)을 걸고 어떤 정치적 변화라도 진압해야 한다는 원칙에 지나칠 정도로 집착하고 있다는 점이다. 이슬람 원리주의자를 제거하면 그 숫자는 더욱 늘어난다는 사실은 차치하더라도, 서구 세력과 아랍의 독재국가 동맹국들은 이슬람 원리주의자들을 탄압함으로써 오히려 그들을 강화시켜왔다.

이제 미국의 정책 담당자들이 안정을 위한다는 명분으로 다른 국가에 개입할수록, (긴급한 경우를 제외하고는) 궁극적으로는 불안정을 초래한다는 사실을 인식해야 할 시점이 왔다. 또 정책 문제에서 정책 담당자의 역할을 축소시켜야 할 시점이 왔는지도 모른다.

결론은 가변성 없이는 안정도 없다.

여기서 말하는 근대란

나는 근대라는 말을 인간이 환경을 지배하고 울퉁불퉁한 것을 부드럽게 하여 가변성과 스트레스를 체계적으로 제거하는 것으로 정의한다.

근대는 무작위성이 내재된 생태계로부터 인간을 신체적·사회적, 심지어 인식론적인 측면에서 체계적으로 추출해내는 것을 의미한다. 근대는 사회학 교과서에서 정의하는 중세 이후, 농경 이후, 봉건 이후의 역사적 기간만을 의미하지 않는다. 오히려 합리화(어설픈 합리주의)로 특징 지어지는 시대 정신을 의미한다. 즉 인간은 사회를 이해할 수 있고 따라서 설계할 수도 있다는 생각을 말한다. 이와 함께 통계학이 등장하면서 종 모양을 한 고약한 곡선도 나왔다. 또 선형을 지향하고 효율성과 최적화를 추구하는 과학도 등장했다.

근대는 효율적이고 유용해 보이는 것에 대해 좋든 싫든 간에 인간의 길이를 축소시켜야 하는 프로크루스테스의 침대와도 같다. 일부 유용한 측면이 있기도 하다. 이 침대는 항상 부정적인 축소만을 요구하지는 않는다. 드물기는 하지만 때로 이로운 결과도 가져다 준다.

브롱크스 동물원에서 편안하고 규칙적으로 지내는 사자를 생각해보라. 일요일 오후가 되면 사람들은 호기심과 두려움, 그리고 연민을 가지고 이 사자를 보기 위해서 몰려든다. 반면에, 이 사자의 사촌은 아프리카에서 자유를 누리고 산다. 자녀를 스포츠 클럽이나 각종 학원에 데려다 주는 데 많은 시간을 보내는 사커 맘Soccer Mom이 출현하기 전까지는 어느 정도 자유롭게 지내던 어른들과 아이들이었다.

우리는 로비스트, 주식회사, MBA, 잘 속아 넘어가는 문제, 세속화(혹은 신을 대신하여 국가처럼 새롭고도 성스러운 가치를 재조명하는 것), 세금 징수원, 직장 상사에 대한 두려움, 주중에 힘들게 일하고 주말을 재미있게 보내기, 일과 여가의 분리(옛날에는 이 두 가지를 같은 것으로 인식했다), 은퇴 계획, 근대를 지금처럼 정의하는 데 반대하는 따지기 좋아하는 지식인, 글자 그대로의 해석, 귀납적 추론, 과학철학, 사회과학의 출현, 매끄러운 표면, 자기중심적인 건축 등으로 특징이 지어지는 근대로 들어왔다. 폭력은 개인으로부터 국가로 넘어갔다. 금융 규율의 부족도 마찬가지다. 이 모든 것들의 중심에는 안티프래질에 대한 부정이 있다.

행동과 도전은 지적으로 분석한 이야기에 의존한다. 이윤을 추구하는 기업과는 다르게 공기업과 공무원(심지어 대기업 직원도 마찬가지)은 좋은 이야기든 나쁜 이야기든 간에 그런 이야기에 딱 맞는 일들만 할 수 있다. 우리가 색깔의 섬세한 차이를 설명하기 위해 이야기를 구성할 때에는 블루라는 이름이 필요하지만, 행동으로 옮길 때에는 이런 이름이 필요하지 않다는 사실을 기억하라. 생각하는 사람에게 블루에 해당하는 단어가 없다면 어려움이 따르지만, 행동하는 사람에게는 그렇지 않다(나는 지식인들에게 행동의 지적 우월성을 설명하는 데 어려움이 많았다).

근대는 선정적인 것과 적절한 것 사이의 차이를 넓혀 놓았다. 자연환경에서 선정적인 것은 그만한 이유가 있다. 오늘날 우리는 가십이나 개인적 에피소드처럼 본질적으로 사람과 관련한 것을 언론에 의존하면서, 멀리 떨어져 사는 사람의 사생활에 관심을 갖는다.

실제로 안티프래질, 자기조직화, 자연 치유에 대해서 잘 알지 못했던 과거에는 오히려 불확실성을 관리하고 살아남기 위해서 믿음을 가지고 이런 특징을 숭배했다. 인간은 발전을 신의 섭리로 여겼다. 또한 이런 신의 섭리가 없었더라면 스스로 자신을 보살필 수 있다는 사실을 부정했을 것이다. 그러나 행동하게 만드는 이는 하버드 졸업장을 받은 선장이 아니라 바로 신이었다. 이런 측면에서 보면, 국민국가의 등장은 발전이었다. 신의 섭리에서 인간 자신에게로 옮겨간 것이다. 하지만 국민국가에 관한 이야기는 인간이 저지르는 실패의 집중과 확대에 관한 이야기다. 근대는 폭력에 대한 국가 독점으로 시작해 재정적 무책임에 대한 국가 독점으로 끝을 맺는다.

앞으로 근대의 두 가지 핵심적인 요소들을 살펴볼 것이다. 첫째, 7장에서는 그냥 내버려두면 될 것을 괜히 건드리다가 발생하는 피해, 즉 어설픈 개입으로 발생하는 피해의 문제를 다룰 것이다. 둘째, 8장에서는 3권으로 넘어가기 위한 전 단계로서, 신(그리고 종교적으로 훨씬 더 심한 근본주의자들과 함께 미래를 경영하려는 여러 신들)을 대체하려는 생각을 다룰 것이다. 이런 생각에는 분야와는 상관없이 과학적 예측 결과를 무조건적으로 믿으려는 생각, 미래를 통계적으로 무리하게 환원시키려는 생각 등이 포함된다. 결국 근대에 이르러 인간은 종교적 믿음을 사이비 과학에 대한 맹신으로 대체하게 되었다.

어설픈 개입

편도선 절제 수술이 수명을 단축한다 / 내일 해야 할 일을 오늘 하지 말라 / 혁명이 일어나고 나서 혁명을 예측하라 / 블랙 잭이 주는 교훈

이제 한 가지 사례를 통해 '무엇인가를 해야 하는가.'의 문제를 생각해 보자. 1930년대에 389명의 어린이들이 뉴욕의 의사를 찾았다. 이들 중 174명이 편도선 절제 수술을 권유받았다. 나머지 215명은 다른 의사들에게 보내졌는데 99명이 같은 수술을 권유받았다. 그리고 나머지 116명이 다시 세 번째로 다른 의사들에게 보내져서 52명이 같은 수술을 권유받았다. 오늘날 실제로 편도선에 문제가 있는 환자는 2~4% 정도로 나타나고, 편도선 절제 수술을 받다 사망하는 경우는 1만 5000건 중 1건이라고 한다(과거에는 수술에 따르는 위험이 훨씬 더 컸다). 그럼 의

학적 이익과 손실 간의 손익분기점은 어떻게 될까?

이 사례는 우리가 확률적 살인을 저지르고 있다는 점을 확인해준다. 불필요한 수술을 받는 모든 아이들의 기대 수명을 단축시키는 것이다. 이 사례는 쓸데 없이 개입하는 사람들이 어떤 손실을 일으키는지를 알려줄 뿐만 아니라, 더욱 나쁘게는, 이익과 손실 간의 손익분기점에 대한 우리의 무지를 일깨워준다. 이것을 '어설픈 개입naive interventionism'이라고 부르자. 그리고 이제부터 어설픈 개입에 따른 손실을 살펴보자.

개입과 의원성 질환

편도선 절제 수술의 경우, 어린이들이 불필요한 치료를 받으면서 입는 손실은 의사들이 수술의 이익을 과다하게 선전하면서 더욱 커진다. 이처럼 치료를 받고 나서 숨어 있거나 나중에 나타나는, 이익을 훌쩍 넘는 순손실을 의원성 질환iatrogenics이라고 하는데, iatros는 그리스어로 의사를 의미한다. 21장에서는 병원에서 치료를 받을 때마다 이런 의학적 손실의 리스크에 처하게 되고, 결국 다른 트레이드오프 관계를 분석할 때와 마찬가지로, 이런 리스크를 분석해야 한다는 사실을 강조할 것이다. 다시 말하면, 확률적 이익에서 확률적 손실을 빼야 한다.

의원성 질환의 전형적인 예가 바로 1799년 12월 조지 워싱턴George Washington 대통령의 사망이다. 당시 표준 치료법에는 사혈요법(5~9파운드의 피를 뽑아낸다)이 포함되어 있다는 점에서 그의 주치의가 워싱턴의 죽음에 기여했거나 최소한 재촉했다고 볼 수 있는 충분한 증거를 확인할 수 있다.

지금도 이런 의원성 질환의 리스크는 설명하기에 따라 쉽게 간과될 수 있다. 페니실린이 나오기 전까지 의술은 대차대조표에 주로 부정적인 영향을 미치는 것이었고, 의사와의 만남은 죽음의 가능성을 높이는 일이었다. 그러나 시간이 지나면서 지식의 발달과 함께 의원성 질환은 더욱 증가하여 19세기 후반에 최고점에 이르렀다는 사실은 상당히 인상적이다.

바로 이것이 여기서 말하는 근대가 초래한 결과다. 과학의 발달과 병원의 등장이 민간 요법을 대체하자 사망률이 급증하게 되었는데, 주로 병원 내의 비위생적인 환경에서 발생하는 병원티푸스hospital fever가 그 원인이었다. 라이프니츠Leibniz는 병원을 '죽음의 온상seminaria mortis'이라고 불렀다. 사망률이 증가하게 된 증거를 병원의 등장에서 찾을 수 있다. 모든 환자들이 한 곳으로 몰려드는 바람에 다른 곳에 있었으면 살아남을 수 있었을 사람들이 병원에서 죽어갔다.

주변 의사들로부터 따돌림을 받았던 오스트리아-헝가리 제국 출신의 의사 이그나츠 제멜바이스Ignaz Semmelweis는 길거리에서 출산하는 산모보다 병원에서 출산하는 산모가 사망할 확률이 높다는 사실을 확인했다. 그는 병원 의사들을 범죄자라고 불렀다. 실제로 그랬다. 하지만 환자들로 하여금 죽음에 이르게 했던 의사들은 이런 사실을 인정하지 않으려고 했다. 그들은 환자들의 죽음이 자신의 책임이 아니라고 생각했다. 결국 제멜바이스는 심한 우울증에 빠졌다. 병원의 살인 행위를 혼자서 막기에는 역부족이었고, 병원의 태도에 혐오감을 느꼈다. 이후 제멜바이스는 아이러니하게도 격리 병동에서 자신이 경고했던 병원티

푸스에 의해 죽음을 맞이했다.

　제멜바이스는 매우 슬픈 삶을 살았다. 그는 다른 사람들을 구제하기 위해 진실을 외치다가 정신적으로 상처받고 죽음에까지 이른 사람이다. 최악의 형벌은 리스크와 부정을 보면서 무기력해지는 것이다. 그러나 제멜바이스 이야기는 해피엔딩이기도 하다. 결국 진실은 밝혀졌고, 늦긴 했지만 성과가 있었다. 여기서의 교훈은 진실을 밝히는 대가로 월계관을 기대해서는 안 된다는 것이다.

　의학은 의원성 질환에 있어서만 대체로 좋은 이야깃거리를 제공해 주는 것 같다. 오늘날 보건 당국이 상황을 통제하기 시작했기 때문에 의원성 질환에 관한 문제를 알 수 있게 되었다. 미국에서 의료과실로 사망하는 사람들이 교통사고로 사망하는 사람들에 비해 적게는 3배 (의사들이 과실을 인정하는 경우)에서 많게는 10배에 이르는데도, 우리는 이런 과실을 단순히 사업을 할 때 불가피하게 발생하는 비용 정도로 생각하고 있다. 또한 병원균을 통한 감염 외에 의사를 통한 감염으로 사망하는 사람이 특정 암으로 사망하는 사람보다 더 많은 것으로 알려져 있다.

　의학은 점점 발전하고 있지만, 병원의 의사결정 체계는 위험 관리의 원칙에 대해 여전히 무지함을 보여준다. 우리는 제약 회사, 로비 단체, 이익 단체처럼 과실에 대해서는 직접적으로 책임을 지지 않는 기관들이 과잉진료를 조장하고, 그로 인해 생기는 피해가 당장 두드러지게 나타나지 않고 '오류'라고 보고되지도 않는 문제에 대해 심각하게 걱정해야 한다. 제약 회사들은 의원성 질환을 몰래 퍼뜨리면서 성장하고 있다. 외과 의사들이 다리를 절단하거나 신장 수술을 할 때, 혹은 환자들이 약물 반응으로 사망할 때 의원성 질환을 쉽게 확인할 수 있다.

그러나 주의력결핍과잉행동장애ADHD나 우울증과 같은 정신적인 질병을 앓고 있는 것으로 진단받은 어린이를 집 밖으로 내보내지 않고 약물로 치료할 때, 약물에 의한 장기간의 손상이 어느 정도인지는 알 수가 없다. 의원성 질환 문제는 한쪽 당사자(대리인)의 이해관계가 자신의 서비스를 이용하는 다른 당사자(주인)의 이해관계와 다를 때 나타나는 대리인 문제agency problem 혹은 주인-대리인 문제principal-agent problem로 더욱 악화된다. 이 문제는 주식 중개인과 의사에게서 나타난다. 이런 사람들의 궁극적인 이해관계는 자신의 은행 구좌를 채우는 데 있지 당신의 재정적·신체적 건강을 증진시키는 데 있지 않기 때문에, 자신의 뱃속을 채우려는 목적을 가지고 자문을 해준다. 자신의 경력 관리만 생각하는 정치인 역시 마찬가지다.

첫째, 해를 끼치지 말지어다

의과대학 졸업생들이 처음 의사가 되면서 맹세하는 히포크라테스Hippocrates의 선서에 '먼저, 환자에게 해를 끼치지 말지어다.'라는 구절이 나오는 것으로 보아, 의사들은 최소한 기원전 4세기부터 의원성 질환에 대해 알고 있었던 것으로 여겨진다. 히포크라테스 선서는 약 2400년 동안 의사들이 멋진 아이디어를 적절히 수행하도록 했다. 그러나 '환자에게 해를 끼치지 말지어다.'라는 오랜 세월에 걸친 암송에도 불구하고, 환자에게 큰 피해를 주는 의원성 질환은 최근에도 자주 나타난다. 나 자신은 작가 브라이언 애플야드Bryan Appleyard가 설명해주기 전까지는 의원성 질환의 의미를 잘 몰랐다. 그저 의도하지 않은 해로운 부작용 정도로만 생각했다. 이제 의학 분야를 떠나(하지만 앞으로 여러 장에서 다시 되돌아올 것이다), 우리 생활의 다른 영역에도 이 단어를 적용해보자. 개입하지 않으면 의원성 질환도 발생하지 않는다. 따라서 피해의 근원은 안티프래질을 부정하는 데 있으며, 인간이 무엇인가를 움직일 수 있도록 나서야 한다는 생각에 있다.

의학을 벗어난 영역에서 의원성 질환과 같은 현상을 인식하도록 설득하기란 쉽지 않은 일이다. 우선 의학을 벗어난 영역의 담론에서 의원성 질환의 개념은 좀처럼 등장하지 않는다. 그러나 블루라는 단어처럼, 어떤 현상을 설명하는 단어가 등장하면 보다 많은 사람들이 그런 현상을 인식하도록 도움을 준다. 우리는 의원성 질환에 담긴 개념을 정치학, 경제학, 도시계획, 교육을 포함해 더 많은 분야로 확장해나갈 것이다. 나는 이런 분야에 종사하는 여러 컨설턴트와 학자들을 만나서 의원성 질환에 관한 이야기를 해본 적이 있는데, 그들은 내가 무슨 말을 하는지 잘 모르거나, 자신들이 어떤 피해의 근원이 될 수 있을 것이라고 생각하지 않았다. 실제로 당신이 이처럼 회의주의적인 시각을 가지고 그들에게 접근한다면, 그들은 당신을 과학적 진보에 반대하는 사람이라고 여길 것이다.

그러나 그 개념은 몇몇 종교 문헌에서도 찾을 수 있다. 코란에는 "스스로 자신이 옳다고 생각하는 사람들이 잘못된 생각을 하고 있는 것이다."라는 말이 나온다.

지금까지의 내용을 요약하자면 우리가 어설프게 개입하면, 그냥 살짝 개입만 하더라도 의원성 질환을 일으킬 것이다.

의원성 질환의 반대

도움을 주려다 오히려 피해를 주는 현상을 설명하는 단어는 있지만, 반대 상황 즉 피해를 주려다 도움을 주는 현상을 설명하는 단어는 없다. 안티프래질한 대상을 공격하면, 기대에 반하는 결과를 얻는다. 예를 들어 해커들은 시스템을 더 강하게 만들고, 아인 랜드의 사례처럼 극단적인 비난은 책을 유명하게 만든다.

무능함은 양면성을 갖는다. 멜 브룩스Mel Brooks의 영화 〈제작자들The Producers〉에서는 뉴욕에 사는 연극 제작자와 회계사가 합심해 망하는 작품을 만들려고 했지만, 성공하는 바람에 곤란한 상황을 맞이하게 된다. 그들은 연극이 망하면 제작비를 제외한 나머지 돈을 챙길 수 있다고 생각하고 브로드웨이 극장가의 수많은 투자자들에게 주식을 팔았다. 투자자들에게 배당금이 돌아가지 않는다면 그들의 계획은 발각되지 않을 것이다. 문제는 두 사람이 〈히틀러의 봄날Springtime for Hitler〉이라고 이름을 붙인 작품을 망치기 위해 매우 열심히 노력했는데 이 작품이 공전의 대히트를 쳤다는 데에 있다. 일반적인 편견에 얽매이지 않으면서, 정말 신선하고 재미있는 작품을 만들었다. 이와 비슷한 아이러니는 트레이더의 세계에서도 나타난다. 내 동료는 얼마 안 되는 연말 보너스를 받고 너무나 화가 난 나머지 고용주의 포트폴리오를 가지고 엄청난 베팅을 했는데, 결과적으로 엄청난 돈을 벌게 해주었다. 그렇게 하려고 했어도 못했을 텐데 말이다.

자본주의의 이면에는 의원성 질환의 반대가 되는 상황이 많이 있을 것이다. 의도와 달리 상대방을 이롭게 하는 상황 말이다. 시스템은 개인의 이기적인 목표를 집단의 이로운 결과로 전환해주는 힘을 지녔다.

특히 많은 피해를 주는 의원성 질환

의원성 질환을 인식하지 못해서 특히 많은 피해를 보는 영역이 두 군데 있는데, 하나는 사회·경제 영역이고 다른 하나는 제멜바이스의 사례에서 보았듯이 자신의 몸이다. 우리는 성장과 발전은 고사하고 자연치유 능력을 경시하면서 얼마 안 되는 역량을 가지고 이 두 영역에 지나치게 많이 개입해왔다.

3장에서 설명했듯이 유기체와 기계(즉 생물과 무생물) 간에는 뚜렷한 차이가 있다. 공학적 마인드를 가진 사람이라면 모든 사물을 공학적 관점에서 바라볼 것이다. 공학자로서는 아주 좋은 자세다. 그러나 고양이를 치료할 때는 전자공학자보다 수의사를 고용하는 것이 훨씬 더 낫다. 아니면 고양이가 저절로 낫도록 내버려두는 것이 훨씬 더 좋은 생각이다.

표 3은 다양한 영역에서 문제를 개선하기 위한 시도와 그 효과를 보여준다. 모든 경우에서, 이런 시도는 안티프래질을 부정한다는 명백한 사실을 기억하자.

고래가 독수리처럼 날 수 있을까

사회과학자와 경제학자들은 의원성 질환을 제대로 인식하지 못하고 있으며, 이를 지칭하는 용어도 당연히 없다. 내가 경제학이나 금융이론 시간에 모델 오차 model error에 대해 별도로 가르치려고 마음먹었을 때, 어느 누구도 이런 생각을 심각하게 받아들이지 않았으며 이런 나를 저지하려고 하기도 했다. 제멜바이스의 사례에서처럼, 그들은 이론에서 나타나는 오차의 영향력을 고려하지 않았을 뿐만 아니라 내가 지

표 3 다양한 개입과 그 효과

영역	개입의 사례	의원성 질환 / 대가
의학, 보건	• 과잉 진료 • 규칙적인 식사 공급, 온도 유지, 신체의 무작위성을 거부 • 약의 복용을 중단하지 않고 늘림	• 프래질 • 의료 과실 • 허약해짐(그러나 장수한다), 제약회사의 변명, 항생제에 대한 내성
생태학	• 철저한 산불 예방	• 전체적인 위험을 악화시키고, 더 큰 산불을 일으킴
정치	• 중앙 계획 • '안정을 위해' 미국이 부패한 정권을 지원	• 정보의 불투명성 • 혁명 이후의 혼란
경제	• 호황과 침체는 이제 없다(미국의 그린스펀, 영국의 노동당), 대안정기(버냉키) • 국가 개입주의 • 최적화 • 발생 빈도가 낮은 사건에 가격을 부과할 수 있다는 환상, 밸류 앳 리스크 Value at risk 기법의 개발, 규모의 경제에 대한 환상, 2차 효과에 대한 경시	• 프래질 • 경제위기의 심화 • 기존의 정부 친화적 기업 지원, 중소기업 약화 • 경제의 취약, 거짓된 효율성 • 대규모 파산
기업	• 긍정적 자문(사기), 위험이 없는 수익에만 집중(바람직하지 않다)	• 부자가 된 사기꾼, 기업의 파산
도시화	• 도시계획	• 도시의 황폐화, 도심의 슬럼화, 우울증, 범죄
예측	• 끔찍한 실적에도 불구하고 블랙 스완 영역 전망	• 숨은 위험(예측 결과를 제공받으면 더 큰 위험을 안게 된다)
문학	• 편집자가 텍스트를 수정	• 지루한 내용, 〈뉴욕타임스〉 스타일의 상업적인 글
양육	• 사커 맘(혹은 사커 팝), 아이들의 일상에서 모든 무작위적인 요소를 제거	• 아이들 마인드의 투어리스티피케이션
교육	• 개입주의에 기반을 두는 교육 방침	• 루딕 오류, 아이들의 사고방식을 바꾸어 놓음
기술	• 네오매니어	• 프래질, 소외, 멍청하고 따분한 사람
미디어	• 무익한 정보	• 잡음/신호- 필터링 메커니즘의 파괴 • 개입주의

적하는 모델 오차를 깨닫지 못하고 이론만을 추구하려고 했다.

그러나 이론은 상당히 위험한 것이다.

물론 우리는 이론 없이도 과학을 엄밀하게 연구할 수 있다. 과학자들이 말하는 현상학은 이론이 없이도 경험적으로 나타나는 규칙성을 관찰하는 분야를 말한다. 나는 트라이애드에서 이론은 프래질한 것, 현상학은 강건한 것으로 분류했다. 사실 이론은 매우 프래질하다. 무수한 이론들이 나타났다 사라져버리길 반복한다. 그러나 현상학은 계속 남아 있다. 사람들이 현상학은 강건하고 유용하지만 이론은 (조금 과장하자면) 물리학을 제외하고는 의사결정을 하는 데 있어 신뢰할 수 없다는 사실을 깨닫지 못한다니 놀라울 따름이다.

물리학은 예외적으로 특권을 가지고 있다. 고래를 독수리처럼 날게 만들려는 시도처럼 다른 학문이 모방하는 것을 가능하게 해준다. 물리학 이론에서 발생하는 오차는 상당히 적다. 따라서 '뉴턴이 틀렸다.'는 말은 야단스러운 과학 저널이 독자들의 관심을 끌기 위한 도구일 뿐이고, 궁극적으로는 거짓말을 하는 것이 된다. '뉴턴의 이론은 특수한 경우에는 옳지 않다.'고 말해야 정직한 표현이 된다. 뉴턴 역학에 따른 예측은 빛의 속도에 가깝게 비행하는 경우를 제외하고는 놀랄 만큼 정확하다. 이런 비행은 다음 휴가에서는 기대할 수 없는 일이다. 또 빛의 속도에 관해 '아인슈타인이 틀렸다.'는 내용의 무의미한 헤드라인을 접할 수도 있다. 아인슈타인이 틀렸음을 입증하기 위한 도구는 너무나 복잡하고 정밀하기 때문에 당신과 나 같은 사람들에게는 가까운 미래뿐만 아니라 먼 미래에도 생뚱맞게 들린다.

반면, 사회과학은 다양한 이론으로 나뉜다. 냉전 시기에 시카고대학교는 자유방임 이론을 전파했고, 모스크바대학교는 그 반대의 이론을 전파했다. 그러나 두 대학교의 물리학 이론은 완전히 일치하지는 않았더라도 한 곳으로 집중했다. 그래서 나는 사회과학 이론을 트라이애드의 왼쪽 줄에다 두면서, 현실 세계의 의사결정에서는 매우 프래질한 것, 리스크 분석에서는 사용할 수 없는 것으로 간주했다. 사실 이론이라고 부르는 것 자체가 당혹스럽다. 우리는 사회과학에 나오는 이런 구조물들을 이론이라기보다 망상이라고 불러야 한다.

그리고 이런 결점을 해결할 방법을 찾아야 한다. 2400년을 또 다시 기다릴 수는 없는 일이다. 사회과학과 정책에서 발생하는 의원성 질환은 이런 질환이 인구 전체에 퍼져 있는(따라서 평범의 왕국) 의학과 달리 권력이 한 곳으로 집중되면서 우리 모두를 파멸시킬 수 있다(따라서 극단의 왕국).

그냥 내버려두지는 않았다

우리는 2007년부터 시작된 경제위기의 주요 원인을 슈퍼프래질리스타인 앨런 그린스펀이 퍼뜨렸던 의원성 질환에서 찾을 수 있다. 확실히 그린스펀은 경제가 붕괴될 때까지 리스크가 눈에 보이지 않는 곳에서 조용히 쌓이게 내버려두면서, 호황과 침체의 골을 가지런히 펴주던, 경제계의 걸출한 의원성 질환 유포자다. 그린스펀 이야기에서 우리를 가장 우울하게 만드는 부분은 언뜻 보기에는 그가 자유주의자로서 시스템이 스스로 움직이도록 내버려두자는 생각을 신봉하고 있었다는 점이다. 사람들은 자신을 끊임없이 속일 수 있다. 영국의 프래질리스타 고든 브라운Gordon Brown 총리가 이끄는 노동당 정부도 마찬가지로 어설픈 개입의 진면목을 보여준다. 계몽주의자인 브라운은 자신의 위대한 임무가 경기 변동을 제거하는 것이라고 공공연히 말했다. 그린스펀과 같은 리그에서 활약하지는 않았지만, 탁월한 의원성 질환 유포자였던 브라운 총리는 지금은 세계를 대상으로 윤리학과 지속가능한 금융에 관해 강의하려고 한다. 그러나 정보기술을 작은 단위로 분산시키는 대신 한 곳으로 집중시키려 했던 그의 정책은 초과 비용과 실행 지연을 초래했고, 지금은 되돌리기 어려운 것으로 드러났다. 실제로 영국의 의료 서비스 시스템은 멀리 떨어져 있는 병원 어딘가에서 떨어지는 핀 소리가 화이트홀(런던의 관청가)에서 들려야 한다는 원칙으로 흘러가고 있다. 집중화가 안고 있는 위험과 이에 관한 기술적 이야기는 18장에서 다시 하겠다.

경기 변동을 제어하려는 시도는 모든 프래질을 낳은 근원이 되었다. 여기저기서 발생하는 산불이 숲속의 가연성 물질을 제거해주듯이, 여기저기서 발생하는 약간의 경제적 손실은 취약한 기업을 조기에 제거시켜준다. 따라서 이런 기업들은 일찍 포기하고 다시 출발할 수 있으므로 이들이 시스템에 미치는 장기적 손실은 최소화된다.

책임지는 자리에 있는 사람에게는 윤리적 문제가 제기된다. 그린스펀의 행위는 위험했다. 그러나 실질적인 피해와는 무관하게 그가 설령 그 사실을 알고 있었더라도, 다른 사람보다 더 나은 결과를 약속하는 민주주의에서 아무 행동도 하지 않은 것을 정당화하려면 대단한 용기가 필요했을 것이다.

어설픈 개입은 직업 전반에 걸쳐 광범위하게 퍼져 있다. 당신이 어떤 편집자에게 원고를 넘기면, 그는 편도선 절제 수술을 하듯이 어느 정도 수정을 할 것이다. 예를 들어, 한 페이지당 5개씩으로 말이다. 이제 그의 수정을 받아들이고 나서 그 원고를 비슷한 비율로 수정을 하는 (편집자마다 수정을 하는 정도가 크게 다르다) 다른 편집자에게 넘기면, 그 사람이 때로는 이전의 편집자가 고친 것을 다시 처음 상태로 되돌려 놓을 수도 있다. 세 번째 편집자에게 넘겨도 마찬가지다.

그런데 어느 곳에서는 지나치게 많이 고치는 반면 다른 곳에서는 지나치게 적게 고친다. 여기서도 원고 편집이 적절한 예가 되겠다. 나는 글을 쓰면서 지나치게 많이 고치는 사람이 중요한 오류를 놓치는 경우를 많이 보아왔다(그 반대도 그렇다). 언젠가 나는 〈워싱턴 포스트The Washington Post〉가 불필요한 수정을 지나칠 정도로 많이 해서 제출했던 원고를 돌려달라고 요청한 적이 있다. 마치 모든 단어가 사전에 나오는 동의어로 대체되어 있는 것처럼 보였다. 대신에 그 원고를 〈파이낸셜 타임즈Financial Times〉로 보냈다. 그곳의 편집자는 한 군데만 수정을 했는데, 1989년이 1990년으로 바뀌어 있었다. 〈워싱턴 포스트〉는 일을 열심히 했지만 이런 오류를 그냥 지나쳤다. 앞으로 살펴보겠지만 개입주의는 심리적·경제적 자원을 고갈시켜버린다. 또 꼭 필요할 때 개입하는 경우는 드물다(여기서 당신이 원하는 것이 무엇인지를 명심하라. 작은 정부는 결국 자신이 하려는 것이라면 무엇이든지 더욱 효율적으로 움직이면서 할 수 있다. 규모와 범위를 축소하면 큰 정부보다 훨씬 더 개입하기가 쉽다).

어설프지 않은 개입

여기서 나의 메시지를 곡해하지 말 것을 당부하고 싶다. 내 주장은 개입에 반대하자는 것이 아니다. 실제로 앞에서 나는 진정으로 필요할 때 개입하지 않는 것에 대해서도 똑같이 우려해야 한다고 말했다. 나는 개입으로 인한 피해를 제대로 인식하거나 인정하지 않은 채 어설프게 개입하는 것을 경고하고 있는 것이다.

내가 전하려는 메시지는 곡해될 수도 있을 것이다. 인간사에서 무작위성의 역할을 과소평가하는 경향을 지적하고 '세상은 당신이 생각하는 것보다 더 무작위적이다.'는 메시지를 전하기 위해 『행운에 속지 마라』를 세상에 내놓았을 때, 언론에서는 마치 프로크루스테스의 침대를 보여주기라도 하듯이 '모든 것이 무작위적이다.' 혹은 '모든 것이 행운에 달려 있다.'는 식으로 내 책의 내용을 다루었다.

라디오 방송국에서 인터뷰를 하는 동안 기자들에게 두 진술의 의미와 차이를 설명하려고 했지만, 이야기를 너무 복잡하게 한다는 말까지 들었다. 그래서 나는 그들을 그냥 내버려두면서 방송국을 나와야 했다. 그런 잘못을 저지르는 사람들이 우리 같은 평범한 사람들에게 세상 이야기를 들려주는 잘 교육받은 저널리스트라는 사실이 우울했다. 요점은 우리가 자신을 돌볼 수 있는 능력을 갖춘 시스템의 자연적인 안티프래질을 보지 못하는 사람이 되어서는 안 된다는 것이다. 또 이런 시스템에 스스로 돌볼 수 있는 기회를 제공하지 않아 그 시스템을 해롭게 만들고 프래질하게 만드는 경향과도 맞서 싸워야 한다.

지나치게 열성적인 편집자의 사례에서 알 수 있듯이, 과도한 개입은 과소한 개입과 함께 나타난다. 의학 분야를 예로 들면, 응급을 요하는 경우처럼 반드시 개입해야 할 때에는 과소하게 개입하면서, 혜택은 별로 없는데 리스크가 큰 영역에서는 과도하게 개입하는 경향이 있다.

따라서 생태계와 같은 영역에서 신뢰할 수 있을 정도로 충실하게 개입하고, 다른 한편으로는 대기업이 일으키는 경제적 왜곡 현상이나 도덕적 해이moral hazard에도 적극적으로 개입하자는 것이다.

무엇을 통제해야 하는가? 대체로 규모(기업, 공항, 공해의 규모), 집중, 속도를 제한하기 위한 개입은 블랙 스완 현상을 줄이는 데 도움이 된다. 이런 개입에는 의원성 질환이 따르지 않지만, 정부의 크기를 줄이도록 하는 것은 쉽지 않다. 예를 들어, 1970년대 이후로 고속도로의 속도 제한으로 안전이 크게 증진되었다는 주장을 할 수 있다. 사고의 리스크는 속도에 불균등하게 증가하며(즉 비선형 관계), 인간은 원래 그런 직관을 가지고 있지 않았으므로 이 주장은 그럴 듯하게 들린다.

고속도로에서 대형 자동차를 무모하게 운전하는 사람은 모두의 안전을 위협하기 때문에, 당신의 미니 컨버터블을 들이받기 전에 필요한 조치를 취하거나 아예 우리 유전자 풀에서 퇴출시켜야 한다. 속도는 근대가 만들어낸 산물이다. 나는 근대에서 비롯된 숨겨진 프래질에 대해 항상 의심한다. 이에 대해서는 18장과 19장에서 기술적으로 입증해 보일 것이다.

한편, 나는 도로 표지판이 사고의 위험을 줄이지 않는다는 반대 주장도 수용한다. 도로 표지판을 설치하면 운전자는 더 평온한 상태로 운전하게 된다. 실험 결과에 따르면, 시스템에 대한 제어를 중단하면(과잉보상을 제거하면) 경계심이 약화된다고 한다. 운전자에게는 자동화 장치보다 주의력과 사고에 대한 경계심에서 비롯되는 스트레스와 긴장이 필요하다. 보행자들은 교통 신호에 따라 길을 건널 때보다 무단횡단할 때 사망 사고를 덜 당한다. 어떤 자유주의자들은 네덜란드 드라흐텐Drachten 시가 보여준 역발상의 사례를 자주 언급한다. 드라흐텐 시 당국은 모든 표지판을 철거하기로 결정했다. 이런 탈규제는 안전을 증진시켰고, 리스크에 대한 경계심과 책임감에서 비롯되는 집중력에 내재된 안티프래질을 확인시켜주었다. 결과적으로 독일과 네덜란드에서는 도로 표지판이 눈에 띄게 많지 않다.

2장에서도 드라흐텐 효과의 또 다른 버전이라 할 수 있는 항공기의 자동화를 말한 적이 있다. 항공기의 자동화는 조종사들의 주의력을 떨어뜨려 의도와는 전혀 다른 결과가 발생하도록 했다. 그러나 사회의 모든 규제를 제거해야 한다는 식으로 드라흐텐 효과를 지나치게 일반화해서는 안 된다. 앞에서도 이야기했지만, 고속도로에서의 속도 제한은 리스크가 속도에 대해 불균등하게 증가하는 경우다.

유감스럽게도, 이런 프래질과 안티프래질에 관한 개념을 고리타분한 양당 시스템을 근간으로 하는 미국 정치권에 적용하기는 쉽지 않다. 민주당 쪽은 주로 지나친 개입, 무조건적인 규제, 큰 정부를 좋아하고, 공화당 쪽은 대기업, 무조건적인 탈규제, 군국주의를 좋아하는 것으로 알려져 있지만, 내가 보기에는 양쪽 다 똑같아 보인다. 특히 빚에 관해서는 국민, 기업, 정부에게 빚을 장려한다(결국 안티프래질을 죽이고 프래질하게 만든다)는 측면에서 두 정당은 서로를 닮았다. 나는 블랙스완 현상에 대해서는 시장과 정부 모두가 무지하다고 믿는다. 대자연과 지금의 시장과는 다른 옛날 형태의 시장인 수크는 그렇지 않은데 말이다.

개입에 관한 나의 입장은 이렇다. 시스템에 개입해야 하는 경우와 내버려둬야 하는 경우를 결정하기 위해 체계적인 프로토콜을 확립해야 한다. 근대가 낳은 의원성 질환에 맞서기 위해서는 확실하게 개입해야 한다. 특히 이 질환에는 환경이 대규모로 파괴되는 현상과 (아직은 그 피해가 드러나지 않았지만) 잠재적 피해가 집중되는 현상이 있다. 개입을 하지 않으면, 우리는 이미 손을 쓸 수 없는 상황에서 이런 현상을 맞이하게 된다. 이 생각은 정치적 입장이 아닌 리스크 관리에 바탕을 둔 것이다. 나는 특정 정당에 가입하지도 않았고 정당을 옹호할 생각도 없다. 지금 우리 자신과 지구를 파괴시키지 않는 올바른 정책을 수립할 수 있도록 위험과 안티프래질의 개념을 소개하고 있을 뿐이다.

파비우스식 꾸물거림에 대한 예찬

개입주의와 관련해 직업 세계에서 널리 퍼져가고 있는 기만이 있다. '내가 당신을 위해 무엇을 하지 않으려고 했는가.'보다 '내가 당신을 위해 무엇을 했는가.'라는 말로 상대방을 납득시키기가 훨씬 더 쉽다. 게다가 성과에 바탕을 둔 보너스 시스템은 문제를 더욱 악화시킨다. 나는 무엇인가를 하지 않아서 영웅이 된 역사적 인물을 찾아보려고 했지만, 쉽게 찾을 수 없었다.

환자에게 저절로 나을 수 있는 기회를 주려고 허리 수술(아주 비싼 수술이다)을 최대한 삼가는 의사는 좋은 평가를 받지 못하고 수입도 시원치 않다. 반면, 환자들을 리스크에 노출시키면서도 수술은 꼭 필요하며 안심해도 된다고 말하는 의사는 돈을 많이 벌어서 핑크색 롤스로이스를 타고 다닌다.

또 손실을 피하려는 기업 관리자들에게 돌아가는 보상은 보잘것없다. 블랙 스완 세계에서 진정한 영웅은 재앙을 예방하는 사람이다. 왜냐하면 재앙은 지금까지 발생한 적이 없고 사람들의 관심을 끌지도 않으며, 재앙을 미리 막는 사람에게는 보너스가 제공되지도 않기 때문이다. 7권에서 윤리 문제를 다루면서 보너스 시스템의 불공정을 설명하고, 이런 불공정성이 복잡한 세상에 의해 어떻게 더욱 확대되는지 설명하겠다.

늘 그랬듯, 노인들은 새로운 사상을 지닌 요즘 사람들보다 훨씬 더 지혜로워 보인다. 로마인들은 개입을 최대한 억제하려는 사람을 존경했다. 로마 시대의 파비우스 막시무스Fabius Maximus 장군은 굼뜬 사람을 의미하는 '쿵크타토르Cunctator'라는 별명을 얻었는데, 그는 교전을 최대한 피하는 전술을 구사하면서, 군사적으로 압도적인 우위를 지닌 한니발Hannibal을 몰아냈다. 과거 한니발의 군국주의를 조지 부시George W. Bush 대통령의 개입주의로 간주하고 그것이 쿵크라토르의 지혜와 겨룬다고 보면 현재의 상황과 잘 맞아 떨어진다. 한니발이 편안한 사무실에 있지 않고 전쟁터를 누비고 다녔다는 사실을 제외하면 말이다.

영국에서는 혁신적인 지식인들이 모여 쿵크라토르의 이름을 딴 파비언 소사이어티Fabian Society라는 정치운동 단체를 결성했는데, 그들은 주로 상황을 살피면서 혁명을 뒤로 미루는 데 주안점을 두고 움직였다. 이 단체에 가입한 사람들의 면면을 보면 조지 버나드 쇼George Bernard Shaw, 웰스H. G. Wells, 레너드 울프Leonard Woolf, 버지니아 울프Virginia Woolf, 램지 맥도널드Ramsay MacDonald가 있었고, 버트런드 러셀도 잠시 회원으로 활동한 적이 있었다. 생각해보면, 이 단체가 구성원들의 목표를 달성하는 도구가 되기보다는 목표는 변한다는 사실을 인정하면서 움직였던 것이 효과적인 전략이었음이 밝혀진 셈이다. 꾸물거림은 상황이 그냥 흘러가도록 내버려두고 활동가들에게 돌이킬 수 없는 정책을 시행하기 전에 마음을 바꿀 기회를 준다. 그리고 물론 구성원들은 스탈린 정권이나 이와 비슷한 정권의 실패와 공포를 보고 나서 자신의 생각을 바꾸게 된다.

라틴어 속담에 '급할수록 돌아가라.'는 말이 있다. 로마인들만 자발적 태만을 존중했던 것은 아니었다. 중국의 노자는 수동적 성취의 의미를 담고 있는 '무위無爲'의 정신을 설파했다.

꾸물거림이 만물로 하여금 스스로 보살피도록 내버려두면서 자신의 안티프래질을 행사하도록 하는 자연적인 방어 시스템이라는 사실을 아는 사람은 별로 없다. 꾸물거림은 생태학적 혹은 자연주의적naturalistic 지혜로서 항상 나쁜 것만은 아니다.

실존적인 측면에서 보면 우리 몸은 절박한 상황에 처하면 저항한다. 우리 정신도 근대가 전해준 프로크루스테스의 침대에 맞서서 저항한다. 물론 근대 사회에서는 소득 신고가 저절로 되는 것은 아니다. 그러나 의사와의 중요하지 않은 만남을 미루거나 내 몸이 준비되어 있다고 말할 때까지 글쓰기를 뒤로 미루면, 자연이 전해준 아주 유용한 필터를 활용하는 셈이다.

나는 쓰고 싶은 주제에 한해서 쓰고 싶을 때에만 글을 쓴다. 독자들은 바보가 아니다. 그래서 나는 글을 쓸 때 나타나는 꾸물거림을 개입에 저항하려는 내면의 자아와 깊은 진화적 과거가 주는 메시지로 받아들인다. 그럼에도 불구하고 일부 심리학자와 행동 경제학자들은 이런

꾸물거림을 고쳐야 할 병으로 생각한다.[1]

꾸물거림이 병까지는 아니라도, 일부 사람들은 플라톤의 『프로타고라스Protagoras』에 나오는 자제력이 없거나 의지가 박약한 상태를 의미하는 '아크라시아akrasia'와 연관시킨다. 어떤 사람은 의지력이 부족한 상태를 의미하는 '어뷸리어aboulia'를 떠올린다. 그리고 제약회사들은 언젠가 이 꾸물거림에 대한 약을 내놓을 것이다.

꾸물거림의 장점은 의료 절차에서도 나타난다. 꾸물거림으로써 자연에게 실력을 발휘할 기회를 주어 과실을 방지할 수 있었던 상황을 본 적이 있을 것이다. 자연이 과학자보다 실수를 덜 저지른다는 불편한 사실을 감안할 때, 충분히 있을 수 있는 일이다. 불합리성을 연구하는 심리학자와 경제학자들은 생명이 위태롭지 않을 때에만 꾸물거린다는 인간의 본능을 깨닫지 못하고 있다.

나는 침실로 들어오는 사자를 보거나 이웃집 서재에서 발생하는 화재를 볼 때는 꾸물거리지 않는다. 또 크게 다쳤을 때도 꾸물거리지 않는다. 하지만 자연스럽지 않은 의무와 절차 앞에서는 꾸물거린다. 한번은 등이 아파서 척추 수술을 해야 하는데 계속 미룬 적이 있었다. 그리고는 알프스로 휴가를 갔다오고 나서 웨이트 트레이닝을 하고 난 뒤 통증은 씻은 듯이 나았다.

---

1 심리학자들은 개입의 반대를 현상 유지 바이어스status quo bias로 간주한다. 그러나 직업의 세계(사람들이 무엇인가를 해야 하는 곳)와 개인의 생활(직업의 세계와 반대)에서 개입과 꾸물거림은 공존할 수 있다. 결국 영역에 달려 있는 것이다. 따라서 개입과 꾸물거림은 규범과 인센티브(편도선 절제 수술을 연구하는 의사들이 인센티브를 직접적으로 받아가지는 않지만 말이다)와 관련된 사회·경제적 문제지, 정신적 특성과는 무관하다.

심리학자와 경제학자들은 내가 필수가 아닌 선택적 수술을 미루고 리스크를 최소화 해주는 자연주의적 본능(마음속에 자리잡은 허튼수작 탐지기)을 죽이기를 바란다. 이는 우리 몸의 안티프래질에 대한 모욕이 아닐 수 없다. 꾸물거림은 우리의 자연스러운 의지가 낮은 동기를 통해 전해주는 메시지이기 때문에, 이에 대한 치유법은 이처럼 꾸물거리려는 충동에 맞서 싸울 필요가 없도록 환경을 바꾸거나 새로운 일을 찾는 것이다. 하지만 자연주의적 리스크에 기반한 의사결정의 형태로서의 꾸물거림을 좋은 것이라는 생각을 가지고 살아가는 사람은 별로 없다.

실제로 나는 이 책을 꾸물거리면서 쓰고 있다. 내가 한 부분의 글쓰기를 뒤로 미루면, 그 부분은 삭제되어야 한다. 이것은 간단한 윤리다. 나는 자연스러운 동기도 없는 상태에서 글을 쓰면서까지 많은 독자를 우롱하고 싶지는 않다.[2]

생태학적 논법으로 이야기하자면, 꾸물거리는 사람은 불합리하지 않다. 불합리한 것은 그 사람을 둘러싼 환경이다. 그리고 심리학자 혹은 경제학자들이 불합리하다고 여기는 사람은 실제로는 불합리성을 뛰어넘은 사람이다.

사실 인간은 정보를 제대로 걸러내지 못한다. 특히 단기적 정보는 더욱 그렇다. 꾸물거림은 정보를 잘 걸러서 섣부른 판단을 하지 않도록 해준다.

---

2 어떤 작가는 화가들은 그림 그리기를 좋아하지만, 작가들은 '글을 썼다는 것'을 좋아한다고 말한다. 나는 그 사람에게 자신과 독자들을 위해서 글쓰기를 당장 중단하라고 말하고 싶다.

여기서 '자연주의적'이라는 단어에 담긴 개념이 혼란스러울 수 있다. 철학자들은 어떤 과실을 '자연주의적 오류naturalistic fallacy'라고 부른다. 이것은 자연스러운 것이 도덕적으로 반드시 옳은 것은 아니라는 의미를 내포한다. 4장에서 진화를 위한 선택을 현대 사회에 적용할 때 발생하는 문제와 실패한 사람을 보호해야 할 필요성을 논의하면서, 내가 자연에 동의 또는 맞서려고 했던 것을 생각해보라. 문제는 자연주의적 오류를 도덕의 영역 밖에서 잘못 사용하여 불확실한 상황에서 자연주의적 본능에 의존하려는 생각에 잘못 적용하는 데서 발생한다. 그러나 자연주의적 오류를 자세히 들여다보면, 리스크를 감안할 때 이는 오류가 아니다.

시간은 프래질을 검증하는 최선의 수단이다. 시간은 엄청난 무질서를 포괄한다. 그리고 시간에 짓밟히더라도 강건함을 유지하는 것은 자연뿐이다. 그러나 철학자연하는 사람은 리스크와 생존의 탁월성이 철학적 사색보다 우월하다는 사실을 잘 모른다. 이런 사람들은 우리의 유전자 풀에서 퇴출시켜야 한다. 진정한 철학자라면 내가 하는 말에 동의할 것이다. 더 나쁜 오류는 반대의 오류를 저지르면서도 자연주의적인 것을 오류라고 생각하는 사람들이다.

엄청난 신경과민

우리가 일상적으로 말하는 신경과민 유형의 사람을 생각해보자. 마른 체형에 찡그린 표정을 하면서 목소리의 톤도 일정하지 않다. 자기 소개를 할 때는 목을 이리저리 움직인다. 작은 뽀루지라도 눈에 띄면 암을 떠올린다. 심지어 치명적인 암세포가 이미 임파선에 퍼져 있지 않나 걱정한다. 이 사람의 걱정은 건강에만 한정되어 있지 않다. 사업이 조금이라도 잘 안 되면 마치 파산이라도 할 것처럼 생각한다. 사무실에서는 사소한 문제가 생길 때마다 이것저것 따져가면서 문제를 엄청나게 키워버린다. 가장 싫은 것은 바로 중요한 약속을 앞두고 이런 사람 때문에 꼼짝 못하는 상황이다. '과잉반응'이라는 단어는 바로 이런 사람의 마음을 일컫는 말이다. 이 사람은 반응이 아니라 과잉반응을 하는 사람이다.

이런 사람을 화재가 나도 평정심을 유지할 수 있는 침착한 사람과 비교해보라. 지도자, 장군 혹은 마피아 보스가 되려면 그 정도로 침착해야 한다. 침착하고 쉽게 흔들리지 않는 사람은 어려운 상황에서도 자제력을 유지하면서 우리에게 깊은 인상을 준다. 조용하면서도 차분한 목소리를 떠올리려면, 19명의 살인(모두가 경쟁 관계에 있는 조직원들이었다)에 연루되었던 살바토레 새미 더 불 그라바노Salvatore Sammy the Bull Gravano의 인터뷰를 들어보라. 그는 마치 하찮은 일을 이야기하듯이 힘들이지 않고 말한다. 이런 유형의 사람은 꼭 필요할 때만 반응한다. 신경과민인 사람과 달리 아주 드문 상황에서만 화를 낸다. 그리고 모든 사람들이 이런 사실을 알고 상황을 심각하게 받아들인다.

우리는 근대에 많은 정보에 노출되면서, 두 번째 유형의 조용한 사람에서 첫 번째 유형의 신경과민인 사람으로 바뀌었다. 논의를 위해 두 번째 유형의 사람은 진정한 정보에만 반응하고 첫 번째 유형의 사람은 주로 잡음에 반응한다고 하자. 두 사람의 차이는 잡음과 신호의 차이를 보여줄 것이다. 잡음은 우리가 무시해야 하는 것이고, 신호는 귀를 기울여 들어야 하는 것이다.

사실 나는 이 책의 앞부분에서 잡음을 슬그머니 언급했다. 이제는 그것을 정확하게 이해해야 할 때가 되었다. 과학자들은 잡음을 아무런 쓸모가 없는 무작위적인 정보로서 실제 소리와 함께 나는 소리로 정의한다. 우리는 듣고 싶은 소리를 인식하기 위해 이런 잡음을 제거해야 한다. 예를 들어, 암호문에서 상대방을 혼란시키기 위해 집어넣은 아무런 의미 없는 기호, 전화 통화를 하면서 상대방의 목소리에 귀를 기울이기 위해 무시해야 하는 '쉬' 하는 소리가 바로 이런 잡음의 예다.

그리고 지나친 개입의 이면에는 이처럼 신호와 잡음을 구분하지 못하는 개인적·지적 무능함이 자리를 잡고 있다.

사람을 죽이기 위한 합법적인 방법

누군가의 죽음을 재촉하고 싶다면, 그에게 주치의를 붙여라. 무능한 의사를 붙여주라는 이야기가 아니다. 그 사람이 직접 의사를 선택하도록 하고 비용만 지급하라. 어떤 의사라도 괜찮다.

이것은 법의 테두리 내에서 누군가를 죽일 수 있는 유일한 방법이다. 우리는 편도선 절제 수술과 관련한 이야기를 통해서, 데이터가 많을수록 더 많이 개입하게 되고 결국 신경과민인 사람처럼 행동하게 된다는 사실을 알게 되었다. 광고업자 로리 서덜랜드Rory Sutherland는 나에게 주치의가 있는 사람은 특히 어설픈 개입에 취약하므로 의원성 질환에 노출되어 있다고 했다. 의사들은 월급만큼 값어치를 해야 하고 직업윤리를 확인시켜줘야 한다. 아무 것도 하지 않았다는 사실은 이 두 가지를 충족시켜주지 못한다. 실제로 마이클 잭슨의 주치의는 안티프래질을 억누르는 지나친 개입으로 고소당하기까지 했다. 그러나 법원에서 이런 개념에 익숙해지기까지는 시간이 좀 걸릴 것이다.

국가 원수나 부자들이 주치의가 있는데도 불구하고 일반인과 마찬가지로 쉽게 죽는 것을 보면서 의아하게 생각한 적이 없는가? 그것은 약을 지나치게 많이 복용했거나 건강 관리를 지나치게 많이 받았기 때문일 것이다. 마찬가지로 데이터 수집 부서로부터 엄청나게 많은 정보를 제때에 공급받는 경영자나 (프래질리스타 그린스펀과 같은) 정책 담당자들도 과잉반응하거나 잡음을 정보로 잘못 인식할 가능성이 많다. 그린스펀은 경제가 어떻게 흘러가고 있는지 정확히 알기 위해서 클리블랜드의 진공청소기 판매추이까지 꾸준히 챙기려고 했으며, 이렇게 섬세한 점까지 관리한 덕분에 우리를 혼란 상태로 몰아넣었다.

기업과 경제 부문에서 의사결정을 할 때 데이터에 의존하다 보면 심각한 부작용이 나타난다. 오늘날의 데이터는 접근성이 높기 때문에 그 양이 방대하다. 또 데이터를 모으는 데 열을 올리다 보면 잘못된 데이터를 얻게 될 가능성도 높다. 사람들이 데이터에 관해 잘 모르는 것이 한 가지 있다. 바로 데이터는 양이 많을 때 유해하며, 심지어 적당할 때도 마찬가지라는 사실이다.

앞서 2개의 장에서는 잡음과 무작위성을 어떻게 이용할 것인가에 대해 이야기했다. 그러나 잡음과 무작위성은 웹이나 미디어를 통해 얻는 데이터처럼 자연스럽지 않을 때에는 당신을 이용할 수도 있다.

데이터를 자주 볼수록, 당신은 유의미한 신호보다 잡음을 더 많이 보게 된다. 따라서 신호대비 잡음의 비율이 더 커진다. 그리고 데이터 자체에는 심리적인 측면과는 아무런 관계가 없는 혼란이 내재되어 있다. 당신이 주식 가격이나 장인이 경영하는 공장의 비료 판매량, 혹은 블라디보스토크의 물가상승률에 관한 연간 데이터를 살펴본다고 하자. 그리고 그 연간 데이터의 신호 대 잡음의 비율이 약 1대 1(절반은 신호이고 절반은 잡음이다)이라고 해보자. 이것은 변화의 절반은 개선 혹은 퇴보를 의미하며, 나머지 절반은 무작위성에서 비롯된다는 것을 의미한다. 이 비율은 당신이 연간 데이터에서 얻은 것이다. 그러나 똑같은 데이터를 하루 단위로 살펴보면 95%는 잡음이고 나머지 5%가 신호다. 그리고 뉴스와 시장 가격의 변화에 몰입하는 사람들처럼 시간별 데이터를 살펴보면, 잡음 대 시간의 비율은 99.5% 대 0.5%가 된다. 신호보다는 잡음이 200배나 더 많다. 이것은 (아주 중요한 사건이 일어났을 때를 제외하고는) 뉴스를 듣는 사람이 훨씬 더 속기 쉬운 사람이라는 이유를 설명해준다.

신문이 유포하는 의원성 질환을 생각해보자. 신문사는 매일 뉴스거리를 가지고 지면을 채워야 한다. 또 이런 뉴스거리는 다른 신문사에서도 다룬다. 신문사가 일을 제대로 처리하려면, 중요한 뉴스거리가 없는 날에는 조용히 있어야 한다. 따라서 신문은 신호의 집중도에 비례해 어떤 날에는 2줄이 되고, 다른 날에는 200페이지가 되어야 한다. 하지만 물론 신문사는 돈을 벌어야 하기 때문에 정크 푸드를 팔아야 한다. 그 정크 푸드가 바로 의원성 질환이다.

이제 생물학적 차원에서 이야기해보자. 나는 자연 환경에서는 스트레스가 정보라는 사실을 여러 번 이야기했다. 따라서 지나치게 많은 정보는 지나치게 많은 스트레스가 되어 안티프래질의 기준점을 넘어버린다. 의학에서는 음식물을 소화할 때 호르몬이 갑자기 많이 분비되는 현상을 억제하는 단식의 치유력을 확인했다. 호르몬은 우리 몸의 다른 부분에 정보를 전달해주는 역할을 하는데, 지나치게 많으면 몸을 혼란스럽게 한다. 다시 한 번 말하지만, 지나치게 많은 뉴스와 마찬가지로 지나치게 많은 정보는 해롭다. 매일 보거나 듣는 뉴스와 매일 먹는 설탕은 같은 방식으로 몸과 마음을 혼란스럽게 한다. 나는 윤리 문제를 다루는 24장에서 지나치게 많은 데이터(특히 내용이 빈약한 경우)가 어떤 방식으로 완전히 의미 없는 통계를 만들어내는지 설명하겠다.

이제 여기에 심리학적 차원의 이야기를 보태보자. 이야기의 논점을 이해하지 못하면 잡음에 대해 감정적으로 과잉반응할 수도 있다. 최선의 해법은 데이터나 환경의 작은 변화에는 전혀 관심을 갖지 말고, 큰 변화만 보는 것이다.

우리가 곰을 돌로 잘못 보는 실수는 저지르지 않듯이(하지만 돌을 곰으로 잘못 보는 실수는 저지른다), 명석하고 나쁜 사상에 물들지 않고 데이터의 바다에서 길을 헤매지 않는 합리적인 사람은 생존에 필수적인 중요한 신호를 잡음으로 잘못 인식하지는 않을 것이다. 신경과민 때문에 다른 메시지에 의해 마음이 산란해지든가 혼란스러워지지 않는다면 말이다. 중요한 의미가 담긴 신호는 우리에게 다가오는 나름의 방법을 지니고 있다. 편도선 절제 수술 이야기를 다시 하자면, 최선의 필터는 정기적으로 목의 염증이 재발해 힘들어하는 아이에게만 수술을 고려해보는 것이다.

언론이 일으키는 신경과민

숨은 이야기를 찾아 헤매는 언론으로부터 엄청나게 많은 잡음이 흘러나온다. 이런 언론 덕분에 우리는 현실 세계로부터 점점 멀어져 가상의 세계에 더 가까이 다가가면서도 이런 사실을 깨닫지 못한다. 미국에서는 매일 6200명이 죽는데, 대부분은 미리 예방할 수 있었던 사고였다고 한다. 그러나 언론은 허리케인, 총기 사고, 비행기 추락 사고처럼 세상을 들끓게 할 만한 사건만 보도해서 우리에게 현실 세계의 리스크에 대해 더욱 편향된 생각을 갖게 만든다. 조상 환경에서 재미있는 일화는 정보가 되었지만, 지금은 더 이상 그렇지 않다. 또 언론은 해설과 의견을 곁들이면서 마치 우리가 세계를 이해하고 있는 듯한 착각에 빠지게 만든다.

언론이 사건과 리스크를 이해하는 수준은 너무나 사후적이라서 마치 비행기가 이륙하고 나서 보안 검사를 하는 것과 같다. 옛날 사람들이 말하는 '전투가 끝난 뒤에 군대 보내기'에 비유할 수도 있다. 영역 의존성 때문에, 우리는 현실과 동떨어져서 세상을 바라보는 자신의 시선을 바로잡을 생각을 하지 않는다. 우리는 훨씬 더 프래질한 세상에 살면서, 이런 세계를 훨씬 더 잘 이해하고 있다고 착각한다.

결론을 말하자면, 정보의 공급을 최대한 자연스럽게 제한하는 것이 개입을 완화하기 위한 최선의 방법이다. 하지만 요즘 같은 인터넷 시대에 이런 방법을 받아들이기는 어렵다. 그리고 사람들에게 데이터를 많이 확보할수록 상황에 대한 이해가 떨어지고, 의원성 질환을 일으킬 가능성이 높아진다고 설명하기란 쉽지 않다. 사람들은 여전히 과학은 더 많은 데이터를 의미한다는 환상에 사로잡혀 있다.

무능한 정부는 도움이 된다

1959년부터 1961년까지 중국에서 굶어 죽은 사람이 3000만 명에 달했다는 사실은 열심히 일하는 정부가 참담한 결과를 초래할 수도 있다는 현실을 적나라하게 보여준다. 당시 신 멍Xin Meng, 낸시 첸Nancy Qian, 피에르 야레드Pierre Yared는 지역마다 기근이 어떻게 분포하고 있는지 알기 위해 지역별 상황을 조사했다. 그들은 기근 발생 전에 식량 생산량이 더 많았던 지역에서 오히려 기근이 더 심각했다는 사실을 발견했다. 이것은 문제의 배후에 정부의 식량 배급 정책이 있었음을 의미한다. 즉 식량 조달 시스템이 유연하지 않았던 것이다. 실제로 예상과는 다르게 지난 20세기에는 중앙 계획경제 하에서 기근이 더 많이 발생했다.

그러나 때로는 정부의 무능함이 국가 통제와 근대의 굴레로부터 사람들을 구제하기도 한다(의원성 질환의 반대가 되는 상황이다). 통찰력이 뛰어난 작가 드미트리 오로브Dmitri Orlov는 러시아가 구 소련 붕괴 이후 재앙을 피할 수 있었던 이유가 비효율적인 식량 생산과 의도하지 않았던 과잉 생산이 결국 안정을 유지하는 데 유리하게 작용했기 때문이라고 주장했다. 스탈린이 농업 부문에 손을 대면서, 기근이 발생하는 데 일정 정도 원인을 제공했다. 그러나 스탈린과 그의 후임자들은 농업을 지금의 미국처럼 집중화, 최적화를 추구하면서 효율적으로 관리하지는 않았다. 그래서 모든 마을이 기본적인 농산물을 재배하고 있었다. 특화 생산의 혜택을 얻을 수 없기 때문에 비효율적이긴 했지만, 구 소련이 붕괴하고 나서도 사람들이 다양한 종류의 음식을 얻을 수 있게 해주었다. 미국인들은 1칼로리를 섭취하기 위해서 12칼로리를 수송에 소비하지만, 구소련에서는 이런 비율이 1대 1이었다.

미국이나 유럽에서 식량 문제가 발생하면 어떤 일이 벌어질 것인지 쉽게 상상할 수 있을 것이다. 더구나 소련에서는 비효율적인 주택 정책 때문에 3대에 걸친 사람들이 서로 가까운 곳에 살면서 끈끈한 가족애를 유지할 수 있었고, 레바논 전쟁을 겪은 사람들처럼 서로 도와가면서 지낼 수 있었다. 사람들은 사회적 네트워크와는 다른 진정한 유대를 가지고 어려운 친구들을 도와주려고 했다. 자신이 어려운 상황에 처했을 때에는 자신도 도움을 받을 수 있을 것이라는 기대를 갖고 말이다. 따라서 하향식 국가 시스템이 결과적으로 반드시 나쁜 것만은 아니다.

프랑스는 당신이 생각하는 것보다 더 어지럽다

이제 프랑스가 데카르트의 합리주의를 따르는 하향식 국가이기 때문에 잘 돌아간다는 주장의 속내를 한 번 들여다보자. 프랑스는 러시아와 마찬가지로 실패한 목표 덕분에 오랫동안 행운을 누릴 수 있었다.

나는 지난 20년 동안 큰 정부가 하향식으로 나라를 운영하는 프랑스가 다양한 분야에서 그토록 두각을 나타내는 비결이 궁금했다. 프랑스는 모든 일에 개입하는 국가를 꿈꾼 장 밥티스트 콜베르Jean-Baptiste Colbert의 조국이기도 하다. 사실 지금도 프랑스는 '깨지지만 않는다면 건드려보자.'는 식의 극단적인 개입주의를 견지하고 있다. 프랑스에서 개입하는 것은 때로는 다른 곳에서 개입하는 것보다 낫다는 말이 있다. 그런데 어지러운 지방자치를 억누르는 프랑스의 중앙 관료 체제가 성장, 행복, 과학, 문학, 기후, 지중해 지역의 다양한 식물군, 높은 산, 훌륭한 교통 체계, 매력적인 여인, 맛있는 요리에 긍정적이라는 증거가 될 수 있을까? 나는 그레이엄 롭Graham Robb의 『프랑스를 발견하다The Discovery of France』를 통해 프랑스에 관한 새로운 사실을 발견하고 프랑스를 완전히 다른 시각으로 보기 전에는 그렇게 생각했다.

프랑스 이야기는 실제로 너무나도 자명하다. 루이 14세와 나폴레옹의 정책, 줄 페리Jules Ferry의 국민교육 프로그램에도 불구하고 프랑스에게 국민국가는 이름뿐이었다. 1863년 프랑스인 대다수는 프랑스어를 구사할 줄 몰랐고(5명 중 1명만 구사할 수 있었다), 다양한 언어와 방언을 사용하고 있었다. 여기서 놀라운 사실 한 가지를 소개하면, 1904년 노벨 문학상은 이제는 더 이상 쓰이지 않는 프랑스 남부 언어인 프로방스어로 글을 썼던 프레데리크 미스트랄Frédéric Mistral에게 돌아갔다는 사실이다. 400개에 달하는 다양한 종류의 치즈가 있는 것과 마찬가지로, 언어의 통합이 제대로 이루어지지 않는 것은 중앙에서 국가를 통제하기가 어렵다는 사실을 말해준다.

프랑스를 하나로 묶어주는 민족적·언어적 요인은 없었다. 언어나 민족은 국왕이나 세력이 약한 귀족의 특징에 불과했다. 도로도 대부분은 제대로 정비되어 있지 않아서 사람들이 다닐 수 없었다. 세금 징수는 끈기와 기민함이 필요한 위험한 일이었다. 실제로 프랑스라는 나라는 파리에 의해서 그리고 북부 아프리카와 그외 지역에서의 식민지 개척에 의해서 점진적으로 '발견'되었다. 역사학자 장 니콜라Jean Nicolas는 자신의 두껍고도 흥미로운 저서, 『프랑스의 반란La rebellion française』에서 시위 문화가 아주 세련된 형태로 정착되는 과정을 보여준다. 역사적으로 시위는 프랑스인의 진정한 국민 스포츠로 인식되었다.

프랑스 정부는 파리를 거의 통제할 수 없었다. 브라질 중앙 정부가 최근에 와서야 리우데자네이루의 슬럼가를 통제하고 있는 것을 생각하면 이해하기 쉽다. 태양왕the Sun King으로 불리는 루이 14세는 파리의 군중을 피해 정부를 베르사유Versailles로 옮겼다. 파리는 1860년대에 오스만Haussmann 시장이 시위 군중을 통제하려는 목적으로 대로를 건설하기 위해 옛날 가옥과 좁은 거리를 없애고 나서야 비로소 통제 가능한 도시가 되었다. 프랑스는 사실상 파리와 불모지로 이루어졌고, 파리는 그 밖의 지역에 큰 관심을 두지 않았다. 프랑스는 도로, 철도, 학교, 텔레비전 보급을 위한 장기간에 걸친 프로그램과 '5개년 계획'을 추진하고 나서야 비로소 중앙집권적인 국가가 되었다. 결국 하나의 프랑스를 이루기 위한 나폴레옹의 꿈은 제2차 세계대전 이후 샤를르 드 골Charles De Gaulle 대통령에 의해 시작되었고 1970년대 후반 발레리 지스카르 데스탱Valéry Giscard d'Estaing 대통령의 집권 기간 중에 완성되었다. 하지만 이때부터 프랑스에서는 분권화가 시작되었다.[3] 프랑스는 중앙집권적인 큰 정부가 지배하는 20여 년 동안 혜택을 보았다고 말할 수 있다. 그러나 큰 정부가 성장을 추진하되 미움을 받을 정도로 너무 오

---

[3] 또 다른 예도 있다. 바로 가장 유기체적이면서 가장 무질서한 성격을 띠는 언어를 통제하는 일이었다. 프랑스는 불어 아카데미를 설립하면서 학생들이 문서를 작성하거나 주민들이 시장에게 쓰레기 수거 과정에 대한 불만을 호소하는 편지를 쓸 때 사용할 어휘를 공식적으로 정해놓았다. 그 결과는 두드러졌다. 공식 어휘는 영어에 비해 복잡하고 어렵고도 한정적이었다. 그러나 '속어'로 잘못 정의된 구어는 영어만큼 풍부해졌다. 셀린느Céline나 다르드Dard 같은 작가들은 상황에 딱 들어맞는 속어를 절묘하고 풍부하게 구사하면서 구어와 문어를 독특하게 혼합하는 것으로 알려져 있다.

랫동안 집권하지는 않았기 때문에 혜택을 보았다고 말할 수 있다.

스웨덴과 큰 정부

프랑스와 별도로, 큰 정부의 모범 사례로 여겨지는 스웨덴과 다른 북유럽 국가들의 수수께끼와 같은 상황 역시 적잖이 당혹스럽다. 이런 국가들의 정부는 전체 경제에서 많은 비중을 차지한다. (행복이 측정 가능하고 바람직한 것이라고 할 때) 어떻게 해서 엄청나게 큰 정부를 가진 덴마크가 세계에서 가장 행복한 국가가 되었을까? 이 국가들의 경제 규모는 모두 뉴욕의 대도시 지역보다 더 작지 않은가?

나와 논문을 같이 쓴 적이 있는 정치학자 마크 블라이스는 스웨덴에 대해서 사람들이 갖는 잘못된 편견을 이야기해주었다. 다시 말하자면, 스웨덴은 일반적인 믿음과 달리 스위스와 꼭 닮았다는 것이다. 기후가 더 나쁘고 스키 리조트가 없다는 점을 빼고 말이다.

정부는 세금 징수원으로서 존재하지만, 세금은 공동체에 의해 공동체 내에서 지출된다. 예를 들어, 직업교육은 노동자들의 개별적인 요구에 따라 공동체가 필요하다고 판단하는 경우에만 지역 단위로 이루어진다. 경제 엘리트들은 다른 민주주의 국가보다 더 많은 자유를 누리고 있다. 이것은 밖에서 생각하는 국가 통제주의와는 엄청난 차이가 있다.

게다가 무질서로부터 혜택을 얻은 사례로서, 스웨덴과 북유럽 국가들은 1990년 냉전 시대의 종식 이후 심한 불황이 닥쳤을 때 훌륭하게도 긴축재정 정책을 추진했다. 그래서 20년 뒤에 나타난 심각한 금융 위기를 효과적으로 방어할 수 있었다.

촉매를 원인으로 잘못 생각하다

강요된 시스템이 자연적인 무질서를 몹시 갈망하다가 결국 프래질해질 수밖에 없어서 붕괴되었을 때, 그 실패의 원인을 시스템의 프래질로 간주하는 사람은 거의 없다. 오히려 이런 실패를 잘못된 예측의 결과로 생각한다. 모래성이 무너질 때와 마찬가지로, 프래질한 교량의 붕괴를 마지막으로 건넌 트럭 탓으로 돌리는 것은 온당하지 않다. 그리고 어떤 트럭이 교량을 붕괴시킬 것인지 미리 예측하는 것은 훨씬 더 멍청한 짓이다. 그럼에도 불구하고 우리는 이런 경우를 너무 자주 본다.

2011년 버락 오바마Barack Obama 대통령은 그 해 봄에 일어났던 이집트 혁명을 미리 예측하지 못했다며 정보 실패intelligence failure라고 비난했다. 과거 지미 카터Jimmy Carter 대통령도 1979년 이란의 회교혁명을 예측하지 못했던 정보기관에 책임을 추궁했다. 그런데 두 사람 모두 마지막 모래 알갱이를 보지 못한 것이 아니라 확률 분포에서 꼬리에 해당하는 숨은 리스크를 보지 못했다는 사실을 몰랐다.

경제 현상에 대해서도 같은 이야기를 할 수 있다. 2007~08년 금융위기가 발생하고 나서, 많은 사람들이 서브프라임 붕괴를 예측했으면 이를 막을 수 있었을 것이라고 생각했다(그들은 서브프라임 붕괴가 금융위기의 원인이라고 생각했을 것이다). 단언하건대 서브프라임 붕괴는 금융위기의 증상이지, 바탕에 깔려 있는 원인이 아니다. 그러므로 이를 예측한다고 해서 금융위기를 막지는 못한다. 마찬가지로 오바마 대통령이 꾸짖었던 정보 실패도 복잡계에 대한 이해 부족과 정책 실패에서 나타나는 증상이다. 그리고 이런 상황에서는 강대국들도 평범한 칠면조에 불과하다.

오바마 대통령의 잘못된 인식은 국지적인 인과 연쇄causal chain에 대한 환상을 설명해준다. 즉 촉매를 원인으로 잘못 생각하고, 어떤 촉매가 어떤 결과를 낳을 것인지를 알 수 있다고 가정하는 것이다. 이집트혁명의 마지막은 어느 누구도 예측할 수 없는 것이었다. CIA 혹은 다른 정보기관을 탓하는 것은 사건을 예측하는 데 자금을 쏟아붓는 것만큼이나 현명하지 못하다. 유감스럽게도 정부는 상호의존적인 시스템이 만들어내기 때문에 개별적인 수준에서는 통계적으로 파악할 수 없는 사건을 예측하기 위해 수십 억 달러를 허비한다.

많은 사람들이 혼란의 소용돌이를 설명하면서 촉매를 원인으로 잘못 생각하는 우를 범한다. 2011년 '아랍의 봄'을 생각해보자. 처음에 튀니지와 이집트에서 발생한 시위의 원인은 독재자에 대한 반감이 아니라 물가 상승으로 여겨졌다. 그러나 바레인과 리비아는 곡물을 비롯해 다른 상품을 수입할 여력이 되는, 상대적으로 부유한 국가다. 더구나 다른 나라에서는 몇 년 동안 물가가 높아도 시위가 일어나지 않았다. 논리는 위로가 될지 몰라도 초점은 엉뚱한 곳을 향했다. 관심을 가져야 할 대상은 시스템과 그 시스템의 프래질한 측면이지, 사건 그 자체가 아니다. 물리학자들이 말하는 '침투 이론percolation theory'에서는 지형의 무작위성이 갖는 특징이 연구대상이지, 지형의 한 가지 요소가 갖는 특징이 연구대상은 아니다.

미국 정부에 잘못된 예측 분석기법을 판매한 센티아 그룹Sentia Group의 마크 압돌라히안Mark Abdollahian은 정책 담당자들에게 이집트 사건에 대해서 라스베이거스에 있는 것처럼 생각할 것을 주문했다. 블랙 잭에서는 평균보다 4% 더 잘하면 큰돈을 벌 수 있다는 것이다. 그러나 이런 비유는 엉터리다. 4% 더 잘하면 된다는 주장은 이집트에서 통하지 않는다. 예산을 낭비할 뿐만 아니라 잘못된 믿음으로 거짓된 자신감을 갖게 만든다. 이는 정보 분석가들이 경제위기를 예측하지 못한 리스크 관리 시스템과 같은 잘못을 저지르고는, 실패하자 시스템과 똑같이 변명을 하는 것과 같다. 정치와 경제 현상에서 꼬리에 해당되는 사건은 예측이 불가능하다. 그리고 그 확률을 과학적으로 측정하려고 해서는 안 된다. 예측을 위해 아무리 많은 돈을 투자한다 해도, 혁명을 예측하는 것은 카드의 수를 세는 것과는 다르다. 인간은 결코 정치와 경제 현상을 블랙 잭처럼 다루기 쉬운 무작위성을 지닌 현상으로 바꿀 수 없다.

8장

예측, 근대의 산물

프랑스어로 고함치지 말라 / 영국식 영어는 존경받는다
/ 블랙 스완 영역

2009년 가을, 나는 말쑥하게 차려입은 저명 인사들과 함께 한국에 있었다. 패널 중에는 IMF International Monetary Fund 부총재 다카토시 카토Takatoshi Kato도 있었다. 패널 토론이 진행되기 전에, 그는 우리에게 2010년부터 2014년까지 세계 경제를 전망한 파워포인트 자료를 돌렸다.

당시 나는 등산을 자주 가고 말을 천천히 점잖게 하는 사람들에게 모욕을 주기보다 참기로 다짐한 것을 꾸준히 실천하고 있었다. 하지만 카토의 이야기를 듣고는 도저히 참을 수가 없어서 2000명의 한국 사람들이 보는 앞에서 버럭 화를 냈다. 너무 화가 많이 난 나머지, 내가 한국에 있다는 사실을 잊어버린 채 프랑스어로 소리를 지를 뻔했다. 나는 연단으로 나가, 앞으로 정장에 넥타이를 매고 미래를 예측하는 사람에게는 과거의 예측 결과를 보여달라고 요청해야 한다고 말했다. 이번 발표의 경우, 카토는 2004년부터 2007년 사이에 경제 위기가 일어난 2008년과 2009년을 예측했던 자료를 보여줬어야 마땅하다. 그러면 청중들은 존경하는 카토 부총재께서는, 정중하게 말해서, 예측 업무에 아주 능숙하지는 않다는 사실을 확인했을 것이다. 비단 카토 부총재만의 얘기가 아니다.

중대하지만 드물게 일어나는 경제와 정치 현상을 제대로 예측했던 경우의 수는 0에 가까운 것이 아니라 그냥 0이다. 나는 즉석에서 해결 방안도 제시했다. 잘못된 예측 결과를 내놓은 사람들을 모두 감옥에 보낼 수는 없으며, 예측을 중단할 수도 없다. 또 미래를 약속하는 사람을 고용하지 말라고 할 수도 없다. "내가 원하는 것은 카토의 예측을 포함한 모든 예측이 우리에게 해가 되지 않는 세상에서 사는 것이다. 그런 세상은 독특한 속성을 갖고 있다. 바로 '강건함'이다."

트라이애드에 담긴 생각은 바로 그 자리에서 비롯되었고, 내가 느꼈던 좌절감에 대한 대답이 되었다. 프래질―강건함―안티프래질은 예측 방법론에 대한 대안이다.

영국식 영어가 경쟁자를 만나다

나를 화나게 만든 것은 예측이 중립적이지 않다는 사실이었다. 모든 것이 바로 의원성 질환 때문이었다. 예측은 리스크를 수용하는 사람들에게 명백한 피해가 될 수 있다. 그것은 암 환자에게 수상쩍은 약을 주는 것이나 조지 워싱턴의 피를 뽑는 것과 다를 바 없다. 그 증거도 있다. 대니얼 카너먼Daniel Kahneman은 내가 존경받는 저명 인사들이 많이 모인 자리에서 마음을 진정시키지 못하고 화내는 모습을 두고 지성인답지 못한 행동이라고 자주 나무랐다. 그러면서도 그는 의원성 질환의 증거를 보여주면서 나의 좌절감과 분노를 부채질했다. 이런 통계 자체가 무작위적이라는 사실을 알면서도 예측 통계를 접하는 사람들이 리스크를 더 많이 수용하게 된다는 사실을 보여주는 경험적 사례는 아주 많다.

그 다음 단계(즉 예측 결과가 주는 의원성 질환으로부터 도피)가 명백하게 보이지만 좀처럼 실행되지 않았을 때, 내가 들은 모든 것은 이른바 예측 전문가들에게 대한 불만이었다. 우리는 어린이에게 위험한 물건에 보호 장치를 설치해 놓는다. 그러나 오만한 예측 전문가들의 가공물에는 이런 보호 장치가 없다.

예측이 필요한 사람

인생을 단순하게 만드는 것은 강건한 것이나 안티프래질한 것이 프래질한 것만큼이나 세상을 정확하게 알 필요가 없다는 사실이다. 다시 말하면, 이 두 가지에는 예측이 필요하지 않다는 의미다. 여분이 있으면 왜 예측이 필요하지 않거나 덜 필요한지, 2장에서의 주장을 다시 살펴보자. 당신이 은행에 여분의 현금이 있다면[혹은 지하실에 스팸 통조림, 후무스hummus(병아리콩을 삶아 곱게 간 것을 참기름으로 조미한 것 – 옮긴이), 금괴를 쌓아 놓았다면] 어떤 사건이 난국을 초래할 것인지 정확히 알 필요가 없다.¹ 여기서 말하는 난국이란 전쟁, 혁명, 지진, 불황, 유행병, 테러 공격, 뉴저지 주의 연방 탈퇴 등이 되겠다. 빚에 시달리는 사람과 달리 당신에게 여분이 많다면 미래를 더 많이 예측할 필요가 없다. 하지만 프래질한 것은 더욱 정확한 예측을 요구한다.

달라진 것은 없다

우리는 프래질한 것을 생각보다 훨씬 더 잘 관리할 수 있다. 세 가지 관점에서 자세히 이야기해보자.

(i) 다음 장부터 등장하는 뚱보 토니Fat Tony가 보여주겠지만, 안티프래질 혹은 프래질을 탐지하는 것은 사건의 변화를 예측하고 이해하는 것보다 훨씬 더 쉽다. 전체적으로 해야 할 일은 잘못된 예측으로부터의 손실을 최소화하고 이익을 최대화하기 위해서 해야 할 일을 정하는 것으로 줄어든다. 즉 잘못되더라도 무너지지 않도록, 심지어 이익이 되도록 만들어야 한다.

(ii) 우리는 지금 당장 세상을 변화시키기를 원하지 않는다(이런 과업은 소비에트-하버드 이상주의자와 프래질리스타에게 맡기자). 레몬으로 레모네이드를 만들 듯이, 결함과 잘못된 예측에도 대상이 더욱 강건해지도록 하고, 심지어 잘못된 예측을 이용할 줄도 알아야 한다.

---

1 나는 레바논 전쟁도 겪었고, 뉴욕 주 웨스트체스터 카운티Westchester County에 살면서 대규모 정전으로 인한 소동도 경험했다. 사람들은 이런 고통이 사라지기를 기다리는 동안 겪는 지루함을 과소평가하는 경향이 있는데, 나는 그럴 때 소설책을 쌓아두기를 권한다. 책은 정전에도 끄떡하지 않는 강건함을 지닌다.

(ⅲ) 레모네이드에 관해 말하자면, 역사는 레몬으로 레모네이드를 만들어내는 과정에 있는 것처럼 보인다. 안티프래질은 시간이라는 최대의 스트레스 요인 속에서도 대상이 계속 전진하도록 해주는 힘이다.

쓰나미, 아랍의 봄, 지진, 전쟁, 금융위기와 같은 사건이 발생하면, 사건을 미리 예상하지 못했던 것을 탓하지 말고 안티프래질 혹은 프래질을 파악하지 못했던 것을 탓해야 한다. 즉 '왜 프래질해져서 이런 사건이 일어나도록 했는가'를 물어야 한다. 쓰나미나 경제위기를 예상하지 못한 것은 용서받을 수 있다. 그러나 쓰나미나 경제위기에 프래질한 것은 용서받을 수 없다.

역사에 어두운 어설픈 형태의 유토피아적 이상주의에 관해 말하자면, 우리는 탐욕을 포함하여 사회를 프래질하게 만드는 인간의 결점을 합리적으로 제거할 수 없다. 지난 수천 년 동안 그렇게 하려고 노력했지만, 달라진 것은 없었다. 따라서 우리에게 마지막으로 필요한 것은 만성적 위장병을 달고 다니는 사람과 같은 훨씬 더 위험한 도학자다. 하지만 더욱 현명하고 실용적인 방법은 탐욕에도 흔들리지 않는 세상, 더 바람직하게는 탐욕을 비롯한 인간의 결점으로부터 혜택을 얻는 세상을 만드는 것이다.

언론의 농간에도 불구하고, 원자력 업계에는 무엇이 중요한지 알고 타당한 결론을 이끌어내는 사람들이 드물기는 하지만 분명히 존재한다. 후쿠시마 원전 사고의 여파로 이들은 이제 실패 가능성을 예측하기보다 실패에 어느 정도로 노출되어 있는가에 관심을 갖는다(이제는 실패를 예측하거나 예측하지 못하는 것은 중요하지 않다). 그리고 실패가 발생하더라도 인간에게 영향을 미치지 않도록 소형 원자로를 지하 깊숙한 곳에 묻어서 보호 지층을 충분히 확보하는 방법을 생각해냈다. 비용은 많이 들지만, 아무 것도 안하는 것보다는 훨씬 낫다.

경제와 관련해 또 다른 사례를 살펴보자. 스웨덴은 1991년 이후로 재정이 어려워지면서 정부가 재정적 책임을 완전히 지도록 했다. 결과적으로 스웨덴 정부는 경제 예측에 훨씬 덜 의존하게 되었고, 이후에 나타났던 금융위기로부터 자유로울 수 있었다.[2]

칠면조가 되지는 말자

사람을 달에 보내서 마을을 이루어 마을 회관을 지을 수 있고, 지구의 궤적을 예상할 수 있고, 양자물리학에 나오는 가장 미세한 효과를 예측할 수는 있지만, 똑같이 섬세한 모델을 가지고 있는 정부가 혁명, 금융위기, 재정적자, 기후 변화를 예측할 수 없다는 사실은 술에 취한 사람이 아니고서는 너무나 자명하게 들린다. 몇 시간 뒤 주식 시장의 종가도 마찬가지다.

세상에는 두 가지 영역이 있다. 하나는 우리가 예측할 수 있는 영역이고 다른 하나는 블랙 스완 영역이다. 블랙 스완 영역에는 칠면조와 칠면조가 된 사람들이 있다. 그리고 칠면조가 되지 않은 사람에게는

---

2   출처에 신뢰가 가진 않지만, 투자가 워렌 버핏 Warren Buffett이 했다고 전해지는 말에도 이와 관련된 개념이 담겨져 있다. 그는 바보도 운영할 수 있을 정도로 잘 짜여진 기업에 투자하려고 했다. 왜냐하면 어떤 회사도 언젠가는 바보가 운영하게 될 것이기 때문이다.

그 경계가 고양이와 세탁기의 경계처럼 뚜렷하게 보인다.

사회적·경제적·문화적 측면은 블랙 스완 영역에 해당되지만, 물리적 현상은 그렇지 않다. 뿐만 아니라, 이런 생각은 예측 불가능한 블랙 스완 현상이 중대한 영향을 미치는 영역과 드물게 발생하는 사건이 예측 가능하거나 중요하지 않아서 우리들의 관심을 끌지 못하는 영역으로 나눌 수 있게 한다.

서문에서 블랙 스완 영역에서의 무작위성은 다루기 어렵다고 말했다. 나는 이 말을 앞으로 목이 쉬도록 계속 할 것이다. 한계는 측정과 예측에서 나타나며, 이를 극복할 방법은 없다. 지금 측정할 수 없고 예측할 수 없는 것은 러시아, 인도 출신의 박사들을 대거 투입하더라도 결국은 측정할 수 없고 예측할 수 없는 상태로 남는다. 아무리 정교한 통계적 리스크 관리 방법론을 개발하더라도 블랙 스완 영역에는 우리가 뛰어넘을 수 없는, 인식에 대한 한계가 있다.

나는 이런 불가능성을 주장하기 위해 크게 노력하지는 않았다. 사실은 섹스투스 엠피리쿠스Sextus Empiricus, 알가젤Algazel, 흄Hume과 같은 회의주의자와 회의주의적 경험주의자들이 오랜 역사에 걸쳐 회의주의적인 시각에서 그 문제를 제기했다. 바로 그들이 칠면조가 되지 말자는 내 주장의 배경과 주석이 되어 다시 나타난 것이다.

따라서 내가 하는 작업은 우리가 어느 부분에서 회의적이어야 하는가, 그리고 어느 부분에서는 그러지 말아야 하는가에 관한 것이다. 다시 말하면, 우리는 사사분면에서 빠져나와야 한다(여기서 사사분면은 내가 블랙 스완 영역을 기술적으로 명명한 단어로서 우리는 드물게 일어나는, 꼬리에 해당되는 사건에 크게 노출되어 있고 이런 사건을 통계적으로 계산할

수 없는 영역을 의미한다).³

지금은 설상가상으로 극단의 왕국이 더욱 넓어지고 있다. 승자 독식 효과는 더욱 두드러지게 나타나서 작가, 기업, 사상, 음악가, 운동선수들은 세계적으로 성공해야 하며, 그렇지 않으면 아무 것도 아니다. 지금은 사회·경제 영역에서 거의 모든 것들이 블랙 스완의 지배를 받기 때문에 예측 가능성을 현저하게 악화시킨다. 우리는 최고가 되기 위해서 끊임없이 세련된 것을 추구하면서, 우리가 이해할 수 없는 영역을 더욱더 넓혀간다.

더 이상의 블랙 스완은 없다

한편, 블랙 스완이 알려지고 나서 세계는 지난 몇 년 동안 다른 길을 갔다. 기회주의자들은 카오스 이론, 복잡계 이론, 파국 이론, 프랙탈 이론 등을 가미한 더욱 복잡한 모델을 가지고 블랙 스완을 예측하는 일에 뛰어들었다. 하지만 답은 간단하다. 단순한 것이 더 낫다. 이제 담론의 방향을 안티프래질로 옮겨야 한다.

---

3 기술적인 내용이므로 그냥 넘어가도 된다. 여기 나오는 사분면들은 무엇을 의미하는가? 우리는 무작위성의 유형과 이에 대한 노출을 기준으로 네 가지 조합을 얻을 수 있다. 평범의 왕국에 해당하는 무작위성을 띠면서 극단적인 사건에 덜 노출되면, 일사분면이다. 평범의 왕국에 해당하는 무작위성을 띠면서 극단적인 사건에 많이 노출되면, 이사분면이다. 극단의 왕국에 해당하는 무작위성을 띠면서 극단적인 사건에 덜 노출되면, 삼사분면이다. 극단의 왕국에 해당하는 무작위성을 띠면서 극단적인 사건에 많이 노출되면, 사사분면이다. 일사분면에서 삼사분면까지는 지식 혹은 지식의 결여가 심각하지 않은 실패를 초래한다. 사사분면에서 삼사분면으로 위치를 옮겨갈 때, 강건해질 수 있다.

03권

예측이 필요하지 않은 세상

먼저 예측이 필요하지 않은 세상에 온 것을 환영한다. 10장에서는 안티프래질을 이해하기 위해 세네카의 스토아 철학을 출발점으로 삼고, 논의의 범위를 철학에서부터 종교, 공학의 영역까지 확장한다. 11장에서는 바벨 전략을 소개하는데, 한편으로 리스크를 극단적으로 혐오하고 다른 한편으로는 리스크를 극단적으로 수용하는 이원적인 전략이 중간 정도의 리스크를 수용하는 전략보다 더 나은 이유를 설명한다. 그 전에 프래질을 탐지하고 프래질리스타의 약점을 이용해 커다란 즐거움을 얻으면서 돈을 벌어들이는 두 친구의 이야기로 3권을 시작하겠다.

뚱보 토니와 프래질리스타

후각으로 인식하는 프래질 / 어려운 점심 / 빨리 봉투를 열어라 / 뉴저지를 통해 세상을 바라보면서 세상을 재분할하다 / 멀리 갈수록 바다는 더 깊어진다

게으른 친구들

2008년 경제위기 이전까지 네로 튤립Nero Tulip과 토니 디베네데토Tony DiBenedetto(그는 뚱보 토니 혹은 비대한 토니Tony Horizontal로도 알려져 있다)의 관계는 다른 사람들이 이해하기가 어려운 구석이 있었다.

　네로가 주로 하는 일은 독서다. 몇 가지 부수적인 활동을 제외하고는 거의 책 읽기에 시간을 보낸다. 이에 반해, 토니는 책을 거의 읽지 않는다. 언젠가 토니가 자서전을 쓰고 싶다고 했을 때, 네로는 "토니는 자

기가 읽은 책보다 정확하게 한 권을 더 쓰겠네."라고 토니를 놀렸다. 그러자 항상 네로보다 몇 단계를 앞서 나가는 토니는 예전에 네로가 했던 말을 그대로 되돌려주었다. "너는 소설을 읽고 싶으면 소설을 쓴다고 말했지." (네로는 예전에 영국 총리를 지냈던 소설가 벤저민 디즈레일리Benjamin Disraeli가 소설 읽기를 좋아하지는 않지만 소설을 썼다는 이야기를 한 적이 있었다.)

브루클린에서 자란 토니는 뉴저지로 이사를 갔다. 그리고 모두가 짐작하듯이 토니는 바로 그 브루클린 억양을 가지고 있다. 사무실에서의 조직 생활이 아주 질색인 토니는 시간을 들여서 독서를 해야 한다는 부담이 없었다. 토니는 가끔씩 하는 인터넷 쇼핑을 제외하고 주로 아무 것도 하지 않고 시간을 보낸다. 물론 많이 먹기도 한다.

점심의 중요성

주변의 많은 사람들이 분주하게 돌아다니면서 서로 다른 부류의 사람들과 마찰을 빚어가며 살고 있지만, 네로와 토니에게는 한 가지 공통점이 있다. 그들은 따분함을 싫어한다. 특히 아침에 일찍 일어났는데 할 일이 아무 것도 없는 상황은 아주 질색이었다. 따라서 토니가 말했듯이, 이 두 사람이 만나는 이유는 이와 같은 위기 상황을 모면하기 위해서 점심을 같이 하는 것이다. 당신이 사교적인 성품을 지녔고 뉴욕처럼 활발하게 움직이는 도시에 산다면, 편안한 마음으로 즐겁게 이야기할 수 있는 저녁 식사 파트너를 찾는 데 아무런 어려움이 없다. 그러나 점심은 어려움이 많다. 특히 실업자가 많지 않을 때 더욱 그렇다. 직장 동료들 중에서 점심 식사 파트너를 쉽게 찾을 수 있겠지만, 아마 당신이 다가가기 싫을 것이다. 그들은 스트레스 호르몬이 온몸에서 뚝뚝 떨어지는 사람들로서, 자신의 '일'과 상관없는 이야기를 꺼내면 분위기가 심각해진다. 또 그들의 아이디어를 빌리기 위해 흥미를 끌 만한 주제를 꺼내면, '빨리 가봐야 한다.' 혹은 '늦었다.'는 식으로 대꾸하면서 이야기를 잘라버린다.

토니는 자신에게 정확하게 맞아 떨어지는 장소에서는 존경받는 사람이었다. 철학적 에피소드를 가지고 사색하기를 좋아하고 사교적이지 못해서 웨이터들에게 존재감이 별로 없는 네로와 달리, 토니는 이탈리아 레스토랑에 등장하자마자 따뜻하고 열렬한 반응을 얻었다. 그는 등장하면서 웨이터와 직원들과 작은 퍼레이드를 펼쳤다. 레스토랑 주인과 영화 속의 한 장면처럼 극적으로 포옹했고, 식사를 마치고 떠날 때면 주인과 긴 작별인사를 했다. 때로는 주인의 어머니가 집에서 만든 포도주 같은 선물(혹은 상표가 없는 병에 든 이상한 액체)을 주기도 했다. 주인의 어머니와 다시 한번 포옹을 한 뒤, 수요일 점심에 다시 오겠다고 약속한다.

그래서 네로는 토니가 있기 때문에 뉴욕에 살면서 점심 걱정은 하지 않아도 된다. 네로는 헬스클럽에서 토니를 만나곤 한다. 그곳은 우리의 비대한 영웅, 토니가 자신만의 3종 경기(사우나, 자쿠지Jacuzzi, 한증막)를 치르던 장소였다. 그곳에서 의기투합한 두 사람은 레스토랑으로 가서 주인에게 숭배의 대상이 되곤 했다. 언젠가 토니는 네로에게 저녁이 되면 쓸모없는 사람이라고 말한 적이 있었다. 토니에게는 네로보다 훨씬 더 재미있고 자신에게 유용한 아이디어를 전해줄 수 있는 이탈리아 출신의 뉴저지 친구들이 많이 있었다.

책은 안티프래질하다

네로는 수도승에 가까운 생활을 하고 있었다. 밤 9시가 되면 잠자리에 들고, 겨울에는 훨씬 더 일찍 잠을 청했다. 모임에 가더라도 술에 취한 사람들이 개인적인 이야기를 하거나, 더 나쁘게는 형이상학적인 이야기를 하는 쪽으로 분위기가 흘러가면 일찍 나와버리곤 했다. 또 낮에 활동하기를 좋아해서 아침 햇살이 창가를 부드럽게 비출 때 일어났다.

네로는 주로 인터넷으로 책을 주문해서 읽었다. 뱃사람인 신밧드와 베네치아 여행가 마르코 폴로의 격동의 모험을 마치고 나면, 자기만의 조용하고 평온한 삶으로 되돌아온다.

네로는 미학적 고통의 희생자였다. 플리플롭(엄지발가락과 둘째 발가락 사이에 끈을 끼워서 신는 샌들 – 옮긴이)을 신은 사람, 텔레비전, 은행업자, 정치인(좌파, 우파, 중도파 할 것 없이), 뉴저지, 토니처럼 뉴저지에 사는 부자, (샌들을 신고 베니스에서 내리는) 크루즈 여행을 하는 부자, 대학교 직원, 문법을 따지는 사람, 유명인과 친한 척하는 사람, 엘리베이터에서 흘러나오는 음악 소리, 말쑥하게 차려입은 세일즈맨과 비즈니스맨을 보거나 떠올리면 극도의 혐오감과 공포감을 느꼈다.

반면 토니는 다른 것을 싫어했다. 바로 공허한 정장 차림을 한 사람이다. 이런 사람은 불필요하고 행정적으로 자질구레한 일에 신경 쓰면서 정작 중요한 것은 놓친다(심지어 그런 사실조차 인식하지 못한다). 그래서 이런 사람과의 대화는 핵심에 다가가지 못한 채 단순한 잡담으로 끝나고 만다.

토니는 프래질을 냄새로 식별할 줄 아는 사람이었다. 글자 그대로 그렇다. 그는 레스토랑으로 걸어 들어가는 모습만 봐도 그 사람이 어떤 사람인지 알 수 있다고 했다. 그리고 거의 정확했다. 네로는 토니가 처음 본 사람에게 말을 걸 때 아주 가까이 다가가서 강아지처럼 그 사람의 냄새를 맡는 습관을 눈치 챘는데, 토니는 자신이 그렇다는 사실을 알지 못했다.

네로는 레 벨 레트르 Les Belles Lettres 출판사의 의뢰를 받아 지금까지 발간되지 않은 그리스어, 라틴어, 아람어(시리아어) 고전을 공동으로 번역하는 60인의 번역가 그룹에 속해 있었다. 이 그룹은 자유주의 노선을 따르는 사람들로 구성되어 있는데, 토론을 할 때는 학위나 출신 학교가 전혀 영향을 미치지 않아야 한다는 원칙을 가지고 있다. 또 파리에서 매년 두 번 열리는 위엄을 갖춘 기념식에 반드시 참석해야 한다는 원칙도 가지고 있었다. 하나는 11월 7일 열리는 플라톤의 기일이며, 다른 하나는 4월 7일 개최되는 아폴로 탄신일이다. 네로가 활동하는 또 다른 모임은 역도 동호회였는데, 매주 토요일에 개조한 차고에서 모였다. 이 동호회는 주로 뉴욕의 도어맨과 수위, 그리고 여름에 민소매 티셔츠 차림으로 어슬렁거리는 조직 폭력배처럼 보이는 사람들로 구성되어 있었다.

안타깝게도, 시간이 많은 사람들은 통제하기 힘든 불만과 관심의 노예가 되기 쉽다. 시간이 많을수록 네로에게는 자연스러운 관심사, 즉 더 깊이 알고 싶은 것들을 채우면서 잃어버린 시간을 보충해야 한다는 강박관념이 생겼다. 그리고 네로 자신도 알다시피, 더 깊이 알게 되었다는 사실을 느끼려는 사람들이 할 수 있는 가장 나쁜 것은 더 깊이 빠져드는 것이다. 베네치아 속담에 멀리 갈수록 바다는 더 깊어진다는 말이 있다.

호기심은 중독과 마찬가지로 안티프래질하다. 호기심은 충족시키려고 하면 할수록 더 생긴다. 서가를 빼곡히 채워본 사람이 잘 알 듯이, 책은 스스로 증식하는 마법을 지니고 있다. 네로는 1만 5000권에 달하는 책과 함께 살고 있었다. 그리고 인터넷 서점에서 주문한 책이 도착할 때마다 빈 상자와 포장지를 어떻게 처리할 것인지 고민했다. 네로가 유식해져야 한다는 이상한 의무감이 아니라 즐거움을 위해서 읽는 책은 바로 의학서였다. 네로는 의학에 자연스러운 호기심을 가지고 있었다. 이런 호기심은 그가 죽음 근처에 두 번씩이나 가보았던 경험에서 비롯되었다. 첫 번째 경험은 암이었고, 두 번째 경험은 헬기 사고였다. 네로는 두 번의 경험을 통해 기술의 프래질과 우리 몸의 자연 치유 능력을 깨달았다. 이후 네로는 의학 교과서(논문이 아니라 교과서)를 읽는 데 많은 시간을 보냈다.

네로는 정규 교육 과정에서 통계학과 확률론을 배웠다. 그에게는 이 두 과목이 철학의 한 분야로 여겨졌다. 그는 『확률과 메타확률Probability and Metaprobability』이라는 철학과 수학을 접목시킨 책을 아주 오랫동안 쓰고 있었다. 하지만 2년마다 포기하고 2년 뒤에 다시 시작하곤 했다. 네로는 지금 사용되는 확률의 개념이 현실 세계의 생태 환경에서 의사 결정의 진정한 본질을 표현하기에는 범위가 너무 좁고 불완전하다고 생각했다.

네로는 고풍스러운 도시를 지도 없이 오랫동안 거닐기를 좋아했다. 그는 여행을 하면서 투어리스티피케이션을 제거하기 위해 다음과 같은 방법을 따른다. 먼저 첫 번째 목적지에서 시간을 보내면서 여행 가이드가 짜증을 낼 때까지 다음 목적지를 결코 결정하지 않는 방식으로 자신의 일정에 무작위성을 주입한다. 예를 들어 자그레브Zagreb(크로아티아의 수도-옮긴이)에 있다면, 다음 목적지는 그곳에 있는 동안 자신의 마음 상태에 따라서 결정한다. 주로 장소가 주는 분위기가 네로의 마음을 끌게 되는데, 이런 분위기는 여행 책자에 나와 있지 않다.

네로는 대부분의 시간을 뉴욕에서 보내면서 주로 창가에 있는 책상에 앉아 책을 읽거나 글을 쓴다. 그리고 가끔씩 멀리 허드슨 강을 지나 뉴저지 해안을 물끄러미 바라본다. 그곳에 살고 있지 않은 자신이 얼마나 행복한 사람인지 스스로 느끼면서 말이다. 그래서 네로는 뚱보 토니에게 '나는 네가 필요가 없다.'는 말은 어차피 서로 마찬가지라는 생각을 전한다(나중에 살펴보겠지만 이는 그렇지 않다).

잘 속아 넘어가는 사람과 그렇지 않은 사람

2008년 경제위기 이후 두 사람이 지닌 공통점이 뚜렷하게 드러났다. 그들은 잘 속아 넘어가는 사람의 프래질이 만들어낼 위기를 예상하고 있었다. 두 사람이 같이 지내게 된 것은 '세상에는 잘 속아 넘어가는 사람들이 있기 때문에 그와 같은 규모의 위기가 일어나게 될 것이다.'는 확신을 공유했기 때문이다. 현대 경제 시스템에 내재된 위기가 이전에는 보지 못했던 방식과 규모로 눈덩이처럼 커지면서 붕괴하고 말 것이라는 믿음 말이다. 그러나 앞으로 살펴보겠지만, 토니와 네로는 잘 속아 넘어가는 사람들을 다루는 방식에서 완전히 다르다.

뚱보 토니는 멍청한 공부벌레, 관료, 그리고 주로 은행업자들이 잘 속아 넘어가는 사람들이라고 믿었다(하지만 모든 사람들은 여전히 자신들이 천재라고 생각했다). 게다가 토니는 그들이 모이면 혼자 있을 때보다 훨씬 더 잘 속아 넘어가는 집단이 된다고 생각했다. 뚱보 토니는 그들이 무너지기 전에 미리 알아차리는 타고난 능력을 지녔다. 토니는 이런 능력을 발휘해 소득을 벌어들이고 여유로운 생활을 영위했다.

네로의 생각도 지적인 토대에 바탕을 둔 것을 제외하고는 토니와 비슷하다. 네로는 확률에 대한 환상에 근거한 시스템은 무너지게 되어 있다고 생각했다.

결국 프래질에 반하여 내기를 걸면서 그들은 안티프래질해졌다.

그래서 토니는 경제위기를 통해 큰돈을 벌었다. 여덟 자리에서 아홉 자리의 숫자에 해당하는 돈이었다. 그리고 토니에게 돈을 제외한 다른 것들은 그저 하찮은 이야기일 뿐이었다. 네로도 토니에 비하면 보잘것없지만, 약간의 돈을 벌었다. 그러나 네로는 자신이 이겼다는 사실에 더 만족했다. 네로는 이미 재정적으로 넉넉했기 때문에 돈 버는 것을 시간 낭비로 생각했다. 솔직히 말하면, 네로 집안의 재산은 1804년에 최고조에 이르렀다. 그래서 네로는 다른 투기꾼들에게 해당되는 사회적 불안을 겪지 않았다. 네로에게 돈은 이야깃거리가 될 수 없으며, 주로 학식과 옛사람들의 지혜에 관심이 많았다.

자신에게 필요하지 않은 지나친 부는 큰 부담이 된다. 네로의 눈에는 옷, 음식, 생활 방식, 매너와 관련해 지나치게 세련된 모습보다 더 가증스러운 것은 없다. 그리고 부는 비선형성을 갖는다. 일정 수준을 넘게 되면 복잡한 일들을 끊임없이 일으킨다. 예를 들어, 시골 별장의 관리인이 사기를 치지는 않을지, 혹은 그 밖에 다른 골치 아픈 일이 생기지는 않을지 걱정거리를 만들어낸다.

잘 속아 넘어가는 사람들의 이익에 반하는 내기를 거는 것과 관련한 윤리 문제는 7권에서 다루겠지만, 여기에는 두 가지 사고방식이 있다. 네로는 먼저 그들이 먹잇감으로 이용되고 있다는 사실을 경고해야 한다고 생각한 반면, 토니는 경고의 의미에 대해 다른 입장이다. 토니는 '그렇게 말하면 아마 사람들이 비웃을 거야. 그런 말은 어린 소녀들에게나 해야지.'라고 생각한다. 말만 앞세우면서 리스크를 수용하지 않는 사람들이 경고에 기반을 둔 시스템을 장악할 것이다. 이런 사람들은 당신에게 자기 돈을 빼앗기지 않으면 당신의 생각을 존중하지 않는다.

토니는 네로에게 은행 거래 내역서 같은 전리품을 의식을 치르기 위한 수단으로 여길 것을 권고했다. 앞에서도 말했지만, 네로에게 이것은 금전적인 가치와도 무관했고 심지어 구매력과도 무관한 상징적인 가치에 불과하다. 하지만 그는 율리우스 카이사르Julius Caesar가 단순히 승리를 보여주기 위해 갈리아의 반란군 지휘자 베르킨게토릭스Vercingetorix를 로마로 끌고 와서 많은 사람들에게 보여준 심정을 충분히 이해한다.

말보다 행동을 강조하는 데에는 또 다른 차원의 문제가 있다. 사람들은 외부 세계에서 인정받는 데 대해 건강을 잃을 정도로 신경 쓰는 성향이 있다. 또 말로 평가할 때는 잔혹하고 부당하다. 따라서 그런 게임에서 빠져나오는 것이 상책이다. 다른 사람이 당신을 어떻게 평가하더라도 당당함을 잃지 말아야 한다. 언젠가 네로는 아주 권위 있는 과학자와 친하게 지낸 적이 있었다. 다른 사람이 보기에는 그가 자기 분야에서 독보적인 업적을 이룩한 것으로 보이지만, 그럼에도 불구하고 그는 과학계에서 갖는 자신의 입지를 수시로 확인했다. 자기를 인용하지 않는 저자나, 자기가 보기에 자기보다 열등하다고 판단되는 사람에게 자기가 받지 못한 상을 주는 위원회에 대해서는 격분했다.

  네로는 이처럼 학계의 거물인데도 남의 말에 신경 쓰는 사람들은 자신이 하는 일에 아무리 만족하더라도 토니의 평정심을 지니고 있지 않다는 사실을 알게 되었다. 그들은 자기가 아닌 다른 사람에게 주어지는 찬사, 그리고 자기보다 지적인 수준이 낮은 사람이 자신이 원하던 것을 가져간 것에서 오는 심적인 상처에 프래질하다. 그래서 네로는 학계 거물들의 유혹을 받을 때는 자신만의 작은 의식을 치르면서 이 모든 유혹으로부터 빠져나오기로 스스로 다짐했다.

  네로가 토니를 따라 내기를 걸면서 얻은 전리품은 새로운 소형차와 60달러짜리 스와치 시계를 제외하고도 엄청나게 많다. 그 내역은 뉴저지 주소가 적힌 금융기관과 다른 세 나라 주소가 적힌 금융기관에서 매달 보내준다. 다시 한 번 말하지만, 중요한 것은 금액이 아니라 자신의 행동을 실제로 느낄 수 있는 데 있다. 금액이야 10분의 1일 수도 있고 심지어 100분의 1일 수도 있지만, 그 효과는 같다. 따라서 네로는 내역이 담겨 있는 봉투를 열면서 인정을 받기 위한 게임에서 빠져나와 자신의 일과를 시작한다. 그리고 잔혹하고 부당하게 말하는 사람들의 존재를 잊어버린다.

  윤리 문제와 자연이 주는 결론을 결부시켜보자. 만약 손실 내역을 담고 있는 봉투가 온다면, 네로는 긍지와 만족을 느낄 것이다. 인간은 자신이 취하는 위험, 즉 불리한 측면에 노출되어 있는 정도에 비례해 명예를 갖는다. 결론적으로 네로를 설명해줄 키워드를 꼽자면 학식, 미학, 위험 감수이며, 그 밖에 떠오르는 단어는 별로 없다.

네로는 재산을 자선이라는 함정에 빠뜨리지 않기 위해 토니가 정해놓은 체계적인 기부 원칙을 따르지, 아무에게나 거저 주지는 않는다. 그리고 월급을 받아가는 사람이 아무도 없는 기관은 예외가 될 수 있지만, 자선 단체에는 한 푼도 주지 않는 것이 원칙이다.

외로움

네로의 외로움에 대해 이야기해보자. 2008년 경제위기가 있기 전 우울했던 시절, 네로는 가끔(보통은 일요일 밤) 자신에게 특별히 잘못된 것은 없는지 혹은 세상이 잘못 돌아가는 것은 아닌지 고민하면서 혼자만의 시간을 고통스러워했다. 토니와의 점심은 갈증 뒤에 마시는 물과 같았다. 자신이 미치지 않았고, 최소한 혼자만 미치지는 않았다는 사실을 확인하고 안도감을 가질 수 있는 시간이었다. 저쪽 세상은 말도 안 되게 돌아가고 있었고, 특히 지식을 갖춘 사람들에게 이런 사실을 전해주기란 불가능했다.

정부(카메론부터 워싱턴), 학술계, 미디어, 은행, 기업에서 일하는 사람, 개인적으로 투자 결정을 고민하는 사람까지 포함해 경제 활동에 종사하는 수백만 명의 전문가들을 생각해보라. 그들 중 극소수도 안 되는 사람만이 전체적인 피해 규모를 제대로 예상했다. 그리고 이런 예상을 했던 사람들 중 경제위기가 근대의 산물이라는 사실을 깨달은 사람은 아무도 없었다.

네로는 뉴욕 시내의 세계무역센터 터 맞은편의 거대한 건물을 바라보면서 서 있곤 했다. 그 건물에는 은행과 중개업체들이 상주해 많은 사람들이 일하고 있다. 그들은 뉴저지와 일터를 오가는 데 엄청난 에너지를 소비하고, 크림 치즈를 바른 베이글을 먹으면서 인슐린 저항으로 동맥 경화를 촉진하며, 이야기를 나누고, 이메일을 교환하고, 보고서를 쓰면서 엄청난 양의 정보를 생산한다.

그러나 이 모든 것들이 잡음이다. 헛수고, 불협화음, 미학적이지 못한 행동, 불확실성의 증대, 뉴욕 지구 친환경 구역의 기후 변화를 초래할 에너지 생산, 언젠가는 증발하게 될 부에 대한 집단적인 망상을 의미한다.

당신이 책을 쌓아두면 그들은 산을 쌓아둘 수도 있다. 확률, 통계, 수학적 모델은 이것저것 많이도 증명했지만, 네로에게는 공허했다. 그리고 토니와 점심을 몇 번 먹으면서 배우는 것이 하버드대학교 사회과학 도서관에서 200만 권에 달하는 장서와 연구논문을 하루 풀타임으로 9000년(3300만 시간) 동안 읽으면서 배우는 것보다 훨씬 더 많다.[1]

이제 잘 속아 넘어가는 사람의 문제를 다루는 이번 장의 결론을 이야기해보자.

예측이 필요하지 않은 사람이 예측할 수 있는 것

뚱보 토니는 예측을 믿지 않는다. 그러나 그는 어떤 사람들(예측하는 사람)은 파산할 것이라고 예측해 큰 돈을 벌었다.

역설적이지 않은가? 네로는 컨퍼런스에 갈 때마다 산타페 연구

---

[1] 하버드대학교 사회과학 도서관에서 인지과학 구간은 예외다. 여기에 있는 일부 자료는 도움이 된다.

소Santa Fe Institute에서 일하는 물리학자를 만나곤 했다. 그는 예측을 믿고 화려한 예측 모델을 사용하는 사람이었다. 이런 예측 모델이 제공하는 예측에 따라 사업을 운영하지만 결과는 신통치 않다. 반면 뚱보 토니는 예측을 믿지 않았지만 예측 덕분에 부자가 되었다.

당신은 일반적으로는 예측할 수 없다. 그러나 예측에 의존하는 사람들이 결국은 더 많은 리스크와 문제를 갖고, 어쩌면 파산까지 할 수 있다는 사실을 예측할 수는 있다. 왜 그럴까? 예측하는 사람들은 잘못된 예측에 프래질하기 때문이다. 조종사의 지나친 자기 과신은 결국 대형 사고를 일으킨다. 그리고 숫자로 보여주는 예측 결과는 사람들을 더 많은 리스크로 내몬다.

토니는 자신의 프래질한 먹잇감의 반대 이미지를 선택했기 때문에 안티프래질하다.

토니의 모델은 지극히 간단하다. 먼저 프래질한 대상을 확인한다. 프래질한 대상의 붕괴에 내기를 걸고, 네로에게 한 수 지도하면서, 뉴저지 생활에 대한 네로의 공격에 반격을 가하고, 붕괴 이후에 큰돈을 번다. 그리고 점심을 먹는다.

세네카가 말하는 인생의 오르막과 내리막

자신의 충고를 스스로 실천하는 방법 / 잃을 것이 없거나 혹은 얻을
것이 없거나 / 다음에 배가 난파되면 무엇을 할 것인가?

이탈리아 반도에서는 뚱보 토니보다 수천 년 전에 또 다른 사람이 나타나 안티프래질 문제를 해결했다. 우리의 비대한 영웅보다 더욱 지적이면서도 장황하게 이야기한다는 사실을 제외하면, 두 사람은 서로 닮았다. 게다가 그는 현실 세계에서 꽤 성공한 사람이었다. 실제로 토니보다 훨씬 더 성공한 삶을 살았고, 지적으로도 네로에 결코 뒤지지 않는다. 그의 이름은 세네카, 스토아 학파를 대표하는 철학자다. 앞에서도 언급했듯이, 그는 네로의 어머니와 내연의 관계였다고 전해진다(사실 그렇지는 않다).

그리고 그는 스토아 철학을 이용해 트라이애드의 요소를 연결하는 지혜를 발휘함으로써 안티프래질 문제를 해결했다.

그렇게 심각한가

철학자 루키우스 안나이우스 세네카Lucius Annaeus Seneca는 로마 제국에서 가장 부유한 사람이었다. 세네카가 이처럼 부자가 된 이유로는 그의 뛰어난 상거래 감각을 꼽을 수 있고, 다른 한편으로는 어머니를 살해했던 네로 황제의 가정 교사였다는 사실을 꼽을 수 있다. 세네카는 운명에 순응하라고 가르치는 스토아 철학의 명해설가다. 그의 저작은 나와 그의 저작을 소개해준 내 친구들을 매혹시켰다. 그는 자신의 말을 행동으로 보여주었다. 그리고 여행을 어떻게 할 것인가, 스스로 목숨을 끊을 때 몸가짐을 어떻게 가져야 할 것인가(세네카는 네로로부터 자살하라는 명령을 받았다), 역경과 가난을 어떻게 바라볼 것인가, 그리고 훨씬 비판적으로는 부를 어떻게 바라볼 것인가와 같은 스토아 철학의 실천적인 측면에 생각을 집중했다.

세네카는 의사결정의 실천적인 측면에 관심을 가졌기 때문에, 학술계에서는 그의 생각을 이론적으로나 철학적인 측면에서 충분히 다루지 않았다. 세네카의 비평가들 중 이 책과 우리의 삶에서 중요하게 다루어져야 하고, 강건함과 안티프래질을 위한 열쇠라 할 비대칭성에 관한 개념을 발견한 사람은 아직 아무도 없다. 정말이지 아무도 없다. 여기서 내가 강조하고 싶은 것은 의사결정에서는 지혜가 지식보다 실천적으로나 철학적으로 훨씬 더 중요하다는 것이다.

다른 철학자들은 이론에서 실천을 도출해낸다. 아리스토텔레스Aristotles와 그보다 수십 년 전에 국가론을 제시하면서 특히 시라큐스Syracuse를 비롯한 여러 통치자들에게 실천적인 조언을 했던 플라톤은 효과를 발휘하지 못하고 와해를 일으키기도 했다. 성공적인 철인 통치자가 되려면, 앞으로 하게 될 당대의 이야기에서 알 수 있듯이 철인으로서가 아니라 왕으로서 시작하는 것이 훨씬 더 낫다.

유감스럽게도, 근대에 들어 의사결정 이론을 연구하는 사람들은 이론에서 실천으로 일방통행을 한다. 그들은 가장 복잡하지만 가장 들어맞지 않는 모델을 가지고 씨름하고, 이런 과정을 '과학을 하는 것doing science'이라고 부른다.

이제 트리파트Triffat 교수(내가 직접 들었던 아주 독특한 이야기지만, 그 진위가 의심스러워서 가명을 쓰겠다)의 일화를 소개하겠다. 그는 의사결정 이론의 권위자 중 한 사람으로서 주요 교과서를 썼고, 혐오스러운 공리와 확률 이론으로 가득 찬 '합리적 의사결정rational decision making'이라는 찬란하지만 쓸모없는 것을 개발해냈다. 컬럼비아대학교에 재직하고 있던 트리파트 교수는 하버드대학교로부터 임용하고 싶다는 제안을 받고 결정을 내리지 못하고 있었다. 리스크를 가르치는 사람들은 이런 종류의 리스크보다 더 심한 리스크를 감수해야 하는 상황을 겪지 않는다. 어떤 동료 교수는 트리파트 교수가 만든 '기대효용 극대화maximum expected utility'라는 대단한 권위와 빛나는 명예를 지닌 학문적 테크닉을 사용할 것을 제안했다. 그리고는 "트리파트 교수님은 항상 그런 걸 가지고 연구하지 않습니까."라는 말까지 덧붙였다. 트리파트 교수는 잔뜩 화를 내면서 "이보게, 이건 심각하단 말이야."라고 대꾸했다고 한다.

이와 대조적으로 세네카에게는 이렇게 심각한 것 말고는 아무것도 없었다. 그는 배가 침몰하고 가족들이 죽는 상황에서도 살아남았다. 그리고 친구들에게는 실천적인 충고를 위해 편지를 썼다. 나중에 스스로 목숨을 거둘 때는 품위를 지키면서 자신이 가르쳤던 원칙에 침착하게 따랐다. 그러므로 하버드 경제학자의 글은 논문을 쓰려는 사람에게 읽히고 그 사람의 글은 논문을 쓰려는 다른 사람에게 읽히는 과정을 반복하면서 역사의 허튼수작 탐지기에 의해 가차없이 사라져버리지만, 세네카의 글은 2000년이 지난 지금도 여전히 살아 있는 사람들에 의해 읽히고 있다. 이제부터 그가 전하는 메시지를 들어보자.

하강국면에서 강건해지라

이제 다음과 같은 아이러니에서부터 이야기를 시작하자. 세네카는 로마 제국에서 가장 큰 부자였다. 그의 재산은 300만 데나리우스denarii였다(이해를 돕기 위해서 하는 말인데, 세네카와 비슷한 시기에 살았던 유다Judas가 예수를 배반한 대가로 받은 돈이 30데나리우스였다). 따라서 이런 사람이 상아로 만든 수백 개의 책상 중 하나에 앉아서 쓴 물질적 부를 경시하는 내용의 글을 읽는 것은 참으로 납득하기 힘든 일이다.

스토아 철학에 관한 전통적인 이해는 운명에 순응하라는 것이다(우주와의 조화도 이야기하지만, 여기서 더 이상 자세히 설명하지는 않겠다). 이는 세속적 소유물의 가치를 경시하도록 만든다. 스토아 철학의 창시자, 키티온의 제논Zeno of Kition은 항해 도중 배가 난파되었을 때(고대 문헌에서는 배가 난파되는 경우가 많이 나온다), "짐을 덜고 철학을 할 수 있어서 행복하다."고 스스로 말했던 것으로 전해진다. 그리고 세네카의 전체 저작에서 가장 울림이 컸던 문장은 불행한 사건을 겪고 나서도 "나는 아무것도 잃지 않았다."라고 했던 말이다. 스토아 철학은 불행에도 흔들리지 않게 해준다. 그리고 사치를 업신여기게 만든다. 세네카는 호화로운 삶을 사는 사람에 대해 "다른 사람으로부터 빌리든 운명의 여신으로부터 빌리든, 그 사람은 빚을 진 사람이다."라고 말했다.[1]

이렇게 볼 때, 스토아 철학은 상당히 강건하다. 즉, 외부 환경이 좋든 나쁘든 이에 구애받지 않고 운명의 결정에도 덤덤하기 때문에 강건하다. 무작위적인 사건은 우리에게 영향을 미치지 않으며(우리는 무너지기에는 너무 강하고, 상승국면을 즐기기에는 물욕이 없다), 따라서 트라이애드의 가운데 줄에 있는 것이다.

그런데, 세네카의 비평가를 통해서가 아니라 세네카를 직접 읽으면 이야기는 달라진다. 스토아 철학에 대한 세네카식 버전은 운명으로부터 안티프래질해지는 것이다. 운명의 여신으로부터 꺾이지 않고 오히려 상승작용을 일으킨다.

비평가들의 논문은 세네카의 의도가 철학적이면서 앞에서 언급한 스토아 철학의 전통에 천착하려는 것이라고 설명한다. 다시 말해서, 스토아 철학은 이익과 편익을 추구하지 않으므로 이들의 논문에는 안티프래질과 관련된 이야기는 나오지 않고, 운명을 지배하고 정신적으로 취약해지지 않는다는 식으로만 분석한다. 그러나 비평가들이 완전히 놓쳐버린 것이 한 가지 있다. 재산이 필요하지도 않은 엄청난 짐이

---

[1] 불교와 스토아 철학의 차이가 궁금한 독자들을 위해 간단히 대답하자면, 스토아주의자들은 운명에 대해 '헛소리 말라'는 식의 태도를 갖는 불교 신자들이다.

라면, 무엇 때문에 가지고 있는가? 왜 세네카는 그것을 보관했을까?

2장에서 외상후 성장을 무시하고 외상후 손상에만 관심을 갖는 심리학자에 관한 이야기에서도 알 수 있듯이, 세네카 비평가들은 외상을 안티프래질의 관점에서 바라보지 않는다. 그들에게는 세상이 강건함에서 멈춰버리는 것으로 보인다. 나는 외상후 성장에 대해서 잘 모르지만, 그들은 그것을 싫어한다. 때문에 그들은 세네카가 운명으로부터 상승작용을 일으키기를 원했고 외상후 성장이 실제로 나타난다는 사실을 생각하지 못한다.

이제부터 첫 번째 단계로, 트라이애드의 첫 번째 줄에서 벗어나기 위해 위대한 대가로부터 스토아 철학의 기본적인 메시지, 즉 흔들림 없이 강건함을 유지하고 마음의 상처를 받지 않는 방법을 배워보자. 두 번째 단계에서는 그가 안티프래질을 어떤 방식으로 소개했는지 살펴보자. 그리고 마지막 세 번째 단계인 18장과 19장에서 안티프래질을 탐지하기 위해 그만의 비결을 일반화시킬 것이다.

스토아 철학에 내재된 정신적 강건함

성공은 비대칭성을 야기한다. 당신은 이제 얻을 것보다 잃을 것이 훨씬 더 많다. 따라서 프래질하다. 다모클레스의 칼 이야기로 돌아가보자. 좋은 소식은 없고 나쁜 소식들만 대기 중이다. 부자가 되는 순간, 재산을 잃었을 때의 고통은 재산을 늘렸을 때의 기쁨보다 훨씬 더 크기 때문에 정신적으로 끊임없는 위협에 시달리게 된다. 부자들은 잠을 제대로 못 자고, 스트레스 호르몬으로 혈당이 증가하고, 유머 감각은 줄어들고, 머리카락은 코끝까지 내려오는 등 다양한 형태의 고통으로 자신을 통제하는 재산으로 인해 궁지에 빠진다. 세네카는 재산이 우리에게 하강국면을 걱정하게 만들면서 우리가 의존할수록 형벌로 작용한다는 사실을 간파했다. 재산은 항상 더 많아져야 하고 줄어들어서는 안 된다. 심지어 상황(정확하게 말해서, 상황에서 비롯되는 심적 상태)에 의존하면서 일종의 노예 상태로 만든다.

고대 사람들은 좋은 상태와 나쁜 상태, 이익과 손실 간의 이런 비대칭성에 익숙해져 있었다. 이와 관련해 로마의 역사가 리비우스Livy는 세네카보다 반 세대 앞서서 "사람들은 나쁜 것을 좋은 것보다 더 강렬하게 받아들인다."고 말한 적이 있다. 고대 사람들은 주로 세네카 덕분에 지금의 심리학자와 '리스크(혹은 손실) 기피'를 연구하는 트리파트 교수와 같은 의사결정 이론가보다 훨씬 더 앞서 있었다. 그들은 통속적인 처방을 능가하는 더욱 깊이 있고 실용적인 마인드를 지녔다.

현대를 배경으로 같은 이야기를 다시 해보자. 당신이 잃을 것은 많고 얻을 것이 별로 없는 상황에 있다고 가정하자. 재산이 늘어난 것, 즉 1000셰켈(약 30만 원-옮긴이)을 번 것은 당신에게 큰 도움이 되지 않지만, 같은 금액을 잃었을 때에는 더 큰 상처를 입는다. 따라서 당신은 비대칭적인 상황에 있는 것이다. 그리고 이런 비대칭적인 상황은 좋은 것이 아니다. 당신이 프래질하기 때문이다.

이런 프래질에 맞서기 위해 세네카가 제안하는 실천적 방법은 재산을 가치가 없는 것으로 생각하기 위해서 수양을 하는 것이다. 따라서 손실이 발생하더라도 마음의 상처를 입지 않는다. 즉 고행을 통해 자유를 얻는다. 이는 손실에 대비해 보험에 가입하는 것과 비슷하다. 예를 들어, 세네카는 여행을 떠날 때 주로 배가 난파되는 상황에서 있어야 할 물건만 챙긴다(당시에는 여관이 흔하지 않았기 때문에 길에서 잠을 자기 위해 담요가 있어야 하고, 당시 상황을 고려해볼 때 1~2명의 시종도 포함되겠다).

이 이야기가 현대에 얼마나 잘 적용되는지 보이기 위해, 이제 우리 인생의 무작위성을 심리적으로 통제하기 위한 노력의 일환으로 스토아 철학이라는 브랜드를 어떻게 활용할 것인지 설명하려고 한다. 특히 대기업이 하는 일들이 내가 생각하는 윤리에 맞지 않을 때, 나는 대기업에 고용되어 다른 누군가의 독단적인 견해에 의존해야 하는 것을 매우 싫어했다. 그래서 8년을 제외하고는 지금까지 계속 자영업에 종사해왔다. 그러나 그 전에 마지막 직장에서 사직서를 쓰고 서랍을 잠그고 나서 그 자리에 있는 동안 자유를 느꼈다.

마찬가지로 무작위적인 일들이 넘치고 영혼을 후벼 파는 심리적 고통 속에서 살아야 하는 트레이더라는 직업을 가졌을 때에도, 나는 매일 아침 최악의 일이 실제로 일어났다고 가정하면서 마음을 가다듬었다(그럼 나머지 시간은 뜻밖의 즐거움이 될 테니까). 실제로 이 방법은 최악의 상황에서도 정신적으로 흔들리지 않게 해주어서 다른 치료법보다 훨씬 더 도움이 되었고, 게다가 하강국면에서도 침체되지 않도록 해서 최악의 경우가 명백해 보이더라도 위험을 수용하는 자세를 갖게 해주었다. 상황이 잘 돌아갈 때 재산을 가치 없는 것으로 간주하는 수양에 몰두하기란 쉽지 않다. 그럼에도 불구하고 바로 그때가 수양이 가장 요구되는 순간이다. 나는 가끔씩 세네카의 방식대로 고생스러운 여행을 실천한다(세네카와 달리 1~2명의 시종이 나를 수행하지는 않는다).

지적 활동의 본질은 손실의 고통을 제거하기 위해서 이처럼 정신을 가다듬는 것이다. 이를 위해 재산을 가치 없는 것으로 바라보기 위한 수양을 해야 한다. 그래서 손실로부터 고통을 느끼지 않아야 한다. 그러면 무작위성으로 가득 찬 세상은 더 이상 당신에게 부정적인 영향을 미치지 않을 것이다.

감정 길들이기

이런 식으로 보자면, 스토아 철학은 감정을 제거하기보다 길들이는 쪽에 더 가깝다. 그렇다고 해서 인간을 식물로 바꾸려는 것은 아니다. 내가 생각하기로 스토아 철학이 추천하는 현대적 현인은 두려움을 침착함으로, 고통을 정보로, 실패를 시작으로, 소망을 실천으로 바꾸어 놓는 사람일 것이다.

세네카는 작지만 효과적인 방법을 통해 인생을 잘 다스리고 감정을 적절히 조절하기 위한 완벽한 훈련 프로그램을 제안했다. 예를 들어, 로마의 스토아주의자가 하인이 잘못을 저질렀을 때 분노와 정당한 행위를 구분하고 나중에 후회할 행동을 하지 않는 방법은, 벌을 주기 전에 최소한 하루를 기다리는 것이었다. 현대인은 이 방법을 특별히 옳다고 생각하지 않을 것이다. 하지만 다른 때에는 사려 깊지만 유독 이런 상황에서는 화를 참지 못하고 하인의 눈을 찔러버리는 하드리안 황제와 비교해보라. 하드리안 황제는 분노가 가라앉고 나서는 깊이 후회하지만, 하인의 상처는 돌이킬 수 없다.

또 세네카는 좋은 행위에 힘쓰라는 의미에서 사회적 행위의 목록도 제공한다. 재산은 없어질 수 있다. 그러나 좋은 행위, 즉 미덕의 행위는 그렇지 않다.

주인이 되는 방법

앞서 논의한 내용은 잘 알려져 있으며 우리는 지금까지 트라이애드의 왼쪽 줄(프래질)에서 가운데 줄(강건함)로 이동해왔다. 그러나 세네카는 가운데 열을 뛰어넘었다.

세네카는 재산이란 현인의 노예이고 바보의 주인이라고 했다. 따라서 그는 스토아식으로 재산을 약간씩 잃으면서도 상승국면을 계속 유지했다. 이전의 스토아 철학자들이 부귀보다 가난을 더 좋아한다고 말했다면, 그냥 말로만 그럴 수도 있기 때문에 의심해볼 필요가 있다. 그들 대다수는 가난했기 때문에 이야기를 자신의 상황에 맞추었을 가능성도 있다[12장에서 우리는 밀레투스의 탈레스 이야기를 통해 신 포도에 담긴 생각(즉 다다를 수 없는 포도는 맛이 시다고 스스로 믿어버린다)을 엿보게 될 것이다]. 세네카는 행동을 중시했고, 우리는 그가 재산을 계속 가지고 있었다는 사실을 무시할 수 없다. 중요한 사실은 그가 부의 피해를 받지 않는다는 조건에서 가난보다 부를 더 좋아했다는 것이다.

심지어 세네카는 『자선에 관하여 De beneficiis』에서 자신의 전략을 친절하게 요약해주었는데, 그는 이런 전략을 '부기 bookkeeping'라는 단어를 사용해 비용편익 분석이라고 명시적으로 불렀다. "장부에 편익을 기입하는 것은 간단하다. 그것은 모두 지출이다. 그것을 되돌려준다면 그것은 틀림없는 이익이다(나는 이런 사실을 특히 강조하고 싶다). 그것을 되돌려주지 않는다 하더라도 잃은 것이 아니다. 내가 아량을 베풀기 위해서 준 것일 뿐이다." 도덕적 부기라 할 수 있지만, 그래도 부기는 부기다.

세네카는 운명을 지배했다. 좋은 것은 유지하고 나쁜 것은 떨쳐버렸다. 또 하강국면을 중단시키고 상승국면을 유지했다. 즉 실천적인 측면에서, 자기 자신을 위해 운명이 주는 피해를 제거하고, 좋은 것은 계속 유지했다. 사람들이 스토아 철학의 의미를 이해하는 방식에서 보자면, 이런 비용편익 분석은 스토아 철학과는 어울리지는 않는다(스토아 철학을 연구하는 사람들은 세네카를 비롯한 다른 스토아 철학자들이 자기들과 같은 방식으로 생각하기를 원한다). 상승국면과 하강국면이 서로 비대칭적이다.

이것이 바로 순수한 형태의 안티프래질이다.[2]

기본적인 비대칭성

이제 세네카에게서 발견할 수 있는 비대칭성을 모아 하나의 규칙으로 만들어보자.

나는 고난으로부터 '얻는 것보다 잃는 것이 더 많다.'는 표현에서 이미 비대칭성의 개념을 사용했다. 운명적인 사건에서 얻는 것보다 잃는 것이 더 많다면 비대칭성이 존재하고, 그것은 좋은 현상이 아니다. 이런 비대칭성은 보편적으로 나타나는데, 이제 이것이 어떻게 우리를 프래질하게 만드는지 살펴보자.

1장에 나오는 우편물을 생각해보자. 박스는 흔들리는 것도 싫어하고, 무질서과에 속하는 그 어떤 것도 싫어한다. 따라서 그것은 프래질

---

2 스토아 철학의 창시자인 제논이 물질적 부를 완전히 멀리 했다고 믿는 사람들에게 한 가지 소식을 전해주고 싶다. 나는 그가 선원들의 자금 모집에 투자자로 참여했다는 기록을 우연히 접하게 되었다. 이는 부를 멀리하는 유토피아적 이상주의자가 할 수 있는 행위가 아니다.

하다(무질서로부터 얻을 것이 전혀 없기 때문에 매우 프래질하다. 따라서 매우 비대칭적이다). 한편, 안티프래질한 박스는 흔들림을 통해 잃는 것보다 얻는 것이 더 많다. 이해를 돕기 위해 간단한 테스트 원칙을 제시하겠다. 내가 '잃을 것이 없다면', 얻을 것만 남았으므로 나는 안티프래질하다.

다양한 분야에 나타나는 트라이애드를 설명한 표 1 전체도 같은 방식으로 설명할 수 있다. 비대칭적인 보상이 무작위성을 좋아하는 이유를 살펴보기 위해 당신이 무작위성으로부터 잃는 것보다 얻는 것이 더 많다고, 즉 하강국면보다 상승국면에 더 많이 있다고 하자. 그러면 당신은 무작위성을 좋아하고(전체적으로 이익을 가져다준다) 안티프래질하다.

여기서 내 임무는, 기본적인 비대칭성을 가지고 아래와 같이 네 가지 요소를 연결하는 것이다.

> 프래질은 얻는 것보다 잃는 것이 더 많다는 것을 의미하고, 상승국면보다 하강국면에 더 많이 있으며, 바람직하지 않은 비대칭성을 띠는 것을 의미한다.

그리고,

> 안티프래질은 잃는 것보다 얻는 것이 더 많다는 것을 의미하고, 하강국면보다 상승국면에 더 많이 있으며, 바람직한 비대칭성을 띠는 것을 의미한다.

당신에게 잠재된 이익이 잠재된 손실을 능가한다면, 당신은 무작위성에 대해 안티프래질하다(그리고 그 반대도 성립한다). 또 당신이 하강국면보다 상승국면에 더 많이 있다면, 무작위성과 스트레스가 부족할 때 피해를 볼 수 있다.

이제 하강국면을 줄이고 상승국면을 늘리기 위해 이 개념을 어떻게 실천에 옮길 것인가? 다음 장에서 바벨 전략barbell strategy을 소개하겠다.

록 스타와 결혼하지 말라

남편을 속이고 누구와 어떻게 바람을 피울 것인가?
/ 바벨 전략 / 외교관이 작가가 되다(혹은 그 반대)

바벨 전략은 안티프래질을 달성해 트라이애드의 오른쪽 줄로 이동하기 위한 것이다. 결혼한 여인은 록 스타와 바람을 피우고, 작가는 저술 활동을 하지 않는 한직을 가지는 식으로 이를 실행에 옮길 수 있다.

깨진 우편물의 비가역성

안티프래질로 가기 위한 첫 번째 단계는 우선 상승국면에 접어드는 것보다 하강국면에서 빠져나오는 데 있다. 즉 부의 블랙 스완에 노출되지 않고 자연적인 안티프래질이 저절로 작동하게 만드는 것이다.

프래질의 경감은 선택이 아니라 필수다. 이 말은 명백하게 들리지만, 핵심을 놓치기 쉽다. 프래질은 불치병처럼 아주 고통스러운 것이다. 어떤 상황에서도 깨지지 않는 우편물은 상황이 좋아지면 제 모습으로 되돌아온다. 하지만 프래질한 우편물은 래칫ratchet(한쪽 방향으로만 돌고 반대 방향으로는 돌지 못하게 되어 있는 톱니바퀴-옮긴이)의 성질을 가지고 있어서, 한 번 손상되면 회복되지 않는 비가역성을 띤다. 중요한 것은 선택한 경로 혹은 사건의 순서이지, 최종 결과가 아니다.

과학자들은 이를 두고 '경로 의존성path-dependent'이라고 부른다. 우리는 경로 의존성을 이렇게 설명할 수 있다. 신장 결석 수술을 먼저 받고 마취를 나중에 하는 것은 반대 순서로 하는 것과 다르다. 또 커피, 디저트와 함께 메인 요리를 먼저 먹고 토마토 수프를 나중에 먹는 것은 반대로 먹는 것과 다르다. 경로 의존성을 생각하면 우리의 접근 방식은 간단해진다. 깨진 것은 영원히 깨진 상태로 남기 때문에, 잠재적인 상승국면과는 상관없이 프래질한 대상을 확인하여 트라이애드의 왼쪽 줄에 두는 것을 먼저 해야 한다.

정태적 사고에 젖어 이윤 창출을 자신의 주요 임무로 생각하고, 생존과 위험 관리를 단지 고려해야 할 요소로만 생각하는 기업가들은 경로 의존성에서 나오는 이런 프래질을 종종 무시한다. 그들은 성공을 위한 생존이 성공에 선행해야 한다는 사실을 잊어버린다. 이윤을 벌어들이고 BMW를 구매하려면 우선 살아남아야 한다.

속도나 성장처럼 변화와 관련된 개념이 프래질을 고려하지 않고 제시되었을 때는 공허하고 의미가 없다. 뉴욕에서 시속 250마일로 운전하는 사람은 아무 데도 갈 수가 없다(따라서 실효 속도는 정확하게 시속 0마일이다). 명목 속도가 아닌 실효 속도에 관심을 가져야 하지만, 사회적·정치적 담론에서는 이런 기본적인 사실을 덮어버린다.

경로 의존성하에서는, 경제성장과 불황의 리스크를 구분하여 생각해서는 안 된다. 금융 수익과 파산의 리스크, 효율성과 사고의 리스크도 마찬가지다. 효율성의 개념은 그 자체로는 아무런 의미가 없다. 도박꾼이 돌이킬 수 없는 파산의 리스크를 안고 있다면, 그의 전략이 갖는 잠재 수익은 아무런 의미가 없다. 몇 년 전에 자신의 대학교 기부금 펀드가 20% 정도의 수익을 올렸다고 자랑한 사람이 있었다. 이런 수익에 파국적인 손실을 초래하는 프래질이 내재되어 있다는 사실을 전혀 깨닫지 못하고 말이다. 1년만 잘못되면 수익을 모두 날리고 대학의 존립 자체가 위협당할 수도 있다.

다시 말해, 어떤 대상이 프래질할 때 깨질 수 있는 리스크를 줄이지 않는다면, 그 대상을 개선하거나 효율적으로 만들기 위해 할 수 있는 모든 노력이 무의미해진다. 로마의 풍자 시인 퍼블릴리어스 사이러스Publilius Syrus가 말했듯이, 서둘러서 안전하게 할 수 있는 일은 아무 것도 없다.

미래 세대에게 빚을 떠넘기면 GDP 성장률은 쉽게 올라간다. 그럼 미래 경제는 이런 빚 때문에 쉽게 붕괴될 것이다. 이때, GDP 성장률은 콜레스테롤 수치와 마찬가지로 프로크루스테스의 침대에 몸을 맞추기 위한 것처럼 보인다. 사고 위험이 높은 비행기의 경우 목적지에 도달하지 못할 수 있기 때문에 속도의 개념이 의미가 없는 것처럼, 프래질한 경제성장을 성장이라고 불러서는 안 된다. 하지만 정부는 아직 이런 사실을 깨닫지 못하고 있다. 실제로 역사적으로 볼 때 경제성장률은 그다지 높지 않았다. 유럽이 세계를 지배하게 된 계기라 할 수 있는 산업혁명이 진행된 황금기에도 1인당 1%에 못 미쳤다. 그러나 성장은 낮은 만큼 강건했다. 지금 정부가 속도 경쟁에 빠진 10대 운전자들처럼 성장률을 높이기 위해 어리석은 경쟁을 벌이는 모습과는 사뭇 달랐다.

세네카의 바벨 전략

이런 사실은 우리에게 바벨 전략이라는 해법으로 안내한다. 실제로 불확실성에 대한 거의 모든 해법이 바벨 전략의 형태를 띠고 있다.

여기서 바벨의 의미는 무엇인가? 바벨(역도 선수가 들어 올리는 막대기로, 양 끝에 무거운 추를 달아 놓은 것)은 떨어져 있는 양극단의 조합을 추구하고 중간을 기피하려는 생각을 나타낸다. 우리가 논의한 맥락에서 보면, 바벨이 대칭일 필요는 없다. 바벨은 두 개의 극단으로 이루어져 있으며 중간에는 아무 것도 없다. 이것을 더욱 기술적으로 바이모달 전략bimodal strategy이라고 부를 수도 있다. 즉 하나가 아닌 두 개의 서로 다른 모드가 있으며, 그 모드는 가운데가 아닌 양 끝에 있다.

나는 어떤 영역(부의 블랙 스완 영역)에서는 안전하게 행동하고 다른 영역(정의 블랙 스완 영역)에서는 작은 리스크들을 많이 수용해 궁극적으로 안티프래질을 달성하기 위해 행동하는 이원적인 태도를 설명하기 위해 바벨의 이미지를 처음으로 사용했다. 한쪽 끝에서는 리스크를 극단적으로 혐오하고 다른 쪽 끝에서는 극단적으로 수용한다. 리스크에 대해 양극단이 아닌 중간 지점에서 대단히 온건한 태도를 취하는 것은 엄청난 측정 오차를 낳을 수밖에 없기 때문에 결과적으로는 잘못된 선택이다. 그러나 바벨 전략은 애초부터 하강국면의 리스크를 감소시키는 결과를 낳는다(즉 파멸의 리스크를 제거한다).

가장 흔한 금융 부문의 예를 들어보자. 금융 부문은 설명하기는 쉽지만 많은 사람들이 가장 잘못 이해하고 있는 부문이기도 하다. 당신이 재산의 90%를 현금(인플레이션으로부터 보호받는다고 가정) 혹은 뉴메레르numeraire(모든 상품의 교환비율을 표현하고자 할 때 기준이 되는 상품을 말하며, 뉴메레르가 되는 상품으로는 금 또는 미 달러화 등이 있다-옮긴이)로 보유하고 10%는 가장 위험한 주식에 투자한다면 엄청난 상승국면을 기대할 수 있는 반면, 10% 이상을 손해보지는 않는다. 모든 재산(즉 100%)을 중간 정도의 리스크를 갖는 주식에 투자하는 사람은 계산을 잘못했을 경우 전 재산을 날릴 수도 있다. 이렇게 바벨 전략은 드물게 발생하는 사건의 리스크가 계산 불가능하고 측정 오차에 프래질한 문제를 해결해준다(여기서 금융 바벨 전략은 최대 손실이 얼마나 될 것인지를 미리 알도록 해준다).

결국 안티프래질은 공격성과 피해망상의 조합이다. 다시 말하면, 하강국면과 단절하여 극단적인 피해로부터 자신을 보호한다. 그리고 상승국면, 즉 정의 블랙 스완이 스스로 나타나도록 한다. 이제 우리는 세네카의 비대칭성을 보았다. 상승국면이 하강국면보다 많으려면, 중간 지점에서 상황을 개선시키기보다 극단적인 하강국면을 줄여야 한다.

바벨 전략은 중간 지점에서 상황을 그르치지 않으면서 양극단으로 이루어진 이원적인 전략이 될 수 있다. 그리고 항상 바람직한 비대칭성을 낳는다.

다시 한 번 바벨 전략을 사용했을 때와 그렇지 않을 때의 차이를 살펴보기 위해 레스토랑의 예를 들어보자. 이곳은 설 구운 그래스페드 미니트 스테이크grass-fed minute steak(풀을 먹고 자란 소를 재료로 만든, 금방 구워지는 얇은 스테이크 – 옮긴이)와 같은 메인 요리와 샐러드, 말벡 와인을 제공하고, 스테이크를 다 먹고 나면 염소치즈 케이크와 함께 머스캣 와인을 준다. 이 레스토랑은 주문을 받지 않는다. 케이크와 스테이크를 작게 썰어서 그것을 시끄러운 기계에 넣어 혼합한다. '중간 지점'에 해당되는 행위는 바로 이렇게 혼합하는 것과 같다. 9장에서 네로는 경비원이나 학자들하고 어울렸지, 중간 수준의 지식인과는 거의 어울리지 않았다는 점을 생각해보라.

위험한 일을 할 때 모든 사람들이 중간 정도의 기질을 가진 '신중하고 낙천적인 사람'이 될 필요는 없다. 나는 승무원은 아주 낙천적인 사람, 조종사는 비관적인 사람 혹은 더욱 바람직하게는 피해망상인 사람으로 구성하는 것이 좋다고 생각한다.

회계사와 록 스타

생물학적 시스템은 바벨 전략으로 가득 차 있다. 수컷 중 90%가 회계사이고, 10%가 록 스타로 이루어진 세계를 생각해보자(나는 이야기를 들려주고 싶은 것이지, 이런 상황을 용납하지는 않는다). 동물의 왕국에서 인간을 포함해 일부일처제를 유지하는 종의 암컷은 회계사 혹은 이보다 훨씬 더 재미없는 경제학자와 결혼하려고 한다. 이들과의 결혼을 통해 안정을 얻고, 가끔은 공격성을 가진 멋있는 록 스타와 바람을 피우려는 이원적인 전략을 구사한다. 또 다른 짝과의 교미를 통해 유전적이거나 쾌락적이거나 아니면 두 가지 모두의 상승국면을 취하고, 회계사를 통해 하강국면을 제한하려는 것이다. 임신 가능성이 높은 시기에 바람을 피우기 때문에, 바람난 시기가 무작위적이지는 않다.

일부일처제를 유지하는 새들에게서도 이런 전략의 단서를 발견할 수 있다. 암컷은 수컷 중 10분의 1을 차지하는 짝이 없는 수컷과 바람피우는 것을 즐긴다. 실제 상황이지만, 이 현상을 설명하는 이론은 각양각색이다. 진화론자들은 암컷이 경제적·사회적 안정뿐만 아니라 자식을 생각해서 좋은 유전자를 동시에 원한다고 주장한다. 이 두 가지를 중간에 있는 수컷에게서 얻을 수는 없다(멋진 수컷은 좋은 유전자를 제공하지만 안정적이지 않다. 반대의 경우도 마찬가지다). 안정적인 생활과 좋은 유전자, 두 마리 토끼를 다 잡으려고 하지 않겠는가? 그러나 또 다른 이론에서는 암컷이 단지 쾌락(혹은 안정적인 생활과 쾌락)만을 추구하기 때문이라고 주장하기도 한다.[1]

나는 2장에서, 과잉보상이 작동하려면 손해와 스트레스가 발견을 위한 도구로서 어느 정도 필요하다고 주장했다. 예를 들어, 어린 아이들

---

1 이런 바벨 전략의 증거는 있지만, 이를 설명하는 이론은 명쾌하지 않다. 진화론자들은 이 야기를 좋아하지만 나는 증거를 선호한다. 동물의 세계에서 또 다른 짝과 교미를 하려는 전략이 실제로 생존 적합성을 향상시키는지 확신할 수 없다. 따라서 회계사와 결혼하고 록 스타와 바람을 피우려는 바벨 전략은 실제로 존재하더라도 종족의 발전을 위한 것이 아니라, 낮은 수준의 위험을 가지고 단지 쾌락을 즐기기 위한 것일 수도 있다.

에게 심하지 않은 불장난을 하도록 내버려두면 그들은 부상을 통해 미래의 안전을 얻을 수 있다.

성인들도 어느 정도의 스트레스를 통해 깨달음을 얻을 수 있다. 그러나 이와 동시에 커다란 위험으로부터 보호받아야 한다. 약간의 위험을 무시하고, 중대한 위험으로부터는 보호받을 수 있도록 에너지를 쏟아 부어야 한다. 다시 한 번 강조하지만, 중대한 위험에서만 그렇다는 의미다. 이런 생각은 사회 정책, 보건과 같은 정책에 뚜렷하게 반영될 수 있다.

우리는 조상들의 지혜에서 이와 비슷한 생각을 찾을 수 있다. 이디시어 속담에 '최악의 경우에 대비하라. 최선의 경우는 스스로 알아서 잘 관리된다.'라는 말이 있다. 이 말이 평범하게 들릴지도 모르지만, 사실은 그렇지 않다. 최선의 경우에 대비하고 최악의 경우는 스스로 알아서 잘 관리된다고 생각하는 사람들을 보라. 작은 손실을 혐오하면서 엄청나게 큰 블랙 스완에는 관심이 없거나 과소평가하는 사람들이 의외로 많다. 작고 일어날 법한 손실에 대해서는 보험을 들어놓지만, 드물게 일어나는 커다란 손실에 대해서는 그렇지 않다. 정확하게 거꾸로 행동한다.

황금의 중간에서 벗어나서

다시 바벨 이야기를 계속해보자. 중간이 '황금의 중간'이 아니라, 이원적인 전략(한편으로는 리스크를 극단적으로 혐오하고, 다른 한편으로는 리스크를 극단적으로 수용한다)이 적용되는 경우는 상당히 많다.

작가들의 세계를 보자. 작가는 가장 고집스럽고 가장 사색적이고 가장 힘들고 가장 위험한 직업이다. 프랑스를 비롯해 다른 유럽 국가의 작가들은 스트레스가 별로 없고 지적으로 요구하는 것이 별로 없으며 매우 안정적이고, 일단 사무실을 나오면 일에 대해 더 이상 신경 쓰지 않아도 되는 공무원과 같은 한직을 찾는 경향이 있다. 그래서 퇴근 이후에는 자기가 쓰고 싶은 글을 쓰기를 원한다. 프랑스 작가들 중에는 학술계에 종사하는 사람이 놀랄 만큼 적다.

반면, 미국의 작가들은 언론계 혹은 학술계에 종사하면서, 조직의 포로가 되어 자신의 글을 타락시키고 끊임없는 불안과 압박에 시달리면서 영혼을 더럽힌다. 항상 자기 생각과 상관없이 다른 사람의 입장에서 글을 쓰고, 자신의 속내를 드러내지 않는다.

한직에 종사하면서 글을 쓰는 사람들은 마음이 상당히 편하다. 그들은 금전적으로 독립한 사람과 마찬가지거나, 어쩌면 그런 사람보다 훨씬 더 낫다. 예를 들어, 프랑스의 위대한 시인 폴 클로델Paul Claudel, 생존 페르스Saint-John Perse 그리고 소설가 스탕달Stendhal은 외교관이었다. 또 영국 작가들 상당수가 공무원이었다. 앤서니 트롤럽Anthony Trollope은 우체국 직원이었다. 또 카프카Kafka는 국영 보험회사 직원이었다. 가장 바람직한 예로, 렌즈 제조업에 종사한 스피노자Spinoza는 자신의 철학을 학문적으로 타락시키지 않을 수 있었다.

10대 시절에 나는 순수 문학가나 철학자가 되려면 우리 집안의 많은 사람들이 그랬듯이, 힘들지 않고 시간적으로 여유가 많은 외교관이 되는 것이 좋다고 생각했다. 레반트 지역 국가에서는 그리스 정교도를 대사, 외교사절 심지어 외교부 장관으로 임명하는 오토만 전통이 있었다(나의 할아버지와 증조부께서도 외교부 장관을 지내셨다). 이후 기독교

소수파에 대한 적대적 분위기가 형성될 것을 걱정했는데, 내 예감이 맞았다. 하지만 나는 트레이더가 되었고 내 시간에는 글을 썼다. 그리고 독자들도 알다시피, 누군가에게 구속되지 않고 나만의 글을 썼다. 직장인과 저자로서의 바벨 전략은 이상적이었다. 오후 3~4시에 사무실을 나오면 직장 일에 대해 더 이상 신경 쓰지 않아도 되었다. 그 다음 날 아침까지 나 자신에게 가장 소중하고 재미있는 일에 몰두할 수 있었다. 그런데 학술계에 종사하려고 했을 때 나는 다른 사람들의 조금은 덜 엄격한 자기선전용 프로그램을 따라야 하는 포로가 된 듯한 기분이 들었다.

직업을 순차적으로 가질 수도 있다. 처음에는 아주 안전한 직업을 갖다가 나중에 리스크가 큰 직업을 가질 수도 있다. 내 친구는 처음에는 출판 편집자로서 아주 안전한 직업을 가졌고 실력도 인정받았다. 그리고 10년 후 편집자 생활을 청산하고 리스크가 상당히 큰 직업을 가졌다. 이런 선택도 진정한 바벨 전략이다. 그는 새로운 모험이 실패하거나 기대에 미치지 못할 경우, 이전의 직업으로 되돌아올 수 있다. 이는 세네카가 선택했던 방식이다. 세네카는 처음에는 상당히 활동적이고도 모험적인 삶을 살다 이후에 철학자가 되어 깊이 사색하면서 글을 썼다. 그는 이 두 가지를 중간에서 조합하려고 하지는 않았다. 몽테뉴처럼 행동가에서 사색가로 전향한 사람들도 순차적인 바벨 전략을 구사했다. 오로지 행동하는 삶에서 오로지 사색하는 삶으로 말이다.

나는 일을 할 때에는 아주 짧은 시간에 집중적으로 하고, 나머지 시간에는 맑은 정신을 완전히 회복할 때까지 아무 것도 하지 않는 방식을 선호한다. 실제로 이런 방식이 덜 고통스럽다. 일본 사람들처럼 잠을 줄여가면서까지 오랫동안 사무실에 앉아 지루하고 비효율적으로 일하지 않는다. 메인 요리와 디저트는 별개로 생각해야 한다.

20세기의 다작 소설가로 유명한 조르주 심농Georges Simenon은 1년에 60일만 글을 썼고 나머지 300일 동안은 아무 것도 하지 않았다. 그럼에도 그는 200편이 넘는 소설을 썼다.

불확실성 길들이기

우리는 앞으로 정확하게 똑같은 비대칭성을 지닌 다양한 바벨 전략을 살펴볼 것이다. 그리고 리스크에 대해서, 바벨 전략과 같은 유형의 보호 장치를 개발하고 안티프래질을 달성하는 데 도움이 될 수 있도록 할 것이다. 모든 바벨 전략은 놀랍도록 서로 닮았다.

우선 몇 가지 영역을 엿보기로 하자. 개인적인 리스크의 경우, 당신은 한 영역에 내재된 파멸의 가능성을 제거하는 방식으로 바벨 전략을 활용할 수 있다. 나는 개인적으로 특정 리스크에 대해서는 확실히 피해망상을 갖고 있다. 그리고 다른 영역에서는 상당히 공격적이다. 그 원칙은 다음과 같다. 금연을 하고 설탕(특히 과당)을 먹지 않는다. 오토바이를 타지 않고 사하라 사막처럼 자동차가 다니지 않는 곳을 제외하고는 자전거도 타지 않는다. 또 동유럽 마피아와 어울리지 않고 미숙한 조종사가 운전하는 비행기 혹은 부조종사가 없는 비행기를 타지 않는다. 그 밖의 영역에서는 죽음에 이를 만한 리스크가 없다면 모든 종류의 직업적·개인적 리스크를 수용한다.

사회 정책을 추진할 때 중간 계층에게 특권을 주면, 결과적으로 발전을 가로막고 온갖 종류의 경제 문제를 일으켜 결국 가난한 사람에게 가장 나쁜 영향을 미치게 된다. 차라리 약자를 보호하고 강자에게는 그냥 자신의 일을 하도록 자유롭게 내버려두는 편이 더 낫다.

영국은 관료국가가 되기 전, 경제적으로나 신체적으로 모험을 추구하는 사람들과 귀족들을 상대로 바벨 전략을 구사했다. 모험가들이 교역의 기회를 찾기 위해 전 세계를 돌아다니거나 국내에 머물면서 기계를 개발하는 동안, 귀족들은 신중한 태도를 유지하도록 돕는 것을 제외하고 실제로는 커다란 역할을 하지 않았다. 지금 런던은 보너스를 쫓아다니는 자유분방한 중산층으로 구성되어 있다.

나는 딱 두 가지 종류의 글만 쓴다. 하나는 누구든지 읽을 수 있는 대중적인 에세이고, 다른 하나는 기술적인 논문이다. 신문사 인터뷰나 신문 칼럼처럼 두 가지의 중간에 있는 글은 쓰지 않는다.

독자 여러분은 2장에서 이야기했던 웨이트의 최대 중량에만 집중하고 다른 곳에는 전혀 관심을 두지 않는 운동 프로그램을 기억할 것이다. 이것의 대안으로는 걷기 운동처럼 집중도를 낮추면서 오랫동안 운동하는 프로그램이 있다. 운동에서 바벨 전략은 이 두 가지 프로그램을 함께 실천하는 것이다.

바벨 전략은 이외에도 많이 있다. 심포지엄 막바지에 이르러 술에 취한 고대 그리스인처럼 집기를 박살낼 정도로 미쳐버리지만, 중요한 결정을 하는 순간에는 이성을 잃지 않는다. 시시한 가십 기사와 고전 혹은 세련된 작품을 읽고, 중간 것은 결코 읽지 않는다. 대학생, 택시 운전기사, 정원사, 유능한 학자와 대화하지만, 어중간하게 학자인 체하는 사람과는 대화하지 않는다. 싫어하는 사람이 있으면 무시하거나 제거

하지, 어중간하게 말로 공격하지는 않는다.²

무작위성에 관한 바벨 전략은 프래질을 완화시켜 안티프래질을 달성하는 전략이다. 즉 혐오스러운 사건으로부터 받게 될 고통을 피하면서 잠재적인 이익을 실현하여 하강국면에 빠져들게 될 리스크를 제거하는 전략을 의미한다.

금융 부문으로 되돌아가서 이야기하자면, 바벨 전략은 반드시 인플레이션으로부터 보호받는 현금에 투자하고 나머지를 주식에 투자하는 형태가 될 필요는 없다. 파멸의 리스크를 제거하는 어떤 투자라도 바벨 전략의 한 축을 담당할 수 있다. 전설에 남을 만한 투자가 레이 달리오Ray Dalio는 투자를 위한 다음과 같은 원칙을 제시한다. "도저히 받아들일 수 없는 사건(즉 파멸의 위험)의 확률이 0인지 확인하라." 바로 이 원칙이 투자가들에게 바벨 전략으로 다가가도록 해준다.†

한편 로리 서덜랜드의 생각은 이렇다. 영국에서는 음주로 가벼운 질병을 앓고 있는 사람들에게 1일 음주량이 일정량을 넘기지 못하도록

---

2 금융 이야기를 하자면, 2008년에 나는 은행에 구제금융을 제공하기보다는 국유화를, 그리고 납세자에 대한 철저한 과세를 전제로 다른 형태의 투자를 옹호하는 입장을 취했다. 당시 나의 바벨 전략을 이해하는 사람은 아무도 없었다. 어떤 이는 자유주의적 입장을 싫어했고, 다른 이는 국유화 부분을 싫어했다. 당시 나는 왜 그랬을까? 중간에 있는 정책(두 가지 모두에 규제를 가한다)은 유능한 변호사의 먹잇감이 되기 때문에 아무런 효과가 없다. 우리가 갖는 반감을 떠나서 바벨 전략에 따라, 헤지 펀드는 규제가 철폐되어야 하고 은행은 국유화되어야 한다.

† 영역 의존성을 다시 언급하자면, 사람들은 자신의 주택에 대해 보험에 가입하는 것을 금융 전략의 관점에서 판단할 것이 아니라 필수라는 사실을 알고 있다. 그러나 포트폴리오를 구성할 때에는 언론에서 제공하는 프레임에 갇혀 다른 방식으로 생각한다. 그들은 나의 바벨 전략을 투자에 대한 잠재적인 수익의 관점에서 살펴볼 필요가 있다고 생각한다. 그러나 그것은 핵심이 아니다. 핵심은, 바벨 전략을 생존을 위한 보험이라는 사실이다. 선택이 아니라 필수다.

가이드 라인을 정해준다. 그러나 가장 적절한 정책은, 간이 일정 시간 동안 휴식을 취하도록 1주일에 술자리를 세 번 피하라는 것이다. 그럼 남은 4일 동안에는 자유롭게 술을 마실 수 있다. 여기 나오는 바벨 전략을 포함해 다양한 바벨 전략에 숨어 있는 수학에 관해서는 나중에 옌센의 부등식Jensen's inequality을 가지고 설명하겠다.

트라이애드의 오른쪽 줄은 바벨 전략의 한 가지 축을 담당한다. 그것은 필요조건이지만, 충분조건은 아니다. 따라서 스토아 철학이 감정을 제거하기보다 길들이듯이, 바벨 전략은 불확실성을 제거하기보다 길들이는 것이다.

4권

옵션의 특징, 기술, 안티프래질적 특성을 지닌 지능

이제 혁신, 옵션Option과 옵션의 특징Optionality을 설명하겠다. 어떻게 하면 헤아릴 수 없는 곳으로 들어가서 그곳을 완전히 지배하고 정복할 것인가?

지금 어디로 가고 있는지 정말 알고 계십니까

토마스 아퀴나스Saint Thomas Aquinas의 『신학대전Summa Theologiae』은 앞으로 더 이상 나올 수 없는 종류의 저작으로, 신학을 종합적으로 집대성한 기념비적 책이다. 이 책은 그 전에 교회 당국이 부여했던 구조로부터 신학을 자유롭게 했다. 『신학대전』의 주제는 물론 신학이다. 모든 것이 철학적이고, 자신의 주장과 관련한 지식의 모든 부분을 논평한다. 그리고 중세의 사상을 반영하고 이끌어간다.

이제 간단하면서도 제한적인 주제를 가지고 이 책의 주제로부터 벗어나보자. 학구적인 사람들이 안티프래질을 비방하는 내용은 『신학대전』을 지배하면서 여러 번 반복적으로 나타나는 문장에 가장 잘 집약되어 있는데, 다음과 같다. "행위자는 목적을 위한 의도 없이는 움직이지 않는다." 즉 아리스토텔레스가 말했듯이, 행위자는 자신이 지금 어디로 가고 있는지 알아야 한다는 의미로, 이는 목적론적 주장teleological argument(목적에 근거를 둔다는 'telos'에서 유래했다)이다. 회의주의자들을 제외한(스토아 철학자들은 포함) 모든 사람들이 이런 목적론적 주장에 지적으로 빠져들었지만, 행동으로는 그렇지 않았다. 그런데 아퀴나스가 인용했던 사람은 아리스토텔레스가 아니라 아베로에스Averroes로도 알려져 있는 아랍 철학자인 이븐 루슈드Ibn Rushd로서, 아리스토텔레스의 생각을 정리한 사람이었다. 아퀴나스는 아리스토텔레스를 유일한 철학자the Philosopher라고 불렀고, 이븐 루슈드를 해설가the Commentator라고 불렀다. 그리고 이 해설가는 엄청난 악영향을 끼쳤다. 중세 이후의 아랍인들이 중세의 합리주의에서 벗어나는 동안 서구 철학은 일반적인 인식에 비해 훨씬 더 아랍 철학의 성격을 띠게 되었다.

"행위자는 목적을 위한 의도 없이는 움직이지 않는다."는 문장에 근거한 사상적인 유산은 인간이 저지르는 가장 광범위한 오류와 함께, 2세기가 넘는 동안 과학적 지식이 절대적이라고 믿게 만드는 환상을 일으켰다. 이것은 가장 프래질한 오류다.

목적론적 오류

이제 자신이 지금 어디로 가고 있는지 알고, 과거에는 어디로 가고 있는지 정확하게 알고 있었으며, 성공했던 사람들도 자신이 어디로 가고 있는지 정확하게 알고 있었다는 환상을 목적론적 오류라고 부르자.

합리적인 산책가는 여행가와 달리 일정을 지속적으로 수정하는 사람이다. 따라서 이런 사람은 네로의 여행에서 보았듯이, 새로운 정보를 바탕으로 새로운 장소에 동화될 수 있다. 때로는 장소가 주는 분위기에 이끌리기도 한다. 이런 사람은 계획의 포로가 아니다. 여행가는 목적론적 오류에 빠져들 수 있다. 계획의 완벽함을 가정하고 자신을 수정 불가능한 프로그램에 가두어버린다. 반면, 산책가는 새로운 정보를 얻으면서 자신의 프로그램을 끊임없이 수정할 수 있다고 생각한다. 여기서 한 가지 경고하고 싶은 것은 산책이 갖는 편의주의opportunism는 인생과 사업에서 대단히 중요하다는 사실이다. 그러나 사생활이나 다른 사람이 관련된 문제에서는 그렇게 여겨지지 않는다. 인간관계에서 편의주의의 반대는 충성이다. 그것은 숭고한 의미를 갖지만, 인간관계나 도덕적 의무처럼 옳은 곳에서 발휘되어야 한다.

지금 자신이 어디로 가고 있는지 정확하게 알고 있다고 생각하고, 자신이 내일 무엇을 좋아하게 될지 오늘 알고 있다고 가정하는 것은 서로 연관된 오류다. 또 다른 사람들도 자신이 지금 어디로 가고 있는지 알고 있을 것이라 생각하고, 당신이 묻기만 하면 자신이 원하는 것을 말해줄 것이라고 생각하는 것도 착각이다.

다른 사람들에게 무엇을 원하는지, 어디로 가기를 원하는지, 어디로 가야 한다고 생각하는지, 혹은 더 나쁘게 내일 무엇을 원하게 될지 묻지 말라. IT 기업가였던 스티브 잡스의 장점은 다른 사람들에게 무엇을 원하는지 묻는 데 바탕을 둔 시장 연구와 포커스 그룹을 신뢰하지 않고, 자신의 상상력을 따랐다는 데 있다. 잡스는 자신이 무엇인가를 줄 때까지 사람들은 스스로 그것을 원하는지 모른다고 생각했다.

행동의 과정으로부터 전환시킬 수 있는 능력을 옵션option이라고 한다. 4권에서는 이런 옵션과 옵션의 특징optionality을 다룬다. 옵션의 특징은 우리를 여러 장소로 안내할 것이다. 그러나 중요한 사실은 옵션이 당신을 안티프래질하게 해주고, 불확실성의 부정적인 측면으로부터 심각한 피해를 보지 않으면서도 긍정적인 측면으로부터 혜택을 보게 해준다는 것이다.

미국의 주요 자산

옵션은 어떤 대상에 영향을 끼쳐서 성장하게 만드는 특징을 갖고 있다. 그러나 특정 유형의 사람들에게만 이러한 특징이 적용된다. 많은 사람들은 미국의 정규 교육 수준이 낮다고 한탄한다(특히 수학 성적이 그렇다). 하지만 미국에서 새로운 것이 나오고 다른 나라에서 그것을 모방한다는 사실을 깨닫지 못한다. 그것은 대학 교육 덕분이 아니다. 그런데 대학은 실적보다 훨씬 더 많은 것을 인정받으려고 한다.

산업혁명 시기의 영국과 마찬가지로, 미국의 자산은 리스크를 수용하고 옵션의 특징을 활용하는 데 있는데, 이는 시행착오를 합리적으로 활용할 수 있는 놀라운 능력이다. 미국인들은 실패를 수치스럽게 생각하지 않고 다시 시작하면 된다고 생각한다. 이에 반해, 일본인들은 실패를 수치스럽게 생각하기 때문에 경제가 되었든 원자력 발전이 되었든 리스크를 숨기려고 한다. 결국 시한폭탄을 안은 채 약간의 이익만 얻을 뿐이다. 이런 태도는 실패를 고귀하게 생각하면서 전사한 영웅을 숭배하는 그들의 전통과는 이상하리만큼 대조를 이룬다.

4권에서는 이런 생각을 자연적인 결론으로 이끌어간다. 그리고 위대한 자산은 우리가 가장 신뢰하지 않는 것, 즉 리스크 수용 시스템에 내재된 안티프래질이라는 근거를 중세 건축에서부터 시작해 의학, 공학, 혁신 분야에 걸쳐 다양하게 제시할 것이다.

탈레스의 달콤한 포도

그레이트 워크Great Walk를 걷는 대신 무엇을 할까?
/ 공짜 옵션 / 철학자는 벼락부자가 될 수 있을까?

아리스토텔레스의 『정치학Politics』에는 소크라테스 이전의 철학자이자 밀레투스의 수학자인 탈레스에 관한 일화가 나온다. 이 이야기는 겨우 반 페이지를 차지하지만, 안티프래질을 폄하하는 내용을 담고 있으며 옵션의 특징을 소개한다. 이 이야기에서 두드러진 측면은 아마도 가장 영향력 있는 사상가인 아리스토텔레스가 이 일화의 핵심을 정확하게 거꾸로 이해하고 있다는 점이다. 특히 계몽운동과 과학혁명 이후로 그를 추종하는 사람들도 마찬가지였다. 내가 지금 이런 이야기를 하는 목적은 아리스토텔레스를 비난하기 위해서가 아니다. 오히려 우리들의 이성이 안티프래질을 폄하하고 옵션의 힘을 무시하게 만든다는 사실을 일깨워주기 위해서다.

철학자 탈레스는 페니키아 혈통으로서 소아시아 지역에 위치한 고대 그리스 이오니아의 해안 도시 밀레투스에서 살았다. 그리고 다른 철학자들과 마찬가지로 그 역시 자신이 하는 일을 좋아했다. 밀레투스는 교역의 중심지였는데, 페니키아인들이 정착하면서 상업적인 분위기가 조성되었다. 그러나 철학자 탈레스는 아주 가난했다. 그는 교역에 종사하는 친구들이 자신에게 '사업을 할 수 있는 사람은 사업을 하고, 그렇지 못하는 사람이 철학을 한다'는 식으로 이야기하는 것이 싫었다. 마침내 탈레스는 대담하게도, 밀레투스와 키오스 주변의 모든 올리브 압착기를 저렴한 비용으로 언제든지 빌릴 수 있는 권리를 계약했다. 실제로 대풍년이 들어서 올리브 압착기에 대한 수요가 급증하자, 탈레스는 압착기 주인에게 빌린 것보다 더 비싼 가격으로 압착기를 빌려주었다. 탈레스는 이 거래로 큰돈을 벌어들이고 나서 다시 철학자로 되돌아왔다.

그가 벌어들인 돈은 엄청난 부자가 될 정도로 많지는 않았지만, 다른 사람들에게 하고 싶은 말을 할 수 있을 정도는 되었고, 그것은 실제로 부귀보다 나았다. 이 정도의 금액이라면 돈의 노예가 되지 않을 정도는 되었다. 또한 좋아하는 일에 몰두하면서 마음대로 살 수 있었고, 검은색 나비 넥타이를 매고 자선 행사에 참석하거나 대리석을 사용한 주택 리모델링에 관한 자세한 설명을 억지로 들어야 하는 부작용을 겪지 않아도 되었다.

돈 때문에 나타나는 가장 나쁜 부작용은 돈의 노예들과 사회적 교류를 해야 하는 것이다. 예를 들어, 호화 주택에 사는 사람들은 자기처럼 호화 주택에 사는 사람들과 어울리려고 한다. 재산이 일정 수준을 넘게 되면 사람들은 품위가 사라지고 대화는 재미가 없어진다.

탈레스의 이야기는 많은 교훈을 주는데, 이런 교훈은 주로 비대칭성과 안티프래질한 보상 구조와 관련이 있다. 가장 중요한 교훈은 아리스토텔레스의 다음과 같은 설명과 연관된다. "그러나 그는 천문학 지식을 활용해, 여전히 겨울인데도 올리브의 풍작을 예상했다." 따라서 아리스토텔레스는 그 이유를 탈레스의 대단한 지식에서 찾았다.

대단한 지식이라고?

탈레스는 자신의 부족한 지식과 비대칭성에 숨어 있는 특징을 활용하려는 입장을 취했다. 이런 상승국면과 하강국면 간의 비대칭성은 그가 별자리를 보면서 너무 많은 정보를 알려고 할 필요가 없다는 점을 말해준다.

간단히 말해서, 탈레스는 비대칭성의 전형을 보여주었다. 아마도 가장 순수한 형태의 명쾌한 비대칭성일 것이다. 그것은 바로 구매자가 권한은 갖지만 의무는 갖지 않는 옵션이었다. 물론 상대방(즉 판매자)은 의무를 갖지만 권한은 갖지 않는다. 탈레스는 수요가 급증할 때 올리브 압착기를 사용할 권한을 가졌지만 의무는 갖지 않았다. 반면에 상대방은 의무는 가졌지만 권한을 갖지 않았다. 탈레스는 이런 권한에 대해 얼마 안 되는 가격을 지불했는데, 실현 가능한 엄청난 이익을 감안하면 얼마 안 되는 손실이었다. 이것이 기록상으로는 첫 번째 옵션이었다.

옵션은 안티프래질로 안내해준다.

옵션과 비대칭성

올리브 압착기 사례는 세네카가 상아로 만든 책상에서 글을 쓰던 때로부터 약 600년 전의 일이었고, 아리스토텔레스가 활동하던 시기보다 약 300년 전의 일이었다.

10장에서 '안티프래질은 잃는 것보다 얻는 것이 더 많다는 것을 의미하고, 하강국면보다 상승국면에 더 많이 있고, 비대칭성을 띠는 것과 무작위성을 좋아한다는 것을 의미한다.'고 설명했다. 그리고 틀렸을 때 잃는 돈보다 옳았을 때 버는 돈이 더 많다면, 결국 무작위성으로부터 이익을 얻게 될 것이다(그 반대도 성립한다). 옵션에 대해 너무 많은 돈을 지불했을 때만 손해를 보게 된다. 그러나 탈레스의 경우 분명히 훌륭한 거래를 했다고 여겨지는데, 우리는 4권에서 자연이 주거나 기술 혁신이 주는 옵션에 대해서는 그 가격을 지불하지 않는다는 사실을 알게 될 것이다.

금융 옵션은 사람들이 그것이 옵션이고, 누군가가 그것을 팔면서 가격을 부과하고 있다는 사실을 알기 때문에 비싸다. 그러나 가장 흥미로운 옵션은 공짜이거나 최악의 경우라 하더라도 값이 싸다.

중요한 사실은, 유리하게 작용하는 비대칭성을 띠는 옵션을 싸게 구매할 때는 모든 정보를 자세히 알 필요가 없다는 점이다. 이런 특징은 싸게 구매한다는 사실을 훨씬 뛰어넘어서, 우리가 우위를 지닐 때에는 상황의 흐름을 자세히 알 필요가 없다는 사실을 의미한다. 그리고 옵션의 특징에서 비롯되는 우위는 우리가 옳았을 때 더 많은 보상을 얻게 해주며, 따라서 너무 자주 옳아야 할 필요가 없게 해준다.

달콤한 포도와 옵션

지금 내가 말하는 옵션은 우리가 일상적으로 말하는 옵션과 다르지 않다. 다양한 선택권을 제공하는 리조트 시설은 그렇지 않은 시설보다 고객의 취향을 만족시켜줄 행사를 제공할 가능성이 더 높다. 따라서 우리는 선택의 범위가 넓은 리조트 시설에 관해 많은 정보나 지식을 가질 필요가 없다.

탈레스의 이야기에는 또 다른 숨은 옵션이 있다. 재정적 독립을 현명하게 활용했을 때에는 옵션을 제공하고 올바른 선택을 할 수 있게 해주므로 강건해질 수 있다. 자유는 최고의 옵션이다.

게다가 선택을 해야 할 순간이 오지 않으면, 자신의 진정한 선호를 결코 알지 못한다. 인생의 무작위성은 우리에게 다른 사람뿐만 아니라 자기 자신에 관한 정보를 제공한다는 사실을 기억하라. 많은 사람들이 자신이 처음에 가졌던 소망과 달리 가난하게 산다. 그들은 가난이 자신의 선택이라는 이야기를 만들어내면서 안티프래질해지지 않고 기껏해야 강건해지려고 한다. 마치 옵션이라도 갖고 있었던 것처럼 말이다. 하지만 일부는 그런 가식이 없다. 그들은 실제로 옵션을 가지고 있지 않았고, 직접 그것을 만들어냈다. 이솝 우화에도 나오듯, 자신이 다다를 수 없는 포도는 맛이 시다고 스스로를 설득한다.

수필가 몽테뉴는 탈레스의 사례를 맛이 신 포도에 대한 면역으로 보았다. 당신은 정말 돈을 원하지 않아서 돈을 추구하지 않는 것인지, 소화기 계통에 나쁘게 작용하거나, 숙면을 방해하거나, 다른 이유 때문에 돈이 좋지 않은 것이라고 주장하면서 돈에 대한 자신의 무능함을 합리화시키기 위해서 돈을 추구하지 않은 것인지 알아야 한다. 탈레스의 사례는 인생에서 선택에 관한 그의 생각을 보여준다. 그는 철학을 정말 좋아했다. 그는 다른 옵션도 가지게 되었다. 그리고 옵션이 당신을 하강국면보다 상승국면에 더 많이 있도록 하여 안티프래질로 안내해준다는 것은 거듭 강조해도 지나침이 없다.[1]

철학을 할 수 있을 만큼의 돈을 번 탈레스는 자신의 마에케나스 Maecenas(고대 로마의 정치가로서 시인들을 돌봐준 돈 많은 후원자였다-옮긴이)가 되어서 자신이 얻을 수 있는 가장 높은 지위에 올랐다. 그는 독립과 지적인 생산력을 동시에 얻었다. 그리고 훨씬 더 많은 옵션을 지니게 되었다. 그는 다른 사람들처럼 자신도 모르면서 자신이 어디로 가고 있는지 후원자에게 말해야 할 필요가 없었다. 이것이 바로 옵션의 힘이다.

다음에 살펴볼 옵션의 성질을 지닌 보상과 옵션과 같은 상황의 몇 가지 사례는 옵션의 특징을 더 깊이 이해할 수 있도록 해준다.

런던의 토요일 밤

런던의 어느 토요일 밤, 나는 어디로 가야 할지 스트레스를 받고 있었다. 나는 파티에서 일어날 수 있는 예상하지 못한 일들을 좋아한다. 파티에 가는 것은 옵션의 특징을 지닌다. 아마도 불확실성으로부터 잃는 것은 별로 없으면서 얻는 것이 많은 일을 찾는 사람에게 가장 권장할

---

[1] 나는 부자가 되는 것의 가장 좋은 점은 단지 독립하는 것뿐만 아니라 화려한 스키 리조트로 몰려드는 부자들을 상대로 맛이 신 포도 이야기를 하지 않으면서 그들을 경멸할 수 있다는 것으로 생각한다. 이처럼 시시한 사람들이 자기들보다 내가 더 부자라는 사실을 모를 때 훨씬 더 통쾌하다.

만한 일일 것이다.

레스토랑에 혼자 앉아 키케로Cicero의 『투스쿨란의 대화Tusculan Discussions』의 똑같은 문단을 읽고 또 읽으면서 식사를 해야 할까봐 두려웠지만, 마침 걸려온 전화 한 통으로 해소되었다. 사실 포켓사이즈의 이 책을 지난 10년 동안 들고 다녔다(1년에 3페이지 반을 읽었지만 말이다). 어쨌든 그다지 가깝지 않은 한 친구가 내가 근처에 왔다는 소식을 듣고는 켄싱턴에서의 파티에 나를 초대했다. 하지만 '오고 싶으면 오라는 식'으로, 꼭 왔으면 좋겠다는 말을 하지는 않았다. 그 파티에 가는 것이 키케로의 『투스쿨란의 대화』를 들여다보면서 혼자 식사하는 것보다는 낫지만, 그곳에 모이는 사람들은 대체로 재미가 없다. 상당수가 런던 시와 관련된 일을 하고 있고, 금융업에 종사하는 사람들은 거의 모두가 재미 없고 좋아할 만한 사람은 더더욱 아니다.

더 좋은 일이 생길 수도 있었지만, 확신이 서지는 않았다. 그래서 켄싱턴 파티보다 괜찮은 일을 찾으려고 여기저기에 전화를 했다. 친한 친구 중 한 명과 저녁을 먹을 수 있다면 그렇게 하고 싶었다. 그렇지 않으면 검정색 택시를 타고 켄싱턴으로 가려고 했다. 나는 의무가 아니라 옵션을 가지고 있었다. 꼭 얻으려고 애쓰지 않았기 때문에 비용이 들지 않는 옵션이었다. 그래서 약간의 하강국면을 가지면서, 아니 하강국면은 전혀 가지지 않으면서 커다란 상승국면을 가졌다.

이것이 바로 권한에 대해 비용이 거의 들지 않는 공짜 옵션이다.

집세

두 번째 예로, 당신이 뉴욕에 있는 어느 아파트에서 월세를 내고 산다고 하자. 물론 벽면은 책으로 가득 채워져 있다. 당신은 원하는 기간 동안 그 아파트에 거주할 옵션을 갖고 있지만 거주해야 할 의무는 없다. 갑자기 몽골의 울란바토르에 가서 새로운 삶을 시작하기로 결정했다면, 미리 정해진 기간 전에 주인에게 통지하고 잘 지내라는 인사만 하면 된다. 반면, 주인은 당신에게 일정한 월세를 받고 그곳에 당신이 원하는 만큼 살게 해줄 의무가 있다. 주변 지역의 월세가 크게 오르고 부동산 가격에 거품이 끼더라도 당신은 계약 기간 동안만큼은 보호받는다. 반면, 월세가 떨어지면 당신은 다른 아파트로 옮겨서 월세 지출을 줄일 수 있고, 주택담보대출을 받아 새 아파트를 사고 월 납부금을 낮출 수도 있다.

이제 비대칭성을 생각해보자. 당신은 낮은 월세로부터 혜택을 얻을 수 있지만, 높은 월세로부터는 피해를 입지 않는다. 왜 그럴까? 다시 말해서, 당신은 옵션을 갖지만 의무는 갖지 않는다. 한편으로 불확실성은 이런 권한의 가치를 높인다. 부동산 가격이 크게 떨어지거나 크게 올라가는 식으로 미래의 결과에 대한 불확실성이 커지면, 당신의 옵션 가치는 더욱 커진다. 즉 불확실성이 더욱 커질수록 옵션의 가치도 높아진다.

다시 한 번 말하지만, 월세 계약은 권한에 따르는 비용이 없으므로 이미 숨어 있는 옵션embedded option이다.

비대칭성

탈레스의 비대칭성을 옵션의 비대칭성의 관점에서 다시 살펴보자. 그림 5에서 가로 축은 임대료를 나타내고 세로 축은 셰켈 단위로 표시한

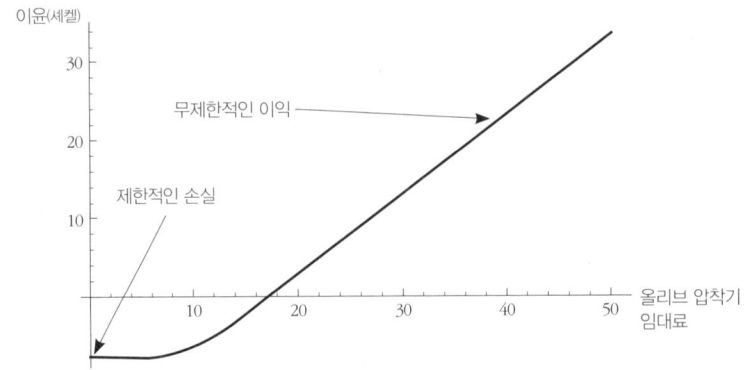

그림 5 탈레스의 안티프래질
탈레스는 엄청난 잠재력을 얻기 위해 작은 비용을 지출했다.
우리는 상승국면과 하강국면 간의 비대칭성을 확인할 수 있다.

이윤을 나타낸다. 그림 5는 비대칭성을 보여주는데 이런 경우, 당신이 옳았을 때에는 보상이 훨씬 더 커지지만 틀렸을 때에는 손실이 작다.

그림 5의 세로 축은 올리브 압착기의 임대료에 대한 함수(옵션으로부터 받는 보상)를 표시한다. 독자들은 그림을 통해 비선형성을 확인하기 바란다(하강국면보다 상승국면이 더 크게 나타나며, 비대칭성은 비선형성의 한 가지 형태다).

분산을 좋아하다

옵션의 한 가지 특징은 평균적인 결과를 고민하지 않아도 되고, 일정 수준을 넘어가는 하강국면은 중요하지 않기 때문에 바람직한 결과만 생각하면 된다. 작가, 예술가, 철학자들은 열광적인 소수의 팬만 있으면 다수의 사람들이 인정해주는 것보다 훨씬 더 행복하다. 책을 구매하는 것과 반대의 상황이나 축구 경기에서 점수를 잃는 상황은 일어나지 않기 때문에, 자신의 작품을 싫어하는 사람들이 얼마나 많은가는 중요하지 않다. 이처럼 책의 판매에 부의 영역negative domain이 존재하지 않는다는 사실은 작가에게 옵션을 제공해준다. 더구나 열광적이고 영향력이 있는 지지자들은 큰 도움을 준다. 예를 들어, 오스트리아의 철학자 루드비히 비트겐슈타인Ludwig Wittgenstein은 괴짜 혹은 기인으로 여겨지면서 그의 철학은 중요하지 않게 치부되었다. 실제로 비트겐슈타인이 자신의 이름으로 발표한 논문은 거의 없다. 하지만 그에게는 소수의 숭배자들이 있었는데, 그들 중 버트란트 러셀과 케인스J. M. Keynes가 엄청난 영향력을 발휘하는 사람들이었다.

책만 그런 것이 아니다. 정치학이든 예술이든 당신의 사상이나 작품에 대해 100%가 인정하거나 가벼운 찬사를 보내는 것보다, 다수는 당신의 메시지를 싫어하지만 또 다른 소수는 매우 열광적으로 지지하는 것이 더 낫다(즉 안티프래질하다). 옵션은 결과가 분산되어 있는 것을 좋아하고 평균에 크게 관심을 갖지 않도록 해준다.

보석, 시계, 예술품, 고가의 아파트, 고가의 소장용 와인, 애견용 프로바이오틱probiotic 푸드와 같은 사치재 산업도 평균보다는 평균 주변에 얼마나 분산되어 있는가에 관심을 갖는다. 이런 산업은 부자들의 호주머니만 생각한다. 서구 세계 인구의 연평균 소득이 5만 달러인데 불평등이 전혀 없다면 사치품 공급자들은 살아남지 못할 것이다. 그러나 평균 소득은 변함이 없는데 불평등이 심해서 일부는 200만 달러가 넘고 심지어 1000만 달러가 넘는 사람도 더러 있다면, 사치재 산업으로 많은 고객들이 몰릴 것이다. 물론 이렇게 높은 소득은 수많은 가난한 사람들의 낮은 소득에서 비롯된다. 소득 분포에서 고소득에 해당하는 꼬리 부분은 평균의 변화가 아니라 불평등 정도의 변화로 결정된다. 사치재 산업은 분포가 넓게 퍼지면서 이익을 얻으므로 안티프래질하다. 지금까지 설명했던 내용은 런던 중심부 부동산 가격의 거품에도 적용된다. 이곳의 부동산 가격은 주로 러시아와 걸프 지역 아랍 국가들의 소득 불평등에 의해서 결정되지, 영국 부동산 시장의 흐름과는 전혀 무관하다. 부자들이 사는 일부 아파트는 불과 몇 블록 떨어진 곳에 비해 단위 면적당 20배 정도 높은 금액에 거래된다.

하버드대학교 총장을 지냈던 래리 서머스Larry Summers는 이 이야기의 논점을 미숙하게 설명하다가 물의를 일으켜 결국 자리에서 물러났다. 그는 남자와 여자는 지능이 같지만, 남자의 지능은 분산값이 커서, 즉 가변성이 커서 지적으로 떨어지거나 뛰어난 사람이 더 많다는 이야기를 하려고 했다. 바로 이런 사실 때문에 과학계에 남자들이 더 많고 교도소에도 남자들이 더 많다는 것이다. 성공한 과학자의 수는 분포에서 평균이 아닌 꼬리 부분에 해당한다. 옵션이 나쁜 결과에는 관심이 없거나 작가들이 자기 작품을 싫어하는 사람에게 관심이 없는 것과 마찬가지다.

지금은 어느 누구도 다음과 같은 명백한 사실을 감히 말하려고 나서지 않는다. 경제 성장은 아시아의 방식으로 평균을 올리는 데서가 아니라, 위험을 무릅쓰고 자신의 아이디어를 실현하려는 꼬리 부분의 극소수에 해당하는 사람들의 숫자를 늘리는 데서 나온다. 바로 이런 사람들이 상상력과 용기라는 보기 드문 자질을 지녔으며, 결국 세상은 이 사람들에 의해서 만들어진다.

탈레스주의자와 아리스토텔레스주의자

이제 철학 이야기를 조금 더 해보자. 나는 8장에서 블랙 스완을 설명하면서, 의사결정을 하는 사람은 행위의 결과, 즉 보상에 관심을 갖는다고 말했다. 그리고 이런 보상은 비대칭성과 비선형성을 지닐 수 있다. 아리스토텔레스주의자들은 옳고 그름에 관심을 가졌다. 다시 말해서, 가공되지 않은 논리에 관심을 가졌다. 또 옳고 그름이 교차하는 경우는 당신이 생각하는 것보다 더 적다.

아리스토텔레스는 가로 축에 표시된 미래의 수확량 혹은 올리브 압착기의 임대료처럼 사건에 대한 지식과 세로 축에 표시된 사건으로부터의 이익 실현을 서로 같은 대상으로 인식하는 오류를 범했다. 그래프에서 명백하게 알 수 있듯이, 비대칭성 때문에 이 두 가지는 서로 같은 대상이 될 수 없다. 14장에서 뚱보 토니가 다시 한 번 강조하겠지만, 이 두 가지는 서로 다른 대상이다.

어리석어지는 방법

당신이 옵션을 가지고 있으면 지능, 지식, 통찰력, 기술 등 뇌세포에서 벌어지는 복잡한 움직임을 크게 요구하지 않는다. 당신의 선택이 항상 옳아야 할 필요가 없기 때문이다. 바람직하지 않은 결과가 발생했을 때 자신에게 해롭지 않도록 하고, 바람직한 결과가 발생했을 때에는 이를 인식할 줄 아는 지혜만 있으면 된다(여기서 중요한 것은, 결과가 나오기 전에 미리 평가할 필요가 없고, 결과가 나온 후 평가하면 된다는 점이다).

이런 특징은 우리를 어리석게 만들거나 혹은 그 반대로 지식이 보장하는 것보다 더 많은 것을 얻도록 해준다. 나는 후자가 지닌 특징을 '철학자의 돌' 혹은 옌센 부등식에 따라 수학적으로 도출되는 '볼록성 바이어스convexity bias'라고 부를 것이다. 기술적으로 자세한 설명은 5권에서 다시 하겠지만, 지금은 진화가 단순히 옵션, 선택 필터, 무작위성의 조합 덕분에 지식이나 지능이 없이도 놀랄 만큼 정교한 대상을 만들어낼 수 있다는 사실을 인정하면서 그냥 넘어가도록 하자.

자연과 옵션

프랑스의 위대한 생물학자 프랑수아 자코브François Jacob는 자연에 존재하는 옵션의 개념 또는 옵션과 같은 특징을 과학에 도입했는데, 이런 옵션은 프랑스어로 브리콜라주bricolage에서 일어날 법한 시행착오 덕분에 나타난다. 브리콜라주는 버려질 만한 재활용품을 가지고 시행착오를 거쳐 미술품을 만들어내는 창작 활동을 말한다.

자코브는 자연은 태내에서도 선택하는 방법을 안다고 주장했다. 모든 배아의 절반 정도는 자연 유산으로 이어지는데, 이렇게 하는 것이 청사진에 따라 완전한 태아를 만들어가는 것보다 더 쉽다. 자연은 자신의 기준을 충족하는 것을 보존하지만, 그렇지 않으면 실리콘 밸리의 기업들처럼 일찍 포기한다. 자연은 옵션을 가지고 있고 그것을 활용한다. 자연은 옵션의 효과를 인간보다 훨씬 더 잘 이해한다. 물론 아리스토텔레스보다도 확실히 더 잘 이해한다.

자연이 하는 모든 일은 옵션을 활용하는 것이다. 자연은 옵션이 지능을 어떻게 대체하는지 잘 보여준다.[2]

이제 손실은 작지만 커다란 이익을 주는 시행착오를 '팅커링tinkering'

이라고 부르자. 볼록성은 이런 정의 비대칭성positive asymmetry을 의미하는데, 이에 관해서는 18장에서 자세히 설명할 예정이다.†

그림 7에 나오는 그래프는 실리콘 밸리에서 나온 아이디어를 잘 보여준다. 스티브 잡스는 "항상 갈구하라, 우직한 바보가 되라."고 했다. 이는 '일에 미쳐라. 그러나 상계Upper Bound를 판단하고 정할 때에는 합리성을 유지하라.'는 뜻으로 풀이된다. 앞으로 살펴보겠지만, 어떤 시행착오라도 바람직한 결과를 확인하고 이를 활용할 능력이 있는 한 그것은 옵션의 표현으로 간주된다.

합리성

옵션을 다음과 같이 구체적으로 표시할 수 있다.

$$옵션 = 비대칭성 + 합리성$$

여기서 합리성은 이익을 얻기 위해 좋은 것을 유지하고 나쁜 것은 버린다는 의미다. 앞에서 말했지만, 자연은 좋은 태아를 얻기 위해 나쁜 태아를 버린다. 안티프래질과 프래질의 차이가 바로 여기에 있다.

---

2 우리는 지능이 아니라 옵션을 통해 뛰어난 성과를 올리는 방법을 보여주기 위한 모델로 자연을 활용할 것이다. 그러나 자연주의적 오류에는 빠지지 말자. 윤리적 원칙이 옵션에서 나올 필요는 없다.

† 사람들은 운과 시행착오에 관해서 말하지만, 결과적으로는 큰 차이가 없다. 왜 그럴까? 실제로는 운이 아니라 옵션에 관한 이야기이기 때문이다. 정의상 운은 활용할 수 없는 것이다. 그리고 시행착오는 착오를 일으킬 수 있다. 옵션은 운의 위쪽 절반을 가져가는 것이다.

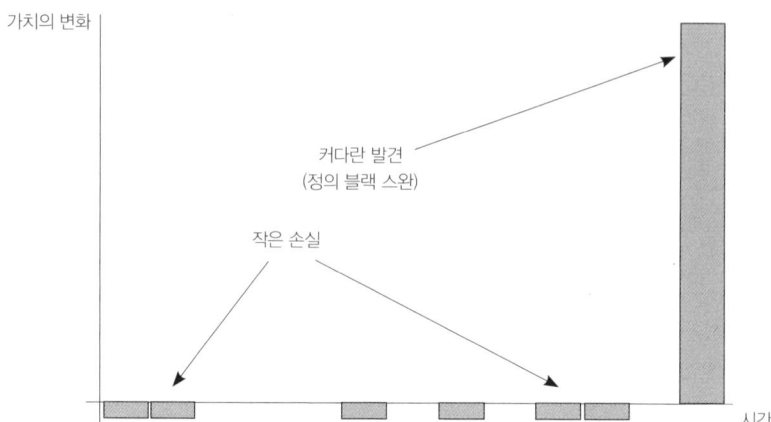

그림 6 이 그래프는 옵션과 같은 시행착오의 메커니즘을 보여준다. 이는 볼록 팅커링 convex tinkering이라고도 불리고, 일찍 포기한다는 의미도 내포한다. 실패하더라도 손실이 작고 최대 손실이 얼마나 되는지도 알고 있다. 하지만 잠재적인 보상은 엄청나게 커서 무한하다. 정의 블랙 스완이 갖는 특징은 보상이 복권 당첨금과 달리 무한할 수도 있고, 혹은 미지의 유한한 값을 가질 수도 있다. 그러나 실패하더라도 손실은 제한적이고 그 손실의 정도도 이미 알고 있다.

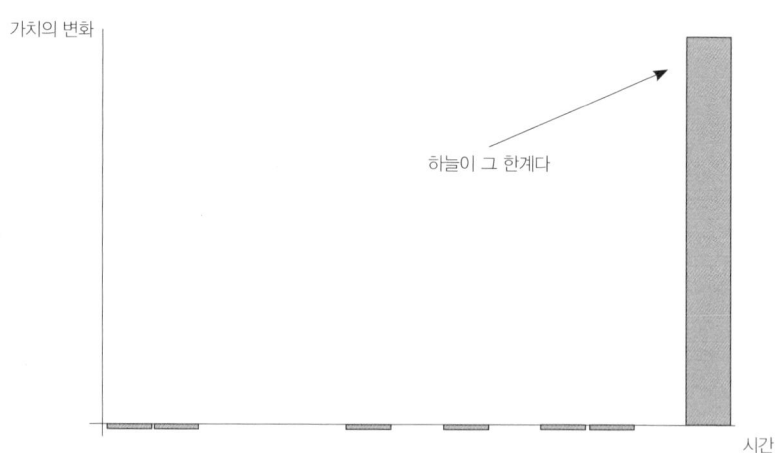

그림 7 그림 6과 같은 상황이지만 극단의 왕국에서의 보상은 소름이 끼칠 정도다.

프래질한 것은 옵션이 없다. 그러나 안티프래질한 것은 가장 좋은 옵션을 가지고 있다.

자연의 가장 놀라운 특성은 진화와 연관된 시험 과정에서 옵션을 활용하여 스스로 가장 좋은 것을 선택하는 합리성이다. 자연은 다른 무엇인가를 하기를 두려워하는 연구자와 달리 옵션, 즉 비대칭성을 확인한다. 따라서 자연은 단계적으로 발전한다. 경로 의존성에서 설명했듯이, 생물학적 시스템은 이전보다 더 나은 상태에 도달해 이전으로 돌아가지 않는다. 합리성은 시행착오를 거치는 동안 이전보다 더 나은 것을 거부하지 않는 데에 있다.

사람들은 거래를 할 때 옵션을 확인하고 계약서를 작성한 후 구매한다. 따라서 보험 계약처럼 명시적인 옵션은 고가에 거래될 수도 있다. 이런 옵션은 때로 과대 광고에 의한 것일 수도 있다. 그러나 우리 생각이 갖는 영역 의존성 때문에, 다른 영역에서의 옵션을 제대로 인식하지 못해서 저가 혹은 공짜로 거래하기도 한다.

나는 나의 미래를 결정한 와튼스쿨Wharton School 금융 옵션 강의 시간에 옵션의 비대칭성에 관해 배웠고, 담당 교수가 이와 관련된 의미를 정확하게 파악하지 못했다는 사실도 곧 깨달았다. 간단히 말해서, 그는 비선형성을 이해하지 못했고 비대칭성으로부터 옵션의 특징이 나온다는 사실도 파악하지 못했다. 바로 영역 의존성이다. 그는 교과서가 비대칭성을 언급하지 않은 곳에서 그것을 놓쳤던 것이다. 그는 옵션을 수학적으로 이해하고 있었지만, 방정식 외의 영역은 이해하지 못했다. 그는 시행착오를 옵션으로 생각하지 않았고, 모델 오차를 부의 옵션negative option으로 생각하지 않았다. 그리고 옵션을 가르치는 사람

들이 비대칭성을 이해하는 정도는 30년이 지난 지금도 크게 변하지 않았다.³

어떤 옵션은 숨기고 싶지 않은 곳에 숨어 있다. 나는 옵션은 가변성이 존재하는 상황뿐만 아니라 실패하더라도 손실이 작은 상황으로부터 혜택을 얻게 해준다는 사실을 앞으로도 계속 이야기할 것이다. 이런 실패는 옵션과도 같은 것이다. 장기적으로 행복한 실패는 이익을 주고 불행한 실패는 손실을 준다. 뚱보 토니는 바로 이런 사실을 이용했다. 어떤 모델은 오로지 불행한 실패만을 낳는다. 특히 파생상품 모델과 이와 비슷한 프래질한 상황이 그렇다.

인간과 지식인들은 옵션에 무지하다는 사실이 불현듯 스친다. 다음 꼭지에서 살펴보겠지만, 옵션은 훤히 보이는 곳에 있다.

인생은 롱 감마

옵션은 정말 훤히 보이는 곳에 있다.

유대인 율법학자로서 탈무드를 연구하는 내 친구 앤서니 글릭만Anthony Glickman은 한때 옵션 트레이더로 변신했다가 지금은 다시 율법학자로 되돌아온 사람이다. 그는 나와 함께 옵션의 특징이 우리 주변에서 벌어지는 모든 일에 적용된다는 대화를 나누다, 내가 스토아

---

3 나는 옵션과 관련된 경험을 이야기하기가 염려스럽다. 독자들이 그 개념을 다른 과학에 관련시키기보다 주로 금융에만 관련시키는 것을 우려하기 때문이다. 내가 파생상품에서 나오는 기술적인 내용을 서술하면, 사람들은 이를 금융 현상을 논의하는 것으로 오해한다. 나는 그럴 때마다 화가 난다. 이런 내용은 단지 기술적인 것일 뿐이다. 어느 분야에나 적용되는 기술이라는 사실을 제발 알아주기 바란다.

철학에 관해 장광설을 늘어놓자 조용한 말투로 이렇게 말했다. "인생은 롱 감마long gamma와도 같아." (풀이하자면 '롱Long'은 '무엇으로부터 이익을 본다'는 의미고 '숏Short'은 '무엇으로부터 손실을 본다'는 의미다. 그리고 '감마gamma'는 옵션의 비선형성을 지칭하는 말이다. 따라서 '롱 감마'는 '무작위성으로부터 이익을 얻는다'는 의미다. 앤서니는 자신의 이메일 주소에도 쓴다.)

일부 옵션은 가격이 지나치게 비싸기 때문에, 옵션을 소유하는 것이 합리적이지 않다고 주장하는 논문들도 상당히 많이 나왔다. 특히 드물게 일어나는 사건의 가능성을 고려하지 않고 리스크를 계산하는 경영대학의 기법을 적용하면, 옵션의 가격이 비싸게 여겨질 수 있다. 더구나 연구자들은 사람들이 카지노에서 승산이 없는 결과에 필요 이상으로 무리하게 지출하도록 만드는 '롱 샷 바이어스long shot bias' 혹은 '로터리 효과lottery effect'를 끌어들이기도 한다.

물론 이런 것은 리스크를 두려워하면서, 리스크라고 하면 카지노만 떠올리는 트리파트 교수와 같은 사람들이 과학의 옷을 입힌 거짓말에 불과하다. 또한 경제학자들은 불확실성을 다루면서 우리 삶의 무작위성을 카지노의 다루기 쉬운 무작위성으로 잘못 생각해 내가 '루딕 오류ludic fallacy'라고 부르는 문제를 일으킨다(여기서 루딕ludic은 라틴어의 게임games에 해당하는 단어 '루데스ludes'에서 따온 말이다).

우리는 7장에서도 블랙 잭을 하는 사람이 저지르는 오류를 보았다. 복권 가격이 비싸게 책정되었다는 사실에 근거해 드물게 일어나는 모든 사건에 내기를 거는 행위를 비난하는 것은, 결국 카지노가 도박꾼으로부터 돈을 벌게 되어 있다는 사실에 근거해 모든 리스크를 수용하는 행위를 비난하는 것만큼이나 어리석다. 이런 비난은 우리가 카지노 밖에서 리스크를 수용하고 있다는 사실을 망각한 데서 비롯된다. 더구나 카지노에서의 도박과 복권 구매는 최대의 상승국면을 미리 알고 있다. 현실 생활에서는 때로 보상이 무한할 수도 있다. 그리고 두 가지 경우에서 나타나는 이런 차이는 중요한 의미를 갖는다.

리스크를 수용하는 것은 도박을 하는 것과 다르다. 옵션은 복권이 아니다. 뿐만 아니라, 여기서 '롱 샷'을 끌어들이는 주장은 아주 터무니없는 체리 피킹에 해당된다. 역사상 대부분의 부를 창출했던 사업들을 보면, 모두가 옵션을 활용했다는 사실을 알게 될 것이다. 불행하게도 다른 사람 혹은 납세자로부터 옵션을 훔치는 사람들도 있다(7권에서 이와 관련한 윤리적 문제를 살펴볼 것이다). 그들은 주로 기업 CEO들로서 상승국면만 누리고 하강국면은 피해간다.

그러나 미국 역사상 부를 가장 많이 창출했던 부문은 부동산 투자였다. 투자자들은 주로 은행을 상대로 옵션을 행사했다. 그 다음으로 가장 많은 부를 창출한 것은 거의 완전히 시행착오에만 의존하는 기술이었다. 더구나 은행처럼 부의 옵션 negative optionality을 가진 사업은 끔찍한 결과를 초래했다. 역사를 살펴보면 은행이 파산하는 경우는 수시로 나타났다.

그러나 이런 현상들은 자연적·과학기술적 진화에서 나타나는 옵션의 역할에 비하면 대수롭지 않게 여겨진다. 4권에서는 과학기술적 진화에서 나타나는 옵션의 역할을 자세히 설명할 것이다.

로마 정치인들은 옵션을 좋아한다

정치 시스템도 합리적인 사람들이 더 나은 옵션을 받아들일 때에는 합리적 팅커링의 형태를 따른다. 로마인들은 이성이 아닌 팅커링에 의해 움직이는 정치 시스템을 지니고 있었다.

폴리비오스Polybius는 저서 『역사The Histories』에서, 역경을 통해 자연스럽게 터득해가면서 정치 시스템을 구축했던 그리스의 입법자 리쿠르고스Lycurgus를, 몇 세기 후 이성의 과정을 거치지 않고 항상 수많은 실패의 경험을 바탕으로 최선의 정치 시스템을 구축했던 경험 많은 로마인들에 비유했다.

다음 이야기

지금까지의 이야기를 요약해보자. 10장에서는 세네카를 통해 상승국면이 하강국면보다 더 많이 나타난다는 비대칭성을 살펴보았다. 이번 장에서는 이런 논점을 더욱 정교하게 표현하고, 사람들이 원하면 상승국면을 수용하고 하강국면을 수용하지 않을 수 있는 옵션의 형태로 비대칭성을 설명했다. 따라서 옵션은 안티프래질을 달성하기 위한 무기다.

4권에서는 옵션이 지식을 대체한다는 사실을 강조하고 싶다. 실제로 나는 지식이 모호하고 무익해 아무런 결실을 맺지 못하는 모습을 보고 이해하기 힘들었다. 따라서 우리가 생각하는 많은 것들이 우리가 이해했다고 주장하는 지식이 아니라, 주로 탈레스에 의해 그리고 자연에 의해 잘 사용되는 옵션에서 나온다는 대담한 추론을 한다.

이런 추론의 의미는 중요하다. 왜냐하면 교육이 부의 결과가 아니라 부가 교육의 결과라고 생각하거나 지적인 행위와 발견이 지적인 아이디어의 결과라고 생각한다면, 당신은 놀라운 일을 경험하게 될 것이기 때문이다. 이제부터 그 놀라운 일이 어떤 것인지 살펴보도록 하자.

새에게 날아가는 법을 가르치다

그 바퀴가 마침내 / 최초의 것 / 뚱보 토니의 생각 / 중요한 문제는 새가 조류학자보다 더 많이 저술하지 않는다는 것이다

바퀴 달린 여행용 가방 이야기를 해보자. 나는 여행을 다닐 때마다 바퀴 달린 여행용 가방을 끌고 다닌다. 이 가방은 주로 책으로 가득 차 있다. 여행을 다니는 동안 내가 관심을 갖고 보게 될 책들은 주로 양장으로 되어 있어서 이 가방은 상당히 무겁다.

 2012년 6월에도 나는 책으로 꽉 찬 무거운 가방을 끌면서 JFK 국제공항 터미널을 빠져나오고 있었다. 가방 아래에 박혀 있는 작은 바퀴와 금속제 손잡이를 물끄러미 쳐다보면서, 갑자기 옛 생각에 잠겼다. 터미널을 빠져나오면서 책으로 가득 찬 가방을 옮기는 동안 아픈 팔에

서 젖산을 배출시키기 위해 얼마나 자주 쉬어야 했던가? 당시 나는 짐꾼을 쓸 여유가 되지 않았다. 그렇게 했더라도 마음이 편치는 않았을 것이다. 30년 동안 같은 터미널을 오가고 있는데, 가방만큼은 예전에는 없던 바퀴가 지금은 생겼다. 그 차이는 엄청나다. 우리에게는 상상력이 얼마나 부족했던가? 그 동안 바퀴가 달린 카트 위에 여행용 가방을 얹어 놓고 다니면서 어느 누구도 가방에 직접 작은 바퀴를 달 생각은 하지 못했다.

바퀴가 발명되고 나서(메소포타미아인들이 처음 발명한 것으로 알려져 있다.) 이처럼 훌륭한 역할을 수행(우중충한 공단 지역의 어느 가방 제조 업체에 의해)하기까지 6000년 가까운 세월이 지났다. 그리고 나와 같은 수많은 여행객들이 무례한 세관 공무원들로 가득 찬 복도를 지나기 위해 바퀴 없는 가방을 힘들게 옮기면서 수십 억 시간을 흘려 보냈다.

안타깝게도 이런 상황은 사람을 달에 보내고 나서도 30년 넘게 이어졌다. 우주로 사람을 보내는 데 사용된 정교한 기술은 일상 생활에 전혀 영향을 미치지 않는다. 이런 기술은 아픈 팔에 축적된 젖산, 허리와 손바닥에 느껴지는 고통, 긴 복도 앞에서 느끼는 무력감을 해소시키지 않는다. 사실, 우리는 지금 매우 중요하지만 기술적으로는 하찮은 것에 관해 이야기하고 있다.

미래를 전망하지 않고 과거를 돌이켜보면 기술은 하찮은 것에 불과하다. 보통 머리 손질을 하지 않고 사는 똑똑한 지성들은 괴텔Gödel, 리만의 추측Riemann's Conjecture, 쿼크 입자quark 등을 논의하는 컨퍼런스에 참석하기 위해 먼 거리를 달려간다. 그들은 여행 가방을 끌면서 공항 터미널을 빠져나가는 동안, 그 좋은 머리를 가지고 하찮은 수송 문제를 생각하지 않는다. 과학자 집단은 단순한 문제를 해결한 사람보다 어려운 문제를 해결한 사람을 높이 평가한다. 그리고 그 똑똑한 지성들이 하찮은 문제 해결에 자신의 두뇌를 넘칠 정도로 활용했더라도 아마 그들은 아무런 성과를 내지 못했을 것이다.

이는 인간이 미래를 만들어가는 방법에 관해서 말해준다. 인간은 상상력이 부족하기 때문에 미래에 무엇이 중요한지 잘 모른다. 결국 무작위성을 활용하여 발견한 것을 하나하나 배운다. 이것이 바로 안티프래질이 필요한 이유다.

바퀴에 관한 이야기는 여행용 가방보다 훨씬 더 보잘것없다. 중앙아메리카인들이 바퀴를 처음 발명하지는 않았지만, 사실은 그들도 바퀴를 가지고 있었다. 그러나 그들의 바퀴는 아이들의 작은 장난감으로만 쓰였다. 결국 여행용 가방 이야기와 비슷하다. 마야인과 사포텍인은 바퀴를 실생활에 응용하지 못했다. 그들은 평지에 있는 거대한 석판을 피라미드 건설 현장으로 옮기는 과정에서 수레를 사용하지 않고 직접 몸을 사용함으로써 엄청난 옥수수를 소비하고 젖산을 축적해야 했다. 심지어 석판을 통나무 위에 얹어 놓고 돌리기도 했다. 그러는 동안 그들의 자식들은 바닥에서 장난감을 굴리고 놀았다(어쩌면 그 장난감은 영안실에서만 썼기 때문에 그조차 하지 않았을 수도 있다).

같은 이야기가 증기기관에도 적용된다. 그리스인들은 원시적 형태의 증기기관을 만들어냈는데, 물론 오락용이었다. 헤론Hero of Alexandria이 증기의 힘으로 회전하는 아이올리스의 공aeolipyle을 발명했지만, 이런 발명은 산업혁명이 일어나고 나서야 널리 알려졌다.

위대한 천재들이 앞서 간 사람들의 업적을 발견했듯이, 실제로 혁신은 이론적으로 먼저 앞서 있던 조상들을 발견하는 것이다.

 발견과 실행의 과정에는 은밀하게 작용하는 무엇인가가 있다. 사람들은 이것을 보통 진화라고 부른다. 진화는 생각보다 훨씬 더 우연한 변화에 의해 이루어진다. 사람은 말은 거창하게 하지만, 사물이 갖는 옵션의 특징을 인식하는 몇 안 되는 현인들을 제외하고는 상상력이 부족하다. 안티프래질을 두 차례 투여하는 과정에서 어느 정도의 무작위성이 필요하다. 이런 무작위성은 발견과 실행이라는 두 단계에서 역할을 수행한다. 첫 번째 단계에서의 역할은, 비록 발견의 과정에서 우연의 역할이 과소평가되기는 하지만, 크게 놀랍지는 않다.

 그러나 두 번째 단계에서의 역할을 이해하는 데 나는 평생이 걸렸다. 실행은 반드시 발견에서 비롯되는 것은 아니다. 실행은 행운과 우연을 요구한다. 의약품의 역사를 보면, 치료제의 발견이 이상한 순서로 흐트러져 있으며 이런 발견이 있고 나서 한참 뒤에야 실행이 뒤따른다는 것을 알 수 있다. 마치 실행과 발견이 완전히 분리된 것처럼 말이다. 실행은 발견보다 훨씬 더 어렵다. 시장에 무엇인가를 내놓는 것만 보더라도 우리는 수많은 반대자, 행정가, 공허한 정장 차림의 관리자, 형식주의자, 산더미 같은 서류들과 씨름해야 하고 때로는 좌절감을 느껴야 한다. 다시 말해, 옵션이 관여되는 일이지만 이에 대해 무지한 사람들이 많다. 여기서 필요한 것은 바로 당신이 손에 쥔 것이 무엇인지를 깨닫는 일이다.

 절반은 발견되었다. 우리가 절반은 발견되었다고 여기는 것들이 있는데, 이처럼 절반이 발견된 것을 발견된 것으로 가져가는 작업이 많은 경우 진정한 발전이 이루어진다. 때로는 발견된 것을 가지고 오직 상상력을 발휘해 무엇을 할 것인지를 생각해내기 위한 안목이 필요하다. 마우스나 그래픽 인터페이스의 예를 들어보자. 바로 스티브 잡스가 그것을 당신의 책상 위로 가져왔고, 그 다음에는 무릎 위로 가져왔다. 오직 그만이 이미지와 인간 간의 대화를 상상했고, 나중에 소리가 추가되었다. 지금도 절반만 발견된 것들이 마치 말을 하듯이 우리를 응시하고 있다.

가장 간단한 기술 혹은 바퀴처럼 기술도 아닌 도구가 세계를 움직이게 만드는 것 같다. 20장에서 다시 설명하겠지만, 기술이라고 부르는 것은, 좀 과장해서 말하자면 사망률이 아주 높다. 힉소스 왕조Hyksos(기원전 1700~1580년경 이집트를 지배한 국가-옮긴이)의 공격 무기와 헤론의 증기기관이 나온 이후, 지난 3000년이 넘는 세월 동안 개발되었던 모든 교통수단 중에서 오늘날 사용되는 것은 자전거와 자동차 그리고 이 두 가지를 변형한 것 몇 가지가 전부라는 사실을 생각해보라. 그렇다 하더라도 더욱 자연스럽고 덜 프래질한 것이 기술적인 것을 대체하면서 기술은 발전과 후퇴를 반복했다.

아랍 국가들의 침공 이후 레반트 지역에서는 주로 낙타를 더 많이 사용했고 주민들은 낙타가 바퀴를 사용하는 프래질한 기술보다 더 강건하고 효율적이라는 생각을 하게 되면서, 중동 지역에서 처음 나왔던 바퀴는 사라져야 했다. 게다가 한 사람이 여섯 마리의 낙타를 관리할 수 있고, 운임은 한 사람만 적용되었기 때문에, 기술의 퇴보가 더 경제적이라는 것이 확인되었다.

한 번 더, 단순한 것이 더 낫다

도자기 컵을 보면서 프래질을 간단하게 정의할 수 있다는 사실을 깨달았을 때(자명하지만 실제로는 깨닫기가 어렵다), 여행용 가방의 사례는 나를 놀리듯이 괴롭혔다. 발견이 간단하고 자명할수록 복잡한 수단을 가지고 그것을 알아내기는 어렵다. 중요한 것은 실행을 통해서만 나타날 수 있다. 지금 우리를 바라보면서 비웃고 있는 하찮을 정도로 간단한 발견은 수없이 많다.

바퀴 이야기는 이번 장의 핵심을 말해준다. 정부와 대학은 혁신과 발견을 위해 하는 일이 별로 없다. 그 이유는 그들의 눈을 어둡게 만드는 합리주의뿐만 아니라, 그들은 복잡한 것, 화려한 것, 뉴스거리가 되는 것, 이야깃거리가 되는 것, 과학적인 것, 웅장한 것을 찾으려고 하지 여행용 가방의 바퀴에는 관심이 없기 때문이다. 단순한 것에는 월계관을 얹어주지 않는다.

격차에 주의하라

우리는 탈레스와 바퀴 이야기를 통해, 시행착오의 비대칭적인 측면에서 나타나는 안티프래질이 지능을 대체한다는 사실을 알게 되었다. 그러나 어느 정도의 지능은 필요하다. 합리성에 관한 설명에서 우리에게 필요한 것은 현재 가지고 있는 것이 이전에 가졌던 것보다 더 낫다는 사실을 이해하는 능력이라는 점을 알았다. 다시 말하면, 옵션의 존재를 인식하는 것이다(옵션의 행사는 이전보다 더 나은 가치가 있는 대안을 받아들여 이익을 취한다는 의미로, 바로 여기서 합리성이 요구된다). 그리고 기술의 역사에서 볼 때, 안티프래질에 의해 갖게 된 옵션 활용 능력은 확실하지 않다. 발견된 것들은 우리를 오랫동안 쳐다본다. 우리는 바퀴와 바퀴를 사용하는 것 간의 격차를 보았다. 의학 연구자들은 이런 지연을 '중개 격차translational gap'라고 한다. 이 말은 콘토포우로스 이온니디스Contopoulos-Ioannidis의 연구진에 의해 처음 제시되었으며, 발견에서 첫 번째 실행까지의 시차를 의미한다. 또 이런 시차는 지나친 잡음과 학문적 이해관계 때문에 나타나며, 현대에 와서는 더욱 길어지고 있다.

역사학자 데이비드 우튼David Wooton은 세균의 발견에서 세균을 질병의 원인으로 인정하는 데까지 200년이라는 시차가 있었다고 했다. 그리고 부패에 관한 세균 이론과 멸균법의 개발까지는 30년이라는 시차가 있고, 멸균법에서 약물 요법까지 60년이라는 시차가 있었다고 설명했다.

그러나 상황은 더 나쁠 수도 있다. 의학의 암흑기에 의사들은 체액이 균형을 유지해야 한다는 어설픈 합리주의적 생각에 의존하곤 했다. 그리고 질병은 이런 체액의 불균형에서 비롯되며, 균형을 회복하는 데 필요한 치료법을 고민하기 시작했다. 노가 아리카Noga Arikha는 체액에 관한 자신의 저서에서, 1620년대에 윌리엄 하비William Harvey가 혈액 순환의 메커니즘을 보여준 이후 사람들이 체액의 균형에 관한 이론과 치료법이 사라져야 한다는 생각을 갖게 되었다고 주장했다. 그럼에도 불구하고 사람들은 정신과 체액을 계속 언급하고, 의사들은 수 세기 동안 사혈요법, 관장, 충혈 부위에 물에 적신 빵이나 시리얼로 찜질하는 등의 습포 처방을 계속했다. 파스퇴르Pasteur가 전염성 질병의 원인이 세균이라는 사실을 입증하고 나서도 이러한 처방은 계속 되었다.

회의주의적 경험주의자인 나는 새로운 기술에 저항하는 것이 반드시 불합리하다고 생각하지 않는다. 누군가 새 기술이 아직 완전하지 않다고 주장한다면, 시험을 거치는 동안 기다리는 것이 타당하다. 그것은 자연주의적 리스크 관리가 추구하는 방향이기도 하다. 그러나 과거의 기술에 자연주의적 요소가 전혀 없고 명백하게 해로운데도 이에 얽매이는 것은 확실히 불합리하다. 또 여행용 가방에 바퀴를 다는 것과 같은 신기술로의 전환이 새로운 부작용이 전혀 없는데도 과거의 기술에 얽매이는 것 역시 마찬가지다. 버릴 것을 버리지 않는 것은 무능함을 낳고 죄가 된다(반복해서 말해왔듯이, 자연스럽지 않은 것은 버리더라도 오랫동안 지속될 만한 부작용은 없다. 즉 의원성 질환이 나타나지 않는다).

다시 말해서 나는 이런 발견을 실행하는 것에 대한 저항에 지적인 신뢰를 보내거나, 숨은 지혜라고 치켜세우거나, 리스크 관리의 관점에서 지지하지는 않는다. 이런 저항은 명백하게 잘못된 것이며, 전문가들 세계에 뿌리내린 만성적인 소심한 태도를 공유하는 것에 불과하다. 전문가들 중에 변화를 위해 자신의 직업과 명성을 위태롭게 하려는 사람은 거의 없다.

탐사, 그리고 실패를 투자로 만드는 방법

시행착오는 사람들이 깨닫지 못하는 매우 중요한 가치를 지닌다. 옵션의 특징 때문에 시행착오는 실제로 무작위적이지 않고 어느 정도의 합리성을 요구한다. 따라서 바람직한 결과를 인식하고 무엇을 버려야 하는지에 대해서 판단할 줄 알아야 한다.

그리고 시행착오를 완전히 무작위적인 것으로 만들지 않으려면 합리성을 지녀야 한다. 예를 들어, 시행착오를 거쳐 거실에서 잃어버린 지갑을 찾을 때에는 같은 장소를 두 번 확인하지 않는 합리성을 발휘할 수 있다. 여러 장소를 뒤지면서 찾고 실패하는 과정을 거쳐 추가적인 정보, 즉 어디에는 지갑이 없다는 사실을 알게 되고, 새로운 정보는 이전의 정보보다 더 많은 가치를 갖는다. 매번 시도할수록 찾으려는 무엇인가에 가깝게 다가가면서, 그것이 정확하게 어디에 있는지 알 것 같은 분위기를 느끼게 된다. 실패했던 시도를 통해 다음에는 어디로 가야 할지를 점진적으로 알아간다.

오랜 세월 동안 심해에 침몰되어 있던 난파선을 끌어올리는 인양 전문가 그레그 스템Greg Stemm이 개발한 절차가 시행착오를 가장 잘 설명해줄 수 있을 것 같다. 2007년 그는 자신의 (당시로서는) 가장 큰 발견물이 큰돈을 벌게 해줄 것이라는 생각에 '블랙 스완'이라고 이름을 붙였다. 그 난파선은 실제로 굉장히 컸고, 10억 달러의 가치를 지닐 것으로 추정되는 보물들이 적재되어 있었다. 그의 블랙 스완은 누에스트라 세뇨라 데 라스 메르세데스Nuestra Señora de las Mercedes라고 불리는 스페인의 호위함으로서, 1804년 포르투갈 남부 해역에서 영국 함선에 의해 침몰되었다고 한다. 스템은 정의 블랙 스완positive Black Swan을 찾는 대표적인 사냥꾼임이 입증되었고, 그의 탐색 방법은 무작위성을 가장 잘 관리한 형태라고 볼 수 있다.

나는 그를 만나서 그와 생각을 공유할 수 있었다. 그의 투자자들은 나와 마찬가지로(당시 나도 투자자로서 그 사업에 관여하고 있었다) 보물 사냥꾼들에게는 탐사 비용만 들어가고 아무 것도 찾아내지 못하는 시기가 골칫거리가 아니라는 사실을 잘 모르고 있었다. 사실 보물 사냥

13장 새에게 날아가는 법을 가르치다 293

꾼들은 치과 의사나 매춘부처럼 끊임없이 현금이 들어오는 일을 하고 있었다. 사람들은 정신적인 영역 의존성에 의해 사무실의 가구에 들어가는 돈은 손실로 처리하지 않고 투자로 처리하면서, 탐사 비용은 손실로 처리한다.

스템의 방법은 이러했다. 그는 난파선이 있을 만한 위치를 광범위하게 분석한다. 이때 얻는 데이터는 구역별로 확률을 표시한 지도에 종합해 나타낸다. 확률이 더 낮은 지역으로 이동하기 전에, 먼저 탐사했던 지역에는 난파선이 분명히 없다는 확신을 하면서 그 다음 탐사 지역을 정한다. 무작위적으로 보이지만 그렇지 않다. 집에서 잃어버린 지갑을 찾는 것과 비슷하다. 탐사는 성과를 낼 확률이 순차적으로 높아진다. 물론 이미 탐사했던 지역에 지갑이 없다는 확신을 가질 때 그렇다.

일부 독자들은 난파선을 찾는 것과 관련해 도덕적인 문제를 제기하면서 냉담한 반응을 보일 수도 있다. 여기서 나오는 귀금속들은 국가의 재산이지, 개인의 재산이 아니라는 생각을 하면서 말이다. 그럼 영역을 바꾸어보자. 스템의 방법은 전인미답의 해저 토양에 축적된 석유와 천연가스를 탐사하는 데에도 적용된다. 게다가 상승국면이 보물의 가치에만 제한되어 있는 난파선과 달리 바닷속의 유전과 천연자원은 거의 무제한이다.

나는 6장에서 무작위적인 땅 파기가 다른 탐사법보다 더 우월할 수 있다는 이야기를 했다. 지금처럼 옵션의 특징을 활용한 탐사 방법은 아무런 생각 없이 그저 무작위적이지는 않다. 이 방법은 옵션을 활용해 무작위성을 잘 길들여 더 나은 성과를 얻도록 해준다.

창조적인 파괴와 창조적이지 못한 파괴

시행착오를 일반화하는 논점에서 사소한 부분인 착오를 이해했지만, 12장에서 옵션의 특징이라고 했던 비대칭성을 이해하지 못한 사람들 중에 경제학자인 조지프 슘페터Joseph Schumpeter가 있었다. 그는 시스템의 개선을 위해서 무엇인가를 파괴할 필요가 있다고 했고, 이를 창조적 파괴creative destruction라고 불렀다. 17장에서 설명하겠지만, 철학자 카를 마르크스가 이 개념을 발전시킨 반면, 이 개념을 처음 발견한 사람은 니체였다. 그러나 슘페터의 저작을 보면 그가 불확실성과 불투명성의 관점에서 생각하지는 않았음을 알 수 있다.

슘페터는 정부가 독단적으로 혁신을 이루어낼 것이라는 환상을 가지고 개입주의를 강하게 밀고 나갔다(이에 대해서는 앞으로 여러 페이지에 걸쳐 반박하겠다). 그는 진화와 관련된 긴장, 이에 따른 계층화를 인식하지 못했다. 더욱 결정적으로 그와 그를 험담하는 자(주로 그가 수학을 모른다고 생각하는 하버드대학교의 경제학자들)들은 옵션이 갖는 비대칭성에서 비롯되는 안티프래질의 개념, 그러니까 성장의 에이전트라 할 수 있는 철학자의 돌을 놓쳤다. 그들은 인생의 절반을 보지 못한 것이다.

소비에트-하버드의 조류학과

기술적 노하우의 많은 부분이 안티프래질, 옵션, 시행착오에서 나오기 때문에 어떤 사람들은 이런 사실을 타인과 스스로에게 숨기거나 그 역할을 과소평가하려고 한다.

지식의 두 가지 유형을 생각해보자. 첫 번째 유형의 지식은 정확하게 말해서 지식이 아니다. 이 모호한 특징 때문에 우리는 이것을 엄밀한 정의의 지식과 연관시키지 못한다. 이것은 우리가 정확하고도 분명한 언어로 표현할 수 없는 방식으로 작동한다(이것을 때로는 아포파틱apophatic이라고 부른다). 그럼에도 불구하고 우리는 표현하려고 하고 실제로도 잘 표현한다. 두 번째 유형의 지식은 우리가 '지식'이라고 부르는 것에 더 가깝다. 이것은 학교에서 배울 수 있고, 성적을 얻고, 체계적으로 정리할 수 있고, 설명할 수 있고, 규칙을 따르게 할 수 있고, 합리화할 수 있고, 공식화할 수 있고, 이론화할 수 있고, 소비에트의 지배하에 둘 수도 있고, 관료화할 수 있고, 하버드 브랜드를 찍어줄 수도 있고, 증명할 수도 있다.

어설픈 합리주의가 갖는 오류는 인간사에서 두 번째 유형의 지식, 즉 학문적 지식의 역할과 필요성을 과대평가하도록 만들고 체계화할 수 없는 것, 더욱 복잡한 것, 직관적인 것, 경험에 바탕을 둔 것을 과소평가하게 만든다. 이처럼 설명할 수 있는 지식이 인생에서 차지하는 역할이 너무나 미미해 아무런 흥미를 일으키지 않는다는 진술에 대한 반증은 없다.

실제로 사람은 안티프래질한 행위를 통해 얻거나 우리에게 내재된 생물학적 본능을 통해 자연스럽게 다가오는 지식과 사상을 책과 이성을 매개로 얻는다고 쉽게 믿어버린다. 이런 믿음 때문에 눈이 어두워지는 것이다. 사람의 뇌에는 믿음에 쉽게 속아 넘어가도록 만드는 무엇인가가 있는 것 같다. 이제 왜 그런지 살펴보자.

나는 최근에 기술technology에 대한 정의를 살펴보았다. 대부분의 책에서는 과학적 지식을 실제 프로젝트에 적용하는 것이라고 정의하면서, 우리에게 지식은 주로 (이름 앞에 타이틀을 가진 사람들이 모인 성직자 집단이 만들어내는) '고상한 과학'에서 (이런 집단의 회원이 되는 데 필요한 학위가 없는 무식한 사람들이 행하는) '낮은 실행'의 단계로 이동한다고 믿게 만든다.

따라서 사전에는 지식이 다음과 같은 방식으로 만들어진다고 나와 있다. 기초연구가 과학적 지식을 만들어낸다. 과학적 지식이 기술을 낳고, 기술이 실제 적용을 가능하게 한다. 이런 적용이 경제성장을 비롯해 여러 가지 흥미로운 결과를 낳는다. 기초연구 투자에서 얻는 수익의 일부는 또 다른 기초연구 투자에 사용되어 국가는 번영하고 국민들은 볼보 자동차, 스키 리조트, 지중해식 다이어트, 아름답게 조성된 공원에서 오랫동안 휴가를 즐기면서 지식이 전해주는 부의 혜택을 맘껏 누린다. 이런 과정을 과학철학자 프랜시스 베이컨Francis Bacon의 이름을 따서 베이커니언 선형 모델Baconian linear model이라고 부른다. 나는 과학자 테렌스 킬리Terence Kealey(그는 생화학자로서, 과학사학자가 아닌 임상과학자다)가 제시한 해당 모델을 다음과 같이 나타내려고 한다.

학계 ➡ 응용과학과 기술 ➡ 실행

이 모델은 원자폭탄 제조와 같은 아주 제한적인 (그러나 널리 선전되고 있는) 사례에서는 타당하다. 그러나 내가 관찰한 대부분의 영역에서는 이와 반대가 되는 순서가 타당해 보인다. 최소한 이 모델이 확실히 옳다고는 보장할 수 없으며, 더욱 놀라운 것은 이것이 옳다는 증거를 가지고 있지 않다는 점이다. 학계가 과학과 기술에 도움을 주고 과학과 기술은 실행에 도움을 주지만, 의도하지 않게 목적론과 무관한 방식으로 도움을 줄 수도 있다. 이에 관련해서는 나중에 살펴보게 될 것이다(잘못된 환상을 일으키게 될 유도된 연구 directed research에 관해서 살펴볼 것이다).

새에 비유한 이야기를 다시 해보자. 다음과 같은 사건을 생각해보라. 어떤 성직자 집단(하버드 혹은 이와 비슷한 집단)이 새에게 날아가는 법을 가르친다. 머리가 벗겨진 60대 남자들이 검정색 가운을 입고 전문 용어로 가득 찬 영어를 써가면서 직무를 수행하고 있다. 게다가 여기저기에 방정식이 추가되고 있다. 결국 새는 날아간다. 멋지게 확인시켜준다. 새들은 조류학과로 몰려가서 흠잡을 데 없는 인과적 추론을 바탕으로 새가 날아가는 법에 관한 책, 논문, 보고서를 쓴다. 하버드대학교 조류학과는 새가 날아가는 법에 관한 한 세계적인 명성을 갖는다. 정부는 이런 기여를 높이 평가하고 연구비를 지급한다.

    수학 ➡ 조류학적 항해, 날갯짓 기술 ➡ (감사의 마음을 갖지 않는) 새들이 날아간다

아무래도 새들은 그저 새들이기 때문에 논문이나 책을 쓰지 않는다. 따라서 우리는 이런 이야기에서 새들의 입장을 알 수 없다. 한편, 성직자들은 하버드 강의가 있기 전의 상태를 전혀 알지 못하는 젊은 사람들을 상대로 그들의 업적을 선전한다. 어느 누구도 새에게는 강의가 필요 없을 거라고 말하지 않는다. 그리고 어느 누구도 권위 있는 교육

기관의 도움 없이 날아갈 수 있는 새가 몇 마리나 될 것인가에 관심을 갖지 않는다.

내가 하는 이야기가 말도 안 되는 것으로 보일 수도 있지만, 대상을 바꾸어 놓고 보면 그렇지도 않다. 분명히 우리는 새가 조류학자 덕분에 날아갈 수 있다고 생각하지 않는다. 그리고 그런 믿음을 갖는 사람이 몇 사람 있다 하더라도, 새들을 가르치기는 상당히 어렵다. 그러나 새를 인간으로 대체해보자. 인간이 강의 덕분에 어떤 방법을 배운다는 생각이 과연 타당한가? 인간을 매개로 하면, 문제가 갑자기 혼란스러워진다.

따라서 새에게 날아가는 법을 가르치기 위해 정부가 연구비를 지원하고 세금을 거두어들이고, 워싱턴의 관료체제가 비대해질수록 잘못된 환상은 점점 증폭된다. 문제는 이런 지원을 중단할 때 드러난다. 새들이 날아가도록 도와주지 않으면 그들을 죽일 수도 있다는 비난이 들끓는다.

이디시어 속담에 '학생들이 똑똑하면 교사가 칭찬을 받는다.'는 말이 있다. 기여에 관한 이런 잘못된 환상은 주로 '확증의 오류confirmation fallacy'에서 비롯된다. 역사는 승자가 되었든 패자가 되었든 간에 그것을 기록할 수 있는 사람에 의해서 결정된다는 슬픈 사실과 함께 두 번째 오류가 나타나는데, 그것이 바로 확증의 오류다. 이는 역사를 기록하는 사람이 확증적인 사실(즉 얻어낸 사실)을 전달해줄 수 있지만, 무엇을 얻었고 무엇을 실패했는가에 대한 전체적인 그림을 전달해주지는 않는다는 의미다. 예를 들어 에이즈 치료제나 여타 치료제 개발처럼 유도된 연구는 연구비로부터 무엇을 얻었는지 말해주지만, 무엇을 실패했는지는 말해주지 않는다. 따라서 사람들에게 무작위적인 결과보다 훨씬 나은 결과를 얻었다는 인상을 준다.

물론 의원성 질환이 이번 쟁점에서 한 부분을 차지하지 않았다. 교육이 당신을 망치더라도 그들은 결코 그런 이야기를 하지 않을 것이다. 따라서 우리는 다음과 같은 대안적 프로세스의 가능성 혹은 이런 프로세스의 역할에 대해 무지하다.

무작위적인 팅커링(안티프래질) ➡ 발견적 학습(기술) ➡ 실행과 견습 ➡ 무작위적인 팅커링(안티프래질) ➡ 발견적 학습(기술) ➡ 실행과 견습

비슷하게는 다음 연결고리도 생각해볼 수 있다.

실행 ➡ 학문적 이론 ➡ 학문적 이론 ➡ 학문적 이론 ➡ 학문적 이론…… (물론 일부 예외나 우연적인 유출도 있다. 그러나 이런 예외는 드물지만 지나칠 정도로 과장되고 일반화되고 있다).

이제 우리는 하버드에서 새에게 날아가는 법을 가르치기 전에 벌어진 사건을 통해, 이른바 베이커니언 모델이 거짓말을 하고 있다는 사실을 인식할 수 있게 되었다. 이것은 내가 현장에서 일하다가 운이 좋아서 무작위성에 관한 연구자로 전향하는 과정에서 우연히(정말 우연히) 발견한 것이다. 그러나 먼저 부수 현상epiphenomenon과 교육의 화살the arrow of education에 대해 살펴보자.

부수 현상

새에게 날아가는 법을 가르치고, 이런 가르침이 놀라운 기술의 원인이라고 믿는 소비에트-하버드 환상은 부수 현상이라고 불리는 인과적 환상의 한 가지 예다. 이런 환상은 무엇을 의미하는가? 선박의 함교 혹은 정면에 대형 나침반이 설치된 조타실에 있으면, 나침반이 단순히 배의 진행 방향을 표시하기보다 배를 안내한다는 인상을 받기 쉽다.

새에게 날아가는 방법을 가르치는 효과는 이런 부수적인 믿음의 한 가지 예다. 우리는 부유한 선진국의 높은 학문적 연구 수준을 보면서, 아무런 비판 없이 연구가 부를 창출한다고 생각해버린다. 우리는 부수 현상으로 나타나는 B를 관찰하지 않고서는 A를 관찰하지 않는다. 그리고는 문화적 토대나 저널리스트에게 그럴 듯하게 보이는 무엇인가에 따라 'A가 B의 원인이다' 혹은 'B가 A의 원인이다'라고 생각한다.

남자 아이들의 머리가 짧거나, 짧은 머리가 성을 결정하고 넥타이가 회사원을 의미할 때 부수 현상은 좀처럼 나타나지 않는다. 그러나 특히 뉴스가 주도하는 문화에 흠뻑 빠져들 때는 다른 부수 현상에 쉽게 빠져든다.

또한 이런 부수 현상이 어떤 행위를 유도하고, 이런 행위를 사후적으로 정당화하는 경우를 쉽게 볼 수 있다. 독재자(특히 정부)는 대안이 쉽게 보이지 않거나 특별한 이익집단에 의해 숨겨져 있기 때문에 자신이 없어서는 안 되는 존재라고 생각한다. 예를 들어, 미국의 연방준비은행은 경제를 사정없이 파괴할 수 있지만 그럼에도 불구하고 자신의 효과를 확신한다. 사람들은 대안을 두려워하기 때문이다.

탐욕이 원인일까

경제위기가 발생할 때마다 탐욕이 그 원인으로 지적된다. 따라서 우리는 탐욕의 뿌리를 제거하면 경제위기가 사라질 것이라는 생각을 갖게 된다. 게다가 이전에는 이처럼 심각한 경제위기가 없었기 때문에, 탐욕 역시 이전에는 없었다고 믿는 경향이 있다. 이런 환상이 바로 부수현상이다. 탐욕은 시스템의 프래질보다 훨씬 더 오래된 것이다. 탐욕은 인간의 역사와 함께 존재했다. 베르길리우스의 '금에 대한 탐욕greed of gold'이라는 표현과 신약 성서의 라틴어판에 나오는 '탐욕은 모든 악의 근원이다.'라는 문구가 지금으로부터 2000년 전에 나온 것으로 볼 때, 탐욕의 문제가 수십 세기에 걸쳐 제기되었음을 알 수 있다.

물론 이후로 다양한 정치 시스템이 개발되었지만 이 문제를 치유할 수는 없었다. 지금부터 약 150년 전에 출간된 앤서니 트롤럽의 소설 『지금 우리가 사는 법The Way We Live Now』에서도 탐욕의 부활을 똑같이 불평하는 내용이 나오고, 1988년에 내가 보았던 사기사건에서도 '탐욕의 10년'이라는 외침이 있었으며, 2008년에도 자본주의의 탐욕을 맹렬히 비난하는 이야기가 나왔다.

탐욕은 놀라울 정도로 규칙성을 띠며 새롭고 치유 가능한 것으로 여겨져왔다. 다시 프로크루스테스의 침대 이야기를 하자면, 탐욕을 방지하는 시스템을 구축하는 것만큼이나 쉽게 인간을 변화시킬 수는 없다. 그리고 어느 누구도 탐욕에 대해 간단한 해결책을 내놓지 못한다.[1] 마찬가지로 경계의 결여도 종종 실패의 원인으로 지적된다(5권에서 소시에테제네랄Société Générale 은행 이야기를 하겠지만, 그 원인은 규모와 프래질이었다). 그러나 마피아 두목에게 경계의 결여가 죽음의 원인이 될 수는 없다. 그에게 있어서 죽음의 원인은 적을 만든 것이고, 해결 방법은 친구를 만드는 것이다.

부수 현상의 정체는

우리는 부수 현상을 문화적 담론의 형식으로 파헤쳐볼 수 있으며, 사건의 순서를 관찰하고 어떤 사건이 다른 사건에 항상 선행하는지를 의식적으로 확인하는 방식으로도 파헤쳐볼 수 있다. 후자가 바로 지금은 고인이 된 노벨 경제학상(스웨덴은행 Sveriges Riksbank이 알프레드 노벨 Alfred Nobel을 기리기 위해 많은 프래질리스타에게 주는 상이다) 수상자 클라이브 그랜저 Clive Granger가 제안했던 세련된 방법이다. 사실 그랜저 교수 자신도 상당히 세련된 신사였다.

사건의 순서를 관찰하는 이 방법은 과학철학자들이 인과관계를 설정하기 위해 사용할 수 있는, 과학적으로 엄격하고도 유일한 테크닉으로서 '그랜저 코즈 Granger cause'라고도 불린다. 부수적인 상황에서는 A와 B를 동시에 관찰하게 된다. 그러나 A와 B 중에서 어느 것이 먼저 발생했는지 살펴보려면, 시간 차원 time dimension을 도입하여 분석을 세련되게 만들고, 증거를 분석해서 A가 정말 B의 원인이 되는지 확인하면 된다.

---

1   민주주의는 부수적인 현상인가? 아마도 민주주의는 유권자들의 신성하고도 합리적인 의사결정에 의해서 작동된다. 그러나 민주주의가 다른 무엇인가에 의해서 우연히 나타나는 부수적인 현상일 수도 있다. 즉 자신의 주장을 나타내려는 사람들이 모여서 모호한 논리에 대해 표결을 하는 과정에서 나타나는 부수적인 현상일 수도 있다(언젠가 나는 정치학 컨퍼런스에서 이런 의문을 제기한 적이 있었다. 그러나 사람들은 아무도 관심을 갖지 않고 공허한 표정만 짓고 있었다).

게다가 그랜저는 단지 A와 B의 수준이 아니라 A와 B의 변화를 분석하려는 뛰어난 아이디어를 가졌다. 나는 그랜저의 방법이 A가 B의 원인이라는 사실을 확실하게 믿게 해준다고 생각하지 않는다. 하지만 잘못된 인과관계를 밝히는 데에는 확실히 도움이 되었고 'B가 A의 원인이라는 진술은 잘못되었다.' 혹은 '사건의 순서 측면에서 충분한 증거를 갖고 있지 않다.'는 주장을 할 수 있게 되었다.

이론과 실행의 중요한 차이는 사건의 순서를 정확하게 탐지하고 그 순서를 기억하는 데 있다. 키에르케고르Kierkegaard가 말했듯이, 우리가 앞을 향해 살아가지만 뒤를 향해 기억한다면, 책은 우리의 기억, 학습, 본능이 순서를 가지려는 성향을 악화시킨다. 오늘 누군가가 살아보지도 않았던 사건을 바라본다면, 주로 사건의 순서에서 나타나는 혼란 때문에 인과관계의 환상을 가질 수 있다. 이런 바이어스에도 불구하고, 실생활에서 우리는 역사학과 학생만큼의 비동시성을 갖지는 않는다. 역사는 거짓말과 바이어스로 가득 찬 고약한 것이다.

인과관계를 밝히는 한 가지 비결을 소개하겠다. 나는 아직 죽지 않았지만, 내 책에 대한 왜곡 현상을 이미 보았다. 이런 왜곡을 일으킨 사람들은 내 생각이 과거의 누구에게서 비롯되었는지를 가지고 이론을 만들려고 한다. 마치 사람들이 자신의 생각을 뒷받침해주는 책을 찾으면 된다는 사실은 전혀 고려하지 않고, 책을 읽고 생각을 발전시키는 것처럼 말이다.

그래서 아나톨 칼레츠키Anatole Kaletsky라는 저널리스트는 내가 2001년에 발간한 책 『행운에 속지 마라』가 브누아 만델브로의 영향을 받은 것이라고 했다. 하지만 당시 나는 만델브로가 누군지도 몰랐다. 문제는 간단했다. 칼레츠키는 한 부분에서 생각의 유사성을 발견하고는 나이를 기준으로 금방 잘못된 추론을 이끌어냈다. 그는 생각이 비슷한 사람들은 서로 모이려 하는 지적 유사성이 관계의 원인이지, 관계가 지적 유사성의 원인이 아니라는 사실을 고려하지 않았다. 이것은 문화사 책에 나오는 스승과 제자의 관계도 의심하게 만든다. 나의 제자라고 불리는 모든 사람들이 나와 생각이 비슷했기 때문에 나의 제자가 되었다고 말이다.

체리 피킹(혹은 확증의 오류)

자국의 여행지를 소개하는 어느 국가의 안내책자를 생각해보자. 누구든지 안내책자에 나오는 사진은 실물보다 훨씬 더 나을 것이라는 생각을 갖는다. 우리 인간이 상식을 가지고 수정하는 이런 바이어스는 안내책자로 보게 되는 국가와 실제로 가서 보게 되는 국가 간의 차이로 측정된다. 이런 차이는 작을 수도 있고 클 수도 있다. 어쨌든 우리는 안내책자를 지나치게 신뢰하지 않고 그 차이를 수정한다.

그러나 과학, 의학, 수학에서 나타나는 차이에 대해서는 이런 수정을 하지 않는다. 의원성 질환에 주의를 기울이지 않을 때처럼 말이다. 사람은 정교해 보이는 것에 잘 속는다.

기관에서 추진하는 연구를 보면, 연구자들은 자신의 논리를 확증하는 사실을 선별적으로 보고하면서, 이를 반박하거나 이 논리에 적용되지 않는 사실을 드러내지 않는다. 따라서 과학에 대한 일반 대중들의 인식에는 상당히 개념화되고 뚜렷하고 정화된 하버드 방식의 필요성을 믿게 만드는 바이어스가 내재되어 있다. 그리고 통계적 연구는 이런 바이어스로 훼손되는 경향이 있다. 이것은 사람들이 확증적인 것보다 그렇지 않은 것을 더욱 믿어야 하는 또 다른 이유로 작용한다.

학계는 좋았던 것을 말해주고 그렇지 않았던 것을 말해주지 않을 준비가 잘 되어 있다. 이때 그들의 방법론은 없어서는 안 되는 도구다. 이런 현상은 우리 삶에서도 다양하게 나타난다. 트레이더들은 자신의 성공만 이야기하고, 듣는 사람들은 숨어 있는 실패를 보지 못하므로 그들이 유능하다고 믿게 된다.

과학도 마찬가지다. 스코틀랜드인과 레바논인 사이에서 태어나 끈이론string theory으로 유명한 위대한 수학자 마이클 아티야Michael Atiyah가 몇 년 전에 레바논에 있는 수학연구센터를 위한 모금 행사 때문에 뉴욕에 온 적이 있었다. 강연 도중 그는 교통신호 체계처럼 수학이 사회와 현대 생활을 위해 유용하게 적용되는 사례를 일일이 열거하면서 설명했다. 거기까지는 좋다. 그러나 수학으로 시스템을 붕괴시키면서 우리들을 재앙으로 몰아넣었던 경제학이나 금융과 같은 분야는 어떤가? 그리고 수학의 범위를 벗어난 영역은 어떤가? 나는 바로 그 자리에서 수학이 결실을 내지 못하고 손실을 초래했던 영역을 목록으로 만드는 프로젝트를 생각했다.

좋은 것만 골라서 취하는 체리 피킹은 옵션의 특성을 갖는다. 이야기를 들려주는 사람이나 그 이야기를 가지고 책을 쓰는 사람은 확증적인 사례를 보여주고 나머지 사례들을 완전히 무시할 수 있는 이점을 갖는다. 무작위성과 분산의 정도가 클수록 이야기는 가장 낙관적이거나 가장 비관적으로 흘러간다. 옵션을 가진 사람은 자신의 이야기를 고를 수 있는 권한을 가지고 목적에 잘 맞는 이야기만 보고한다. 이야기에서 상승국면을 취하고 하강국면을 숨길 수 있다. 그래서 선정적인 것들만 중요하게 여겨진다.

현실 세계는 안티프래질적 특성을 지닌 지능에 의존한다. 그러나 대학은 이런 사실을 순순히 받아들이지 않는다. 이는 개입주의자들이 자신들의 개입이 없으면 더 좋아질 수 있다는 사실을 인정하지 않는 것과 마찬가지다. 이제 대학이 부를 창출하고 사회가 요구하는 유용한 지식을 증진시켜주고 있다는 주장을 다시 생각해보자. 여기에는 인과관계의 환상이 있다. 바로 이것을 무너뜨려야 할 때가 왔다.

14장

두 가지가 서로 같은 대상이 아닐 때

생목은 또 다른 블루 / 발견의 화살은 어디를 향해 날아가는가? /
이라크가 파키스탄의 중부에 있다고? / 프로메테우스는 결코 뒤를
돌아보지 않는다

지금 나는 지식의 화살표를 생각하기에 적합한 장소인 아부다비Abu Dhabi에서 이 글을 쓰고 있다. 알다시피 아부다비는 석유가 물처럼 쏟아져 나오는 사막에 건설한 도시다.

유명 대학의 학위를 가진 교수들을 영입하고 자기 나라 학생들을 채워 넣는 과정을 거치면 석유가 지식으로 전환될 수 있다는 생각으로 이곳에 설립한 거대한 대학 빌딩을 보고 있자니, 마음이 그리 편치는 않다. 학생들 중에는 불가리아, 세르비아, 마케도니아 출신도 상당히 많은데 이들은 주로 학비를 면제받는다. 게다가 아부다비 정부는 소르

본대학교, 뉴욕대학교 등 외국 학교 전체를 간단한 절차를 거쳐 수입할 수 있다. 따라서 몇 년 안에 아부다비의 구성원들은 위대한 기술 발전이 주는 혜택을 누리게 될 것이다.

대학에서 배우는 지식이 경제적 부를 창출한다면, 이런 모습은 괜찮은 투자다. 그러나 그것은 경험론이 아닌 미신에 대한 믿음에서 나오는 전제다. 5장에서 언급한 스위스 이야기를 떠올려보라. 스위스 사람들은 정규 교육의 수준이 아주 낮다. 사실 지금 내 마음이 불편한 이유는 사막의 원주민들이 그들의 자원을 철저하게 수탈하여 그것을 서구 대학 출신의 행정가들에게 갖다 바치는 기관에 의해 아무런 혜택을 누리지 못할 것이라는 느낌을 지울 수 없기 때문이다. 그들의 부는 직업 교육이 아닌 석유에서 나오는 것이다. 따라서 나는 그들의 교육 지출은 그들이 주어진 상황을 활용해 돈을 벌도록 하여 안티프래질을 자연스럽게 활용하도록 도와주기는커녕 아무런 결실을 맺지 못하고 자원만 이전하는 꼴이 될 것이라고 확신한다.

스트레스는 어디에서 비롯되는가

그러면 아부다비 모델에서 벗어날 수는 없는가? 또한 스트레스는 어디에서 비롯되는가?

세네카와 오비디우스가 정교함은 필요의 산물이고, 어려움에서 성공이 비롯된다는 의미로 말했던 문장을 기억해보자. 사실 중세에는 에라스무스가 말했던 '필요는 발견의 어머니 necessitas magistra'를 비롯해 이런 인용 어구와 비슷한 표현들이 상당히 많이 나온다. 가장 적합하게는 퍼블릴리어스 사이러스가 말했던 '가난은 소중한 경험이다.'라는 표현도 있다. 그러나 이런 경구와 여기에 담긴 생각은 에우리피데스Euripides, 가짜 테오크티투스Pseudo-Theoctitus, 플라우투스Plautus, 아풀레우스Apuleus, 제노비오Zenobius, 유베날리스Juvenal와 같은 여러 고전 작가의 글에도 많이 나온다. 물론 이런 내용이 오늘날에는 '외상후 성장'으로 불린다.

나는 고대 사람들의 지혜가 지금 아부다비에서 벌어지는 상황과 정확하게 반대로 작용하고 있다는 생각이 들었다. 내가 태어난 레반트 지역의 아미운Amioun 마을 사람들은 전쟁으로 인한 약탈로 그곳을 떠나 전 세계로 흩어져야만 했다. 그리고 25년이 지나자 그곳은 놀랄 만큼 회복되어 부자 마을이 되었다. 내가 살던 집은 다이너마이트로 폭파되었지만, 이전보다 훨씬 더 큰 건물이 들어섰다. 아버지는 엄청나게 늘어난 마을 저택의 졸부들을 가리키면서 한탄하셨다. 그리고는 조용히 이렇게 말씀하셨다. "너도 여기에 있었더라면, 아마 저런 놈팡이가 되었을 거야. 우리 아미운 사람들은 흔들려야 잘한다." 바로 안티프래질을 말씀하셨던 것이다.

예술을 위한 예술, 학문을 위한 학문

이제 인과관계 화살의 방향을 뒷받침하는 증거, 즉 강의를 통해 얻는 지식이 번영을 약속한다는 증거를 살펴보자. 경험적으로 진지하게 조사(세계은행World Bank 경제전문가를 지냈던 랜트 프리쳇Lant Pritchet 덕분에) 해본 바에 의하면 국가의 교육 수준을 높인다고 해서 소득 수준이 높아진다는 증거를 찾아볼 수 없다. 그러나 우리는 그 반대, 즉 소득 수준이 교육 수준을 높인다는 증거는 찾아볼 수 있으며, 이는 착시 현상이 아니다. 우리는 이런 사실을 세계은행 통계를 찾아볼 필요 없이 그냥 안락의자에 앉아서도 확인할 수 있다. 화살의 방향을 다음과 같이 그려보자.

    교육 ➡ 부와 경제성장

또는,

    부와 경제성장 ➡ 교육

그 증거는 바로 눈앞에서 쉽게 확인할 수 있다. 부유하고 교육 수준이 높은 국가를 떠올리면서 어떤 조건이 다른 조건을 선행하는가를 생각해보면 된다. 이제 악당 경제학자 장하준의, 단순한 것이 더 낫다는 식의 강력한 주장을 살펴보자. 1960년 대만의 문해율은 필리핀보다 훨씬 더 낮았고 1인당 국민소득은 절반 정도였다. 하지만 오늘날 대만의 국민소득은 필리핀의 10배다. 당시 한국의 문해율은 아르헨티나(문해율이 가장 높은 국가 중 하나였다)보다 훨씬 더 낮았고 1인당 국민소득은 5분의 1수준이었다. 하지만 오늘날 한국의 국민소득은 아르헨티나의 3배다. 더구나 같은 기간 동안 사하라 이남 아프리카 국가들은 문해율이 크게 높아졌지만, 생활수준은 오히려 낮아졌다. 철저한 프리쳇의 연구에 이런 사례는 엄청나게 많다.

 그러나 나는 사람들이 왜 이처럼 자명한 이치를 깨닫지 못하는지 몹시 궁금하다. 사람들은 인과관계를 단순하게 연상시키는 오류, 즉 무작위성에 속아 넘어가는 오류를 저지른다. 부자 나라의 교육 수준이 높으면, 확인도 하지 않고 교육이 국가를 부유하게 만든다고 생각해버린다. 여기에서도 부수 현상이 나타난다. 이런 추론이 갖는 오류는 교육이란 좋은 것이라는 생각에서 나오는 희망적 관측에서 비롯된다. 나는 사람들이 국가의 부를 퇴폐처럼 나쁜 것과 부수적 연상을 시키지 못하는 이유를 잘 모르겠다. 그리고 퇴폐나 높은 자살률처럼 부가 낳은 다른 질병이 부를 창출한다고 추론할 수도 있지 않은가?

개인에게 교육이 아무런 쓸모가 없다는 말을 하려는 것이 절대 아니다. 교육은 직업을 구하는 데 도움이 되는 신용장 역할을 한다. 그러나 국가를 단위로 생각했을 때 이런 효과는 사라진다. 교육은 여러 세대에 걸쳐 가정의 소득을 안정시켜준다. 상인이 돈을 벌고, 그의 자식들이 소르본대학교에 가서 의사가 되고 판사가 된다. 조상들이 물려준 유산을 다 써버리더라도, 자격증은 오랫동안 돈을 벌면서 중산층의 지위를 계속 유지할 수 있도록 해준다. 그러나 이런 효과는 국가에게 중요하지 않다.

앨리슨 울프Alison Wolf는 선진 지식이 없었더라면 마이크로소프트Microsoft 혹은 브리티시 에어로스페이스British Aerospace와 같은 기업이 나오지 않았을 것이라는 생각에서, 더 많은 교육이 더 많은 부를 창출한다는 생각으로 넘어가는 과정에서 발생하는 논리적 결함을 들추어낸다. 그녀는 "정치인과 비평가들은 교육에 투자하면 경제성장을 달성할 수 있다는 일방적 관계만을 생각하지만, 이런 관계는 존재하지 않는다. 더구나 교육이 비대해지고 복잡해질수록 생산성과의 관계는 뚜렷해지지 않는다."고 말한다. 그리고 프리쳇과 마찬가지로 그녀는 이집트와 같은 국가의 예를 들면서, 교육 수준을 높인다고 해서 GDP 순위가 크게 달라지지 않는다는 사실을 보여준다.

이런 주장은 정부가 불평등 해소처럼 숭고한 목적을 달성하기 위한 교육 정책을 채택하는 데 반대하는 것도 아니고, 가난한 사람들이 디킨스Dickens, 빅토르 위고Victor Hugo, 쥘리앵 그라크Julien Gracq의 작품에 접근할 기회를 박탈하자는 것도 아니며, 출생률이 떨어지는 가난한 국가의 여권 신장에 반대하는 것도 아니다. 그러나 이런 문제에서 성장 혹은 부를 평계로 내세워서는 안 된다.

나는 언젠가 앨리슨 울프를 파티(파티는 옵션의 특징을 설명하기에 좋은 사례다)에서 만난 적이 있다. 내가 그녀에게 정규 교육에 돈을 투자했을 때의 효과가 그리 크지 않다는 증거를 다른 사람들에게도 설명해달라고 부탁했을 때, 어떤 사람은 우리들의 회의주의에 불만을 표시했다. 그러자 울프 여사가 대화를 나누는 사람들로 가득 찬 방을 가리키면서 했던 대답이 "진정한 교육이란 이런 것입니다."였다.

지식이 중요하지 않다는 말을 하는 것이 아니다. 여기서 회의주의는, 시장에서 살 수 있으며 승진을 위해 쓰이는 분홍빛으로 포장된 지식이라는 브랜드에 해당된다. 더구나 나는 독자들에게 학문과 정규 교육은 서로 같은 대상이 아니라는 사실을 알려주고 싶다.

또 다른 파티 이야기를 하겠다. 화려한 만찬이 열리던 날, 어떤 친구가 미국 학생들의 수학 성적이 낮다는 사실을 가지고 미국의 교육 수준을 개탄하면서 야단스럽게 떠들고 있었다. 나는 그 친구의 다른 견해에는 동의하지만, 중간에 끼어들지 않을 수 없었다. 나는 미국의 가치는 리스크를 수용하는 태도가 볼록성을 갖는 데 있으며, 우리가 헬리콥터 맘helicopter mom(다 자란 자녀의 주위를 헬리콥터처럼 맴돌면서 모든 것을 간섭하고 점검하는 부모를 지칭 – 옮긴이)처럼 되지 않아서 다행스럽게 생각한다고 했다. 그리고 지금까지 이야기한 내용도 덧붙였다. 한 사람을 제외하고는 모두가 놀라워했고, 혼란스러워하거나 동의하지 않는 태도를 보였다. 그 한 사람은 바로 뉴욕시의 교육청장이었다.

또한 나는 대학이 지식을 전혀 창출하지 않는다거나 성장에 도움을 주지 않는다는 이야기를 하는 것이 아니다(물론 우리들의 눈을 어둡게 만드는 표준적인 경제학 이론과 여러 가지 미신적인 믿음을 제외하고 말이다). 내가 말하고자 하는 것은, 대학의 역할이 지나치게 과장되고, 피상적인 생각에 의존해 설정한 잘못된 인과관계에 잘 속아 넘어가는 우리들의 성향을 대학들이 이용하는 것처럼 보인다는 것이다.

교양있는 저녁식사 파트너

교육은 가정의 수입을 안정시키는 것 외에도 장점이 많다. 개인에게 교육은 교양을 갖춘, 무시할 수 없는 저녁식사 파트너가 되도록 해준다. 그러나 경제성장을 위해 교육이 필요하다는 생각은 상당히 생뚱맞게 들린다. 50년 전만 하더라도 영국의 교육목표는 지금과 달랐다.

앨리슨 울프 여사의 생각과 마찬가지로 교육의 목표는 가치를 증진하고 훌륭한 시민을 양성하고 학문을 발전시키는 것이었지, 경제성장과는 아무런 관련이 없었다. 그래서 당시 사람들은 잘 속아 넘어가지 않았다.

마찬가지로 고대에도 학문의 목적은 학문 그 자체였으며 개인을 함께 이야기 나누고 싶은 훌륭한 인격체로 양성하는 데 있었지, 국고를 늘리는 데 있지 않았다. 기업가들은(특히 기술자들) 저녁식사 파트너로 꼭 좋은 사람이 아니다. 트레이더 시절 사람을 뽑을 때 내가 스스로 체득해서 사용한 방법이 있었다. 구체적으로 말하자면, 박물관에 가서 벽에 걸린 세잔Cézanne의 그림을 유심히 살펴보는 사람과 그렇지 않은 사람을 구분하는 식의 방법이었다. 그들과의 대화가 재미있을수록 그리고 교양이 있을수록 실제 업무에서도 더욱 뛰어날 가능성이 높았다(심리학자들은 이를 가리켜 '후광 효과halo effect'라고 한다. 예를 들어, 스키 기술이 뛰어난 사람이 도자기 작업장이나 은행의 부서 관리를 틀림없이 잘할 것이라거나 체스 선수가 훌륭한 전략가일 거라고 잘못 생각하는 경우가 여기에 해당된다).[1]

확실히 행동하는 기술과 말하는 기술을 같이 놓고 보기는 어렵다. 내 경험으로는 훌륭한 의사가 하는 말은 알아듣기 어려울 때가 많았다. 사실 그들은 자신의 생각을 조리 있고 우아하게 표현하기 위해 노력할 필요가 없다. 기업가는 사상가가 아니라 행동가가 되어야 한다. 그리고 행동가는 말보다 행동이 앞서야 한다. 그리고 그들을 말하기의 관점에서 평가하는 것은 부당하고 그들에게 실례가 되는 일이다. 장인들도 마찬가지다. 그들은 자신이 만들어내는 상품으로 평가 받아야지 말로 평가받아서는 안 된다. 실제로 그들은 쉽게 잘못된 평가를 받게 된다. 그리고 이런 평가 때문에 나타나는 현상(의원성 질환의 반대 현상)은 바로 그들이 더욱 훌륭한 상품을 만들도록 하는 것이다.

반면, 관료들은 성공을 판단하는 객관적인 잣대가 없고 시장의 힘이

---

[1] 후광 효과는 주로 영역 의존성의 반대로 보면 된다.

작용하지 않기 때문에 겉모습이나 언변과 같은 후광 효과에 따라 평가된다. 평가는 그들이 말을 잘하도록 만드는 효과가 있다. 나는 유엔 공직자와의 저녁식사 시간이 뚱보 토니의 사촌이나 회로에 빠져 있는 컴퓨터 기업가와의 저녁식사 시간보다 더 재미있을 것이라고 확신한다.

이제 생각에서 나타나는 이런 결함을 더욱 자세히 살펴보도록 하자.

생목의 오류

금융 부문을 다루는 책 중에서 보기 드물게 진실한 내용을 담고 있는 책으로 『나는 백만 달러를 잃고 무엇을 배웠나What I Learned Losing a Million Dollars』가 있는데, 이 책에서 주인공은 우리에게 큰 깨달음을 전해준다. 그는 생목green lumber을 취급해 크게 성공한 조 시겔Joe Siegel이라는 트레이더의 이야기를 전하면서, 조 시겔이 생목을 초록색 칠을 한 목재로 생각했다는 말을 전한다(여기서 그린green은 건조하기 전, 갓 베어낸 목재의 상태를 의미한다). 조 시겔은 바로 이런 생목을 거래하는 일을 했던 것이다! 한편으로 주인공은 제품 가격의 변동과 파산의 원인에 관해 지적으로 담대한 이론과 이야기를 펼쳐나간다.

여기서 성공한 목재 전문가가 '그린'처럼 중요한 사항의 의미를 몰랐다는 이야기를 하려는 것이 아니다. 그는 목재에 관해서는 비전문가가 중요하지 않다고 생각하는 것들을 많이 알고 있었다. 우리가 무식하다고 생각하는 사람은 무식하지 않을 수도 있다.

목재 주문의 흐름을 예측하고 보고하는 것은 비전문가들이 중요하다고 생각하는 목재의 구체적인 생김새와는 아무런 관계가 없다. 이 분야에서 일하는 사람에게는 문답식 시험을 부과하지 않는다. 그들은 화술과 상관없는 잣대로 평가된다. 뛰어난 언변은 크게 중요하지 않다. 진화는 화술이 아니라, 실적에 의존한다. 진화는 '파랑'이라는 색을 나타내는 단어를 요구하지 않는다.

따라서 이제부터 외부에서는 잘 보이지 않고, 다루기도, 설명하기도 쉽지 않은 다른 무엇인가를 꼭 필요한 지식이라고 잘못 이해하는 상황을 '생목의 오류'라고 부르자.

나는 내가 연구했던 모든 것이 쓸모가 없을 뿐만 아니라 잘 꾸며진 사기라는 생각에 많이 혼란스러웠다. 처음 파생상품 혹은 무작위성(나의 전공 분야는 비선형 모델이었다)과 관련된 직업을 갖고 나서, 여러 해에 걸쳐 환율의 흐름에 빠져들었다. 나는 외국의 외환 트레이더들과 동거해야 했다. 그들은 나처럼 기술적인 도구를 가지고 있지 않았고, 하는 일이라고는 단순히 외환을 팔고 사는 것이었다. 금융업은 오랜 전통과 기교를 가진 아주 오래된 직업이다. 예수와 고리대금업자들에 관한 이야기를 생각해보라.

상당히 학구적인 아이비리그 분위기에서 지내다 처음 이 분야에 몸담았을 때에는 충격이 컸다. 일반인들은 환율로 먹고사는 사람들이 경제학, 지정학, 수학, 통화의 미래 가치, 국가간 물가의 차이를 안다고 생각한다. 그리고 빳빳한 종이에 인쇄된 경제학 보고서를 열심히 읽는다고 생각한다. 또 스카프 모양의 넥타이를 즐겨 매고 토요일 밤에는 오페라를 감상하고 와인 소믈리에를 긴장시키며, 수요일 오후에는 탱고 레슨을 받는 글로벌한 사람이라고 상상한다. 아주 지적인 영어를 구사하는 사람을 떠올릴 수도 있다. 하지만 실제로는 전혀 그렇지 않다.

출근 첫날 나는 현실 세계에 관해서 놀라운 발견을 했다. 당시 환율과 관련된 일을 하는 사람들은 대다수가 뉴저지와 브루클린에 사는 이탈리아계 친구들이었다. 그들은 은행 창구 뒤편에서 전신 송금하는 일부터 시작했다가 나중에는 노숙자처럼 지내는 사람이었다. 그러다 거래가 활발해지고 통화가 자유롭게 오가면서 시장이 점점 커지다 폭발하자 트레이더가 되었고, 탁월한 실적으로 성공에 이른 사람들이었다.

내가 출근해서 처음 대화했던 사람은 브리오니Brioni 맞춤 셔츠를 즐겨 입고 이름이 B로 시작해서 어떤 모음으로 끝나는 사람이었다. 당시 그는 세계에서 가장 주목받는 스위스 프랑 트레이더였는데 트레이더로서 전성기를 누리고 있었다. 1980년대 달러화의 폭락을 예상하기도 했던 그는 엄청난 포지션을 관리하고 있었다.

그러나 그와 잠깐 이야기를 나누었는데도, 나는 그가 스위스가 지도에서 어디에 있는지도 모른다는 사실을 알게 되었다. 멍청하게도 나는 그를 스위스계 이탈리아인이라고 생각했다. 하지만 그는 스위스에 이탈리아어를 쓰는 사람들이 있다는 사실도 몰랐다. 다시 말하자면, 스위스에 한 번도 가본 적이 없다는 뜻이다.

그때 나는 그 사람만이 예외가 아니라는 사실을 알고는 지난 세월 동안 받았던 모든 교육이 눈앞에서 사라져버리는 듯한 기분이 들면서 멍한 상태에 빠져들었다.

바로 그날부터 나는 경제학 보고서 읽기를 중단했다. 이후로도 그 회사에 있는 동안 '탈지식화deintellectualization'에 대해서 속이 뒤집어지는 듯한 기분이 자주 들었다. 실제로 이런 기분은 아직도 가시지 않고 남아 있다.

뉴욕이 태생적으로 블루칼라에 해당된다면, 런던은 준블루칼라에 해당되고 훨씬 더 성공한 곳이다. 런던 사투리를 쓰는 선수들은 완전한 문장으로 의사소통하는 사회로부터 상당히 격리되어 있었다. 그들은 런던 동부의 토박이들이었고 독특한 액센트를 지닌 노숙자들로서 그들만의 독특한 숫자 체계를 가지고 있었다. 5는 '레이디 고디바Lady Godiva' 혹은 '칭ching'이고, 15는 '코모도어Commodore', 25는 '포니pony' 등이었다. 나는 의사소통을 위해 런던 사투리를 배워야 했고, 동료들과의 술자리에는 대부분 참석했다.

당시 런던의 트레이더들은 점심 시간에도 거의 매일 술을 마셨고, 뉴욕 시장이 열리기 전의 금요일에는 특히 더 그랬다. 어떤 친구는 "맥주가 당신을 용맹한 전사로 만들 거야."라고 말하면서 뉴욕 시장이 열리기 전에 술잔을 급하게 비웠다.

대서양을 사이에 두고 뉴욕의 벤손허스트Bensonhurst 사람들과 런던 토박이 브로커 간에 벌어지는 대화를 대형 스피커를 통해서 들을 때가 가장 떠들썩한 순간이었다. 특히 브루클린 친구가 원활하게 대화하기 위해 런던 사투리 흉내를 내려고 할 때는 더욱 그랬다(런던 토박이들은 가끔씩 브루클린 영어를 전혀 구사할 줄 모른다).

나는 경제학자에게 비쳐지는 가격과 현실은 서로 같은 대상이 아니라는 사실을 이렇게 배웠다. 하나는 다른 것의 기능을 할 수 있지만, 그 기능은 너무 복잡해 수학적으로 나타낼 수 없다. 이런 관계는 곳곳에서 옵션의 특징을 가지며, 문장으로 말하지 않는 사람들이 경험적으로

체득한 그 무엇인가를 의미한다.[2]

뚱보 토니는 어떻게 부자가 (그리고 뚱보가) 되었나

뚱보 토니는 쿠웨이트 전쟁 이후로 돈도 벌고 체중도 늘어서 글자 그대로 뚱보 토니가 되어갔다(이때 먼저 부자가 되고 나중에 체중이 느는 것이 일반적인 순서다). 1991년 1월은 미국이 쿠웨이트를 침공한 이라크를 몰아내기 위해서 바그다드를 공격하던 무렵이었다.

경제학계의 모든 지성인들은 자신의 이론, 확률, 시나리오 정도는 갖고 있었다. 그러나 토니는 그렇지 않았다. 심지어 그는 이라크가 어디에 있는지도 몰랐다. 그에게는 이라크가 모로코의 어느 주일 수도 있었고, 파키스탄의 동쪽에 있고 주민들이 주로 매운 음식을 먹는 어느 이슬람 국가일 수도 있었다. 그는 매운 음식을 몰랐고, 따라서 그런 음식을 먹는 사람들이 어디에 사는지에 대해서도 관심이 없었다.

그가 알고 있는 것은 속아 넘어가는 사람들이 존재한다는 사실뿐이었다.

---

2 나는 처음에는 경제이론이 환율의 단기 변화를 이해하는 데 필요하지 않다고 생각했다. 그런데 이런 한계는 장기 변화에 적용하더라도 마찬가지였다. 환율을 연구하는 경제학자들은 환율을 예측하기 위해 '구매력 평가purchasing power parity' 이론을 자주 사용한다. 다시 말해서, 장기적으로는 균형 가격이 크게 벗어나지 않고 환율은 결국 햄 1파운드의 가격을 런던, 뉴어크Newark, 뉴저지에서 같아지도록 조정된다고 생각한다. 이런 논리를 자세히 살펴보면, 현실적으로 타당하지 않다. 실제로 가치가 올라간 통화는 더욱 더 올라가는 경향이 있고, 토니와 같은 사람들이 경제학자와 반대 방향으로 움직이면서 돈을 벌었다. 그러나 이론가들은 장기적으로 자신의 이론이 옳다고 주장한다. 대체 얼마나 장기적으로 말인가? 우리는 이런 이론에 근거해 결정을 내릴 수 없다. 그럼에도 불구하고 그들은 지금도 여전히 학생들에게 그 이론을 가르치고 있다. 체험으로 얻는 지식이 부족해서 복잡한 이론이 필요한 학자들은 가르쳐야 할 더 나은 것을 찾으려고 하지 않는다.

당시 애널리스트 혹은 저널리스트들에게 앞으로의 시나리오를 물어봤다면, 그들은 전시에는 석유 가격이 올라갈 것이라고 대답했을 것이다. 그러나 이런 인과관계는 토니가 당연하게 여기는 사항이 아니었다. 그는 반대에 내기를 걸었다. 모두가 유가 상승에 대비하고 있다면, 가격은 이미 조정되었을 것이라는 생각이었다. 전쟁은 석유 가격이 올라가게 만든다. 그러나 예정된 전쟁은 그렇지 않다. 가격이 기대를 반영해 이미 조정되어 있기 때문이다. 토니의 대답은 '유가는 올라가지 않는다.'였다.

실제로 전쟁 뉴스가 나오자, 유가는 39달러에서 거의 절반 가까이 떨어졌다. 토니는 투자금액을 30만 달러에서 1800만 달러로 크게 늘렸다. 나중에 토니는 뉴저지에 살지 않는 네로와 점심을 같이 하는 동안 금융 시스템의 붕괴 쪽에 베팅하라고 설득하면서 "인생에는 몇 번 오지 않는 놓쳐서는 안 되는 좋은 기회가 있지. 곧 다가오고 있어. 그냥 자리에 앉아서 뉴스만 본다고 해서 얻을 수 없는 것이지."라고 말했다.

당시 토니가 했던 말의 핵심은 이러했다. '쿠웨이트 전쟁과 석유는 서로 같은 대상이 아니다.' 이 말은 우리가 통합Conflation(두 개 이상의 대상이 몇 가지 특징을 공유할 때 서로 같은 대상으로 인식해버리는 현상 – 옮긴이)의 개념을 이해하는 기반이 된다. 토니는 대단한 상승국면을 맞이했고, 그에게는 그게 다였다.

실제로 많은 사람들이 전쟁을 정확하게 예측했지만 유가 하락으로 큰 손해를 보았다. 그들은 전쟁과 석유를 서로 같은 대상으로 인식했다. 그러나 석유 비축량은 엄청나게 늘어서 재고가 넘쳤다. 나는 당시 이라크 지도를 걸어놓고 전시 상황실처럼 꾸며놓은 펀드 매니저 사무실을 들락날락했던 일을 지금도 기억한다. 팀원들은 쿠웨이트, 이라크, 미국, 유엔에 관해서 모든 가능한 시나리오를 꿰고 있었다. 그것이 석유와는 아무런 상관이 없다는 아주 간단한 사실을 제외하고 말이다. 다시 말하지만, 전쟁 시나리오와 석유는 같은 대상이 아니다. 모두가 멋있는 분석을 내놓았지만 석유 가격과는 아무런 관계가 없었다. 이후 유가 하락으로 완패를 당하고 로스쿨로 갔다는 사람의 이야기도 들렸다.

여기서 언변은 중요하지 않다는 사실과 함께 또 다른 교훈을 얻을 수 있다. 마음속으로 복잡한 계산을 많이 하는 사람들은 가장 기본적인 것을 놓친다. 현실 세계의 사람들은 이런 것을 놓쳐서는 안 된다. 놓치게 되면, 대형 사고로 연결된다. 그들은 연구자들과 달리 복잡한 것이 아니라 생존을 위해 경쟁한다. 따라서 단순한 것이 더 낫다는 원칙이 작동하고 있음을 알 수 있다. 더 많이 연구할수록, 명백하고 기본적인 것은 잘 보이지 않는다. 반면, 행동은 대상을 가장 단순한 모델로 옮겨 놓는다.

통합

물론 현실 세계에서는 너무나 많은 것들이 같은 대상이 아니다. 이제 통합의 의미를 일반화시켜보자.

'같은 대상이 아니다.'라는 교훈은 상당히 보편적이다. 당신이 옵션을 가지고 있거나 안티프래질하거나 커다란 상승국면과 작은 하강국면을 지닌 기회를 확인할 수 있다면, 당신의 행동은 아리스토텔레스가 당신에게 기대했던 행동과는 거리가 상당히 멀어지게 된다.

무엇인가(여기서는 인식, 아이디어, 이론)가 있고, 이런 무엇인가의 작용(여기서는 가격, 현실, 현실적인 것)이 있다. 이때 통합의 문제는 이런 무엇인가의 작용은 다른 특징을 갖는다는 사실을 잊어버리고, 이 둘을 구분하지 못하는 데서 나타난다.

무엇인가와 무엇인가의 작용 간의 비대칭성이 커질수록 둘 사이의 차이도 더욱 커진다. 결국 이들은 서로 아무런 관계가 없게 된다.

이 이야기는 사소하게 들릴 수도 있지만 실제로는 엄청난 의미를 지닌다. 늘 그렇듯이 과학(사회과학이 아닌 똑똑한 과학)에서는 이런 의미를 이해하고 있다. 통합의 문제를 피해간 사람이 바로 위대한 수학자 짐 시몬스Jim Simons였다. 그는 시장 간의 거래를 성사시켜주는 대단한 장치를 만들어 큰돈을 벌었다. 이 장치는 준블루칼라들의 매매 기법을 그대로 복제한 것으로서, 지구상 그 누구보다도 통계적으로 신뢰할 만하다. 그는 경제학자나 금융맨을 결코 고용하지 않고, 어떤 대상의 내부 논리를 이론화의 과정을 거치지 않고 파악하기 위해서 패턴 인식을 수행할 수학자와 물리학자만 고용한다. 그는 경제학자들이 하는 말을 듣지도 않고, 그들이 작성한 보고서를 읽지도 않는다.

위대한 경제학자 아리엘 루빈스타인Ariel Rubinstein은 생목의 오류를 인식한 사람이다. 사실 어떤 대상을 그와 같은 방식으로 바라보는 데에는 대단한 지능과 정직함이 요구된다. 루빈스타인은 사고 실험으로 구성된 게임 이론의 대가로서, 전 세계의 카페에서 생각하고 글을 쓰는 탁월한 전문가다. 그는 이론이 현실 세계에 곧바로 적용될 수 없다고 생각한다. 그에게 경제학은 우화와도 같다. 우화 작가는 생각을 자극하고 실행에 간접적인 영감을 주는 사람이지, 실행을 독려하거나 결정하지는 않는다. 이론은 실행과 별개로 존재한다. 또한 학교에 있는 경제학자들을 끌고 와서 의사결정을 하는 자리에 앉히지 말아야 한다. 경제학은 과학이 아니며, 경제학자들이 정책을 조언하는 자리에 있어서도 안 된다.

언젠가 루빈스타인은 레반트 지역의 수크 상인에게 흥정을 할 때 조상들이 물려준 메커니즘 대신 게임 이론에 나오는 아이디어를 적용해 보라고 말한 적이 있었다. 하지만 그가 제시한 방법은 두 당사자들이 받아들일 만한 가격을 산출하지 못했다. 그 수크 상인은 루빈스타인에게 이렇게 말했다. "우리는 여러 세대에 걸쳐 우리 방식대로 흥정을 해왔습니다. 그런데 왜 당신이 여기까지 와서 그것을 바꾸려고 합니까?" 루빈스타인은 그때의 일을 회상하면서 이렇게 말했다. "부끄러워서 어쩔 줄을 몰랐죠." 경제학계에 루빈스타인 같은 사람이 두 사람만 더 있다면, 앞으로 세상은 훨씬 더 나아질 것이다.

때로는 경제이론이 이치에 맞을 때가 있더라도 그 이론을 하향식으로 적용할 수는 없고, 유기적이고 자기주도적인 시행착오를 거치도록 해야 한다. 예를 들어, 리카도Ricardo 이후로 경제학자들의 마음을 사로잡았던 특화의 개념을 정책 담당자가 잘못 적용하면, 경제를 실패에 취약하도록 만들어서 국가를 붕괴시킬 수 있다. 그러나 적절한 완충장치와 여분을 확보하면서 진화적인 방식으로 점진적으로 접근한다면 효과가 있다. 이는 경제학자들이 우리에게 영감을 주지만 어떻게 하라고는 절대 말해주지 않는 경우에 해당된다. 리카도의 비교우위 개념과 경제 모델의 프래질에 관해서는 부록을 참조하라.

말과 행동 사이의 차이(중요한 것이지만 쉽게 설명하기는 어렵다)는 주로 옵션과 놓쳐버린 옵션에 있다. 여기서 우리가 원하는 것은 안티프래질한 보상이다. 내가 하고 싶은 말은 옵션을 배우려고 학교에 가지는 말라는 것이다. 오히려 그 반대다. 옵션에 까막눈이 되려면 학교로 가라.

프로메테우스와 에피메테우스

그리스 신화에는 타이탄 족 형제들이 나오는데 바로 프로메테우스Prometheus와 에피메테우스Epimetheus다. 프로메테우스는 '먼저 생각하는 자'를 의미하고 에피메테우스는 '나중에 생각하는 자'를 의미한다. 나중에 생각하는 에피메테우스는 사후적 이야기 구성 방식으로 이론을 과거의 사건에 맞추는 회고적 오류에 빠지기 쉬운 사람이다. 인간에게 불을 선사한 프로메테우스는 문명의 진보를 상징한다. 반면, 에피메테우스는 회고적 사고, 진부함, 지능의 결여를 상징한다. 돌이킬 수 없는 판도라의 상자를 받은 이가 바로 에피메테우스였다.

옵션은 프로메테우스와 관련 있고, 이야기를 구성하는 화술은 에피메테우스와 관련 있다. 전자는 돌이킬 수 있고 심각하지 않은 실패를 상징하지만, 후자는 판도라의 상자를 여는 것처럼 심각하고 돌이킬 수 없는 결과를 상징한다.

당신은 편의주의opportunism와 옵션을 가지고 미래에 개입할 수 있다. 지금까지 4권에서는 옵션의 힘을 커다란 이익과 약간의 손실이라는 비대칭성에서 비롯되는 장점을 지니고서, 무엇인가를 편의주의적으로 행하는 선택적인 행동 방식이라고 설명했다. 옵션은 불확실성을 길들이고, 미래를 이해하지 않고서도 합리적으로 행동하도록 해주는 유일한 방법이다. 반면, 화술에 의존하는 것은 정확하게 그 반대다. 안타깝게도 불확실성에 의해 길들여지고 좌절하게 만든다. 단순히 과거에 비추어 미래를 바라보려고 해서는 안 된다.

이것은 실행과 이론의 차이를 생각하게 만든다. 우리는 지식인들의 이야기를 통해 논점을 이해하기 어렵다. 요기 베라가 말했듯이, '이론적으로는 이론과 실행 간의 차이는 없다. 하지만 실제로는 차이가 있다.' 지금까지 우리는 지식인들이 프래질과 관련되며, 팅커링과는 상반되는 방법을 심어준다는 주장을 살펴보았다. 또 옵션을 안티프래질의 표현으로 보았다.

우리는 지식을 두 가지 유형으로 나누었다. 하나는 정규 교육에서 얻는 지식이었고, 다른 하나는 시행착오, 하강국면이 별로 없는 리스크 수용, 바벨 스타일의 탈지식화된 형태의 리스크 수용(혹은 자기만의 길을 가는 지식인)에 내재된 안티프래질의 특징을 갖춘 뚱보 토니 스타일의 지식이었다. 불투명한 세상에서는 두 번째 것만이 유용한 지식이다.

표 4는 다음 3개의 장에서 다루게 될 화술과 팅커링 간의 상반되는 측면을 보여준다.

이 모든 내용이 팅커링과 시행착오에 화술이 필요하지 않다는 의미는 아니다. 단지 이 두 가지는 화술에 근거한 지식에 지나치게 의존하지 않는다는 의미다. 또한 화술은 책을 통해 얻은 지식에 바탕을 두는

표 4 목적론과 옵션의 차이

화술에 근거한 지식	안티프래질, 옵션에서 나오는 팅커링, 시행착오
불확실성을 싫어한다(변화에 프래질하거나 칠면조처럼 과거에 바탕을 두고 현재를 잘못 인식한다).	불확실성을 길들인다 (미지의 세계에 안티프래질하다).
과거를 바라본다. 지나치게 과거에 맞추려고 한다.	미래를 바라본다.
에피메테우스	프로메테우스
목적론적 행위	편의주의적 행위
여행가 스타일	산책가 스타일
프래질, 어설픈 합리주의	강건한 합리주의
심리적으로 편안하다.	심리적으로 불편하지만 흥분과 도전을 추구한다.
오목성을 갖는다(알려진 이익, 알려지지 않은 손실).	볼록성을 갖는다(알려진 작은 손실, 엄청난 이익).
칠면조 문제에 빠져든다 (증거의 부재를 부재의 증거로 오인한다).	속아 넘어가는 사람, 칠면조 문제로부터 이익을 취한다.
부수 현상과 생목의 오류에 빠져든다.	생목의 오류에서 빠져나온다.
실험 과학과 물리학을 제외한 학계만의 메커니즘	실행의 주요 메커니즘
화술은 책을 통해 얻은 지식에 바탕을 둔다.	화술은 도구다.
이야기에 빠져든다	이야기에 크게 의존하지 않는다. 화술은 동기 부여에 불과하다.
좁은 범위, 폐쇄적인 행동 공간	넓은 범위, 열린 행동 공간
대상이 갖는 논리를 이해해야 한다.	이해는 크게 중요하지 않다. 다만, 더 나은 옵션을 행사하기 위해 두 가지 결과를 비교할 때 합리성을 유지해야 한다.
철학자의 돌(19장에서 설명하는 볼록성 바이어스)로부터 혜택을 얻지 못한다.	철학자의 돌에 의존한다.

것이 아니라 도구라는 의미다. 예를 들어, 종교 이야기는 화술로서 아무런 가치를 지니지 않을 수 있지만, 리스크를 완화하는 것처럼 당신이 그 이야기를 듣지 않았더라면 하지 않았을, 볼록성을 갖고 안티프래질한 무엇인가를 하도록 이끌어줄 수 있다. 영국의 부모들은 아이들이 얌전하게 행동하지 않거나 저녁을 먹지 않으면 보니Boney(나폴레옹 보나파르트Napoleon Bonaparte를 의미한다)나 무서운 동물이 와서 데려간다는 식으로 말도 안 되는 이야기를 하면서 통제한다. 때로 종교는 성인들에게도 번뇌에서 빠져나오거나 빚을 지지 않도록 도와주기 위해서 영국 부모들과 같은 방법을 사용한다. 그러나 지식인들은 자신의 엉터리 주장을 믿으며 자신의 사상을 지나칠 정도로 말 그대로 받아들인다. 그것은 상당히 위험하다.

　전통에 구현된, 경험에 바탕을 둔 지식의 역할을 생각해보자. 진화는 개인에게 작용하듯이, 이처럼 말로 설명할 수 없지만 여러 세대에 걸쳐 전달되는 경험적 지식에도 작용한다. 칼 포퍼Karl Popper는 이를 가리켜 진화적 인식론evolutionary epistemology이라고 했다. 그러나 나는 포퍼의 생각을 약간(실제로는 상당히 많이) 바꾸려고 한다. 내 생각에 이런 진화는 아이디어 간의 경쟁이 아니라 인간과 이런 아이디어에 바탕을 둔 시스템 간의 경쟁이다. 어떤 아이디어는 다른 아이디어보다 더 나아서가 아니라 그 아이디어를 가진 사람이 살아남았기 때문에 살아남는다. 따라서 당신이 할머니로부터 배운 지혜는 경영대학에서 배우는 것보다 경험적으로나 과학적으로 상당히 우월하고, 물론 값도 상당히 싸다. 내가 안타까운 것은 우리가 이런 할머니의 지혜로부터 상당히 멀어져가고 있다는 사실이다.

전문가들이 다루는 문제는 프래질을 유발하고, 안티프래질에 대한 무지를 인정하게 만든다(전문가들이 많이 알긴 하지만 그들이 생각하는 것보다 훨씬 덜 안다).³ 또한 그들이 다루는 문제는 당신을 비대칭성에서 잘못된 곳으로 안내한다. 리스크의 관점에서 논점을 이야기해보자. 당신이 프래질하다면, 당신이 안티프래질할 때보다 훨씬 더 많이 알아야 한다. 뒤집어서 말하면, 당신이 실제보다 더 많이 안다고 생각하면 당신은 실패에 프래질한 사람이다.

앞에서 우리는 부가 학교 교육을 초래하는 만큼 학교 교육이 부를 초래하지는 않는다는 증거를 살펴보았다(부수 현상). 이제부터는 이야기가 교과서 서술자에 의해 과장되는 동안, (정규 교육과 제도권의 연구가 아닌) 안티프래질한 리스크 수용을 통해 혁신과 성장이 이루어지는 과정을 살펴볼 것이다. 이는 이론과 연구가 아무런 역할을 하지 않는다는 뜻이 아니다. 오히려 우리가 무작위성에 속아 넘어가듯이, 좋게 들리는 사상의 역할을 과대평가하는 우를 범한다는 뜻이다. 우리는 다음 장에서 경제, 사상, 의학, 기술을 비롯해 여러 분야의 역사학자들이 늘 늘어놓는 잡담을 살펴볼 것이다. 이런 잡담은 행동가들을 과소평가하는 이야기를 차근차근 늘어놓고 결국에 가서는 생목의 오류에 빠진다.

---

3 지나친 자신감은 예측에 의존하게 만들고, 결국 대출을 늘림으로써 레버리지 leverage라는 프래질한 상황을 야기한다. 게다가 경제학 혹은 재무학 박사들이 사람들에게 상당히 프래질한 포트폴리오를 구성하게 만든다는 믿을 만한 증거도 있다. 조지 마틴 George Martin과 나는 펀드와 관련된 주요 경제학자와 재무학자의 리스트를 작성하고, 파산한 펀드를 조사하고 나서, 경제학자와 재무학자들이 만든 펀드의 파산율이 훨씬 더 높다는 사실을 확인했다. 파산 펀드 중 가장 유명한 것은 프래질리스타 로버트 머턴 Robert Merton, 마이런 숄즈 Myron Scholes, 카이 푸 후앙 Chi-Fu Huang 등이 만든 롱텀캐피탈매니지먼트 Long Term Capital Management: LTCM였다.

패자가 쓰는 역사

―――――――――

어쩌면 새들이 들을지도 모른다 / 우둔함을 지혜와 결부시키려고 하지 그 반대 순서로는 하지 않는다 / 발견의 화살은 어디를 향해 날아가는가? / 시행착오를 위한 변명

역사학자들은 다양한 바이어스 때문에 부수 현상을 비롯하여 원인과 효과에 관한 여러 환상에 빠져들기 쉽다. 기술의 역사를 이해하려면 역사학자가 아닌 사람의 설명을 들어야 한다. 혹은 책만 읽으려 하지 않고, 기술의 형성과정을 직접 관찰하면서 자신의 생각을 정리하는 바람직한 마인드를 지닌 역사학자의 설명을 듣는 것도 괜찮다. 나는 앞에서 테렌스 킬리가 이른바 선형 모델의 정체를 폭로했고, 그가 임상과학자라는 사실을 언급했다.[1] 실험실의 임상과학자나 엔지니어는 의약품의 혁신 혹은 제트 엔진처럼 실생활에 적합한 생산이 무엇인지 안

표 5 새에게 날아가는 법을 가르친 효과: 텍스트북에 나오는 잘못된 인용 사례

분야	기원, 새에게 날아가는 법을 가르친 사람들에게 나타난 결과	실제 기원과 이후의 결과
제트 엔진	물리학(스크랜튼Scranton에 의해 폐기)	작동 원리를 모르는 팅커링 엔지니어링
건축	유클리드 기하학, 수학(보쥬앙Beaujouan에 의해 폐기)	경험에 바탕을 둔 지식, 비법 전수(길드)
사이버네틱스cybernetics	노버트 위너Norbert Wiener (민델Mindell에 의해 폐기)	위키 스타일 프로그래머
파생상품 공식	블랙, 숄즈, 프래질리스타 머턴 하우그와(탈레브에 의해 폐기)	트레이더와 행동가, 레그놀드Regnauld, 바실리에Bachelier, 소프Thorp
의약품	생물학에 대한 이해(수많은 의사들에 의해 폐기)	행운, 시행착오, 다른 의약품에 의한 부작용, 때로는 독성물질(머스터드 가스)
산업혁명	지식의 발전, 과학혁명(킬리에 의해 폐기)	모험가, 애호가
기술	정규 과학	기술, 사업화

다. 따라서 실행을 시작하기 전에 세뇌되지 않는 한 부수 현상에 빠지는 오류를 범하지 않는다.

나는 이런 생산은 아카데믹한 과학과 무관하며 진화적 팅커링에서 비롯되었다는 증거를 가지고 있다. 하지만 이런 팅커링이 아카데믹한 과학에서 비롯되었다고 말도 안 되는 주장을 하는 이들이 있다.

표 5의 결과와 새에게 날아가는 법을 가르친 효과를 폭로한 여러 학

---

1   데이비드 에드거턴David Edgerton에 따르면, 이른바 선형 모델은 20세기 초반에도 믿음을 주지 못했다고 한다. 선형 모델은 우리가 과거에 믿었던 목적론적 과학의 우월성을 지금도 믿는 것에 불과하다.

자들을 알기 오래 전인 1998년에 이런 문제는 다음과 같이 날카롭게 다가왔다. 당시 나는 시카고의 레스토랑에서 어떤 경제학자와 자리를 함께 한 적이 있었다. 지금은 고인이 된 그 분은 성은 A로 시작하고 이름은 프레드Fred였던 것으로 기억하는데, 경제학자임에도 불구하고 사려 깊고 품위 있는 신사였다. 그는 지역 거래소에서 수석 이코노미스트로 일하면서 복잡하게 설계된 신규 금융상품을 자문하는 일을 했다.

내가 이색 옵션exotic option에 관한 책을 발간했다는 이야기를 듣고, 자신이 취급하는 금융상품에 관한 내 생각을 물었다. 그는 이색 옵션 상품에 대한 수요가 아주 클 것이라고 생각했지만, 트레이더들이 기르사노프 정리Girsanov theorem(측도의 변화에 따라 확률 과정이 어떤 식으로 변하는지에 관해 설명하는 정리 - 옮긴이)를 이해하지 못하고 이처럼 복잡한 이색 옵션을 취급할 수 있을 것인지를 우려했다. 기르사노프 정리는 수학적으로 아주 복잡하기 때문에 당시로서는 소수의 경제학자들에게만 알려져 있었다. 그리고 우리는 곡물 트레이더에 관해 이야기하면서 그들은 아마 틀림없이 기르사노프를 보드카의 브랜드쯤으로 생각할 것이라고 말했다. 맞는 말이다. 트레이더들은 대체로 많이 배우지 못했다. 자신이 사는 곳의 거리 이름을 정확하게 적을 수 있다면, 학력이 넘치는 사람으로 간주된다.

하지만 이 경제학자께서는 분명히 부수 현상에 빠져 있었다. 그는 트레이더들이 옵션 가격을 산출하기 위한 수학 정도는 공부했을 것이라고 생각했다. 나는 기르사노프 정리를 들어보기 전에 주로 시행착오를 통해 이해하고, 경험 많은 선배에게서 이처럼 복잡한 보상구조를 다루는 방법을 배웠다.

그때 갑자기 이런 생각이 떠올랐다. 어느 누구도 항공 역학에 나오는 다양한 정리를 모르고 운동 방정식을 풀지 못하는 어린이들이 자전거를 탈 줄 모를 것이라고 걱정하지 않는다. 그는 왜 특정 영역에서 다른 영역으로 논점을 옮길 줄 모르는가? 시카고 곡물 트레이더들이 돈을 벌기 위해 수요와 공급에 반응하는 과정에서 기르사노프 정리를 알 필요가 없는 것은, 다마스쿠스의 수크에서 피스타치오 거래상들이 가격을 정하기 위해 일반 균형 방정식을 풀 필요가 없는 것과 같다는 사실을 그 경제학자께서는 모르고 계셨다.

잠시 동안 나는 내가 다른 행성에 살고 있는 것은 아닌지, 혹은 그 신사분의 박사학위와 연구 경력이 그 분에게 상식을 느끼지 못하도록 하거나 잃어버리도록 한 것은 아닌지 생각해보았다. 혹은 보통 현실적인 감각이 없는 사람이라면, 방정식으로 가득 찬 허구의 세계에서 박사학위를 얻게 해주는 에너지에 관심을 가질 수 있다는 생각도 들었다. 여기에 선택 편향이 있다고 생각하는가?

나는 깨달음을 얻고서는 상당히 흥분했다. 누군가가 나를 도와줄 수 있으려면 행동가이면서 연구자가 되어야 한다. 그리고 행동이 연구보다 앞서야 한다. 에스펜 하우그Espen Haug는 유일하게 나와 비슷한 깨달음을 얻은 사람이다. 그도 나처럼 트레이더 생활을 하고 나서 나중에 박사학위를 받고 연구자가 되었다. 하우그와 나는 우리가 사용하고 있는 옵션 가격 공식의 근원을 당장 조사하기로 했다.

사람들은 이전에 무엇을 사용했는가? 학문적으로 이 공식을 유도한 덕분에 우리가 이것을 효과적으로 사용하고 있는가? 시행착오에 바탕을 둔 안티프래질한 진화적 발견 과정을 통해 이 공식을 이끌어냈지만, 학자들에게 소유권을 빼앗긴 것은 아닌가? 나는 갑자기 시카고에서 곡물 트레이더로 근무할 때 베테랑 트레이더들이 일하던 방식이 떠올랐다. 그들은 수학 공식을 거들떠보지도 않았고, 단순히 경험에서 얻는 감각에만 의존하려고 했다. 그들은 진정한 트레이더는 시트를 사용하지 않는다고 말했다. 여기서 말하는 시트란 컴퓨터가 복잡한 공식을 사용해 계산해준 결과의 인쇄물을 말한다.

그럼에도 불구하고 그들은 살아남았다. 그들의 가격은 공식이 전해주는 가격보다 더 정확하고 효율적이었다. 그리고 가장 중요한 것을 분명히 알려주었다. 예를 들어, 그들의 가격은 표준적인 공식이 놓쳐버리는 극단의 왕국, 즉 꼬리가 두꺼운 세계를 설명했다.

하우그는 나와 다른 각도에서 관심을 가졌다. 그는 과거의 행동가들이 썼던 금융 보고서를 수집하는 데 열을 올렸다. 그는 자기 자신을 '수집가the collector'라고 불렀고, 심지어 서명을 할 때도 이 단어를 썼다. 그는 제1차 세계대전 이전에 작성된 옵션 이론에 관한 책과 논문을 열심히 모았고, 우리는 이를 통해 과거의 금융에 대해 정확한 형상을 그려낼 수 있었다. 우리는 트레이더들이 공식보다 훨씬 더 정교했다는 사실을 입증하고 또 입증할 수 있었다. 그리고 그들의 정교함은 공식보다 최소한 100년은 앞서 갔다. 물론 자연의 선택, 생존을 위한 노력, 도제 과정을 거치면서 이런 정교함을 갖춘 노련한 행동가가 만들어지는 것이다.

트레이더들이 거래를 한다 ➡ 트레이더들이 테크닉과 상품을 이해한다 ➡ 경제학자들은 자기들이 공식을 발견하고 트레이더들이 그것을 사용하고 있다고 주장한다 ➡ 새로운 트레이더들이 경제학자들을 믿는다 ➡ 붕괴한다(이론이 만들어낸 프래질 때문에)

우리의 논문은 경제학 저널에 발표되기까지 7년 가까운 세월 동안 대기 중이었다. 그 동안 이상한 일이 일어났다. 경제학 역사상 가장 많이 다운로드 받는 논문이 되었지만, 처음 몇 년 동안에는 전혀 인용되지 않았다. 어느 누구도 상황을 시끄럽게 만들고 싶지 않았던 것이다.[2]

행동가는 글을 쓰지 않는다. 행동할 뿐이다. 새들은 날아가고, 새들에게 날아가는 법을 가르쳤던 사람들이 새들의 이야기를 쓴다. 따라서 역사는 시간이 있고 학자로서 보호받는 자리에 있는 패자들이 기록한다는 사실을 쉽게 알 수 있다.

가장 큰 아이러니는 생각에 관한 이야기가 어떻게 만들어지는지 우리가 몸으로 직접 체험했다는 사실이다. 우리에게는 뻔뻔스러운 지적 강탈의 또 다른 에피소드를 경험하는 행운이 따랐다. 영광스럽게도 와일리Wiley 출판사가 옵션 행동가로서의 우리의 입장을 『와일리 계량 금융 사전Wiley Encyclopedia of Quantitative Finance』에 싣고 싶다는 연락을 해왔다. 그래서 이전의 논문에 우리 자신의 경험을 추가하여 썼다. 그런데 충격적인 일이 일어났다. 역사 부분의 편집자가 우리 원고를 오랫동안 붙들고 있었던 것이다. 그는 버나드대학Barnard College의 교수였는데,

---

2 우리는 논문에서 다른 사람들이 이전에 훨씬 더 정교한 형태로 발견한 공식을 가지고 노벨 경제학상까지 받았던 두 프래질리스타 로버트 머턴과 마이런 숄즈를 거론했다. 게다가 그들은 허구의 수학을 사용했다. 불편한 일임에 틀림없다.

우리 원고가 시뻘겋게 되도록 수정하려고 했다. 경제사상사를 가르치는 그 분은 우리의 메시지와 우리가 바꾼 지식 형성 과정의 화살표 방향을 뒤집지는 않더라도 작게 취급하기 위해서 우리 글을 고쳐 쓰고 계셨다. 이것이 바로 과학사가 만들어지는 모습이다. 그 분은 버나드 대학 연구실에 앉아서 우리에게 트레이더로서 우리가 보았던 것을 받아쓰도록 했다. 우리 눈으로 본 것이 그 분의 논리를 따르지 않으면 무시되었다.

나는 지식의 형성 과정에서 이처럼 순서가 뒤바뀌는 모습을 여러 번 보았다. 예를 들어, 널리 인정받는 프래질리스타인 버클리대학교 교수 마크 루빈스타인Mark Rubinstein은 1990년대 후반에 자신이 쓴 저서에서 1980년대 이후 우리 행동가들에게 너무나도 익숙하고 때로는 더욱 정교한, 경험에 바탕을 둔 테크닉과 지식을 재무학 교수들의 공으로 돌렸다.

그래서는 안 된다. 우리는 이론을 실행으로 옮기지 않는다. 실행으로부터 이론을 만들어낸다. 그것이 바로 우리의 이야기였고, 이로부터 혼란이 발생하리라는 사실을 쉽게 추론할 수 있다. 이론은 치료의 산물이지, 그 반대가 아니다.

우리들을 주시하고 있는 증거

역사학자가 기술자들을 너무 심하게 두들겨 팬다는 사실이 드러났다.

버나드대학 교수로부터 역겨운 일을 당하고 나서 얼마 지나지 않아, 하우그와 나는 런던 정치경제대학교London School of Economics 사회학 세미나에 참석해 재무학에서 새들에게 날아가는 법을 가르친 효과에 관한 논문을 발표했다. 물론 나는 야유를 받았다(하지만 나는 경제학자들의 야유에 아주 잘 단련되어 있었다). 그런데 놀랍게도 세미나가 끝날 무렵, 주최자가 1주일 전에 뉴저지주립대학교The State University Of New Jersey의 필 스크랜턴Phil Scranton 교수가 정확하게 나와 똑같은 이야기를 했다는 사실을 들려주었다. 하지만 그는 옵션 공식이 아니라 제트 엔진을 가지고 설명했다.

스크랜턴 교수는 우리가 이론을 제대로 이해하지 않은 채 시행착오를 거치는 실험적 방법을 통해 제트 엔진을 만든다고 했다. 제조자는 엔진을 작동시키기 위해서 어떻게 부품을 돌려서 조립해야 하는지 아는 원래의 엔지니어들을 필요로 한다. 이론은 뒤뚱거리면서 나중에 나온다. 숫자만 따지는 사람들을 만족시켜주기 위해서다. 그러나 이는 기술에 관한 표준적인 역사에서 하는 이야기와 다르다. 항공우주공학을 전공하는 내 아들은 이런 사실을 모르고 있었다. 예의 바른 스크랜턴 교수는 사람들에게 더욱 익숙한 분석적이고 인위적인 혁신 과정이 아니라 현장에서 벌어지는 자연스럽고도 혼란스러운 혁신 과정에 주목하고 있었다. 전자가 표준인 것처럼 여겨지고 있지만, 절대 그렇지 않다.

나는 더 많은 이야깃거리를 찾았다. 그리고 기술사학자 데이비드 에드거턴은 나에게 아주 충격적인 이야기를 들려주었다. 우리는 1948년 노버트 위너가 사이버네틱스cybernetics(인공두뇌학을 의미하고, 여기서 '사이버'는 사이버스페이스cyberspace라는 단어를 구성한다)를 창시한 것으로 알고 있다. 그러나 공학사학자 데이비드 민델David Mindell이 그 본질을 폭로했는데, 위너가 공학계에 오랫동안 적용되어왔던 피드백 제어feedback control와 디지털 계산에 관한 아이디어를 명시적으로 설명한 것뿐이라는 사실이다. 그럼에도 불구하고 사람들은(심지어 오늘날의 공학자조차 여기에 포함된다) 사이버네틱스 분야가 위너의 수학적 사고에서 비롯되었다는 환상을 갖고 있다.

그리고 다음과 같은 생각도 떠올랐다. 우리는 몇 가지 공리에 기반을 둔 기하학을 유클리드의 『기하학원론 Elements』과 같은 교과서를 통해 배운다. 그리고 이런 기하학 덕분에 오늘날 기하학적으로 아름다운 주택, 성당과 같은 빌딩을 갖게 되었다고 생각한다. 그렇게 생각하지 않으면 저주를 받는다는 생각과 함께 말이다. 그런데 나는 고대 사람들이 팅커링과 경험적 지식을 바탕으로 한 유클리드 기하학적 방법 및 그 밖의 수학적 방법을 이미 사용하고 있었기 때문에, 이에 관심을 갖게 되었다고 생각한다. 그들이 수고스럽게 일부러 기하학과 수학을 가지고 골치를 썩이지는 않았을 것이다. 지금 이야기는 바퀴 이야기와 비슷하다. 또 증기기관을 처음 만든 사람들은 산업혁명이 일어나기 2000년 전의 그리스인들이었다. 이런 예들은 이론이 아닌 실행을 통해 처음 탄생된 것들이다.

우리 주변의 건축물들을 살펴보자. 피라미드에서 유럽의 아름다운 성당에 이르기까지 이런 건축물들은 기하학적으로 정교하다. 따라서 우리는 피라미드와 같은 예외를 제외하고는 수학이 이런 아름다운 건축물들을 만들어냈다는 주장에 속아 넘어가기 쉽다(피라미드의 경우, 유클리드를 비롯한 그리스 수학자들이 등장하고 난 후 수학이 발전했을 때보다 시기적으로 훨씬 앞서서 만들어졌다). 하지만 진실은 이렇다. 건축가들(혹은 우리가 장인이라고 부르는 사람들)은 경험에 바탕을 둔 방법 혹은 도구에 의존하지, 수학에 대해서는 잘 모른다. 중세 과학사를 연구하는 기 보쥬앙Guy Beaujouan에 따르면, 13세기 이전 유럽 전역에서 나눗셈을 제대로 할 줄 아는 건축가가 겨우 5명밖에 되지 않았다고 한다. 수학적 정리도 없었고, 따라서 이에 대한 혐오감도 없었다. 그러나 당시 건축가들은 오늘날 우리가 사용하는 방정식을 모르고도 건축 재료의 저항을 따져볼 줄 알았다. 그들이 건축한 건물들은 지금도 무너지지 않고 여전히 서 있다.

13세기 프랑스의 건축가 빌라르 드 온쿠르Villard de Honnecourt는 당시의 성당 건축에 관한 스케치와 감상을 피카르드어(프랑스 피카르디Picardie 지방의 언어)로 정리한 소품집을 남겼다. 이후 약 300년이 지나서 필베르트 드롬Philibert de l'Orme이 자신의 건축 논문에서 빌라르의 소품집에 나오는 경험적 지식, 작은 비결과 원칙들을 정리해놓았다. 예를 들어, 삼각형은 말의 머리로 그렸다. 이론에 비해 실험은 사람들이 훨씬 더 주의 깊게 관찰하도록 만든다.

또한 우리는 위대한 엔지니어들인 로마인들이 수학을 사용하지 않고 수로를 건설했던 것으로 확신한다(로마 숫자를 가지고는 계산을 쉽게 할 수가 없다). 나는 그들이 수학을 사용했다면 이런 수로들이 지금까지 존재하지 않았을 것으로 믿는다. 수학이 갖는 명백한 부작용은 사람들이 지나치게 낙관하고 지름길을 찾도록 만들어 프래질을 초래한다는 사실이다. 새 것이 옛 것보다 얼마나 더 소멸하기 쉬운지 생각해보라.

로마 건축가 비트루비우스Vitruvius의 저서 『건축십서De architectura』는 건축가들의 바이블로서, 유클리드가 『기하학원론』을 저술하고 나서 300년 뒤에 나왔다. 이 책에는 기하학 내용이 거의 없었고, 물론 유클리드에 대한 언급도 없었다. 주로 장인이 견습생에게 전수하는 비법처럼 시행착오에서 비롯되는 지식이었다(그가 주로 강력하게 언급하는 수학적 결과는 피타고라스의 정리였다. 장인이 고안한 장치가 없이도 직각이 만들어진 것은 놀라운 일이었다). 르네상스 시기까지 수학은 머리를 써야 하는 퍼즐 정도에 한정되어 있었다.

지금 나는 일부 실용 기술의 이면에 이론이나 아카데믹한 과학이 전혀 존재하지 않는다는 주장을 하려는 것이 아니다. 일부 실용 기술은 (거의 관계가 없는 활용이 아니라) 최종적인 활용을 위해 과학으로부터 직접적으로 도출된다. 경제사학자 조엘 모커 Joel Mokyr는 이론적·경험적 발견을 채워 넣은 정규 지식의 저장소로서 더 많은 지식과 (자신이 생각하는) 응용을 창출하는 데 사용되는 일종의 규칙집을 '인식론적 기반 epistemic base' 혹은 '명제적 지식 propositional knowledge'이라고 불렀다. 즉, 이론의 덩어리에서 더 많은 이론들이 직접적으로 도출된다는 이야기다.

그러나 우리는 여기에 속아 넘어가서는 안 된다. 모커 교수의 주장에 의하면, 환율을 예측하기 위해 경제지리학을 공부해야 한다(나는 그에게 생목 전문가를 소개해주고 싶다). 나는 '인식론적 기반'의 개념을 이해하면서, 그것이 기술의 역사에서 진정으로 어떤 역할을 하는지 궁금했다. 강력한 역할을 한다는 증거는 없었고, 누군가가 그런 역할을 입증해 보이기를 기다리고 있다. 모커 교수와 그를 추종하는 사람들은 그의 견해가 부수 현상을 초래하지 않는다는 증거를 제시하지 못하고 있다. 그들은 비대칭성 효과의 의미를 이해하지 못한다. 여기서 옵션의 특징이 작용하는 지점은 어디인가?

장인이 견습생에게 전하는 노하우 혹은 도제 방식으로만 전수되는 노하우가 있다. 학위는 선택 과정에서 필요하거나 높은 지위를 갖게 해주거나, 여기저기서 도움이 되긴 하지만 꼭 그런 것만은 아니다. 그리고 정규 지식을 갖춘 사람이 지나칠 정도로 많기 때문에 이런 지식의 역할은 과대평가될 것이다.

요리와 비슷한 것인가

요리는 옵션에 완전히 의존하는 작업이다. 우리는 재료를 첨가해 뚱보 토니의 입맛에 맞출 수도 있고, 그렇지 않으면 그의 입맛을 완전히 무시할 수도 있는 옵션을 가진다. 혹은 위키Wiki 스타일의 협력적 실험을 거쳐 특정 조리법을 만들 수도 있다. 이는 입맛에 관한 화학적 추론 없이도 가능한 일이며, 이론에서 이론을 창출하기 위한 '인식론적 기반'은 여기서 아무런 역할을 하지 못한다. 지금까지 어느 누구도 이처럼 옵션이 작용하는 과정 때문에 손해를 본 사람은 없다. 언젠가 댄 애리얼리Dan Ariely가 지적했듯이, 영양 분석표를 통해 음식의 맛을 역설계할 수는 없다. 그리고 조상들이 물려준 경험적 지식을 활용할 수도 있다. 이런 지식은 여러 세대에 걸친 집단적 팅커링의 결과로 진화한 조리법을 말한다. 이런 조리법은 문화에 스며들어 있다. 요리 학교에서는 전적으로 도제식 교육을 실시한다.

다른 한편으로 어느 정도의 경험적 타당성을 지닌 이론을 창출하기 위한 이론으로 구성된 순수 물리학을 생각해보자. 여기에서는 '인식론적 기반'이 역할을 할 수 있다. '힉스 입자Higgs Boson'의 발견은 현대 물리학 이론으로부터 예상된 경우였다. 아인슈타인의 상대성 이론도 마찬가지였다(힉스 입자가 발견되기 전, 프랑스 천문학자 르 베리에 Le Verrier가 외계에 관한 얼마 안 되는 자료를 가지고 해왕성의 존재를 예견한 일도 경이로운 사건이었다. 그는 주변 행성들의 운동 자료를 가지고 스스로 계산해 이처럼 경이로운 사건을 일으켰다. 나중에 해왕성이 실제로 관찰되었을 때, 그는 너무나도 감격한 나머지 그 모습을 안 보려고 했다. 이런 사건들은 예외적인 일들이고, 주로 선형 모델을 적용할 수 있는 물리학을 비롯해 여러 곳에서 발생하는데, 여기서 오차는 극단의 왕국이 아닌 평범의 왕국을 따른다).

이제 요리에 관한 생각을 토대로 다른 활동을 생각해보자. 다른 활동은 요리와 비슷한가? 우리가 견습을 통해 기술을 얻는다면, 실제로는 거의 모든 활동이 물리학보다 요리와 비슷하다고 생각할 수 있다. 특히 복잡한 영역의 기술에서는 말이다.

오늘날의 의학도 얼마간의 과학 이론을 배경으로 하는 도제 모델로 남아 있지만, 순전히 과학으로 인식되고 있다. 그리고 도제 모델로 남아 있는 한 7장에서 설명했던 현상학이 되어서 생물학 이론보다는 경험적 규칙성에 더욱 의존하여, 증거에 바탕을 두는 방법을 추구할 것이다. 그럼 과학은 왔다가 사라지지만, 기술은 계속 남게 되는 이유는 무엇인가?

이제 기초과학의 역할을 원래의 의도와 다른 방향에서 생각해볼 수 있다.[3] 기초과학이 의도와는 다르게 사용된 사례가 상당히 많은데, 우선 제1단계 컴퓨터부터 시작해보자. 여기에서는 수학의 '명제적 지식'에서 나오는 조합론 combinatorics이 기초과학에 해당되고, 이런 조합론을 응용하는 분야가 바로 컴퓨터다(그리고 물론 독자들에게 좋은 것만 골라서 설명하는 체리 피킹을 상기시키기 위해서, 어디로 갈 것인지 모르는 이론적 지식을 고려할 필요가 있다). 그러나 처음에는 이처럼 회로로 가득 찬 무겁고 비싼 거대한 상자를 가지고 수량 데이터를 관리하고 가공하는 것 말고는 무엇을 해야 할지 아무도 몰랐다. 마치 누군가에게 기술이 주는 흥분을 느끼기 위해서 사용할 곳을 찾으라고 하는 것 같았다.

베이비부머들은 신비하게 생긴 천공 카드를 기억할 것이다. 그 다음에는 어떤 사람이 스크린 모니터의 도움을 받아 자판을 사용한 입력용 콘솔을 만들었다. 물론 이것이 문서 작업을 가능하게 했다. 그리고 1980년대 초반 미니 컴퓨터의 등장으로 문서 작성 기능이 더욱 향상되면서 컴퓨터는 비약적으로 발전하게 된다. 컴퓨터는 편리했지만, 의도하지 않았던 전혀 다른 결과가 발생할 때까지는 그 이상의 기능을 하지 않았다.

지금 컴퓨터는 인터넷을 활용하는 제2단계에 있다. 처음 인터넷은 미국 국방성 방위고등 연구계획국Defense Advanced Research Projects Agency, DARPA의 연구 프로젝트로 개발되어 군에서 통신 네트워크의 한 축을 담당했고, 이후 로날드 레이건Ronald Reagan 대통령이 소련과의 냉전에 집착하는 동안 각광을 받았다. 따라서 인터넷은 미국이 전면적인 군사 도발에서 살아남기 위한 수단의 일환이었다. 이처럼 위대한 발상이 펴

---

3 나는 독자들에게 4권의 요점은 목적론과 방향 감각이라는 사실을 상기시켜주고 싶다. 그리고 4권은 정규 학문에 주로 회의적인 입장(즉 안티-대학)을 취하면서, 의사 과학pseudoscience 혹은 위조 과학cosmetic science에 철저하게 반대 입장을 취하고, 과학적인 것에는 상당히 친화적인 입장을 취한다. 많은 사람들이 매우 과학적이지 않은 것을 가지고 과학이라고 부른다. 과학은 속기 쉬운 문제에 속아 넘어가지 않도록 해주는 것이 되어야 한다.

스널 컴퓨터와 인터넷의 결합으로 이어져 소셜 네트워크가 붐을 일으키고, 결혼 생활의 파탄을 초래하고 멍청한 바보들이 늘어나고, 사교적이지 못한 구소련 출신 인사들이 배우자를 쉽게 찾도록 해주었다. 이 모든 현상들이 레이건 대통령이 소련과의 전쟁을 준비하기 위해 국민들로부터 거두어들인 세금(혹은 오히려 재정적자) 덕분이다.

컴퓨터 기술이 많은 측면에서 과학에 의존하고 있는만큼 과학이 이런 과정에서 어느 정도 쓰임새가 있기는 하지만, 현재로서는 날아가는 화살을 바라보고만 있을 뿐이다. 과학이 화살의 방향을 정하는 데에 아무런 역할을 하지 못한다. 과학은 앞이 보이지 않는 상황에서 대학교 중퇴자와 제멋대로 자란 고등학교 학생들을 제외하고 아무도 보지 못하는 우연한 발견을 하는 데 노예처럼 동원되고 있다. 이런 과정은 그 자체가 매 순간마다 자기주도적이며, 예측할 수가 없다. 그리고 가장 큰 오류가 이런 과정을 합리적이지 못하게 바라보는 것이다. 여기서 합리적이지 못한 것이란 우리에게 주어진 공짜 옵션을 보지 못하는 것을 말한다.

중국은 상당히 설득력 있는 이야기를 제공하는데, 이 이야기는 서구의 잘못된 믿음을 들추어내고 중국 과학의 위력을 이해했던 뛰어난 관찰자 조지프 니덤Joseph Needham의 저술을 통해 알 수 있다. 중국이 하향식 관료국가(이전의 이집트처럼 소비에트-하버드식 중앙집권 관리들이 지배하는 국가)가 되면서, 중국인들은 브리콜라주, 즉 시행착오를 거친 창작 활동에 대한 열망을 잃어버렸다. 이 문제에 관해 니덤의 전기 작가인 사이먼 윈체스터Simon Winchester가 중국학자 마크 엘빈Mark Elvin의 설명을 인용하는데, 엘빈은 중국에 '팅커링을 추구하는 유럽식 마니아'

가 더 이상 존재하지 않는다고 했다. 중국인들은 방적기를 제작하기 위한 모든 기술을 보유하고 있지만 어느 누구도 시도하지 않았다. 이것은 옵션의 활용을 방해하는 지식의 또 다른 사례가 된다. 그들은 대학 졸업장이 없는 스티브 잡스처럼 적극적인 기질을 가지고 이런 기술들을 당연한 귀결로 이끌어줄 만한 인물이 필요했을 것이다. 다음 꼭지에서 살펴보겠지만, 산업혁명을 일으켰던 사람들은 바로 잡스처럼 거리낌 없는 행동가들이었다.

우리는 앞으로 두 가지 사례를 살펴볼 것이다. 첫 번째 사례는 산업혁명이고, 두 번째 사례는 의약 분야다. 먼저 산업혁명에 관한 인과적 환상을 들추어내고, 과학의 역할이 과대평가되지 않았는지 살펴보겠다.

산업혁명

지식의 형성(심지어 이론적인 지식까지 포함된다)에는 시간이 걸리고 따분하지만, 또 다른 일과를 갖는 데서 비롯되는 자유도 뒤따른다. 따라서 사람들이 뉴욕의 차이나타운에서 진짜 같아 보이지만 가짜라는 사실을 알고도 구매하는 모조품 시계 같은 위조 지식을 만들게 하는 것처럼, 발간하고 사라져버리는 식의 저널 스타일 압박으로부터 당신을 벗어나게 해준다. 19세기와 20세기 초반에는 기술적 지식과 혁신의 이면에 두 가지의 주요 원천이 있었다. 하나는 애호가였고 다른 하나는 영국의 교구 목사였으며, 양쪽 모두가 일반적으로 바벨 상황에 있었다.

작업의 대부분은 교구 목사들이 담당했다. 그들은 아무런 걱정이 없었고 박식했으며, 편안한 저택에 살면서 가사를 돌보지 않아도 되었고 응고 크림으로 덮여 있는 쿠키와 함께 차를 마시면서 자유 시간을 마음껏 즐길 수 있었다. 물론 그들에게는 옵션이 있었으며, 한 마디로 정통한 아마추어들이었다. 베이지안 확률Bayesian probability로 유명한 토머스 베이즈Thomas Bayes 목사, 인구 폭발로 유명한 토머스 맬서스Thomas Malthus 목사가 바로 대표적인 예다. 그러나 빌 브라이슨Bill Bryson의『거의 모든 사생활의 역사At Home: A Short History of Private Life』를 보면 더욱 놀라운 사실을 알게 되는데, 후세의 기록에 남을 만한 업적을 남긴 저자들은 과학자, 물리학자, 경제학자, 발명가보다 성직자들이 10배나 더 많았다. 앞서 말한 두 거장들뿐만 아니라 시골 목사들의 업적을 무작위로 나열하면 다음과 같다.

　에드먼드 카트라이트Edmund Cartwright 목사는 역직기를 발명해 산업혁명에 공헌했고, 잭 러셀Jack Russell 목사는 애완견 테리어를 교배시켰다. 윌리엄 버클랜드William Buckland 목사는 공룡 연구의 최고 권위자였다. 윌리엄 그린웰William Greenwell 목사는 근대 고고학의 창시자였고, 옥타비우스 피커드 캠브리지Octavius Pickard-Cambridge 목사는 거미 연구의 권위자였다. 조지 가렛George Garrett 목사는 잠수함을 발명했고, 길버트 화이트Gilbert White 목사는 당대에 가장 존경받는 자연주의자였다. 마일스 조지프 버클리M. J. Berkeley 목사는 균류 연구의 최고 전문가였고, 존 미첼John Michell 목사는 천왕성의 발견에 기여했다. 그리고 이외에도 상당히 많은 목사들을 거론할 수 있다. 내가 하우그와 함께 경험했듯이, 제도권 과학은 그 안에서 만든 것이 아니라면 빼먹는 경향이 있다. 게다가 일부 과학자들이 먼저 발견한 사람의 업적을 제 것이라고 주장하는 일도 생기면서, 애호가와 행동가들의 업적은 실제 기여한 것에 비해

상당히 과소평가되었을 것이다.[4]

잠시 시적인 분위기를 가져보겠다. 자기주도적인 학자들은 미학적 차원을 생각한다. 나는 오랫동안 나의 연구노트에 프랑스의 위대한 중세 연구가 자크 르 고프Jacques Le Goff의 다음과 같은 글을 적어 놓았다. 그는 르네상스는 전문적인 학자가 아니라 자기주도적인 휴머니스트에게서 나온 것이라 믿었고, 중세 대학의 구성원과 휴머니스트를 비교한 당대의 회화, 소묘, 글에서 두드러진 차이를 관찰한 사람이다.

> 한 사람은 모여든 학생들로 둘러싸인 교수다. 다른 사람은 널찍한 자기 방에서 편안한 자세로 조용히 앉아 자유롭게 생각하는 고독한 학자다. 여기서 우리는 학교의 소란스러움, 교실의 먼지, 집단의 작업실에서 엿볼 수 있는 미에 대한 무관심과 마주치게 된다.
> 모든 것이 질서와 아름다움, 호사와 고요와 쾌락인 곳
> (보들레르의 시 〈여행에의 초대L'invitation au voyage〉의 후렴구다 – 옮긴이)

이제 애호가에 관해서는, 무엇인가를 갈망하는 모험가와 민간 투자가와 함께 그들이 산업혁명의 원천이었음을 보여주는 증거가 있다. 앞에서 말했던 킬리(그는 역사학자도 아니고, 감사하게도 경제학자도 아니다)는 자신의 저서 『과학 연구의 경제 법칙The Economic Laws of Scientific Research』

---

[4] 눈에 띄는 예로는, 이 책의 주요 논지의 이면에서 기술적 지원을 하는 옌센 부등식의 요한 옌센Johan Jensen이 있다. 그는 학자로서의 자리를 얻어본 적 없는 아마추어 수학자였다.

에서 기술은 아카데믹한 과학에서 비롯된다는 기존의 선형 모델에 문제를 제기했다. 그가 보기에 대학은 국부의 결과로 발전하는 것이지 그 반대가 아니었다. 게다가 그는 한 걸음 더 나아가, 어설픈 개입에서 보았듯이 대학은 국부에 부정적인 영향을 미치는 의원성 질환을 가지고 있다고 주장했다. 또한 그는 정부가 세금을 걷어서 연구비를 지원하는 방식으로 개입하는 국가에서는 민간 투자가 위축된다는 사실을 입증했다.

예를 들어, 일본에서는 전지전능한 통산성Ministry for Technology and Investment, MITI이 엄청난 금액을 투자한다. 지금 나는 과학 기금에 반대하는 정치적 견해를 뒷받침하기 위해 킬리의 생각을 활용하려는 것은 아니다. 다만 중요한 발견에서 인과관계의 화살 방향이 잘못되었음을 폭로하고 있을 뿐이다.

다시 말하지만, 산업혁명은 '기술을 직접 만드는 기술자' 혹은 킬리가 말하는 '과학 애호가hobby science'에게서 나왔다. 무엇보다도 산업혁명을 구현했다고 일컬어지는 작품이 바로 증기기관이다. 하지만 앞에서 보았듯이, 헤론이 그 청사진을 훨씬 전에 가지고 있었다. 그럼에도 불구하고 헤론의 이론은 거의 2000년 동안 어느 누구의 관심도 끌지 못했다. 따라서 실행과 재발견이 헤론의 청사진에 관심을 갖게 된 원인이지, 그 반대는 아니다.

킬리는 증기기관이 기존의 기술에서 나왔고, 교육을 받지 않고 외골수로 사는 사람들이 눈앞에 놓인 기계적인 문제를 해결하기 위해 실제적인 상식과 직관을 응용해 만든 것이며, 그 해결 방안이 경제적으로 엄청난 결실을 가져다 주었다는 아주 설득력 넘치는 주장을 펼쳤다.

이제 두 번째로 섬유 기술을 살펴보자. 킬리에 따르면, 근대로 넘어가게 해주는 이 중요한 기술 역시 과학의 은혜를 전혀 입지 않았다. 1733년 존 케이John Kay가 기계적으로 베를 짜는 플라잉 셔틀을 발명하고, 1770년 제임스 하그리브스James Hargreaves가 그의 이름을 딴 제니 방적기를 발명했다. 또한 1758년 제임스 와트James Watt와 루이스 폴Lewis Paul이 정방기를 발명하고, 1769년 리처드 아크라이트Sir Richard Arkwright가 수력방적기를 발명하면서 산업혁명의 서막을 열었다.

하지만 이런 발명품들은 공장의 생산성을 증진해 이윤을 벌어들이려는 기술자들의 시행착오와 실험에서 나온 경험적 산물이지, 과학의 은혜와는 무관하다.

데이비드 에드거턴은 과거에 사람들이 아카데믹한 과학이 기술의 원천이라는 선형 모델을 믿었다는 주장뿐만 아니라, 아카데믹한 과학과 경제 번영 간에 상관 관계가 있다는 주장에도 의문을 제기했다. 19세기와 20세기 사람들은 속아 넘어가지 않았다. 오늘날 우리는 그들이 앞서 말한 선형 모델을 믿었다고 생각하지만, 그들은 그렇지 않았다. 실제로 학술계 구성원들은 20세기에도 주로 교사에 불과했지, 연구자는 아니었다.

어떤 학자가 믿음이 가는지를 확인하기 위해 그의 저작을 살펴보는 대신, 그를 비판하는 사람들의 이야기를 듣는 것이 훨씬 더 낫다. 그들이 그 학자의 주장에서 무엇이 가장 잘못되었는지 밝혀주기 때문이다. 그래서 나는 킬리를 비판하는 사람 혹은 킬리의 생각에 반대하는 사람을 찾아서 새겨들을 만한 가치가 있는 주장을 하는지, 그리고 그들이 어디 출신인지 살펴보기로 했다. 아직 옵션의 특징을 알아차리지 못한 조엘 모커의 발언은 논외로 할 것이며, 지금 경제학자들의 위상을 고려할 때 그다지 중요하게 여길 필요가 없는 유형의 경제학자들의 공격도 마찬가지로 무시하겠다. 킬리에 대한 주요 비판은 어떤 과학 행정가가 영향력 있는 저널 〈네이처Nature〉에 발표한 글에 나와 있었다.

그 글의 주요 내용은 킬리가 세금으로 지원되는 연구를 비판할 때 OECD와 같은 정부 지원을 받는 기관의 데이터를 사용한 것에 포커스를 두었다. 지금까지는 킬리의 주장이 틀렸다는 사실을 입증할 만한 실질적인 증거는 없다. 그러나 입증의 책임을 상대방에게 돌려서 생각해보자. 킬리의 주장에 반대하는 주장이 조금이라도 옳다는 근거는 전혀 없다. 이런 주장의 대부분은 제도권 과학의 무조건적인 파워에 대한 종교적 믿음에서 비롯된다. 그리고 이런 믿음은 제도권 종교에 대한 무조건적인 믿음을 대체한다.

정부는 목적론적 연구가 아닌 비목적론적 팅커링을 지원해야 한다

정부가 돈을 한 푼도 쓰지 말아야 한다는 주장을 하는 것은 물론 아니다. 나는 목적론적 연구를 반대하지 연구 자체에 반대하는 것이 아니다. 정부 지출은 효과를 발휘하는 형태가 되어야 한다. 정부는 때로 사건의 흐름을 훌륭하게 바꾸어서, 애초에 의도하지 않았지만 연구로부터 엄청난 수익을 올리기도 한다. 인터넷이 바로 그런 예다. 그리고 혁신과 함께 군비 지출과 (앞으로 살펴보게 될) 의약 분야에서 우리가 빚어냈던 결과를 생각해보라. 공직자들은 지원 대상을 찾을 때 지나치게 목적론적 사고에 빠져 있었고(특히 일본이 그렇다), 대기업도 마찬가지였다. 따라서 빅파마Big Pharma와 같은 대부분의 대기업들은 내부의 적을 가지고 있다.

호기심 위주의 블루 스카이Blue Sky 연구를 생각해보라. 이때 연구비는 프로젝트 단위가 아니라 인력 단위로 배분되어 연구원들에게 나누어 지급된다. 사회학자 스티브 샤핀Steve Shapin은 실리콘 밸리의 벤처 투자자들을 관찰하고는, 그들이 아이디어가 아니라 기업가를 보고 후원하는 경향이 있다고 했다. 투자 결정은 주로 알려진 기업가인가 혹은 누가 벤처 투자자들의 전문 용어를 사용해 무슨 말을 하는가에 달려 있다. 결국 말이 아니라 기수를 보고 베팅을 하는 셈이다.

왜 그럴까? 혁신은 표류하는 성격이 있으며, 정해 놓은 절차에 갇히지 않고 눈앞에 나타나는 기회를 놓치지 않는 산책가의 기질을 요구하기 때문이다. 샤핀은 벤처 투자에서 중요한 결정은 비즈니스 플랜이 없이 이루어진다고 했다. 따라서 분석이라는 것이 있다면, 그것은 무엇인가를 대체하거나 확인하는 것에 불과했다. 나도 실리콘 밸리에서 투자를 목적으로 벤처 투자자들과 함께 시간을 보낸 적이 있었는데, 확실히 샤핀의 생각에 공감할 수 있었다.

결국 돈은 팅커링을 하는 사람에게 가야 한다. 당신이 신뢰하는 적극적인 팅커러tinkerer는 옵션을 활용할 줄 아는 사람이다.

이제 기술적이기는 하지만, 통계적인 이야기를 하려고 한다. 연구로부터 얻는 보상은 극단의 왕국이 주는 보상과도 같다. 이런 보상은 통계적으로 거듭제곱 분포power-law distribution를 따른다. 즉 옵션의 특징에 의해 상승국면은 거의 무제한적으로 높은 값을 제공하고 하강국면은 제한적인 값을 제공한다. 결과적으로 연구로부터 얻는 보상은 시행 횟수에 대해 선형이지만, 시행과 관련된 전체 연구비에 대해서는 비선형이다. 그림 7에서 보았듯이, 승자는 제한이 없는 엄청난 보상을 갖기 때문에 블라인드 펀딩blind funding (투자하는 종목을 미리 정해두지 않은 상태에서 투자자들로부터 자금을 모으고 나서 시장 상황에 따라 적당한 투자처를 물색해 투자하는 선모집 후투자 방식의 펀딩-옮긴이)이 바람직한 접근 방식이다. 이는 이른바 n분의 1의 원칙을 따라 시행 횟수를 가능한 만큼 늘려서 옵션을 n개로 만들고, 모든 옵션에 같은 금액을 투자하는 것을 의미한다.[5] 왜 시행 횟수를 원하는 이상으로 늘리고, 각 시행마다 투자 금액을 낮추려고 하는가? 극단의 왕국에서는 무엇인가를 놓치는 것보다 약간의 금액을 가지고 거기에 참여하는 것이 더 중요하기 때문이다. 어느 벤처 투자자가 나에게 말했듯이, '보상이 너무 커서 당신은 모든 것에 참여하지 않을 수가 없다.'

의약 분야의 사례

기술과 다르게 의약 분야는 오랫동안 우연을 길들여왔다. 따라서 실행 과정에서 무작위성을 수용하고 있다. 그러나 늘 그런 것은 아니다.

의약 분야의 데이터는 목적론적 연구의 성과와 무작위적으로 이루

---

5 여기서는 기술적인 내용을 언급하고 있다. 이런 n분의 1의 원칙은 2005년 만델브로와 내가 간단한 수학에 근거해 최적 포트폴리오 이론과 현대 금융 이론의 맹점을 파헤치기 위해서 사용했던 것이다. 극단의 왕국에서 우리는 금융 이론을 따를 것이 아니라 소액의 동일한 금액을 할당하면서 폭넓은 다변화를 추구하는 것이 좋다.

어지는 발견을 비교할 수 있게 해준다. 미국 정부는 이런 비교를 위해 이상적인 데이터를 제공해주는데, 예를 들어 1970년대 초반 닉슨Nixon 대통령이 암과의 전쟁을 선포하면서 설립했던 국립암연구원National Cancer Institute이 이런 역할을 하고 있다. 개업의이면서 연구자이기도 한 모턴 마이어스Morton Meyers는 자신의 저서 『행복한 우연: 현대 의학의 성과가 전해준 뜻밖의 발견Happy Accidents: Serendipity in Modern Medical Breakthroughs』에서 이렇게 적었다.

> 지난 20년이 넘는 기간 동안 약 1만 5000종을 대표하는 14만 4000개가 넘는 식물 표본을 조사했지만, 단일 식물에서 추출할 만한 항암제를 얻어내지는 못했다. 이런 실패는 1950년대 후반 주요 식물군에서 빈카 알칼로이드Vinca Alcaloid라는 항암제를 발견했던 성과와 극명한 대조를 이룬다. 사실 이런 발견은 유도된 연구가 아닌 우연한 발견이었다.

존 라마티나John La Matina는 의약품 사업을 접은 후 자신이 겪었던 현실을 알려주는 내부고발자다. 그는 학계의 기여에 관한 일반인들의 인식과 진실 간의 커다란 차이를 보여주는 통계를 제시한다. 10개의 의약품 중 9개는 민간 부문에서 개발한다는 것이다.

정부의 지원을 받는 국립보건원National Institutes of Health도 시장에서 의미 있는 매출을 올리고 있는 46개 의약품 중 3개만이 정부 지원과 관련이 있다는 사실을 인정한다.

우리는 항암제가 연구와는 다른 영역에서 나온다는 사실을 제대로 알고 있지 못하다. 당신이 암과 상관없는 의약품(혹은 암과 상관없는 비의약품)을 찾으려고 하면, 찾으려고 했던 것이 아닌 의외의 것을 찾을 수 있다(그 반대도 성립한다). 그러나 한 가지 흥미롭고도 변하지 않는 사실은 학계의 연구자가 어떤 성과를 처음 발견할 때에는, 그것이 애초에 자신이 찾으려고 했던 것이 아니기 때문에 무시해버리기 쉽다는 것이다. 학계는 대본에 따라 움직이는 곳이다. 따라서 옵션의 관점에서 말하자면, 그 연구자는 자신이 가진 가치 있는 옵션을 행사하지 않는다. 그는 합리성을 명백하게 위반한 것이다(이런 합리성을 어떻게 정의하더라도 마찬가지다). 마치 탐욕스러운 사람이 자기 집 정원에 있는 엄청난 금액의 돈을 줍지 않는 것처럼 말이다. 마이어스는 발견을 사후적으로 학계의 연구 성과로 돌리면서 우리에게는 잘못된 환상을 심어주는 '새에게 날아가는 법을 가르친 효과'를 보여주기도 했다.

몇몇 경우에는 군대에서 발견이 이루어졌기 때문에 정확한 내막을 모른다. 마이어스의 책에 나오는 암 치료를 위한 화학 요법의 예를 들어보자. 1942년 독일군은 머스터드 가스를 가득 싣고 이탈리아의 바리Bari를 떠나던 미국 함정을 폭격했다. 이 사건으로 머스터드 가스가 혈액암에 걸린 군인들의 백혈구 수를 감소시켜주는 현상이 나타나면서 화학 요법의 가능성을 모색하게 되었다. 그러나 머스터드 가스는 제네바 협약에 따라 개발이 금지되었고, 이후의 이야기는 베일에 가려졌다. 처칠Churchill은 모든 기록을 삭제하도록 지시했다. 그리고 미국은 니트로겐 머스터드의 효과에 관한 연구를 제외한 정보 공개를 금지했다.

의사이자 의학 전문 작가인 제임스 르 파누James Le Fanu는 치료상의 혁명이나 제2차 세계대전 이후에 봇물처럼 쏟아진 새로운 치료법은 과학적 직관에서 촉발된 것이 아니라고 주장했다. 오히려 정반대로 진행되었다. 그는 다음과 같이 주장했다. "의사들과 과학자들은 '무엇이 잘못되었는가를 정확히 이해할 필요가 없고, 합성 화학이 수세기 동안 의사들을 피해갔던 치료법을 맹목적이거나 무작위적으로 제공해주곤 한다'는 사실을 깨달았다." 그는 게르하르트 도마크Gerhard Domagk가 발견한 술폰아미드sulfonamide(세균 감염증의 치료제-옮긴이)를 주요 사례로 제시했다.

게다가 이론적으로 알아야 할 내용(모커 교수의 용어에 의하면 '인식론적 기반')이 많아지면서, 새로 개발된 의약품의 숫자가 줄어들고 있다. 이는 뚱보 토니 혹은 생목 전문가가 우리에게 말해줄 수 있는 내용이다. 어떤 사람은 우리가 아주 좋은 기회와 다른 영역에서 주는 단서까지 모두 놓쳤다고 주장할 수 있다. 마치 인간 게놈 프로젝트에서 나오는 보상, 혹은 지난 20년 동안의 연구비 증액에도 불구하고 의학 치료법의 발전 속도가 저하되는 현상처럼 말이다. 결국 복잡한 영역에서 지식 혹은 지식이라고 불리는 것은 연구를 방해한다.

이제 문제를 다른 각도에서 살펴보자. 당신이 음식 재료의 화학적 조성을 연구한다고 해서 더 나은 요리사나 더 나은 감식가가 되지는 않는다. 오히려 두 가지 모두 당신에게 악영향을 끼칠 수도 있다(목적론에 따라 움직이는 사람들은 요리를 보잘것없는 일로 여긴다).

우리는 뜻밖에 나타나는 블랙 스완 유형의 치료법 리스트를 만들어서 계획의 결과로 나타나는 치료법 리스트와 비교해볼 수 있다. 나는 주목할 만한 예외, 즉 목적론적 연구에서 나온 의약품은 거의 없다는 사실을 깨달을 때까지 이런 리스트 작업을 해보려고 했다. 실제로 목적론적 연구에서 나온 의약품은 에이즈 치료제, 아지도티미딘AZT을 제외하고는 거의 없다. 합성 마약designer drug(통제되는 약품의 분자 구조를 약간 변형시켜 제조되는 약품 - 옮긴이)은 목적론적으로 설계된 약품이다. 그러나 우리가 잠재적인 부작용을 고려하면서 약품을 설계할 수 있는 것처럼 보이지는 않는다. 따라서 합성 마약의 미래에는 문제가 있다.

시장에서 판매되는 약품이 많을수록 약품 간의 상호 작용도 많아진다. 따라서 새로운 약품이 계속 등장하면서 가능한 상호 작용의 숫자는 지속적으로 커진다. 서로 관련이 없는 약품이 20개 있다면, 21번째 약품은 20개의 상호 작용을 고려할 필요가 있다. 여기까지는 큰 문제가 되지 않는다. 그러나 1000개가 있다면, 1000개에 가까운 상호 작용을 고려해야 한다. 그리고 오늘날에는 수만 개의 약품이 있다. 더구나 우리가 이미 시장에서 판매되는 약품 간의 상호 작용을 4분의 1 정도로 과소평가한다는 연구 결과도 있다. 결국 사용 가능한 약품은 늘어나지 않고 오히려 줄어들게 된다.

의약품 산업은 표류하는 경향이 있다. 이는 특정 용도로 개발된 약품이 새로운 용도로 쓰이기 때문이다. 이를 두고 경제학자 존 케이John Kay는 '우회obliquity'라고 불렀다. 예를 들어 아스피린은 용도가 여러 차례 바뀌었다. 주다 포크만Judah Folkman 박사가 혈관신생angiogenesis(암세포가 자라기 시작하거나 암의 전이가 일어났을 때는 암의 성장을 위해 반드시 새로운 혈관이 생긴다 - 옮긴이)을 억제하기 위해 종양에 혈액 공급을 제한하려는 생각에서 개발한 베바시주맙bevacizumab(아바스틴Avastin이라고도 알려져 있다)은 황반변성에도 치료 효과가 있다. 따라서 약효는 처음 의

도와 다른 곳에서 더 많은 효과가 나타난다.

이제 나는 의약품에 관한 지저분한 리스트를 작성(우아한 작업은 아니다)하는 대신, 독자들에게 마이어스의 책과 함께 클로드 보후온Claude Bohuon과 클로드 모네렛Claude Monneret의 저서『믿기 힘든 우연, 약의 발견의 역사Fabuleux hasards, histoire de la découverte des médicaments』와 지 잭리Jie Jack Li의 저서,『아산화질소, 비아그라, 리피토Laughing Gas, Viagra and Lipitor』를 소개하려고 한다.

매트 리들리의 목적론 비판

아베로에스의 목적론과 합리주의를 비판했던 중세 아랍의 위대한 회의주의 철학자 알가젤Algazel(알 가잘리Al-Ghazali로도 불린다)은 핀에 비유한 설명을 내놓았다(지금은 애덤 스미스의 비유로 잘못 전해지고 있다). 중앙 계획을 담당하는 기관이 없는 상태에서 한 사람이 아닌 25명이 서로 협력해 핀을 만든다. 어느 누구도 혼자서 핀을 만드는 방법을 모르기 때문에, 이런 협력은 보이지 않는 손의 안내를 받아서 이루어진다.

회의적인 신앙주의자, 즉 종교적 믿음을 가진 회의주의자 알가젤의 눈에 지식은 인간의 손에 있는 것이 아니라 신의 손에 있는 것으로 보였다. 애덤 스미스가 이런 지식을 시장의 법칙으로 불렀고, 근대의 이론가들이 여기에 자기조직화를 부여했지만 말이다. 왜 신앙주의가 인간의 지식에 대한 순수한 회의주의와 사물의 숨은 논리에 대한 수용과 인식론적으로 동등한지 궁금한 독자들은 신을 자연, 운명, 보이지 않는 손, 불투명하고 범접하기 어려운 것으로 대체해보라. 동등한 결과를 얻을 것이다. 사물의 논리는 우리 밖에 존재하며, 신의 손 혹은 자연의 힘에 달려 있다. 그리고 오늘날 어느 누구도 신과 직접 대화를 나누지는 않는다는 사실을 감안하면(심지어 텍사스에서조차 그렇다), 신과 불투명성 간에는 차이가 거의 없다. 어느 누구도 전체적인 과정을 알고 있지 못하다. 오직 신만이 알고 있다.

작가 매트 리들리는 자신의 생물학 지식을 바탕으로 더욱 설득력 있는 주장을 내놓는다. 인간과 동물의 차이는 협력을 하고, 사업을 하고, 아이디어를 내고, 너그럽게 용서해주고, 가정을 이루는 데에 있다. 협력은 엄청난 상승국면을 지닌다. 수학적으로 말하자면, 1＋1이 2보다 크게 나오고 1＋1＋1이 3보다 훨씬 더 크게 나오는 슈퍼가법함수superadditive function이다. 이는 보상이 폭발적으로 증가하는 비선형 함수인데, 19장에서 철학자의 돌을 이야기하면서 어떻게 이런 보상이 나오는지 자세히 살펴보겠다.

매트 리들리의 주장은 블랙 스완 효과의 예측 불가능성을 설명하고 있다. 당신은 협력을 예상하고 이를 이끌어내지 못하기 때문에, 세상이 어디로 가는지 예상할 수 없다. 당신이 해야 할 일은 협력을 촉진하는 분위기를 조성해서 번영의 기반을 다지는 것이다. 또 당신은 중앙에서 혁신을 일으킬 수 없다. 러시아에서 이런 혁신을 시험해 본 적이 있지 않은가?

신기하게도 알가젤의 생각에서 시작해 철학적으로 파고들면, 종교가 인간이 만들어낸 이론과 대리인의 오류에 빠져들지 않게 해주는 기능을 한다는 것을 확인할 수 있다. 이런 의미에서 애덤 스미스는 알가젤의 희망에 부응한다. 보이지 않는 하나의 손이 시장이라면, 보이지 않는 다른 하나의 손은 신이다. 역사를 돌이켜보면, 사람들이 회의주의가 신과 같은 추상적 존재가 아닌 주로 전문가들의 지식에 대한 회의주의라는 사실과 모든 위대한 회의주의자들은 신앙심이 깊은 사람이거나 최소한 종교에 친화적인 사람이라는 사실을 제대로 인식하지 못했다.

기업의 목적론

경영대학에 다니던 시절, 나는 전략계획이라는 필수 과목 강의에 거의 출석하지 않았다. 그리고 출석해서도 교수가 하는 말을 거의 듣지 않았다. 심지어 교과서도 사지 않았다. 당시 학생들 사이에 상식으로 통하는 것이 하나 있었는데, 전략계획에서 하는 말은 모두 헛소리라는 것이었다. 어쨌든 나는 복잡한 논리를 가지고 교수를 어리둥절하게 만들어서 경영학과의 필수 과목을 무사히 통과했고, 필요 이상으로 많은 과목을 수강하려 하지는 않았다.

기업들은 전략계획에 나오는 아이디어를 좋아한다. 기업들은 자신이 어디로 가는지 알아야 할 필요가 있다. 그럼에도 불구하고 전략계획이 유용하다는 증거는 없다. 오히려 그 반대의 증거는 있다. 예를 들어, 경영학자 윌리엄 스타벅William Starbuck은 전략계획이 유용하지 않다는 내용의 논문을 발표했는데, 주로 전략계획이 편의주의적 요소를 제거해 기업이 옵션을 보지 못하게 한다는 주장이었다.

테일러주의Taylorism에서부터 생산성 이야기 등 경영학에 나오는, 경험적 검증을 거친 거의 모든 이론은 의사과학적 요소를 드러낸다. 그리고 대부분의 경제이론과 마찬가지로, 증거와 공존해야 하는 세계에 존재한다. 철학을 전공하고 경영 컨설턴트의 길을 걷고 있는 매튜 스튜어트Matthew Stewart는 자신의 저서 『위험한 경영학The Management Myth』에서 재미는 있지만 비위를 거스를 만한 내부 이야기를 전해준다. 이런 이야기는 은행업자의 이기적인 접근방식과 비슷했다. 또한 에릭 아브라함슨Eric Abrahamson과 데이비드 프리드먼David Freedman은 『완벽한 혼란A Perfect Mess』에서 깔끔하고도 분명한 목적론적 접근의 맹점을 파헤친다. 결국 전략계획이란 헛소리에 불과하다는 이야기를 하고 있다.

　사업은 표류하는 경우가 많다. 사업이 합리적이고도 편의주의적으로 표류하는 경우를 살펴보기로 하자. 코카콜라Coca-Cola는 처음에 제약회사로 시작했고, 멋진 보석을 판매하는 티파니앤코Tiffany&Co는 문구점으로 시작했다. 앞의 두 사례는 어쩌면 비슷한 데가 있었다. 그러나 다음 경우들을 살펴보자.

　레이시온Raytheon은 처음에 미사일 유도 시스템을 만들다가 냉장고 제조업체가 되었다(설립자 중 한 사람은 다름 아닌 버니바 부시Vannevar Bush였는데 그는 우리가 앞에서 살펴보았던, 과학의 목적론적 선형 모델을 생각해낸 사람이다. 참으로 이상한 일이다). 노키아Nokia는 좋지 않은 사례다. 한때 휴대폰 시장의 선두를 달렸던 노키아는 처음에 제지업체로 시작했다. 그리고 운동화를 만든 적도 있었다. 지금은 테프론Teflon 코팅 프라이팬, 코리안Corian 주방용 조리대, 내구성이 뛰어난 패브릭 케블라Kevlar로 유명한 뒤퐁DuPont은 처음에 폭발물 제조회사로 시작했다. 화장품 회사 에이본Avon은 처음에 책을 방문 판매하는 사업을 시작했다. 가장 이상한 경우는 오나이다 실버스미스Oneida Silversmiths다. 이 단체는 처음에 공동체 생활을 하는 컬트였다가 규제 때문에 주식회사의 모양을 갖추어야 했다.

칠면조 문제의 역

이제 내가 말하는 것, 즉 통계적 진술에 대한 인식론의 이면을 파헤쳐 보자. 지금부터는 미지의 것 그리고 보이지 않는 것이 어떻게 한편으로는 좋은 소식을 품을 수 있고, 또 다른 한편으로 나쁜 소식을 품을 수 있는지 이야기하겠다. 그리고 극단의 왕국에서 이런 상황은 훨씬 더 두드러진다.

반복해서 말하지만(지식인들은 자주 잊어버리기 때문에 반복해서 말할 필요가 있다), 증거의 부재가 부재의 증거는 아니다. 이는 다음과 같은 간단한 핵심 사항을 암시한다. '안티프래질한 사람에게 좋은 소식은 과거의 데이터로부터 나오지 않는다. 프래질한 사람에게 나쁜 소식은 쉽게 눈에 띠지 않는다.'

노트북을 가지고 멕시코에 가서 무작위적으로 만나는 사람을 대상으로 멕시코의 평균적인 부를 측정하려고 한다. 하지만 카를로스 슬림Carlos Slim과 같은 엄청난 부자를 만나지 않으면 부족한 정보를 얻게 된다. 나는 1억 명이 넘는 멕시코 인구 중에서 하위 계층에 속하는 7000~9000만 명의 부를 모두 합친 것보다 슬림이 더 많은 부를 소유하고 있는 것으로 알고 있다. 따라서 5000만 명의 표본을 취할 때 슬림처럼 아주 드문 사람을 포함시키지 않는다면, 그 표본은 전체를 제대로 반영하지 못하고 전체 부를 과소 추정하게 만든다.

그림 6과 7은 시행착오를 통한 보상을 보여주었다. 이런 팅커링은 작은 손실을 자주 발생시키지만, 가끔은 굉장히 의미 있는 사건을 일으킨다. 또한 밖에서 보면, 이런 팅커링이 단점이 아닌 장점을 숨긴다는

재미있는 특징을 확인할 수 있다.

> 안티프래질한 경우(정의 블랙 스완 영역에서 팅커링처럼 정의 비대칭성을 갖는 경우), 표본은 장기 평균을 과소 추정하게 만드는 경향이 있다. 따라서 단점이 아닌 장점을 숨기게 된다.

앞에서 우리의 목표는 '칠면조가 되지 말자.'는 것이었다. 사람들은 칠면조 문제가 내재된 장기 표본을 맞이했을 때 불리한 사건을 과소 추정하는 경향이 있다. 간단히 말해, 보기 드문 사건은 드물게 발생하기 때문에 과거의 표본에 반영되지 않는다. 그리고 이처럼 보기 드문 사건은 대부분 나쁜 결과를 낳는다는 사실을 고려하면 우리는 실제보다 훨씬 더 나은 장밋빛 환상을 갖게 된다. 그러나 여기서 우리는 반대 이미지에 직면한다. 정의 비대칭성 즉 안티프래질한 경우, 우리가 보지 못하는 것은 바람직한 상황이다. 따라서 '경험적 증거'는 바람직한 상황을 놓쳐서 전체 이익을 과소 추정하는 경향이 있다.

전형적인 칠면조 문제에서는 다음과 같은 원칙이 적용된다.

> 프래질한 경우(칠면조 문제처럼 부의 비대칭성을 갖는 경우), 표본은 장기 평균을 과소 추정하게 만드는 경향이 있다. 따라서 단점을 숨기고 장점을 과시하게 된다.

그 결과는 우리의 삶을 단순하게 만든다. 그러나 일반적인 방법은 이런 비대칭성을 고려하지 않는다. 따라서 이 문제를 깊이 고민하지 않고 기존의 통계적 방법에만 얽매이는 대부분의 통계학자들은 사회과학을 이론화하거나, 학생들에게 가르치는 과정에서 칠면조 문제를 제대로 이해하지 못하고 있다. 나는 간단한 원칙을 갖고 있다. 하버드에서 학생들을 가르치는 사람들은 택시 운전기사나 케케묵은 통계적 추론에 무지한 사람보다 사물의 이치를 훨씬 더 이해하지 못할 것이라는 원칙 말이다(이는 경험적인 원칙으로 틀릴 수도 있다. 하지만 잘 들어맞을 때가 많다. 나는 하버드 경영대학원이 프래질리스타 로버트 머턴을 영입할 때 이런 원칙에 관심을 갖게 되었다).

하버드 경영대학원의 몇몇 교수들을 살펴보기로 하자. 우선 게리 피자노Gary Pisano 교수는 정의 비대칭성을 인식하지 못했다. 그는 생명공학 산업의 잠재력에 관한 글을 쓰면서, 손실은 한정되어 있지만 이익은 무한한 사업(즉 은행업과 반대되는 사업)에는 엄청난 의미를 갖지만 옛날부터 경험해보지 못했던 사건이 내재되어 있음을 인식하지 못해, 기본적인 칠면조 문제의 역을 이해하지 못하는 모습을 보였다. 그는 "몇몇 기업들이 큰돈을 벌어들이고 산업 전체적으로도 매출액이 엄청나게 늘었지만, 대부분의 생명공학 기업들은 이윤을 벌어들이지 못하고 있다."라고 말했다. 맞는 말이지만, 이로부터 나오는 추론은 두 가지 측면에서 문제가 있으며 결과의 중대성에 이끌려 같은 논리를 반복하는 상황을 초래했다.

우선, 아주 드문 사건이 지배하는 극단의 왕국에서는 대부분의 기업들이 이윤을 벌어들이지 못하고, 극소수의 기업이 산업 전체에서 발생하는 거의 모든 이윤을 챙겨간다. 그리고 그림 7에서 볼 수 있는 종류의 비대칭성과 옵션을 고려하면, 그의 주장은 그 내용이 어찌되었든 설득력이 없다. 따라서 파워포인트 자료를 잘 만드는 방법 혹은 일본과 프랑스의 기업 문화의 차이처럼 하버드 학생들에게 해롭지 않으면서도 그들의 관심을 끌 만한 다른 주제를 가지고 글을 쓰는 것이 더 나았다. 다시 말하지만, 그의 주장은 생명공학 투자에 따르는 비참한 결과에 대해서는 옳다고 볼 수 있지만, 그것이 그가 보여주는 데이터에 근거한 것은 아니었다.

피자노 교수와 같은 사람의 사고방식이 위험한 이유는 무엇인가? 여기서 문제는 그가 생명공학 산업에서의 연구를 억제하는가 아닌가에 있지 않다. 오히려 그의 사고방식이 경제 활동에서 안티프래질한 특성(더욱 기술적으로 말하자면 오른쪽으로 치우쳐진 분포)을 지닌 모든 것들을 억제한다는 데 있다. 그리고 더욱 '확실한 내기'를 선호함으로써 안티프래질한 대상을 프래질하게 만든다.

하버드의 또 다른 교수 케네스 프루트Kenneth Froot는 피자노 교수와는 정반대 상황인 부의 비대칭성을 지닌 상황에서 정확하게 같은 잘못을 저질렀다. 그는 재보험회사(재앙에 가까운 사건에 대비해 보험을 들어두는 보험회사)를 관찰하면서, 자신이 특이현상을 발견했다고 생각했다. 재보험회사들은 보험료에 비해 재앙의 발생 빈도가 낮을 때에는 그들이 리스크를 수용하는 것에 비해 엄청나게 많은 이윤을 벌어들인다. 그는 재앙은 부의 비대칭성을 가지며, 과거의 데이터에는 나타나지 않는다는 (재앙은 매우 드물게 나타난다는 사실을 기억하라) 사실을 알지 못했다. 칠면조 문제를 기억하라. 단 한 번의 사건, 이를 테면 석면병에 대한 법적 책임이 로이드Lloyd 보험사를 파산하게 만들어 오랜 세월에 걸쳐 모아둔 소득을 날려버릴 수도 있다. 오직 단 한 번의 사건으로 말이다.

이런 두 종류의 보상에 관해서는 탈레스의 내기처럼 제한적인 손실을 지닌 '좌로 유계bounded left', 보험이나 은행처럼 제한적인 이익을 지닌 '우로 유계bounded right'의 개념을 다루면서 다시 설명할 것이다. 실생활에서 대부분의 보상은 두 종류의 보상 중 하나에 속하므로 이 구분은 중요한 의미를 갖는다.

일곱 번씩이나 넘어지려면

이제 이번 장에서 지금까지 다룬 원칙을 다시 한 번 정리해보자. 첫째, 옵션의 특징을 찾아라. 그리고 옵션의 특징에 따라 대상의 순서를 매겨라. 둘째, 상한이 없는 보상을 선호하라. 셋째, 사업계획을 보고 투자하지 말고 사람을 보고 투자하라. 그래서 직업을 예닐곱 번 혹은 그 이상으로 바꿀 수 있는 사람을 찾아라. 이는 벤처 기업가 마크 안드레센Marc Andreessen이 정한 투자 방법이다. 사람을 보고 투자하면 사업계획이 보여주는 뛰어난 화술에 면역이 될 수 있으며, 그렇게 함으로써 더욱 강건해질 수 있다. 넷째, 어떤 사업전략을 펼치든 그것이 바벨 전략인지 확인하라.

협잡꾼, 학자, 쇼맨

이제 슬픈 이야기를 전하면서 이번 장을 마치려고 한다. 우리는 우리 조상들을 살아남게 해주어 여기까지 올 수 있도록 도움을 준 많은 이들에게 감사한 마음을 잊어버리고 살고 있다.

우리가 볼록 팅커링, 안티프래질과 함께 무작위성을 길들이는 방법을 제대로 이해하지 못하는 것은 비록 의식적이지도 않고 명시적이지도 않지만 제도와 관련되어 있다. 의학 분야에 경험주의자 혹은 회의주의적 경험주의자, 실행가가 있기는 하지만, 그것으로 그만이다. 그들이 책을 많이 쓰지 않기 때문에 우리는 그들의 이름을 잘 모른다. 그들이 했던 작업은 문화적 인식으로부터 소멸되거나 숨겨져 있거나 혹은 문헌에서 자연스럽게 사라져버렸다. 그리고 그들에 대한 기억은 역사에 의해서 아주 나쁘게 취급되었다.

제도권 학자와 이론가들은 책을 쓰는 경향이 있다. 이에 반해, 경험을 중시하는 사람들은 실행가가 되어 실행으로부터 기쁨을 얻고 돈을 벌거나 잃고 술집에서 담화를 나누는 경향이 있다. 때로는 그들의 경험이 학계의 승인을 받기도 한다. 그러나 실제로 역사는 지식의 생산에서 이론가가 독점권 혹은 독점에 가까운 권리를 갖는 것으로 믿는 사람에 의해 기록되어 왔다.

따라서 이 장은 이른바 협잡꾼으로 불리는 사람에 관한 이야기로 마무리를 지으려고 한다. 어떤 사람은 확실한 협잡꾼이고 다른 사람은 그 정도가 덜하고 또 다른 사람은 협잡꾼이 아니다. 그리고 많은 사람들이 그 경계에 있다. 정규 의학은 오랫동안 화려한 쇼맨십을 지닌 사기꾼, 돌팔이, 마법사를 비롯해 온갖 종류의 수많은 무면허 의사들과 경쟁해왔다. 이들 중 일부는 이곳저곳을 순회하면서 많은 사람들이 보는 앞에서 치료 행위를 했고, 때로는 주문을 외우면서 수술까지 했다.

소아시아 지역의 그리스 세계에서 발전했고 이후로는 아랍어권의 의학교로 성장하면서 주류를 형성했던 그리스-아랍권Graeco-Arabic의 합리주의에 기반을 둔 의학교를 인정하지 않는 의사들도 이에 속한다. 로마인들은 이론보다 실용을 중시했다. 반면, 철학과 과학을 좋아했던 아랍인들은 당시까지만 해도 어느 누구도 크게 관심을 갖지 않았던 아리스토텔레스를 띄워주려고 했다. 예를 들어, 메노도투스Menodotus of Nicomedia를 따르는 회의주의적 경험주의자 집단에 대해서는 아는 사람이 거의 없는 반면, 합리주의자 갈레노스Galen에 대해서 아는 사람은 훨씬 더 많다. 아랍 세계에서 의학은 아리스토텔레스의 논리와 갈레노스의 방법론에 기반을 둔 학문 추구의 대상이었다. 그들은 경험을 혐오했다.[6] 하지만 의료 행위를 수행하는 사람들은 그 반대 입장에 서 있었다.

의료기관의 규정은 경험주의자들에 대한 우려를 그대로 반영했는데, 그들과의 경쟁으로 의료기관의 수입이 감소되면서 나타나는 경제적 문제 때문이었다. 따라서 이런 규정이 절도에 관한 이야기로 가득 차 있는 것은 전혀 놀라운 일이 아니다. 예를 들어, 엘리자베스 시대의 어느 논문은 제목이 다음과 같이 아주 길었다. 「짧은 담론, 또는 런던의 돌팔이 의사들에게 신랄한 비판을 가하고, 때로는 가난한 환자들의 돈을 긁어모으는 계략의 발견A short discourse, or, discouery of certaine stratagems, whereby our London-empericks, haue bene obserued strongly to oppugne, and oft times to expugne their poore patients purses」.

'협잡꾼Charlatan'이라는 단어는 '돌팔이 의사empirick'와 비슷한 말이었다. 경험주의자라는 단어 'empiric'은 대상을 정확하게 이해하기 위해

---

6 아랍 사상이 가장 이론적인 의미에서 추상적 사고와 과학을 추구했다는 사실은 잘 알려져 있지 않다. 그들은 경험주의를 배격하고 지나칠 정도로 합리주의를 숭상했다.

서 실험과 경험에 의지하는 사람을 일컬었다. 다시 말하자면, 시행착오와 팅커링을 실행하는 사람을 의미했다. 그리고 이런 시행착오와 팅커링은 직업적으로나 사회적·지적으로 열등한 것으로 치부되었다. 그리고 지금까지도 상당히 지적인 의미를 갖는 것으로 여겨지지 않는다.

그러나 다행스럽게도 돌팔이 의사들은 대중들에게 인기가 있었고, 이들을 근절시킬 수가 없었다. 당신은 그들이 어떤 일을 했는지 잘 모르겠지만, 그들은 의학에 커다란 족적을 남겼다.

근대가 시작되면서 의료계가 학문화·제도화의 길을 가게 되자 의원성 질환은 극에 달했다. 이런 의원성 질환은 최근에 이르러서야 수그러들기 시작했다. 또한 역사적으로 볼 때, 정규 학문은 이른바 협잡꾼들의 지식에 비해 더 낫다고 볼 수도 없었다. 정규 학문은 자신의 기만을 합리주의가 가진 영향력의 뒤편에 숨기고 있었다. 정규 학문 역시 조직적인 돌팔이에 불과했다. 나는 이런 상황이 변하기를 소망한다.

물론 나는 학문적인 소양을 갖추지 않고 진료 행위를 하는 의사는 돌팔이 혹은 돌팔이보다 훨씬 더 나쁜 사람이라는 데 동의한다. 그러나 성급하게 판단해 잘못된 결론에 이르러서는 안 된다. 제도권 의사들은 자신의 영향력을 보호하기 위해서 '제도권 밖에서 돌팔이를 발견하면 거기서 활동하는 이들은 모두가 돌팔이'라고 주장하는 논리적 오류를 범해왔다. 하지만 엄격하지 않은 모든 것은 학문적이지 않다는 주장은 학문적이지 않은 모든 것은 엄격하지 않다는 의미가 아니다. 적법성을 갖춘 의사들과 그렇지 않은 이들 간의 싸움은 시사하는 바가 크다. 특히 적법성을 갖춘 의사들이 조용히 그리고 마지못해 그렇지 않은 이들의 치료법을 가져올 때에는 더욱 그렇다. 그들은 경제적인 이유 때문에 그렇게 해야 한다. 그들은 적법성을 갖추지 않은 이들의 시행착오를 통해 이익을 누렸다. 그리고 이런 과정이 치유에 이르게 했고, 의학에 스며들어갔다.

지금부터 몇 분 동안 감사한 마음을 표하자. 우리는 지금 여기까지 올 수 있도록 도움을 준 많은 이들에게 감사한 마음을 잊어버리고 살고 있다. 그리고 그들이 진정한 영웅이라는 사실조차 인식하지 못하고 있다.

무질서가 주는 교훈

다음 길거리 싸움은 어디에서 벌어질까? / 상품화를 추구하지 않고 투어리스티피케이션을 제거하는 방법 / 지적인 학생인 학생 지식인 / 옵션으로서의 산책가

개인 생활과 교육을 대상으로 목적론과 무질서에 관한 이야기를 계속 해보자. 여기에는 자전적인 이야기도 포함된다.

생태학적 영역과 루딕 영역

7장에서 무질서를 블랙 잭에 비유하는 루딕 오류를 저지르는 사람을 살펴보았듯이, 세상에는 두 가지 영역이 있다. 하나는 게임처럼 명시

적인 규정을 미리 정해놓은 루딕 영역이고, 다른 하나는 실생활처럼 규정도 변화의 원인도 모르는 생태학적 영역이다. 나는 어느 한쪽 영역에 적용되는 기술을 다른 영역에 적용시킬 수 없다는 사실을 깨닫고는 학교에서 배우는, 실생활이나 길거리 싸움과 같은 생태학적 영역과 무관한 지식에 대해서 회의적인 생각을 갖게 되었다.

체스 선수가 다른 영역에서도 추리 능력이 더 뛰어나다는 증거는 없다. 심지어 블라인드 체스blind chess(눈을 가리게 한 다음, 기보를 듣고 말하는 형식으로 두는 체스 게임―옮긴이)를 두는 선수도 체스와 무관한 대상을 일반인들보다 더 잘 기억하지 못한다.

게임은 영역 특수성을 갖는다. 삶을 위한 훈련을 제공해주지도 않고, 게임 이외의 영역에 적용했을 때에는 심각한 오류를 저지르게 만든다. 하지만 우리는 이런 교훈을 학교에서 배우는 지식에 적용하기 어렵다는 사실, 즉 학교에서 배운 지식은 주로 학교에서만 머물게 된다는 불편한 현실을 받아들이기 어렵다는 사실을 깨닫는다. 게다가 학교는 의원성 질환처럼 결코 거론되지는 않지만 탐지할 수 있는 손실을 준다.

로라 마티그넌Laura Martignon은 자신이 지도하는 박사과정 학생 비르깃 울머Birgit Ulmer의 연구 결과를 나에게 보여준 적이 있었다. 그 내용은 아이들이 산수를 배우고 나서 숫자를 계산하는 능력이 오히려 감퇴된다는 것이었다.

아이들에게 15개의 막대기 사이에 구간이 몇 개 있는지를 물어보면, 산수를 배우지 않은 아이들은 14개라고 대답한다. 그러나 산수를 배운 아이들은 혼란스러워한다. 그리고 때로는 15개라고 틀리게 대답하는 아이들도 있다.

사커 맘이 추구하는 투어리스티피케이션

지적인 생물학자 윌슨 E. O. Wilson은 무엇이 아이들의 발육에 가장 방해가 되느냐는 질문을 받은 적이 있는데, 그는 주저하지 않고 사커 맘이라고 대답했다. 그는 프로크루스테스의 침대 이야기를 하지는 않았지만, 그것이 내포하는 개념을 완벽하게 구현했다. 또한 그는 사커 맘들이 생명체에 대한 아이들의 자연적인 사랑을 억누른다고 주장한다. 그러나 문제는 더욱 일반적인 데 있다.

사커 맘은 아이들의 삶에서 시행착오, 즉 안티프래질을 제거해 생태학적 영역에서 벗어나도록 함으로써 아이들을 이미 존재하는 현실의 지도에 따라 움직여야 하는 멍청이로 만들어버린다. 멍청이는 좋은 학생이지만 느리다는 점을 제외하고는 컴퓨터와 같다. 게다가 그들은 애매한 상황에 부딪히면 어쩔 줄을 모른다.

내전 시기에 태어난 나는 틀에 박힌 교육을 신뢰하지 않는다. 실제로 나는 목적은 없지만 합리적인 산책가처럼 학교보다는 사설 도서관에서 시간을 보내면서 도서관 안팎에 존재하는 무작위성으로부터 이익을 취하는 사람이라면, 멍청이가 되지 않고 지적인 사람이 될 수 있다고 믿는다.

우리가 올바른 형태의 엄격함을 지니려면 틀에 박히거나 감추어진 삶, 알람시계와 미리 정해진 계획에 따라 움직여야 하는 공허한 정장 차림의 CEO들의 삶이 아니라 무작위성, 혼란, 모험, 불확실성, 자기 발견, 충격에 가까운 사건으로 가득 찬 삶이 필요하다. 후자는 인생을 살 만한 가치가 있도록 해준다. 이에 반해 CEO들은 여가를 보낼 때도 시간표에 따라 움직여야 한다. 4시부터 5시 사이에 밀어넣은 여가 시간이 약속들 사이에 끼어 있다. 우리 삶에 내재된 가변성과 무작위성의 한 방울까지 남김없이 쥐어짜내는 것이 근대의 임무처럼 보인다. 그러나 5장에서 살펴보았듯이 아이러니하게도 우연의 여신이 마치 최후통첩이라도 하듯이, 세상은 훨씬 더 예측하기 힘든 곳으로 변해버렸다.

독학을 추구하는 자들만이 자유롭다. 그리고 그들은 학교 문제뿐만 아니라 실생활에서도 상품화를 추구하지 않고 투어리스티피케이션을 제거한다. 기분 전환을 위해서 틀에 박힌 생활에 무작위성을 부여해보라(어쩌면 소외감을 느낄 수도 있다).

근대의 임무가 얼마나 무의미한지 이해하고 당신의 실존적 우선 순위를 이해하려면, 야생 상태의 사자와 감금 상태의 사자의 차이를 생각해보면 된다. 감금 상태의 사자는 더 오래 산다. 그리고 중요하게 여기는 기준이 부와 직업의 안정성이라면, 이런 사자들은 더 부유하고 직업도 더 안정적이다.

언제나 그랬듯이, 세네카는 문제점과 차이점을 간파하고 있었다. 그는 "우리는 인생을 위해서가 아니라 오로지 학교를 위해서 공부하고 있다."라고 말했다. 그러나 끔찍하게도 이 말은 순수성을 잃고서 미국 대학교의 입맛에 맞도록 변형되어 "우리는 학교를 위해서가 아니라 인생을 위해서 공부한다."라는 표어를 낳았다.

우리가 살면서 겪게 되는 긴장의 대부분은 정책 담당자처럼 무엇인가를 축소시키고 프래질하게 만드는 사람들이 합리성에 호소할 때 나타난다.

안티프래질한 교육(바벨 교육)

교육의 효과에 관한 나의 생각을 바로잡고, 표준화된 교육에 대해서 상당히 회의적인 태도를 갖게 만들어준 것이 있다. 나는 학위를 갖고 있기는 하지만 순수하게 독학을 추구하는 사람이다.

레바논에서 나의 아버지는 '지적인 학생인 학생 지식인Intelligent Student Student Intelligent'으로 통했다. '지적인 학생'은 아랍어로 '탈레브 나지브taleb nagib'이고, 아버지의 이름은 '나지브 탈레브Nagib Taleb'이다. '탈레브 나지브 나지브 탈레브'는 아버지의 고등학교 졸업시험 성적이 레바논 전국에서 가장 우수했을 때 언론에서 붙여준 이름이었다. 그해 아버지는 전국의 고등학교 졸업생을 대표해 고별 연설을 했다. 그리고 2002년 아버지가 돌아가셨을 때에는 언론이 아버지의 부음을 전하면서 1면 헤드라인에 아버지의 운명을 결정지은 이름을 써서 "탈레브 나지브 나지브 탈레브가 우리 곁을 떠나다."라고 표현했다.

아버지는 예수회에서 운영하는 엘리트 고등학교를 다녔지만, 그 시절을 괴롭게 보냈다. 예수회 고등학교의 목표는 해마다 선발 과정을 거쳐 예수회를 이끌어 갈 관료를 양성하는 것이었다. 전쟁 중에도 프랑스 대학교 입학 시험에서 세계적으로 가장 뛰어난 실적을 올렸을 뿐만 아니라 이전에도 세계적인 인재들을 배출해 목표 이상의 성공을 거두었다. 하지만 그런 예수회 고등학교는 학생들의 자유 시간을 빼앗았고, 결국 많은 학생들이 자퇴를 했다. 따라서 사람들은 내가 전국의 고등학교 졸업생을 대표해 고별 연설을 했던 아버지를 둔 것이 학교에 갖는 반감을 어느 정도 치유해줄 것이라고 생각할 수 있다. 실제로도 그랬다. 아버지 자신은 학교 교육에 큰 가치를 두고 있지 않았다. 그래서 자신이 겪었던 일을 내가 겪지 않도록 나를 예수회 학교에 입학시키지 않았다. 아버지의 이런 결정은 확실히 내가 학교가 아닌 다른 곳에서 자아를 실현하도록 했다.

나는 아버지의 삶을 곁에서 바라보면서 졸업생을 대표해 연설하는 것의 의미, 그리고 '지적인 학생'의 의미를 대체로 부정적으로 인식했다. 이 두 가지 의미는 지적인 학생들은 이해할 수 없는 것들이었다. 이와 함께 알 수 없는 무엇인가가 다가왔다. 그것은 오랫동안 내 마음속을 떠나지 않았다. 내가 트레이더로 일할 때도 그랬고, 무엇인가를 기다리고 있을 때, 사람들이 술집에 있을 때, 혹은 마피아 조직원이 주변을 어슬렁거릴 때에도 그랬다.

나는 사람들을 채용할 때 그들이 아무 것도 하지 않는 애매한 시간을 보내는 동안 다른 사람들과 잘 어울릴 수 있는지를 살펴본다. 당신도 지원자들이 주변을 어슬렁거리는 능력을 보고 뽑을 수 있다. 그리고 공부를 열심히 하는 사람은 어슬렁거리는 능력이 떨어진다. 그들에게는 분명하게 정의된 일을 주어야 한다.

나는 열 살 때 좋은 성적이 학교 밖으로 이어지지 않는다는 사실을 깨달았다. 좋은 성적에는 부작용이 따른다. 좋은 성적을 얻으려면 어느 정도의 지적 희생을 감수해야 한다. 실제로 아버지는 자신이 겪었던, 좋은 성적을 얻는 데 따르는 문제를 계속 나에게 넌지시 알려주려 곤 했다. 반에서 성적이 꼴찌였던 친구(아이러니하게도 와튼 스쿨 동기의 아버지셨다)는 나중에 자수성가한 기업가가 되어 반에서 가장 성공한 사례로 꼽혔다. 그 분은 자신의 이름을 커다랗게 새긴 대형 요트를 갖고 계셨다. 또 다른 분은 아프리카에 땅을 사서 큰돈을 벌고는 40세 전에 은퇴해 지중해 지역의 고대사를 연구하는 아마추어 역사가로 변신했다가 나중에 정계에 입문했다. 아버지는 교육에 가치를 두지는 않았고, 문화와 돈에 가치를 두셨다. 그리고 나에게 이 두 가지를 추구할 것을 자극했다. 나는 처음에 문화를 추구했다. 또한 아버지는 박학다식한 사람, 기업가, 졸업장에 의지하지 않고 높은 자리에 오른 사람을 아주 좋아했다.

내 생각은 공개 시장에서는 엄격하게 적용되어야 한다. 따라서 나는 교과 과정을 따르지 않는 지적인 사람은 어떤 사람인가에 생각을 집중했다. 그는 독학을 추구하는 사람 혹은 학교에서 가르치는 내용만이 자신이 가진 지식의 전부인 사람을 레바논식 표현으로 '집어삼키는 사람'이라고 하는데, 이런 사람과 대비되는 사람이다. 그리고 중요한 것은 약간의 변화가 성적에서 커다란 차이를 일으키는 공식적인 학위 프로그램에 있지 않고 다른 곳에 있다는 사실을 깨달았다.

어떤 사람은 체계가 잡힌 곳에서 다른 사람보다 더욱 지적일 수 있다. 실제로 학교는 체계가 잡히지 않는 곳에서의 능력을 무시하면서 체계가 잡힌 곳에서 빠르게 적응하는 사람을 선호하는 선택 편향을 갖는다. 비록 나는 아직 운동에 익숙하지는 않지만, 내가 생각하는 운동에 관한 지식은 다음과 같다. 고가의 최신 운동기구를 사용해 힘을 키우는 사람들은 무게가 아주 많이 나가는 웨이트를 들어 올릴 수 있고 멋진 근육을 과시할 수 있지만, 큰 돌을 들어 올리지는 못한다. 또 그들은 길거리 싸움에서는 체계가 잡히지 않은 환경에서 단련된 사람에게 엄청나게 두들겨 맞는다. 그들의 힘은 특정 영역에서만 나타나고, 그 영역은 매우 체계적으로 구성된 루딕 영역을 벗어나지 않는다. 실제로 그들의 힘은 지나치게 전문화된 운동선수처럼 기형적인 몰골에 따른 결과다. 나는 자신의 지적 호기심을 충족시키는 것보다는 몇 안 되는 과목에서 좋은 성적을 올려 선택받은 학생들도 마찬가지라고 생각한다. 실제로 그들은 자신이 공부했던 영역이 아닌 다른 영역에서는 자신감을 잃고 어떻게 해야 할지를 모른다.

지루한 회의를 얼마나 잘 참아내는가를 기준으로 기업 간부를 뽑는 것도 마찬가지다. 기업 간부 중 상당수는 지루한 자료에 집중하는 능력이 뛰어나서 뽑힌 사람들이다. 나는 자신이 리스크와 확률을 전공했다고 주장하는 여러 경제학자들과 이야기를 나눈 적이 있다. 확률 분야기는 하지만 자신의 좁은 영역에서 조금이라도 벗어난 영역으로 데리고 가면, 그들은 마치 체육관의 근육 맨이 암살자를 맞이하기라도 하듯이 슬픈 표정을 짓고서 무너지고 만다.

다시 말하지만, 나는 학위를 소지하고 있기 때문에 완전한 의미에서 독학을 추구하는 사람은 아니다. 오히려 시험을 통과하는 데 필요한 최소한의 양만 공부했기 때문에 바벨 전략을 추구하는 독학자다. 때로는 우연히 목표를 초과달성하기도 했지만, 목표에 미달해 어려움을 겪은 적도 몇 번 있었다. 그러나 책을 엄청나게 많이 읽었다. 처음에는 인문학을 읽었고 나중에는 수학과 과학을 읽었다. 그리고 지금은 교과과정에서 다루지 않는 역사를 읽고 있다. 말하자면 체육관의 운동기구를 다루지는 않는 셈이다. 나는 (스스로 선택한 분야가 무엇이 되었든 간에) 호기심에서 비롯해 책을 읽어서 깊고 넓게 이해할 수 있었다고 생각한다. 그리고 자연스러운 충동을 배움의 주요 동기로 활용하면서 사람들이 나중에 주의력결핍과잉행동장애(Attention Deficit Hyperactive Disorder, ADHD)라고 진단한 병을 기회로 활용할 수 있었다.

이런 방식이 가치를 갖기 위해서는 계획된 것이 아닌 우연한 것이어야 한다. 나는 어떤 책에 싫증이 나면, 그 책을 포기하지 않고 그냥 다른 책으로 넘어갔다(보통 사람들은 학교에서 가르치는 한정된 내용에만 몰두하다가 싫증이 나면, 그냥 포기하거나 아무 것도 하지 않거나 낙담을 하고 수업을 빼먹는 경향이 있다). 여기서 중요한 사실은 특정 주제의 책에 싫증이 났지 책 읽기 자체에 싫증이 나지는 않았다는 것이다. 따라서 내가 읽은 양은 다른 방식에 비해 더 많아질 수 있었다. 그리고 합리성을 띠지만 목적론과는 무관한 시행착오에 바탕을 둔 연구에서처럼, 우연히 진주를 캐낼 수도 있다. 이는 정확하게 옵션, 시행착오와도 같고, 한 가지에만 전념하지 않고 필요한 경우 두 갈래로 갈라지기는 하지만 자유와 편의주의를 폭넓게 허용한다. 시행착오는 자유를 의미한다.

(나는 이 책을 쓰고 있는 지금도 여전히 이 방법을 쓴다. 따분함으로부터의 도피가 유일하게 가치 있는 행동 양식이다. 그렇지 않으면 인생은 살 만한 가치가 없다).

부모님은 베이루트에서 가장 큰 서점의 계좌를 갖고 계셨다. 그래서 보고 싶은 책이 있으면 아무런 제한 없이 가져와서 읽을 수 있었다. 도서관의 서고와 학교에서 가르치는 제한적인 지식 간에는 엄청난 차이가 있다. 그래서 나는 학교가 학생들을 교과서에만 가두어 폭넓은 지식을 갖지 못하도록 음모를 꾸민다고 생각한다. 열 세 살 무렵에 독서일지를 쓰기 시작해 1주일에 30시간에서 60시간씩 책을 읽으려 했고,

오랫동안 이런 습관을 유지해왔다. 나는 도스토예프스키Dostoyevsky, 투르게네프Turgenev, 체호프Chekhov, 보쉬에 주교Bishop Bossuet, 스탕달Stendhal, 단테Dante, 프루스트, 보르헤스Borges, 칼비노Calvino, 셀린느, 슐츠, 츠바이크(사실 좋아하지는 않았다), 헨리 밀러, 막스 브로트Max Brod, 카프카, 이오네스코Ionesco, 포크너Faulkner, 말로Malraux의 작품과 함께 콘래드Conrad, 멜빌Melville과 같은 모험가들의 작품, 초현실주의자들의 작품을 읽었다.

내가 처음 읽었던 영어 소설은 『모비 딕Moby-Dick』이었다. 그리고 다른 문학 작품도 읽었는데, 상당수가 기억이 잘 나지 않는다. 철학 서적으로는 헤겔Hegel, 쇼펜하우어Schopenhauer, 니체, 마르크스Marx, 야스퍼스Jaspers, 후설Husserl, 레비스트로스, 레비나스Levinas, 숄렘Scholem, 벤자민Benjamin과 같은 사람들의 저서가 생각난다.

사실 이들은 학교 프로그램에 참여하지 않았기 때문에 유명한 학자로 이름을 남겼다. 그리고 나는 학교에서 정해준 책을 결코 읽지 않았다. 그래서 지금까지도 라신Racine, 코르네유Corneille의 작품처럼 따분한 책을 읽지 않았다.

어느 여름날 20일 동안 에밀 졸라Émile Zola의 소설 20권을 읽기로 결심했는데, 엄청난 대가를 치르면서 그 일을 해냈다. 그리고 반정부 지하단체에 가입하고 나서 마르크스의 저작을 읽게 되었고, 주로 헤겔 철학의 뛰어난 해설가 알렉상드르 코제브Alexandre Kojève의 글을 통해 헤겔 사상을 간접적으로 접하게 되었다.

열 여덟 살 무렵에 미국에 가기로 결심하고 나서는 수백 권에 달하는 영어책을 사서 오랜 시간에 걸쳐 연습을 반복했다. 수업에 들어가지 않고 1주일에 30시간에서 60시간씩 연습을 계속하면서, 트롤럽, 버크Burke, 매콜리Macaulay, 기본Gibbon의 작품에서부터 아나이스 닌Anaïs Nin을 비롯해 당시 인기를 끌던 작가들의 문제작에 이르기까지 닥치는 대로 읽었다.

학창 시절, 나는 어떤 사람이 풍부하고 문학적이고 정확한 어휘를 구사하면서 주제를 제대로 이해하고 전체적으로 일관성이 있는 글을 쓸 때, 그 사람이 쓴 글의 내용은 부차적인 것이고 독자들은 그 글을 통해서 그 사람의 스타일이나 논리적 엄밀성을 파악할 수 있다는 사실을 알았다. 그리고 내가 10대에 지역 신문에 글을 발표했을 때, 아버지는 나에게 일체 간섭하지 않고 낙제 점수만 받지 말라고 말씀하셨다. 다시 말해서, 낙제 점수를 받지 말고 읽고 싶은 책을 마음대로 읽으라고 하셨으니, 학교 교육에는 아무런 기대를 갖지 않으면서 나에게 바벨 전략을 주문한 셈이다.

이후에 내가 학생시위 도중에 경찰을 폭행해 연행되었을 때도 아버지는 놀라워하기는 했지만 내가 원하는 대로 행동하도록 내버려두었다. 내가 20대에 조국이 내전에 시달리던 당시로서는, 그런 사람이 지금보다 훨씬 더 드물기는 했지만 어쨌든 돈에 목을 매지 않아도 될 만큼의 돈을 벌자, 아버지는 내가 다른 사람보다 더욱 넓은 안목을 가질 수 있도록 이끌어준 자신의 역할이 컸다고 하시면서 생색을 내셨다.

와튼스쿨 시절, 확률과 드물게 일어나는 사건에 관련된 직업을 갖기로 마음을 정하면서, 확률과 무작위성에 대한 강박관념이 내 마음을 짓누르기 시작했다. 또한 교수들이 설명하지 못하고 무시해버리는 통계이론의 약점을 깨달았다. 하지만 교수들이 무시해버리는 것이 바로 핵심이었다. 나는 어딘가에 속임수가 있다는 사실을 깨달았다. 아주 드문 사건을 측정하는 방법인 식스 시그마(시그마σ는 원래 정규분포에서 표준편차를 나타내며, 식스 시그마는 100만 개 중 3.4개의 불량률을 추구한다는 의미에서 나온 말이다-옮긴이) 계산은 심하게 잘못되었고, 이런 계산을 할 만한 근거가 없다는 점을 깨달았다. 그러나 내 생각을 분명하게 설명하기가 어려웠고, 복잡한 수학으로 맹렬하게 질주하는 사람들 앞에서 자괴감을 느끼기도 했다. 나는 내 앞에서 펼쳐지는 확률 이론의 한계를 보았다. 수정처럼 맑아 보였지만, 핵심을 나타내는 말을 찾을 수가 없었다. 그래서 서점에 가서 제목에 '확률probability' 혹은 '확률적stochastic'이라는 단어가 들어간 책을 거의 모두 구매했다(당시에는 인터넷 주문 시스템이 없었다).

그리고 2년 동안 다른 책은 전혀 읽지 않았고, 신문도 읽지 않았다. 자기 전에도 읽었고, 막히거나 싫증이 나면 그 다음 책을 읽었다. 그 다음에는 다시 비슷한 책을 주문했다. 당시 나는 크기가 작은 확률 문제에 깊이 빠져 있었다. 이는 계획된 연구가 아니라 우연한 연구였다. 이런 노력은 나에게 최선의 투자가 되었다. 결국 리스크는 내가 가장 잘 아는 주제가 되었다. 5년 뒤에 나는 평생이 보장될 만큼 돈을 벌었고, 확률이 작은 사건에 관한 다양한 측면을 연구하고 있다. 이미 만들어진 도구를 가지고 이런 주제를 연구했더라면, 지금 나는 아마 불확실성이란 카지노에서나 찾아볼 수 있는 종류의 어떤 것으로 생각하도록 세뇌되었을 것이다.

멍청이가 아닌 사람이 수학을 응용하는 방법이란 이런 것이다. 먼저 문제를 파악한다. 그리고 수학적 정리와 인위적인 예제를 통해 진공

상태에서 공부하고는 현실을 이런 예제처럼 보이도록 변화시키기보다는, 마치 언어를 습득하듯이 문제 해결에 적합한 수학을 찾는다.

1980년대 어느 날, 나는 엄청나게 성공한 투자가와 저녁을 함께 한 적이 있다. 그는 과장법을 쓰기는 했지만 깊은 감동을 주는 말을 했다. "다른 사람들이 알고 있는 것은 알아둘 가치가 없다."는 것이었다.

나는 지금도 전문 분야에서 알아두어야 할 중요한 것은 반드시 원론적인 내용을 벗어나 중심으로부터 멀리 떨어진 곳에 있다고 생각한다. 그러나 무엇을 읽어야 할 것인지 정할 때에는 자신이 정해 놓은 방향을 따라야 하고, 바로 여기에 중요한 것이 있다. 나는 학교에서 가르쳐 준 것은 잊어버렸다. 하지만 내가 스스로 읽으려고 했던 것은 지금도 기억하고 있다.

뚱보 토니, 소크라테스와 맞짱 뜨다

경건하지 않은 사람에게 경건함이란? / 뚱보 토니는 모유를 먹지 않는다 / 시인에게 그들의 시에 대해서 설명하도록 요청한다 / 밀교 전도사, 철학자연하는 사람

뚱보 토니는 아테네 사람들이 소크라테스를 죽음으로 몰아넣은 것이 확실히 정당하다고 믿는다.

이번 장에서는 화술에 의존해 쉽게 배우는 지식과 팅커링에 의존해 찾아야 할 불투명한 지식 간의 차이를 알아본다(앞에 나오는 표 4는 화술에 근거한 지식과 그렇지 않은 지식을 구분하고 있다). 우리는 사물은 항상 우리가 쉽게 다가갈 수 있는 원인을 갖고 있으며, 따라서 그것을 쉽게 이해할 수 있다고 생각하는 오류를 범한다.

인생에서 실제로 가장 심각한 오류는 난해한 주장을 우둔한 주장이

라고 잘못 생각하는 것이다(니체가 생각해낸 오류다). 어떤 면에서 이런 오류는 보지 않은 것을 존재하지 않는 것으로 착각하는 칠면조 문제와 많이 닮았다. 또한 증거의 부재를 부재의 증거로 착각하는 것도 같은 맥락에 있다.

인류는 철학의 황금 시대가 시작될 때부터 생목의 오류에 빠져왔다. 우리는 아리스토텔레스가 탈레스의 성공 원인을 잘못 생각하는 모습을 보았다. 이제는 위대한 철학자 중에서도 가장 위대한 소크라테스에게 눈을 돌려보자.

에우티프론

플라톤은 역사상 가장 영향력 있는 철학자이면서 근대적 의미에서 첫 번째 철학자인 아테네의 소크라테스를 등장시켜 자신의 주장을 펼쳤다. 소크라테스는 저서를 남기지 않았다. 따라서 우리는 플라톤과 크세노폰Xenophon의 저작을 통해 그의 이야기를 들을 수 있다. 그리고 토니가 자서전을 쓴다면 자신의 캐릭터를 왜곡하고 생각을 미화하게 되듯이, 플라톤의 저작에 나오는 소크라테스도 그의 진정한 모습이라기보다 플라톤의 캐릭터를 어느 정도는 지니고 있다고 생각할 수 있다.[1]

플라톤의 대화편 중 하나인 〈에우티프론〉에서 소크라테스가 사형 선고를 받게 될 법원 청사 밖에서 재판을 기다리는 장면이 나온다. 거기서 저작의 명칭과 동일한 이름을 가진, 종교 전문가이자 예언가이기도 한 에우티프론Euthyphro이 등장해 소크라테스와 대화를 나누기 시작한다. 소크라테스는 자신이 젊은이를 타락시키고 과거의 신을 모독하고 새로운 신을 만들었다는 이유로 법정에 서게 되었다고 설명하면서, 자신은 이야기를 들어주는 사람에게 돈을 받지 않았을 뿐만 아니라 오히려 돈을 줄 생각도 있다고 말한다.

한편, 아버지의 살인 행위를 고소하려고 온 에우티프론은 대화를 나누기에 좋은 출발점이 되었다. 따라서 소크라테스는 아버지의 살인 행위를 고소하는 것이 에우티프론이 생각하는 종교적 의무에 어떻게 부합되는지 물어보았다.

소크라테스의 화법은 상대방이 어떤 주제에 관한 일련의 진술에 동의하게 만들고는, 이런 진술이 처음의 주제와 어떻게 모순되는지를 입증하는 방식이었다. 이렇게 하여 상대방에게 자신의 주장을 뒷받침할 만한 단서가 없다는 사실을 분명히 해두려고 했다. 소크라테스는 사람들에게 생각에 있어서 명료함의 결여, 일상적으로 사용하는 개념에 대한 이해의 결여를 지적하고, 이런 개념을 명료하게 이해하려면 철학이 필요하다는 사실을 보여주기 위해 주로 이런 화법을 사용했다.

에우티프론과의 대화가 시작될 무렵, 소크라테스는 아버지를 고소하는 것은 경건한 행위라는 상대방의 주장에서 에우티프론이 이런 경건함에 근거를 두고 아버지를 고소한다는 인상을 받았고, 그가 말하는

---

1 소크라테스의 또 다른 전기 작가인 크세노폰은 다른 이미지를 제공한다. 그의 저서 『소크라테스 이야기 Memorabilia of Socrates』에 나오는 소크라테스는 허튼소리를 하지 않는 현실적인 캐릭터를 지닌 인물이다. 소크라테스는 유용하고도 중요한 문제를 무시하면서 실질적인 결과가 없는 공허한 문제를 연구하는 지식인을 경멸했다. 그는 별자리를 보고 원인을 이해하려고 하지 않았다. 대신 별자리를 항해술에 이용하는 방법을 찾으려고 했다. 그리고 기하학을 토지 측량에 응용하려고 했다.

'경건함'이라는 단어에 주목했다. 그러나 에우티프론은 소크라테스를 만족시킬 만한 정의를 내놓지 못했다. 결국 소크라테스는 경건함을 정의하지 못해 초라해진 사람을 계속 괴롭혔다. 두 사람의 대화는 또 다른 단어들의 정의로 옮겨갔다(예를 들어 도덕적으로 올곧다는 것은 무엇을 의미하는가?).

결국 에우티프론이 정중한 핑계거리를 찾고서 자리를 뜨면서, 두 사람의 대화는 갑자기 끝을 맺는다. 그러나 독자들은 두 사람의 대화가 25세기가 지난 지금까지도 계속 진행되고 있다는 인상을 받는다. 비록 우리들을 그 대화 속으로 끌어들이지는 않았지만 말이다.

이제부터 그 대화를 다시 들추어내보자.

뚱보 토니, 소크라테스와 맞짱을 뜨다

토니는 이처럼 무자비한 소크라테스의 엄격한 추궁을 어떻게 다룰 것인가? 이미 독자들은 토니의 묵직한 캐릭터에 익숙해져 있다. 따라서 사고 실험을 하는 셈치고, 토니와 소크라테스의 대화를 들어보자. 물론 최고의 통역가가 나선다.

확실히 두 사람은 비슷한 캐릭터를 지니고 있다. 시간이 많고 여가를 자유롭게 즐긴다. 토니의 경우, 이런 여가는 생산적인 통찰력이 가져다준 선물이다. 또한 두 사람은 논쟁을 즐기고, 수동적으로 텔레비전을 보거나 콘서트홀에서 음악을 듣는 것보다 활발한 대화를 중요한 엔터테인먼트로 생각한다. 게다가 글쓰기를 싫어하는 점도 닮았다. 소크라테스의 경우, 자신의 발언이 결코 완결된 것이거나 고정된 것이 아니기 때문에 글이 갖는 확정적이고도 변하지 않는 성질을 싫어한다. 돌에다 글을 쓸 수는 없는 노릇이다.

어쨌든 소크라테스는 〈에우티프론〉에서 자신이 조각가 다이달로스Daedalus의 후예임을 자랑한다. 다이달로스의 조각상은 작품이 완성되는 순간 진짜 생명처럼 보인다. 그의 조각상에게 말을 걸면 뉴욕 메트로폴리탄 미술관의 조각상과는 다르게 대답을 한다. 토니도 글쓰기를 싫어하지만, 그에게도 소크라테스 못지않게 존경받을 만한 이유가 있다. 그는 브루클린의 베이리지Bay Ridge에서 고등학교를 다니면서 거의 항상 낙제 점수를 받았다.

그러나 두 사람의 공통점은 어느 곳에선가 멈추게 되고, 바로 그곳이 대화를 시작하기에 좋은 지점이다. 물론 우리는 네로가 지금까지 가장 위대한 철학자라고 했던 사람을 보면서 토니가 약간 놀라워할 것이라는 예상을 할 수도 있다. 알다시피 소크라테스는 호감을 가질 수 없는 외모를 갖고 있다. 배가 볼록 튀어나왔고 팔다리가 가늘고 눈도 튀어나온 데다 코는 넓적했다. 아주 초췌한 몰골에다 자신이 잘 씻지도 않는다고 말한 것으로 보아 몸에서 악취도 났을 것이다.

우리는 토니가 네로에게 "아니, 내가 저런 사람하고 이야기해야 한단 말이야?"라고 빈정거리면서 말하는 모습을 상상해볼 수도 있다. 혹은 그럴 가능성은 희박하지만, 소크라테스의 존재감, 자신감, 차분한 마인드에 반해 젊은 사람들이 그를 훌륭하게 우러러볼 수도 있다.

네로가 확신하는 것은 토니가 처음에는 소크라테스에게 다가가서 후각적으로 관찰한 다음에 그에 대한 자신의 생각을 정리할 것이라는 사실이다. 앞에서도 말했듯이, 토니는 이런 습관을 전혀 인식하지 못한다.

이제 소크라테스가 토니에게 경건함의 정의를 물었다고 해보자. 토니는 횡설수설하면서 대답했을 것이 뻔하다. 공짜로 논쟁할 수 있을 뿐만 아니라 오히려 자신과 논쟁하는 사람에게 돈을 줄 수도 있다는 소크라테스의 발언에 대해서, 어쩌면 토니는 그런 사람과는 논쟁하지 않겠다고 말할 수도 있다. 그러나 토니의 위력은 다른 사람이 질문을 미리 짜맞추지 못하도록 하는 데 있다. 그는 네로에게 모든 질문에 대한 대답은 미리 정해져 있다고 가르쳤다. 따라서 자신에게 아무런 의미가 없는 질문에 직접적으로 대답할 필요가 없다.

토니: 당신은 경건함과 경건하지 않음을 구별하게 만드는 특징을 정의하라고 말씀하셨습니다. 제가 정말 무엇이 경건한 행위를 실천할 수 있도록 하는지 선생님께 말씀드릴 수 있어야 한다고 생각하십니까?

소크라테스: 경건함의 의미를 이해하지 않고 그 의미를 이해하는 척하면서, 어떻게 그 단어를 사용할 수 있습니까?

토니: 제가 그리스어가 아닌 이방인의 평이한 언어인 영어로 설명할 수 있어야 합니까? 아니면 그리스어로 설명해야 합니까? 제가 경건함의 의미를 알고 이해한다는 사실을 입증한다고 해서, 그게 무슨 의미가 있습니까? 저는 경건함의 의미를 언어로는 잘 표현하지 못하겠지만, 그것이 무엇을 의미하는지는 압니다.

이제 확실히 토니가 아테네의 소크라테스를 자기 마당으로 더욱 끌어들였고, 질문을 미리 짜맞추는 입장에 서게 되었다.

토니: 소크라테스 선생님, 말씀해 보십시오. 어린아이들이 모유를 먹을 필요성을 인식하기 위해 모유를 정의해야 합니까?

소크라테스: 아닙니다. 그럴 필요는 없습니다.

토니: (플라톤의 대화편에서 소크라테스가 사용했던 반복적인 패턴을 똑같이 사용해) 존경하는 소크라테스 선생님, 개가 어떤 주인에게 충성해야 하는지를 정의할 필요가 있습니까?

소크라테스: (다른 사람이 자신에게 질문을 하자 당황하기 시작한다) 개는 본능에 따라 행동합니다. 자신의 삶을 성찰하지 않습니다. 우리는 개가 아닙니다.

토니: 맞습니다. 소크라테스 선생님, 개는 본능에 따라 행동하고 우리는 개가 아닙니다. 하지만 아무런 단서가 없는 것을 실천하게 만드는 본능을 완전히 제거해야 할 정도로 인간이 개와 본질적으로 다릅니까? 그리고 원시적인 형태의 브루클린 영어로 대답할 수 있는 것으로 우리 삶을 제한해야 합니까?

소크라테스의 대답을 기다리지 않는다(속아 넘어가는 사람들만이 대답을 기다린다. 대답을 듣기 위해 질문을 하려고 해서는 안 된다).

토니: 소크라테스 선생님, 그러면 우리가 어떤 대상의 의미를 왜 고정시켜야 한다고 생각하십니까?

소크라테스: 토니 선생, 어떤 대상에 관해 이야기할 때에는 우리가 무엇에 관해서 이야기하는지 알아야 합니다. 철학은 우리가 무엇을 하는지 이해하고 우리 삶을 성찰할 수 있도록 해줍니다. 성찰이 없는 삶은 살 만한 가치가 없습니다.

토니: 하지만 선생님, 문제는 당신이 우리가 알 수는 있지만 표현할 수 없는 것을 제거하고 있다는 데 있습니다. 그리고 내가 자전거를 잘 타고 있는 사람에게 자전거 타기에 관한 이론을 묻는다면, 그는 아마 자전거에서 넘어지게 될 것입니다. 마찬가지로 당신은 사람들에게 자꾸 질문을 하면서 괴롭히는 방식으로 그들을 혼란스럽게 만들고, 궁극적으로는 해를 끼치고 있습니다.

토니는 소크라테스를 득의양양하게 바라보면서 조용히 이렇게 말한다.

토니: 소크라테스 선생님, 그들이 왜 선생님을 죽이려고 했는지 아십니까? 선생님은 사람들이 습관이나 본능이나 전통을 맹목적으로 따르는 것을 우둔하게 여기도록 했기 때문입니다. 선생님의 주장은 가끔 옳을 수 있습니다. 그러나 그들이 아무런 어려움 없이 잘하고 있는 것을 혼란스럽게 만들 수도 있습니다. 선생님은 사람들이 자신에 대해 갖고 있는 즐거운 환상을 무너뜨리고 있습니다. 선생님은 우리가 이해하지 못하는 것에서 비롯되는 무지의 즐거움을 빼앗고 있습니다. 그리고 무엇보다 선생님은 답을 갖고 있지 않습니다. 그들에게 제공해야 할 답을 갖고 있지 않다는 말입니다.

정의된 지식이 으뜸일까

여기서 우리는 토니가 소크라테스에게 타격을 가하는 지점이 철학의 핵심이라는 사실을 알 수 있다. 실제로 오늘날의 철학으로 자리를 잡게 된 주요 질문은 소크라테스의 등장과 함께 처음 제기되었던 것으로서 '존재란 무엇인가?', '도덕이란 무엇인가?', '증명이란 무엇인가?', '과학이란 무엇인가?', '이것은 무엇인가?', '저것은 무엇인가?'였다.

플라톤의 대화편에는 우리가 〈에우티프론〉에서 보았던 질문이 다양하게 스며들어 있다. 소크라테스가 끊임없이 추구했던 것은 우리가 알아차릴 수 있는, 대상이 갖는 특성에 대한 묘사라기보다는 그 대상의 본질적인 성질에 관한 정의였다.

소크라테스는 시인에게도 질문을 던지고, 시인들이 자신의 작품에 관해서 대중들보다 더 많은 단서를 갖고 있지 않다고 말하는 지경까지 갔다. 플라톤의 대화편 〈변론Apology〉에서, 법정에 선 소크라테스는 자신이 아무런 소득도 없이 시인들에게 이것저것 따져 물었던 이야기를 자세히 전한다. "저는 그들이 가장 공을 들여서 쓴 문장을 가지고 그것이 무엇을 의미하는지 물었습니다. 이런 말을 하고 싶지는 않지만 자신의 시에 관한 이야기를 자기 자신에 관한 이야기보다 훨씬 더 잘했던 사람은 한 사람도 찾아보기 힘들었습니다."

그리고 이처럼 정의된 지식을 중요하게 여기는 생각은 플라톤이 사물의 정의에 관해 자세히 서술해 놓은 형상Forms을 이해하지 못하고는 그의 주장을 이해할 수 없게 만들었다. 우리가 개별적인 특징을 다루면서 경건함을 정의하지 못한다면, 이런 개별적인 특징이 시작되는 보편적인 특징에서부터 시작해야 한다. 다시 말하면, 영토에서 지도를 얻을 수 없다면, 지도에서 벗어나 영토부터 설정해야 한다.

소크라테스를 옹호하는 입장에서 말하자면, 그의 질문은 한 가지 중요한 결과를 낳았다. 아테네 사람들이 소크라테스에게 어떤 대상이 무엇인지 정의하는 것을 허용하지 않았다면, 최소한 그에게 어떤 대상은 무엇이 아니라는 사실을 분명히 하는 것은 허용했을 것이다.

난해한 주장을 우둔한 주장으로 착각한다

물론 뚱보 토니에게도 수많은 선각자들이 있다. 하지만 그들은 별로 알려지지 않았다. 왜냐하면 철학이 지배력을 발휘하면서 기독교와 이슬람교에 의해 일상적인 행위에 녹아 들어갔기 때문이다. 나는 철학이라는 단어를 이론적이면서 개념적인 지식, 즉 우리가 글로써 표현할 수 있는 모든 지식이라고 정의하려고 한다. 왜냐하면 최근까지도 철학이라는 단어가 주로 오늘날 우리가 과학이라고 부르는 것, 즉 자연을 이성적으로 생각하면서 자연의 논리를 이해하려는 자연철학natural philosophy을 언급하는 데 사용되었기 때문이다.

비록 '서구적인 것West', '전형적인 고대 그리스인typical Hellen', '게르만 정신the German soul'에 대한 망상이 혼합된 낙관주의와 비관주의에 바탕을 둔 문학적인 비약이 동반된 것이기는 하지만, 이런 입장에 대해 신랄한 비난을 가했던 이가 바로 젊은 시절의 프리드리히 니체였다. 니체는 20대 초반에 썼던 자신의 첫 번째 저서 『비극의 탄생The Birth of Tragedy』에서 사람들이 존재를 이해할 수 있도록 나타내야 한다고 했던 소크라테스를 과학의 밀교 전도사라고 부르면서 공격했다. 다음과 같은 훌륭한 표현은 내가 말하는 어설픈 합리주의에 속아 넘어가는 오류를 잘 보여주고 있다.

아마도 소크라테스는 자신에게 이런 질문을 했어야 했다. '나한테 난해한 주장이라고 해서 반드시 우둔한 주장이라고 간주해야 하는가? 어쩌면 논리학자들을 밀어내는 지혜의 영역이 있는 것은 아닌가?'

'나한테 난해한 주장이라고 해서 반드시 우둔한 주장은 아니다.'는 진술은 어쩌면 니체가 살던 세기에서 가장 강력한 진술인지 모른다. 그리고 서문에서 나는 자신이 이해하지 못한 것을 엉터리라고 착각하는 사람들을 프래질리스타로 정의하면서 이 비슷한 진술을 사용했다.

니체는 주로 이해 증진에 목표를 둔 소크라테스식 진리를 몹시 싫어했다. 소크라테스에 따르면 사람들은 악행인 줄 알면서 고의로 저지르지는 않는다는 말이 되기 때문이다(이런 주장은 콩도르세Condorcet와 같은 사상가들이 진리를 선행을 위한 유일하고도 충분한 조건으로 간주하기 시작하면서 계몽 사상에 스며들어간 것으로 보인다).

니체는 바로 이런 주장, 즉 지식이 만병통치약이고 오류는 악이며, 따라서 과학은 낙관주의적 활동이라는 주장을 향해 비난을 퍼부었다. 과학적 낙관주의에서 비롯되는 움직임, 즉 이성적 추론과 지식을 통해 유토피아를 실현하려는 움직임은 니체를 자극했다. 이른바 니체식 비관주의는 논점에서 벗어나기 때문에, 사람들이 니체 이야기를 하면서 주로 거론하는 낙관주의와 비관주의라는 단어는 잊어버리자. 여기서 논점은 니체가 문제를 제기했던 지식이 선행을 보장하는가에 있다.

니체가 『비극의 탄생』에서 몰두했던 중요한 문제를 내가 이해하고 해석하는 데에는 오랜 시간이 걸렸다. 니체는 두 가지 힘을 보았다. 하나는 아폴로의 힘이고 다른 하나는 디오니소스의 힘이다. 아폴로의 힘은 이성과 극기를 바탕으로 질서, 균형, 합리성을 유지할 수 있는 힘이다. 디오니소스의 힘은 우리 자신의 내면 깊숙한 곳에서 나오는 이해하기 힘들고 본능적이고 길들여지지 않은 힘이다. 고대 그리스 문화는 소크라테스가 비극 시인 에우리피데스Euripides에게 영향을 미쳐서 아폴로의 힘에 손을 들어주고 디오니소스의 힘을 붕괴시켜 합리주의가 지나칠 정도로 큰 힘을 발휘하게 되기 전까지 이들 두 가지 힘 간의 균형을 표현했다. 이처럼 합리주의가 큰 힘을 발휘하게 된 것은 호르몬을 주입해 우리 몸의 자연스러운 작용을 붕괴시키는 것과 똑같다. 디오니소스가 없는 아폴로는 중국인이 말하는 것처럼 음이 없는 양과 같다.

사상가로서 니체의 위력은 나를 계속 놀라게 만들었다. 그는 안티프래질을 생각해냈다. 많은 사람들이 창조적 파괴의 개념을 경제학자 조지프 슘페터가 창안한 것으로 (잘못) 생각하고(이처럼 통찰력 있는 깊은 개념이 경제학에서 나온 것에 대해 놀라워하지도 않으면서 말이다[2]) 이 개념의 학문적인 원천을 카를 마르크스에게서 찾으려고 하지만, 사실은 니체가 디오니소스를 언급하면서 이 말을 처음 만들었다. 니체는 디오니소스에 대해서 '창조적으로 파괴적creatively destructive' 그리고 '파괴적으

---

2 애덤 스미스가 첫 번째이자 마지막 도덕철학자다. 마르크스는 철학자다. 카너먼과 사이먼은 각각 심리학자와 인지과학자다. 물론 예외도 있다. 바로 하이에크다.

로 창조적destructively creative'이라는 표현을 썼는데, 결국 자기 나름의 방식대로 안티프래질을 생각해냈던 것이다.

나는 니체의 『비극의 탄생』을 두 번 읽었는데, 처음에는 아주 어렸을 때 읽었다. 무작위성에 대한 생각을 정리하고 나서 두 번째로 읽었는데, 니체가 자신의 글에서 명시적으로 언급했지만 내가 알아차리지 못했던 중요한 것을 이해하고 있었다는 생각이 문득 떠올랐다. 그것은 디오니소스가 없이는 지식의 발전을 기대하기 어렵다는 사실을 의미했다. 이런 사실은 우리가 옵션을 가지고 있다면 언젠가는 선택할 수 있는 중요한 무엇인가가 있음을 말해준다. 다시 말하면, 그것은 확률적 팅커링의 원천이 될 수 있고, 아폴로의 힘이 선택 과정에서 합리성의 한 부분을 차지할 수도 있음을 의미한다.

이제 이런 문제에 정통할 것 같은 세네카를 불러보자. 그 역시 디오니소스의 특징과 아폴로의 특징을 언급했다. 그는 인간의 성향에 관한 다채로운 글을 통해서 우리 앞에 등장한다. 그는 신에 관해 이야기하면서(그는 신을 '운명의 신destiny'이라고도 불렀고, 원인과의 상호 작용과 동일시했다), 신에게 세 가지 현시manifestation를 부여했다. 첫 번째는 '리베르 파테르Liber Pater'로서 이는 자손을 잇기 위한 생식 능력을 부여하는 바쿠스Baccus의 힘(니체는 바쿠스의 힘을 디오니소스의 힘이라고 언급했다)을 의미했다. 두 번째는 '헤라클레스Hercules'로서 힘을 구현한다. 세 번째는 '머큐리Mercury'로서 세네카가 살던 시절의 기능, 과학, 이성을 상징했다(니체는 이에 대해 아폴로의 힘이라고 언급했다). 이런 현시는 헤라클레스의 힘이 추가되었기 때문에 니체보다 더욱 다채롭다.

지금까지 플라톤과 아리스토텔레스의 전통으로부터 나오는 합리적 지식에 기반을 둔 철학을 공격했던 사람들이 많이 있었지만, 교과서에는 등장하지 않거나 아주 드물게 언급되곤 했다. 그들은 왜 잊혀졌는가? 제도권 교육이 어설픈 합리주의에 따른 질의 저하와 단순화를 추구하기 때문이다. 가르치기 쉬운 것은 좋아하지만, 경험주의에서 비롯되는 풍부한 사례는 싫어한다. 그리고 앞에서 말했듯이, 학계의 사고방식을 공격했던 사람들은 크게 주목받지 못했다(이런 사실은 앞으로 다루게 될 의학의 역사에서 아주 분명하게 살펴볼 것이다).

니체보다 훨씬 더 학식이 깊고 개방적이고 권위 있는 학자인 19세기 프랑스의 사상가 에르네스트 르낭Ernest Renan은 그리스어, 라틴어뿐만 아니라 히브리어, 아람어(시리아어), 아랍어에도 능통했다. 그는 아베로에스를 공격하면서, 논리학은 개념을 정의하는 과정을 거치면서 미묘한 차이를 제거해버린다는 유명한 말을 남겼다. 그리고 진리는 미묘한 차이에서만 존재하기 때문에, 논리학은 윤리학이나 정치학에서 진리를 찾을 때에는 아무런 쓸모가 없는 도구라고 했다.

전통

뚱보 토니가 말했듯이, 소크라테스는 아테네 사람들의 기준에 따르면 잘 돌아가고 있는 무엇인가를 혼란스럽게 만들었기 때문에 죽음에 처해졌다. 세상에는 언어로 표현하기에는 너무나도 복잡한 대상들이 많이 있다. 그런데 언어로 표현하려고 하면서, 사람들을 힘들게 만든다. 혹은 생목의 오류에서처럼 사람들은 적절한 대상에 관심을 두고 있지만, 우리는 그것만으로는 지적인 측면에서 이해하기에 충분하지 않다고 생각한다.

확고한 신념을 갖고 운명의 순간을 맞이해야 할 때, 죽음과 순교는 훌륭한 마케팅 수단이다. 지적 확신, 확고한 자아를 가진 영웅에게 죽음은 하찮은 것이다. 우리는 소크라테스가 죽음을 철학적인 방식으로 맞이하기 위해 이에 순응한 덕분에 그를 영웅시하는 이야기를 많이 듣는다. 하지만 소크라테스가 사회의 근간을 무너뜨렸다고 믿는 권위 있는 비평가들이 많이 있었다(사회의 근간이란 노인들이 전수하는 경험을 통해 얻는 지식을 의미하며, 젊은이들은 이에 대해 의문을 제기하기에는 아직 성숙하지 않았다).

우리가 2장에서 만난 적이 있는 카토는 소크라테스를 매우 싫어했다. 그는 토니와 통하는 데가 많이 있지만, 토니에 비해 시민 의식, 의무감, 전통에 대한 존중, 도덕성 측면에서 수준이 훨씬 더 높다. 그는 그리스에서 온 것들도 매우 싫어했는데, 이는 그가 철학자와 의사를 싫어했던 것을 보면 알 수 있다. 이런 혐오감에 대해서는 나중에 살펴보게 될 것이지만, 오늘날의 관점에서 보더라도 상당한 정당성을 지니고 있다. 그는 민주주의를 위해 헌신하면서 자유와 관습을 중시하고 압제를 혐오했다. 그리스의 역사가 플루타르크Plutarch는 그의 말을 인용하면서 이렇게 말했다. "소크라테스는 관습을 파괴하고 시민들에게 법과 질서에 반대하도록 유혹하면서 자신이 국가의 참주가 되려고 했던, 말만 앞서는 사람이다."

따라서 독자들은 고대 사람들이 어설픈 합리주의를 어떻게 바라보았는지 알 수 있을 것이다. 어설픈 합리주의는 사고 능력을 향상시키기는커녕 떨어뜨렸고, 궁극적으로는 프래질을 초래했다. 고대 사람들은 불완전한 반쪽짜리 지식은 항상 위험하다는 사실을 알고 있었다.

고대 사람들이 아닌 다른 많은 사람들도 이처럼 다른 유형의 지식을 옹호하면서 우리가 이런 지식을 존중하게 만드는 데 관여했다. 먼저 아일랜드의 정치가이자 정치철학자 에드먼드 버크는 프랑스 혁명에 대해 '당시까지 축적된 이성'을 한순간에 무너뜨릴 수 있다는 주장을 펼치면서 반대했다. 그는 사회적으로 커다란 변화는 우리가 예상하지 못했던 상황을 맞이하게 만들기 때문에 사회 시스템에 대해서는 작은 시행착오를 통한 실험(볼록 팅커링을 말한다)을 하는 것이 더 낫다고 생각했다. 그리고 전통에 구현된, 경험에 바탕을 둔 지식을 존중했다. 20세기의 보수파 정치철학자이자 역사철학자 마이클 오크숏Michael Oakeshot도 전통은 여과되고 축적된 지식의 집합체를 제공한다고 생각했다. 같은 주장을 펼친 또 다른 사람으로 조제프 드 메스트르가 있는데, 우리가 보기에 그는 주로 두 번째 단계를 생각하는 사람이었다. 프랑스의 왕정주의자 겸 반계몽 사상가이기도 한 그는 혁명의 폐해를 우려해 이에 반대하고, 인간은 근본적으로 사악하기 때문에 독재자가 나서서 이를 통제해야 한다고 믿었다.

확실히 비트겐슈타인은 근대의 안티프래질 사상가 중에서 으뜸이었다. 그는 언어로 표현할 수 없는 대상에 대해 뛰어난 통찰력을 지녔다. 그리고 모든 사상가 중에서 생목의 오류를 가장 잘 이해했다. 생각을 문자로 표현할 때 언어가 가진 능력을 의심했으므로 어쩌면 그가 생목의 오류를 제일 먼저 말한 사람이라고 간주할 수도 있다. 또한 비트겐슈타인은 성인이었다. 그는 철학을 위해 자신의 인생, 우정, 재산, 명예 등 모든 것을 희생했다.

프리드리히 하이에크도 안티프래질의 범주 혹은 합리주의에 반하는 범주에 있다고 간주할 수 있다. 그는 20세기 철학자이자 경제학자로 사회주의 계획경제에 반대했던 사람이다. 그 이유는 가격 시스템은 거래를 통해서 사회 속에 심어진 지식을 들추어내는데, 사회계획가social planner가 이런 지식에 접근할 수 없다는 것이었다. 그러나 하이에크는 사회계획가를 대체할 만한 옵션의 특징을 놓쳤다. 어떤 면에서 보면, 그는 지성을 믿었지만 퍼져 있는 혹은 집단적인 지성을 믿었다. 그러나 지성을 대체할 만한 옵션을 이해하고 있지는 않았다.[3]

인류학자 클로드 레비 스트로스Claude Lévi-Strauss는 문자를 사용하지 않는 사람들도 그들 자신의 구체적인 과학, 그러니까 환경에 관한 총체적인 사고 체계를 갖고 있음을 보여주었다. 그리고 그들은 객관성과 부차적이고도 감각적인 재능의 측면에서 우리들의 과학적 접근방식보다 일관성이 반드시 떨어진다고 볼 수 없고, 많은 경우 우리들만큼 혹은 우리들보다 더 풍부한 재능을 갖고 있었다. 생목의 오류는 여기서도 적용된다.

마지막으로 이 시대의 정치철학자이자 저술가 존 그레이John Gray는 인간의 자만심을 경고하고, 특정 범주의 사상가를 계몽 근본주의자로 규정하면서 계몽사상이 만병통치약이라는 지배적인 사상에 맞서 싸운 사람이다. 그레이는 우리가 과학적 진보라고 부르는 것이 왜 신기루에 불과한 것인지 지속적으로 보여주려고 했다. 나는 존 그레이, 브라이

---

3 철학자 루퍼트 리드Rupert Read는 나에게 하이에크가 실제로는 포퍼처럼 어설픈 합리주의를 어느 정도 품고 있었다고 말해주었다. 그리고 이 두 사람을 안티프래질 사상가의 범주에 포함시켜서는 안 된다는 설득력 있는 주장을 했다.

언 애플야드와 함께 점심을 함께 한 적이 있었다. 그때 나는 사상에 관해 토론할 마음의 준비가 되어 있었고, 내 생각을 적극적으로 옹호하려고 했다. 내 평생에 그처럼 좋았던 점심은 없었다. 우리 세 사람은 굳이 밝히지 않아도 생각이 일치하고 있다는 사실을 알게 되었고 이야기의 흐름도 아주 좋았다.

그래서 두 번째 단계로서 현금을 정부가 소유하지 않은 귀금속으로 바꾸는 것처럼 현실적인 적용 문제를 가지고 이야기하게 되었다. 그레이는 하이에크의 바로 옆 사무실에서 일했는데, 하이에크는 상당히 따분한 사람으로 유머감각이 전혀 없는 사람, 다시 말하자면 옵션을 구사할 줄 모르는 사람이라고 했다.

속아 넘어가는 사람과 그렇지 않은 사람의 차이

이번 장의 대화에 철학자의 돌을 도입해보자. 소크라테스는 지식에 종사하고 있다. 토니는 지식이 무엇인지도 모른다.

토니에게는 인생의 차이가 참과 거짓에 있지 않다. 오히려 속아 넘어가는 사람과 그렇지 않은 사람에 있다. 토니에게 비쳐지는 사물은 항상 더 간단하다. 세네카의 생각과 탈레스의 내기에서 보았듯이, 실생활에서는 지식보다 노출이 더 중요하다. 의사결정의 효과가 논리를 대체한다. 교과서가 주는 지식은 보상의 숨은 비대칭성을 못 보게 한다. 바로 평균의 개념이 그렇다. 끔찍하게도, 지성사intellectual history에서는 세상의 구조를 연구하거나 참과 거짓을 이해하는 대신 당신의 행위로부터 얻는 보상에 관심을 기울여야 할 필요성에 주목하지 않았다. 가장 중요한 것은 사건 그 자체가 아니라 보상, 즉 행위로부터 얻는 혜택이나 손실이 얼마나 큰가에 있다.

철학자들은 참과 거짓을 이야기한다. 실생활에서 사람들은 보상, 노출, 결과(리스크와 보상) 즉 프래질과 안티프래질을 이야기한다. 그리고 때로 철학자, 사상가, 연구자들은 참과 리스크 혹은 참과 보상을 서로 같은 대상이라고 생각한다.

내가 강조하려는 것은 참과 거짓(따라서 우리가 믿음이라고 부르는 것)은 인간의 결정에서 부차적인 역할을 할 뿐이라는 점이다. 중요한 것은 참과 거짓에서 나오는 보상이다. 그리고 이런 보상은 거의 항상 비대칭적이다. 다시 말하자면, 어떤 결과는 다른 결과에 비해 보상이 훨씬 더 커서 정의 비대칭성 혹은 부의 비대칭성, 즉 안티프래질 혹은 프래질의 특징을 갖는다. 이제부터 이 문제를 설명하겠다.

중요한 것은 확률이 아니라 프래질이다

탑승객은 무기 소지 여부를 확인해야 기내에 입장할 수 있다. 그러면 탑승객들이 테러리스트라고 믿는가? 참과 거짓으로 대답해보라. 그들이 테러리스트로 보이지 않기 때문에, 즉 테러리스트일 확률이 아주 작기 때문에 거짓이라고 대답할 것이다. 그럼에도 불구하고 우리는 테러에 프래질하기 때문에 그들의 무기 소지 여부를 확인한다. 여기서 비대칭성이 작용한다.

우리는 참(즉 그들이 테러리스트다)일 때의 보상이나 결과에 관심을 갖는데, 이때 보상은 엄청나게 크고 무기 소지 여부를 확인하는 데 드는 비용은 상대적으로 매우 작다. 원자로가 내년에 폭발할 것이라고 생각하는가? 물론 거짓이라고 대답할 것이다. 그럼에도 불구하고 당신은 참일 것처럼 생각하고, 안전을 위해 수백 만 달러를 지출하려고 할 것이다. 우리는 원자로의 폭발에 프래질하기 때문이다. 임의로 입에 넣은 약이 당신에게 해로운 것이라고 생각하는가? 물론 그렇지 않을 것이라고 대답한다. 그러면 그 약을 삼킬 것인가? 절대로 그렇지 않다.

이제 지난 1주일 동안 내렸던 모든 결정을 종이에 적는다면, 혹은 평생 동안 내렸던 결정을 모두 적을 수 있다면, 이런 결정의 대부분이 비대칭적인 보상을 갖는다는 사실을 깨닫게 될 것이다. 즉 한쪽의 보상이 다른 쪽보다 더 크다. 우리는 주로 확률이 아니라 프래질을 생각하면서 결정한다. 혹은 달리 표현하면, 주로 참과 거짓이 아니라 프래질을 생각하면서 결정한다.

이제 현실 세계에서 특히 확률이 개입된 경우, 의사결정을 할 때 참과 거짓의 불충분성에 관해 이야기해보자. 이때 참과 거짓은 높은 확률과 낮은 확률에 상응하는 표현이다.

과학자들은 '신뢰 수준confidence level'이라는 용어를 사용한다. 예를 들어, 95%의 신뢰 수준에서 얻은 결과는 이런 결과가 잘못될 확률이 겨우 5%라는 의미다. 물론 이런 생각은 극단적으로 나쁜 사건이 미치는 효과의 크기를 무시하기 때문에 수용하기 어렵다.

만약 내가 어떤 결과를 95% 신뢰 수준에서 얻을 수 있다고 말한다면, 당신은 상당히 만족할 것이다. 그러나 비행기가 95% 신뢰 수준에서 안전하다고 말한다면 어떨까? 심지어 99% 신뢰 수준에서 안전하다 해도 당신은 만족하지 않을 것이다. 1% 확률의 사고가 엄청난 재앙을 가져다 줄 수 있기 때문이다(오늘날 민항 여객기가 사고가 날 확률은 수십 만 분의 1에도 못 미친다. 그리고 여객기 사고가 안전을 개선시키는 효과를 초래하기 때문에 이런 확률은 계속 낮아지고 있다). 그러므로 현실 세계에서 중요하게 작용하는 것은 보상이지 확률(즉 참과 거짓)이 아니다.

당신은 지금까지 살아오면서 수십 만 번의 결정을 했을 것이다. 실제로 확률을 계산해본 적이 몇 번이나 있는가? 물론 도박장에서는 확률을 계산해야 한다. 그러나 다른 곳에서는 그럴 필요가 없다.

사건의 노출과 통합

이것은 다시 생목의 오류를 생각하게 한다. 블랙 스완에 해당되는 사건과 이런 사건이 미치는 영향(즉 재정, 감정에 미치는 영향과 사회 전체에 몰고 오는 파장)이 얼마나 클 것인가는 서로 같은 대상이 아니다. 하지만 그 둘을 같은 대상으로 보는 오류는 일반적인 반응에 깊이 스며들어 있다.

우리가 잘못된 예측을 지적했을 때 예측가들은 주로 '그런 사건의 확률을 알아내고 예측을 잘하기 위해서 계산을 개선시킬 필요가 있다.'고 대답한다. 우리들의 노출을 더욱 효과적으로 수정하고 혼란에서 빠져나오도록 하는 방법을 제시하지 않고 말이다. 이럴 때에는 종교적인 것 혹은 전통적인 경험에 바탕을 둔 지식이 이처럼 어설픈 위조 과학보다 훨씬 더 낫다.

4권의 결론

4권에서 나는 돌팔이 의사뿐만 아니라 합리주의와는 거리가 먼 이단아, 엔지니어, 1인 기업가, 혁신을 추구하는 예술가, 제도권 밖의 학자들을 옹호하는 입장을 취했다. 이들은 역사가로부터 버림받은 사람들이다.

그들 중 일부는 대단한 용기를 지녔다. 자신의 사상을 드러낼 용기뿐만 아니라 자신이 이해하지 못하는 세상에서 살아가는 것을 수용할 용기도 지녔다. 그리고 그런 삶을 즐겁게 받아들였다.

4권의 결론을 이끌어내기 위해서는 실행하는 것이 믿는 것보다 훨씬 더 현명하고 타당하다는 사실에 주목하자. 내가 여기서 실행했던 작업은 지식이나 지성을 요구하지 않고 선택의 합리성만을 요구하는 옵션의 간단한 수학적 특징을 사용해, 새에게 날아가는 법을 가르치는 데서 나타나는 부수 현상과 선형 모델의 문제점을 들추어낸 것에 불과하다.

지금 선전되고 있는 제도권의 연구가 대학이 약속하는 위대한 결과를 보장해준다는 주장을 뒷받침할 만한 경험적 증거는 없다. 그리고 소비에트-하버드 이상주의를 전파하는 이들은 옵션이나 2계 효과에 관한 이야기를 하지 않는다.

그들의 설명에서 옵션 이야기가 등장하지 않는 것은 목적론적 과학의 역할에 대한 그들의 견해에 설득력이 없다는 것과 같다.

그들은 기술의 역사를 다시 써야 한다.

다음 이야기

최근 앨리슨 울프를 만났을 때, 우리 두 사람은 이처럼 교육이 갖는 절박한 문제와 함께 학술계의 기여에 관한 환상을 이야기했다. 그리고 아이비리그 대학들이 아시아와 미국 상류층의 눈에는 일종의 사치재가 되어가고 있다는 사실에도 공감했다.

하버드는 루이뷔통 핸드백이나 카르띠에 시계와 같은 것이 되어버렸다. 이런 대학들은 저축의 상당 부분을 투자하려는 중산층 부모들을 유혹하고 있다. 그들의 돈이 대학 행정가, 부동산 사업자, 교수들에게 흘러가고 있다. 미국에서는 학생들의 대출금이 월세를 챙겨가는 부동산 사업자의 계좌에 자동이체된다. 이는 어떤 면에서 갈취와 다를 바가 없다.

성공을 위해서는 버젓한 대학교 간판이 필요하다고 생각하는 사람들이 많다. 그러나 우리 두 사람은 사회가 제도권 교육과 함께 발전한다고 생각하지 않는다.

그녀는 미래 교육에 관한 나의 생각을 글로 써서 보내주기를 부탁했다. 사실 나는 그 문제에 관해서는 낙관적으로 본다고 말했다. 내 생각의 요점은 바로 거짓이 프래질하다는 것이다. 역사를 보더라도 거짓이 오래 간 적이 있는가? 결국 시간과 역사가 프래질을 폭로할 것으로 믿는다. 교육기관은 외적인 스트레스를 받지 않고 발전해왔으므로 언젠가는 무너지게 되어 있다.

5권과 6권에서는 프래질한 것이 무너지게 되어 있다는 생각을 다룰 것이다. 5권은 프래질을 더욱 기술적으로 탐지하는 방법을 보여주고, 철학자의 돌의 배후에 있는 기술적인 문제를 다룰 것이다. 6권은 시간이 건설자라기보다 파괴자로서 (건물이든 사상이든 간에) 프래질한 대상을 무너뜨리는 역할을 충실하게 이행할 것이라는 생각에 바탕을 둔다.4

4 독자들은 교육과 무질서의 관계를 두고 궁금하게 생각할 것이다. 교육은 목적론적이며, 무질서를 싫어한다. 따라서 프래질리스타에게 영합하는 경향이 있다.

05권

비선형성[1]

이제 또 다시 자전적인 이야기를 해야 할 때가 된 것 같다. 찰스 다윈 Charles Darwin이 『종의 기원 On the Origin of Species』에서 역사적인 글을 쓰면서, 생각의 전개 과정을 개략적으로 전할 때처럼 말이다. "이처럼 개인적인 이야기를 자세히 하는 것은 어떤 결론에 이르기까지 내가 성급하지 않았다는 사실을 보여주기 위해서다. 따라서 독자 여러분들이 이 점을 너그럽게 이해해주리라고 기대한다." 안티프래질에 상응하는 단어, 개념, 적용이 없었다는 말은 옳지 않다. 나와 동료들은 안티프래질

---

[1] 수학에 자신이 없는 독자들은 5권을 그냥 넘어가도 아무런 문제가 없다. 세네카의 비대칭성에서 나오는 안티프래질의 정의만으로 이 책의 나머지 부분을 읽는 데 충분하다. 여기서는 이런 정의를 기술적으로 다시 이야기할 것이다.

을 모르고도 그것을 마음속에 품고 있었다. 그리고 나는 아주 오랫동안 그것을 품고 있었다. 따라서 나는 한편으로는 안티프래질을 의식하면서 다른 한편으로는 의식하지 못한 채 인생의 대부분을 정확하게 같은 문제를 생각해왔다고 볼 수 있다. 앞으로 5권에서는 이런 나의 여정과 그 속에서 했던 생각들을 이야기하려고 한다.

다락방에서 했던 중요한 일

1990년대 중반, 나는 조용히 넥타이를 풀어서 뉴욕 파크 애버뉴 45번가 모퉁이에 있는 쓰레기통에 집어넣었다. 그리고 향후 몇 년 동안 다락방에 칩거하면서 내 마음속에 담고 있는 이야기, 즉 숨어 있는 비선형성과 이에 따른 효과를 풀어내려고 했다.

당시 더 깊고도 중요한 생각이 나를 피해 갔기 때문에, 내가 갖고 있었던 것은 생각이라기보다 오히려 방법론에 불과했다. 그 방법론을 가지고 비선형성의 효과 관리라는 주제의 책을 썼는데, 분량이 표와 그래프를 합쳐서 600페이지에 달했다. 서문에서 비선형성은 반응이 직선이 아닌 것을 의미한다고 썼다. 그러나 한 걸음 더 나아가서 가변성과의 관계를 생각하게 되자, 분명히 해야 할 것이 눈에 들어왔다. 그리고 가변성의 가변성에 빠져들면서, 2계 효과보다 더 높은 고계 효과를 생각하게 되었다.

당시 다락방에서 혼자 생각하면서 썼던 책에다 '다이내믹 헤징Dynamic Hedging'이라는 제목을 붙였는데, 주로 복잡한 비선형 파생상품을 다루는 테크닉에 관한 내용을 담았다. 그 책은 기술적인 내용을 완전히 기초부터 다루었던 것으로서, 나는 그 책을 쓰면서 마음속으로 거기서 다루는 내용이 내가 직업상 다루었던 한정된 사례보다 훨씬 더 중요한 의미를 지닌다고 생각했다. 그리고 트레이더라는 나의 직업이 이런 내용들을 처음부터 생각하기에 가장 완벽한 무대라는 사실을 알게 되었다. 그러나 나는 그 이상을 이루어내기에는 너무 게으른 데다 틀에 갇혀 있었다. (이 책을 쓰기 전까지) 내가 썼던 다른 책보다 그 책에 대해서 훨씬 더 애정이 갔다. 그리고 뉴욕에서 흰 눈에 반사되는 밝고 따사로운 햇살을 감사하게 여기면서 다락방에서 거의 혼자 지냈던 두 번의 추운 겨울을 아주 좋은 추억으로 간직하고 있다. 당시 그런 추억을 빼고 나면 생각나는 것이 아무 것도 없다.

그리고 나서 나는 아주 재미난 일을 겪었다. 내 원고는 네 명의 심사위원들에게 잘못 전달되었다. 그들 모두 '퀀트quant(금융 부문에서 수학적 모델을 사용해 정량 분석을 하는 사람)'가 아닌 아카데믹한 금융경제학자들이었다. 내 원고를 금융경제학자들에게 전달했던 사람은 퀀트와 금융경제학자의 차이를 확실히 잘 몰랐던 것 같다. 네 명의 학자들 모두가 추천을 거부했는데, 흥미롭게도 추천을 거부하게 된 이유가 모두 서로 달라서 공통점이라고는 찾아볼 수 없었다.

우리 실행가와 퀀트들은 학자들이 하는 말에 개의치 않는다. 매춘부가 수녀들이 전하는 테크닉에 관한 설명을 듣는다고 생각하면 된다. 내 이야기가 틀렸다면 그들 모두가 같은 이유를 제시하면서 거부했을 것이다. 바로 안티프래질을 거론했을 것이다. 물론 이후로 출판사가 잘못을 인정하고 내 원고를 퀀트들에게 전달하고 나서는 책이 되어 세

상에 나오게 되었다.²

우리 삶에서 프로크루스테스의 침대는 비선형을 단순한 선형으로 만드는 데서 작용한다. 즉 단순화가 사실을 왜곡한다는 의미다.

이후로 무작위적인 사건에 대한 반응보다는 무작위성의 성질처럼 나에게는 더욱 지적이고 철학적이라고 여겨지는 불확실성과 관련된 문제를 다루게 되면서, 비선형으로의 노출에 대한 관심은 사라지게 되었다. 이런 변화는 내가 다락방에서 나와 활동하기 시작했기 때문인지도 모른다.

그러나 내가 두 번째 은둔의 길을 가게 만드는 사건이 일어났다.

2008년 경제위기 이후, 나는 언론과의 접촉 때문에 지옥 같은 생활을 하게 되었다. 갑자기 여기저기서 나를 찾는 이들이 많아지면서 대중들의 상품이 되어갔다. 그리고 지적인 활동으로부터 멀어지면서 순수성을 잃어갔다. 학자가 되어 자신에게 중요하지 않은 일들을 무시해 버리거나, 책을 쓰기 위해서 이메일에 답장을 보내지 않거나, 강연을 하면서 춤을 추지 않는 것을 언론이나 대중들이 받아들이지 못한다는 사실을 깨닫지 못했다.

또한 언론과 대중들은 학자가 자신의 책을 읽어보지 않은 문외한이나 네트워크 인터내셔널 Networking International 지부 회원을 위해 책을 다시 쓰지 않으면서, 아침에 침대에서 책을 읽거나, 창가의 책상에 앉아

---

2   비슷한 실험: 여러 사람들이 '여기에는 새로운 것이 없다'라고 쓰고는 모두가 다른 이유를 제시한다면, 우리는 '실제로는 거기에 새로운 것이 있다'고 단언해도 된다.

다른 글을 쓰거나, 오랫동안 산책을 하거나, 아침에 에스프레소를 마시거나, 오후에 카밀레 차를 마시거나, 밤에 레바논산 포도주를 마시거나, 저녁에 머스캣을 마시거나 친구 또는 가족과 논쟁을 벌이거나, 자기 전에 책을 읽는 것도 받아들이지 못한다.

결국 나는 공식적인 활동을 하지 않으려고 했다. 스케줄과 두뇌 활동을 다시 조정하고 정신적으로 받았던 깊은 상처에서 회복하고 스팸 메일을 걸러내고 자동으로 지우는 기능까지 배우면서 새로운 출발을 할 때, 운명의 여신은 내가 어리석다는 생각을 갖도록 만들면서 두 가지 아이디어를 전해주었다(나는 이 두 가지 아이디어를 그 동안 계속 품어왔다는 사실을 깨달았기 때문이다).

확실히 비선형성의 효과를 분석하는 도구는 도처에서 떠올릴 수 있다. 여기서 한 가지 아쉬운 부분은 내가 혼자서 카밀레 차를 마시고 산책하는 새로운 생활을 할 때까지, 도자기 컵을 바라보면서도 내 주변의 비선형성을 띠는 모든 대상이 내가 예전에 은둔 생활을 했을 때 생각해낸 탐지 기술의 지배를 받는다는 사실을 깨닫지 못했다는 것이다.

다음 두 장에서 내가 찾아낸 것들을 소개하겠다.

바윗덩어리 1개와 작은 돌멩이 1000개의 차이

돌을 가지고 어떻게 처벌할 것인가? / 나는 (한 번) 일찍 도착했다
/ 기타가 없을 때는 히스로 공항에 가지 않는 것이 좋다

나는 도자기 컵을 보면서 그것이 가변성, 변동성, 혹은 움직임과 같지 않다는 점을 알게 되었다. 도자기 컵은 서재의 고요함 속에서 홀로 조용히 지내기를 원한다. 프래질은 자신에게 영향을 미치는 것의 가변성에 대한 취약성에 불과하다는 사실을 깨닫게 되면서, 나는 상당히 당혹스러웠다. 내 전공 분야가 가변성과 비선형성 간의 관계이기 때문이다. 물론 매우 이상한 분야라는 사실을 충분히 안다. 그럼 먼저 그 분야의 결과를 가지고 이야기를 시작해보자.

그림 8 주문 받기 위해 문을 두드리는 사람은 오목(왼쪽 그림)하거나 볼록(오른쪽 그림)한 자세를 취하고 있다. 그는 두 가지 형태의 비선형성을 보여준다. 한편, 선형의 자세는 꼿꼿하게 선 자세를 의미한다. 이번 장에서는 세네카의 비대칭성을 더욱 자세하게 설명할 것이다. 그리고 볼록한 자세가 안티프래질을 의미하고 오목한 자세가 프래질을 의미하는 이유, 주문 받는 사람의 자세가 얼마만큼 앞으로 숙이고 있는지(오목한지) 혹은 얼마만큼 뒤로 구부리고 있는지(볼록한지)를 보면서 프래질을 탐지하고 그 정도를 측정하는 방법도 설명할 것이다.

프래질을 탐지하기 위한 간단한 규칙

유대인 율법학자들이 남긴 문헌(『찬양의 노래에 대한 주석 Midrash Tehillim』)을 보면, 근동 지역에서 전해져 내려오는 이야기가 나온다. 어느 왕이 아들에게 화가 나서 바윗덩어리로 찍어버리겠다고 맹세한다. 시간이 지나 마음이 진정되자, 그는 고민에 빠졌다. 통치자로서 자신의 맹세를 어기는 일은 적절하지 못한 행동이었기 때문이다. 그러자 현명한 신하가 다가와 해결책을 제시했다. 바윗덩어리를 작은 돌멩이 1000개로 조각내어 장난꾸러기 아들에게 던지라는 것이었다.

작은 돌멩이 1000개와 같은 무게의 바윗덩어리 1개의 차이는 프래질이 어떻게 비선형성의 효과로부터 형성되는지를 잘 보여준다. 비선형성이란 무엇인가? 다시 말하지만, 비선형성은 직선의 형태로 반응하지 않는다는 의미다. 예를 들어, 약의 복용량을 2배로 늘리면 2배를 훨씬 넘거나 이에 훨씬 못 미치는 효과를 얻는다. 누군가의 머리를 향해 10파운드짜리 돌을 던지면, 5파운드짜리 돌에 비해 2배 이상의 손상을 가할 수 있다. 그리고 5파운드짜리 돌은 1파운드짜리 돌에 비해 5배가 넘는 손상을 가할 수 있다. 간단하다. 그래프로 나타내자면, 세로축에는 손상을 표시하고 가로 축에는 돌의 크기를 표시하면 된다. 그러면 직선이 아닌 곡선 모양을 할 것이다. 이 그래프는 비대칭성을 자세히 보여준다.

그리고 더욱 쉽게 프래질을 탐지하도록 해준다.

프래질한 대상의 경우, 충격의 강도가 (일정 정도까지) 증가하면서 손상은 더 많이 증가한다.

그림 9가 바로 그 예를 보여준다. 이제 일반화시켜서 생각해보자. 당신의 자동차는 프래질하다. 시속 50마일로 달려서 벽에 부딪히면, 시속 5마일로 달려서 같은 벽에 10번 부딪혔을 때보다 더 많은 충격을 받는다. 시속 50마일에서의 충격은 시속 5마일에서의 충격의 10배보다 더 크다.

다른 예를 들어보자. 앉은 자리에서 보르도 포도주 7병을 마시고 나머지 6일 동안 레몬액을 첨가한 생수를 마시는 것은 7일 동안 매일 같

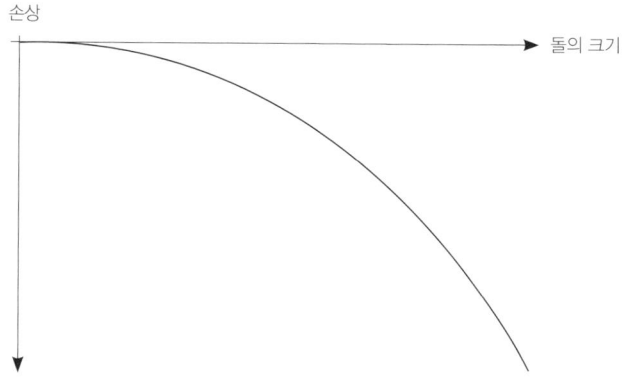

그림 9 왕과 아들. 돌의 크기와 이에 따르는 손상은 (일정 정도까지) 함수로 표시할 수 있다. 돌의 무게를 추가적으로 늘릴 때마다 손상은 이전보다 더 커진다. 따라서 우리는 비선형성을 확인할 수 있다(손상 곡선은 안쪽으로 굽은 모양을 하고 있으며, 기울기는 점점 더 커지고 있다).

은 포도주 1병을 마시는 것(끼니마다 2잔씩 마셔서 하루에 1병을 마신다)보다 몸에 더 해롭다. 추가로 마시는 포도주 1잔은 이전의 1잔보다 우리 몸에 더 많은 손상을 미친다. 따라서 우리 몸은 음주에 대해 프래질하다. 도자기 컵을 약 30cm 높이에서 떨어뜨리면 2.5cm 높이에서 떨어뜨릴 때보다 12배 이상의 손상이 가해진다.

약 10m 높이에서 뛰어내리면 약 1m 높이에서 뛰어내릴 때보다 10배가 넘는 손상이 가해진다(실제로 자유 낙하하는 생물에게 10m 높이는 삶과 죽음을 구분하는 임계값이다).

우리가 앞에서 세네카의 생각을 바탕으로 비선형성에 관한 이야기를 했듯이, 지금 이야기는 비대칭성에 관한 이야기의 연장선에 있다는 사실에 주목하자. 비대칭성은 반드시 비선형성을 띤다. 즉 이익보다 더 많은 손실을 의미한다. 간단히 말해서, 강도가 증가하면 강도가 같은 크기만큼 감소했을 때 얻는 이익보다 더 많은 손실을 가져다 준다.

프래질은 왜 비선형성을 띠는가

중요한 이야기를 한 가지 하려고 하는데, 그것은 바로 프래질은 왜 선형성이 아닌 비선형성을 띠는가이다. 그 이유를 도자기 컵으로부터 얻은 직관에서 찾을 수 있다. 여기서 생존 확률의 구조를 알아야 하는데, 피해를 입지 않거나 살아남은 경우에는 작은 돌멩이 1000개보다 바윗덩어리 1개에 의해 더 큰 손상이 가해지게 된다. 즉, 여러 번 가해지는 작은 충격이 누적되는 것이 아니라 단 한 번 가해지는 효과가 훨씬 더 크다는 것을 의미한다.

어떤 사람이 1mm 높이에서 뛰어내려서(굉장히 작은 손상을 받는다) 10m 높이에서 뛰어내렸을 때의 손상 중 정확하게 선형 부분만큼 손상을 입는다면, 그 사람은 누적된 손상으로 죽음을 면치 못할 것이다. 실제로 간단한 계산을 해보면, 그 사람은 손상이 계속 누적되면서 몇 시간 이내에 무엇인가를 만지거나 거실을 걷다가 죽는 것으로 나온다. 선형성에서 비롯되는 프래질한 대상은 금방 뚜렷하게 드러난다. 따라서 우리는 이런 대상이 이미 부서졌기 때문에 배제시켜 놓을 수 있다. 이는 다음과 같은 사실을 시사한다. 프래질한 대상은 부서지지 않고 비선형성 효과의 지배를 받는다. 그리고 커다란 충격(고속에서 비롯되는 충격)이 작은 충격(저속에서 비롯되는 충격)에 비해 드물게 나타나기 때문에 극단적이고 드물게 일어나는 사건의 지배를 받는다.

이런 생각을 블랙 스완 현상처럼 드물게 발생하는 사건에 적용해보겠다. 평범한 사건은 블랙 스완 현상에 비해 훨씬 더 많이 발생한다. 금융시장에서는 10% 강도를 지닌 사건에 비해 0.1% 강도를 지닌 사건이 최소한 1만 배는 더 발생한다. 지구상에서 리히터 규모로 강도가 2보다 작은 소규모 지진은 하루에 8000번 가까이 발생하는 것으로 알려져 있다. 1년으로 치면 약 300만 번이다. 이런 지진은 1년에 300만 번 발생하더라도 전혀 피해를 주지 않는다. 따라서 그냥 무시해도 그만이다. 그러나 리히터 규모로 강도가 6이 넘는 지진은 신문에 나온다. 도자기 컵을 가지고 생각해보자. 도자기 컵은 제곱인치당 100파운드에 달하는 충격에 비해 제곱인치당 100분의 1파운드(여기서 측정 단위는 그리 중요하지 않다)에 달하는 충격을 100만 번 이상 더 많이 받는다. 그리고 작은 충격의 누적 효과로부터 영향을 받지 않는다. 이는 작은 충격이 큰 충격에 비해 균형에 맞지 않게, 즉 비선형적으로 영향을 덜 미친다는 사실을 의미한다.

앞서 제시한 규칙을 다르게 표현해보자.

> 프래질한 대상의 경우, 작은 충격의 누적 효과는 이에 상응하는 단 한 번의 큰 충격이 지닌 효과보다 더 작다.

이는 프래질한 대상이 중간 정도의 일련의 사건보다 극단적인 사건에 의해 훨씬 더 큰 손상을 받는다는 원칙을 의미한다. 결국 이 원칙은 프래질을 가장 정확하게 정의해준다.

이제 논의의 방향을 바꾸어 안티프래질을 생각해보자. 안티프래질도 마찬가지로 반응의 비선형성에 근거를 둔다.

안티프래질한 대상의 경우, 충격의 강도가 (일정 정도까지) 증가하면서 더 많은 혜택(혹은 손상의 감소)을 얻는다.

가장 간단한 예는 웨이트 트레이닝을 하는 사람이 경험적으로 깨닫는 사실이다. 2장에서 나는 나 자신이 경호원처럼 보이기 위해서 내가 들어 올릴 수 있는 바벨의 최대 중량에만 집중했다는 이야기를 한 적이 있다. 100파운드를 한 번 들어 올리는 것이 50파운드를 두 번 들어 올리는 것보다 더 낫고, 1파운드를 100번 들어 올리는 것보다 훨씬 더 낫다. 여기서 웨이트 트레이닝의 혜택은 신체를 단련하고 근육을 강화해 술집에서 싸움꾼처럼 보이도록 하는 것이지, 면역력이나 달리기 능력하고는 거리가 멀다. 50파운드짜리 바벨을 두 번째로 들어 올리는 것은 첫 번째로 들어 올리는 것보다 더 많은 혜택을 준다. 따라서 비선형성 효과를 갖는다(앞으로 보게 되겠지만 볼록성 효과를 갖는다). 또한 바벨의 무게를 매번 1파운드씩 늘릴 때마다 더 많은 혜택을 준다. 물론 일정 한계에 이를 때까지, 즉 웨이트 트레이너가 '정지'라고 말할 때만 그렇다.[1]

이제 이처럼 간단한 곡선이 적용되는 범위를 생각해보자. 곡선은 실제로 우리 눈에 비치는 거의 모든 것에 적용되고 있다. 심지어 의료사고, 정부의 규모, 혁신처럼 불확실성과 관계되는 모든 것에 적용된다.

---

1   실제로 다양한 종류의 근섬유가 있는데, 각각의 근섬유는 서로 다른 조건에서 반응하며 다양한 비대칭성 반응을 보여준다. 무거운 물체를 들어 올릴 때에는 수축 속도가 빠른 속근섬유fast-twitch muscles를 사용하게 되는데, 이는 무게에 대해 볼록성 효과를 갖기 때문에 상당히 안티프래질하다. 그리고 강도가 사라지면 속근섬유도 사라진다.

그리고 2권에서 설명했던 규모와 집중화에서 그 효과를 측정하는 기준이 되기도 한다.

웃을 때와 찡그릴 때

비선형성에는 두 가지 종류가 있다. 하나는 왕과 아들에 관한 이야기에서처럼 오목(곡선이 안쪽을 향한다)하고 다른 하나는 그 반대로 볼록(곡선이 바깥쪽을 향한다)하다. 물론 오목과 볼록이 혼합되는 경우도 있다.

우리는 그림 10과 그림 11을 통해서 비선형성을 다음과 같이 간단하게 설명할 수 있다. 볼록한 곡선은 웃는 모습을 하고 있고, 오목한 곡선은 찡그린 모습을 하고 있다.

그림 10 두 가지 종류의 비선형성. 왼쪽 곡선은 볼록하고, 오른쪽 곡선은 오목하다. 볼록한 곡선은 바깥쪽을 향하고, 오목한 곡선은 안쪽을 향한다.

그림 11 스마일은 볼록성과 오목성을 이해하는 효과적인 방법이다. 바깥쪽을 향한 곡선은 웃는 모습을 하고 있고, 안쪽을 향한 곡선은 찡그린 모습을 하고 있다. 왼쪽의 볼록한 곡선은 안티프래질을 나타내고, 오른쪽의 오목한 곡선은 프래질, 즉 부의 볼록성negative convexity 효과를 나타낸다.

나는 표현을 단순화하기 위해 두 가지 경우 모두에 대해 '볼록성 효과convexity effect'라는 용어를 쓰려고 한다. 따라서 정의 볼록성 효과와 부의 볼록성 효과를 모두 볼록성 효과로 표현할 것이다.

비대칭성이 볼록성 혹은 오목성을 갖는 이유는 무엇인가? 간단히 말해서, 어떤 변화가 닥쳤을 때 이익이 손실보다 더 클 때 보상은 볼록한 곡선의 모양을 한다. 반대로 손실이 이익보다 더 큰 경우는 오목한 곡선의 모양을 한다.

그림 12는 비선형성의 측면에서 다시 표현되는 비대칭성을 보여준다. 또한 타르타르 스테이크, 기업가 정신, 금융 리스크를 같은 맥락에서 생각하도록 해주는 수학의 신비한 효과도 보여준다. 그래프에서 볼록한 곡선에다 마이너스 부호를 붙이면 오목한 곡선이 된다. 예를 들어, 뚱보 토니는 어떤 거래에서 은행이나 금융기관과는 정반대의 보상을

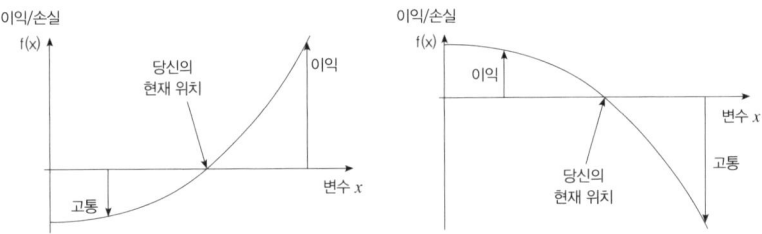

그림 12 손실이 이익보다 더 크거나 이익이 손실보다 더 크다. '당신의 현재 위치'라는 지점에서 출발하자. 첫 번째 경우를 보자. x가 증가할 때, 즉 가로 축의 오른쪽으로 움직일 때 세로 축에 표시된 이익은 x가 같은 크기만큼 감소할 때, 즉 가로 축에서 같은 크기만큼 왼쪽으로 움직일 때 세로 축에 표시된 손실보다 더 크다. 이 그래프는 정의 비대칭성(첫 번째 그래프)이 볼록성을 띠고, 부의 비대칭성(두 번째 그래프)이 오목성을 띠는 이유를 보여준다. 다시 말하지만, 어떤 변수를 양 방향으로 같은 양만큼 변화시켰을 때, 볼록성은 이익이 손실보다 더 커지는 결과를 의미하고, 오목성은 그 반대의 결과를 의미한다.

받았다. 그는 은행이나 금융기관에 손실이 발생했을 때 돈을 벌었다. 이익과 손실은 마무리가 되는 시점에서 서로 반대의 결과를 나타낸다. 따라서 한쪽에 마이너스 부호를 붙이면 서로 같아진다. 또한 그림 12는 볼록성이 무작위성을 좋아하는 이유도 보여준다. 변동으로부터 잃는 것보다 얻는 것이 더 많다면, 당신은 이런 변동을 좋아할 것이다.

왜 오목성은 블랙 스완 현상에서 커다란 피해를 보는가

나는 평생 동안 고민해왔던 생각을 그래프로 그려서 이처럼 분명하게 보여줄 수 있으리라고는 전혀 예상하지 못했다. 그림 13은 예상하지 못했던 현상과 이에 따르는 손실을 보여준다. 오목성이 더욱 강한 노출일수록 예상하지 못했던 현상이 초래하는 손실은 커진다. 따라서 매우 큰 변화는 엄청나게 큰 효과를 일으킨다.

다음에는 이처럼 아주 간단한 테크닉을 적용하여 프래질과 트라이애드에서의 위치를 탐지해보자.

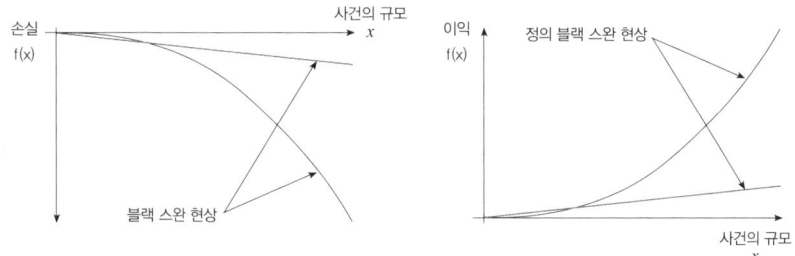

그림 13 두 가지 노출(선형과 비선형). 여기서 첫 번째 그래프는 부의 볼록성, 즉 오목성을 갖는 노출이고, 두 번째 그래프는 정의 볼록성을 갖는 노출이다. 비선형성을 띤 노출에서 예상하지 못했던 사건은 더욱 커다란 영향을 미친다. 사건이 커질수록 상황은 더욱 크게 변한다.

뉴욕의 교통

'볼록성 효과'를 우리 주변에서 벌어지는 일에 적용해보자. 교통은 상당히 비선형성을 띤다. 아침 비행기를 타고 뉴욕을 출발해 런던까지 갈 때 나는 새벽 5시에 집을 나와 26분 만에 JFK 공항의 영국 항공British Air 터미널에 도착한다. 그때까지도 뉴욕은 텅 비어 있어서 도대체 뉴욕 같지가 않다. 다음 비행기를 타기 위해서 6시에 집을 나와도 자동차는 조금 늘었을지 몰라도 영국 항공 터미널까지 가는 데 걸리는 시간은 별로 달라지는 것이 없다. 도로에 자동차가 계속 더 늘어나더라도 소요 시간에 커다란 변화를 일으키지는 않는다.

그런데 어느 순간부터 자동차의 수가 10% 늘어나면 소요 시간이 갑자기 50% 길어진다(지금 나는 근사치를 가지고 이야기하고 있다). 이제부터 볼록성 효과가 작용한다.

도로 위에서 자동차의 평균 숫자는 자동차가 달리는 속도에 전혀 중요하게 작용하지 않는다. 처음 1시간 동안 9만 대가 있다가 그 다음 1시간 동안 11만 대가 있을 때에는 2시간 동안 시간당 10만 대가 있을 때보다 자동차의 흐름이 훨씬 굼뜨다. 소요 시간은 부정적인 효과를 갖기 때문에 비용으로 간주될 수 있다. 소요 시간이 길어지는 것은 바람직하지 않은 일이다.

따라서 교통비용은 도로에서의 자동차 숫자의 무작위성에 프래질하다. 또한 자동차 대수의 평균에 크게 의존하지 않는다. 자동차가 추가적으로 더 늘어나면 소요 시간은 이전보다 더 길어진다.

이런 사실은 오늘날 세계가 갖고 있는 중요한 문제를 암시한다. 이는 시스템의 효율성과 최적화를 추구하는 사람들이 비선형 반응을 잘못 이해한 데서 비롯되는 문제다. 예를 들어, 유럽 사람들은 공항과 철도 설비를 지나치게 효율적으로 운영해 최대한도에 가깝게 이용하고 있다. 즉 남아도는 여분을 최소화해 교통에 소요되는 시간을 적절하게 유지하고 있다. 그러나 조금만 더 혼잡해지면(예를 들어 미처리분이 약간 있어서 하늘에 떠 있는 비행기가 5% 더 늘어난다면), 공항은 매우 혼란스러워지고 불편해진 여행자들이 바닥에 앉아서 장시간을 보내야 한다. 그들에게 유일한 위안이라고는 턱수염을 기른 포크송 가수가 기타 반주에 맞춰 부르는 노래를 듣는 일이다.

이 이야기의 요점을 경제 영역에도 적용할 수 있다. 중앙은행은 돈을 찍어낸다. 계속 찍어내더라도 경제에 나쁜 영향을 미치지 않기 때문에 이런 조치가 안전하다고 주장할 수 있다. 그런데 어느 순간이 지나면 예상하지 못했던 일이 일어난다. 돈을 찍어내고 나니 물가가 크게 오르게 된다. 경제적 효과는 볼록성 효과에 의해 완전히 제거되고, 그나마 우리가 그 이유를 알게 되어 다행이다. 그러나 슬프게도 정책 담당자들의 사고방식은 지나치게 선형 모델에 기반을 두고 있기 때문에, 이처럼 숨은 효과를 무시해버린다. 그들은 이런 사고방식을 '근사화approximation'라고 부른다. 이에 반해, 2계 효과는 볼록성 효과 때문에 이런 근사화가 실제 사례를 제대로 표현하지 못하는 것을 의미한다.

그림 14는 자동차 대수에 따른 (가상의) 도로교통 상황을 보여준다. 곡선은 오목한 모양을 하고 있다.

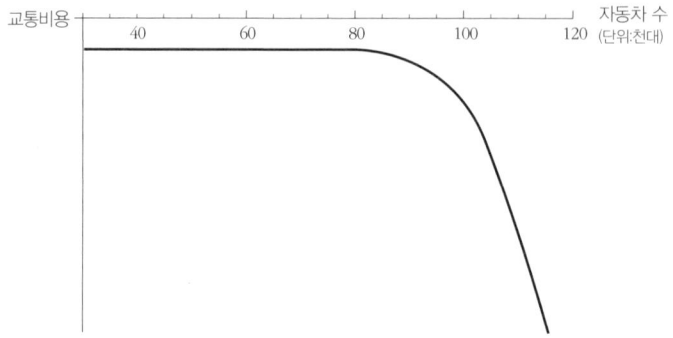

그림 14 이 그래프는 필자의 집에서 JFK 공항까지의 소요 시간(교통비용)이 어느 순간부터는 도로 위의 자동차 수에 대해 비선형성을 갖는다는 사실을 보여준다. 이때 교통비용이 안쪽으로 굽은 모양, 즉 오목한 모양을 하고 있는데, 물론 바람직한 상황이 아니다.

누군가 뉴욕 시청 공무원에게 전화를 하다

이제 큰 변화를 잘못 예측하고 지나친 최적화를 추구하는 시스템에 볼록성 효과가 어떻게 영향을 미치는지 살펴보자. 언젠가 뉴욕 시청 공무원들은 도로 폐쇄가 교통 혼잡에 미치는 영향을 낮게 추정한 적이 있다. 이처럼 잘못된 추정은 자주 나타난다. 약간의 변경이 지나치게 최적화된 시스템에 커다란 변화를 일으킨다. 따라서 이런 시스템은 프래질하다.

2011년 11월 어느 토요일 밤, 나는 철학자 폴 보고션Paul Boghossian과 저녁을 함께 하기 위해 뉴욕 그리니치 빌리지로 차를 몰고 갔다. 약속 장소가 대략 40분이면 도착할 수 있는 곳이었다. 아이러니하게도 나는 이 책에 관해서 이야기하기 위해서, 더 구체적으로 말하자면 시스템에서의 여분에 관한 내 생각을 이야기하기 위해서 그를 만나려고 했다.

나는 우리 삶에 여분을 주입하는 데 찬성해왔다. 그리고 2007년에 새해 결심을 하고 나서는 약속 시간에 단 1분도 늦어본 적이 없다는 사실을 그를 비롯해 다른 사람들에게 자랑해왔다. 실제로 2장에서 내가 공격적인 의미로서의 여분을 예찬한 적이 있지 않은가? 이런 개인적인 원칙이 나에게 완충장치를 설정하게 만들었다.

나는 노트북을 들고 다니면서 경구로 가득 찬 책을 쓰기도 했다. 약속 장소 근처에서 서점에 들른 적도 수없이 많았다. 카페에 앉아 항의 편지도 읽었다. 물론 늦을 염려가 없기 때문에 스트레스를 받지 않았다. 그러나 이런 원칙이 갖는 가장 큰 장점은 약속으로 가득 찬 날이 없도록 해주는 것이었다(대체로 약속은 유용한 일도 아니고 유쾌한 일도 아니다). 실제로 내가 개인적으로 정해 놓은 또 다른 원칙은 아침 시간을 제외하고는 강연이 아닌 약속을 최대한 하지 않는 것이었다. 나는 일정표에 적혀 있는 약속을 보면 죄수가 된 듯한 기분이 든다.

어쨌든 6시가 가까워지면서 시내 중심가에 이르자 차가 전혀 움직일 수 없었다. 8시까지 겨우 서너 블록 움직였다. 여분으로 생각했던 완충장치조차 지금까지 내가 지켜왔던 원칙에 아무런 도움을 주지 못했다. 무엇인가 귀에 거슬리는 소리가 계속 들리자 나는 라디오를 켰고, 무슨 일이 발생했는지 알게 되었다. 뉴욕 시청이 토요일에는 아무런 문제가 없을 것으로 생각하고 영화사에게 59번가 다리를 사용하도록 허가하고, 그곳의 일부를 폐쇄했다는 소식을 들었다. 약간의 교통 문제가 엄청난 효과를 일으켜 대혼란을 가져왔던 것이다. 뉴욕 시청 공무원들은 기껏해야 몇 분 정도 지연될 것으로 예상했지만 몇 시간씩이나 지연되었다. 간단히 말해서 시 당국은 비선형성을 전혀 이해하지 못했다. 이것이 바로 효율성이 갖는 핵심적인 문제다. 이런 종류의 예측 오차는 엄청나게 커져서 굉장한 혼란이 발생한다.

더 많이 다르다

볼록성 효과를 직관적으로 이해하는 또 다른 방법, 스케일링 특성 scaling property을 생각해보자. 어떤 대상에 대한 노출을 두 배로 늘렸을 때, 그 피해가 두 배보다 더 큰가? 그렇다면 당신은 프래질하고, 그렇지 않다면 당신은 강건하다.

필립 앤더슨 P. W. Anderson의 논문 제목 「더 많이 다르다 More Is Different」가 바로 이런 상황을 가장 적절하게 표현해준다. 그리고 복잡계를 연구하는 과학자들이 말하는 '새롭게 등장하는 특징 emerging property'은 구성 단위를 더했을 때 나타나는 결과의 비선형성에서 비롯된다. 이는 합이 부분에 비해 더 많이 달라지기 때문이다. 거대한 바윗덩어리와 작은 돌멩이들의 차이를 생각해보라. 거대한 바윗덩어리와 작은 돌멩이들을 비교하면 무게와 생김새는 같다. 그러나 그 효과의 차이는 엄청나다. 마찬가지로 5장에서 도시는 규모가 커진 마을과 다르고, 대기업은 규모가 커진 소기업과 다르다는 사실을 살펴보았다. 그리고 평범의 왕국과 극단의 왕국에서 무작위성이 본질적으로 어떻게 다른지, 국가와 규모가 커진 마을이 어떻게 다른지도 살펴보았다. 더불어 크기와 속도에서 비롯되는 차이도 살펴보았다. 이 모든 것들이 비선형성이 실제로 작용하기 때문이다.

균형 잡힌 식사

숨어 있는 중요성 즉 무작위성을 놓친 사례가 또 하나 있다. 우리는 소비에트-하버드 보건 당국이 권장하는 하루 영양소 섭취량(총칼로리, 단백질, 비타민 등으로 표시)에 관심이 많다. 모든 음식에는 하루 영양소 섭취량에 대한 비율이 표시되어 있다. 하지만 이런 권장량을 도출하는 방식은 경험적인 엄격성이 결여되어 있을 뿐만 아니라(자세한 내용은 의학서에 나와 있다), 대충 작성한 이 '포고령'이 규칙적인 섭취를 강요하기에 이르렀다.

보건 당국이 권장하는 영양정책은 규칙적이고도 균형 잡힌 식사를 통해 매일 일정한 칼로리와 영양소를 꾸준히 섭취하는 것은 무작위적으로 섭취하는 것, 즉 어떤 날에는 단백질을 많이 섭취하고 그 다음 날에는 완전히 굶었다가 그 다음 날에는 진수성찬을 즐기는 것과 그 효과가 다르다는 사실을 반영하지 않았다.

보건 당국의 영양정책은 간헐적인 결핍에서 나오는 약간의 스트레스가 일으키는 호르메시스를 무시하고 있었다. 영양소에 관한 한 분포의 무작위성 즉 2계 효과가 장기적인 구성만큼 중요하다는 사실에 대해서는 오랫동안 어느 누구도 관심을 갖지 않았다. 이제 연구자들은 아주 간단한 사실을 이해하기 시작했다. 영양소 섭취의 무작위성과 생리적 반응의 비선형성이 갖는 효과는 우리 몸에 아주 중요하게 작용한다. 월요일에 단백질을 전혀 섭취하지 않다가 수요일에 이를 만회하면 우리 몸은 생리적으로 다른(더 나은) 반응을 일으킨다. 이는 결핍이 스트레스 요인이 되어서 후속적인 영양소 섭취 혹은 비슷한 영양소 섭취를 촉진하기 위한 경로를 열어주기 때문이다.

최근 몇 차례의 경험적 연구가 지리멸렬하게 진행될 때까지 이런 볼록성 효과는 학계에 전혀 알려지지 않았고, 오히려 종교, 조상들의 경험적 지식, 전통에 더 많이 등장한다. 그리고 일부 과학자들이 볼록성 효과를 이해했다 하더라도(영역 의존성에서 설명했듯이, 의사들은 웨이트 트레이닝을 하는 사람과 마찬가지로 투약에 따른 반응의 비선형성을 이해하고 있다) 이런 개념 자체는 그들의 언어나 방법론에서 완전히 무시되고 있는 것으로 보인다.

걷지 말고 뛰어라

또 다른 예를 살펴보자. 이번에는 정의 볼록성 효과로부터 이익을 보는 상황이다. 폴리데우케스Polydeuces와 카스토르Castor 형제는 1마일이 되는 거리를 걸어가야 한다. 카스토르는 천천히 걸어서 20분 만에 목적지에 도착했다. 반면, 폴리데우케스는 14분 동안 스마트폰을 가지고 오락과 채팅을 하고 나서, 6분 동안 달려서 카스토르와 같은 시각에 목적지에 도착했다.

두 형제는 정확하게 같은 거리를 걸었고, 같은 시각에 도착했기 때문에 시간당 이동거리 즉 평균은 같다. 그러나 20분 동안 걷기만 했던 카스토르는 6분 동안 달렸던 폴리데우케스에 비해 건강이나 체력에서 더 많은 이익을 얻지는 못했을 것이다. 건강은 스피드에 볼록한 모습으로 반응하기 때문이다(물론 일정 정도까지만 그렇다).

운동은 신체적 스트레스에 대한 안티프래질적 반응에서 이익을 얻으려는 행위다. 우리가 앞에서 보았듯이 모든 종류의 운동은 볼록성 효과를 활용하는 행위다.

작은 것이 아름답지 않을 수도 있다, 그러나 확실히 덜 프래질하다

우리는 가끔 '작은 것이 아름답다'라는 말을 듣는다. 이 말은 설득력이 있고 마음을 끄는 데가 있다. 이를 뒷받침해주는 이야기들도 많다. 대부분이 일화적이거나 낭만적이거나 실존적이다. 이제 프래질은 오목성을 가지고 무작위성을 싫어한다는 접근방식의 범위에서 '작은 것이 아름답다'는 이야기를 해보고, 이런 효과를 어떻게 측정할 수 있는지 살펴보자.

어떻게 짜내는가

사람들이 한 가지 방법 외에는 다른 방법이 없을 때, 그리고 비용과는 무관하게 그 방법을 당장 실행해야 할 때가 바로 '짜내기squeeze'를 해야 하는 순간이다.

당신의 애인이 독일 무용의 역사에 관한 박사 논문 심사를 받기로 되어 있다. 당신은 이처럼 중요한 순간에 애인 곁을 지키고 애인의 부모님을 만나 결혼 승낙을 얻기 위해 마르부르크Marburg로 달려가야 한다. 뉴욕에 살고 있는 당신은 프랑크푸르트까지 400달러에 갈 수 있는 아주 싼 비행기 표를 구해서 신이 났다. 하지만 런던을 경유해야 한다. 당신은 JFK 공항에 도착하고 나서 항공사로부터 런던행 비행기가 취소되었다는 통보, 아니 런던의 기상 상황 때문에 미처리분이 있어서 출발이 지연되고 있다는 통보를 받았다. 런던 히스로 공항의 시스템이 프래질하다는 이야기다. 당신은 프랑크푸르트행 마지막 비행기를 탈 수 있지만, 400달러의 10배에 달하는 4000달러를 내야 한다. 그리고 남은 좌석이 몇 안 되기 때문에 결정을 서둘러야 한다. 당신은 화가 치밀어 온갖 욕설을 퍼붓고는 자책하기도 하고 심지어 당신에게 절약하라고 가르쳤던 부모님까지 원망하다 결국 4000달러라는 거금을 헌납하기로 한다. 이것이 바로 짜내기다.

짜내기는 규모가 커지면서 더욱 나쁜 영향을 미친다. 규모가 큰 것은 실수, 특히 터무니없는 짜내기에 취약하다. 규모가 커지면서 짜내기 때문에 들어가는 비용은 비선형성을 띤다.

이제 큰 것이 장애가 되는 이유를 살펴보자. 동물에 대한 감정적인 애착과는 무관하게, 애완동물을 고를 때 코끼리는 피해야 한다. 당신이 승진하고 나서 넓은 집을 갖게 되었고, 뒷마당에서 코끼리를 키울 형편이 되었다고 하자. 그런데 물이 부족해지면서 짜내기 현상이 발생한다. 코끼리에게 물을 주기 위해 거금을 지출하는 것 외에는 달리 도리가 없기 때문이다. 이제 당신은 1갤런당 점점 더 높은 요금을 내야 한다. 바로 이 지점에서 큰 것에서 비롯되는 부의 볼록성 효과를 지닌 프래질이 발생한다. 총비용에서 예상하지 못했던 비용이 차지하는 비율은 엄청나게 높다. 고양이나 개는 짜내기를 발생시키더라도 이처럼 엄청나게 높은 추가 비용을 부과하지는 않는다. 총비용에서 예상하지 못했던 추가 비용이 차지하는 비율은 아주 낮다.

경영대학에서 '규모의 경제 economies of scale'를 어떻게 가르치든 간에, 규모는 때로 당신에게 엄청난 스트레스를 가한다. 따라서 어려운 시절에는 규모를 키우지 않는 것이 현명하다. 어떤 경제학자들은 기업 합병이 활발하게 전개되지 않는 이유를 궁금하게 여긴다. '규모의 경제' 이론에서는 합병을 하면 규모가 더욱 커지고 규모가 더욱 커지면 더욱 강력해지고, 궁극적으로는 효율성이 더욱 높아진다고 설명한다. 그러나 통계자료를 보면 규모를 키우고 나서 기껏해야 손해를 보지 않는 경우가 대부분이다.

이미 1978년에 리처드 롤Richard Roll이 과거 자료에 근거해 기업들의 합병은 바람직하지 못한 경우가 대부분이라는 사실을 입증하고 규모의 경제를 '오만한 가설'이라고 주장했다. 그리고 경영자들이 합병으로 인한 경제적으로 바람직하지 못한 측면을 간과하면서, 30년도 더 지난 최근의 데이터도 합병의 실적이 보잘것없으므로 규모의 경제가 오만한 가설이라는 사실을 여전히 뒷받침해준다. 그렇다면 기업에 해가 되도록 하는 무엇인가가 규모에 있지 않을까?

코끼리를 애완동물로 선택했을 때와 마찬가지로, 짜내기는 대기업에게 (규모에 비해 상대적으로) 매우 높은 비용을 발생시킨다. 규모로부터 얻는 이익은 눈에 잘 띄지만 리스크는 숨어 있다. 그리고 이처럼 숨은 리스크가 기업에 프래질을 초래한다.

코끼리, 보아뱀, 매머드처럼 덩치가 큰 동물은 빨리 멸종되는 경향이 있다. 자원이 빠듯할 때의 짜내기와는 무관하게 여기에는 역학적인 요소도 작용한다. 덩치가 큰 동물은 작은 동물에 비해 충격에 프래질하다(다시 한 번, 바윗덩어리와 작은 돌멩이에 비유할 수 있다). 항상 남들보다 앞서서 생각하는 재레드 다이아몬드Jared Diamond는 자신의 논문「고양이의 목숨이 아홉 개인 이유Why Cats Have Nine Lives」에서 이런 취약성을 이야기했다. 고양이나 쥐를 자신의 키보다 7배가 되는 높이에서 떨어뜨리더라도 그들은 살아남는다. 이에 비해 코끼리는 네 다리 중 하나는 부러지게 되어 있다.

케비엘과 마이크로 케비엘

참여자들이 마음만 먹으면 쉽게 잘못을 저지를 수 있는 지저분한 금융 부문의 사례를 살펴보자. 2008년 1월 21일 파리의 소시에테제네랄은행은 주식 시장에서 700억 달러에 달하는 주식을 급하게 팔려고 했다. 일회성 염가 판매치고는 엄청나게 큰 금액이었다. 그날은 미국이 마틴 루터 킹 목사 탄신일 Martin Luther King Day(미국에서는 1월 세 번째 월요일이 법정 공휴일로 지정되어 있다 - 옮긴이)이라서 주식 시장은 그리 활황을 띠지 않았다. 그리고 주식 가격은 세계적으로 10% 가까이 곤두박질치고 있어서, 소시에테제네랄은행은 염가 판매로 60억 달러 가까운 손해를 입어야 했다. 하지만 은행은 짜내기 시점을 더 이상 뒤로 미룰 수 없었고, 염가 판매 말고는 다른 대안도 없었다. 왜냐하면 지난 주말에 부정거래 행위가 밝혀졌기 때문이다. 로그 트레이더(회사의 허가 없이 투기하다가 입은 막대한 손실을 감춘 자 - 옮긴이) 제롬 케비엘 Jerome Kerviel 이라는 자가 엄청난 금액의 주식을 가지고 시장에서 위험한 짓을 하면서, 이런 행위가 중앙 컴퓨터 시스템에 잡히지 않도록 꾸며 놓았다. 결국 은행은 그가 관리하던 주식을 당장 팔 수밖에 없었고, 실제로 이런 주식을 소유하고 있다는 사실조차 몰랐다.

이제 그림 15를 통해 규모 때문에 나타나는 프래질의 효과를 살펴보도록 하자. 그림 15는 손실을 판매량의 함수로 표시하고 있다. 700억 달러에 달하는 주식을 염가로 판매하면 60억 달러의 손실이 발생한다. 그러나 규모를 10분의 1로 줄여서 70억 달러에 달하는 주식을 염가로 판매하면 손실이 전혀 발생하지 않는다. 왜냐하면 시장이 아무런 공황을 일으키지 않고 흡수해줄 수 있기 때문이다. 어쩌면 전혀 눈치채지 못할 수도 있다. 따라서 이런 사실은 대형 은행 1곳과 케비엘과 같은 로그 트레이더 1명을 보유하는 대신, 소형 은행 10곳과 은행 규모에 걸맞은 작은 케비엘과 같은 로그 트레이더 10명을 보유하는 것이 더 낫다는 생각을 하게 만든다. 마이크로 케비엘들은 로그 트레이딩을 아무 때나 독자적으로 하지만, 10개 은행 전체에 발생하는 총손실은 거의 제로에 가까울 것이다.

케비엘 사건이 터지기 몇 주 전에, 나는 프랑스 어느 경영대학의 의뢰를 받아 프라하에서 열리는 소시에테제네랄은행 이사회 세미나에서 블랙 스완 위험에 관한 생각을 발표한 적이 있었다. 그들의 눈에는 내가 하지Hajj(이슬람교도들이 사우디아라비아에 있는 성도 메카를 순례하는 것-옮긴이) 기간에 메카를 방문한 예수회 전도사처럼 비쳤을 것이다. 그 은행의 퀀트와 리스크 담당자들은 나를 몹시 싫어했다. 나는 동시

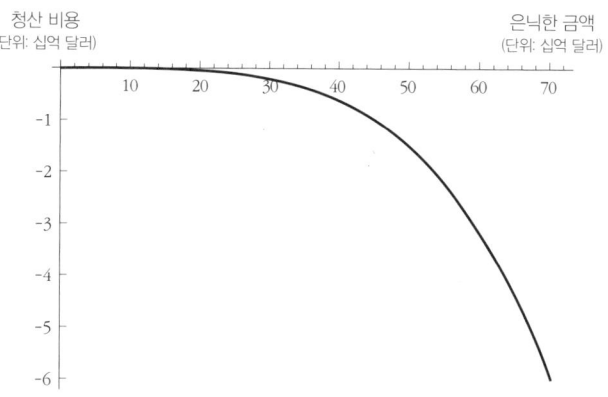

그림 15 작은 것이 아름답다. 작은 것은 확실히 덜 프래질하다. 이 그래프는 거래비용과 실패 규모의 함수 관계를 표시하고 있다. 거래비용은 비선형성을 띠고 증가한다. 따라서 우리는 엄청난 프래질을 확인할 수 있다.

통역이 제공된다는 사실을 감안해 아랍어로 이야기하지 않았던 것이 후회되었다.

 나는 그들이 주로 사용하는 트리파트 방식의 사이비 리스크 분석 기술에 관해 이야기했다. 사건을 측정하고 예측하기 위한 것이었지만 제대로 작동한 적이 한 번도 없었던 방법론에 관해 말하면서, 우리는 프래질한 현상과 바벨 전략에 집중해야 한다고 주장했다. 이야기를 하는 동안 케비엘의 직장 상사와 동료, 리스크 관리 부서장은 나를 골탕 먹이려는 듯한 질문을 사정없이 퍼부었다. 이야기가 끝나고 나서 모든 사람들이 나를 마치 화성인처럼 생각하고 무시했다. 그리고 '도대체 누가 저런 사람을 여기 데리고 왔어?'라는 분위기가 역력했다(사실 나는 은행이 아니라 학교에서 보낸 사람이었다). 그런 와중에 나를 친절하게 대해준 단 한 사람이 있었다. 이사회 의장이었는데, 그는 나를 다른 사람으로 착각하면서 내가 하는 이야기의 본질을 알아차리지 못하고 있는 듯했다.

 따라서 독자들은 뉴욕에 돌아오고 나서 얼마 지나지 않아 케비엘 스캔들이 터졌을 때 내 기분이 어떠했는지 상상할 수 있을 것이다. 당시 나는 법적인 이유 때문에 입을 다물고 있어야 한다는 사실이 답답하기만 했다(몇 번 실수를 하기는 했지만, 그렇게 하려고 열심히 노력했다).

 이후에 진행된 사후 분석은 확실히 잘못되었다. 사람들은 원인을 잘못 돌아가고 있던 자본주의 시스템에서, 은행 측의 관리 소홀, 즉 경계심이 부족한 탓으로 돌리려고 했다. 하지만 절대로 그렇지 않다. 그리고 사람들이 흔히 말하는 탐욕에 원인이 있는 것도 아니다. 문제는 규모에 있었고, 이런 규모에서 프래질이 나타났다.

바윗덩어리와 작은 돌멩이들의 차이를 항상 기억해야 한다. 케비엘 사례는 시사하는 바가 크다. 따라서 우리는 그의 사례를 일반화하여 다른 영역에서도 비슷한 사례를 찾아볼 수 있다.

벤트 플리비에크Bent Flyvbjerg는 프로젝트의 규모가 커지면 실적이 나빠지고 총비용에서 지연 비용Cost of delay이 차지하는 비율이 점점 더 높아지는 현상을 보여주었다. 그러나 미묘한 차이를 잘 살펴보아야 한다. 중요한 것은 단위 프로젝트의 규모지, 전체 프로젝트의 규모가 아니다. 여러 단위로 나눌 수 있는 프로젝트가 있는 반면에, 그렇지 않은 프로젝트도 있다. 예를 들어, 교량 건설공사, 터널 건설공사는 단일 프로젝트로서 작은 단위의 프로젝트로 나누어질 수가 없다. 규모가 커지면서 추가되는 비용도 엄청나게 커진다. 댐 건설 공사도 마찬가지다. 이에 반해, 도로 공사는 작은 단위로 나눌 수 있다. 프로젝트 관리자가 작은 실수를 하더라도 쉽게 수습할 수 있기 때문에 규모에 따른 심각한 문제가 발생하지도 않는다. 즉 프로젝트를 작은 단위로 나누면 실수를 하더라도 심각하지 않기 때문에 짜내기에 따른 문제도 심각하지 않다.

규모의 또 다른 측면을 살펴보자. 대기업이 결국 지역 전체를 위험에 빠뜨리는 경우가 있다. 나는 대형 마트에 대해서는 지역을 널리 알리는 효과에도 불구하고 좋지 않은 감정을 갖고 있다. 대형 마트는 내가 살고 있는 지역 상권뿐만 아니라 주변 상권까지 장악하면서, 지역의 특성을 변화시켜 혼란을 초래한다. 대형 마트 유치에 찬성하는 사람들은 주로 지역의 활성화를 이유로 내세운다. 하지만 나는 다음과 같은 이유로 반대한다. 해당 기업이 망하면[이는 방 안의 코끼리(관련된 모든 당사자들이 고의적으로 무시하긴 하지만 누가 봐도 명백한 진실 – 옮긴이)와도 같은 것이다.] 마을은 거대한 전쟁 지역처럼 되어버린다. 이런 생각은 영국 총리의 전략 고문을 지냈던 로한 실바Rohan Silva와 스티브 힐튼Steve Hilton이 '작은 것이 아름답다.'라는 시적인 표현까지 동원하면서 소규모 상인들을 옹호할 때 했던 주장과 비슷하다. 실패의 확률을 고려하지 않으면서 효과만 계산하는 것은 완전히 잘못된 생각이다.²

영화관을 빠져나가는 방법

짜내기 때문에 나타나는 손실의 또 다른 예를 들어보자. 영화관에서 사람들이 어떻게 빠져나가는지 생각해보라. 누군가가 '불이야!'라고 소리치면, 수많은 사람들이 죽을힘을 다해 서로 밀쳐가면서 빠져나가려고 한다. 따라서 출구를 향해 달려가는 사람이 늘어날수록 더 많은 외상을 가하고, 관객의 규모는 프래질을 일으킨다(이런 외상이 엄청나게 커지면서 부의 볼록성 효과를 일으킨다). 1000명이 1분 안에 빠져나가는 것과 30분 안에 빠져나가는 것은 매우 다르다. 이런 상황에 익숙하지 않은 사람들은 평상시에 원활하게 빠져나가는 모습이 유사시에 빠져나가는 모습과 크게 다르다는 사실을 잊어버리고 장소의 규모(예를 들어 히스로 공항)를 어설프게 최적화한다.

경제적으로 최적화된 이 시대의 삶은 우리들에게 더욱 커다란 극장

---

2 미묘한 차이: '크다large'와 '작다small'는 주어진 생태환경이나 사업구조에서 상대적인 개념이다. 항공기 제조사에게 '작다'와 동네 제과점에게 '작다'는 서로 다른 의미다. 유럽 연합의 하위성 원칙에서처럼, 여기서 '작다'는 주어진 기능이나 역할이 일정 수준의 효율성을 갖고 움직일 수 있도록 하기 위해 실현 가능한 가장 작은 단위를 의미한다.

을 짓도록 했지만, 출구의 모습은 크게 달라지지 않았다. 이제 우리는 극장, 운동장과 같은 건물을 지을 때 이런 잘못을 더 이상 자주 저지르지 않는다. 그러나 다른 영역, 즉 자연 자원 혹은 식품의 공급에서는 여전히 이런 잘못을 저지르고 있다. 2004~07년까지 밀 수요가 아주 약간(1% 정도) 변했는데도 가격은 3배 이상 올랐다.[3]

병목 현상은 모든 짜내기의 주범이다.

프로젝트와 예측

비행기가 일찍 도착하지 않는 이유

여느 때처럼 교통 문제에서 시작해 다른 영역으로 논의를 일반화시켜 보자. 여행가들이 정해진 일정에 따라 움직일 때는 대체로 불확실성을 싫어한다. 왜 그럴까? 일방 효과 one-way effect가 작용하기 때문이다.

나는 런던과 뉴욕을 오가는 같은 항공사의 비행기를 자주 탄다. 비행 시간은 약 7시간 정도 소요되는데, 주로 얇은 책을 한 권 읽고 옆사람과 정중하게 간단한 대화를 나누고 포르투갈산 포도주, 스틸턴 치즈, 크래커로 구성된 식사를 하면서 보낸다. 예정보다 약 20분 정도 일찍

---

[3] 또 다른 문제로 자연 자원처럼 특히 중요하고도 희소성을 띠는 자원이 갖는 비선형성을 이해하지 못한 것이 있다. 경제학자들은 수요에 따라 상품의 가치가 커진다는 이른바 희소성의 법칙을 내세운다. 그러나 그들은 리스크의 비선형성에서 나타나는 결과를 무시한다. 내 학위 논문을 지도했던 헬리에뜨 게만 Hélyette Geman과 나는 지금 상품(특히 중요한 상품)이 이전에 생각했던 것보다 훨씬 더 가치가 커지게 만드는 '볼록성의 법칙 law of convexity'을 연구하고 있다.

도착한 경우는 서너 번 있었다. 그러나 주로 2~3시간 이상 늦게 도착할 때가 많았고, 이틀 정도 늦게 도착할 때도 최소한 한 번 있었다.

비행 시간이 실제로 마이너스 값을 가질 수는 없기 때문에 불확실성은 주로 지연과 관련된다. 따라서 도착 시각은 주로 늦어지며 앞당겨지는 경우는 거의 없다. 혹은 도착 시각이 앞당겨질 때에는 겨우 몇 분이지만, 늦어질 때에는 몇 시간씩이나 되어 비대칭적이다. 예상하지 못했던 변화, 충격, 무작위성은 비행 시간이 늘어나도록 할 가능성이 훨씬 더 높다.

어떤 면에서는 이런 현상이 '시간의 비가역성 irreversibility of time'을 설명한다고 볼 수도 있다. 당신이 시간의 경과를 무질서의 증가로 간주한다면 말이다.

이제 이것을 프로젝트에 적용시켜보자. 비행기 여행에 불확실성을 더하면 예정보다 늦게 도착하는 경향이 있는 것(그리고 이런 물리 법칙은 러시아를 포함해 전 세계에서 적용된다)처럼, 프로젝트에 불확실성을 더하면 프로젝트는 예정보다 지체되고 비용이 더 많이 들어가는 경향이 있다. 이런 경향은 사실상 거의 모든 프로젝트에 적용된다.

과거에 나는 시스템의 무작위적인 요소를 과소 추정하는 데에는 심리적인 바이어스가 작용한다고 생각했다. 사람들이 미래를 지나치게 낙관적으로 추정하기 때문에 프로젝트가 계획보다 길어진다는 것이다. 우리는 이런 바이어스, 즉 자기 과신에 대한 증거도 가지고 있다. 의사결정을 연구하는 과학자와 산업심리학자들은 '계획 오류 planning fallacy'를 이론화하고, 이런 이론의 틀에서 심리적 요인을 통해 프로젝트가 더 길어지는 사실을 설명하려고 했다.

그러나 문제는 우리와 같은 바이어스를 부여받은, 즉 우리와 다르지 않은 옛날 사람들을 살펴보면 이런 과소 추정이 지난 수세기 동안 실제로 존재하지 않았다는 데 있다. 150년 전에 추진했던 수많은 대규모 프로젝트들은 제때에 완료되었다. 당시에 지어진 고층 건물과 대형 건조물은 오늘날 지어진 것보다 더 우아할 뿐만 아니라 계획한 일정대로 혹은 그보다 더 빨리 완공되었다. 이런 건물로는 지금도 뉴욕에 있는 엠파이어스테이트 빌딩Empire State Building과 런던의 크리스털 팰리스London Crystal Palace를 꼽을 수 있다. 특히 크리스털 팰리스는 빅토리아 시대를 상징하는 건물로서 조경사의 창의적인 아이디어를 엿보게 해준다. 1851년 대박람회the Great Exhibition가 열렸던 이 건물은 개막식 행사를 위해 불과 9개월 만에 완공되었다. 길이가 1848피트, 높이가 454피트에 달하는 거대한 유리 건물로서, 유리와 이를 지탱해주는 철제 프레임은 모두 버밍햄과 스메딕에서 만들어졌다.

여기서 우리는 한 가지 명백한 사실을 놓치게 된다. 크리스털 팰리스 공사는 컴퓨터를 사용하지 않았고, 자재는 공사 현장에서 멀지 않은 곳에서 생산되었으며, 소수의 공급업자가 이를 조달했다. 게다가 당시에는 '프로젝트 관리project management'를 가르치고 자기 과신을 주입하는 경영대학도 없었다. 물론 컨설팅 회사도 없었다. 대리인과 고객 간의 이해관계가 서로 달라 발생하는 대리인 문제도 심각하지 않았다. 다시 말하면, 오늘날에 비해 덜 복잡한 선형 경제에 훨씬 더 가까웠다. 반면 오늘날 우리는 비선형성, 비대칭성, 볼록성을 지닌 세상에서 살고 있다.

블랙 스완 효과는 복잡성, 구성 요소 간의 상호의존성, 세계화, 그리고 사람들이 아슬아슬한 모험을 하게 만드는 효율성이라는 끔찍한 유혹 때문에 더욱 커지게 되어 있다. 여기에 컨설턴트와 경영대학도 한몫을 한다. 어딘가에서 문제가 발생하면 프로젝트 전체가 마비될 수 있다. 따라서 프로젝트는 가장 약한 연결 부위만큼 약해진다(심각한 부의 블록성 효과를 지닌다). 이제 세계는 더욱더 예측할 수 없는 곳이 되어가고 있고, 우리는 예측은 고사하고 오류가 많은 기술, 추정하기 어려운 상호 작용에 더욱더 의지하고 있다.

그리고 정보 경제가 문제의 주범이다. 앞에서 교량 건설과 도로 건설 프로젝트를 언급할 때 등장했던 벤트 플리비에크는 또 다른 결과를 보여주었다. 그는 컴퓨터 프로젝트가 초과비용의 주요 원인이 되므로, 정보 기술의 등장이 비용초과와 지연의 문제를 훨씬 더 심각하게 만든다고 주장했다. 따라서 우리는 이런 측면에 관심을 기울여야 한다. 그러나 정보 기술에 크게 의존하지 않는 프로젝트도 심각하게 지연되는 경향이 있다.

논리는 간단하다. 다시 말하지만, 부의 볼록성 효과가 가장 중요하고 직접적이면서 가시적인 원인이다. 교통 문제에서 보았듯이, 실패는 비대칭적으로 영향을 미친다.

'계획 오류'를 제기했던 심리학자들 중 어느 누구도 이런 오류가 본질적으로는 심리적인 문제가 아니라는 사실, 즉 인간이기에 저지를 수밖에 없는 오류가 아니라는 사실을 인식하지 못했다. 이런 오류는 본질적으로 프로젝트가 갖는 비선형성에 있다. 시간이 마이너스 값을 가질 수 없듯이, 3개월짜리 프로젝트를 제로 시간 혹은 마이너스 시간에 끝낼 수는 없다. 따라서 왼쪽에서 오른쪽으로 가는 시간 직선에서 오류는 오른쪽 끝에서는 나타나지만 왼쪽 끝에서는 나타나지 않는다. 불확실성이 선형이라면, 어떤 프로젝트는 아주 일찍 끝낼 수 있다(때로 아주 일찍 도착하고 때로 아주 늦게 도착하는 것처럼 말이다). 그러나 그런 일은 일어나지 않는다.

전쟁과 적자

제1차 세계대전은 처음에는 겨우 몇 달 지나면 끝날 것으로 예상되었지만, 전쟁이 끝나면서 영국과 프랑스는 엄청난 빚을 떠안게 되었다. 전쟁으로 인한 공포, 고통, 파괴는 차치하고, 두 나라는 처음 생각했던 것보다 최소한 10배가 넘는 금전적 손실을 기록했다. 물론 제2차 세계대전도 마찬가지였다. 영국은 또 다시 빚을 떠안게 되었고, 이런 빚은 주로 미국으로부터 빌린 돈이었다.

미국도 이라크 전쟁을 치르면서 빚을 지게 되었다. 조지 부시 대통령과 그의 참모들은 전쟁 비용을 300억~600억 달러로 잡았지만 실제로는 모든 간접비용을 고려하면 지금까지 2조 달러가 넘는다. 상호 작용과 연쇄 작용으로 인해 간접비용은 폭발적으로 늘어났고, 이런 비용은 언제나 늘어나지 줄어들지는 않는다. 복잡성과 비대칭성에다 조지 부시 대통령의 성향까지 합쳐져서 다시 한 번 엄청난 실패를 초래한 것이다.

군대의 규모가 커질수록 초과비용은 굉장히 커진다. 그러나 20배가 넘는 실패를 일으킨 전쟁은 정부가 폭발적인 비선형성과 볼록성 효과를 과소 추정한 사례에 불과하며, 정부의 대규모 지출에 관한 결정을 신뢰하지 말아야 할 이유를 보여준다. 실제로 정부는 적자에 시달리는 결과를 맞이한다면 전쟁을 원하지 않을 것이다. 정부는 애초에 프로젝트에 소요되는 비용을 만성적으로 과소 추정하게 되고, 바로 이런 이유 때문에 초과지출이 발생하는 경우가 거의 대부분(약 98%)이다. 결국 정부는 처음 계획했던 것보다 더 많은 비용을 지출하게 된다. 내가 정부에 다음과 같은 황금률을 설정할 것을 요구하는 것도 바로 이런 이유 때문이다. 우리는 정부에 차입을 허용해서는 안 되며, 반드시 균형재정을 실현하도록 요구해야 한다.

'효율성'이 효율적이지 않을 때

우리는 프래질에 따르는 피해가 엄청나게 커지는 경우를 쉽게 확인할 수 있다. 오늘날 세계적인 재앙에 따르는 피해는 1980년대에 비해 3배가 넘는다(물론 물가상승률을 조정한 값이다). 극단적인 사건에 대한 통찰력이 뛰어난 연구자인 대니얼 자덴베버 Daniel Zajdenweber가 얼마 전에 말했듯이, 이런 효과는 증폭되는 성질을 갖는다. 경제는 더욱 효율적으로 움직이지만, 프래질이 실패에 따른 피해를 증폭시킨다.

과거의 주식 거래는 수크에서처럼 열광적인 트레이더들이 고함을 치고 나서 함께 술을 마시러 가던 '공개 호가 open outcry' 방식으로 진행되었다. 지금은 컴퓨터가 트레이더들을 대체했고, 이에 따르는 편익은 아주 작지만 리스크는 매우 커졌다. 트레이더가 일으키는 실패는 제한적이고 분산적이지만, 컴퓨터 시스템이 일으키는 실패는 엄청나다. 예를 들어 2010년 5월에는 시장 전체가 붕괴되는 '플래시 크래시 flash crash(다우지수가 순간적으로 1000포인트 가까이 급락한 사건 – 옮긴이)'를 일으켰고, 이 원고를 인쇄하러 가던 때인 2012년 8월에는 나이트캐피털 그룹Knight Capital Group이 컴퓨터 시스템 고장으로 1분당 1000만 달러의 손실을 기록하면서 총 4억 8000만 달러의 손실을 본 적이 있었다.

또 어설픈 비용편익분석도 해를 끼칠 수 있다. 물론 규모가 커지면 그 효과가 증폭된다. 예를 들어, 과거의 프랑스는 원자력 에너지를 값이 싼 '최적'의 청정에너지로 간주하고 원자력 에너지를 개발하기 위해 노력해왔다. 그러나 2011년 후쿠시마 원전 사고가 발생하자 추가적인 안전 장치가 필요하다는 판단을 하고 어떤 대가를 치르더라도 이를 보완하려고 했다. 어떤 면에서 이런 보완은 앞에서 언급했던 짜내기와 비슷하다. 비용과는 무관하게 강제적으로 투자해야 되기 때문이다. 물론 이런 추가적인 비용은 처음에 '최적'이라는 결정을 하게 만들었던 비용편익분석에는 반영되지 않은 것이다. 따라서 여러 에너지원을 두고 비교해 하나의 에너지원을 결정할 때 우리는 모델 오차가 비대칭적으로 발생할 수 있다는 사실을 깨닫지 못한다.

공해가 지구에 미치는 피해

이런 사실에서 환경정책을 어렵지 않게 이끌어낼 수 있다. 우리는 화석 연료가 비선형적으로 피해를 끼친다는 사실을 알고 있다. 이런 피해는 반드시 오목성을 띤다(피해가 작으면 문제가 되지 않지만, 커지면 기후 변화를 일으킨다). 인식론적인 근거가 불확실하기 때문에, 생태학적으로 보수적인 입장을 취하기 위해서 인류가 기후 변화를 일으켰다는 주장을 굳이 믿으려고 할 필요는 없다. 그러나 이런 부의 볼록성 효과를 공해의 위험 관리 원칙에 반영할 수는 있다. 간단히 말해서 규모를 의식해 공해의 원인을 여러 종류의 자연 자원으로 분산시킬 필요가 있다. 10개의 서로 다른 자연 자원이 공해를 일으켰을 때는 하나의 자연 자원이 공해를 일으켰을 때보다 피해가 작다.[4]

이제 한 가지에 집중하는 것 때문에 나타나는 효과를 조절하기 위해 조상들이 만들어낸 메커니즘을 살펴보자. 오늘날 인류는 참치, 커피, 홍차, 쌀, 모짜렐라 치즈, 카베르네 와인, 올리브유처럼 쉽게 대체하기 힘든 식료품을 가게에서 구매한다. 바꾸기 힘든 습관, 문화적 전염, 제조 공장의 경직적인 생산 시스템 때문에 우리는 특정 제품을 과도하게 소비한다. 이런 집중은 해롭다. 예를 들어, 참치를 지나치게 많이 먹으면 생태계가 혼란스러워지면서 다른 동물들이 피해를 입고 심지어 멸종에 이르게 된다. 그 피해 규모는 비선형적으로 증가할 뿐만 아니라 제품 공급이 부족해지면서 가격도 폭발적으로 올라간다.

우리 조상들은 지금과 다르게 행동했다. 복잡계 연구자 제니퍼 던Jennifer Dunne은 북아메리카 대륙의 원주민인 알레우트족the Aleuts의 생활상에 관한 5000년에 걸친 방대한 데이터를 바탕으로 그들의 채집과 사냥 활동의 증거를 살펴보았다. 그들의 식생활 증거를 살펴보면, 사냥감을 계속 바꾸려고 했기 때문에 집중 현상이 관찰되지 않았다. 그들의 식습관은 오늘날 인류의 식습관과 달리 몇 안 되는 음식에 고착되거나 경직적이지 않았다. 자원이 부족할 때마다 그들은 마치 생태계

---

[4] 앞의 무질서과를 나타낸 표에서 보았듯이 무작위성과 불확실성은 같은 성질을 갖는다. 따라서 프래질한 대상은 불확실성이 커지면서 피해를 본다는 사실을 기억하라.

를 보존하려는 듯이 다른 자원으로 교체하려고 했다. 그들과 그들의 습관은 볼록성 효과를 이해하고 있었던 것이다.

세계화는 지구를 오염시키는 효과가 있다. 마치 지구가 좁은 출구를 향해 수많은 사람들이 달려가야 할 거대한 방이라도 된 것처럼 말이다. 물론 피해는 걷잡을 수 없이 커지게 된다. 모든 아이들이 『해리 포터Harry Potter』를 읽고 페이스북에 가입하듯이, 성인들은 부자가 되면 같은 행동을 하고 같은 제품을 구매한다. 그들은 카베르네 와인을 마시고 베니스와 플로렌스를 여행하고 프랑스 남부에 별장을 구매하려고 한다. 여행지는 사람들로 엄청나게 붐빈다. 내년 7월이면 모두가 베니스로 가려고 할 것이다.

부의 비선형성

우리는 이 시대의 세계화가 갖는 프래질 효과를 세상이 점점 더 복잡해지고 있는 현상 탓으로 돌릴 수 있다. 인터넷과 문화적 전염이 경제 변수를 훨씬 더 심하게 변동하게 만들면서 세계를 극단의 왕국으로 몰아가고 있기 때문이다. 그러나 또 다른 원인도 작용한다. 부는 비선형성을 띠기 때문에 세계를 점점 더 달라지게 만든다. 우리는 단순히 부유해짐으로써 심각한 잘못을 저지른다. 1억 달러짜리 프로젝트가 500만 달러짜리 프로젝트보다 더 불확실하고 초과비용을 발생시키듯이, 단순히 부유해지면서 세계는 추가적인 불확실성과 프래질에 시달린다. 이런 현상은 국가적으로는 정부가 꿈꾸어왔던 GDP 성장과 함께 나타난다.

개인적으로도 부는 골치 아픈 일을 발생시킨다. 우리는 부에서 비롯되는 혼란을 경감시키기 위해 부를 얻을 때보다 더욱 열심히 일해야 한다.

결론

이번 장의 결론은 도자기 컵, 유기체, 정치 시스템, 기업의 규모, 비행기의 연착을 포함해 어떤 영역이 되었든 간에, 프래질은 비선형성에서 비롯된다는 것이다. 더구나 이런 발견은 재정적자를 예방하자는 주장의 근거가 될 수 있다. 그러면 비행기의 연착이나 프로젝트 초과비용의 정반대로서, 불확실성으로부터 얻을 수 있는 혜택을 생각해보라. 이런 혜택은 무작위성을 싫어하는 프래질한 상황의 반대 이미지를 제시한다.

철학자의 돌과 그 반대

언제 파산할 것인지 말해주다 / 금은 때로 납의 특별한 종류다

나는 앞에 나오는 몇 개의 장에서 내 생각을 더욱 분명하게 전달하기 위해 엄청난 노력을 기울였다. 이제 이번 장에서는 이런 생각을 편안한 마음으로 기술적으로 표현하려고 한다. 여기서는 지난 장의 내용을 더욱 심화해 다루기 때문에 기술적인 내용에 관심이 없는 독자들은 그냥 넘어가도 된다.

누가 파산할 것인지 탐지하는 방법

프래질을 탐지하는 방법(철학자의 돌의 반대)을 살펴보기 위해서 먼저 연방정부의 지원을 받아 주택담보대출 증권을 취급하는 패니메이Fannie Mae의 사례를 보도록 하자. 이 회사는 연방정부에 인수되기 전에 미국의 납세자들에게 수천 억 달러에 달하는 손실을 입힌 기록이 있다(슬프게도 이 손실은 지금도 늘어나고 있다).

2003년 어느 날 〈뉴욕타임스〉 기자 알렉스 베런슨Alex Berenson이 내부 고발자가 전해준 패니메이의 비밀 리스크 보고서를 가지고 내 사무실로 찾아왔다. 그 보고서는 내부자만이 알아볼 수 있는 리스크 계산 방법의 핵심을 담고 있었다. 패니메이는 자신만의 리스크 계산을 하면서 자신이 보여주고 싶은 내용을 원하면 누구에게든 공개하려고 했다. 그러나 오직 내부 고발자만이 리스크가 어떻게 계산되는지 설명해줄 수 있었다.

우리는 그 보고서를 살펴보면서, 어떤 경제 변수의 상승이 커다란 손실을 낳았지만 하락은 작은 이익을 낳았다는 사실을 알게 되었다. 게다가 상승은 추가적으로 훨씬 더 커다란 손실을 낳았지만 하락은 훨씬 더 작은 이익을 낳았다. 그림 9에서 보았던 바윗덩어리 이야기와 아주 비슷했다. 손실은 확실히 폭발적으로 커지고 있었다. 따라서 우리는 패니메이의 붕괴는 피할 수 없는 결과라고 생각했다. 붕괴에 대한 노출은 그림 14의 도로교통 상황처럼 심각하게 오목한 모양을 띠고 있었다. 즉 무엇인가가 경제 변수들을 일탈시키면서 손실이 폭발적으로 커지는 모습을 하고 있었다(이런 규모에서는 변수 하나의 프래질이 다른 모든 변수의 프래질을 낳기 때문에 그것이 무엇인지 알아야 할 필요도 없었다). 당시 나는 머리가 아니라 감정을 가지고 대처했다. 그리고 내가 바라보는 숫자를 이해하기도 전에 마음이 아주 아팠다. 그것은 모든 프래질 중에서 최악의 것이었다. 그리고 베런슨 덕분에 〈뉴욕타임스〉는 내가 우려하는 내용을 실어주었다. 인신공격이 뒤따르기는 했지만 그다지 심하지 않았다. 몇몇 문제가 되는 주요 인사들을 거론했지만, 그들은 그다지 심각하게 반응하지 않았다.

문제는 극단적인 사건에 의해 비선형성이 더욱 크게 영향을 받는다는 것이다. 그리고 극단적인 사건에 대해서는 멘탈 블록mental block(감정적 요인 때문에 나타나는 사고 혹은 기억의 차단을 일컫는다 - 옮긴이)이 작용하기 때문에 어느 누구도 그런 사건에 관심을 갖지 않는다.

나는 패니메이가 '다이너마이트를 깔고 앉아 있다.'는 말을 택시 운전기사를 포함해 아무에게나 해왔다. 물론 당장 폭발하지는 않는다(잘못 지어진 교량이 당장 무너지지 않는 것과 같다). 그리고 사람들은 주가가 계속 오르고 있다거나 여러 가지 방식으로 에둘러 표현하기는 하지만 결국 내 생각이 잘못되었고 근거가 없는 것이라고 주장했다. 나는 다른 기관들(거의 모든 은행들)도 마찬가지 상황이라고 생각했다. 비슷한 기관들을 확인하고 나서 문제가 일반적이라는 사실을 깨닫고는, 은행 시스템의 완전한 붕괴를 기정 사실로 생각했다.

나는 상황을 그냥 바라만 볼 수가 없어서 칠면조들에게 복수하기 위해 금융시장으로 달려갔다. 영화 〈대부 3 The Godfather III〉에 나오는 "내가 그곳을 빠져나왔다고 생각하는 순간, 그들은 나를 다시 안으로 끌어당겼다."는 대사처럼 말이다.

마치 운명에 의해 계획된 듯한 일이 그들에게 일어났다. 패니메이가 다른 은행들과 함께 무너진 것이다. 예상보다 약간 늦은 감이 있기는 하지만, 그런 것은 중요하지 않았다.

여기서 내가 어리석었던 부분은 금융과 일반적인 프래질의 연관 관계를 바라보지 못하고 프래질이라는 단어를 사용하지 않았던 것이다. 아마도 나는 도처에 널려 있는 많은 도자기 컵들을 못 봤던 것 같다. 그러나 다락방 생활 덕분에 프래질을 측정할 도구를 갖게 되었고, 따라서 안티프래질도 측정할 수 있게 되었다.

이 모든 이야기는 잘못된 계산과 예측은 결국 이익보다 손해가 더 많고, 이런 손해는 굉장히 커지는 것으로 귀결된다. 왕과 아들의 이야기처럼 10킬로그램짜리 돌은 5킬로그램짜리 돌에 비해 2배가 넘는 손상을 입힌다. 이처럼 손상이 증폭되면 커다란 돌덩어리가 아들을 죽일 수 있다. 마찬가지로 시장의 일탈 규모가 커지면 기업을 죽일 수도 있다.

나는 프래질은 비선형성과 부의 볼록성 효과에서 직접적으로 나타나며, 이런 볼록성 효과를 측정할 수 있다는 사실을 알고 너무나도 기뻤다. 또한 손상의 증폭을 탐지하는 방법은 불확실성하에서의 의사결정, 리스크 관리에도 적용될 수 있다. 이런 방법이 의학과 기술에 가장 흥미롭게 적용되고 있지만, 직접적인 수요는 경제학에서 나타난다. 그래서 나는 IMF에 아무런 효과가 없는 리스크 측정 방법 대신 프래질 측정 방법을 적용할 것을 제안한 적이 있다. 리스크를 지닌 사업에 종사하는 많은 사람들은 그들의 모델이 기대에 미치지 못하거나 마구잡이식 결과를 내고 있어서 좌절해왔지만, '모델을 사용하지 말라.'는 내

입장을 좋아하지 않았다. 그들은 무엇인가를 원했는데, 바로 리스크 측정 방법이 그것이었다.[1]

따라서 바로 여기서 사용해야 할 무엇인가가 나타난다. 그것은 바로 내가 '(안티)프래질 탐지 발견법fragility (and antifragility) detection heuristic'이라고 이름을 붙인 간단한 방법으로 다음 순서에 따라 적용하면 된다. 도시의 교통이 지나치게 최적화되어 있지 않은지 확인하고 싶다고 하자. 자동차가 1만 대 늘어났을 때 교통 시간은 10분이 늘어났다고 하자. 그러나 그 다음에 자동차가 1만 대 더 늘어났을 때 교통 시간이 30분 더 늘어났다고 하자. 이처럼 교통 시간의 증가 속도가 크게 증가하면 교통은 프래질하다는 의미다. 그리고 자동차가 지나치게 많기 때문에, 증가 속도가 둔화될 때까지 교통량을 줄일 필요가 있다(다시 말하지만 여기서 증가 속도는 극심한 오목성 혹은 부의 볼록성 효과를 갖는다).

마찬가지로 정부의 재정적자도 경제 상황의 변화에 오목성을 띤다. 적자가 발생했을 때 실업률과 같은 경제 변수의 추가적인 악화는 적자를 더욱 악화시킨다. 그리고 기업의 재무 레버리지financial leverage(총 자본 중 타인 자본이 차지하는 비율 - 옮긴이)도 마찬가지다. 폰지 사기에서

---

[1] 이 방법은 리스크 측정을 위한 훌륭한 모델을 요구하지 않는다. 정확하지 않은 자를 가지고 어린이의 키를 제대로 측정할 수는 없다. 그러나 그 자는 어린이가 성장하고 있다는 사실은 제대로 알려줄 수 있다. 실제로 어린이의 성장 속도 측정 결과의 오차는 신장을 측정하는 데에 따르는 오차에 비해 훨씬 작다. 체중계도 마찬가지다. 체중계가 아무리 부정확하더라도 체중이 증가하면 증가했다는 사실을 거의 항상 알려준다. 따라서 체중계를 탓하지 말아야 한다. 볼록성은 가속도에 관한 것이다. 모델 오차를 탐지하기 위한 볼록성 효과 측정에 있어서 주목할 사실은 계산을 위한 모델이 잘못되더라도, 그 모델은 어떤 대상이 프래질한지, 얼마만큼 프래질한지 알려줄 수 있다는 것이다. 문제가 있는 저울에서처럼, 우리가 궁금한 것은 바로 2계 효과다.

처럼 같은 효과를 얻기 위해서는 더 많은 자금을 빌려와야 한다.

프래질한 기업의 영업 레버리지도 마찬가지다. 매출이 10% 증가하면, 이윤은 매출이 10% 감소했을 때에 감소되는 금액보다 덜 증가한다.

이것이 바로 내가 크게 존경받던 기업 패니메이가 붕괴의 길을 가고 있다고 선언했을 때 직관적으로 사용한 방법이었다. 그리고 이를 통해 경험법칙을 만들어내기란 어렵지 않다. 이제 우리는 IMF 덕분에 검증된 방법을 갖게 되었다. 이 방법은 너무 간단해 보이기 때문에 전문가들이 처음에는 대수롭지 않게 여겼다(그들은 이런 리스크를 결코 탐지해 본 적이 없는 사람들이다. 학술계에서 일하거나 수량 분석을 전문으로 하는 이들은 자신이 쉽게 이해할 수 있는 방법을 하찮게 여기고, 스스로 생각해내지 못했던 방법에 대해서는 짜증부터 낸다).

재미를 보려면 사람들의 우둔함을 이용해야 한다는 불가사의한 원칙에 따라, 나는 친구 라파엘 두아디 Raphael Douady와 함께 가장 우둔한 수식과 전문가들도 이해하는 데 반나절이나 걸리는 어려운 수학적 정리를 사용해 이처럼 간단한 아이디어를 표현하기 위해 협력했다. 라파엘, 브루노 뒤파이어 Bruno Dupire 그리고 나는 옵션 전문가라는 유리한 입장에서 리스크를 동반하는 모든 것들을 훨씬 더 엄격하고 명쾌하게 바라보는 방법에 대해 거의 20년 동안 함께 논의해왔다. 라파엘과 나는 비선형성, 무작위성에 대한 혐오, 프래질의 관계를 수학적으로 증명했다. 앞에서도 말했지만, 놀라운 사실은 자명한 것을 복잡한 수학적 정리를 사용해 복잡하게 표현하려고 하면, 그리고 심지어 복잡한 방정식을 사용한다고 해서 더욱 엄격해지는 것이 아닌데도 굳이 그렇게 하려고 하면, 사람들은 자명한 아이디어를 아주 심각하게 받아들인다는 것이다. 우리는 긍정적인 반응을 이끌어냈고, 처음에는 이처럼 간단한 프래질 탐지 발견법을 하찮게 여겼던 사람들로부터 똑똑한 방법이라는 소리도 들었다. 문제는 수학이 중독성을 띠고 있다는 것이다.

정의 모델 오차와 부의 모델 오차

이제 내가 믿는 것은 나의 진정한 전공 분야인 모델 오차다.

　트레이더로 일하던 시절, 나는 수많은 실행 착오를 일으켰다. 1000달러어치를 구매했다고 생각했는데, 그 다음 날 알고 보니 2000달러어치를 구매한 적도 있었다. 그 동안 가격이 올랐으면 큰돈을 벌게 되고, 그렇지 않으면 큰 손해를 보게 된다. 따라서 오차는 양방향으로 작용한다면 장기적으로는 중립적인 영향을 미친다. 이런 오차는 가변성을 높이지만, 당신이 하는 일에 큰 영향을 미치지 않는다. 오차는 일방적이지 않다. 그리고 규모를 줄이면 이런 오차를 조절할 수 있다. 소규모 거래를 많이 하면 오차도 소규모가 된다. 그리고 1년이 지나면 이런 오차는 대체로 사라진다.

　그러나 부의 볼록성 효과가 작용하는 프래질한 대상과 관련된 오차와 우리가 하는 일에서 나타나는 많은 오차들은 그렇지 않다. 이런 부류의 오차는 일방적인 결과(부정적인 결과)를 낳는다. 예를 들어, 비행기는 일찍 도착하기보다 늦게 도착할 때가 더 많아진다. 전쟁은 예상보다 좋아지기보다 나빠질 때가 더 많다. 교통 문제에서 보았듯이, 교통량의 변화는 켄싱턴 남부에서 피카딜리 광장Piccadilly Circus까지의 교통 시간을 늘리는 방향으로 작용하지 결코 줄이는 방향으로 작용하지 않는다. 실제로 오차가 긍정적인 결과를 초래하는 경우는 찾아보기 힘들다.

이런 일방 효과는 우리가 오차로부터 얻는 이익보다 손실에 더 많이 노출되어 있기 때문에 무작위성과 손실을 과소 추정하게 만든다. 만약 장기적으로 무작위성이 양방향에서 같은 크기만큼 변하는 것으로 인식하면, 손실은 이익을 크게 능가한다.

따라서 트라이애드의 핵심을 이야기하자면, 우리는 현상을 세 가지 종류로 분류할 수 있다. 장기적으로 무작위성(혹은 오차)을 좋아하는 현상, 무작위성에 중립적인 현상, 무작위성을 혐오하는 현상이 있다. 지금까지 우리는 진화가 무작위성을 좋아하는 것으로 알고 있었다. 발견도 무작위성을 좋아한다. 예측은 불확실성 때문에 빗나갈 때가 많다. 그리고 교통 시간처럼 완충 장치를 요구하기도 한다. 항공 회사는 이런 상황을 어떻게 다루어야 하는지 알고 있다. 하지만 정부는 재정 적자를 추정할 때 그렇지 못하다.

지금 설명하는 방법은 상당히 일반적으로 적용될 수 있다. 나는 후쿠시마 원전 사고와 같은 사건을 계산할 때 이 방법을 사용하면서, 작은 확률에 대한 그들의 계산이 얼마나 프래질한지 깨달았다. 실제로 가정의 작은 변화가 확률을 엄청나게 끌어올리기 때문에 작은 확률은 오차에 상당히 프래질하다. 예를 들어, 100만 개당 하나에서 100개당 하나로 끌어올린다. 1만 배만큼 과소 추정한 것이다.

마지막으로 이 방법은 경제 모델에 나오는 수학이 어느 지점에서 잘못되었는지 보여준다. 그리고 어떤 모델이 프래질한지 혹은 그렇지 않은지 말해준다. 간단히 말하면, 추정을 약간 변화시키고 그 효과가 얼마나 큰지 그리고 가속적으로 증가하고 있는지 살펴보면 된다. 여기서 가속이란 패니메이의 경우처럼 그 모델에 의존하는 기업이 블랙 스완 효과로부터 붕괴되는 것을 의미한다. 따라서 아주 간단한 방법이다. 작은 확률에 관한 논의와 함께 경제학에서 어떤 결과가 잘못되었는지 확인하기 위한 자세한 방법론은 부록에 나와 있다. 지금까지 내가 할 수 있는 이야기는 방정식으로 가득 찬 계량경제학뿐만 아니라 경제학에서 가르치는 내용의 상당 부분은 당장 떨쳐버려야 할 대상이라는 것이다. 이는 경제학이 프래질리스타로 가득 찬 엉터리 학문인 이유를 설명해준다.

할머니를 잃는 방법

이제 비선형성의 다음과 같은 특징을 설명하려고 한다. 비선형성을 띠는 상황에서는 평균, 즉 1계 효과는 중요하지 않다. 우리는 철학자의 돌 이야기를 본격적으로 다루기 전에 이런 특징을 먼저 알아둘 필요가 있다.

옛 속담에 이런 말이 있다.

> 강물의 깊이가 평균 4피트라면, 그 강을 건너지 말라.

당신은 할머니가 평균 온도 20°C인 아주 이상적인 환경에서 앞으로 2시간을 보내게 될 것이라는 말을 들었다. 좋은 소식이다. 20°C는 할머니에게 최적의 온도다. 당신은 경영대학을 다녔기 때문에 전체를 보면서 요약된 정보에 만족한다.

그러나 2차적인 데이터가 있다. 할머니는 처음 1시간은 영하 15°C에서 보내고 나중 1시간은 55°C에서 보낸다고 한다. 이렇게 하여 평균은 가장 바람직한 지중해 스타일의 온도인 20°C가 된 것이다. 이런 상태라면 할머니가 돌아가실 가능성이 높다. 장례식을 치러야 하고 어쩌면 유산을 물려받을 수도 있다.

20°C를 기준으로, 이처럼 커다란 온도 변화는 몸에 더욱 해롭다. 2차적인 데이터, 즉 가변성은 1차적인 데이터보다 더 중요하다. 이런 변화에 프래질한 사람에게 평균은 아무런 의미가 없다. 여기서는 온도가 얼마만큼 분산될 것인지가 훨씬 더 중요하다. 당신의 할머니는 날씨의 가변성에 프래질하다. 이제 이런 2차적인 정보를 2계 효과, 혹은 더욱 정확하게 볼록성 효과라고 부르자.

평균이라는 개념을 쉽게 생각해보면 프로크루스테스의 침대에 비유할 수도 있다. 평균 온도가 20°C라는 정보만 가지고 할머니가 처한 상황을 단순화시킬 수는 없다. 하지만 이런 정보가 프로크루스테스의 침대에 억지로 짜맞추어져서 들어간다. 모델은 본질적으로 단순화를 추구하면서 얻은 결과이며, 과학자들은 바로 이런 방식을 통해 모델을 설정한다. 당신은 위험을 초래할 정도로 상황을 왜곡하면서까지 단순화를 추구해서는 안 된다.

그림 16은 할머니의 건강이 온도 변화에 대해 프래질하다는 사실을 보여준다. 세로 축에 할머니의 건강을 표시하고 가로 축에 온도를 표시하면, 곡선은 안쪽으로 굽은 모양, 즉 오목한 모양이나 부의 볼록성 효과를 띠는 모양을 한다.

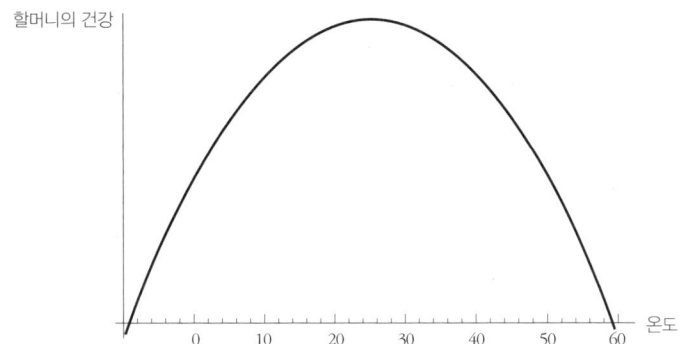

그림 16 엄청난 프래질. 건강은 온도의 함수로 안쪽으로 굽은 모양을 하고 있다. 0℃와 40℃를 결합했을 때 할머니의 건강은 20℃만을 유지했을 때보다 더 나쁘다. 평균이 20℃인 거의 모든 결합은 20℃만을 유지했을 때보다 더 나쁜 결과를 초래한다.[2] 이 그래프는 오목성 혹은 부의 볼록성 효과를 보여준다.

할머니가 선형 반응을 보인다면(그러면 그림은 곡선이 아니라 직선으로 표시된다) 20°C 이하에서 받는 피해는 그 이상의 온도에서 받는 혜택으로 상쇄된다. 그리고 할머니의 건강은 최대한도가 정해져야 한다. 그렇지 않으면 할머니의 건강은 온도가 올라갈수록 계속 좋아진다.

이것을 더욱 일반화시켜보자. 온도 변화에 따라 할머니의 건강은 어떻게 반응하는가? 첫째, 비선형성을 갖는다. 반응은 직선이 아닌 곡선

---

2 나는 상황을 약간 단순하게 설명하고 있다. 온도가 20°C 주변에서 약간 변하면, 20°C만을 유지했을 때보다 할머니의 건강이 더 좋아질 수도 있다. 그러나 여기서는 이처럼 미묘한 차이는 무시하겠다. 실제로 젊은이들은 온도 변화에 어느 정도까지는 안티프래질하다. 어느 정도의 변화로부터 혜택을 얻지만, 나이가 들면서 이런 안티프래질적 성격을 잃어버린다(혹은 안티프래질적 성격을 사용하지 않아서 결국 쾌적한 온도가 사람을 늙게 함으로써 프래질하게 만든다는 생각도 든다).

19장 철학자의 돌과 그 반대   457

모양을 띤다. 둘째, 안쪽으로 상당히 많이 굽은 모양을 한다. 셋째, 반응이 비선형성을 더욱 많이 가질수록 평균은 더욱 의미가 없는 정보가 되고 평균 주변에서의 불변성이 더 큰 의미를 갖는다.

철학자의 돌[3]

중세 사람들은 철학자의 돌을 찾는 데 생각을 집중했다. 화학은 물질의 화학적 힘을 조사하는 행위로 이루어진 연금술의 산물이라는 사실을 기억하면 도움이 된다. 그들은 변질 transmutation의 과정을 거쳐 금속을 금으로 변형해 가치를 창출하는 데 많은 노력을 기울였다. 이때 필요한 물질을 철학자의 돌 lapis philosophorum이라고 불렀다. 많은 사람들이 이 돌에 빠져들었다. 그들 중에는 알베르투스 마그누스 Albertus Magnus, 아이작 뉴턴 Isaac Newton, 로저 베이컨 Roger Bacon과 같은 학자도 있었고, 파라셀수스 Paracelsus처럼 학자라기보다 위대한 사상가도 있었다.

변질의 과정이 위대한 활동 magnus opus으로 불린 것은 중요한 의미가 있다. 나는 내가 설명하게 될 옵션의 특징에 바탕을 둔 과정이 우리가 철학자의 돌에 가깝게 다가갈 수 있도록 해줄 것이라 믿는다.

이제 다음 사항들을 생각해보자.

(a) 통합의 문제가 갖는 심각성: 석유 가격을 지정학적 문제로 오인

---

[3] 여기서는 기술적인 내용을 다루고 있으므로 그냥 넘어가도 된다.

하거나 돈벌이가 되는 내기를 훌륭한 예측으로 오인한다. 즉 보상과 옵션의 볼록성을 생각하지 않는다.

(b) 옵션의 성질을 지닌 것이 장기적으로 이익이 되는 이유와 이를 측정하는 방법

(c) 옌센의 부등식이 지닌 미묘한 특징

18장의 교통 문제를 다시 생각해보자. 처음 1시간 동안에는 9만 대의 자동차가 있다가 그 다음 1시간 동안 11만 대로 늘어나서 평균 10만 대가 될 때에는 교통 정체가 심하다. 반면, 2시간 동안 시간당 10만 대가 있을 때에는 교통 흐름이 원활해 목적지에 도착하는 시간이 훨씬 더 짧아진다.

자동차의 수는 변화하는 성질을 지닌 숫자, 즉 변수 X다. 교통 시간은 이런 X의 함수다. X함수의 움직임은 변수 X의 움직임과 서로 같은 대상이 아니다. 우리는 비선형성을 띠는 상황에서 X함수의 움직임은 변수 X의 움직임과 서로 같은 대상이 아니라는 사실을 알 수 있다.

(a) 비선형성을 더욱 많이 띨수록 X함수의 움직임은 X의 움직임과 더 많이 달라진다. 교통이 선형이라면, 교통 시간은 처음 1시간 동안 차량 9만 대가 있다가 다음 1시간 동안 11만 대가 있는 상황과 2시간 동안 시간당 10만 대가 있는 상황 간에 아무런 차이가 없다.

(b) X의 가변성이 더욱 커질수록, 즉 불확실성이 더욱 커질수록 X함수의 움직임은 X의 움직임에 비해 더욱 크게 움직인다. 자동차 수의 평균을 다시 생각해보자. X함수(교통 시간)는 평균 주변에서

의 가변성에 의존한다. 분포가 퍼져 있으면 상황은 더욱 나빠진다. 평균이 같다면, 당신은 2시간 동안 시간당 10만 대가 있는 상황을 선호한다. 처음 1시간 동안 8만 대가 있다가 다음 1시간 동안 12만 대가 있는 상황은 처음 1시간 동안 9만 대가 있다가 다음 1시간 동안 11만 대가 있는 상황보다 훨씬 나쁘다.

(c) 볼록함수(안티프래질)는 X의 함수값의 평균이 X의 평균의 함수값보다 더 크다. 그리고 오목함수(프래질)는 그 반대이다.

바이어스에 관한 더욱 복잡한 형태인 (c)의 예를 살펴보기 위해 제곱함수를 생각해보자. 제곱함수는 볼록함수다. 주사위를 던져서 나오는 숫자만큼 보상을 받는다고 하자. 즉 1이 나오면 1만큼 받고 2가 나오면 2만큼 받는다. 그리고 6이 나오면 6만큼 받는다. 기대보상(평균보상)의 제곱은 $\{(1+2+3+4+5+6)/6\}^2 = 3.5^2 = 12.25$가 된다. 따라서 평균의 함수값은 12.25이다. 그러나 함수값의 평균은 모든 보상을 제곱해 6으로 나눈 값으로, 보상의 제곱의 평균은 $(1^2 + 2^2 + 3^2 + 4^2 + 5^2 + 6^2)/6 = 15.17$이다. 바로 이 값이 함수값의 평균이다. 제곱함수는 볼록함수이기 때문에 보상의 제곱의 평균은 보상의 평균의 제곱보다 더 크다. 15.17과 12.25의 차이는 안티프래질의 숨은 혜택으로 여기서는 24%의 우위를 갖게 해준다.

여기서 두 가지 종류의 바이어스를 생각할 수 있다. 하나는 기본적인 볼록성 효과로서 평균의 특성(여기서는 3.5)과 볼록함수의 특성(여기서는 15.17)을 오인하게 만드는 것이다. 다른 하나는 우리 이야기와 더욱 관련이 있는 것으로서 함수값의 평균을 평균의 함수값으로 오인하는 것이다(여기서는 15.17을 12.25로 오인하는 것이다). 후자가 바로 옵션의 특징을 나타낸다.

선형 보상을 받는 사람은 50% 이상으로 정확하게 맞추어야 한다. 볼록성을 띠는 보상을 받는 사람은 훨씬 덜 정확하게 맞추어도 된다. 안티프래질의 숨은 혜택은 당신이 무작위적일 때보다 덜 정확하게 맞추어도 여전히 훌륭한 성과를 낼 수 있도록 해준다는 데 있다. 여기에 바로 옵션의 힘이 작용한다. 당신의 함수는 상당히 볼록하다. 그래서 잘못을 하더라도 여전히 괜찮다. 그리고 불확실성이 커질수록 더 낫다.

이것은 당신에게 부족한 점이 있더라도 안티프래질할 수 있다면 여전히 매우 잘할 수 있다는 뜻이다.

이처럼 숨은 '볼록성 바이어스'는 옌센의 부등식이 갖는 수학적 특징에서 나온다. 혁신에 관한 일반적인 담론에서는 이런 볼록성 바이어스를 놓치고 있다. 당신이 볼록성 바이어스를 무시한다면, 비선형성을 띠는 세상을 돌아가게 만드는 커다란 실체를 놓치는 것이다. 하지만 이런 생각은 혁신에 관한 담론에서 배제되고 있다. 유감스러운 일이 아닐 수 없다.[4]

---

[4] 할머니에게는 평균이 $20°C$ 인데, 처음 1시간은 영하 $15°C$ 이고 나중 1시간은 $55°C$ 일 때보다 $20°C$ 가 계속 유지되는 것이 훨씬 더 낫다. 평균을 중심으로 더 많이 분산될수록 더욱 해롭다. 이제 직관에 반하는 효과를 살펴보기로 하자. 할머니의 건강을 f(x)로 표시하고 온도를 x로 표시하자. 우리는 평균 온도의 함수를 f[(-15 + 55)/2]로 나타낼 수 있고, 이때 할머니의 건강은 아주 좋은 상태가 된다. 그러나 [f(-15) + f(55)]/2를 보면, f(-15)일 때에 할머니가 돌아가신 상태를 나타내고 f(55)일 때에도 돌아가신 상태를 나타낸다. 따라서 평균도 돌아가신 상태를 나타낸다. 따라서 f(x)가 비선형일 때에는 f(x)의 움직임과 x의 움직임이 서로 달라진다. f(x)의 평균은 f(x의 평균)과 다르다.

금을 진흙으로 만드는 방법: 철학자의 돌의 반대

이번에는 제곱근함수를 사용해 앞의 예를 살펴보자. 제곱근함수는 제곱함수의 역함수이고 오목함수다. 그러나 제곱함수가 볼록한 정도에 비하면 오목한 정도가 훨씬 덜하다.

기대보상(평균보상)의 제곱근은 $\sqrt{(1+2+3+4+5+6/6)} = \sqrt{3.5} = 1.87$이다. 따라서 평균의 함수값은 1.87이다.

그러나 함수값의 평균은 모든 보상에 제곱근을 취해 6으로 나눈 값, 즉 보상의 제곱근의 평균은 $(\sqrt{1}+\sqrt{2}+\sqrt{3}+\sqrt{4}+\sqrt{5}+\sqrt{6})/6 = 1.80$으로, 바로 이 값이 함수값의 평균이다.

두 값의 차이를 '부의 볼록성 바이어스' 혹은 '오목성 바이어스'라 부른다. 프래질의 숨은 폐해는 이런 부의 효과를 상쇄하기 위해서 당신이 무작위적일 때보다 예측을 훨씬 더 잘해야 하고, 당신이 어디로 가는지 더 잘 알아야 한다는 데 있다.

지금까지의 논의를 요약해보자. 당신에게 유리한 비대칭성 혹은 정의 볼록성 옵션을 가지고 있으면서 이를 잘 활용한다면, 장기적으로 불확실성 속에서 평균보다 더 잘할 수 있다. 불확실성이 커질수록 옵션은 더욱 큰 효력을 발휘하고, 당신은 더 나은 성과를 내게 된다. 이 특징은 우리 삶에서 가장 중요하다.

06권

비아 네가티바

인간은 '블루'라는 단어를 가지고 있지 않았어도 상당히 잘 지내왔다. 인간은 역사상 오랫동안 생물학적으로는 색맹이 아니지만 문화적으로는 색맹이었다. 그리고 1장을 읽기 전에 독자들은 안티프래질이라는 단어를 들어보지 않았을 것이다. 그럼에도 불구하고 시스템은 인간의 개입 없이도 안티프래질에 효과적으로 의존해왔다. 우리가 알고 있고 그에 따라 행동하지만, 인간의 언어 혹은 인간이 만들어낸 제한된 개념으로 직접 표현할 수 없는 대상이 상당히 많다. 우리 주변에서 중요한 의미를 가진 거의 모든 대상들이 언어로는 표현하기 어려운 것들이다. 그리고 실제로 더욱 강력한 영향력을 지닐수록 언어로 표현하기는 더욱 어렵다.

그러나 어떤 대상을 정확하게 표현할 수 없더라도, 그것의 특징이 아닌 것에 대해서는 말할 수 있다. 즉 직접적이 아니라 간접적으로 표현할 수 있다. 그리스어 아포파시스apophasis(겉으로는 어떤 사실을 부정하면서 실제로는 그것을 말하는 일)에서 나온 '아포파틱apophatic'은 단어를 사용해서 직접적으로 표현할 수 없는 대상에 초점을 둔다. 특히 그리스 정교회의 신학적 전통을 따라 직접적인 표현을 피하기 위해 시작된 이 방법은 라틴어로 '부정의 통로'를 의미하는 '비아 네가티바via negativa'라고 불리며, 우리들에게 부정적인 표현에 집중하도록 안내한다. 비아 네가티바는 '신이란 무엇인가'에 대해 표현하려고 하지 않는다. 이런 작업은 과학적인 성향을 지닌 이 시대의 어설픈 사상가와 철학자연하는 사람들에게 맡겨버린다.

비아 네가티바는 무엇이 신이 아닌지를 나열하고 제거 과정을 거치는 방식으로 진행해간다. 이런 아이디어는 신비주의 신학자 아레오파기타의 가짜 디오니시우스pseudo-Dionysos the Areopagite와 관련이 있다. 신원이 애매한 근동 지역 출신의 그는 디오니소스라는 이름으로 영향력 있는 신비주의 논문을 썼다. 그리고 사람들은 그를 사도 바울의 설교에 따라 개종한 아테네의 판관 아레오파기타의 디오니시우스와 오랫동안 혼동했다. 그래서 가짜라는 수식어가 그의 이름 앞에 붙게 되었다.

신플라톤주의자Neoplatonist들은 플라톤의 사상을 추종하는 자들로서, 주로 플라톤이 말하는 형상에 관심을 기울였는데 이처럼 추상적인 대상은 스스로 뚜렷한 실재를 지니고 있었다. 가짜 디오니시우스는 신플라톤주의 철학자 프로클로스Proclus의 제자였고, 프로클로스는 또 다른 시리아의 신플라톤주의 철학자 시리아누스Syrianus의 제자였다. 프로클로스는 '조각상은 제거에 의해 만들어진다.'는 식의 은유적인 표현을 반복했다. 물론 말장난에 불과한 것 같지만, 최근에 나는 이런 생각을 보여주는 글을 읽은 적이 있다. 교황이 어쩌면 그렇게 걸작 중에 걸작인 다비드 상을 만들어낼 수 있었는지 궁금하게 여기면서 미켈란젤로에게 천재성의 비결을 물었다. 미켈란젤로는 이렇게 대답했다고 한다. "간단합니다. 다비드가 아닌 것은 모두 제거하면 됩니다."

독자들은 바벨 전략의 배후에 있는 논리를 기억할 것이다. 바벨 전략의 논리에서는 먼저 프래질을 제거할 필요가 있다는 사실을 기억하라.

돌팔이는 어디에 있는가

개입주의자들은 긍정적 행위에 관심을 갖는다. 긍정적 정의와 마찬가지로, 우리의 어설픈 지성은 정부의 행위를 존중하고 찬양한다. 그리고 어설픈 정부 개입으로 인해 재앙과 함께 불만을 초래하게 된다. 그 다음에는 더욱 어설픈 정부 개입이 뒤따르고 또 다른 재앙을 초래한다. 무엇인가를 생략하는 것 혹은 하지 않는 것은 행위로 인정받지 못한다. 표 3에서는 어설픈 개입의 효과가 의학에서부터 비즈니스에 이르기까지 광범위한 영역에서 나타나고 있음을 보여주었다.

나는 평생 동안 다음과 같이 놀라울 정도로 간단한 경험법칙을 사용해왔다. 돌팔이들은 잠깐은 분명하게 보이지만 나중에는 잊혀지면서 사라지게 되는, 순식간에 떠오르는 방법에 잘 속아 넘어가는 우리의 성향을 이용하면서 우리에게 긍정적인 조언을 한다는 특징이 있다. '부자가 되기 위한, 체중을 줄이기 위한, 친구를 만들기 위한, 혁신을 위한, 선거에서 이기기 위한, 근육을 키우기 위한, 남편을 찾기 위한,

고아원을 경영하기 위한 10가지 방법'처럼 제목에 방법이 들어가 있는 책들을 보라. 실제로는 진화의 과정을 거쳐 선발된 전문가들이 활용하는 부정의 조언들로 가득 차 있다. 체스 선수들은 패하지 않음으로써 이긴다. 사람들은 (특히 다른 사람이 파산할 때) 파산하지 않음으로써 부자가 된다. 종교는 주로 금지령으로 가득 차 있다. 배움이란 우리 인생에서 하지 말아야 할 것에 관한 이야기다. 몇 가지 방법 덕분에 우리는 사고당할 위험을 크게 줄일 수 있다.

게다가 무작위성에 속아 넘어가는 것은, 무작위성으로 가득 찬 대부분의 상황에서 성공한 사람은 수완을 지녔다(혹은 수완을 지닌 사람이 성공한다)는 사실을 제대로 인식하지 못하는 데서 비롯된다. 그러나 우리는 부정의 측면에서 훨씬 더 예상을 잘할 수 있다. 수완이 전혀 없는 사람은 결국 실패하게 되어 있다.

제거적 지식

지식에 관해서도 같은 원칙이 적용된다. 지식을 위한 가장 위대하고 강건한 기여는 우리가 틀리다고 생각하는 것을 제거하는 데 있다. 이를 제거적 인식론subtractive epistemology이라 부르자.

우리는 속아 넘어가는 사람이 되지 않음으로써 안티프래질할 수 있다. 신비주의 신학자 아레오파기타의 가짜 디오니시우스는 정확한 단어를 사용하지 않았고, 오류 입증disconfirmation을 논의하지도 않았으며, 이런 생각을 분명하게 가지고 있지도 않았다. 그러나 내가 보기에 그는 제거적 인식론과 지식에서의 비대칭성을 이해하고 있는 것으로 여겨진다.

나는 현실에 내재된 혼란을 보지 못하게 하여 블랙 스완 효과를 일으키는 추상적 형상, 이론적 형상, 보편적 특성을 좋아하는 현상을 두고 '플라톤식 철학Platonicity'이라고 불렀다. 당시 나는 비대칭성이 존재하고 있음을 깨달았다. 나는 플라톤의 사상이 보편적 특성을 부정하는 것처럼 거꾸로 다가오면 이를 진정으로 믿겠다.

따라서 내가 지지하는 인식론의 중심 기조는 다음과 같다. 우리는 옳은 것이 아니라 틀린 것에서 더 많은 것을 알 수 있다. 혹은 이를 프래질과 강건함을 구분하는 방식으로 표현하면, 부정적 지식(틀린 것, 유효하게 작용하지 않는 것)은 긍정적 지식(옳은 것, 유효하게 작용하는 것)에 비해 오류에 더욱 강건하다. 따라서 지식은 추가가 아니라 제거에 의해 더욱 발전한다. 우리가 지금 알고 있는 것이 틀린 것으로 판명될 수 있지만, 우리가 틀린 것으로 알고 있는 것이 옳을 수 없거나 최소한 쉽게 옳을 수 없다면 말이다.

내가 검은 백조를 보았다면, '모든 백조는 흰색이다.'라는 진술이 틀렸다고 확신하게 된다. 그러나 검은 백조를 본 적이 없더라도, 이런 진술이 옳다는 주장을 할 수 없다. 다시 말하면, 한 번의 작은 관찰은 어떤 진술의 오류를 입증할 수 있는 반면, 수백만 번의 관찰은 그 진술을 확증시켜줄 수 없기 때문에 오류 입증이 확증보다 더 엄격하다.

이런 생각은 우리 시대의 철학자 칼 포퍼Karl Popper의 생각과 연관된다. 그리고 나는 그가 최초로 이런 생각을 해낸 것으로 잘못 알고 있었다(비록 그가 역사의 흐름은 기본적으로 예측 불가능하다는 훨씬 더 강력한 개념을 처음으로 생각해냈지만 말이다). 이런 생각은 아주 오래 전에도 있었으며, 지중해 동부 지역에서 그리스·로마의 고전기 이후 의학 분야의 회의주의적 경험주의자들의 중심 기조가 되었다. 또한 이런 생각은 그들을 재발견했던 19세기 프랑스의 학자들에게도 잘 알려져 있었다. 그리고 이처럼 오류 입증이 갖는 위력은 자연과학을 연구하는 방법에도 스며들어가고 있다.

여러분도 알다시피, 우리는 이런 생각을 긍정(혹은 추가)과 부정(혹은 제거)이라는 단어를 사용해 다음과 같은 일반적인 진술로 나타낼 수 있다. 부정적 지식은 더욱 강건하다. 그러나 완벽하지는 않다. 많은 철학자들이 포퍼가 오류 입증을 견고하고도 명확한 흑백논리처럼 다루었다는 비난을 가했다. 오류 입증이 항상 분명한 것은 아니다. 어떤 실험이 의도했던 결과를 도출하는 데 실패했고 그리하여 그 이론이 잘못되었다고 결론짓는 것은 분석 도구의 오류, 불운, 과학자들의 기만 때문에 불가능하다.

당신이 검은 백조를 직접 보았다고 하자. 그러면 모든 백조는 흰색이라는 주장을 무효로 만든다. 그러나 레바논산 포도주를 마셨거나 웹서핑으로 너무 많은 시간을 보내고 나서 멍한 상태에서 보았다면 어땠을까? 혹은 모든 백조가 회색으로 보이는 어두운 밤에 보았다면 어땠을까? 그러나 일반적으로 실패(오류 입증)는 성공(확증)보다 더 많은 정보를 제공해준다. 바로 이런 이유 때문에 내가 부정적 지식이 더 강건하다고 주장하는 것이다.

나는 이 글을 쓰기 전에, 위대한 사상가 포퍼가 오류 입증에만 극단적으로 치우치면서 프래질에 관한 생각을 완전히 놓치게 된 것을 이상하게 여기면서 그의 글을 찾아 자세히 읽는 데 많은 시간을 보냈다. 포퍼는 예측의 한계를 주장했던 자신의 대표작 『역사주의의 빈곤The

Poverty of Historicism』에서 미래를 만족스럽게 표현하는 것은 불가능하다고 했다. 그러나 그는 무능한 외과 의사가 뇌수술을 하면 환자에게 심각한 피해를 입히게 되고, 심지어 죽음에 이르게 할 것이라고 무난하게 예상할 수 있다는 사실을 놓쳤다. 그럼에도 불구하고 미래에 관한 이런 제거적 표현은 오류 입증과 이에 따른 후속적 조치에 관한 포퍼 자신의 생각과 논리적으로 완전히 궤를 같이 한다. 그가 말하는 이론에 대한 오류 입증이라는 것은 실제로 그 이론의 적용을 중단하게 만든다.

이번에는 정치 시스템 이야기를 해보자. 나쁜 사람을 제거하는 데 도움이 된다면 좋은 시스템이라고 말할 수 있다. 이는 무엇을 할 것인가 혹은 누구를 뽑을 것인가의 문제가 아니다. 나쁜 사람 한 명은 좋은 사람 여러 명의 집단적 행동보다 더 많은 피해를 가한다. 존 엘스터Jon Elster는 여기서 한 걸음 더 나아간다. 그는 최근에 이런 이야기를 주제로 『해악을 방지하라Preventing Mischief』라는 인상적인 제목의 책을 썼는데, '입법자의 기교는 그들의 자유와 지성의 발달을 방해하는 모든 것들을 제거하는 데에만 제한되어야 한다.'는 제러미 벤담Jeremy Bentham의 사상에 바탕을 둔 부정의 행위를 가지고 이야기를 풀어나간다.

모두들 예상하다시피, 비아 네가티바는 옛날 사람이 가졌던 지혜의 한 부분이다. 아랍의 학자이자 종교 지도자인 알리 빈 아비 탈레브Ali Bin Abi-Taleb(나하고는 무관한 사람이다)는 무식한 사람과 일정한 거리를 두는 것은 현명한 사람과 사귀는 것과 같다고 했다.

마지막으로 이와 비슷한 내용을 담고 있는 최근 사례로 스티브 잡스의 이야기를 들어보자. "사람들은 자신이 중점을 두고 하는 일에 '예스'라고 대답하는 것을 집중이라고 생각한다. 그러나 그것은 절대 집중의 의미가 아니다. 100개가 되는 다른 좋은 생각에 '노'라고 대답하는 것이 진정한 집중이다. 당신은 신중하게 골라야 한다. 나는 나 자신이 했던 것만큼이나 하지 않았던 것에 대해서도 자부심을 갖고 있다. 1000개의 생각에 '노'라고 대답하는 것, 그것이 바로 혁신이다."

바벨 전략

제거적 지식은 바벨 전략의 한 가지 형태다. 그리고 결정적으로 볼록성을 갖는다. '노'라고 대답하는 것은 상당히 강건하고, 당신이 모르는 것은 프래질하고 위험하다. 그러나 당신은 '노'라고 대답하는 것을 위험하게 받아들이지 않고, 설사 그것이 오류로 밝혀지더라도 해가 되지 않을 것으로 확신한다.

비아 네가티바의 또 다른 응용은 단순한 것이 더 낫다는 생각에 있다.

단순한 것이 더 낫다

의사결정에서 단순한 것이 더 낫다는 생각은 예측과 추론에서 많은 경우 간단한 방법이 복잡한 방법보다 더 낫다는 사실을 발견했던 스피로스 마크리다키스Spyros Makridakis, 로빈 도스Robyn Dawes, 대니얼 골드스타인Daniel Goldstein, 게르트 기거렌처Gerd Gigerenzer에게서 찾을 수 있다. 그들의 간단한 경험법칙은 완벽하지 않으며, 완벽을 위해 설계된 것도 아니다. 지적으로 겸손한 자세를 가지고, 세련되게 보이려는 목표를 버리면 강력한 효과를 얻을 수 있다. 골드스타인과 기거렌처는 신속하면서도 간소한 경험법칙을 창안하여, 그것을 따르면 한정된 시간, 지식, 계산력에도 불구하고 의사결정을 훌륭하게 해낼 수 있을 것이라고 주장했다.

나는 단순한 것이 더 낫다는 경험법칙이 내가 일했던 두 곳에서 확실하게 적용된다는 사실을 깨달았다. 먼저 극단의 왕국에서는 좋은 일이든 나쁜 일이든 간에 아주 드문 사건이 엄청난 비중을 차지하고 리스크에 노출된 많은 것들을 변화시키지만, 우리가 이를 깨닫지 못하는 경향이 있다. 따라서 이처럼 아주 드문 사건을 활용하거나 예방하는 데 관심을 기울여야 한다. 블랙 스완에 노출되는 것을 두려워하라. 그럼 다른 한편으로 인생이 한결 수월해질 수 있다.

또한 단순한 것이 더 낫다는 생각은 발견하기도 적용하기도 아주 쉽다. 또 실수와 마음의 변화에 강건하다. 문제의 주요 원인을 찾기가 쉽지 않을 수 있지만 때로는 쉬운 해결 방안이 있다(모든 문제가 그렇지는 않지만, 많은 문제가 그렇다. 나는 정말로 많은 문제가 그렇다고 생각한다). 그리고 이런 해결 방안은 복잡한 분석 방법을 사용하거나 원인을 찾기 위해 아주 프래질하고 실패하기 쉬운 멍청한 방법을 사용하는 것보다 쉽게 육안으로 확인할 수 있다.

80대 20의 법칙을 들어본 적이 있는가? 지금으로부터 100여 년 전 빌프레도 파레토Vilfredo Pareto라는 경제학자가 80대 20의 법칙을 발견했는데, 이탈리아 인구의 20%가 전체 토지의 80%를 소유하고 있다는 내용이다. 그 20% 중에서 다시 20%, 즉 4%가 80%의 토지 중에서 다시 80%, 즉 64%를 소유한다. 이야기를 계속해 나가면, 결국 1%도 안 되는 사람이 전체의 50%를 소유하게 된다. 이것은 승자독식이라는 극단의 왕국에서 벌어지는 효과를 묘사한다. 그리고 이런 효과는 부의 분배에서 책의 판매에 이르기까지 상당히 일반적으로 나타나는 현상이다.

과거에는 80대 20이었지만 지금 우리는 99대 1이라는 훨씬 더 불균등한 분포로 가고 있다는 사실을 알고 있는 사람은 많지 않다. 인터넷 접속의 99%는 1%도 안 되는 사이트에서 이루어진다. 책 판매의 99%는 1%도 안 되는 저자의 저서에서 나온다 …… 계속 하다가는 감정을 자극하기 때문에 여기서 중단해야겠다.

이 시대의 거의 모든 영역에서 승자독식 효과가 나타나고 있으며, 여기에는 손실과 이익이라는 양면이 있다. 따라서 앞으로 설명하겠지만, 시스템의 1%만 변경하면 프래질을 약 99% 정도 낮출 수 있다(다시 말하면 안티프래질을 99% 정도 높일 수 있다). 그리고 몇 개 안 되는 조치만 취하는 것으로 가능하기 때문에, 적은 비용으로도 상황을 더욱 개선시키고 안전하게 만들 수 있다.

예를 들어, 몇 명 안 되는 노숙자들이 주정부 예산에서 엄청난 비율을 잠식하고 있으므로 예산을 절감해야 할 곳이 명백해진다. 또 소수의 종업원들이 문제의 대부분을 발생시키면 기업 전체의 분위기를 망친다. 따라서 이들을 제거하면 문제가 쉽게 해결된다. 소수의 고객들이 매출 수입의 대부분을 차지한다.

나를 비방하는 포스팅의 95%는 망상에 빠져 있는 3인방이 작성한 것들인데, 그들 모두 실패한 인생의 전형을 보여주고 있다(그들 중 한 사람은 지금까지 거의 10만 단어에 달하는 글을 포스팅했는데, 지금도 나의 글과 인격을 비난하기 위한 소재를 찾기 위해 혈안이 되어 있다. 이제는 별 효과가 없을 텐데도 그렇게 살고 있다).

의료 서비스 비용에 관해 에제키엘 임마누엘Ezekiel Emanuel은 인구의 절반이 전체 비용의 3% 미만을 차지하고 건강이 가장 좋지 않은 10%가 전체 비용의 64%를 소비한다는 사실을 보여주었다. 또 18장에 나왔던 벤트 폴리비에크는 블랙 스완 관리 방법을 설명하면서 기업에서 발생하는 초과비용의 대부분은 대규모 기술 프로젝트에서 비롯된다는 사실을 보여주었다. 이는 우리가 관심을 두어야 할 부분은 복잡한 문서를 작성하고 이야기만 주고받는 것이 아니라 바로 기술 프로젝트라는 점을 시사한다.

마피아 조직원들이 말하듯이, 골치 아픈 존재를 제거하는 데에만 주의를 기울이면 된다.

부동산처럼 경험법칙에 따라 몇 개의 가장 중요한 특징을 찾아 문제와 해결방안을 간단하게 요약할 수 있는 영역이 있는데, 첫째도 둘째도 셋째도 바로 위치다. 나머지 사항들은 껍데기에 불과하다. 항상 그렇지는 않지만 이처럼 가장 중요한 특징에 관심을 가져야 하며, 그럼 나머지 사항들은 저절로 해결된다.

그럼에도 불구하고 사람들은 문제를 해결하기 위해 더 많은 데이터를 원한다. 언젠가 나는 의회에 출석해 위기예측 프로젝트에 자금을 지원하려는 계획이 불필요하다고 주장한 적이 있다. 당시 프로젝트에 관련된 사람들은 그 동안 지금만큼 많은 데이터를 가져본 적이 없는데도 예전에 비해 예측 능력이 떨어진다는 역설을 알지 못하고 있었다.

찻길을 건널 때 주변 사람들의 눈동자 색깔에 관심을 기울이는 것처럼, 더 많은 데이터는 질주해오는 거대한 트럭을 놓치게 만들 수도 있다. 찻길을 건널 때에는 본질적인 위협을 제외하고 다른 모든 데이터를 제거해야 한다.[1]

폴 발레리Paul Valéry가 말했듯이, 행동하기 위해 얼마나 많은 것들을 제거해야 하는가?

물리학처럼 믿음이 가는 분야는 통계적 방법을 많이 사용하지 않는다. 반면 정치학이나 경제학처럼 주목할 만한 것들을 결코 만들어낸 적이 없는 분야는 정교한 통계적 방법과 증거로 가득 차 있다(그리고 그런 연기를 걷어내고 나면, 그들이 제시하는 증거는 증거가 아니라는 사실을 알게 될 것이다). 과학에서 이런 상황은 가장 많은 알리바이를 가진 사람이 범인으로 밝혀지는 탐정 소설과 비슷하다. 그리고 우리는 경제학에서 통계학을 사용한 수많은 논문을 무효로 만들기 위해 데이터로 가득 찬 수백 장의 종이가 필요한 것이 아니다. 블랙 스완과 꼬리에 해당하는 사건이 사회와 경제를 지배하며, 이런 사건은 예측할 수 없다는 사실만으로도 그들의 통계분석이 무효임을 충분히 입증할 수 있다.

우리는 다음 실험을 통해서도 단순한 것이 더 낫다는 증거를 제시할 수 있다. 『보이지 않는 고릴라The Invisible Gorilla』의 공동 저자 크리스토퍼

1　7장에서 말했던 지나치게 개입하는 편집자가 중요한 실수를 놓쳤다는 사실을 기억하라. 금융위기조사위원회Financial Crisis Inquiry Commission가 제출했던 663페이지짜리 금융위기조사보고서Financial Crisis Inquiry Report는 중요한 원인들을 놓치고 있다. 바로 프래질과 '승부의 책임의 부재'였다. 그러나 물론 그들은 우리가 원인이라고 생각할 수 있는 모든 가능한 부수 현상들을 나열했다.

차브리스Christopher Chabris와 대니얼 사이먼스Daniel Simons는 사람들이 농구 경기 화면을 보면서 패스 횟수를 세라는 지시를 듣고 관심을 다른 데 집중하다 보면 옆에서 어슬렁거리는 덩치 큰 고릴라를 보지 못할 수도 있다는 사실을 입증해 보였다.

나는 의사결정을 할 때 컴퓨터 화면에 찬성과 반대의 이유를 각각 늘어놓는 대신 단순한 것이 더 낫다는 원칙을 직관적으로 사용해왔다는 사실을 알게 되었다. 예를 들어, 무엇인가를 선택해야 할 이유가 한 가지를 넘을 때는(의사를 선택하거나 수의사를 선택할 때, 정원사를 고용하거나 종업원을 고용할 때, 결혼을 할 때, 여행을 갈 때), 그렇게 여러 가지를 생각하지 말기 바란다. 그렇다고 해서 한 가지 이유가 두 가지 이유보다 더 낫다는 뜻은 아니다. 확신을 갖기 위해 여러 가지 이유를 찾으려 하지 말라는 뜻이다. 분명한 결정(즉 실수에 강건한 결정)에는 한 가지 이유만이 필요하다.

프랑스 군대가 경험에서 얻은 원칙에 따라 결석의 이유를 여러 가지에서 찾으려고 하지 않았듯이 할머니가 돌아가신 일, 감기에 걸린 일, 야생돼지에게 물린 일도 마찬가지다. 누군가 여러 가지 이유를 들어 책의 내용이나 사상을 공격하면 실제로는 그 공격이 잘못되었다는 사실을 알아야 한다. "그가 범인이고, 사람들을 죽였다. 또 식사 예절이 안 좋고 입내가 고약하고 운전을 잘 못한다."는 식으로 말하는 사람은 없다.

나는 내가 '베르그송의 면도날Bergson's razor(영국의 철학자 오캄Occam은 가정이나 설명은 단순하고 간결한 것일수록 뛰어나다고 주장했는데, 이를 오캄의 면도날Occam's Razor이라고 부른다 – 옮긴이)'이라고 이름을 붙인 원칙을 따른다. '철학자는 한 가지 사상에 정통해야 한다. 그 이상은 필요 없다.'(이런 원칙이 베르그송에게서 나온 것은 아니다. 그러나 나는 충분히 훌륭하다고 생각한다). 프랑스의 수필작가이자 시인 폴 발레리는 아인슈타인에게 아이디어를 기록하기 위해 수첩을 가지고 다니는지 물어본 적이 있다. 그러자 아인슈타인은 "저는 아이디어가 없어요."라고 대답했다고 한다. 실제로 아인슈타인은 가치 없는 아이디어는 머릿속에 담아두려고 하지 않았다. 여기서 경험법칙 한 가지가 나온다. 장문의 이력서를 뽐내는 사람이 있다면, 나는 그런 사람을 피한다. 한 컨퍼런스에서 어떤 친구가 2~3명 이상의 삶을 담아낼 만한 이력서를 가진 거물과 함께 식사하는 자리로 안내했을 때, 나는 그 자리를 피하기 위해 신참이나 무대 엔지니어와 함께 자리를 하려고 했다.[2] 마찬가지로 300편의 학술 논문과 22개의 명예 박사학위를 가졌지만 주목할 만한 기여 혹은 중요한 아이디어가 전혀 없는 사람과 마주친다면, 나는 그 사람을 흑사병 환자처럼 여기고 피하려고 한다.

---

[2] 과학처럼 성스러운 영역에서 경쟁을 유발하는 폐단을 가진 노벨재단조차 크게 기여할 만한 가치가 거의 없지만 논문 실적만 많으면 상관없다고 생각하지는 않았다.

시간과 프래질

지식처럼 예측도 부가적이 아니라 제거적이어야 한다 / 린디 효과, 혹은 캘리포니아에서 뭐라고 하든지 간에 옛 것이 새 것보다 우월한 이유(특히 기술 분야에서) / 예언가는 추천을 받거나 자발적인 직업이 아니다

안티프래질은 처음 갖게 되는 직관과 달리 옛 것이 새 것보다 우월하다는 것을 의미한다. 그리고 우월한 정도는 당신이 생각하는 것보다 훨씬 더 크다. 한 대상이 당신의 지적인 장치에 어떤 모습으로 비쳐지든 간에 혹은 그것이 이야기를 잘하든 못하든 간에, 시간은 내재된 프래질에 관해 더 많이 알게 될 것이고 필요하다면 그것을 부숴버릴 수도 있다. 여기서 나는 이 시대의 질병인 개입주의와 연관된 네오매니어neomania에 관한 이야기를 하려고 한다. 네오매니어는 프래질을 초래하지만, 충분한 인내력을 가진다면 치료할 수 있으리라 믿는다.

살아남은 것은 시간이 알아차릴 수 있는 어떤 숨은 목적을 충족시켜 주기에 훌륭한 것임이 틀림없다. 그러나 우리의 눈과 논리적 재능은 그것을 알아차리지 못한다. 이번 장에서는 예측을 위한 핵심 요소로 프래질의 개념을 사용한다.

다음과 같은 기본적인 비대칭성을 기억하자. 안티프래질한 대상은 무작위성과 무질서로부터 혜택을 얻는다. 하지만 프래질한 대상은 손해를 본다. 그렇다면 시간을 무질서와 같은 것으로 볼 수 있겠다.

시모니데스에서 옌센까지

얼굴이 두껍지 않고, 친구가 별로 없고, 인터넷에 빠져 있고, 훌륭한 옛 속담으로 가득 찬 도서를 읽지 않을 뿐만 아니라 예언으로부터 개인적인 혜택을 얻을 수 있는 능력이 안 된다면, 예언가는 직업적으로 훌륭한 선택이 아니라는 사실을 염두에 두면서 프래질과 안티프래질의 차이를 활용하기 위한 연습의 일환으로 예언 게임을 해보자. 전무한 예언 실적에서 알 수 있듯이, 예언이 맞다는 사실이 입증되기도 전에 당신은 욕을 먹을 것이다. 예언이 맞다는 사실이 밝혀진 후에는 잠시 동안 미움을 받거나, 당신의 예언이 회고적 왜곡retrospective distortion(결과를 나중에 알게 되었기 때문에 처음부터 그런 결과를 가져올 수 있었을 여러 가지 측면을 비추어보면서 그런 결과가 나올 가능성이 아주 컸다고 생각하게 된다-옮긴이)에 의해 하찮은 것으로 치부될 것이다. 이런 이야기는 평판보다 돈에 집중하라는 뚱보 토니식 방법을 따르는 것이 훨씬 더 설득력 있어 보이게 한다. 예언자에 대한 이런 대접은 현대에도 지속적으로 나타난다. 공산주의, 심지어 스탈린주의와 같은 잘못된 사상을 신봉하던 20세기의 지식인들은 지금도 계속 인기를 유지하고 있다. 그들의 저서는 여전히 서점에서 팔리고 있는 것이다. 반면에 레몽 아롱Raymond Aron과 같은 정치철학자처럼 현상을 정확하게 예언했던 사람들은 거의 주목받지 못하고 있다.

이제 눈을 감고 5년, 10년 혹은 25년 뒤에 당신 주변에서 벌어지게 될 현상을 상상해보라. 혁신, 개선, 획기적인 신기술이라고 부르는 새로운 것을 생각해낼 수도 있고, 우아하지 않고 진부한 옛 것을 생각해낼 수도 있다. 앞으로 살펴보겠지만, 혁신에 관한 일반적인 생각은 미학적으로 불쾌감을 조성할 뿐만 아니라 경험적으로나 철학적으로도 말이 되지 않는다.

왜 그럴까? 상상은 현재의 세계에 무엇인가를 보탤 가능성이 있다. 미안한 이야기지만, 이번 장에서 나는 이것이 정확히 퇴보하는 접근방식이라는 사실을 보여줄 것이다. 보다 엄격한 접근방식은 안티프래질과 프래질의 개념에 따라 미래에 속하지 않는 것들을 제거하는 것이다. 바로 비아 네가티브를 의미한다. 프래질한 것은 결국 부서지게 되어 있다. 그리고 운이 좋게도 우리는 무엇이 프래질한지 쉽게 알 수 있다. 정의 블랙 스완은 부의 블랙 스완에 비해 예측하기가 더 어렵다.

기원전 6세기 시인 케오스의 시모니데스Simonides of Ceos는 "시간은 모든 것을 파괴하는 날카로운 이빨을 가지고 있다."고 했다. 이때부터 서구 문학에서 시간을 냉혹한 대상으로 인식하는 전통이 시작된 것으로 여겨진다. 오비디우스가 "시간이여, 모든 것을 먹어치우는 자여!"라고 표현했고 이에 못지않게 시흥이 넘쳤던 20세기 러시아 출신의 프랑스 여류 시인 엘자 트리올레Elsa Triolet가 "타들어가는 시간은 재를 남기지 않는다."라고 표현한 것에 이르기까지, 시간에 관해서는 우아하고도 멋진 표현을 수없이 많이 찾을 수 있다. 이런 작업은 시적인 정취를 자연스럽게 북돋아준다. 지금 나는 프랑스 시에 멜로디를 붙인 〈시간이 흐르면Avec le temps〉이라는 곡을 콧노래로 부르고 있다. 이 노래는 시간이 어떤 대상을, 심지어 나쁜 기억을 어떻게 지워버리는지 말해준다(하지만 이런 과정에서 시간이 우리 자신도 지워버린다는 말은 하지 않는다).

지금은 볼록성 효과 덕분에 과학의 도움을 약간 받아 무엇이 이처럼 냉혹한 시간에 삼켜지게 될지 분류할 수 있다. 프래질한 대상은 결국 부서지게 되어 있다. 다행히 우리는 무엇이 프래질한지 알 수 있다. 우리가 안티프래질하다고 믿는 대상도 결국에는 부서지지만, 그렇게 되려면 훨씬 더 오랜 시간이 걸린다(와인은 시간이 지날수록 숙성한다. 그러나 일정 시점까지만 그렇다. 그리고 와인을 화산 분화구에다 놔두면 그렇지 않다).

앞에서 말했던 시모니데스의 시는 '가장 단단한 것조차'라는 단서를 단다. 따라서 시모니데스는 가장 단단한 것은 더욱 힘들게 삼켜야 하기 때문에 가장 나중에 삼키게 된다는 상당히 유용한 생각을 어렴풋이 드러낸다. 물론 그가 어떤 것은 안티프래질하기 때문에 절대 삼킬 수 없다고 생각한 것은 아니다.

이제 나는 비아 네가티바 방법이 예측 중 유일하게 타당한 것이라는 주장을 하겠다. 특히 오늘날 우리가 살고 있는 복잡한 환경에서 칠면조가 되지 않도록 해주는 예측 방법은 이것 말고는 없다. 그렇다고 해서 새로운 기술이 등장하지 않을 것이라는 말을 하려는 것은 아니다. 새로운 것은 잠시 동안 자신에게 주어진 시간을 지배할 것이다. 물론 프래질한 것은 '다른 것'에 의해 대체될 것이다. 그러나 여기서 말하는 '다른 것'은 예측이 불가능하다. 아마도 틀림없이 당신이 마음속으로 그리고 있는 기술은 성공적으로 남게 될 기술이 아닐 것이다. 당신이 자신의 상상력을 존중하면서 그 기술의 적합성이나 적용 가능성을 믿고 있더라도 말이다.

가장 프래질한 것은 예측이 가능한 것, 즉 예측 가능성에 기반을 둔 것이라는 사실을 기억하자. 다시 말하면, 블랙 스완을 과소평가하는 사람은 결국 집단에서 퇴출될 것이다.

이런 원칙에 따르면, 한 가지 분명하고도 흥미로운 역설은 단기 예측보다 장기 예측을 더욱 신뢰하게 된다는 것이다. 시간이 블랙 스완 현상의 가능성을 높이기 때문에 이런 성질을 띠는 현상이 결국 역사 속에 등장할 수밖에 없다면 말이다. 다른 한편으로 (프래질한 것이 연관되지 않는) 전형적인 예측은 시간이 지나면 그 정확성이 떨어진다. 비선형성이 존재하면 예측 기간이 길어질수록 그 정확성이 떨어진다. 예를 들어, 컴퓨터 공장의 매출액이나 편의점의 이윤에 대한 10년짜리 예측은 1년짜리 예측에 비해 틀릴 가능성이 1000배는 더 높다.

제거하는 법 배우기

쥘 베른Jules Verne, 허버트 조지 웰스Herbert George Wells, 조지 오웰George

Orwell의 소설에 나오는 예측, 혹은 지금은 잊혀졌지만 과학자와 미래학자들이 미래에 관해 만들어낸 이야기에 나오는 예측처럼, 지난 150년 동안 나타난 미래 예측을 생각해보라. 여기서 주목할 만한 사실은 인터넷이나 이보다 더 평범해 보이는 여행용 가방의 바퀴처럼 지금 세계를 지배하는 도구가 이런 예측에 전혀 등장하고 있지 않다는 점이다. 그러나 문제는 이것이 아니다. 헤론의 증기기관 혹은 레오나르도 다빈치Leonardo da Vinci의 전차처럼 몇 가지 과도하게 소개되는 일화를 제외하고는 상상했던 거의 모든 것들이 일어나지 않았다는 데 있다. 우리가 살고 있는 세상은 그들이 상상했거나 상상하기를 원했던 세상보다는 그들이 살던 세상과 훨씬 더 가깝다. 그리고 우리는 이런 사실을 알아차리지 못하는 경향이 있다. 즉 우리가 전문 기술 중심의 미래를 예측하게 되면서, 이런 사실을 알려주는 수정 메커니즘이 존재하지 않는 것으로 보인다.

여기서 선택 편향이 존재할 수 있다. 미래에 관한 이야기를 만들어내는 사람은 최근의 것을 좋아하는 불치의 네오매니어일 가능성이 높다.

오늘 밤 나는 레스토랑에서 친구들을 만날 예정이다[타베르나taverna, (그리스 지방의 작은 레스토랑 – 옮긴이)는 적어도 25세기 동안 존재해왔다. 나는 5300년 전 오스트리아 알프스 지역의 빙산에서 발견된 남자 미라가 신던 신발과 크게 다르지 않은 신발을 신고 그 레스토랑으로 걸어갈 것이다. 그곳에서 메소포타미아인들의 기술로 만든 은식기를 사용할 것이다. 이것을 사용하면 양고기의 다리를 뜯는 동안 손이 데이지 않아 아주 편리하게 먹을 수 있기 때문에 '킬러 애플리케이션killer application(어떤 분야나 서비스의 발전에 결정적인 역할을 하거나, 크게 보급시킬 계기가 된 인기 있는 소프트웨어 또는 콘텐츠-옮긴이)'이 될 자격이 충분히 있다. 그리고 최소한 6000년 동안 이어져 내려오는 와인을 마실 것이다. 이 와인은 페니키아인의 후예인 나의 레바논 동포가 처음 만든 것으로 알려진 유리잔에 채워질 것이다. 만약 출처가 의심스럽다면, 페니키아 상인들은 최소 2900년 동안 유리 장신구를 팔아왔다고 자신있게 말할 수 있다. 메인 요리를 마치고 나면, 최근 기술로 만든 수제 치즈를 먹는다. 이것은 장인들이 수세기 동안 대를 이어 변함없이 만들어왔던 치즈라서 값이 더 비싸다.

  1950년에 누군가가 이처럼 사소한 모임을 예상했다면 아주 다른 모습을 상상했을 것이다. 따라서 감사하게도, 나는 합성섬유로 만든 반짝이는 우주복을 입지 않아도 될 것이고 스크린을 통해 친구와 대화를 나누면서 영양학적으로 최적화된 알약을 먹지 않아도 될 것이다. 내 저녁식사 파트너들은 돌아가면서 내 얼굴에다 병원균을 뿜어댈 것이고, 은하계 저편에 살고 있지도 않을 것이다. 요리사들은 상당히 낮은 기술(불)과 로마 시대 이후 (몇 가지 금속 제품의 품질을 제외하고는) 거의 변하지 않은 주방용품들을 사용해 음식을 준비할 것이다. 나는 최소한 3000년은 이어져 내려온 의자라는 물건에 앉아 있을 것이다. 이 의자는 고대 이집트인들의 위엄 있는 의자보다 덜 화려하게 장식되었을 것이다.

  그리고 나는 레스토랑으로 가기 위해 날아다니는 오토바이를 타지도 않을 것이다. 주로 걸어서 가거나 늦었다면 1세기 전의 기술로 만든, 이민자들이 운전하는 택시를 이용할 것이다(1세기 전의 파리에서는 러시아 귀족들이 택시 운전을 많이 했다. 지금 택시 운전을 하는 사람들은 베를린과 스톡홀름에서는 주로 이라크와 쿠르드 난민들이, 워싱턴 D.C.에서는 주로 에티오피아 출신의 박사후과정 학생들이, 로스앤젤레스에서는 주로 음악을 좋아하는 아르메니아인들이, 뉴욕에서는 국적을 불문한다).

데이비드 에드거턴은 21세기 초반에 우리는 자동차에 비해 자전거를 2.5배나 더 많이 생산하고 있고, 기술적 자원의 대부분을 기존 장비를 유지하거나 기존 기술을 세련되게 다듬는 데 투자하고 있다고 했다(이런 현상이 단지 중국에서만 나타나는 것은 아니다. 서구 도시들은 자전거 친화적인 환경을 만들기 위해 적극적으로 노력하고 있다). 또 다른 의미 있는 기술 중 하나는 사람들이 말을 꺼내기 꺼리는 콘돔 제조 기술이다. 아이러니하게도 콘돔은 기술이 별로 필요 없는 제품으로 여겨지길

그림 17 　폼페이에서 출토된 주방용품. 오늘날의 주방용품과 크게 다르지 않다.

원하지만 눈에 띄지 않기 위해 의미 있는 개량 과정을 지속적으로 겪고 있다.

따라서 가장 커다란 실패는 다음과 같은 것이다. 우리는 미래를 상상해보라는 주문을 받으면 현재를 기준으로 하여 여기에 새로운 기술과 제품, 그리고 이치에 맞는 그럴듯한 무엇인가를 더하는 방식으로 과거의 발전의 연장선에서 이론적으로 숙명이라 여겨질 만한 것을 이끌어내려는 경향이 있다. 또한 소수의 비관론자들을 제외하고는 자신이 생각하는 유토피아에 따라 주로 자신의 소망에 이끌려 미래를 표현하려고 한다. 결국 미래에는 우리들의 소망이 녹아 들어가 있다. 따라서 우리는 미래를 지나치게 기술화하고 앞으로 1000년 동안 우리가 마주하게 될, 여행용 가방의 작은 바퀴와 같은 기술의 위력을 과소평가한다.

이처럼 지나칠 정도로 맹목적으로 기술화를 추구하려는 자세에 대해 한마디 하겠다. 나는 금융계를 떠나 성공한 기술자, 곧 성공하게 될 기술자, 새로운 분야의 기술자들이 모여드는 멋진 컨퍼런스에 참석하기 시작했다. 처음에는 그들이 넥타이를 매지 않은 것을 보고 상당히 고무되었다. 얼마 전까지만 해도 넥타이를 맨 혐오스러운 금융업자들과 생활하면서 넥타이를 매지 않은 사람은 공허한 정장 차림을 한 사람과 다르다는 환상을 가졌다. 그러나 이 컨퍼런스는 첨단 IT 기술을 사용해 화려한 이미지와 멋진 애니메이션을 연출하는 데에는 성공했지만, 결론은 실망스러웠다. 나는 동질감을 느낄 수 없었다. 단지 미래에 무엇인가를 더하려고만 하는 접근방식 때문만은 아니었다(또한 그들은 프래질한 것을 빼려고 하지 않았다). 그들의 철저한 네오매니어로서의 맹목적인 자세 때문도 아니었다.

이유를 깨닫는 데 시간이 좀 걸렸지만, 결국 우아함이 심각하게 결여되었다는 생각이 들었다. 기술개발에 흠뻑 빠진 사람들은 기술자 마인드를 가진 경향이 있다. 좀 더 심하게 말하자면, 그들은 자폐증 성향이 있다. 그들은 넥타이를 매지는 않았지만, 촌스러운 모범생의 전형적인 이미지를 보여주었다. 매력적인 데가 없었고, 사람보다는 물건에 관심을 갖고 있기 때문에 자신의 외모를 소홀히 여겼다. 그들은 적용 가능성보다는 정확성을 중요하게 생각했다. 그리고 문학적인 소양은 대체로 찾아볼 수 없었다.

이런 문학적 소양의 결여는 역사적 소양의 결여, 맹목적인 네오매니어의 탄생과 연관되기 때문에 실제로 미래에 대한 맹목적인 자세로 이어진다. 틈새 영역과 SF 장르라는 고립된 장르를 벗어나면, 문학은 주로 과거에 관한 이야기가 된다. 우리는 중세 시대의 교과서를 가지고 물리학이나 생물학을 배우지 않는다. 그러나 지금도 호머나 플라톤, 셰익스피어의 작품을 읽는다. 페이디아스Phidias, 미켈란젤로, 카노바Canova를 모르고는 조각을 논할 수 없다. 그들은 과거에 있지 미래에 있지 않다.

박물관에 가더라도 미학적 마인드를 지닌 사람은 주로 옛 것에 관심을 갖는다. 확실하지 않지만, 그런 사람은 역사에 대해 반대 의견을 갖고 있더라도 역사에 관심이 많을 것이다. 그리고 (다음 꼭지에서 살펴보겠지만, 적절히 다루었을 때) 과거가 현재보다 미래의 특징을 훨씬 더 잘 가르쳐준다. 미래를 알려면, 당신은 킬러 애플리케이션에만 몰두하면서 기술자폐적인 용어와 씨름할 필요가 없다. 오직 다음과 같은 원칙을 따르기만 하면 된다. 과거를 존중하고, 역사적 기록에 관심을 가지고, 옛 것이 주는 지혜를 찾기 위해 노력하고, 생존에는 필수적이지만 때로는 문자로 전해지지 않는 경험법칙을 알아내려고 노력해야 한다. 다시 말하면, 주변에 있는 것, 즉 살아남은 것에 비중을 두어야 한다.

가장 상태가 좋은 기술

그러나 기술은 자기 제거를 통해 나쁜 기술의 영향을 없앨 수 있다.

기술은 자신을 드러내지 않을 때 가장 좋은 상태가 된다. 나는 기술이 이전 기술의 해롭고 부자연스러운 측면, 배제되어야 하는 측면, 무엇보다도 본질적으로 프래질한 측면을 제거할 때 가장 혜택을 줄 수 있다고 생각한다. 지금까지 살아남은 기술 중 상당 부분은 근대(특히 20세기)가 낳은 속물 근성이라는 해로운 측면을 제거한 것들이다. 이처럼 해로운 측면의 예를 들면 공허한 옷차림의 경영자가 경영하는 관료적 다국적 기업, 텔레비전만 보는 가족들의 일방적이고도 소원한 관계 속의 가정, 심지어 교외에 살면서 자동차 문화의 지배를 받아 더욱 소원해진 가정, 국경을 통제하는 국가의 지배(특히 군사정권이 지배하는 국민국가), 기존 언론의 사상과 문화에 대한 파괴적 독재, 엉터리 경제학 교육기관에 의한 경제 사상의 발간과 유포에 대한 엄격한 통제, 지금은 인터넷의 위협을 받는 시장을 통제하는 대기업, 인터넷에 의해 무너지는 위장된 엄밀성 등 수없이 많다. 이제 당신은 키프로스로 가는 신혼여행을 예약하기 위해 "영어를 들으시려면 1번을 누르세요."라는 말을 듣지 않아도 되고, 무례한 교환원과의 대화를 기다리지 않아도 된다. 인터넷은 이용하기에 부자연스럽기는 하지만, 우리 주변에서 벌어지는 훨씬 더 부자연스러운 요소들을 제거해왔다. 예를 들어 서류 작업이 사라지면서 (근대의 산물인) 관료주의는 예전에 비해 부드러워졌다. 그리고 컴퓨터 바이러스가 모든 기록을 삭제해버리는 행운이라도 생기면 사람들은 과거의 전과 기록으로부터 자유로워질 수도 있다.

지금도 우리는 기술을 제거하기 위해 기술을 사용한다. 내가 알프스에서 발견된 그리스·로마의 고전기 이전 시대의 신발과 비슷한 신발을 신고 레스토랑으로 갔던 것을 떠올려보자. 신발 제조회사들은 완벽한 걸음과 달리기를 구현하고자 온갖 방식의 지탱 원리와 쿠션 소재를 비롯하여 적용 가능한 인체공학 기술을 수십 년 동안 연구하고는, 지금은 맨발 상태를 모사한 신발을 팔고 있다. 그들은 겸손한 자세로 외부에서 작용하는 힘으로부터 우리 발을 보호하는 기능만 주장하면서, 근대에 이르러 나타나는 판에 박힌 행동처럼 우리들에게 걷는 방식을 강요하지는 않는다. 어쩌면 그들은 수렵과 채집 생활을 하던 사람들의 딱딱하게 굳은 발을 우리에게 판매하고 있는지도 모른다. 그 발이 문명 세계로 되돌아와서 우리들의 발이 되어 주듯이 말이다. 이런 신발을 신고 3차원을 느끼면서 동시에 새로운 차원에서 깨어난 사람처럼 자연 속을 거닐 수 있다는 것은 아주 신나는 일이다. 보통 신발은 우리를 자연으로부터 분리하는 역할을 맡은 것처럼 보인다. 그리고 우아하게 생겨야 한다. 중요한 기술은 바로 밑창에 있다. 새로운 밑창은 강건하면서도 얇아서 마치 맨발로 땅을 품는 듯한 기분이 들도록 한다. 이탈리아 분위기가 나는 브라질산 모카신을 신고 즐거운 마음으로 돌멩이를 밟으면서 레스토랑으로 달려가는 것이 내게는 큰 즐거움이다.

그들이 강화 방수 양말을 팔면 어떨까, 하는 생각도 든다(실제로 알프스에서 발견된 고대인이 신었던 것이다). 그러나 그 양말이 신발 제조업자

들에게 큰돈을 벌게 해주지는 않을 것 같다.[1]

우리는 아이패드를 사용하면서 바빌론 시대와 페니키아 시대로 되돌아가 손으로 기록할 수 있게 되었다. 이제 우리는 태블릿 화면에 손으로 입력할 수 있다. 키보드를 치는 대신 손으로 기록하면 마음이 훨씬 더 편하다. 내 꿈은 근대 이전의 모든 작가들이 그랬듯이 모든 것을 손으로 쓰는 것이다. 따라서 기술이 갖는 자연스러운 특징은 자신을 드러내지 않는 것이다.

다음 꼭지에서는 미래가 주로 과거에 있는 이유를 설명하겠다.

거꾸로 늙는다: 린디 효과

이제 더욱 기술적인 이야기를 할 때가 되었다. 지금 단계에서 사물의 차이점을 구분하는 것은 도움이 된다. 우리는 사물을 소멸하는 것(인간, 소모품 등)과 소멸하지 않는(영구적으로 남는) 것으로 구분할 수 있다. 여기서 소멸하지 않는 것이란 불가피한 유기체적 만기일이 없는 대상을 말한다. 소멸하는 것이 어떤 대상이라면, 소멸하지 않는 것은 그 대상이 지닌 특징 정보다. 자동차는 소멸하는 것이다. 그러나 하나의 기술로서 자동차는 지금까지 약 100년 동안 생존해왔다(그리고 우리는 또 다른 100년을 생존해줄 것으로 예상한다). 인간은 죽는다. 그러나

---

[1] 맨발의 육상 선수와 발가락 신발을 신은 사람(나도 여기에 포함된다)이 보여준 사례에 의하면, 그 사람의 발이 지형을 기억해서 자신이 과거에 어디에 있었는지 기억한다는 설이 있다.

유전자 코드는 그렇지 않다. 물리적인 책(예를 들어 구약 성서의 복사본)은 소멸한다. 그러나 그 내용은 또 다른 물리적인 책으로 표현될 수 있다면 소멸하지 않는다.

우선 내 생각을 레바논에서 전해져 내려오는 방식으로 표현해보겠다. 젊은이와 노인이 있을 때, 젊은이가 노인보다 더 오래 생존할 것으로 확신할 수 있다. 하지만 기술처럼 소멸하지 않는 대상에 관해서는 이런 확신을 가질 수 없다. 이때 우리는 두 가지 가능성을 가지고 있다. 오래된 것과 새 것에 남아 있는 수명이 같은 경우(이런 경우 확률변수는 지수분포를 한다)와 상대적인 연령에 비례해 오래된 것이 새 것보다 더 오랫동안 생존하는 경우다. 이런 경우, 오래된 것이 80년 되었고 새 것이 10년 되었다면, 오래된 것이 새 것보다 8배 더 오랫동안 생존한다.

표 6 영역과 수명 비교[노인(오래된 것)과 젊은이(새 것)를 비교했을 때]

수명 비교	영역	확률분포
젊은이가 노인보다 더 오래 생존한다	소멸한다: 인간과 동물의 삶	정규분포(가우스 분포), 혹은 이와 비슷한 유형의 분포
오래된 것과 새 것이 같은 수명을 갖는다	소멸하지 않는다: 정보, 종species의 수명	지수분포
린디 효과. 상대적인 연령에 비례해 오래된 것이 새 것보다 더 오랫동안 생존한다	소멸하지 않는다: 정보, 지적 생산품, 속Genera의 수명	멱함수power law 분포

이제 나는 소멸하는 대상과 소멸하지 않는 대상에 대해서 (나중에 위대한 수학자 만델브로가 발전시킨 린디 효과Lindy effect에 근거해) 다음과 같은 제안을 하려고 한다.[2]

소멸하는 대상의 경우, 앞으로 살아가는 날들은 남아 있는 수명을 단축시킨다. 반면 소멸하지 않은 대상의 경우, 앞으로 살아가는 날들은 남아 있는 수명을 연장시킬 수 있다. 따라서 오래된 기술일수록 앞으로 오랫동안 남아 있게 되리라는 기대를 할 수 있다. 이제 중요한 사항 한 가지를 설명하겠다(아마도 처음에는 이해하기 어려울 것이다).

나는 지금 나이가 40세인 어떤 남자에 관해서 매년 갱신되는 정보를 가지고 있는데, 앞으로 그 남자가 얼마나 더 살 것인지를 예상하려고 한다. 보험계리사처럼 기대여명표를 보면서 나이가 조정된 그 남자의 여명을 확인할 수 있다. 이 표는 그 남자에게 남아 있는 수명이 44년이라고 말해준다. 그 남자가 41세가 되는 내년에는(혹은 지금 41세인 다른 남자를 상대로도 같은 이야기를 할 수 있다) 그 남자에게 남아 있는 수명이 43세가 조금 넘는다. 따라서 1년이 지날 때마다 그 남자에게 남아 있는 수명은 약 1년 정도 줄어든다(실제로는 1년보다 약간 덜 줄어든다. 따라서 그가 태어났을 때 수명이 80세라면, 그가 80세가 되었을 때 남아 있는 수명이 0년이 아니라 대략 10년 정도가 된다).[3]

소멸하지 않는 대상에게는 그 반대 상황이 적용된다. 여기서는 명쾌하게 설명하기 위해서 숫자를 단순하게 사용하겠다. 어떤 책이 40년 동안 계속 발간되었다면, 앞으로 40년 동안 계속 발간될 것으로 기대

---

[2] 이런 대상의 수명이 자연적인 상계 upper bound를 갖고 있지 않다면, 소멸 시기의 분포는 프래질에 의해서만 제약을 받는다.

[3] 이 내용은 1964년 6월 13일 〈뉴리퍼블릭 The New Republic〉에 실린 기사를 바탕으로 한다. 비록 그 기사가 소멸하는 대상에 잘못 적용하기는 했지만 말이다. 그 기사를 썼던 사람은 텔레비전 코미디언의 향후 직업 경력은 과거 미디어에 노출된 시간에 비례한다고 했다. 이는 젊은 코미디언에게는 적용될 수 있지만, 나이든 코미디언에게는 그렇지 않다(코미디언은 유감스럽게도 소멸하는 대상이다). 그러나 기술과 책은 이런 제약을 갖고 있지 않다.

할 수 있다. 여기서 중요한 차이는, 그 책이 10년을 더 버틴다면 그 후로 50년은 계속 발간될 것으로 기대할 수 있다는 점이다. 이런 사실은 우리 주변에서 오랫동안 존재하고 있는 대상들이 사람과 달리 거꾸로 나이가 드는 이유를 설명한다. 1년마다 소멸하지 않고 살아남으면 수명은 두 배 만큼 길어진다.† 이는 강건함을 나타내는 징표이며, 사물의 강건함은 수명에 비례한다.

물리학자 리처드 고트Richard Gott는 우리가 무작위적인 방식으로 선택해 관찰한 것은 수명의 초기나 후기가 아니라 중기에 있는 대상일 가능성이 높다는 아주 색다른 논리를 제시했다. 그의 주장은 처음에는 불완전한 것으로 비난받았다. 그러나 자신의 주장을 뒷받침하기 위해 내가 방금 전에 말했던, 어떤 대상의 기대 수명은 지금까지 살아온 기간에 비례한다는 사실을 입증했다. 고트는 1993년 5월 17일 브로드웨이 쇼의 리스트를 입수해 가장 오랫동안 상연된 작품이 가장 오랫동안 살아남을 것으로 예상했다. 실제로 그의 예상은 95%의 정확성을 가졌다. 또한 세워진 지 5700년이 된 거대한 피라미드와 12년 된 베를린 장벽을 비교하고, 피라미드가 베를린 장벽보다 더 오랫동안 모습을 유지할 것으로 예상했다. 기대 수명이 지금까지 살아온 기간에 비례한다는 사실을 명시적으로 입증할 필요는 없다. 그것은 수명으로 나타나는 승자독식 효과의 직접적인 결과이기 때문이다.

---

† 여기서 내가 시도했던 단순화가 나타난다. 나는 1년을 더 살면 수명이 두 배만큼 길어진다고 가정했다. 실제로 수명이 2.5배 혹은 그 이상으로 길어지면 더 좋은 일이다. 따라서 린디 효과를 수학적으로 말하자면 소멸하지 않는 대상의 경우, 생존 기간이 길어질수록 수명도 길어지는 현상을 의미한다.

내가 이런 개념을 제시하면 대체로 두 가지 오해가 발생한다(우선 사람들은 확률 개념을 이해하는 데 어려움을 겪는다. 특히 인터넷에서 너무 많은 시간을 보낼 때에는 더욱 그렇다. 그렇다고 해서 인터넷 자체가 확률에 대한 혼란을 자극하는 것은 아니다. 단지 확률을 이해하는 데 많은 노력이 필요하다). 첫 번째 오해는 전화선, 종이 신문, 영수증을 가득 채운 캐비닛처럼 비효율적이어서 사라져가는 기술과 같은 반례를 제시하는 형태로 나온다. 이런 반례는 내 생각에 반대하는 네오매니어들의 분노와 함께 나타난다. 그러나 나의 주장은 모든 기술이 아니라 기대 수명, 즉 확률적으로 계산해서 나온 평균에 관한 것이다. 만약 40세인 사람이 말기 췌장암에 걸렸다는 사실을 안다면, 이런 상황을 고려하지 않은 기대여명표를 보면서 그가 앞으로 얼마나 더 살 것인지 예상하지 않을 것이다. 40세인 이 남자가 같은 나이의 다른 건강한 남자처럼 44년을 더 살 것으로 생각하면 오산이다. 마찬가지로 누군가(기술 부문의 권위자)는 내 생각을 월드 와이드 웹의 역사가 20년도 안 되었기 때문에 앞으로 20년이 안 되는 기간 동안만 살아남을 것이라는 주장으로 해석할 수도 있다. 하지만 나는 가변적인 대상의 평균을 이야기하는 것이지 모든 대상이 그렇다는 의미는 아니다. 그러나 일반적으로는 기술이 오래될수록, 그 기술은 오랫동안 지속될 뿐만 아니라 내 주장을 더욱 확실하게 믿도록 만든다.[4]

---

4 린디 효과는 기술을 어떻게 정의하든 변함없이 적용된다. 기술을 컨버터블 자동차 혹은 더욱 일반적으로 자동차 기술이라고 정의할 수 있고, 종이 책 혹은 더욱 폭넓게 전자 책을 포함해 일반적인 책으로 정의할 수도 있다. 이런 기술의 수명은 당신이 기술을 어떻게 정의했는가에 따라 달라진다.

이제 다음과 같은 원칙을 기억하자. 나는 모든 기술이 노화되지 않는다고 말하지는 않겠다. 노화되기 쉬운 기술은 이미 사라지고 있다.

두 번째 오해는 젊게 살려면 새로운 기술을 받아들여야 한다는 믿음이다. 이는 논리적 오류와 함께 멘탈 바이어스를 보여준다. 이런 오해는 각 세대의 기여를 뒤집어서 생각하도록 만들어, 젊은 세대가 나이든 세대보다 더 많이 기여한다는 환상을 갖게 만든다(통계적으로 젊은 세대가 기여하는 바는 거의 없다). 이런 오해를 하는 사람이 많은데, 최근에 나는 새로운 기술에 관심이 없으면 생각도 늙는다고 주장하는 화난 표정의 미래 컨설턴트를 본 적이 있다. 실제로 그는 나보다 나이가 많은 데다 내가 아는 대부분의 테크노매니어와 마찬가지로 먹는 배처럼 생긴 창백한 얼굴에 턱과 목이 경계가 보이지 않을 정도로 붙어 있었다. 나는 오랜 역사를 간직한 것을 좋아하는 사람을 늙은이처럼 취급하는 이유를 잘 모르겠다. 내가 고대 그리스와 로마의 것을 좋아한다면, 그보다 '새 것'인 중세의 것을 좋아할 때보다 더 늙게 행동한다는 의미다. 이것은 쇠고기를 먹으면 소가 된다는 생각과 같다. 이런 생각은 먹는 것에서 얻는 추론보다 더 나쁜 오류다. 기술은 육체가 아니라 정보의 성격을 띠고 있으므로 사람과 같은 유기체처럼 노화되지 않는다. 퇴화의 측면에서 보면, 바퀴는 노화되지 않았다.

이처럼 새 것과 옛 것에 관한 생각을 특정 집단의 행동과 관련시키면 훨씬 더 위험하다. 인터넷에 대한 18분짜리 과대 광고를 들어보지 않은 사람들이 미래를 젊어지게 될 10대나 20대의 생각에 귀를 기울인다면, 다르게 생각할 수도 있다. 대부분의 진보는 젊은 사람에게서 나온다. 왜냐하면 그들은 기존의 시스템으로부터 자유롭고, 일상에 찌든 나이든 사람들이 잃어버린 용기를 갖고 있기 때문이다. 그러나 젊은 사람이 프래질한 아이디어를 제안하는 이유는, 젊어서가 아니라 가장 미숙한 아이디어가 프래질하기 때문이다. 그리고 물론 미래의 아이디어를 파는 사람은 과거의 가치를 팔아서는 큰돈을 벌어들일 수 없다. 그래서 새로운 기술은 과장되기 쉽다.

나는 취리히에 사는 폴 두란Paul Doolan으로부터 재미있는 편지를 받았다. 그는 우리가 21세기에 필요한 기술이 무엇인지를 모르기 때문에 아이들에게 무엇을 가르쳐야 할지 고민하고 있었다. 그는 칼 포퍼가 역사주의의 실패error of historicism라고 했던 커다란 문제를 우아하게 응용하고 있었다. 나는 아이들이 고전을 읽도록 하라고 주문했다. 미래는 과거에 있다. 실제로 아랍 속담에 '과거가 없는 자는 미래도 없다.'는 말이 있다.[5]

몇 가지 멘탈 바이어스

이제부터는 무작위성에 속아 넘어가는 현상을 설명하겠다. 정보는 고약한 성질을 갖고 있어서 실패를 숨긴다. 많은 사람들이 주식 투자를 통해 부자가 되어 큰 집을 갖게 되었다는 식의 성공 스토리를 듣고서

---

5 린디 효과에 따르면, 지금부터 약 100년 전에 질병으로 알려져 있지 않았던 질병이나 증상은 문명의 질병(비아 네가티바로 고칠 수 있는 질병)이거나 질병이 아닌 단지 새롭게 나타난 조건일 가능성이 높다. 이 말은 대부분의 심리적 조건이나 'A형 성격Type A', '수동적 공격성passive aggressive'처럼 사람들을 엉뚱한 기준에 끼워 맞추는 각종 전문용어에도 적용된다.

주식 시장으로 몰려든다. 그러나 실패 스토리는 묻혀버려서 우리 귀에 들어오지 않는다. 따라서 투자자들은 자신의 성공 가능성을 과대평가한다. 소설을 쓸 때도 같은 원리가 적용된다. 멋진 소설이 지금 완전히 절판되는 경우는 없다. 잘 팔리는 소설이 잘 써진 소설이기 때문에 잘 써진 소설은 잘 팔릴 것이라고 생각한다. 필연적인 것과 원인이 되는 것을 혼동한다. 모든 살아남은 기술은 확실한 혜택을 갖고 있기 때문에, 우리는 확실한 혜택을 제공하는 모든 기술은 살아남을 것으로 믿게 된다. 나중에 엠페도클레스Empedocles의 개에 관한 이야기를 하면서, 생존에 도움을 주게 될 헤아리기 힘든 특징을 다시 논의하겠다. 여기서는 사람들에게 어떤 기술이 세상을 지배할 것으로 믿게 만드는 멘탈 바이어스에 대해서만 주목하자.

기술을 과신하게 만드는 또 다른 멘탈 바이어스는 우리가 정지가 아닌 변화를 주목하는 데서 나온다. 심리학자 대니얼 카너먼과 아모스 트버스키Amos Tversky가 제시한 전형적인 예는 포트폴리오 가치에도 적용된다(이 두 사람은 인간의 뇌는 최소한의 노력을 좋아하고 그런 식으로만 작동하고 있다는 생각을 발전시켰다. 또한 무작위적인 결과의 인식과 불확실성하에서의 의사결정에서 인간이 갖는 바이어스의 목록과 사례를 작성했다). 당신이 누군가에게 "당신은 1만 달러를 잃어버렸습니다."라고 말한다면, 그 사람은 '당신의 포트폴리오 가치가 78만 5000달러였는데, 지금은 77만 5000달러입니다'라고 말할 때보다 훨씬 더 당혹스러워할 것이다. 인간의 뇌는 지름길을 편애한다. 그리고 전체적인 기록보다 변화가 눈에 쉽게 들어오고 저장된다. 변화는 기억 장치를 덜 요구한다. 이런 심리적 경험법칙(때로는 우리가 의식하지 않더라도 작용한다), 즉 전체가 아닌 변화의 오류는 상당히 널리 퍼져 있어서 시각적인 영역에도 스며들어 있다.

우리는 가만히 있으면서 커다란 역할을 하는 것보다 변하는 것에 더 많이 주목한다. 우리는 휴대폰보다 물에 더 많이 의지한다. 그러나 물은 변하지 않고 휴대폰은 변하기 때문에, 휴대폰이 실제보다 더 많은 역할을 한다고 생각하는 경향이 있다. 그리고 새로운 세대가 기술에 더욱 적극적이기 때문에 그들이 더 많은 것을 시도한다고 생각하지만 이런 시도가 꾸준히 이어지지 못하는 모습은 못 본 척한다. 대부분의 책들이 누군가의 시도를 단념시키지 못하면서 실패작으로 끝나듯이, 대부분의 혁신도 실패로 돌아간다.

네오매니어와 트레드밀 효과

출시된 지 2년이 지난 일제 자동차를 타고 고속도로를 달리고 있는데, 같은 차종이지만 매우 다르게 보이는 새로운 연식의 차가 당신의 차를 추월하고 있다고 하자. 그 차는 당신 차보다 훨씬 더 좋아 보인다. 범퍼는 약간 더 크고 미등은 조금 더 넓다. 하지만 겉으로 나타나는 얼마 안 되는 차이와 기술적으로 두드러지지 않는 개선을 제외하고 새 차는 당신의 차와 다르지 않다. 그러나 당신은 새 차를 보면서 그렇게 말하지 않는다. 당신은 미등만 보면서 업그레이드를 할 때가 되었다고 생각한다. 업그레이드를 위해서는 당신이 약간 달라진 디자인에 이끌려서 새 차의 3분의 1 가격에 차를 팔고 난 뒤에 추가 비용이 필요하다. 그러나 자동차를 교체하는 데 드는 비용은 컴퓨터에 비해 상대적으로 적은 편이다. 중고 컴퓨터의 가치는 거의 제로에 가깝다.

당신은 1주일 전에 구매한 새로운 버전의 애플 맥 컴퓨터를 사용하고 있다. 비행기 안에서 옆에 앉은 사람이 구형 버전을 꺼내고 있다. 그것은 당신의 컴퓨터와 한가족처럼 닮았지만 열등해 보인다. 두껍고 스크린도 훨씬 덜 우아하다. 그러나 당신은 그 모델을 가지고 즐거워하던 시절을 잊어버리고 있다.

휴대폰도 마찬가지다. 당신은 구형의 큰 모델을 가지고 다니는 사람을 내려다본다. 그러나 몇 년 전에는 당신도 작고 얇은 모델을 갖고 싶어 했던 사람이다.

인간은 기술적으로 계속 업그레이드되는 제품(스키, 자동차, 컴퓨터, 컴퓨터 프로그램 등)에 대해서는 공통점보다 차이를 먼저 본다. 우리는 자신이 가진 것에 대해 금방 싫증을 내면서 별로 차이가 없는 최신 버전을 계속 찾는다. 이처럼 더 새로운 버전이 나오는 순간 참신함을 잃어버리는 새 것을 사게 만드는 자극을 '트레드밀 효과 treadmill effect'라고 부른다. 알다시피, 이런 효과는 앞에서 말한 대로 우리 인간이 변화에 주목하도록 만드는 바이어스에서 비롯된다. 즉 우리는 어떤 제품에 대해 차이를 인식하면서 불만을 느끼는 것이다. 대니얼 카너먼과 그의 동료들이 이른바 쾌락 상태의 심리를 연구하면서 이런 트레드밀 효과를 관찰하게 되었다. 사람들은 새 것을 가지면 기분이 상승되면서 만족감을 얻다가 금방 처음 상태로 되돌아간다. 그래서 제품을 업그레이드하면서 기술의 변화에 만족감을 느낀다. 그러나 그것에 익숙해지면 더욱 새로운 것을 찾게 된다.

그러나 고전 작품이나 클래식 가구처럼 기술과 무관한 영역에서는 기술에 불만을 갖게 만드는 트레드밀 효과를 찾아볼 수 없다. 방 안에

평면 텔레비전과 유화를 걸어두고 있다고 하자. 유화는 1세기 전 플랑드르 지방의 고전적인 경치를 담고 있는 작품이다. 하늘에는 어두움이 짙게 서려 있고 나무는 장엄한 모습으로 서 있고 따분하긴 하지만 마음을 진정시키기에 좋은 시골 풍경을 담고 있다. 나는 당신이 이 유화보다는 평면 텔레비전을 업그레이드할 것이라고 확신한다. 아마 당신은 평면 텔레비전을 어느 신장재단의 지역 지부에 기증할지도 모른다.

요리도 마찬가지다. 19세기의 음식 문화를 재현하려는 노력을 생각해보라. 기술을 최적화하는 데 관심을 갖지 않는 영역이 더러 있다.

나는 지금 이 글을 오래된 만년필을 가지고 손으로 쓰고 있다. 만년필을 가지고 야단스럽게 자랑할 생각은 아니지만, 대부분 수십 년이 지난 오래된 것들이다. 그 중 가장 좋은 것은 최소한 30년은 간직한 것이다. 나는 종이 상태가 약간 변하더라도 크게 신경 쓰지 않으며, 클레르퐁텐Clairefontaine 노트를 좋아한다. 이 노트는 어린 시절부터 거의 변하지 않았다. 굳이 변화를 찾자면 종이의 질이 약간 떨어졌다는 점이다.

그러나 원고를 쓸 때는 맥 컴퓨터가 최선의 장비가 아닐 수도 있다고 생각한다. 새로운 버전은 배터리 수명이 길다는 이야기를 듣고 새로운 자극을 받아서 곧 업그레이드할 생각이다.

인간은 기술적 영역과 실제 영역에서 제품을 인식할 때 이상한 모순을 나타낸다. 비행기를 탈 때 비즈니스맨 옆에 앉으면 그 사람은 주로 전자 책 단말기로 가십 기사를 읽는다. 아마 그 사람은 종이 책을 읽는 나를 무시할 것이다. 전자 책 단말기는 더욱 효율적이다. 책의 본질이라 할 수 있는 정보를 더욱 편리한 방식으로 전달해준다. 그는 도서관을 끌고 다니면서 골프를 치러 가는 동안 시간을 최적화한다. 나는 냄새, 질감, 차원(종이 책은 3차원 형태다), 색상, 페이지를 넘길 수 있는 능력, 컴퓨터 스크린과 비교했을 때의 물질적 특성, 즐거움을 주는 데 있어서 설명되지 않은 차이를 일으키는 숨은 특성처럼 전자 책 단말기와 종이 책의 커다란 차이를 강조하는 사람을 본 적이 없다. 전자 책 단말기와 종이 책에 관한 이야기에서 핵심은 주로 공통점에 있다. 전자 책 단말기 판매업자는 이처럼 멋진 장치가 종이 책에 얼마나 가까운가를 열심히 설명한다. 그럼에도 불구하고 전자 책 단말기의 버전을 비교할 때 그는 변함없이 미세한 차이에 집중하는 모습을 보여준다. 레바논 사람과 시리아 사람이 만나면 레반트 지역의 방언에서 나타나는 작은 차이에 집중한다. 그러나 레바논 사람이 이탈리아 사람을 만날 때에는 공통점에 집중한다.

이런 제품들을 구분하는 데 도움이 되는 경험법칙이 있다. 먼저 전자식 스위치가 달린 기계를 생각해보자. 객실 승무원이 지적하기 전에 꺼두어야 하는 켜고 끄는 스위치가 달린 기계는 무엇이든 간에 같은 부류의 제품이다. (네오매니어는 스위치가 없는 기계에 관심을 갖지 않는다.) 스위치가 달린 기계에 대해 나는 승무원 네오매니어와 같이 변화에 관심이 있다. 그러나 이와 다른 범주에 있는, 장인이 만든 제품과 제조업 제품의 차이를 생각해보자. 장인이 만든 제품은 만든 사람의 사랑이 담겨 있어서 만족감을 전해준다. 우리는 전자제품에서는 무엇인가 부족하다는 인상을 갖게 되지만, 장인이 만든 제품에서는 그렇지 않다.

결국 기술적인 것은 프래질하다. 장인이 만든 제품은 트레드밀 효과를 일으키지 않으며 안티프래질하다. 나는 장인이 만든 신발을 신고 편안함을 느끼는 데 몇 달이 걸렸다. 스위치가 달린 제품은 이처럼 시간이 지나면서 더욱 편안함을 느끼게 하는 안티프래질한 성격이 없다.

그러나 슬프게도, 우리가 바라는 어떤 것들은 더 많이 프래질하다. 다음 꼭지에서는 건축에 관한 이야기를 하겠다.

건축물과 상황을 돌이킬 수 없게 만드는 네오매니어

건축가들은 네오매니어를 양산하면서 진화적인 전쟁을 벌이고 있다. 근대의 기능적인 건축 기술이 낳은 문제는, 건축물이 물리적으로 부서질 정도로 프래질하지 않기 때문에 이렇게 만든 건물이 우리의 의식을 고문할 정도로 오랫동안 남아 있게 된다는 것이다. 따라서 이런 건물의 프래질에 근거해 예측 능력을 발휘할 수 없게 된다.

도시계획은 우연히도 하향식 효과의 핵심적인 특징을 보여준다. 하향식 효과는 돌이킬 수가 없으므로, 한 번 실수를 저지르면 오래간다. 반면에 상향식 효과는 점진적으로 증가해, 비록 경사가 기울어져 있기는 하지만 가는 길에서 창조와 파괴를 동반한다.

게다가 도시든 개인의 가정이든 간에 자연스러운 방식으로 커지는 것은 프랙탈 성질을 갖는다. 폐나 나무처럼 살아 있는 모든 유기체는 스스로 성장하는 형태지만 무작위성을 길들인다. 프랙탈이란 무엇인가? 3장에서 설명한 만델브로의 직관에 따르면, 프랙탈은 사물에서 들쭉날쭉한 형태와 자기 유사성 self-similarity 을 지닌 형태를 지닌다고 설명한다(만델브로는 '자기 친화성 self-affinity'이라는 표현을 더 좋아한다). 예를 들어, 나무는 작은 나무처럼 생긴 가지를 치면서 성장하고, 점점 더 작은 가지들은 전체를 약간 수정했지만 알아볼 수 있는 모습을 띠면서 성장한다. 이런 프랙탈은 패턴의 반복에 관한 몇 안 되는 규칙에 따라 세부적으로 다양한 모양을 나타낸다. 프랙탈은 들쭉날쭉한 형태를 요구하지만, 여기에는 원칙과 조리가 있다. 자연의 모든 것들은 어떤 패턴을 갖고 있기는 하지만 프랙탈 구조를 갖고 들쭉날쭉하면서 세부적으로는 다양한 모양을 갖는다. 반면에 매끄러운 모양은 우리가 학교에서 배운 유클리드 기하학에서 나온 것인데, 프랙탈의 다양한 모양이 제거되어 단순한 모양을 띤다.

슬프게도 이 시대의 건축 기술은 아무리 변덕스러움을 추구하려 해도 매끄러운 모양을 갖게 된다. 하향식은 대체로 매끄러운 모양을 띠게 만들어(즉 프랙탈을 제거해) 죽은 것처럼 보이게 한다.

모더니즘이 자연주의적 전환을 꾀한 적도 있었지만, 곧바로 중단되었다. 20세기를 맞이할 무렵 바르셀로나에서는 안토니오 가우디Antoni Gaudi가 자연주의의 영향을 받아 바로크 양식과 무어 양식의 호화로운 건축물을 설계한 적이 있었다. 나는 그곳에서 월세 위주로 운영하는 아파트를 방문한 적이 있다. 들쭉날쭉하면서도 다양한 모양을 하고 있어서 동굴을 개조해 만든 것 같은 생각이 들었다. 마치 내가 전생에 살던 곳에 온 것 같았다. 세부적으로는 다양한 모양을 띠지만 아이러니하게도 마음의 평화를 주었다. 그럼에도 불구하고 가우디의 생각은 부자연스럽고 어설픈 형태의 모더니즘적 구조를 촉진하는 분위기에서 아무런 진전을 보지 못했다. 나중에 모더니즘적 구조는 매끄러우면서도 프랙탈의 들쭉날쭉한 모양을 완전히 제거하는 방향으로 전개되었다.

나는 나무나, 그리고 가능하다면 인위적으로 가꾸지 않은 고사리가 자라는 정원을 바라보면서 글을 쓰는 것을 좋아한다. 그러나 날카로운 모서리, 유클리드 기하학의 각도, 선명한 형태를 지닌 하얀 벽은 나를 경직되게 한다. 일단 이런 건물이 만들어지고 나면, 제거할 방법이 마땅히 없다. 제2차 세계대전 이후에 지어진 거의 모든 건물이 자연스럽지 못한 매끄러운 모양을 하고 있다.

사람에 따라 이런 건물은 미학적 손상 이상의 의미를 부여한다. 루마니아 사람들은 독재자 니콜라에 차우셰스쿠Nicolae Ceausescu가 전통 건물을 파괴하고 현대식 고층 건물로 대체한 것에 대해 쓰라린 감정을 갖고 있다. 네오매니어와 독재자가 만나면 엄청나게 파괴적인 일을 벌인다. 프랑스에서는 이민자들의 소요가 주택정책에서 나온 현대식 건축물 때문이라고 주장하는 사람들도 있다. 저널리스트 크리스토퍼 캘드웰Christopher Caldwell은 자연스럽지 못한 생활 여건에 대해 이렇게 말했다. "르 코르뷔지에Le Corbusier는 집을 '거주를 위한 기계machines for living'라고 했다. 우리 생각에 프랑스의 주택정책은 '소외를 위한 기계machines for alienation'가 되어가고 있다."

뉴욕에서는 로버트 모제스Robert Moses가 오래된 아파트를 허물고 대형 도로와 고속도로 건설 프로젝트를 추진하면서 오스만(7장에서 보았듯이 19세기에 '그랑 블러바드Grand Boulevard'를 건설하기 위해 파리 주변 지역을 허물었던 파리 시장)보다 더 심하게 자연적 질서를 파괴하는 행태로 근대의 꿈이 실현되어가고 있었다. 그러자 뉴욕의 도시 활동가 제인 제이콥스Jane Jacobs가 네오매니어에 저항하기 위해 단호한 입장을 취했다. 제이콥스는 보통 1층 건물에서 지내왔던 도시 생활을 망쳐놓는다는 이유를 들어 고층 건물에 반대했다. 그녀가 로버트 모제스와 다투게 된 근본 원인은 고속도로에 있었다. 이런 교통의 동력은 도시에서의 삶을 망쳐버리기 때문이다. 그녀는 도시가 보행자를 위해 움직여야 한다고 생각했다.

이제 기계와 유기체의 이분법을 다시 한 번 적용해보자. 그녀는 도시를 유기체로 인식한다. 하지만 모제스에게 도시는 개선되어야 할 기계다. 실제로 모제스는 웨스트 빌리지West Village를 허물려는 계획을 가지고 있었지만 그녀의 끊임없는 탄원과 반대 덕분에 맨해튼에서 가장 아름다운 곳이 원래의 모습을 간직하게 되었다. 어떤 사람은 모제스가 추진했던 모든 프로젝트가 하나같이 끔찍한 결과를 초래하지는 않았기 때문에 모제스 편을 들 수도 있다. 또 어떤 사람은 고속도로 덕분에 중산층이 공원과 해변에 쉽게 찾아갈 수 있어서 혜택을 보게 되었다고 생각할 수도 있다.

우리는 앞에서 지방자치체의 특징에 관해서 이야기했다. 지방자치는 규모가 커지면서 문제가 더욱 추상적으로 다가오고, 추상적인 것은 인간의 본성이 적절하게 관리할 수 없는 것이므로 규모를 키우려고 하지 않았다. 같은 원칙이 도시 생활에도 적용된다. 이웃은 마을이고, 마을로 남아 있어야 한다.

최근에 나는 런던에서 교통 정체를 경험한 적이 있다. 런던에서는 교통 속도가 150년 전과 비슷하다고 한다. 런던의 끝에서 끝으로 가는 데 거의 2시간 정도 걸렸다. 폴란드 출신의 택시 운전기사와 이야깃거리가 바닥날 때가 되자, 나는 오스만의 생각이 정말 잘못되었을까, 그리고 오스만처럼 런던 주변 지역을 허물고 널따란 간선도로를 제공한 사람이 있었더라면 지금보다 더 나아지지 않았을까 하는 생각이 들었다. 하지만 그 다음에는 다른 도시에 비해 런던의 교통 정체가 훨씬 더 심한 것은 사람들이 런던에 거주하기를 원했기 때문이고, 그들에게 런던에 거주한다는 사실이 이런 피해를 능가하는 이익을 주기 때문이라는 생각이 들었다. 런던 시민의 3분의 1 이상이 외국에서 태어난 사람들이다. 그리고 이런 이민자뿐만 아니라 지구상에서 가장 돈이 많은 사람들이 런던 중심가에서 삐에 아 떼르pied-à-terre(본래는 발레 용어로 발을 마룻바닥에 붙였을 경우를 의미하지만, 자기가 사는 집에서 멀리 떨어져 일정 기간 동안 지내려고 하는 제2의 거주지를 의미한다 - 옮긴이)를 찾는다. 그들에게는 대로가 없고 위압적인 분위기가 느껴지지 않는다는 사실이 장점으로 작용했을 것이다. 애초부터 하향식으로 건설했던 브라질리아에서는 삐에 아 떼르를 구할 수 없다. 6구6th Arrondissement 혹은 생 루이 섬Île Saint-Louis처럼 오늘날 파리에서 땅값이 가장 비싼 지역은 19세기에 추진했던 도시계획에서 제외된 지역이었다.

마지막으로 목적론적 설계에 반대하는 최선의 주장은 다음과 같다. 건물은 건설되고 나서도 변화를 겪는다. 마치 역동적인 환경의 지배를 받아 천천히 진화할 필요가 있는 것처럼 말이다. 건물의 색상, 모양, 창문, 특징은 변한다. 스튜어트 브랜드Stewart Brand는 자신의 저서 『건물은 어떻게 배우는가How Buildings Learn』에서 시간이 지나면서 건물이 어떻게 변하는지를 사진으로 보여준다. 이 사진을 보면 마치 건물이 알 수 없는 형태로 변해야 하는 것처럼 여겨진다. 이상하게도 건물은 지어지고 나면 미래의 변화에 관한 옵션을 설명하지 않는다.

벽 전체가 투명한 창문

모더니즘에 입각한 건축에 대해 내가 제기하는 회의론은 무조건적인 것은 아니다. 자연스럽지 못한 건축물들이 스트레스를 주기는 하지만, 부분적으로 개선된 점이 없지 않다. 예를 들어, 농촌 지역 주택의 전면 유리 창문은 자연을 쉽게 접할 수 있게 해준다. 여기서도 기술은 다시 한 번 자신을 드러내지 않는다. 과거에는 단열이 쉽지 않았기 때문에 보온의 측면에서 창문의 크기가 정해졌다. 실제로 열은 창문을 통해 쉽게 빠져나간다. 오늘날 재료공학 기술은 이런 제약에서 벗어날 수 있도록 해주었다. 게다가 혁명 이후 프랑스 건축물들은 창문과 현관에 부과되는 세금 때문에 아주 소수의 창문만 가지고 있다.

눈에 거슬리지 않으면서 자연 속을 걷는 느낌을 갖도록 해주는 신발처럼, 근대 기술은 오스발트 슈펭글러 Oswald Spengler가 말했듯이 초목에서 돌로, 즉 프랙탈에서 유클리드 기하학으로 옮겨가는 추세를 역행하도록 해준다. 우리는 매끄러운 돌에서 다양한 프랙탈과 자연으로 되돌아가고 있다. 만델브로는 나무가 보이는 창가에서 글을 썼다. 그는 프랙탈의 미학을 너무나도 갈망했고, 다른 대안은 생각도 하기 싫었다. 이제 근대 기술은 우리가 자연과 융합할 수 있도록 해준다. 작은 창문 대신 벽 전체가 투명한 창문은 우리를 숲이 우거진 자연과 마주할 수 있도록 해준다.

미터법

네오매니어들은 효율성을 이유로 이전의 단위 대신 미터법을 사용하자는 운동을 펼치고 있다. 논리적으로 나무랄 데가 없어 보인다. 하지만 여기서 나는 그들보다 더 나은 논리를 제시하겠다. 나의 논리를 제시하기 전에 먼저 합리주의와 경험주의를 갈라놓은 원인을 살펴보자.

제인 제이콥스와 비슷한 생각을 가진 워릭 케인즈Warwick Cairns는 영국의 농산물 직판장에서 바나나를 계속 파운드로 팔기 위해 법정 투쟁을 벌여왔다. 그리고 다른 품목에 대해서도 더욱 합리적인 단위라는 킬로그램에 저항해왔다. 미터법에 대한 아이디어는 프랑스 혁명 이후 유토피아적 분위기에서 나왔다. 당시에는 겨울에 해당하는 달의 이름도 날씨를 묘사해 눈의 달Nivôse, 비의 달Pluviôse, 바람의 달Ventôse로 바꾸었으며, 십진법을 사용하기 위해 1주일을 10일로 잡는 식으로 어설픈 합리주의를 구현했다. 다행히 이렇게 시간을 바꾸려는 시도는 실패로 돌아갔다. 그렇지만 프랑스에서는 실패가 반복되고도 미터법이 사라지지 않고 남아 있었다. 그러나 미국과 영국에서는 옛날식 시스템이 지속적으로 저항해왔다.

프랑스의 작가 에드몽 아부Edmond About는 1832년 독립한 지 12년이 지난 그리스를 방문하고는 현지 농부들이 완전히 생소한 미터법에 얼마나 힘들어하고 있는지 알려주고, 아직 오토만식 표준 단위에 익숙해져 있다고 설명했다(비슷한 예로, 기억하기 쉽게 아브자드ABJAD나 하와즈HAWWAZ처럼 소리나는 대로 쓰는 옛날 셈어 배열 방식에서 A-B-T-TH처럼 논리적인 배열 방식으로 아라비아 문자를 현대화하면서, 문자를 암송하지 못하는데도 아랍어를 말할 수 있는 세대가 나오도록 했다).

그러나 자연스럽게 만들어진 무게에 숨은 논리가 있다는 사실을 아는 사람은 별로 없다. 우리는 피트, 마일, 파운드, 인치, 펄롱, 스톤이라는 단위가 상당히 직관적이며 인지하기 위한 노력을 최소화해주기 때문에 이런 단위를 사용한다. 그리고 모든 문화권에서 일상 생활과 물리적 조화를 이루고 있는 이러한 단위를 사용하고 있다. 미터는 어느 것과도 조화를 이루지 않는다. 반면에 피트는 그렇지 않다. 나는 별 어려움 없이 30피트의 의미를 생각할 수 있다. 1마일은 라틴어로 1000걸음 millia passuum에 해당한다. 마찬가지로 1스톤(14파운드)은 돌덩어리 하나의 무게다. 1인치는 엄지손가락의 길이에 해당한다. 1펄롱은 사람이 숨이 찰 때까지 달릴 수 있는 거리다. 1파운드 혹은 1리브러 libra는 당신이 손에 쥘 수 있다고 생각하는 물건의 무게다.

12장에서 탈레스 이야기를 하면서 우리는 셰켈 thekel이라는 단위를 사용했다. 이것은 가나안 지역 셈족의 언어로는 무게를 의미하며 파운드와 비슷한 물리적 의미가 내포되어 있다. 이런 단위가 조상 환경에서 등장하게 된 것은 우연이 아니다. 그리고 디지털 시스템 그 자체도 우리 손가락이 10개라는 사실과 관계가 있다.

내가 지금 이 글을 쓰는 동안에도, 매일 저녁식사로 잘 익힌 고기 200그램에 적포도주를 200센티리터를 마시는(건강을 위한 최적의 양이다) 유럽 연합의 한 관리자는 회원국의 농촌 지역 깊숙한 곳까지 미터법의 효율성을 전파하기 위해 틀림없이 음모를 꾸미고 있을 것이다.

과학에서 저널리즘으로

이제 우리는 프래질과 강건함의 기준을 정보를 다루는 데 적용할 수 있다. 여기서 프래질은 시간의 테스트를 견뎌내지 못하는 기술과도 같다. 따라서 책과 과학 논문의 나이를 고려해보면 최적의 경험법칙을 알 수 있다. 1년을 버틴 책은 아무리 과대광고를 하고 세상을 떠들썩하게 하더라도 살아남기에 충분한 품질을 가질 가능성이 아주 낮으므로 대체로 읽을 만한 가치가 없다. 따라서 나는 책을 선택할 때 린디 효과를 생각한다. 10년을 버틴 책은 앞으로 10년은 더 버틸 것이다. 2000년 동안 버틴 책은 아주 오랫동안 버틸 것이다. 사람들은 내가 하는 이야기의 요점을 이해하지만, 간헐적으로 창의적인 논문이 가끔 나오는 것을 제외하고는 근대의 관행이 자리잡은, 저널리즘과 크게 다르지 않은 학문의 영역에 적용하려고 하지 않는다. 학문적인 활동은 관심을 불러일으켜야 하는 작업이라서 린디 효과의 영향을 쉽게 받을 수 있다. 수십 만 편의 논문들이 엄청난 결과를 가진 것처럼 발표되지만 결국은 소음에 불과하다.

과학적 결과 혹은 새로운 혁신이 소음이 아닌 획기적인 발전인가의 문제는 그 안에 담긴 아이디어의 모든 측면을 살펴보아야 알 수 있으며, 여기에는 오직 시간만이 해결할 수 있는 불투명성이 항상 내재되어 있다. 많은 사람들이 암 연구를 예의 주시하는 것처럼, 나도 다음과 같은 사실에 많은 관심을 가졌다. 15장에서 보았듯이, 우리는 혈액 공급을 제한해 암을 치료할 수 있다고 믿었던 주다 포크만 박사의 업적에 크게 흥분한 적이 있었다(종양은 영양을 필요로 하고 새로운 혈관을 만들어내는 경향이 있는데, 이를 신혈관 생성neovascularization이라고 한다). 이런 생각은 논문으로는 흠잡을 데 없었지만, 15년 정도 지나서 황반변성의 치료라는, 암 치료와는 전혀 상관이 없는 분야에서 의미 있는 결과를 낳았다.

마찬가지로 처음에는 주목받지 못했던 결과가 몇 년이 지나 획기적인 발전으로 밝혀지는 경우도 있다. 따라서 시간은 이처럼 크게 과장된 연구 결과를 걸러 소음을 정화시키는 역할을 한다. 어떤 기관에서는 이런 과학적 생산물을 값싼 스포츠로 변질시키기도 한다. 예를 들어, 직장 종양학이나 이보다 더 하위 분야에서 '가장 뜨거웠던 논문 10편'에 대해 랭킹을 매기는 식이다.

여기서 과학적 생산물을 과학자로 대체하면, 마찬가지로 네오매니어적인 과대 광고를 보게 된다. 우선 40세 미만의 유능한 과학자에게 상을 주는 폐단이 있는데, 이는 경제학, 수학, 재무학을 병들게 한다. 수학은 연구 결과의 가치가 금방 나타나기 때문에 특수한 데가 있으므로 비판을 하지 않겠다.

문학, 재무학, 경제학 분야에서 40세 미만의 학자들에게 주는 이런 상이 그들의 가치와 반대가 되는 지표라는 사실을 상당히 자주 확인할 수 있었다(이는 잠재력만 가지고 과대 광고가 된 기업, 잡지의 표지 혹은 『좋은 기업을 넘어 위대한 기업으로Good to Great』와 같은 책에서 최고로 불리는 기업의 실적은 실제로 보잘것없으며 이런 기업의 주식을 줄이면 크게 이익을 본다는, 트레이더들이 경험적으로 확인한 믿음과도 같다). 이런 상이 주는 최악의 효과는 그것을 받지 못하는 사람들을 불리한 입장으로 몰아넣고, 학문 분야를 마치 스포츠 경기처럼 변질시키는 데 있다.

상을 받으면 100년 이상은 가야 한다. 옵션의 특징과 함께 철학자의 돌을 발견하고 이를 수학적으로 표현했던 줄 르노Jules Regnault의 기여가 정당성을 입증받는 데 140년이 걸렸다. 그의 저작은 최근까지도 잘 알려지지 않은 상태에 있었다.

과학에 얼마나 많은 소음이 내재되어 있는지에 대한 나의 생각을 확인하려면 분야와 상관없이 고등학교나 대학교에서 읽었던 교과서를 가져와 아무 데나 펴보고 거기에 나오는 아이디어가 지금도 여전히 타당한지 확인해보라. 따분하면서도 여전히 타당한 이야기이거나 따분하지 않으면서도 여전히 타당한 이야기일 것이다. 영국 역사의 1215년 대헌장Magna Carta에 관한 이야기일 수도 있고, 로마 역사의 카이사르의 갈리아 전쟁Caesar's Gallic wars에 관한 이야기일 수도 있고, 스토아 학파에 관한 역사적 설명일 수도 있고, 양자역학 입문에 해당하는 이야기일 수도 있다. 혹은 개와 고양이의 유전자에 관한 설명일 수도 있다.

이제 그 주제와 관련하여 5년 전에 개최된 컨퍼런스 자료를 살펴보자. 이런 자료는 5년이 지난 신문과 크게 다르지 않으면서 훨씬 덜 흥미롭다. 따라서 획기적인 컨퍼런스에 참석하는 것은 통계적으로 말해 당첨금이 얼마 안 되는 복권을 사는 것과 마찬가지로 시간 낭비다. 5년이 지난 지금도 논문이 타당하거나 흥미를 일으킬 가능성은 1만 분의 1 정도밖에 안 된다. 과학은 그만큼 프래질한 분야다.

네오매니어에 물들지 않은 고등학교 교사나 별로 알려지지 않은 작은 대학의 교수와 대화하는 것이 최신 학술 논문을 읽는 것보다 더 가치가 있다. 내 기억에 남는 철학적 대화는 프랑스 리세lycée(프랑스에서 대학 예비교육을 하는 국립고등학교) 선생님과의 대화였다. 그 선생님은 철학을 좋아했지만 철학 논문을 쓰는 데 관심이 없었다(프랑스에서는 고등학교 졸업 학년에 철학을 가르친다). 어떤 분야가 되었든 대화를 나누기에는 아마추어가 가장 낫다. 애호가가 아닌 직업적인 전문가와 지식의 관계는 매춘부와 사랑의 관계라고 할 수 있다.

물론 당신은 여기저기서 보석을 캐내는 행운의 주인공이 될 수도 있다. 그러나 일반적으로 학술계 종사자와의 대화는 잘해야 배관공과 대화를 나누는 것과 같고, 최악의 경우 가장 나쁜 가십을 퍼뜨리는 건물 경비원과 대화를 나누는 것과 같다. 실제로 최고의 과학자와 나누는 대화는 때로 매혹적일 수도 있다. 이런 사람들은 지식이 풍부하고 전공 분야를 손쉽게 섭렵하므로 작은 부분들이 단단하게 결합되어 전체를 이루는 것처럼 여겨진다. 그러나 이런 사람들은 아주 드물어서 지구상에서 찾아보기는 쉽지 않다.

나는 한 일화를 소개하면서 이번 꼭지를 마무리하려고 한다. 내가 가르치는 학생 중에서 책 읽기의 원칙을 물어보는 학생이 있었다(그는 많은 전공 중에서 경제학을 전공하고 있었다). 나는 "지난 20년을 보면 뚜렷한 원칙이 떠오르지 않아. 지난 50년보다 더 이전 시대를 다루는 역사책을 볼 필요가 있어."라고 화를 내면서 불쑥 내뱉었다. 나는 '지금까지 읽은 책 중에서 가장 좋았던 책은 무엇인가?' 혹은 '가장 좋았던 책 10권은 무엇인가?'와 같은 종류의 질문을 싫어한다. 내가 읽었던 책 중에서 가장 좋았던 책 10권은 매년 여름이 지날 때마다 계속 바뀐다. 또한 나는 대니얼 카너먼이 최근에 썼던 책을 아주 좋게 말해왔다. 그 이유는 자신이 주로 35년 혹은 40년 전에 했던 연구를 여과와 현대화의 과정을 거쳐 자세히 설명하고 있기 때문이다.

내 추천이 크게 작용하지는 않았겠지만, 그 학생은 시간이 지나면서 애덤 스미스, 카를 마르크스, 하이에크와 같은 사람의 원전을 읽으면서 교양을 쌓아갔다. 언젠가 자신이 노인이 되어서는 그 내용을 인용하게 될 것으로 생각하면서 말이다. 그 학생은 중독을 치료하고 나서는 나에게 와서 자기 친구들은 하나같이 당장은 관심을 끌지만 금방 쓸모 없어질 책을 읽고 있다고 말했다.

사라지는 것은 무엇인가

2010년 〈이코노미스트The Economist〉는 나에게 2036년의 세계에 관한 설문 조사에 참여해달라는 부탁을 했다. 그들은 내가 예측가들을 못마땅하게 생각하는 사실을 알고 있었기 때문에, 속으로는 맹렬한 공격을 기대하면서 나를 통해 참가자들 간의 균형을 유지하고, 풍부한 상상력을 동원한 다양한 예측에 대한 대항 세력으로 나를 활용하려고 했던 것 같다.

나는 두 시간 동안 천천히 산책하고 나서는 일련의 예측을 단번에 써서 보내주었다. 당연히 그들은 놀랐을 것이다. 처음에는 내가 장난을 치는 줄 알았거나 누군가가 나를 사칭하거나 이메일이 잘못 전달되었다고 생각했을 것이다. 나는 프래질과 비대칭성(실패가 갖는 오목성)을 설명하고, 미래에는 지금까지 최소 지난 25년 동안 존재했던 책장, 전화와 같은 기계, 장인 등이 앞으로 25년 동안에도 모두는 아니지만 대부분 계속 존재할 것이라고 적었다.[6]

---

[6] 나는 발간된 지 500년이 지난 책을 읽는 영광을 누린 적이 있다. 최근에 발간된 책을 읽는 것과 크게 다르지 않은 경험이었다. 이처럼 강건한 것과 전자 문서의 수명을 비교해보라. 컴퓨터 파일로 된 나의 원고 중 일부는 아직 10년도 안 되었지만 이제는 복구할 수 없는 상태가 되었다.

그러나 프래질한 것들은 사라지거나 약화될 것이라고 덧붙였다. 그러면 무엇이 프래질한 것인가? 그것은 큰 것, 최적화된 것, 기술에 지나치게 의존하는 것, 오랜 세월 동안 검증된 경험법칙이 아니라 이른바 과학적 방법에 지나치게 의존하는 것을 의미한다. 지금까지 장점으로 여겨왔던 규모가 결국에는 블랙 스완에 지나치게 프래질하도록 만들어 대기업은 사라지게 될 것이다. 도시 규모의 국가와 소규모 기업은 계속 남게 될 것이며, 심지어 번성할 수도 있다. 국민국가, 화폐를 찍는 중앙은행, 경제학 교육기관은 명목상으로는 남아 있겠지만, 그들의 권위는 심각하게 손상될 것이다. 다시 말해 트라이애드의 왼쪽 줄에 있는 것들은 사라질테고, 다른 프래질한 것으로 대체될 수도 있다.

예언가와 현재

우리는 프래질에 근거한 경고, 즉 제거적 예언을 통해 예언이 지닌 본래의 기능에 더 가까워질 수 있다. 이런 기능은 사람들이 생각하지 못하는 재앙을 예언하고 경고하는 것을 의미한다.

최소한 레반트 지역 사람들의 생각에 따르면 예언가의 전통적인 역할은 미래를 바라보는 것이 아니라 현재에 관한 이야기를 하는 것이다. 예언가는 사람들에게 무엇을 할 것인가, 혹은 더욱 강건하게 말하자면 무엇을 하지 말아야 할 것인가를 말해준다. 근동 지역의 유대교, 기독교, 이슬람교와 같은 일신론 전통에 따르면, 예언가의 주요 역할은 길을 잃고 헤매는 중생들에게 재앙을 초래하는 우상 숭배자 혹은 이교도들로부터 일신론을 지켜내는 것이다.

예언가는 유일신과 대화를 나누는 사람이거나 적어도 그의 마음을 읽을 줄 아는 사람이다. 여기서 핵심은 유일신이 중생들에게 보내는 경고를 예언가가 전해준다는 사실이다. 셈어로 느비nby는 원래 히브리어로 네비nevi 혹은 nebi로 발음되고 아람어 나비nabi'y, 아랍어 나비nabi와 발음이 비슷한데, 신과 소통해서 신의 마음을 표현하는 사람을 의미한다. 여기서 아랍어로 납nab은 새로운 것news을 의미한다(아카디아어의 셈어 어원을 보면, 나부nabu는 부르다to call의 의미다). 그리스어 프로페테스prophetes는 대변인을 의미했는데, 이슬람 예언가 모하메드Mohammed the Prophet는 대변인과 함께 메신저의 역할도 했다(대변인nabi과 메신저rasoul의 역할에는 우선 순위에서 약간의 차이가 있다).

단순히 미래를 예언하는 일은 점성술사처럼 점을 치는 사람들에게만 한정되어 있었다. 따라서 코란과 구약 성서에서 그런 사람들은 무시되었다. 가나안 사람들의 신학에는 지나칠 정도로 잡다한 요소가 많았고, 미래를 다루는 데에는 다양한 접근방식이 있었다. 그리고 예언은 명백하게 유일신과 대화를 나누는 사람이 취급하는 일이었지 우상 숭배자가 취급해야 할 일은 아니었다.

레반트 지역에서도 예언가라는 직업이 특별히 바람직한 것은 아니었다. 앞에서 말했듯이, 인정받기는 결코 쉽지 않다. 예수는 엘리야Elijah(바알신을 믿지 말라고 경고했지만, 아이러니하게도 바알신을 숭배하는 시돈에서 위안을 찾았다)의 운명을 이야기하면서, 어느 누구도 자신의 땅에서는 예언가가 될 수 없다고 말했다. 그리고 예언가의 임무가 반드시 자발적인 것은 아니었다. 한탄으로 점철되었던 예레미야Jeremiah의 삶을 생각해보라. 그는 파멸과 속박을 (그리고 그 이유를) 경고하면서 특별한 인기를 얻지 못하다가 '사자를 제거하라shoot the messenger'는 관념의 화신이 되었다. 이 때문에 진실은 '증오를 가져온다.'는 말까지 생기게 되었다. 예레미야는 박해를 받았고 자신의 형제들까지 개입된 음모의 희생양이 되었다. 떠도는 이야기에 따르면 그는 이집트에서 돌에 맞아 죽었다고 한다.

더구나 북쪽 지방에 살던 셈족은 그리스 전통의 영향을 받았는데, 우리는 그들에게서도 비슷한 메시지를 찾을 수 있다. 현재를 경고하고 다른 사람들이 이해하지 못했던 것들을 이해할 수 있는 사람에게 가해지는 박해를 말이다. 예를 들어, 카산드라Cassandra는 예언가로서의 자질을 타고났지만, 그녀의 말을 믿지 않으려는 사람에게 저주를 받았다. 그녀는 사원의 뱀이 귀를 청소해줄 때 특별한 메시지를 들을 수 있었다고 한다. 티레시아스Tiresias는 신의 비밀을 누설한 죄로 장님이 되고 여자로 변했다고 한다. 그러나 다행히 아테나Athena가 그의 귀를 핥아주고 나서 새들의 노래에서 비밀을 알 수 있게 되었다.

2장에서는 지나간 과거의 행위로부터 배울 것이 없다는 사실을 살펴보았다. 학문에서 회귀적 사고의 문제(2계 효과를 생각하지 않는 문제)는 다음과 같이 설명할 수 있다. 오랫동안 가치가 있을 것이라 여겨지던 메시지를 전달하던 사람이 지난 역사에서 시달림을 받았다면, 사람들은 수정 메커니즘이 있을 것으로 기대한다. 즉 똑똑한 사람들은 이런 역사적 경험으로부터 결국 무엇인가를 배우며, 따라서 새로운 메시지를 전달하는 사람이 새로운 이해와 함께 환영을 받게 되리라는 기대를 말한다. 그러나 이런 상황은 일어나지 않는다.

이런 회귀적 사고의 문제는 예언뿐만 아니라 인간의 다른 행위에도 나타난다. 당신이 효과가 있고 잘되리라고 믿는 것이 다른 사람들이 생각하지 못한 새로운 아이디어, 즉 흔히 말하는 혁신이라면, 당신은 사람들이 남의 눈치를 보지 않고 당신의 새로운 아이디어를 인정해주리라고 기대할 것이다. 그러나 그들은 그렇게 하지 않는다. 오히려 독창적이라고 여겨지는 것은 예전에는 새로웠지만 지금은 그렇지 않은 무엇인가를 모방한 것일 가능성이 많다.

따라서 과거에 표준적인 문제를 전혀 풀지 못한 아인슈타인이 풀었던 표준적이지 않은 문제와 비슷한 문제를 풀면, 아인슈타인과 같은 과학자가 된다. 물리학에서 아인슈타인과 같은 과학자가 되기 위한 이런 생각은 이제 독창적이지 않다.

나는 리스크 관리 분야에서 표준적인 방식으로 새로운 것을 찾아내려는 과학자들이 이와 비슷한 오류를 저지르는 모습을 본 적이 있다. 리스크 관리 분야에 종사하는 사람들은 (증거에만 관심을 집중하면서) 과거에 자신들을 괴롭혔던 위험한 사건만을 고민한다. 그러나 그들을 심각하게 괴롭혔던 사건이 표준을 벗어난 사상 유례가 없는 사건이라는 사실을 깨닫지 못한다. 그리고 나는 그들이 문제에서 한 발짝 떨어져서 2계 효과를 생각할 수 있도록, 즉 프래질의 개념을 인식할 수 있도록 개인적으로 노력을 기울였지만 아무런 소용이 없었다.

엠페도클레스의 개

아리스토텔레스의 『마그나 모랄리아Magna Moralia』에는 소크라테스 이전의 철학자 엠페도클레스에 관한 출처가 분명하지 않은 이야기가 나온다. 그는 '왜 개가 항상 같은 타일 위에서 자려고 하는가?'라는 질문을 받고 개와 타일에는 어느 정도 비슷한 데가 있다고 대답했다. 아리스토텔레스가 실제로 『마그나 모랄리아』를 썼는지에 대해서도 잘 모르기 때문에 그 이야기는 출처가 두 배로 미심쩍다.

개와 타일 간의 조화를 생각해보라. 오랫동안 되풀이되는 방문에서 자연적으로나 생물학적으로 설명할 수 있거나, 혹은 설명할 수 없는 조화를 말이다. 그리고 합리주의 대신 이런 조화에 담긴 역사를 생각해보라.

이런 조화는 예언에 관한 결론을 말해준다.

나는 글을 쓰고 책을 읽는 것처럼 지금까지 살아남은 우리 인간의 기술이 개와 타일의 관계와 비슷하다는 생각이 든다. 자연스럽게 맺어진 친구 간의 조화 말이다. 이런 기술은 우리들 본성 깊숙한 곳에 자리 잡은 무엇인가에 해당한다.

나는 누군가가 책과 전자 책 단말기 혹은 옛날 기술과 새로운 기술을 비교하려고 한다는 이야기를 들을 때마다 '의견'이 떠오른다. 마치 현실이 이런 의견과 이야기에 관심을 갖는 것처럼 말이다. 우리의 세상에는 의견이나 분석이 완전히 밝혀주지 못하고 오직 실행만이 밝혀줄 비밀이 있다.

물론 이런 비밀은 고맙게도 시간이 지나면서 모습을 드러낸다.

이치에 맞지 않는 것

엠페도클레스의 개에 담긴 생각을 좀 더 이야기해보자. 당신에게 이치에 맞지 않는 것(예를 들어, 무신론자인 당신에게 들려주는 종교 이야기나 불합리하게 여겨지는 오랜 습관 혹은 관행) 또는 주변에서 아주 오랫동안 존재하는 것이 있다면 합리적이든 그렇지 않든, 그것이 주변에서 더욱 오랫동안 사라지지 않고 존재하거나 그것의 소멸을 요구하는 누군가보다 더욱 오랫동안 남아 있을 것으로 기대할 수 있다.

의학, 볼록성, 불투명성

―――――――――――

그들은 증거가 없다고 말한다 / 의학은 어느 지점에서 우리를 프래질하게 만든 다음 구제하려고 하는가? / 뉴턴의 법칙인가 혹은 증거인가?

의학의 역사는 행동과 생각 간의 변증법에 관한 (대체로 기록으로 남아 있는) 이야기인 동시에 불투명성하에서의 의사결정 방법에 관한 이야기다. 중세 지중해 지역에서는 마이모니데스Maimonides, 아비센나Avicenna, 알 루하위Al-Ruhawi 그리고 시리아의 후나인 이븐 이스하크Hunain Ibn Ishaq와 같은 사람들이 철학자이자 의사였다. 중세 셈족 세계에서 '지혜로운 사람' 혹은 '지혜를 실행하는 사람'이라는 의미를 지닌 알 하킴Al-Hakim이라고 불리는 의사는 철학자나 랍비와 동의어였다 (hkm은 셈어로 '지혜wisdom'라는 의미를 지녔다). 이보다 훨씬 전에도 그리스의 영향을 받은 많은 사람들이 의학과 철학의 실행 사이에서 정확하게 중간에 있었다. 예를 들어, 위대한 회의주의 철학자 섹투스 엠피리쿠스는 회의주의적 경험주의 학파의 의사 회원이었다. 메노도투스와 그보다 앞서서 증거에 바탕을 둔 의학을 연구하던 경험주의 전임자들도 마찬가지였다. 아마 이런 사람들에 관한 이야기를 계속하자면 몇 페이지는 더 차지할 것이다. 이런 사상가들이 남긴 저작이나 일화는 실행하지 않고 말만 앞세우는 이들을 혐오하는 사람들에게 상당히 신선하게 다가올 것이다.

이번 장에는 아주 간단한 의사결정의 원칙과 경험법칙이 등장한다. 물론 부자연스러운 것을 제거한다는 의미에서 비아 네가티바다. 이런 원칙과 경험법칙은 수술이 반드시 필요한 경우나 페니실린처럼 목숨을 구할 수 있는 약품이 필요한 경우처럼, 건강에 주는 보상이 아주 크고(예를 들어 생명을 구한다) 건강에 미치는 잠재적인 손상을 뚜렷하게 능가할 때 의존할 수 있는 의학적 테크닉이다. 정부의 개입도 마찬가지다. 이는 확실히 아리스토텔레스가 아닌 탈레스의 생각을 따라야 한다(즉 지식이 아니라 보상에 근거를 두고 의사결정을 해야 한다). 여기서 의학은 정의 비대칭성(볼록성 효과)을 지니며, 결과적으로 프래질을 초래할 가능성이 줄어든다.

그렇지 않으면 특정 약물과 치료법의 선택 혹은 음식과 생활방식의 조정은 마음의 위안을 줄지는 몰라도 그 혜택이 아주 작아서, 잠재적으로 속아 넘어가기 쉬운 문제에 직면하게 된다. 따라서 부의 볼록성 효과를 갖게 된다. 실제로 19장에서 말했듯이 라파엘 두아디와 내가 리스크 탐지 기술을 개발하면서 도출했던 수학적 정리에서 의도하지 않았던 혜택 중 하나가 바로 노출에서의 비선형성(예를 들어 복용량과 반응)과 잠재적 프래질(혹은 안티프래질) 간의 정확한 관계였다.

나는 이 문제를 인식론적 근거로 확대하고 무엇이 증거로 인식되어야 하는가에 관해서 규칙을 만들려고 한다. 컵이 반이 찼는가 혹은 반이 비었는가의 문제처럼, 증거의 부재에 관심을 기울여야 할 상황이 있고, 증거 그 자체에 관심을 기울여야 할 상황이 있다. 또한 어떤 경우는 확정적일 수도 있지만, 다른 경우에는 그렇지 않을 수도 있다(즉 리스크에 달려 있다).

흡연의 예를 들어보자. 어떤 단계에서는 즐거움이라는 약간의 혜택을 주고 심지어 건강을 위해서도 좋다(실제로 사람들은 흡연이 좋은 습관이라고 생각했다). 흡연의 폐해가 완연히 드러나려면 수십 년이 걸린다. 그럼에도 불구하고 누군가가 흡연에 문제를 제기한다면, 어설프고 케케묵은 학술계의 사이비 전문가들이 '당신은 흡연이 해롭다는 증거를 가지고 있습니까?'라고 반문할 것이다(이와 비슷한 유형의 반응으로 '공해가 해롭다는 증거가 있습니까?'가 있겠다). 늘 그랬듯이, 해결 방법은 간단하다. 비아 네가티바와 뚱보 토니의 '속아 넘어가지 말라.'는 원칙을 확대해서 적용하면 된다. 부자연스러운 것은 혜택을 입증할 필요가 있지만, 자연스러운 것은 그럴 필요가 없다. 앞에서 설명했던 통계적 원칙에 따르면, 자연은 인간에 비해 훨씬 덜 속아 넘어간다. 그리고 복잡한 영역에서는 오직 시간, 그것도 오랜 시간만이 증거가 된다. 어떤 결정에서는 미지의 것이 다른 측면에 비해 더욱 중요하게 작용할 수 있다.

'증거가 있습니까?'라는 말에 담긴 오류, 즉 해롭다는 증거의 부재를 해롭지 않다는 증거로 오인하는 것은 질병의 증거의 부재를 질병의 부재의 증거로 잘못 해석하는 것과 비슷하다. 이는 교육받은 똑똑한 사람들에게서 자주 발생하는, 증거의 부재를 부재의 증거로 오인하는 것과 같다. 교육은 사람들에게 더욱 확증을 갖고 반응하도록 하여 논리적으로 단순한 오류에 빠져들기 쉽게 만든다.

그리고 비선형성이 지배하는 세계에서는 '해롭다'나 '이롭다'는 간단한 진술이 통하지 않는다. 모든 것이 복용량에 달려 있다.

응급실에서 논쟁하는 법

언젠가 나는 걷다가 코를 다친 적이 있다. 물론 안티프래질을 생각하다가 그랬다. 나는 자연주의 운동을 신봉하는 로익 르 꼬레Loic Le Corre의 영향을 받아, 안티프래질 프로그램의 일환으로 표면이 고르지 않은 길을 걸으려고 했다. 아주 신나는 일이었다. 세상은 더욱 다양하고 프랙탈에 더욱 가깝다는 생각을 했다. 그리고 이런 길을 인도나 사무실의 매끄러운 표면과 비교하면서, 감옥과 같다는 생각도 들었다. 하지만 불행하게도 나는 조상들이 갖고 있지 않았던 휴대폰을 가지고 있었다. 오만하게도 이 휴대폰이 걷는 도중에 소리를 냈다.

응급실에서는 의사와 의료진들이 코에 얼음 찜질을 해야 한다고 말했다. 얼음 주머니를 부착해야 한다는 소리다. 아픔을 느끼는 동안, 대자연이 나의 코를 붓게 만든 직접적인 이유가 외상 때문은 확실히 아니라는 생각이 들었다. 내 코가 부상에 대해 반응한 것이다. 인간이 더 잘할 수 있다는 사실을 경험적 검증을 거친 충분한 이유가 있지 않고서는, 대자연이 정해준 반응을 무시하는 것은 대자연에 대한 모욕이라는 생각이 들었다.

이때 입증의 책임은 바로 인간에게 있다. 그래서 응급실에서 의사에게 얼음 찜질을 통해 혜택을 볼 수 있다는 경험적 증거가 있는지, 혹은 어설픈 개입주의에서 비롯된 것은 아닌지를 물었다.

의사의 반응은 이랬다. "지금 당신의 코가 클리블랜드Cleveland만해요. 그리고 지금은 그런 숫자에 관심을 가질 때가 아니에요." 논점에서 한참 벗어난 그의 말은 내가 묻는 말에 대한 대답이 될 수 없었다.

나는 당장 컴퓨터로 가서 이것저것 뒤져보았지만 얼음 찜질이 붓기를 가라앉히는 데 도움이 된다는 주장을 뒷받침할 만한 경험적 증거가 없다는 확신을 가질 수 있었다. 최소한 붓기가 환자의 생명을 위협하는 아주 드문 사례(내 경우가 이런 사례에 해당되지 않았다)를 제외하면, 얼음 찜질이 도움이 된다는 증거는 없었다. 의사들의 마음에는 속아 넘어가기 쉬운 합리주의가 자리를 잡고 있었으므로 지적으로 한계가 있는 사람들에게 타당하게 여겨지는 것을 따르게 되고, 이런 과정에서 무엇인가를 해야 한다는 개입주의는 더욱 확대된다. 결국 우리가 더 잘 안다고 잘못 생각하면서 보이지 않은 것을 폄하하게 된다.

이런 맹점은 붓기를 다스리는 데에만 국한되지 않는다. 이와 같은 이야기는 여러 임상 분야를 포함해 의학의 역사 전반에 걸쳐 사라지지 않고 남아 있다. 폴 밀Paul Meehl과 로빈 도스는 임상적 지식과 보험계리적(즉 통계적) 지식 사이의 괴리를 알아내고는 임상 전문가들이 믿는 지식 중에서 상당 부분이 맞지 않고 경험적 증거와도 맞지 않다는 사실을 밝혀냈다.

물론 문제는 이런 전문가들이 경험적 증거를 제시해야 할 책임이 누구에게 있는지에 대해 분명히 모르고 있다는 데 있다(이는 어설픈 혹은 사이비 경험주의와 엄격한 경험주의 간의 차이를 말해준다). 여기서 왜 열을 내리는 것이 좋은가, 왜 활동을 하기 전에 아침 식사를 하는 것이 건강에 좋은가(이런 증거는 없다), 왜 환자의 피를 뽑는 것이 최선의 대안인가(이제는 그렇게 하지 않는다)를 입증해야 할 부담은 의사에게 있다. 때로 나는 의사들이 방어적인 자세로 "제가 의사입니다." 혹은 "당신이 의사입니까?"라는 말을 할 때는 그들이 문제를 전혀 이해하지 못하고 있다는 대답으로 받아들인다. 그러나 가장 최악은 내가 대체의학을 하는 사람들로부터 지지와 공감의 편지를 받는 것이다. 이럴 때는 정말 화가 난다. 이 책의 접근방식은 가장 정통적이고 가장 엄격하고 가장 과학적이다. 대체의학의 편을 드는 것은 절대 아니다.

의료 서비스에 숨어 있는 피해는 주로 안티프래질에 대한 부정이다. 그러나 단지 의학만이 그런 것은 아니다. 우리가 문명의 질병이라고 부르는 것은 이익에 반하여 자신의 삶을 안락하게 만들려는 인간의 시도에서 비롯되었다. 왜냐하면 안락한 것은 프래질한 것이기 때문이다. 이번 장의 나머지 부분에서는 부의 볼록성 효과(즉 이익은 작지만 손실은 크다)가 숨어 있는 의학적 사례를 주로 다룰 것이다. 그리고 의원성 질환에 담긴 생각을 프래질과 비선형성의 개념과 관련해 재구성할 것이다.

의원성 질환의 첫 번째 원칙(경험주의)

의원성 질환의 첫 번째 원칙은 다음과 같다. 어떤 약물이나 부자연스러운 비아 포지티바via positiva의 절차가 위험하다는 주장을 하기 위해 피해를 입증하는 증거가 필요하지는 않다. 칠면조 문제에서 해로운 일은 미래에 일어나고 편협하게 정의된 과거에는 일어나지 않았다는 사실을 기억하자. 다시 말해서, 첫 번째 원칙이 담고 있는 경험주의는 어설픈 경험주의가 아니다.

우리는 흡연에 관한 논쟁을 보았다. 이제 인간이 만들어낸 트랜스 지방의 등장을 생각해보자. 인간은 지방 제품 제조법을 알게 되었고, 위대한 과학주의의 시대를 맞이하여 자연보다 더 좋은 지방을 만들 수 있다는 확신을 가졌다. 자연 만큼이 아니라 자연보다 더 나은 지방을 말이다. 화학자들은 라드lard(돼지 비계를 정제한 기름-옮긴이)나 버터보다 여러 가지 측면에서 더 우월한 지방의 대체물질을 만들 수 있다고 생각했다.

첫째, 그것은 더 편리하다. 마가린과 같은 합성 식품은 냉장고에 넣어두어도 부드러움을 유지하기 때문에 라디오를 들으면서 녹을 때까지 기다릴 필요 없이 빵에 발라 먹을 수 있다. 둘째, 경제적이다. 합성 지방은 식물에서 추출하기 때문이다. 셋째, 최악으로는, 트랜스 지방이 몸에 더 좋다는 인식이 퍼져 있었다. 그래서 많은 사람들이 트랜스 지방을 섭취하려고 했다.

그리고 잘못된 통계 해석으로 인해 과거 수억 년 동안 동물성 지방(특히 포화지방)을 섭취한 인류는 갑자기 두려움에 떨게 되었다. 오늘날 트랜스 지방은 심장병과 심장 혈관에 문제를 일으켜 사람의 목숨을 앗아갈 수도 있다는 사실이 알려지면서 기피 대상이 되었다.

이처럼 합리주의에서 비롯되어 프래질을 야기하며, 속아 넘어가기 쉬운 데다 생명을 앗아갈 수도 있는 또 다른 예는 탈리도마이드Thalidomide다. 이 약물은 임신 중인 여성의 입덧을 완화시켜주지만, 기형아가 발생하는 원인이 되기도 한다. 또 다른 약물 디에틸스틸베스트롤Diethyl-stilbestrol은 태아를 조용히 손상시켜서 태어나는 여아 중에 훗날 자궁암에 걸리는 사람이 많다.

이 두 가지 사례는 혜택이 뚜렷하고 즉각적으로 나타나지만 얼마 되지 않으며, 손실은 수년 혹은 20년 이상 오랫동안 숨어 있다는 점에서 상당히 인상적이다.

그럼 증거를 제시해야 할 사람은 누구인가? 아마 독자들은 처방을 옹호하는 사람들이 당장 반대 주장을 펼치리라 쉽게 예상할 수 있을 것이다. 그들은 아마 "탈레브 씨, 당신 주장을 뒷받침할 만한 증거가 있습니까?"라고 말할 것이다.

이제 우리는 패턴을 찾아낼 수 있다. 의원성 질환은 대체로 작은 편익은 쉽게 눈에 띄지만 엄청나게 큰 비용이 숨어 있다가 나중에 나타나게 되는 배반의 상황에서 등장한다. 그리고 물론 잠재된 비용은 누적된 편익보다 훨씬 더 크다.

부록에서는 그래프를 통해 잠재된 리스크를 여러 가지 각도에서 보여주고, 의원성 질환을 확률분포로 나타내고 있다.

의원성 질환의 두 번째 원칙(반응의 비선형성)

의원성 질환의 두 번째 원칙은 바로 반응이 선형이 아니라는 것이다. 건강하다고 볼 수 있는 사람들에게는 리스크가 거의 없지만, 건강에 적신호가 있는 사람들에게는 훨씬 더 많이 있다.[1]

우리는 왜 가벼운 환자가 아니라 심각한 환자의 치료에 관심을 집중해야 하는가? 이제 비선형성(볼록성)을 보여주는 사례를 소개하겠다. 혈압이 지나치게 높지 않은 사람, 즉 정상 혈압보다 약간 높은 사람이 약물을 통해 혜택을 볼 가능성은 5.6% 정도다(18명 중 1명이 혜택을 본다). 그러나 혈압이 높은 사람이나 심각하게 높은 사람이 약물을 통해 혜택을 볼 가능성은 각각 26%와 72%이다(4명 중에 1명, 그리고 3명 중에 2명이 혜택을 본다). 따라서 치료 효과는 환자의 상태에 볼록하게 반응한다(효과는 가속도를 갖고 빠르게 증가한다). 그러나 이런 개입의 효과가 모든 영역에서 일정하게 나타난다고 해보자. 아주 나쁜 상황에서는 개입에 따른 혜택이 크다. 그리고 경미한 경우에는 그 혜택이 작다. 이는 증세가 심각한 환자에게 관심을 집중해야 하고, 심각하지 않은 환자는 무시해도 좋다는 의미가 된다.

이런 주장은 도자기 컵에 가해지는 손상이 비선형성을 띤다는 사실

---

1 기술적인 설명을 하자면, 이는 결과의 확률분포에 영향을 미치는 볼록성 효과 때문에 나타난다. 의원성 질환에 따르는 이익이 보잘것없고 불확실성이 상황을 악화시킬 때에는 '반대의 바벨 효과inverse barbell effect'가 발생한다. 그러나 잠재적인 부작용에 비해 이익이 크고 불확실성이 도움이 되는 경우에는 바벨 효과가 나타난다. 부록에서는 그래프를 사용해 더 자세하게 설명하고 있다.

을 입증할 때 사용했던 조건부 생존 확률과 비슷한 구조의 확률에 기반을 둔다. 대자연이 어쩌다 한번 큰 손상을 가하는 식으로 선별하면서 팅커링을 해야 했을 것이라고 생각해보라.

나는 오늘날 사람들이 복용하는 수십만 종의 약품 중에서 건강한 사람들을 절대적으로 더 건강하게 해주는 비아 포지티바를 본 적이 없다. 그리고 누군가가 그것을 보여준다면 아직 확인되지 않은 부작용을 의심할 것이다. 때로는 스테로이드처럼 성과를 향상시켜주는 약물을 내세울 수도 있다. 이는 금융 부문에 종사하는 사람들 사이에서 회자되는 '성숙한 시장에서는 더 이상 공짜 점심이 없다. 그리고 공짜 점심처럼 보이는 것에는 리스크가 숨어 있다.'는 말을 떠올리게 한다. 당신이 스테로이드나 트랜스 지방처럼 몸에 좋아 보이지만 부작용이 눈에 띄지 않는 공짜 점심을 찾았다고 생각한다면, 어딘가에 함정이 숨어 있는 경우가 대부분이다. 실제로 내가 트레이더로 일하던 시절에는 이런 공짜 점심을 '속아 넘어가는 사람의 트레이드sucker's trade'라고 불렀다.

그리고 우리가 건강할 때 절대적으로 더 건강하게 해주는 약을 찾을 수 없는 이유를 설명해주는 간단한 통계원리가 있다. 자연은 이런 마법의 약을 스스로 찾으려고 했을 것이다. 그러나 질병은 드물게 나타나는 현상이다. 그리고 병이 깊을수록 자연이 스스로 가속도를 높여 해법을 찾을 가능성이 낮아진다. 예를 들어, 표준에서 3단위만큼 떨어져 있는 질병이 발생할 확률은 표준보다 300배 이상 적다. 표준에서 5단위만큼 떨어져 있는 질병은 표준보다 100만 배 이상 발병할 확률이 적다.

의료계는 의원성 질환의 피해가 갖는 비선형성을 아직 분석하지 않고 있다. 그리고 그들이 말로는 인정하더라도, 논문에서 이런 비선형성을 공식적으로 거론하면서 확률을 고려하는 의사결정 방법론에 적용하는 경우는 보지 못했다(다음 장에서 보겠지만, 볼록성 바이어스를 명시적으로 거론하는 경우가 드물다). 미래의 리스크조차 선형으로 가정해 때로는 작게, 때로는 크게 추정하면서 피해의 정도를 잘못 계산해버린다.

예를 들어, 방사선 치료 효과에 관한 어느 논문에서는 이렇게 서술한다. "현재 사용하고 있는 표준 모델은 선형 모델에 적용된다. 즉 전리방사선을 1회 조사하거나 여러 회 조사할 때 암에 걸릴 리스크는 선형으로 가정해 추정한다." 더구나 제약 회사는 질병을 찾아내야 하고, 증권 분석가들을 만족시켜야 하는 재정적 압박을 받고 있다. 그들은 건강한 사람들 중에서 환자를 찾아내고 질병을 재분류하기 위한 로비 활동을 벌이면서, 의사들의 과잉처방을 유도하는 영업 전략을 짜내기 위해 마지막으로 남은 자원까지 총동원해왔다.

만약 당신의 혈압이 정상 범위보다 약간 높으면, 아무런 증상이 나타나지 않더라도 혈압은 정상이 아니라 고혈압 전단계에 해당한다. 비아 네가티바 방법에 따라 건강하고 강건해질 수 있도록 해준다면, 이런 분류에는 아무런 문제가 없다. 그러나 이런 분류의 이면에는 더 많은 약물 치료를 유도하려는 전략이 숨어 있다.

나는 제약 회사의 기능과 역할이 아니라 비즈니스 관행을 못마땅하게 생각하고 있는 것이다. 그들은 질병을 재분류하거나 의사들의 과잉처방을 유도하기 위해 고심하기보다 무서운 질병을 고치기 위해 노력해야 한다. 실제로 제약 회사들은 의사들의 개입주의에 편승해 이익을 취하려고 한다.

한편 의원성 질환을 바라보는 또 다른 사고방식이 있다. 우리는 치료가 아닌 환자의 입장에서 의원성 질환을 바라보아야 한다. 따라서 죽음을 맞이하고 있는 환자에게는 모든 투기적 치료를 시도해볼 필요가 있다. 여기에는 어떤 제약도 없어야 한다. 반대로 환자가 건강하다면, 바로 대자연이 의사가 되어야 한다.

의학에서 나타나는 옌센의 부등식

철학자의 돌은 어떤 상황의 가변성이 평균보다 더 중요하다는 사실을 설명해준다(이때 나타나는 결과의 차이는 '볼록성 바이어스'가 된다). 당신이 어떤 것에 안티프래질하다면(즉 정의 볼록성을 띠면서 반응한다면), 그것은 일정하게 분포하는 것보다 무작위적으로 분포하는 것이 더 낫다.

생물학에서 비선형성 반응이 도처에 존재하고 있음에도 불구하고 의학 문제에 비선형성을 활용하여 볼록성 효과를 적용한 의학 논문은 정말 소수에 불과했다(지금 나는 상당히 관대하게 표현하고 있다. 사실 친구 에릭 브리스Eric Briys 덕분에 옌센의 부등식을 명시적으로 한 번 응용했던 의학 논문을 한 편 찾을 수 있었다. 그것은 옌센의 부등식을 적절하게 사용했던 유일한 의학 논문이었다. 따라서 내가 비선형성에 따르는 결과를 설명했을 때 의학 연구자들이 보여준, '우리도 알고 있습니다.'라는 식의 반응은 설득력이 없다고 봐야겠다).

볼록성 효과는 옵션과 혁신을 포함해 볼록성을 띠는 것들에게서 동일한 방식으로 작용한다. 이제 볼록성 효과를 폐에 적용해보자.

다음 내용은 기술적인 내용이므로 그냥 넘어가도 된다.

급성 호흡곤란증후군을 포함해 다양한 종류의 폐 질환을 앓고 있는 사람은 인공호흡기를 부착하곤 한다. 공기의 압력과 양이 일정하면 폐에 좋게 작용할 것으로 믿기 때문이다. 그러나 공기의 압력에 대한 환자의 반응은 비선형성을 띠고(초기 범위에서는 볼록하고 이를 넘어가서는 오목하다), 환자는 이런 규칙성으로부터 고통받는다. 더구나 폐 질환이 아주 심한 환자들에게는 공기의 양이 많아야 하는 반면, 높은 압력을 오랫동안 감당해낼 수가 없다. 따라서 브루스터J. F. Brewster와 그의 동료들은 주어진 평균 압력에서 가끔씩 높은 압력을 가하다가 낮은 압력을 가하면 환자의 폐에 더 많은 공기를 주입할 수 있다는 사실을 알아내고 환자들의 사망률을 줄였다.

또 다른 혜택은 압력을 가끔씩 높이면 붕괴된 폐포가 다시 활동하는 데 도움이 된다는 것이다. 실제로 이는 폐가 건강할 때 움직이는 방식이다. 폐는 공기의 일정한 흐름보다는 변화와 잡음을 더 좋아한다. 따라서 인간은 폐 압력에 안티프래질하다. 우리가 앞에서 보았듯이 볼록성을 띠는 모든 현상은 어느 한도까지는 안티프래질하기 때문에, 반응의 비선형성으로부터 직접적으로 나타난다. 브루스터의 논문은 경험적 타당성을 인정받았지만, 이런 절차는 필요하지 않다. 1 더하기 1이 2가 된다는 사실이나 모든 확률의 합이 100%가 된다는 사실을 증명하는 데 경험적 데이터는 필요없지 않은가?[2]

이런 상황은 영양 문제를 생각하는 사람들이 무작위적인 열량과 꾸준한 영양의 차이를 살펴보는 상황과도 비슷하다. 이 문제에 관해서는 다음 장에서 살펴보겠다.

경험적 분석을 하면서 볼록성 바이어스와 같은 비선형성 효과를 응용한 모델을 사용하지 않는 것은, 나무에서 떨어지는 사과를 보면서 뉴턴의 방정식을 사용하지 않고 이렇게 떨어지는 모든 사과의 목록을 작성하는 것을 경험주의라고 부르는 것과 같다.

증거를 덮어버리다

여기서는 역사적 배경을 이야기하겠다. 의학은 자신의 성공을 두드러지게 드러내고 실패는 덮어버리면서 사람들을 오랫동안 혼란스럽게 만들어왔다. 마치 역사의 공동묘지에 흥미진진한 이야기들이 많이 새겨져 있는 것처럼 말이다.

나는 다음과 같이 개입에 의해 나타나는 바이어스(부의 볼록성 효과를 갖는다)를 견딜 수가 없다. 1940~50년대에는 많은 아이들과 10대들이 흉선 확대, 편도선염, 두부 백선을 치료하고 여드름, 모반을 제거하기 위해 방사능 치료를 받았다. 이런 치료를 받은 사람들은 갑상선종을 비롯한 여러 합병증에 시달려야 했고, 이들 중 7% 정도는 20~40년이 지나 갑상선암에 걸렸다. 그러나 대자연에서 나오는 방사능을 가치가 없는 것으로 보아 넘길 수는 없다. 인간은 일정량, 즉 자연이 정해

---

2 다시 말하면, 예를 들어, 볼록성을 띠는 경우 1기에 특정 복용량의 50%만 복용했다가 2기에는 150%를 복용했을 때의 반응은 1기와 2기에 100%를 복용했을 때보다 더 낫다. 우리는 볼록성 바이어스를 추정하기 위해 경험적 데이터를 많이 요구하지는 않는다. 수학적 정리에 의하면, 이런 바이어스는 볼록성에서 나타나는 필연적인 결과다.

주는 정도의 방사능에는 안티프래질하다. 소량의 방사능을 쐬면 몸에 면역체계가 생기면서 다량의 방사능에서 비롯되는 암이나 각종 질병을 예방할 수 있다. 그리고 방사능에 관해 이야기하면서 지난 수억 년 동안 햇빛에 피부를 노출해왔던 인류가 왜 갑자기 햇빛으로부터 피부를 보호해야 하는지 그 이유를 궁금하게 여기는 사람은 거의 없다. 대기의 변화 때문인가? 피부 색소와 조화를 이루지 못하는 환경에서 살고 있기 때문인가? 아니면 햇빛으로부터 피부를 보호해준다는 제품을 만드는 사람들이 돈을 벌기 위해서인가?

끝없이 나타나는 칠면조 문제

이처럼 어설픈 합리주의에 이끌려 자연보다 한 수 앞서 나가려는 시도는 상당히 오래되었다. 그리고 항상 1계 효과에만 근거해 개선을 강조하려고 했다. 다시 말해서, 우리는 문제가 되는 약물이나 치료를 금지하면서, 다른 곳에서 다시 한 번 실수를 저지를 수도 있다는 사실을 인식하지는 못했다.

스타틴은 혈중 콜레스테롤 저하제로 쓰인다. 그러나 그 효력은 심각한 비대칭성을 갖는다. 심장 혈관성 질환을 예방하려면 5년 동안 50명의 고위험군 환자들을 치료해보아야 한다. 스타틴은 심각하지 않은 환자들에게 피해를 줄 가능성이 잠재되어 있다. 그들에게 혜택은 얼마 되지 않거나 전혀 없다. 단기적으로는 이처럼 숨어 있는 피해에 관한 증거를 찾을 수 없다(증거를 제시하려면 흡연처럼 수년이 걸린다).

그리고 스타틴의 일상적인 투여에 찬성하는 이들의 주장은 몇 가지 통계적 환상이나 조작에 근거한다(제약 회사가 실시하는 실험은 미터법으로 나타낸 콜레스테롤 수치가 건강을 정확하게 반영한다고 가정할 뿐만 아니라, 비선형성을 교묘하게 이용하여 아주 심각한 환자와 덜 심각한 환자를 일괄적으로 취급한다). 스타틴은 의원성 질환의 첫 번째 원칙에서 문제가 발생한다(피해는 숨어 있어서 눈에 띄지 않는다). 게다가 콜레스테롤 수치를 확실히 낮추기는 하지만, 원래의 목적은 학교 시험을 통과하는 것처럼 수치를 낮추는 것이 아니라 건강하게 살자는 것이다. 또한 우리가 낮추려고 하는 이런 수치가 질병과 관련이 있는 것인지도 확실하지 않다.

우는 아이의 입을 틀어막으면 울음을 그치게 할 수는 있지만, 울게 만드는 원인을 제거할 수는 없다. 수치를 낮추는 약은 법적으로 복잡한 사연이 있어서 특히 문제가 있다. 의사들은 환자들이 심장 발작을 일으킬 수 있기 때문에 약을 처방한다. 이를 소홀히 하면 고소당한다. 그러나 부작용이 약에서 비롯된다고 여기지 않기 때문에, 약의 처방에 문제가 생겨도 아무런 제재가 가해지지 않는다.

개입에 따른 바이어스와 함께 이와 같은 어설픈 해석의 문제는 암을 진단할 때도 나타난다. 이때는 법률 제도가 개입을 선호하기 때문에 더 많은 피해를 초래함에도 불구하고 치료에 찬성하게 만드는 바이어스가 뚜렷하게 존재한다.

역사가들은 수술이 약물 치료보다 훨씬 더 나은 실적을 기록했다고 말한다. 이런 주장은 필연적인 결과로서 두드러지게 나타난다. 총알을 제거하거나 창자를 제자리에 집어넣는 것처럼 심각한 외상 환자를 수술하는 경우를 생각해보라. 의원성 질환의 문제는 중요하게 여겨지지 않는다. 수술은 혜택에 비해 피해가 작기 때문에 정의 볼록성 효과를 갖는다. 제약 회사의 개입과 달리, 대자연이 더 잘할 수 있다고 말하기는 어렵다. 과거의 외과 의사들은 과학자라기보다 블루칼라 노동자들이나 장인에 더 가까웠다. 따라서 자신이 하는 일에 이론을 제시해야 할 의무감을 갖지 않았다.

의사와 외과 의사는 직업적으로나 사회적으로 구분되었다. 한쪽은 과학자scientia였고, 다른 한쪽은 기술자ars였다. 따라서 외과 의사는 경험을 바탕으로 하는 장인이었고, 의사는 이론 즉 인간에 관한 일반 이론을 지향했다. 외과 의사들은 위급한 경우에 호출되었다. 영국, 프랑스, 이탈리아의 도시에서는 외과 의사들의 길드가 이발사들의 길드와 통합되었다. 따라서 소비에트-하버드식의 외과 의사들은 결과의 가시성 때문에 오랫동안 위축된 상태에서 지내야 했다(사람들의 눈을 속일 수는 없지 않은가?). 옛날에는 마취를 하지 않고 오랫동안 수술했다는 사실을 고려하면, 아무 것도 하지 않고 자연의 결정을 기다리는 선택을 지나치게 정당화하지는 않았을 것이다.

그러나 오늘날에는 마취약 덕분에 수술에 장애요인이 훨씬 덜 작용한다. 그리고 외과 의사가 되려면 비록 중세 시대의 소르본 혹은 볼로냐의 의학교보다 이론을 덜 추구하는 곳이기는 하지만 의과대학교를 졸업해야 한다. 반면, 사혈요법은 과거에 외과 의사들에 의해 아무런 거리낌 없이 실시되는 몇 안 되는 수술 중 하나였다. 오늘날 좌골 신경통을 고치기 위한 척추 수술은 이런 수술 후유증이 있는 경우를 제외하고는 소용없을 때가 많다. 경험적 증거는 이런 수술을 받고 나서 6년이 지나면 평균적으로 아무 것도 하지 않은 상태와 똑같다는 사실을 보여준다.

따라서 모든 수술이 마취, 의료사고(의사가 척추를 손상시킬 수 있다), 병원균에 대한 노출 때문에 나타나는 뇌손상과 같은 위험을 동반하듯이, 척추 수술에서도 이런 피해가 잠재되어 있다. 그럼에도 불구하고 요추간판융합술lumbar disc fusion과 같은 척추 수술은 의사들에게 돈벌이가 되기 때문에 지금도 여전히 거리낌 없이 시행되고 있다.[3]

당신이 항생제를 쓸 때마다 병원균이 돌연변이를 일으켜 항생제에 대한 내성을 갖게 해준다. 여기에다 당신의 면역 시스템이 흔들리는 것을 더해보라. 당신은 몸이 갖고 있던 안티프래질을 병원균으로 옮긴다. 물론 해결책은 손실보다 혜택이 클 때만 이런 방법을 실천하는 것이다. 특히 외부에 노출될 때마다 화학 약품으로 손을 씻는 경우처럼 철저한 위생을 추구하는 것도 마찬가지 효과를 갖는다.

이제 잠재적으로 의원성 질환이 발생할 것으로 예상되는 예들을 살펴보자(여기서는 피해가 확인되든 그렇지 않든 간에 아주 심각한 환자를 제외하고는 피해가 더 커진다는 측면에서 살펴보기로 한다).[†] 나중에 심장질환을 일으키는 것으로 알려져 있는 항염증약 바이옥스Vioxx를 복용할 경우, 필요한 상황이 아닌데도 항우울제를 복용할 경우, 과체중의 당뇨 환자들이 단식 대신 비만 치료를 위한 수술을 하는 경우, 관절염에

---

3 척추 전문가 스튜어트 맥길Stuart McGill은 증거에 바탕을 두고 자기 치료 과정을 이렇게 설명한다. 좌골 신경이 너무 좁은 체강 통로에 막혀 있어서 (수지에 맞는) 수술로만 치료할 수 있다는 척추 질환을 일으킬 때는 스스로 뼈를 뚫고 지나갈 수 있는 산성 물질을 분비해 더 큰 통로를 만들어낸다. 우리 몸은 외과 의사보다 일을 더 잘한다.

† 이번 장과 다음 장의 핵심은 프래질과 관련되는 비선형성과 의학적 의사결정에서 이를 이용하는 방법에 있지, 의학적 치료 방법과 과실에 있지 않다. 여기에서는 오목 반응을 고려하지 않고 우리가 보게 되는 예만 제시하기로 한다.

효과가 있는 코르티손을 복용할 경우, 자가 면역 질환을 일으키게 될 청소용 소독약을 사용하는 경우, 호르몬 대체 요법을 사용하는 경우, 자궁 절제술을 시행하는 경우, 꼭 필요한 경우가 아닌데도 제왕절개 분만을 하는 경우, 귓병을 앓고 있는 아기에게 이어튜브를 사용하는 경우, 대뇌 전두엽 백질을 절제하는 경우, 철분 강장제를 복용하는 경우, 쌀과 밀을 표백하는 경우(더욱 많아지고 있다), 피부에 피해를 줄 것으로 의심되는 자외선 차단제를 바르는 경우, 위생관념이 지나칠 경우[일정 정도를 넘게 되면 호르메시스적 반응(안티프래질)이 사라져서 당신을 프래질하게 만든다], 다른 제품은 건강에 좋지 않다고 생각해서 바이오 유 제품만 섭취할 경우, 리졸과 같은 살균제를 사용할 경우(병원균을 지나치게 많이 죽여서 어린 아이들의 면역체계 발달을 저해하거나 몸에 좋은 세균과 기생충을 제거한다) 등이 있다.

한편 치아 위생의 경우, 나는 화학물질로 가득 찬 치약으로 이를 닦는 것이 치약 산업 종사자들에게만 좋은 일을 하는 것은 아니라는 생각이 든다. 칫솔은 자연스러운 도구지만 치약은 우리가 소비하는 녹말, 설탕, 액상과당과 같은 부자연스러운 제품에 맞서기 위한 것이다. 액상과당은 기술을 사랑하는 닉슨 행정부로부터 재정적 지원을 받았던 네오매니어들의 작품으로서 옥수수 농가를 지원하려는 동기에서 나온 희생양이었다. 또한 당뇨병에서 나타나는 증상은 인슐린에 대한 내성이나 이와 관련된 다른 어떤 원인이 아니라 혈당에서 비롯된다고 가정하고 2형 당뇨병 환자에게 인슐린을 주사하는 경우, 두유를 섭취하는 경우, 지중해 지방 사람과 아시아계 사람들이 우유를 섭취하는 경우도 마찬가지다. 사람들이 가장 위험할 정도로 중독성이 강하다고 생각하는 헤로인은 기침 억제제에 들어가는 모르핀의 중독성을 갖지 않는 대체 성분으로 개발되었는데, 이것 역시 여기서 설명하는 경우에 해당한다. 정신과 치료 특히 소아 정신과 치료도 마찬가지인데, 이에 따르는 위험에 대해서는 굳이 설명할 필요가 없을 것 같다는 생각이 든다. 이제 이런 이야기는 여기서 그만하겠다.

다시 말하지만, 이 장에서 내가 하는 이야기는 리스크 관리에 근거한다. 어떤 사람의 병이 아주 심각하다면 의원성 질환을 고민할 필요는 없다. 그러나 경계에 있는 경우는 위험을 동반한다.

지금까지는 이해하기 쉽다. 그러나 또 다른 경우는 훨씬 더 미묘한 데가 있다. 예를 들어, 단맛이 나는 무설탕 음료가 칼로리 섭취량을 감소시켜 체중을 줄여준다는 주장은 얼핏 타당해 보이지만 이를 뒷받침할 만한 분명한 증거는 없다. 그러나 우리는 이런 의문을 제기하기 전까지 30년 동안 수많은 사람들의 생명 활동에 대해서 혼동하고 있었다. 이런 음료를 권하는 사람들은 물리학의 법칙에 이끌려서 (열역학을 어설프게 적용해) 칼로리 섭취량을 늘리면 체중도 늘어난다는 생각은 더 이상의 분석이 필요하지 않은 것으로 보고 있다.

연료를 소비하는 자동차처럼 피드백이 없이 에너지에 반응하는 간단한 기계에서 알 수 있듯이, 열역학에서는 이런 생각이 확실히 옳다. 그러나 이런 논리는 음식이 에너지의 원천일 뿐만 아니라 환경(예를 들어 스트레스)에 관한 정보를 전달한다는 정보 차원에서는 타당하지 않다. 지방을 축적하거나 근육을 태우는 것과 상관없이, 인간의 활동과 결합된 음식의 소화는 호르몬의 분비(혹은 정보를 전달하는 이와 비슷한 활동)를 통해 식욕을 일으켜 다른 음식을 섭취하도록 하거나 우리 몸이 에너지를 태우는 방식을 변화시킨다. 복잡계는 피드백 연결고리를 가지고 있다. 따라서 우리 몸이 무엇을 태우는가는 우리가 무엇을 섭취하는가에 달려 있고, 그것을 어떻게 섭취하는가에도 달려 있다.

이해하기 힘든 자연의 논리

이 책을 쓰고 있을 때 생물학자 크레이그 벤터 Craig Venter 는 인공 생명을 만들어내는 작업에 몰두하고 있었다. 그는 「화학적으로 합성한 게놈에 의해 통제되는 박테리아 세포의 창출 Creation of a Bacterial Cell Controlled by a Chemically Synthesized Genome」이라는 유명한 논문에서 자신의 실험 결과를 설명했다. 나는 지금까지 가장 유능한 과학자 중 한 사람이자 완전한 의미의 실행가 크레이그 벤터에 대해 대단한 존경심을 갖고 있다. 그러나 잘못을 저지를 수 있는 사람들에게 이런 능력을 주는 것은 어린 아이에게 폭탄을 쥐어주는 것과 같다.

내가 이해하기로 그의 작업은 창조론자에게는 신에 대한 모독이고, 진화론자에게는 진화에 대한 모독이며, 나와 같은 확률론자에게는 인간의 신중함에 대한 모독이고 블랙 스완에 노출되는 최악의 원인이다.

나는 이 자리에서 내 생각을 더욱 분명하게 말하려고 한다. 진화는 본질적으로 강건함을 지닌 볼록 팅커링 혹은 볼록 브리콜라주에 의해 일정한 방향 없이 진행된다. 다시 말해, 진화는 지속적이고 반복적이며 작고 국지적인 실패 덕분에 확률적으로 잠재된 이익을 얻는 과정이다. 인간이 하향식 지배와 통제를 받는 과학에서 얻은 것은 정확하게 그 반대다. 부의 볼록성 효과를 지닌, 즉 잠재적으로 커다란 실패에 노출되면서 약간의 이익을 얻는 개입을 초래했다. 복잡계(생물학, 경제학, 기후 등)에 내재된 리스크를 이해하는 인간의 실적은 보잘것없어서 회고적 왜곡으로 가득 차 있다. 인간은 피해가 발생하고 나서 리스크를 이해한다. 그럼에도 불구하고 실패를 계속한다. 그리고 나는 인간이 리스크 관리를 더 잘하고 있음을 보여줄 만한 증거들을 찾을 수 없다. 이런 경우 인간은 실패의 확장성 때문에 가장 거친 형태의 무작위성에 노출된다.

간단히 말해서 인간에게는 원자폭탄, 금융 파생상품, 생명을 만드는 도구처럼 엄청난 폭발력을 지닌 물건을 주지 말아야 한다.

유죄인가, 무죄인가

이제 마지막 논점을 조금 다른 방식으로 이야기하겠다. 당신이 이해하지 못하는 것이 자연에 있다면, 그것은 당신이 이해하기 힘든 난해한 방식으로 타당성을 띤 것일 가능성이 많다. 따라서 자연은 당신보다 훨씬 더 우월하다는 논리를 펼 수 있다. 법에는 무죄가 입증될 때까지 유죄가 아니라 유죄가 입증되기 전까지 무죄라는 이분법이 있듯이, 내가 생각하는 원칙은 다음과 같다. 대자연이 하는 일은 그렇지 않다고 입증될 때까지는 논리적으로 옳다. 그러나 인간과 과학이 하는 일은 맞다고 입증될 때까지는 결함이 있다.

이제 거짓 증거에 관한 이야기를 자세히 해보자. 당신이 통계적으로 중요한 것에 대해 말하기를 원한다면, 세상에 그 어떤 것도 자연만큼 통계적으로 중요한 것은 없다. 이는 자연이 보여준 실적과 블랙 스완 현상에서 살아남은 방법과 같은 엄청나게 축적된 경험에서 나오는 통계적 유의성에 대한 존경에서 할 수 있는 말이다. 따라서 자연에 맞서려고 한다면, 자연이 아니라 인간이 상당히 설득력 있는 근거를 내놓아야 한다. 그리고 꾸물거림에 대해 설명한 7장에서 알 수 있듯이, 통계적인 근거에서 자연을 능가하기는 아주 어렵다. 인간은 윤리 문제에서 자연주의적 오류를 상기시킬 수는 있지만, 위험 관리 문제에서는 그렇지 않다.[4]

내친 김에 증거라는 미명하에 나오는 논리가 지닌 맹점을 계속 들추어내고자 한다. 내가 과거에 부어오른 코에 얼음 찜질을 하는 것처럼 부자연스러운 치료에 대해서 의문을 제기하다가 '증거가 있습니까?'라는 식의 충격적인 반응을 접한 것과 마찬가지로, 많은 사람들이 '트랜스 지방이 해롭다는 증거가 있습니까?'라는 질문을 받고 증거를 제시할 필요성을 느낀다. 하지만 해롭다는 사실을 밝히는 데에는 수십 년이 걸리기 때문에 증거를 제시하기란 불가능한 일이다. 대체로 의사처럼 배운 사람들이 이런 질문을 던진다. 따라서 지금 지구상에 거주하는 사람들이 자연에 맞서기 위해서 무엇인가를 하려고 할 때 증거를 제시해야 할 책임은 바로 그들 자신에게 있다.

안정적이지 못하거나 부서질 수 있는 것들은 시간이 지나면서 부서

---

4 여기서 흔하게 나타나는 오류는 사람의 몸이 완벽하게 적응하지 않는다고 주장하는 것이다. 마치 의사결정에서는 이런 사실이 중요한 것처럼 생각하고서 말이다. 이는 지금 이야기의 논점이 아니다. 여기서의 논점은 자연이 완벽하다는 주장이 아니라 계산에 관해서는 인간보다 더 우월하다는 주장이다(그리고 이런 사실은 실제로 입증되었다). 우리는 단지 자연을 높은 차원의 시행착오를 지배하는 자로 보면 된다.

질 가능성이 상당히 높다. 더구나 대자연을 구성하는 요소 간의 상호 작용은 항상 시스템 전체를 살리기 위한 방향으로 조정되었다. 대자연이 지난 수백만 년 동안 보여준 것은 견고함, 안티프래질, 국지적 프래질 그리고 특정 분야에서 대자연 자신이 더 잘 작동하기 위한 희생의 환상적인 결합이었다. 인간은 유전자를 위해서 자신을 희생한다. 이렇게 하여 인간이 프래질해지면서 유전자가 생존할 수 있도록 해준다. 우리는 늙어가지만 유전자는 우리를 떠나 젊음과 건강을 유지한다. 사물은 항상 대규모로 펼쳐질지도 모르는 재앙을 피하기 위해 작은 규모로 사라진다.

현상학 : 생물학에 대한 무지를 변명하다

나는 현상학이 이론보다 더욱 강건하므로 더욱 엄격한 정책을 수립할 수 있게 해준다고 설명해왔다. 여기서 예를 들어보겠다.

　바르셀로나의 어느 체육관에서 나는 어느 컨설팅 회사의 임원 옆에서 운동을 한 적이 있었다. 컨설턴트들은 주로 화술과 어설픈 합리주의를 이용해서 먹고사는 사람들이다. 체중 감량에 성공한 많은 사람들과 마찬가지로 그도 다이어트에 대해 열심히 설명했다. 체중 감량은 실천하기는 어렵지만 이론적으로 설명하기는 쉽다. 그 친구는 자신이 식이 요법을 시작하게 만들었던 인슐린 분비의 메커니즘에 관한 이야기를 듣기 전까지는 애킨스의 저탄수화물 다이어트the low-carbohydrate Atkins나 뒤캉 다이어트Dukan diet와 같은 방법을 믿지 않았다고 말했다. 이후로 그는 30파운드를 감량했고, 그 다음 행동을 취하기 전에 이론을 기다리고 있다고 했다. 그 친구는 음식의 총섭취량은 그대로 유지하면서 단지 구성만 변화시켜서 탄수화물을 피하는 방식으로 100파운드를 감량한 사람들이 보여주는 경험적 증거를 무시하고 있었다. 나는 그 친구와는 정확하게 반대 입장에서 인슐린이 원인이라는 주장은 상당히 프래질한 이론이며, 현상학 즉 경험적 결과가 옳다고 믿는다.

이제 고전기 이후의 회의주의적 경험주의자들의 생각을 소개하겠다. 우리는 이론에 잘 속아 넘어가게 되어 있다. 하지만 이론은 잠깐 왔다가 가버리는 것이다. 그러나 경험은 남는다. 결정적인 이론이 존재한다고 믿는 사람들이 생각을 점진적으로 발전시켜가는 과정에서 설명은 항상 변해왔고, 지금도 변하고 있다. 이는 원인을 보지 못해서 나타나는 인과관계의 불투명성 때문이다. 결국 경험만 남게 된다.

7장에서 보았듯이, 물리학자들이 프로세스의 현상학이라고 부르는 것은 해당 프로세스를 기존의 일반 이론에 어떻게 장착시킬 것인가를 고민하지 않는 경험적 표현이다. 예를 들어 전적으로 증거에 바탕을 둔 다음 진술을 살펴보자. 누구나 근육을 키우면 배에 지방을 많이 축적시키지 않고도 더 많이 먹을 수 있다. 그리고 새 허리띠를 구매하지 않고도 양고기를 실컷 먹을 수 있다. 과거에 이런 현상을 합리화하려고 했던 이론은 '근육이 칼로리를 태우기 때문에 신진대사가 활발해졌다.'는 설명이었다. 지금은 '인슐린에 더욱 민감해져서 지방을 덜 축적한다.'고 설명한다. 지금까지 인슐린, 인슐린에 대한 반대 주장, 신진대사, 신진대사에 대한 반대 주장이 등장했고, 미래에는 또 다른 이론이 등장해 또 다른 물질을 가지고 설명하겠지만, 앞에서 말했던 것과 정확하게 같은 현상은 계속 지속된다.

웨이트를 들어 올리면 근육량이 증가한다는 진술도 마찬가지다. 과거에는 웨이트 트레이닝이 근육을 미세하게 찢어지게 만들고 이후에 나타나는 자기 치료 과정에서 근육이 커진다고 설명했다. 오늘날에는 호르몬이 주는 신호나 유전적 메커니즘으로 설명하지만, 미래에는 다르게 설명할 것이다. 그러나 근육량이 증가하는 현상은 앞으로도 영원히 지속된다.

화술과 관련해 이론가(협잡꾼)들이 가장 많이 의존하는 기관이 바로 두뇌다. 한 분야에 신경과 관련이 있는 무엇인가를 보태면, 사람들은 강력한 인과관계에 대한 환상을 가지면서 입지와 설득력이 갑자기 높아진다. 하지만 그러기에 우리 두뇌는 너무 복잡한 기관이다. 인간의 두뇌는 해부학적으로 가장 복잡하면서도 인과관계에 가장 속기 쉬운 기관이다.

한편 크리스토퍼 차브리스와 대니얼 사이먼스가 내가 지금까지 계속 관심을 가져왔던 현상에 대한 증거를 제시해주었다. 어떤 이론이라도 뇌의 회로에 관한 언급을 하게 되면, 그 이론이 신경학 용어들을 아무렇게나 늘어놓은 것에 불과하더라도 더욱 과학적으로 여겨지고 설득력을 갖게 되는 현상에 대한 증거를 말이다.

그러나 이런 인과관계는 전통에 바탕을 두기 때문에 정통 의학에 깊이 뿌리를 내리고 있다. 아비센나는 자신의 저서 『의학전범 the Canon of Medicine』에서 "의학을 과학으로 만들고 싶다면 건강과 질병의 원인을 알아야 한다."고 서술했다.

나는 지금 건강에 관한 글을 쓰고 있지만, 최소로 요구되는 수준(이론적인 의미에서가 아니다)을 넘어서는 생물학 이야기는 하고 싶지 않다. 그리고 나의 강점이 바로 이런 데 있다고 믿고 싶다. 단지 경험의 규칙성을 확인할 수 있는 정도로만 생물학을 이해하고 싶다.

모든 시도에서 작업 방식은 이론의 변화에 대해 최대한 강건함을 유지하는 것이어야 한다. 반복하자면 대자연에 대한 나의 존경심은 전적으로 통계와 위험 관리에 근거한 것, 즉 안티프래질이라는 개념에 근거한 것이다. 의사이자 의학 전문 작가인 제임스 르 파누는 생물학적 과정에 대한 우리들의 이해가 약제의 발견이 감소되는 현상과 어떻게 결부되는지 보여주었다. 마치 합리주의적 이론이 눈을 어둡게 하여 약점으로 작용하는 것처럼 말이다.

다시 말하면, 생물학에는 생목의 오류가 존재한다.

이제 고대와 중세 의학의 역사 이야기를 잠깐 하겠다. 의학은 주로 세 가지 전통으로 구분된다. 즉 미리 정해진 이론과 무엇이 왜 만들어졌는가에 대한 포괄적인 이해를 요구하는 합리주의, 이론을 거부하고 보이지 않는 것을 주장하는 데 반대하는 회의주의적 경험주의, 이론이 배제된 의학적으로 간단한 경험법칙을 서로 가르치면서 경험주의로 가기 위해 훨씬 더 실용적인 방법을 찾아가는 형식주의가 있다. 분류를 위해서 차이를 지나치게 강조하기는 했지만, 우리는 세 가지 전통이 완전히 독단적인 접근방식은 아니며, 다만 출발점과 사전적인 믿음에서 강조하는 지점이 서로 다르다는 사실을 알 수 있다. 즉 어떤 것은 이론에서 시작하고, 또 다른 것은 증거에서 시작한다.

세 가지 전통 간의 긴장은 항상 존재해왔다. 그리고 나는 철학의 학파로서 고대 후기에 힘을 잃어버린 경험주의 진영을 확실히 지지한다. 나는 애네시데무스Aenesidemus of Knossos, 안티오코스Antiochus of Laodicea, 메노도투스, 헤로도토스Herodotus of Tarsus 그리고 물론 섹스투스 엠피리쿠스의 생각을 되살리기 위해 노력해왔다. 이런 경험주의자들은 과거에 거의 동일한 조건에서 정확하게 본 적이 없는 상황을 접할 때면 '나는 모른다.'는 입장을 취한다. 형식주의자들은 동일성에 대해서 경험주의자처럼 제한적인 입장을 취하지는 않지만 여전히 신중한 자세를 견지한다.

고대인들이 독설을 더 많이 내뿜었다

의원성 질환의 문제는 새로운 것이 아니다. 그리고 의사들은 예전부터 남들의 웃음거리가 되어왔다.

로마의 풍자 시인 마르티알리스Martial는 자신의 시에서 의료 행위에서 나타나는 전문가의 문제에 대해서 이렇게 표현했다. "나는 디아우루스가 돌보는 사람이 아니라 의사라고 생각했다. 그러나 그는 이 두 가지를 같은 직업으로 여기고 있다." "선생님, 저는 아프지 않았어요. 그런데 (당신이 돌보고 나서는) 지금은 아파요."

그리스어 파르마콘Pharmakon은 '독약'과 '치료'라는 두 가지 뜻으로 해석될 수 있다. 그리고 아랍 의사 루하위가 일으키는 의원성 질환을 경고할 때 쓰이기도 했다.

귀인 문제attribution problem는 어떤 사람이 자신에게 유리한 결과를 자신의 능력으로 돌리고, 불리한 결과를 운 탓으로 돌릴 때 나타난다. 기원전 4세기 니코클레스Nicocles는 의사들이 성공은 자신의 능력으로 여기고, 실패는 자연이나 외부적인 요인 탓으로 돌린다고 주장했다. 이런 생각은 그로부터 24세기가 지난 지금 심리학자에게서 재발견되고 있고, 증권 중개인, 의사, 기업의 경영자에게서도 마찬가지다.

고대의 일화에 의하면, 로마 황제 하드리아누스the Emperor Hadrian는 죽어가면서 자신을 죽인 사람이 바로 자신의 주치의라고 외쳤다고 한다.

고전 문학가들의 저작을 종합하는 일을 주로 했던 몽테뉴는 일화들로 가득 찬 수필을 많이 썼는데, 다음과 같은 내용도 나온다. 어느 스파르타인에게 장수하는 비결을 물었다. 그가 대답하기를 "의사를 무시하라."고 했다. 또한 몽테뉴는 대리인 문제와 의사가 가장 바라지 않은 것이 바로 당신이 건강하게 사는 것인 이유를 추적했다. 고대 그리스의 풍자 작가는 "건강한 사람들을 보면서 즐거움을 느끼는 의사는 없다. 또한 도시의 평화를 보면서 즐거움을 느끼는 군인도 없다."고 했다.

전체 인구의 절반에게 약을 처방하는 방법

의사가 당신을 어떻게 죽일 수 있는지 생각해보라.

나는 할머니의 사례를 들면서 논리적 추론을 통해 관찰하는 대상에서 평균과 그 밖의 다양한 특징들의 차이를 (직관적인 행동이 아니라) 구분하지 못하는 인간의 무능함을 이야기했다.

한번은 시골에 사는 친구가 초대한 점심 파티에 참석한 적이 있었다. 그때 누군가가 휴대용 혈압 측정기를 꺼내 보였다. 나는 그가 시키는 대로 동맥 혈압을 쟀는데, 평균보다 조금 더 높게 나왔다. 그 자리에 참석했던 아주 친절한 의사가 당장 종이를 꺼내 혈압을 낮추는 약을 처방해주었다. 물론 나중에 나는 그 종이를 쓰레기통에다 버렸다. 그 후로 나는 똑같은 혈압 측정기를 구매해서 혈압을 자주 재보았는데, 가끔씩 높게 나올 때를 제외하고는 평균보다 훨씬 낮게 나왔다. 간단히 말해서, 나의 혈압은 일정한 가변성을 지니고 있었다. 사실 인생의 모든 것들이 혈압과 마찬가지다.

　때로 우리는 이런 가변성을 정보로 잘못 생각한다. 그리고는 개입을 결정한다. 혈압과 건강 간의 관련에 관해 어떤 가정도 하지 않고 사고실험을 해보자. 여기서 정상 혈압을 어떤 숫자라고 가정한다. 건강한 사람들을 여러 명 불러 모아 혈압을 지속적으로 측정한다. 동일인의 혈압은 무작위성으로 인해 정상 혈압을 넘을 때가 절반이고, 넘지 않을 때가 나머지 절반이다. 따라서 의사가 진료할 때 실험 참가자 중 약 절반은 정상 혈압을 넘고, 의사에게 위험 신호를 알리게 된다. 의사가 실험 참가자의 혈압이 정상을 넘는 날 자동적으로 약을 처방한다면, 보통 사람의 절반이 약을 복용하게 된다. 그리고 우리는 그들의 수명이 불필요한 치료 때문에 단축되리라고 쉽게 예상할 수 있다.

　여기서 분명히 해두고 싶은 이야기가 있다. 실력을 갖춘 의사라면 측정 변수의 성질을 알고, 그 숫자가 정상 혈압을 크게 벗어나지 않을 때에는 약을 처방하지 않을 것이다(하지만 숫자의 덫에 빠져들기 쉽고, 모든 의사들이 그만한 실력을 갖추고 있지 않다).

　이 실험은 생명을 위태롭게 하는 질병이나 참기 힘든 고통을 동반하는 질병을 제외하고는 우리가 정보에 자주 접근하는 것과 마찬가지로 병원을 자주 찾는 것이 해로울 수 있다는 사실을 보여준다. 그리고 7장에서 설명했던, 의사들이 잡음에 과잉반응하는 것만으로도 환자를 죽이게 되는 과정을 보여준다.

　이런 문제는 당신이 생각하는 것보다 훨씬 더 심각하다. 그 이유는 의사들이 표본이 갖는 정상적인 가변성을 제대로 이해하지 못하기 때문이다. 통계적 유의성을 갖는 상황과 실제로 유의성을 갖는 상황 간의 차이를 설명하기가 어려울 때도 있다. 어떤 질병은 당신의 수명을 약간 단축시킬 수 있지만, 이런 사실이 높은 수준의 통계적 유의성을 지녀서 공포 분위기를 조성할 수도 있다. 하지만 실제로 이런 질병에 관한 모든 연구 결과를 보면 일부 사례(예를 들어 1%)에는 통계적 유의성을 지닌 약간의 차이가 나타나서 환자들이 피해를 입게 될 것으로 보인다고 말한다. 다시 말하면, 전문가들을 현혹시키는 통계적 유의성은 결과의 규모와 효과의 중요성에 대해 말해주지 않는다. 우리는 두 가지 측면에서 생각해야 한다. 어떤 상태(예를 들어 정상 수준보다 더 높은 혈압)가 당신의 수명을 얼마만큼 단축시킬 것으로 보이는가, 그리고 그 결과는 얼마만큼의 통계적 유의성을 지니는가?

지금 이야기를 왜 심각하게 받아들여야 하는가? 당신이 통계학자들은 실생활(교과서 속의 작은 세상이 아니라 커다란 세상)의 복잡한 구조 속에서 통계적 유의성의 의미를 제대로 이해하고 있다고 생각한다면, 놀라운 일이다. 카너먼과 아모스 트버스키는 통계학자들 스스로가 실생활에서 자신이 통계학자라는 사실을 잊어버리고 자신이 가르치는 내용과 다른 과오를 범하고 있음을 보여주었다(독자들을 상기시키는 말이지만, 생각은 노력을 요구한다).

동료 대니얼 골드스타인과 나는 금융 부문에서 정량 분석을 하는 퀀트들을 살펴보면서, 대다수가 자신들이 사용하는 방정식에 자주 등장하는 분산이나 표준편차와 같은 기초적인 개념의 실질적인 의미를 제대로 이해하지 못한다는 사실을 알게 되었다. 최근 주목을 받고 있는 엠레 소이어 Emre Soyer와 로빈 호가스 Robin Hogarth의 연구에서는 계량경제학자들이 회귀분석이나 상관계수와 같은 화려한 테크닉을 뽐내면서 만들어낸 숫자를 가지고 실행으로 옮기는 과정에서 어처구니없는 과오를 범하고 있음을 보여주었다. 그들의 방정식은 옳았지만, 그것을 현실에 적용할 때 심각한 해석상의 오류를 범했다. 그들은 항상 무작위성과 결과의 불확실성을 과소평가했다. 그리고 지금 우리는 사회과학자와 의사처럼 통계학을 사용하는 사람들의 오류가 아니라 **통계학자들이 저지르는 해석상의 오류**를 이야기하고 있다.

슬프게도 이런 바이어스는 거의 항상 행동으로 이어진다.

이제 우리는 지방을 혐오하고 무지방이라는 슬로건에 열광하는 것이 그들이 회귀분석의 결과를 잘못 해석했기 때문이라는 사실을 알고 있다. 회귀분석에서는 두 변수(여기서는 탄수화물과 지방)가 결과에 함께 영향을 미치고 있을 때, 때로는 둘 중 하나만이 영향을 미치는 것처럼 나타난다. 많은 사람들이 지방과 탄수화물을 함께 섭취했을 때 탄수화물이 아니라 지방 탓으로 돌리는 귀인 오류에 빠져든다. 또한 위대한 통계학자이자 통계적 오류의 폭로자인 데이비드 프리드먼은 공저자와 함께 모든 사람들이 강박 관념을 갖는 소금과 혈압의 관계는 통계적으로 근거가 없음을 아주 설득력 있게 보여주었다. 일부 고혈압 환자들에게서 이런 관계가 관찰되고 있지만, 이는 법칙이 아니라 예외일 가능성이 더 높다.

의학에서 나타나는 수학의 엄밀성

허구의 수학 뒤에 숨어 있는 사이비 사회과학자들을 조롱하는 사람들 중에는 의학 분야에서 이런 사이비들이 나타나지 않는 이유가 궁금한 사람도 있을 것이다.

잘못된 사상(그리고 알려지지 않는 사상)이 묻혀 있는 곳에서는 수학이 우리를 속였다는 사실을 엿볼 수 있다. 사실 의학의 수학화를 추구했다가 지금은 잊혀져버린 시도가 많이 있었다. 특히 물리학에서 가져온 모델을 바탕으로 의학을 설명하기 위한 모델을 이끌어내려던 시절이 있었다. 지오반니 보렐리Giovanni Borelli는 『동물의 운동De motu animalium』에서 신체를 지렛대로 구성된 기계에 비유했다. 바로 여기서 우리는 선형 물리학의 법칙을 적용할 수 있었다.

여러 번 하는 말이지만, 나는 합리적이고 학문적인 깊이가 있는 담론에 대해서 그것이 오류에 프래질하지 않다면 반대할 생각이 없다. 나는 처음이자 마지막의 하이브리드 의사결정자이며, 의사결정자로부터 철학자와 확률론자를 결코 떼어놓지 않을 것이다. 나는 항상 이런 하이브리드 인간으로 남아서 아침에는 커피라는 전통적인 음료를 마시고, 정오에는 친구들과 같이 식사를 하고, 밤에는 침대에서 책을 붙잡고 있을 것이다.

내가 혐오하는 것은 어설픈 합리주의와 생목의 오류에 빠져든 사이비 학문을 가르치는 강연이다. 기지의 대상에만 관심을 갖고 미지의 대상을 무시하는 강연 말이다. 나는 미지의 대상이 얼마나 중요한지 판단하기 위해서 수학을 사용하는 것에는 반대하지 않는다. 이는 강건함을 갖는 수학적 응용이다. 실제로 이번 장과 다음 장의 논의는 모두가 확률이라는 수학 분야에 기반을 두고 있다. 그러나 그것은 수학을 합리주의적으로 이용하기 위한 것이 아니라, 주로 질병의 심각성과 치료의 강도에 관한 진술들 사이의 노골적인 비일관성을 탐지하기 위한 것이다. 다른 한편으로 사회과학자들이 수학을 이용하는 것은 개입주의를 실천하는 것과도 같다. 그들은 수학을 그것이 유용하게 쓰일 수 있는 곳을 제외하고 어디에나 이용하려는 경향이 있다.

합리주의가 더욱 세련되기 위한 유일한 조건은 우리가 모든 것을 알고 있지 못하다고 믿고 행동하는 것이다. 세련되고 싶다면, 자신이 세련되지 않다는 사실을 받아들여야 한다.

다음 이야기

이번 장에서는 의학에서 나타나는 볼록성 효과와 입증의 책임에 관하여 논하고 의원성 질환이 갖는 위험을 평가했다. 다음 장에서는 볼록성 효과의 응용에 관해서 좀 더 살펴보고, 생명에 대한 엄격한 접근방식으로서 비아 네가티바에 관해 이야기하겠다.

오래 살기 위해서, 그러나 너무 오래 살아서는 안 된다

수요일, 금요일 그리고 사순절 / 니체와 다른 사람들이 말하는 영원히 살 수 있는 방법 / 혹은 왜 영원히 살아서는 안 되는가?

수명과 볼록성

의학의 어떤 측면이나 무조건적인 기술 진보에 대해 의문을 가질 때마다, 곧바로 '우리는 지난 세대보다 더 오래 산다.'는 궤변을 변함없이 듣게 된다. 어떤 사람은 '자연스러운 것을 추구하는 성향은 과거의 수명이 짧았던 미개한 시절로 돌아가게 만든다.'는 훨씬 더 어리석은 주장을 한다. 하지만 그들은 이런 주장이 '가공하지 않은 신선한 음식을 섭취하는 것은 문명, 법의 원칙, 휴머니즘에 대한 거부를 의미한다.'는 주장과 정확하게 일치한다는 사실을 인식하지 못한다. 이처럼 수명에 관한 주장에는 다양한 뉘앙스가 내포되어 있다.

(핵전쟁이 없다면) 수명은 위생의 개선, 페니실린의 발명, 범죄의 감소, 외과학의 발전(물론 외과 수술은 생명을 심각하게 위협하는 경우에만 시행된다) 등 다양한 원인이 작용하면서 계속 늘어나고 있다. 평균 수명의 연장은 생명의 위협을 받는 환자들이 의학으로부터 혜택을 받게 된 덕분이다. 볼록성 효과를 갖는 환자에게는 의원성 질환의 리스크가 크게 중요하지 않다. 인간이 의학 덕분에 오래 산다고 해서 모든 의학적 치료가 우리의 수명을 연장시켜준다고 추론하는 것은 심각하게 잘못되었다.

더구나 기술 진보의 효과를 설명하려면, 의학적 치료가 주는 혜택에서 현대 문명 때문에 발생한 질병에서 비롯되는 비용을 빼야 한다. 왜냐하면 원시 사회에서는 심장 혈관 질환, 암, 충치, 경제이론, 라운지 음악과 같이 근대가 주는 고통이 없었기 때문이다. 폐암 치료의 발전은 흡연의 영향에 의해 상쇄되어야 한다. 연구 보고서에서는 의학적 치료가 수명 연장에 수년 정도 기여한 것으로 추정한다. 그러나 다시 말하지만, 이는 질병이 얼마만큼 심각한가에 크게 달려 있다. 암이 많이 진행되고 있지만 치료가 가능한 환자에게는 암 전문의가 확실히 긍정적으로 기여한다.

이에 반해, 개입을 일삼는 의사들은 확실히 부정적인 영향을 미친다. 의원성 질환, 즉 의학이 부의 볼록성 효과를 갖는 일부 환자들의 수명을 단축한다는 불편한 사실을 고려해야 한다. 우리는 파업 기간 중 생명이 위험한 환자들만을 대상으로 수술을 시행하고 나머지 선택적인 수술을 뒤로 미루었던 일부 병원으로부터 자료를 입수할 수 있었다. 우리가 이런 파업에서 누구 편을 들더라도, 환자들의 수명은 늘어나고 최소한 줄어들지는 않을 것 같다. 더구나 중요한 사실은, 병원 운영이 정상화되고 나서 선택적인 수술의 대부분이 취소되었다는 점이다. 이런 사실은 일부 의사들이 대자연이 하는 일을 경시하고 있다는 증거다.

무작위성에 속아 넘어가는 또 다른 오류는 지난 세기까지만 하더라도 출생 당시의 기대 수명이 30세였기 때문에 사람들은 겨우 30년만 산다고 생각하는 것이다. 옛날에는 많은 아이들이 태어날 때와 태어난 직후 금방 죽었기 때문에 수명의 분포는 상당히 치우쳐진 형태를 나타냈다. 또한 옛날 사람들이 외상으로 많이 죽었다는 사실을 생각해보면, 조건부 수명은 그렇게 짧지 않았다.[1] 의사보다 법률의 시행이 수명 연장에 더 많이 기여했다. 따라서 수명 연장의 혜택은 과학이 발전한 결과가 아니라 사회적인 결과에 더 가깝다.

사례 연구로서 유방 X선 촬영을 생각해보자. 40세 이상의 여성을 상대로 매년 유방 X선 촬영을 했지만 수명의 증가에는 영향을 주지 못한 것으로 조사되었다(심지어 단축시킬 수도 있었다). 유방 X선 촬영을 했

---

[1] 조건부 수명에 관한 논쟁이 있기는 하지만, 이 숫자는 깊은 의미를 담고 있다. 아주 극단적인 경우를 예로 들자면, 리처드 르원틴Richard Lewontin은 지난 50년 동안 60세인 사람의 기대수명이 겨우 4개월 늘어난 것으로 추정했다. 질병관리예방센터the Centers for Disease Control and Prevention의 데이터를 보면, 3~4년 정도 더 늘어난 것으로 나온다(그러나 이런 기대수명의 증가에 있어서 의학의 발전이 생활 여건의 개선과 사회적 관습의 변화에 비해 얼마만큼 기여했는가에 대해서는 여전히 확실하지가 않다). 질병관리예방센터의 자료에 따르면, 20세인 사람의 여명은 1900~02년에는 42.79세였고, 1949~51년에는 51.2세, 2002년에는 58.2세였다.

던 여성들의 경우 유방암으로 인한 사망률은 감소했지만, 다른 원인으로 인한 사망률은 현저하게 증가했다. 여기서 의원성 질환의 영향을 평가할 수 있다. 의사들은 종양을 발견했을 때 방사선 치료, 화학 요법 (혹은 두 가지 모두) 이후의 외과 수술과 같은, 종양보다 더 해로운 행위를 주저하지 않는다. 여기에는 당황한 의사들과 환자들이 쉽게 건너버리는 손익분기점이 있다. 생명을 앗아가지 않을 종양을 치료하면서 생명을 단축하게 된 것이다. 화학 요법에는 독성이 따르기 때문이다.

인간은 암에 대해 엄청난 과대망상증을 갖고 있다. 전제와 결과를 거꾸로 바라보면서 후건 긍정affirming the consequent의 오류에 빠져든다. 암으로 조기에 사망하는 사람들 모두가 악성 종양을 가지고 있다고 해서, 모든 악성 종양이 암으로 조기에 사망하게 만든다는 의미는 아니다. 똑똑한 사람들은 크레타인 모두가 거짓말쟁이라는 사실에서 모든 거짓말쟁이들은 크레타인이라고 추론하지는 않는다. 또한 모든 은행업자들이 부정을 저지른다는 조건에서 부정을 저지르는 모든 사람들이 은행업자들이라고 추론하지도 않는다. 자연은 우리들이 살아남을 수 있도록 돕기 위해서 오직 극단적인 환자들에게만 논리(즉 전건 긍정의 형식modus ponens)를 위배하는 오류를 범하도록 만든다. 과잉반응은 조상 환경에서는 도움이 된다.[2]

정치인들은 유방 X선 촬영과 관련된 문제를 잘못 이해하면서 과잉반응을 일으킨다. 이는 우리 사회가 입법 기관의 어리석은 결정으로부

---

2 기술적인 코멘트를 하겠다. 이른바 베이지언(혹은 조건부 확률) 분석에서, A가 일어났다는 전제하에 B를 살펴보는 것이 아니라 B가 일어났다는 전제하에 A를 살펴보는 것과 마찬가지다.

터 영향을 받지 않도록 중요한 의사결정의 분권화를 추진해야 하는 또 다른 이유가 된다. 미개한 정치인 중 한 사람인 힐러리 클린턴Hillary Clinton은 유방 X선 촬영의 효과를 비판하는 사람들이 여성을 죽이고 있다는 말까지 했다. 우리는 유방 X선 촬영 문제를 아무런 조건 없이 시험기관에 맡겨 표준에서 벗어난 편차를 찾아 이를 바로잡아야 한다.

제거적 전략이 수명을 연장시키다

나는 앞에서 통계적 예측 방법이 갖는 결함을 처음으로 발견한 사람이라고 소개했던 통계학자이자 의사결정 이론가인 내 친구 스피로스 마크리다키스와 함께 데이터를 자세히 살펴보면서 다음과 같은 추측을 해보았다. 우리는 미국과 같은 선진국에서 의료비 지출을 일정 정도 삭감하면(이런 삭감은 선택적인 수술과 치료에만 국한시킨다) 사람들의 수명을 연장시킬 것으로 추정했다. 그 이유는 바로 부의 볼록성 효과 때문이다. 심각하지 않은 환자들을 치료할 때 발생하는 피해, 즉 조건부 의원성 질환이 그들을 오목성을 띠는 상황에 처하게 만든다. 그리고 우리는 이 문제를 어떻게 처리해야 할지 아주 잘 안다. 의사들이 쉽게 개입하지 못하도록 하면 된다.

다시 말하면, 의원성 질환의 피해가 가장 작게 나타나도록 의사들이 아주 심각한 환자들만 치료하도록 하면 된다. 그러면 이런 환자들을 위한 지출을 늘리고 선택적인 치료를 위한 지출을 줄여서 더욱 바람직한 결과를 얻을 수 있다.

나는 지금 의원성 질환에서 출발해 치료로 가는 후진 추론backward reasoning을 말하고 있다. 가능할 때마다 의사를 우리 몸의 안티프래질로 대체해야 한다. 그러나 그렇지 않은 경우에는 공격적인 치료를 마다해서는 안 된다.

비아 네가티바의 또 다른 적용으로서, 지출을 줄이고 수명을 늘리는 것은 제거적 전략이다. 의원성 질환은 개입에 내재된 바이어스(비아 포지티바, 즉 무엇인가를 하려는 성향)에서 비롯된다. 바로 이런 바이어스가 우리가 논의하는 모든 문제를 일으키고 있다. 그러나 여기서 비아 네가티바를 실천해보자. 무엇인가를 제거하는 것은 상당히 강력하고도 경험적으로는 더욱 엄밀한 행위가 될 수 있다.

왜 그런가? 진화의 과정을 거치면서 미숙한 실체를 제거하면, 발전의 길에 들어서서 블랙 스완의 가능성을 줄일 수 있다. 이런 발전이 일어나면 눈에 보이지 않는 부작용이 사라지는만큼 상당히 편안한 생활을 영위할 수 있다.

따라서 의학 분야에 비아 네가티바를 적용하면 많은 숨은 보석들을 찾아낼 수 있다. 예를 들어, 지난 60년 동안 의학은 사람들에게 금연을 권장하면서 커다란 기여를 했다. 드루인 버치Druin Burch는 자신의 저서 『의학을 말하다Taking the Medicine』에서 이렇게 적었다. "흡연의 악영향은 전쟁 이후에 모든 의학적 개입이 주는 혜택을 합친 것에 상응하는 크기의 피해와 거의 비슷하다…… 따라서 금연은 우리가 모든 암을 치료하는 것보다 더 많은 혜택을 제공한다."

늘 그랬듯이, 이제 옛 사람의 지혜를 말하려고 한다. 고대 로마의 시인 엔니우스Ennius는 "좋은 것은 대부분 나쁜 것의 부재에 있다."라고 말했다.

마찬가지로 행복은 부정의 개념으로서 가장 잘 표현된다(행복에도 같은 비선형성이 적용된다). 근대의 행복 연구가(대체로 상당히 불행하게 보이는 사람들로서 때로는 심리학자에서 경제학자로 전향하거나 그 반대인 경우도 있다)들은 행복에 관해 강의할 때 비선형성과 볼록성 효과를 이야기하지 않는다. 마치 우리가 행복이 무엇인지, 그리고 그것이 추구해야 하는 대상인지 아닌지 알고 있는 것처럼 말이다. 대신에 그들은 불행에 관해서 이야기해야 한다. 나는 행복에 관해서 강의하는 사람이 불행해 보이는 것처럼, 불행에 관해서 강의하는 사람은 행복해 보일 것이라고 생각한다. 행복의 추구가 불행의 회피와 동등하지는 않다. 사실 우리는 자신을 불행하게 만드는 것(예를 들어, 편집 작업, 출퇴근, 불쾌한 냄새, 고통, 대기실에 비치된 잡지에 나온 그림 등)뿐만 아니라 그것에 대해서 무엇을 해야 하는지 확실히 알고 있다.

이제 옛날 사람들의 지혜에 관해 이야기해보자. 신플라톤주의 철학자 플로티노스Plotinus는 '때로는 영양 결핍이 시스템을 회복시킨다.'고 믿었다. 고대인들은 몸의 정화를 중시했다. 이런 정화의 예로서 때로는 몸을 이롭게 하지만, 때로는 해롭게도 하는 정기적인 사혈요법이 있다. 또 살레르노 의학교the Salerno School of Medicine의 섭생 프로그램은 즐거운 감정, 휴식, 소량의 식사로 구성되어 있다.

출처가 미심쩍기는 하지만, 키케로의 친구였던 폼포니우스 아티쿠스Pomponius Atticus에 관한 재미난 이야기가 있다. 몽테뉴에 따르면, 그는 치료하기 힘든 중병을 앓게 되자 금욕 생활을 통해 자신의 목숨과 함께 고통을 끊으려고 했다. 그런데 건강이 좋아지면서 전자는 실패하고 후자만 성공했다. 나는 이 이야기가 인간의 수명을 늘리기 위한 유일한 방법은 열량을 제한시키는 것이라는 사실을 과학적인 관점에서 전해주기 때문에 출처가 불분명한데도 불구하고 이를 인용했다. 이 방법은 인간의 질병을 고쳐주고 실험실 동물의 수명을 연장시켜준다. 그러나 다음 꼭지에서 보겠지만, 이런 제한을 영원히 지속시켜서는 안 되며, 한시적인 (그러나 고통이 따르는) 단식이어야 한다.

우리는 아주 엄격한 단식을 통해 많은 당뇨병 환자들을 치료할 수 있다. 이런 다이어트는 몸에 큰 변화를 일으킨다. 실제로 시베리아에 단식 치료를 위한 요양원이 있는 것으로 보아 이런 방식은 오랫동안 경험적으로 알려져 왔음을 알 수 있다.

조상들이 살던 환경에서 존재하지 않았던 식품들을 없애버리면 많은 사람들이 혜택을 얻을 수 있다. 이런 식품들로 설탕, 인공적 형태의 탄수화물, 밀가루 식품(셀리악병Celiac에 걸린 사람들뿐만 아니라 많은 사람들이 인간의 식단에 새롭게 추가된 밀가루 음식에 쉽게 적응하지 못하고 있다), 우유와 기타 유제품(젖당에 대한 내성이 없는 북유럽 출신이 아닌 사람), 소다수(다이어트를 할 때뿐만 아니라 정기적으로 섭취할 때에도 해당), 와인(와인의 역사가 없는 아시아 출신), 비타민 정제, 영양 보조식품, 의사가 처방해준 약, 두통약, 진통제 등이 있다.

진통제에 의지하면 수면 부족, 목 근육의 긴장 혹은 스트레스와 같은 두통의 원인을 시행착오를 통해 찾아내려는 노력을 하지 않게 된다. 따라서 프로크루스테스의 침대에 자신의 몸을 맞추는 삶을 살면서 서서히 몸을 파괴시킨다. 그러나 그렇게 살아갈 필요는 없다.

미국의 의사이자 작가인 올리버 웬델 홈스Oliver Wendell Holmes가 "모든 약을 바다에 집어던지면, 바닷속 물고기에게는 해롭겠지만 우리 인류는 지금보다 더 나은 삶을 누릴 수 있다."고 말했듯이, 의사가 처방하는 약을 먹지 않거나 혹은 의사를 만나지 않으면 된다.

종양학자이면서 인류학에 관심이 많았던 아버지는 이런 격언에 따라 나를 키워주셨다. 유감스럽게도 이 말을 완벽하게 실천하지는 않으셨지만, 어쨌든 너무나 자주 상기시켜주셨다.

나는 옛날부터 지중해 동부에서 재배되지 않았던 과일은 먹지 않는다(편협한 마음을 갖고 모든 사람들을 대상으로 일반화하지는 않겠다는 의지를 보여주기 위해 여기서 '나'라는 단어를 굳이 사용하려고 한다). 나는 망고, 파파야 심지어 오렌지처럼 고대 그리스어 혹은 히브리어로 불리지 않는 과일은 가급적이면 먹지 않는다. 오렌지는 중세 이후에 나온 단어로서 캔디에 해당한다. 고대 지중해 지역에서는 오렌지가 존재하지 않았다. 고아 혹은 다른 지역에서 감귤 나무를 발견한 포르투갈 사람들이 근대의 제과회사가 그랬듯이 더욱 달콤한 과일로 품종 개량을 했다. 우리가 가게에서 보는 사과도 이런 품종 개량의 혐의가 짙다. 원래 사과는 단맛이 없지만 과일 회사가 단맛이 최대한 많이 나도록 교배한 것으로 보인다. 내가 어렸을 때 산에서 나는 사과는 미국 대형 마트에서 파는, 의사를 멀리하게 해준다는 반짝이는 사과에 비해 시고 쓴맛이 났고 먹을 때 아삭아삭 소리가 났으며 훨씬 더 작았다.

음료에 관해서 내가 정해놓은 원칙은 최소한 1000년이 되지 않은 음료는 마시지 말자는 것이다. 1000년은 적합성을 테스트하기에 충분한 시간이다. 나는 와인과 물, 커피만 마신다. 탄산음료는 마시지 않는다. 오렌지 주스는 믿기지 않을 정도로 해롭다. 그러나 현실은 마케팅 효과 덕분에 이런 사실을 잘 모르는 순진한 사람들이 몸에 좋다고 생각하고 아침마다 오렌지 주스를 마신다. 우리 조상들이 섭취했던 감귤

류는 단맛이 나지 않았다. 또한 그들은 섬유질이 다량으로 함유되지 않은 탄수화물은 섭취하지 않았다. 오렌지나 사과를 먹는 것은 오렌지 주스나 사과 주스를 마시는 것과 영양학적으로 동등하지 않다. 지금까지 설명했던 예에서 나는 사회적 네트워크가 반사회적이고 지식 기반 경제에는 대체로 지식이 결여되어 있듯이, 몸에 좋은 음식이라고 불리는 것은 대체로 몸에 해롭다는 사실을 알게 되었다.

내 경험을 한 마디 덧붙이자면, 나는 불쾌감을 조성하는 자극을 제거하면서 건강이 크게 좋아졌다. 이런 자극들에는 아침 신문(프래질리스타 저널리스트 토머스 프리드먼Thomas Friedman 혹은 폴 크루그먼Paul Krugman이라는 이름만 들어도 화가 폭발한다), 직장 상사, 출퇴근, 에어컨(난방 장치는 아니다), 텔레비전, 다큐멘터리 영화 제작자가 보낸 이메일, 경제 예측, 주식 시장에 관한 뉴스, 헬스 센터의 운동 기구 등이 있다.[3]

돈과 의원성 질환

우리는 부를 추구하면서 안티프래질에 대해서는 확실하게 거부한다. 왜냐고? 햄과 치즈 바게트 빵을 먹는 건설 노동자가 미슐랭 별점 세 개짜리 레스토랑에서 최고급 식사를 하는 사업가보다 더 행복해 보이지 않는가? 고된 일을 하고 나면 음식 맛이 훨씬 더 좋다. 로마인들은 부

---

3 증거를 활용하려고 할 때 경험적 지혜의 결여를 보여주는 예를 소개하겠다. 어떤 의사가 〈뉴욕타임스〉에 기고한 글을 보면, 자신은 잠재적인 피해 때문에 환자들에게 당류 섭취를 중단시켰다고 말하면서, 충분한 증거도 없이 그렇게 했던 것에 대해 사과한다고 했다. 어떤 사람의 경험적 지혜를 가장 잘 테스트하려면 그가 증거를 입증해야 할 책임을 누구에게 묻고 있는지 살펴보면 된다.

와 이상한 관계를 가지고 있었다. 그들은 부드럽게 해주는 것이나 편안하게 해주는 것을 부정적으로 생각했다. 역사는 야단스러운 것을 좋아한다는 사실에 비추어 볼 때 그들이 퇴폐의 대명사가 된 것은 조금은 과장되었다. 그들은 안락함을 거부하고 이에 따르는 부작용을 이해했다. 사막의 부족과 도시 거주자로 갈라져 살던 셈족도 마찬가지였다. 도시 거주자들은 오랜 세월 동안 자신의 뿌리와 문화적 기원을 향한 향수를 품고 있었다. 따라서 시, 기사도, 명상, 거친 환경, 검소함으로 특징 지어지는 사막의 문화는 물질적·도덕적 부패, 가십, 퇴폐로 가득 찬 도시의 안락함을 거부하는 사람들을 끌어들였다.

예수 그리스도가 40일 동안 유대 사막을 찾았고 마르코 Saint Mark가 이집트 지역의 사막을 찾았듯이 도시 거주자들은 자신을 정화시키기 위해서 사막을 찾았는데, 바로 여기서 금욕주의의 전통이 시작되었다. 레반트 지역에서도 금욕 생활이 유행하던 시절이 있었다. 가장 인상적인 사람이 바로 성자 시므온 Simeon이었는데, 그는 시리아 북부의 어느 높은 건물 꼭대기에서 40년 동안 고행에 정진했다. 아랍인들도 이런 전통을 유지해왔다. 그들은 조용하고 텅 빈 불모의 땅으로 가기 위해 재산을 처분했다. 물론 나중에는 단식의 의무도 뒤따랐다.

의원성 질환은 가난과 소박함이 아니라 부와 세련됨에서 비롯된다. 물론 무지라기보다 편협한 지식의 산물이기도 하다. 따라서 사막에 가기 위해 재산을 처분하려는 생각은 비아 네가티바 방식의 제거적 전략으로서 상당한 설득력을 갖는다. 돈이 스스로 의원성 질환을 갖는다고 생각하는 사람은 거의 없다. 그리고 재산을 처분한 사람은 단순하고 건강한 삶에서 커다란 혜택을 얻는다. 따라서 가난을 좋게 받아들이면

이로부터 혜택이 전혀 없는 것이 아니다.

우리는 법률 제도, 응급실 수술과 같은 다양한 것을 위해 현대 문명을 원한다. 그러나 비아 네가티바 방식의 전략에 따라 더욱 강해지면 얼마나 많은 혜택을 얻을 수 있는지 생각해보라. 그리고 자외선 차단제와 (갈색 눈동자를 가졌다면) 선글라스, 에어컨과 오렌지 주스, 매끄러운 표면과 탄산음료, 합병증을 일으키는 알약, 시끄러운 음악, 엘리베이터, 과즙 짜는 기계가 없는 세상에서 산다고 생각해보라.

내 친구 아트 드 베니Art De Vany는 원시 조상들의 생활방식을 추구한다. 70대의 나이에도 불구하고 자기보다 30년이나 젊은 사람보다 훨씬 더 몸이 탄탄해 보인다. 이 친구의 사진과 아랫배가 볼록 나온 억만장자 루퍼트 머독Rupert Murdoch 혹은 워렌 버핏의 사진을 보면 나는 항상 이런 생각이 떠오른다. 진정한 부는 아무런 걱정 없이 잠을 충분히 자고, 깨끗한 양심과 감사하는 마음을 갖고, 질투심을 갖지 않고, 왕성한 식욕, 강인한 근육, 신체적 에너지를 갖고, 수시로 웃고, 혼자 식사하지 않고, 헬스 센터에는 가지 말고, 육체 노동(혹은 취미)을 적당히 하고, 장 운동이 제대로 되고, 회의실에 들어가지 않고, 주기적으로 경이로움을 느끼는 데에 있다. 그러면 제거적 전략을 충분히 구사해 의원성 질환을 없앨 수 있다.

종교와 어설픈 개입

종교는 융통성 없이 오로지 과학만을 위한 과학을 초월하려는 보이지 않는 목적을 갖는다. 이런 목적 중 하나가 바로 과학만능주의로부터 우리를 보호하는 것이다. 우리는 비석에 새겨진 문장에서 의사가 실패한 일을 성공시킨 신에게 헌정하는 탑이나 사찰을 세운 사람에 관한 이야기를 살펴볼 수 있다. 실제로 우리는 개입 바이어스와 이런 개입에 따른 의원성 질환을 제거하는 관점에서 종교가 주는 혜택을 바라보려고 하지 않는다. 병이 심각하지 않은 환자들은 의사를 멀리하고 아무 것도 하지 않는 것, 즉 자연이 자기가 해야 할 일을 하도록 기회를 주는 것이 더 낫다. 따라서 교통사고 환자 외에 외상이 없고 몸이 약간 불편한 정도의 환자들은 교회(혹은 아폴로 신전)로 가는 것이 확실히 도움이 된다. 다시 말해서 의원성 질환에서 비롯되는 위험이 치료의 혜택을 능가하는 환자들, 즉 부의 볼록성을 지닌 환자들은 병원에 갈 필요가 없다.

우리는 자신을 구해준 아폴로와 같은 신을 기리기 위해 신전을 세운 이들이, 의사가 자신을 죽이려 했다는 이야기를 비석에 새겨 넣는 경우를 많이 본다. 대체로 이런 환자들은 죽으면서 재산을 신전에 바친다.

나는 인간이 언제 종교에서 위안을 찾을 것인지, 그리고 언제 과학으로 전환할 것인지 마음속으로는 이미 알고 있다고 생각한다.[4]

수요일이면 나는 절대 채식주의자가 되어야 한다

저녁 식사를 제공하는 컨퍼런스에 참석하면, 주최측에서 참석자들에

---

[4] 여기서 위약 효과 placebo effect에 관한 이야기는 하지 않으려고 한다. 나는 비선형성에 관해 이야기하고 있으며, 위약 효과는 비선형성과 아무런 관계가 없다.

게 피해야 하는 음식이 있다면 적어낼 수 있도록 서식을 보내줄 때가 있다. 때로는 6개월 전에 미리 보내준다. 나는 옛날에는 주로 고양이, 개, 쥐 그리고 인간(특히 경제학자)을 먹지 않는다고 적어 보냈다. 요즘에는 개인적인 진화를 거치면서 컨퍼런스가 열리는 날이면 내가 채식주의자가 될 것인지, 아니면 엄청나게 두꺼운 스테이크를 먹을 수 있는지 알기 위해 회의가 무슨 요일에 열리는지 알아야 했다. 왜냐고? 그리스 정교회 달력에는 금식에 관한 내용이 적혀 있다.

이런 사실은 테드 컨퍼런스TED-conference(기술Technology, 오락Entertainment, 디자인Design의 머릿글자를 딴 미국의 비영리 재단 TED가 개최하는 컨퍼런스-옮긴이)에서 나를 원시 시대의 조상들처럼 주로 생선과 고기를 먹는 육식주의자 자리로 안내해야 할 것인지, 혹은 생선과 고기뿐만 아니라 버터도 먹지 않는 절대 채식주의자 자리로 안내해야 할 것인지 종잡을 수 없게 만든다. 나중에 우리는 육식주의자나 채식주의자가 되는 것이 (종교적 이유 때문에 그렇게 되는 경우를 제외하고) 왜 합리주의자의 오류를 저지르도록 하는지 더욱 자세히 살펴볼 것이다.

나는 종교가 갖는 경험법칙을 믿고 종교가 부여하는 수칙을 맹목적으로 수용한다(그리스 정교도인 나는 때로 이런 수칙을 어길 수도 있다. 하지만 놀랄 만한 일은 아니다). 무엇보다도 종교의 역할은 도처에서 나타나는 의원성 질환을 길들이는 것이다. 단식은 당신을 어느 자리로 안내해야 하는지 헷갈리게 만들 수도 있다. 그러나 실제로는 이보다 더욱 미묘한 측면이 있다.

볼록성 효과와 무작위적인 영양섭취

폐 질환을 앓고 있는 사람에게 인공호흡기를 부착하는 문제에서 옌센의 부등식이 전해주는 실질적 결과는 다음과 같다. 일부 영역에서는 비정규성이 혜택을 주는 반면, 정규성은 피해를 준다. 옌센의 부등식이 적용되는 곳에는 비정규성이 좋은 약이 될 수 있다.

아마 우리가 가장 절실하게 고쳐야 할 식사 습관은 식사를 닥치는 대로 하거나, 최소한 규칙적인 식사를 하지 않는 것이다. 여기서 비선형성을 보지 못하는 과오는 두 곳에서 나타난다. 그것은 바로 음식 섭취의 혼합과 빈도에서다.

혼합에 관한 문제는 다음과 같다. 인간은 소, 코끼리(채식성이다), 사자(주로 초식 동물을 잡아먹는다)와 달리 잡식 동물이다. 이런 잡식 능력은 먹거리를 지속적으로 얻기 위해 예상하기 힘들고 우발적이며, 변화가 심한 환경에 적응하는 데서 나왔다. 전문화는 갑작스러운 변화가 없는 안정적인 환경에서 지내거나 변화가 심한 환경에 적응하기 위해 여분을 비축하는 데서 나온다. 이에 반해, 다변화는 어떤 시스템의 다양성에 대한 반응에서 나온다.

우리가 잡식 동물이 된 이유를 좀 더 치밀하게 따져보자. 소를 비롯한 채식 동물은 사자에 비해 음식을 섭취할 때 훨씬 덜 무작위적이다. 채식 동물은 꾸준히 먹지만(먹는 데에만 하루에 3시간 이상을 소비한다) 영양소를 분해하기 위해 아주 열심히 움직여야 한다. 따라서 가만히 서서 지겹도록 천천히 먹는다고 생각해서는 안 된다. 반면에 사자는 우연에 더 많이 의존하게 되어 있다. 사자가 사냥에 성공할 확률은 20%에 못 미친다. 그러나 먹이를 얻기 위해서 힘들고 지루한 일을 했기 때문에 먹을 때는 순식간에 먹어 치운다. 따라서 환경이 갖는 무작위성의 구조에서 다음과 같은 원칙을 얻을 수 있다. 초식 동물이면 꾸준히 먹는다. 그러나 육식 동물이면 더욱 무작위적으로 먹는다. 이런 통계적인 이유 때문에 인간은 단백질을 무작위적으로 소비한다.

그러므로 당신이 균형 잡힌 영양 섭취가 필요하다는 데 동의하더라도, 전체적으로가 아니라 매번 식사 때마다 이런 균형을 유지해야 한다고 생각해서는 안 된다. 지금까지 알려진 다양한 영양소(탄수화물, 단백질, 지방 등)를 일정량 섭취할 필요는 있다.[5] 식사할 때마다 매번 스테이크, 샐러드, 과일을 먹으면서 이런 영양소를 한꺼번에 섭취하는 것과, 전체적으로는 섭취하지만 따로 섭취하는 것에는 커다란 차이가 있다.

왜 그럴까? 결핍은 스트레스 요인이다. 그리고 우리가 스트레스로부터 회복할 수 있다면 이런 스트레스는 도움이 된다. 여기서 다시 한 번 볼록성 효과가 나타난다. 신진대사 반응이 비선형성을 띤다면, 하루에 단백질 3일분을 섭취하고 그 다음 이틀 동안에는 섭취하지 않는 것과, 매일 1일분을 꾸준히 섭취하는 것은 영양학적으로 같지 않다. 그런데 전자에는 일정한 혜택이 있고, 우리 몸은 이런 혜택을 갖도록 설계되어 있다.

나는 아주 오랫동안 고민하고 나서, 비선형성 때문에 일어나는 피할

---

[5] 탄수화물보다 지방을 더 많이 섭취해야 한다고 주장하는 사람이 있는 반면에, 그 반대를 주장하는 사람도 있다. 양쪽 모두가 단백질에 대해서는 동의하지만, 단백질을 무작위적으로 섭취해야 한다는 사실을 인식하는 사람은 거의 없다. 그들 모두 영양소의 혼합에서 무작위성이 없어야 한다고 생각하고 순서와 구성에서 나타나는 비선형성을 무시한다.

수 없는 현상으로서 인간이 음식 섭취와 구성에서 나타나는 무작위성에 안티프래질하다는 확신을 가졌다[적어도 일정 한도(즉 일정 기간)에서는 그렇다].

미국에서는 이른바 크레타(혹은 지중해) 식단이 몸에 좋다는 이야기가 전해지면서, 교양이 좀 있다는 사람들이 식습관을 바꾸어 스테이크와 감자를 멀리하고 석쇠에 구운 생선, 샐러드, 페타 치즈를 선호하게 되었고, 볼록성 바이어스를 야단스럽게 거부하려는 주장이 난무하게 되었다. 이런 현상은 다음과 같이 발생했다. 어떤 사람이 크레타 사람들의 수명을 관찰하고 그들이 먹는 음식을 조사했다. 그리고는 그들이 더 오래 사는 이유는 음식 때문이라고 순진하게 생각했다. 그럴 수도 있다. 그러나 기계적으로 생각하는 연구자의 눈에는 들어오지 않는 2계 효과(음식 섭취의 가변성)가 유력한 이유가 될 수도 있다. 실제로 다음과 같은 사실을 확인하는 데에는 시간이 좀 걸렸다. 그리스 정교회는 지역에 따라 정도의 차이는 있지만 해마다 단식을 요구하는 날이 거의 200일 가까운 곳도 있다. 정말 고통스러운 단식이다.

그렇다. 내가 지금 당장 느끼고 있듯이, 정말 고통스럽다. 나는 지금 그리스 정교의 사순절 기간 동안 이 글을 쓰고 있다. 40일 동안 고기와 설탕을 먹을 수 없고, 까다로운 지역에서는 올리브유도 못 먹게 한다. 이런 단식은 등급별로 적용되기 때문에 나는 조금은 덜 독실한 수준의 신자로 남아 있으려고 한다. 그리고 인생은 의도하는 대로 아주 쉽게 흘러가지 않는 법이다.

얼마 전에 나는 아미운에서 주말을 보냈다. 나의 조상들이 살던 그곳은 레바논 북부에서 코라 밸리 Koura valley라고 불리는 그리스 정교 지역에 위치한 마을이다. 그곳에서 고안해낸 전통 음식은 대단히 창의적이고 완전무결하다. 예를 들어, 레바논식 키베kibbeh는 고기와 렌틸 수프 속의 미트볼 대신 허브와 콩으로 만든다. 신기하게도 생선을 못 먹는 날에는 대체로 조개류는 비싼 음식이 아니라서 그런지 먹게 해준다. 단식으로 부족해지는 영양소를 보충하는 일은 한꺼번에 이루어진다. 나는 단식이 끝나는 날에는 과학자들이 생선에 많이 들어 있다고 말하는 단백질을 보충해야 한다. 그리고 물론 부활절에는 양고기를 실컷 먹어서 붉은 고기에 많이 들어 있는 지방을 엄청나게 많이 섭취하는 식으로 이후를 대비해야 한다. 지금 나는 뚱보 토니가 애용하는 레스토랑에서 어느 누구의 눈치도 보지 않고 붉은 스테이크를 실컷 먹는 꿈을 가져본다.

우리는 단식이 주는 스트레스에 대해서는 안티프래질하다. 먹고 싶던 음식은 더욱 맛이 있고 도취감을 갖게 해주기 때문이다. 단식의 끝은 숙취와 정반대의 의미를 지녔다.[6]

어떻게 자기 자신을 먹기 시작하는가

나는 사람들이 운동에서 생기는 스트레스가 몸에 좋다고 생각하면서도 단식이 같은 효과를 가질 수 있다는 생각을 하지 못하는 것이 이상했다. 그러나 이제 과학자들은 일부 혹은 모든 음식의 간헐적인 단식

---

[6] 풍요에서 비롯된 주요 질병은 나쁜 습관에서 헤어나지 못하거나 식욕이 감퇴되는 증상이다. 생물학자들은 수용 기관의 기능이 감퇴했다고 표현한다. 한편 세네카는 아프면 꿀맛이 더 좋아진다고 말했다.

이 지닌 효과를 발견해가고 있다. 우리 몸이 이런 단식에서 오는 스트레스에 반응해 더욱 강해지고 건강해진다는 증거가 속속들이 나오고 있다.

우리는 합리주의적 의미에서 일반화를 시도하지 않고 굶주림에 대해 인간이 보여주는 반응, 즉 단식으로 생물학적 메커니즘이 활발하게 움직이게 된다는 증거를 확인하는 데 초점을 맞춘 연구 결과들을 확인할 수 있다. 그리고 실제로 단식 혹은 특정 음식의 단식이 우리 몸에 긍정적으로 작용한 결과를 보여주는 실험들이 많이 있다. 지금 과학자들은 이런 결과를 자가소화 작용으로 설명한다. 즉 우리 몸의 세포는 외부로부터 영양을 공급받지 못했을 때 자기 자신을 먹기 시작하거나 다른 세포를 만들기 위한 물질을 제공하기 위해 단백질을 분해하고 아미노산을 재결합하기 시작한다. 어떤 과학자들은 자가소화 작용의 진공청소기 효과가 장수에 중요한 역할을 할 것으로 추정한다. 자연스러움을 중시하는 나는 그들의 이론을 아무렇지도 않게 여기겠지만 말이다. 앞으로 더욱 자세히 살펴보겠지만, 가끔씩 단식을 하면 건강이 좋아지고, 그게 다다.

굶주림에 대한 반응, 즉 우리 몸의 안티프래질은 지금까지 과소평가되었다. 우리는 하루 종일 힘든 일을 하려면 아침 식사를 든든히 해두라고 말해왔다. 그리고 이는 경험적으로 눈이 어두운 근대의 영양학자들이 새롭게 제기하는 이론이 아니다. 예를 들어 나는 스탕달의 기념비적 소설 『적과 흑 Le rouge et le noir』에 나오는 주인공 쥘리앵 소렐 Julien Sorel이 했던 "하루에 해야 할 일은 길고도 험할 것이다. 그러니 아침을 꼬박꼬박 챙겨 먹으면서 우리 몸을 강하게 만들자."라는 말에 깊은 인상을 받았다(당시의 프랑스인들은 아침 식사를 '첫 번째 점심'이라고 했다). 실제로 아침을 주된 식사로 생각하고 시리얼이나 그 밖의 음식을 먹으면서 우리 몸이 서서히 나빠진 것으로 보인다. 나는 누군가가 이처럼 부자연스러운 아이디어를 테스트하려는 생각을 갖기까지 이렇게 오랜 시간이 걸린 이유를 잘 모르겠다. 더구나 이런 테스트 결과는 아침 식사를 준비하기 위해 몸을 움직였던 사람을 제외하고는 아침 식사가 해롭거나 최소한 이롭지는 않다고 나온다.

우리 몸은 배달 음식을 시켜 먹도록 설계되어 있지는 않다. 실제로 우리는 먹기 위해 에너지를 소비해야만 했다. 사자도 먹기 위해 사냥을 한다. 먹지 않는다면 재미삼아 사냥을 하지는 않는다. 에너지를 소비하기 전에 음식을 주는 것은 우리의 신호 체계를 혼란스럽게 만든다. 그리고 동물들이 간헐적으로(오직 간헐적으로만) 단식을 하면 여러 가지 측면에서 이롭게 된다는 증거를 충분히 가지고 있다.

예를 들어, 발터 롱고Valter Longo는 강제 수용소의 죄수들에게 음식을 제한하면 처음에는 병에 덜 걸리다가 나중에는 쇠약해진다는 사실에 주목했다. 그는 이런 사실을 쥐를 대상으로 하는 실험으로도 확인했다. 실험실의 쥐는 단식의 초기 단계에서는 많은 양의 항암제를 투여하더라도 뚜렷한 부작용 없이 잘 견뎌냈다. 과학자들은 이런 결과를 가지고 단식이 SIRT, SIRT1 혹은 시르투인Sirtuin이라 불리는 단백질 암호화 유전자의 발현을 촉진한다고 설명한다. 이런 유전자는 인간의 수명을 연장시켜주고 그 밖의 다른 효과를 전해주는 것으로 알려져 있다. 우리 몸의 안티프래질적 성격은 단식에 반응해 일부 유전자의 상향 조정을 통해 그 모습을 드러낸다.

다시 말하지만, 종교 의식의 일환으로 이루어지는 단식은 실제로 더 많은 의미를 지닌다. 이런 단식은 생물학적 특성과 조화를 이루기 위해서 음식물 섭취에서 비선형성을 유지하도록 해준다. 부록에서는 생물학에 나오는 표준적인 투여 반응을 그래프로 보여준다. 무엇이든지 약간 복용하면 그것이 유익하든 해롭든 간에 볼록성 효과를 지닌다. 그러다 복용량을 늘리면 이런 효과는 줄어든다. 그리고 상단에서는 포화 상태에 도달해 더 이상 효과가 없게 된다.

빼앗긴 걸음

어설픈 합리주의에서 비롯되는 또 다른 피해가 있다. 인간이 수면을 불필요한 것으로 여기고 이를 줄이기 위해 오랫동안 노력했듯이, 많은 사람들이 보행을 불필요한 것으로 여기고 자동차나 자전거처럼 기계적인 교통 수단을 이용하면서 헬스 센터에서 운동을 한다. 그리고 걸을 때에는 무슨 창피한 일이라도 있는 듯이 아주 빠른 걸음으로 걷고, 때로는 무거운 것을 들고 걷기도 한다. 그들은 힘을 들이지 않은 편한 걸음이 몸에 좋을 수 있거나, 근대의 어느 시점부터 불필요하다고 여기고 줄이려 했던 잠과 마찬가지로 필요할 수 있다는 사실을 원인이 불투명하다는 이유로 여전히 자각하지 못하고 있다.

편한 걸음이 잠과 마찬가지로 필요할 수도 있고 그렇지 않을 수도 있겠지만, 자동차가 등장하기 전까지 조상들이 걷기 위해 많은 시간을 보냈기 때문에 나는 편하게 걷는 것이 필요하다는 논리를 따르겠다. 의학 저널이 이런 생각을 따라잡지 못하고 저널의 심사위원들이 증거라고 부르는 것을 제시하지 않았더라도 말이다.

나는 영원히 살고 싶다

내가 듣는 모든 것은 어떻게 하면 더 오래 살고 돈을 더 많이 벌고, 전자제품을 더 많이 가질 수 있는가에 관한 이야기다. 우리는 자신에게 들이닥치는 가장 나쁜 것이 바로 죽음이라는 사실을 믿게 된 첫 번째 세대가 아니다. 그러나 고대인들에게 가장 나쁜 결과는 죽음이 아니라 명예롭지 못한 죽음, 혹은 그냥 살다 때가 되어 맞이하는 죽음이었다. 우아한 삶을 살았던 사람에게 집에서 무례한 간호사를 옆에 두고 코에 튜브를 꽂아놓고 있다 죽음을 맞이하는 것이 삶의 궁극적인 목적은 아니었을 것이다.

그리고 물론 인간은 가능한 한 오래 살 것이라는 근대가 주는 환상을 갖고 있다. 마치 우리들 각자가 최종 생산물이라는 생각을 갖고서 말이다. 이런 '나 자신'을 단위로 보는 생각은 계몽주의 시대로 거슬러 올라간다. 그리고 이와 함께 프래질이 등장했다.

계몽주의 시대 이전에 인간은 자신을 현재의 집단과 미래의 후손의 한 구성원으로 생각했다. 현재와 미래의 부족들은 개인의 프래질을 이용해 자신을 강하게 만들었다. 사람들은 희생과 순교를 중요하게 생각하고, 집단을 위해 자신의 생명을 내놓음으로써 자부심을 가졌다. 그들은 미래 세대를 위해 열심히 노력했다.

슬프게도 지금 이 글을 쓰고 있는 동안에, 경제 시스템은 미래 세대에게 정부의 부채를 떠넘기고 자원을 고갈시키며 주식 애널리스트와 은행업자의 요구를 충족시키기 위해 환경을 파괴하고 있다(다시 강조하지만 우리는 프래질과 윤리를 분리해서 생각할 수 없다).

4장에서 말했듯이 유전자는 정보이기 때문에 안티프래질하지만, 이를 옮기는 사람은 프래질하다. 그리고 유전자가 더 강해지기 위해서는 프래질해야 한다. 우리는 정보를 만들거나 정보를 개선시키기 위해서 산다. 니체는 라틴어로 이렇게 말했다. "아이들인가, 아니면 책인가?" 아이들이든 책이든, 이 두 가지 정보는 오랜 세월에 걸쳐 지속된다.

나는 존 그레이의 『불멸화위원회The Immortalization Commission』를 방금 읽었다. 이 책은 종교적 믿음이 사라진 세상에서 영원한 생명을 얻기 위해 과학을 이용하려는 시도에 관한 내용을 담고 있다. 나는 싱귤래러티대학Singularity University의 설립자 레이 커즈와일Ray Kurzweil처럼 인간이 영원히 살 수 있다고 믿는 사람에 대해서는 고대 사람들과 마찬가지로 상당한 반감을 갖고 있다. 내 생각이나 생활 방식과 정면으로 배치되는 사람을 지구상에서 찾으라면, 그가 바로 레이 커즈와일이다. 그가 단지 네오매니어라서가 아니다. 내가 사람들의 식습관(그리고 삶)에서 안 좋은 요소를 제거하자고 외치는 동안, 그는 무엇인가를 추가하려는 입장을 견지하면서 매일 200개에 가까운 알약을 먹고 일한다. 뿐만 아니라 영원한 생명을 얻으려는 그의 시도는 나에게 도덕적으로 엄청난 반감을 갖게 만든다.

주로 러시아나 우크라이나 출신의 20대 여성들과 함께 지내는 82세의 늙은 부호를 볼 때도 이와 비슷한 불쾌감을 느낀다. 나는 이곳에 영원히 살아남기 위해 병든 동물이 되어 존재하지는 않을 것이다. 시스템의 안티프래질은 그 구성 요소들이 결국 죽어야 할 운명을 타고난다는 데서 비롯된다. 나는 인류라고 불리는 커다란 집단의 구성원이다. 나는 집단을 위해서 자식을 낳고 그들이 삶을 준비하도록 도와주고 책도 쓰고 나서 영웅적인 죽음을 맞이하기 위해 이곳에 있다. 불멸을 추구해야 할 대상은 나 자신이 아니라 나의 정보, 즉 안티프래질한 유전자다.

그 다음에는 아미운에 위치한 성 세르기우스St. Sergius, Mar Sarkis 수도원에서 훌륭한 장례식을 치르면서 작별을 고하면 된다. 프랑스 사람들이 말하듯이, 다른 사람을 위해 자리를 비워주면서 말이다.

07권

프래질과 안티프래질의 윤리

 이제 윤리 문제를 이야기할 차례다. 불투명하고 복잡한 세상에서 사람들은 법망을 피해 리스크를 숨기고 다른 사람들에게 피해를 줄 수 있다. 의원성 질환은 나중에 나타나는 눈에 보이지 않는 결과를 지닌다. 따라서 인과관계를 제대로 인식하거나 진행 과정을 완전히 이해하기는 어렵다.

 이런 인식의 한계가 있을 때에는 '승부의 책임'이 프래질을 경감시키는 유일하고도 진정한 수단이다. 지금부터 약 3700년 전에 편찬된 함무라비 법전은 간단한 해법을 전해준다. 근대가 되면서 우리가 고풍스럽고 간단한 것보다 새롭고 복잡한 것을 선호하면서 이런 해법이 서서히 버려졌다. 우리는 이런 해법이 지닌 영구적인 내구성을 인정해야 한다.

승부의 책임

: 다른 사람의 희생을 바탕으로 하는 안티프래질과 옵션

가치 있는 말을 하라 / 전리품을 보라 / 무작위적으로 나타나는
동정심에 이끌려 움직이는 기업이 있는가? / 예측과 사후 예측

이번 장에서는 누군가는 상승국면에 있고 다른 누군가는 하강국면에 있을 때 우리가 이런 현상을 어떻게 받아들여야 하는지 살펴본다.

근대가 낳은 최악의 문제는 양 당사자 간의 프래질과 안티프래질의 극히 해로운 이전에서, 어느 한쪽은 혜택을 얻고 다른 한쪽은 의식하지 못하는 사이에 손해를 보는 데 있다. 프래질과 안티프래질의 이전은 윤리와 법 사이의 간격이 커지면서 더욱 용이해진다. 이런 일은 예전에도 있었지만, 오늘날에는 더욱 심하게 나타난다. 특히 근대는 이를 잘 숨겨주고 있다.

물론 대리인 문제가 여기에 해당하며, 대리인 문제는 비대칭성을 지닌다.

우리는 근본적인 변화를 목도하고 있다. 오랫동안 유지되어왔던 과거 사회를 생각해보라. 현재 사회와 과거 사회 간의 큰 차이는 영웅주의가 사라졌다는 점이다. 이제는 다른 사람을 위해 하강국면에 처할지도 모르는 위험을 수용했던 사람의 희생정신이나 그들의 영향력을 존중하지 않는다. 영웅주의는 대리인 문제의 정반대다. 예전에는 다른 사람을 위해서 불이익을 감내하는 사람이 있었다(즉 자신의 생명 혹은 부상의 위협을 무릅쓰기로 결정하거나, 이보다 덜하게는 어떤 이익을 스스로 포기하기로 결정한다). 지금은 그 반대다. 사회로부터 공짜 옵션을 훔쳐 간 은행업자, 대기업 임원, 정치인이 영향력을 행사한다.

그리고 영웅주의는 전쟁이나 소요에만 국한되어 있지 않다. 대리인 문제의 반대를 생각해보자. 어렸을 때 나는 손자를 구하기 위해 자동차에 치어 돌아가신 어떤 할머니의 이야기를 듣고 깊은 감명을 받은 적이 있다. 누군가를 대신해 죽음을 받아들이는 것보다 더 명예로운 것은 없다고 생각한다.

다시 말해서 영웅주의는 바로 희생을 의미한다. 그리고 희생이라는 단어는 신성한 의미를 지닌다. 세속적인 의미와는 본질적으로 다르다.

전통 사회에서는 다른 사람을 위해 어려운 일에 과감하게 나서는 사람이 그만큼 존경과 가치를 인정받았다. 가장 용기 있고 씩씩한 사람이 기사, 장군, 사령관과 같은 높은 자리를 차지했다. 마피아 두목도 조직에서 그만큼 높은 자리에 있으면 적들의 공격에 가장 많이 노출되고 당국에 의해 가장 높은 형을 받게 된다는 사실을 인정한다. 다른 사람을 위해 자신의 생명을 바치거나 병약하고 버림받고 가난한 사람을 돕는 데 평생을 바친 위대한 성인에 대해서도 마찬가지다.

따라서 표 7은 또 다른 트라이애드를 보여준다. 승부에 책임이 없으면서 다른 사람으로부터 혜택을 받는 사람, 다른 사람으로부터 혜택을

표7 윤리와 기본적인 비대칭성

승부의 책임 부재	승부의 책임	타인을 위한 승부의 책임 혹은 승부의 영혼
상승국면을 유지, 하강국면을 타인에게 전가, 다른 사람을 희생시켜 공짜 옵션을 보유	자신의 하강국면을 수용, 자신의 리스크를 수용	타인이나 보편적 가치를 위해 하강국면을 수용
관료	시민	성인, 기사, 전사, 군인
뚱보 토니식 표현에 의하면 하찮은 이야기	행동, 하찮은 이야기를 하지 않는다	가치 있는 이야기를 한다
컨설턴트, 궤변론자	상인, 기업가	선지자, 철학자(근대 이전)
영리만을 목적으로 하는 사업가	장인	예술가, 일부 장인들
(넥타이를 맨) 기업 경영자	기업가	기업가, 혁신가
이론가, 데이터 마이너 Data Miner, 통계 분석자	실험실과 현장에서의 실험가	이단아로 낙인찍힌 과학자
중앙정부	도시국가의 정부	지방자치 정부
편집자	작가	위대한 작가
분석과 예측을 하는 저널리스트	투기꾼	위험을 무릅쓰고 기업과 독재 정부의 부정을 파헤치는 저널리스트
정치가	실행가	반항자, 반체제 인사, 혁명가
은행업자	트레이더	야비한 거래를 하지 않는다
프래질리스타 조지프 스티글리츠	뚱보 토니	네로 툴립
리스크를 떠넘긴다		납세자(그들은 승부의 영혼을 갖고서 자발적으로 세금을 내지는 않지만, 희생자임에 틀림없다)

받지도 피해를 주지도 않는 사람, 그리고 마지막으로 다른 사람을 위해서 자신을 희생할 줄 아는 위대한 사람이 있다.

내가 느끼는 감동에 따라 가장 오른쪽에 있는 세 번째 줄에서 시작하자. 여기에는 영웅적인 용기를 지닌 사람들의 이야기가 나온다. 강건하거나 안티프래질한 사회는 이들에게 의지한다. 당신이 지금 그런 사회에 있다면, 이는 누군가가 우리를 위해 자신에게 닥칠 위험을 수용했기 때문이다. 그러나 용기와 영웅주의는 맹목적인 리스크 수용, 즉 무모한 행동을 의미하지는 않는다. 가짜 용기는 실패의 가능성을 과소평가하고 리스크를 맹목적으로 받아들이는 데서 나온다. 반대로 겁쟁이가 되어 리스크에 과잉반응하는 사람들도 많이 있다. 스토아 철학에서는 용기(자신의 충동과 맞서 싸우려는 용기)는 신중한 행동에서 나온다고 본다. 퍼블릴리어스 사이러스가 말했듯이, 장군의 용기는 신중함에서 비롯된다.

문명이 발달하면서 영웅주의는 전쟁터에서 사상으로 옮겨갔다. 고대 그리스 시인 호머가 살던 시대에는 신체적인 힘이 가장 중요하게 여겨졌기 때문에 신체적인 용기를 지닌 사람이 영웅이었다. 이후 스파르타의 위대한 왕 아게실라우스Agesilaus는 진정으로 행복한 삶은 다름이 아니라 전쟁에서 죽을 수 있는 특권을 가진 사람이라고 했다. 그러나 아게실라우스가 말하는 용기는 이미 전쟁터에서의 용감한 행위에서 다른 위대한 행위로 진화된 것이었다. 용기는 타인이나 집단을 위해 자신을 기꺼이 희생할 때처럼 이타적인 생각을 가지고 무엇인가를 포기하려는 행위로 인식되었다.

마지막으로 새로운 형태의 용기는 소크라테스의 제자 플라톤이 말한 것으로서 새로운 사상을 가진 사람에게 해당된다. 이런 용기는 진리와 자신의 가치를 지키기 위해 죽을 수 있는 특권이 가장 고귀한 형태의 명예이기 때문에 자신이 옳다고 생각하는 사상을 지키면서 죽음을 기꺼이 받아들이는 것을 말한다. 그리고 역사상 어느 누구도 자신의 사상을 위해 생명을 기꺼이 바친 두 명의 사상가(지중해 동부 지역 사람으로, 한 사람은 그리스인이고 다른 한 사람은 유대인이다)보다 더 큰 명성을 남긴 사람은 없다.

우리는 경제적이거나 하찮은 물질적 조건으로 정의되는 행복을 거부해야 한다. 나는 영웅주의를 배제하면서 미화시켜 놓은 중산층의 가치에 얼마나 당혹스러운지 모른다. 이런 가치는 세계화, 인터넷 덕분에 영국 항공을 타고 어느 곳이든 쉽게 퍼져서 거룩한 영웅주의에 대해 무감각해지도록 만든다. 결국 은행이나 담배 회사를 위해 열심히 일하고, 신문을 열심히 읽고, 거의 모든 것에 복종하고, 교통 법규를 지키고, 기업 조직의 포로가 되고, 직장 상사에게 무조건 복종하고(인사과에서는 직원의 신상 기록을 보관해둔다), 법에 순종하고, 주식 투자에 의존하고, 열대 지방에서 휴가를 보내고, 약간의 주택담보대출을 받아 잘생긴 애완견과 교외 생활을 즐기고, 토요일 밤에는 와인을 음미하는 생활을 추구한다.

성공한 사람들은 억만장자 리스트에 들어가서 자신의 비료 매출이 중국의 도전을 받기 전에 시간을 벌려고 할 것이다. 그들은 운이 좋은 사람이 아니라 영웅이라고 불릴 것이다. 더구나 성공이 우연이라면, 영웅주의자의 의식이 있는 행위는 우연이 아니다. 그리고 중산층의 윤리 지침은 담배 회사를 위해 봉사하는 것이며, 결의론 덕분에 그들은 이런 행위를 스스로 윤리적인 행위라고 부를 것이다.

나는 워싱턴 D.C. 교외 지역의 스타벅스 커피숍이나 쇼핑몰과 아주 가까운 곳에 살면서 컴퓨터를 앞에 두고 멀리 떨어진 곳(예를 들어 파키스탄)의 미군을 질책하고는, 운동을 하기 위해 헬스 센터로 가는 멍청이를 보면 인류의 미래에 대해 훨씬 더 큰 당혹스러움을 느낀다. 이들을 기사 혹은 사무라이와 비교해보라. 기술이 빚어낸 겁쟁이들이 곳곳에 퍼져 있다. 사회는 나약한 정치인, 선거를 싫어하는 병역 기피자, 이야기를 만들어내는 저널리스트에 의해 프래질해지고 있다. 이들은 단기적으로는 유권자들에게 잘 보여야 하기 때문에 엄청난 적자와 심각한 대리인 문제를 일으킨다.

불편한 이야기를 한 가지 하겠다. 표 7은 승부의 영혼soul in the game을 가진 사람이 반드시 옳거나, 혹은 자신이 옳다고 믿는 사상을 위해 죽음을 선택한 사람이 인류를 위해서 반드시 훌륭한 선택을 했음을 시사하지는 않는다. 자신이 구세주라고 믿는 많은 몽상가들은 타인에게 큰 피해를 끼쳐왔다. 당당한 죽음이 반드시 필요한 것은 아니다. 그리고 많은 사람들이 영웅처럼 보이지 않으면서도 힘든 일상에서 어려움을 참아가며 악에 맞서 싸우고 있다. 사회는 가짜 영웅들이 언론과 좋은 유대를 가지면서 승승장구하도록 내버려두면서, 그들에 대해서는 더 이상 감사하는 마음을 갖지 않는다. 아마 그들은 미래 세대로부터 추앙받지 않을 것이다.

반쪽짜리 인간은 자신의 의견이 없는 사람이 아니라 자신의 의견을 펼치기 위해 위험을 받아들이지 않는 사람을 의미한다.

위대한 역사가 폴 벤느Paul Veyne는 최근 검투사가 억지로 싸움을 했다는 생각은 잘못된 믿음이라고 주장했다. 그들 중 대다수는 자발적인 지원자들이었다. 이겼을 때는 영웅이 되고, 졌을 때는 세상에서 가장 많은 사람들이 보는 앞에서 움츠러들지 않고 명예롭게 죽을 수 있는 기회를 얻기 위해 목숨을 걸었던 사람들이었다. 검투사가 싸움에서 졌을 때는 승자가 패자를 살려줄지 혹은 죽일지를 관중들이 결정했다. 관중들은 자발적이지 않은 사람은 싸움에 임하고자 하는 용기가 없기 때문에 원하지 않았다.

어린 시절 나는 아버지에게서 용기에 관한 커다란 교훈을 얻었다. 예전에는 아버지의 박식함에 감탄했지만, 박식함 그 자체가 사람의 전부는 아니기 때문에 크게 개의치 않았다. 자존심과 권위가 강한 아버지는 자신에 대한 존경을 요구했다. 언젠가 아버지는 레바논 전쟁 중에 순찰중인 민병대원으로부터 모욕을 당한 적이 있었다. 아버지는 그들의 요구에 응하지 않고 무례하다고 화를 내셨다. 아버지가 그냥 차를 몰고 가자, 어떤 대원이 뒤에서 총을 쏘았다. 이후로 아버지는 평생 동안 총알이 가슴에 박힌 채 사셨고, 공항 터미널을 지날 때마다 엑스레이 사진을 꺼내야 했다. 이런 일이 있고 나서, 나는 권위에 대해 아주 높은 기준을 정했다. 권위라는 것은 존중받을 만하지 않으면, 그리고 그에 대한 대가를 치르지 않으면 아무런 가치가 없다.

고대 문화로부터 내가 얻은 교훈은 아리스토텔레스의 윤리학에 나오는 메갈로사이콘megalopsychon이라는 개념이다. 그것은 위엄을 의미하는 단어로, 이후에 겸손이라는 기독교적 가치가 이를 대체했다. 로맨스어Romance(라틴어에서 분파된 프랑스어, 이탈리아어, 스페인어, 포르투갈어, 루마니아어 등―옮긴이)에는 이에 해당되는 단어가 없고, 아랍어에는 '쉼Shhm'이라는 단어가 있다(가장 적절한 번역어로는 '작지 않음nonsmall' 이 되겠다). 당신이 위험을 무릅쓰고 위엄 있게 운명을 맞이한다면, 자신을 작아 보이게 만드는 행동을 할 수 없다. 반면 위험을 무릅쓰지 않는다면, 자신을 커 보이게 만드는 행동을 할 수 없다. 그리고 당신이 위험을 받아들일 때, 반쪽짜리 인간(위험을 받아들이지 않는 작은 사람)이 가하는 모욕은 개 짖는 소리에 불과하다. 사람은 개를 보면서 모욕을 느끼지 않는다.

함무라비

이제 표 7에 나오는 내용을 가지고 상승국면과 하강국면 사이에 일관적으로 나타나는 비대칭성을 이번 장의 중심 주제인 윤리 문제에 적용시켜보자. 경영대학 교수들과 프래질리스타들은 강건함과 성장을 떼어놓고 생각하지만, 우리는 프래질과 윤리 문제를 떼어놓고 생각할 수 없다.

어떤 사람은 다른 사람의 희생을 대가로 옵션을 갖는다. 그리고 다른 사람은 그 사실을 모른다.

근대가 훨씬 더 많은 사람들을 왼쪽 줄(즉 영웅이 아닌 사람)로 옮겨놓으면서, 프래질의 이전 효과가 더욱 심각해지고 있다. 따라서 근대가 만들어낸 많은 직업들이 이런 효과를 바탕으로 우리들의 프래질을 대가로 더욱 안티프래질해지고 있다. 공직자, 학술 연구자, (잘못된 믿음을 일깨워주지 않는) 저널리스트들이 평생 직장을 보장받고 있으며,

의료기관과 제약 회사가 높은 수익을 올리고 있다. 그러면 이 문제를 어떻게 풀어야 하는가? 늘 그랬듯이, 우리는 고대 사람들에게서 도움을 받아야 한다.

지금으로부터 약 3800년 전에 만들어진 함무라비 법전은 프래질의 대칭성을 재정립해야 할 필요성을 다음과 같이 확인해준다.

> 건축업자가 집을 짓고 그 집이 무너져서 집 주인이 사망했다면, 건축업자를 사형에 처한다. 집 주인의 아들이 사망했다면, 건축업자의 아들을 사형에 처한다. 집 주인의 노예가 사망했다면, 건축업자는 사망한 노예에 상응하는 가치를 지닌 노예를 집 주인에게 지급해야 한다.

3800년 전의 고대인들이 지금보다 훨씬 더 앞서 있다는 생각이 든다. 전체적인 아이디어, 특히 눈에 보이지 않는 기초에 대해서는 건축업자가 안전 진단자보다 훨씬 더 많이 알고 있다는 데에 초점을 둔다. 이런 아이디어는 건물의 기초가 붕괴를 늦추고 위험을 숨기기에 가장 좋은 장소이기 때문에 지금까지 인류가 만들어낸 최적의 위험 관리 방법이다. 결국 함무라비 왕과 그의 신하들은 크기가 작은 확률의 의미를 이해했다.

목적은 과거로 거슬러 올라가서 처벌하려는 데 있는 것이 아니라 직무를 수행하는 과정에서 타인에게 피해를 끼칠 경우에는, 이런 결과를 발생시키지 않도록 사전에 예방해 생명을 구하려는 데 있다.

이런 비대칭성은 확률이 작은 극단적인 사건, 즉 블랙 스완 현상인 경우에 특히 심하다. 블랙 스완 현상을 깨닫고 있는 사람이 거의 없을 뿐만 아니라 이런 현상에 대한 노출을 쉽게 숨길 수 있기 때문이다.

뚱보 토니는 자신의 경험에 근거해 두 가지 원칙을 지킨다.
첫째, 조종사가 탑승하지 않은 상태에서 결코 비행기에 탑승하지 않는다.
둘째, 부조종사가 있는지 확인한다.

첫 번째 경험법칙은 보상과 처벌의 비대칭성, 즉 개인 간 프래질의 이전을 설명한다. 소비자 운동가 랄프 네이더Ralph Nader는 한 가지 간단한 원칙을 제시한다. 그것은 바로 전쟁에 찬성하는 사람은 전쟁에 참여하는 자손(자식 혹은 손자)이 최소한 한 명은 있어야 한다는 원칙이다. 고대 로마인들은 기술자는 자신이 세운 다리 밑에서 일정 시간을 보내야 한다고 생각했다. 이런 원칙은 오늘날 금융공학자들에게도 적용되어야 한다. 영국인들은 더 나아가, 기술자는 자신이 세운 다리 밑에서 가족들과 함께 일정 시간을 보내야 한다고 생각했다.

나는 여론을 이끌어가는 사람들은 자신이 제공한 정보나 의견을 따르던 사람에게 피해가 발생했을 때 '승부의 책임'을 져야 한다고 생각한다. 하지만 미군이 부당하게 이라크를 침공하더라도 아무런 피해 없이 원만하게 끝낼 것이라고 주장하던 사람들에게 이런 '승부의 책임'은 없었다.

더구나 경제를 분석하고 예측하는 사람들은 다른 사람들이 그들의 분석 결과에 따라 행동한다는 사실을 감안하면 이로부터 잃는 것이 있어야 한다. 반복해서 말하지만, 예측은 리스크가 따르는 행위다. 인간이 만들어낸 어떤 형태의 공해보다 유해 성분이 더 많이 들어 있다.

우리는 특히 예측 시스템의 취약성을 완화하기 위해 토니의 원칙으로부터 여러 가지 하위의 경험법칙을 이끌어낼 수 있다. 승부의 책임이 없는 예측은 기술자가 근무하지 않는 무인 원자력 발전소만큼이나 위험하다. 조종사는 기내에 탑승해야 한다.

두 번째 경험법칙은 여분을 확보해 안전의 범위를 넓히고 최적화를 피하고 리스크에 대한 노출에서 비대칭성을 경감(더 나아가서는 제거)한다는 의미다.

이번 장의 나머지 부분에서는 몇 가지 증후군을 제시할 것이다. 물론 고대 사람들의 치료법도 함께 나온다.

말만 앞세우는 사람의 공짜 옵션

나는 성공과 실패를 떠나 기업가나 리스크를 수용하는 사람을 높이 평가하고 리스크에 노출되었을 때 이를 수용하지 않는 학자, 정치인처럼 말만 앞세우는 사람은 낮게 평가해야 한다고 주장하면서 1권을 마무리했다. 그러나 지금 우리 사회는 정반대로 흘러가고 있다. 즉 말만 앞세우는 사람에게 공짜 옵션을 주고 있는 것이다.

잘 속아 넘어가는 사람들이 출구를 향해 달려갈 때 이들을 상대로 이익을 취하려는 뚱보 토니의 생각은, 처음에는 네로에게 그다지 우아하지 않게 보였다. 타인의 불행으로부터 이익을 취하면서 살아가는 방식은 그 타인이 아무리 나쁜 사람이라 하더라도 아주 우아해 보이지는 않는다. 그러나 토니는 어느 정도의 리스크를 수용했다. 그리고 나쁜 결과가 닥치면 개인적으로 피해를 보게 되어 있었다. 토니에게는 대리인 문제가 적용되지 않는다. 따라서 토니가 살아가는 방식은 허용할 수 있는 수준이다. 이와 반대되는 상황, 즉 대리인 문제가 나타나는 상황에서는 훨씬 더 나쁜 문제가 발생한다. 말만 앞세우는 사람들이 예측을 하고 이론을 제시한다.

실제로 투기적 리스크 감수는 허용되어야 할 뿐만 아니라 반드시 필요한 사항이다. 리스크가 따르지 않는 의견은 없다. 그리고 물론 보상에 대한 기대가 따르지 않는 리스크도 없다. 토니가 의견을 가졌다면, 윤리적인 이유 때문에 자기 의견에 상응하는 리스크에 대한 노출을 인정한 것이다. 벤손허스트 사람들이 자신의 의견을 말하듯이, 당신도 의견이 있으면 그렇게 한다. 그렇게 하지 않으면, 의견이 전혀 없다는 의미다. 당신은 사회적으로 특수한 지위, 즉 어쩌면 일반 시민보다 낮은 지위를 가지고 자신의 의견에 대해서 손실을 초래하지 않는 사람이 되어야 한다. 비평가들은 일반 시민들보다 낮은 지위를 가져야 한다. 일반 시민들은 최소한 자신의 발언에 따르는 손실에 직면해 있기 때문이다.

따라서 나는 지식인과 비평가의 전반적인 생각을 접하는 사회 구성원의 한 사람으로서 공정한 입장에서 말하자면, 피해에 노출되지 않고 승부의 책임이 없는 사람이 실천 없이 말만 앞세우는 것은 윤리적으로 크게 잘못되었다고 생각한다. 당신은 자신의 의견을 말할 수 있다. 곧 당신의 의견을 따르는 사람에게 피해를 줄 수 있다. 그럼에도 불구하고 당신에게 책임이 뒤따르지 않는다면, 과연 이것이 공정한가?

그러나 지금 우리는 정보화 시대에 살고 있다. 프래질의 이전 효과는 역사 전반에 걸쳐 존재할 수 있지만, 지금은 인터넷, 새롭게 문제가 되는 인과 연쇄의 불가시성으로 훨씬 더 심하게 나타난다. 오늘날 지식인들은 이전보다 훨씬 더 큰 영향력을 발휘하며, 그래서 이전보다 훨씬 더 위험하다. 지식 사회는 한 사람에게서 지식과 실천의 괴리를 초래해 사회 전체를 프래질하게 만든다. 이제부터 왜 그런지 자세히 살펴보도록 하자.

옛날에는 후원자나 국가를 위해 복무하는 소수의 지식인 집단을 제외하고 권위는 의무와 함께 했다. 당신이 봉건 영주가 되기를 원한다면, 가장 먼저 죽는다는 각오를 해야 한다. 그리고 전쟁을 원한다면 전쟁터에서 맨 앞에 서야 한다. 미국 헌법에는 최고 사령관이 대통령이라는 말이 나온다. 카이사르, 알렉산더, 한니발은 모두 전쟁터에 있었다. 리비우스에 따르면, 한니발은 전쟁터에 가장 먼저 들어와서 가장 나중에 퇴각했다. 조지 워싱턴도 다른 사람들의 생명을 위협하면서 비디오 게임을 지켜본 로날드 레이건, 조지 부시 대통령과 달리 전쟁터로 갔다. 나폴레옹도 몸소 위험에 노출되어 있었다. 전쟁터에서 그의 등장은 2만 5000명에 달하는 병력이 더해지는 것과 비슷한 효과를 지녔다. 처칠도 대단한 신체적 용기를 과시했다. 그들은 전쟁에 직접 참여했고, 그렇게 해야 한다고 믿었다. 지위는 신체적 위험을 감수하는 것을 의미했다.

전통 사회에서는 위험을 감수하다 실패하는 이들이 위험에 노출되지 않은 이들보다 더 높은 지위에 올랐다.

요즘은 바보 같은 예측 시스템이 나를 화나게 만든다. 우리는 계몽주의 시대 이전에 비해 사회 정의를 더 많이 이룩했다고 볼 수도 있지만, 옵션의 이전이 과거에 비해 훨씬 더 많아지면서 명백한 퇴보의 길을 가고 있다고 볼 수도 있다. 그 이유는 무엇일까? 이처럼 같잖은 지식 산업은 필연적으로 학자, 컨설턴트, 저널리스트가 나서서 말만 앞세우는 형태로 변하게 된다. 그들의 예측은 실제로 실현되기는커녕 근거 없는 잡담에 불과하다. 말만 번드레한 그 어떤 것과 마찬가지로 승리는 가장 정확한 것보다는 가장 멋있는 것을 추구하는 사람, 혹은 학문적으로 가장 어마어마하게 들리는 것을 만들어낸 사람에게 돌아간다.

나는 앞에서 정치철학자 레몽 아롱이 뛰어난 예측 능력에도 불구하고 관심을 끌지 못하고 스탈린주의에 대해 잘못 예측했던 사람들이 아름답게 살아남게 된 이유를 설명했다. 아롱은 상당히 무미건조한 사람이었다. 그는 뛰어난 직관력을 가졌음에도 불구하고 세무사처럼 글을 썼고, 외모도 삶도 마찬가지였다. 반면 그의 라이벌 장 폴 사르트르Jean-Paul Sartre는 화려한 삶을 살면서 거의 모든 것에 대해 틀린 이야기를 늘어놓았다. 심지어 독일군이 파리를 점령했는데도 그는 아주 비겁한 태도로 묵묵히 참기만 했다. 겁쟁이 사르트르는 화려하고 인상적으로 보여서 정말 유감스럽게도 그의 책은 지금도 잘 팔리고 있다(제발 그를 볼테르와 동급으로 인정하지 말라. 그는 절대로 볼테르가 될 수 없다).

나는 다보스에서 프래질리스타 저널리스트 토머스 프리드먼과 눈이 마주치고 나서는 구역질이 났다. 그는 자신이 영향력을 발휘하는 신문의 칼럼에서 이라크 전쟁을 부추기는 글을 썼던 사람이다. 그리고 자신이 저질렀던 잘못에 대해 아무런 대가를 치르지 않았다. 내가 불쾌감을 느끼는 진짜 이유는 단지 내가 싫어하는 사람을 보았기 때문만은 아닐 것이다. 나는 잘못을 저지르고 나서 그것에 대해 아무 것도 하지 않는 사람을 보면 화가 난다. 이것은 생물학적인 반응이다. 그것은 죄고, 나는 이런 죄를 보면 도대체 참을 수가 없다.

고대 지중해 사람들의 윤리에는 이런 말이 나온다. 퍼블릴리어스 사이러스는 "범죄를 중단시키지 않는다면, 당신도 공범자"라고 했다(서문에서 나는 이 말을 내 방식으로 표현했지만, 여기서 다시 한 번 언급하고 싶다. 당신이 사기꾼을 보고 사기꾼이라고 말하지 않는다면, 당신도 사기꾼이다).

토머스 프리드먼은 2003년 이라크 침공에 책임이 있지만, 아무런 대가를 치르지 않았을 뿐만 아니라 이후로도 〈뉴욕타임스〉의 칼럼을 계속 써오면서 순진한 사람들을 혼란스럽게 만들고 있다. 그는 계속해서 이익을 취했고 다른 사람은 피해를 보았다. 영향력이 있는 저널리스트의 주장은 일련의 범죄 행위보다 더 많은 사람들에게 피해를 입힐 수 있다. 내가 지금 이 자리에서 토머스 프리드먼에 관한 이야기를 꺼내는 것은, 그가 복잡계가 지배하는 세상에서 의원성 질환을 일으키는 잘못된 생각을 전파하고 있기 때문이다.

그는 세계화가 프래질을 일으키고 그 부작용으로 극단적인 사건을 초래하고, 적절하게 작동하기 위해 더 많은 여분을 요구하게 된다는 사실을 깨닫지 못하고 '세계는 평평하다.'라는 식의 세계화 사상을 전파해왔다. 그리고 이라크 침공에 동의할 때도 마찬가지 잘못을 저질렀다. 복잡계가 지배하는 세상에서 결과에 대한 예측 가능성은 아주 낮다. 따라서 침공은 인식론적으로 무책임하다.

자연과 조상들의 시스템은 처벌과 함께 움직였다. 그러므로 영원한 공짜 옵션을 갖는 사람은 없다. 많은 부분에서 가시적인 결과를 갖는 사회도 마찬가지다. 예를 들어 어떤 사람이 눈을 가리고 스쿨버스를 운전하다 사고를 냈다고 하자. 옛날 방식대로라면 그 사람을 유전자 풀에서 퇴출시키겠지만, 오늘날 방식대로라면 다시는 그런 행위를 하지 않도록 처벌을 충분히 내릴 것이다. 그런데 문제는 저널리스트 토머스 프리드먼이 여전히 스쿨 버스를 운전하고 있다는 사실이다. 사회에 피해를 주면서 여론을 주도하는 사람에게 처벌이 가해지고 있지 않다. 이는 아주 나쁜 관행이다. 2008년 경제위기 이후에 등장한 오바마 행정부에는 눈을 가리고 스쿨버스를 운전했던 사람들로 가득하다. 의원성 질환은 계속 전파되고 있다.

사후 예측

말에는 위험이 내포되어 있다. 사건이 일어나고 나서 상황을 설명하는 사후 예측가들은 말로 먹고사는 사람들이기 때문에 사전 예측가보다 항상 더 똑똑해 보인다.

물론 다가오는 사건을 예측하지 못했던 사람들은 회고적 왜곡 덕분에 다른 사람을 확신시키기 전에 먼저 자신이 그 사건을 예측했다는 취지의 단서를 찾아내고는, 자기 스스로 그렇게 했다는 확신을 가질 것이다. 사건이 발생하고 나면, 진정한 예측가보다 사후 예측가가 훨씬 더 많이 나타난다. 하루에 두 번 정도 자주 샤워를 하면서(헬스 센터에서 할 수도 있고 혹은 불륜 상대 여성과의 관계 때문에 할 수도 있다) 논리적인 결론을 이끌어내지 않은 채 생각만 많이 한 사람은 머릿속에서 끄집어낼 만한 다양한 레퍼토리를 가지고 있다. 이런 사람은 욕실에서 떠올렸던 잡념이나 현재 벌어지는 사건과 모순되는 수많은 생각들을 모두 기억하지 않는다. 그러나 인간은 자체적으로 모순이 없는 상태를 갈망하기 때문에, 옛날에 가졌던 생각의 단편 중에서 현재의 인식과 부합되는 것들을 계속 간직하려고 할 것이다.

따라서 전문적으로 당당하게 잡담을 늘어놓은 여론 주도자들은 결국 논쟁에서 이기는 것으로 보인다. 그들이 글을 쓰고, 그 글에 속아서 어려움에 처했던 사람들은 다시 한 번 그들이 쓴 글을 읽고 미래를 준비하면서 어려움에 처하게 된다.

우리는 선택 편향을 범하고 기억을 끊임없이 수정하기 때문에 과거는 변하기 쉽다. 잘 속아 넘어가는 사람들은 자신이 속기 쉬운 사람이라는 사실을 결코 알지 못한다. 왜냐하면 인간의 뇌가 그렇게 움직이도록 되어 있기 때문이다. 그럼에도 불구하고 사람들은 다음과 같은 사실에 큰 충격을 받았다. 2007~08년에 프래질리스타들이 일으켰던 위기는 제대로 된 예측보다는 마구잡이식 예측에 따른 것이었다.

> 비대칭성(사후 예측가들의 안티프래질): 사후 예측가들은 체리 피킹을 할 수 있고 자신의 주장에 부합되는 사례만 제시하고 잘못된 예측을 역사 속에 묻어버릴 수 있다. 그들은 공짜 옵션을 가졌다. 그리고 바로 우리가 그 대가를 치르고 있다.

프래질리스타들은 공짜 옵션 덕분에 안티프래질하다. 가변성은 그들에게 이익을 주었고, 가변성이 클수록 지성인에 대한 환상도 더 커졌다. 그러나 어떤 사람이 잘 속아 넘어가는 사람인지 그렇지 않은지를 입증하기는 어렵지 않다. 실제 기록, 즉 행동을 보면 된다. 행동은 대칭성을 갖는다. 체리 피킹을 하도록 내버려두지 않고, 공짜 옵션을 제거한다. 어떤 사람이 사후적으로 전하는 생각이 아니라 과거에 실제로 어떤 행동을 해왔는가를 살펴보면 결과는 아주 분명해진다. 옵션은 사라진다.

실제 행동은 불확실함, 부정확함, 애매함, 사람들을 더욱 지적으로 보이게 만드는 이기적인 심리적 바이어스를 모두 없애준다. 잘못된 판단에는 비용이 따른다. 더 이상 공짜가 아니다. 그러나 옳은 판단에는 실질적인 보상이 따른다. 물론 허튼소리를 하고 있는지 확인하기 위해 해야 할 일이 있다. 사람들의 판단이 자기 자신의 투자를 통해 표출되고 있는지를 살펴보아야 한다. 우리는 금융 시스템의 붕괴를 예상했다고 주장하는 많은 사람들이 자신의 투자 포트폴리오에서 금융 업종의 주식을 가지고 있었다는 사실을 확인할 수 있었다. 실제로 잘 속아 넘어가는 사람이 아니라는 사실을 보여주기 위해 토니와 네로처럼 많은 사람들이 예상하지 못했던 사건에서 이익을 취할 필요는 없다. 그들에게서 손해를 보지 않는 것만으로도 충분하다.

> 나는 잘못된 예측으로 상처투성이가 된 예측가를 보고 싶다. 자신의 과오를 사회로 돌리지 않는 예측가를 말이다.

가만히 앉아서 세상을 한탄해서는 안 된다. 경쟁에서 이기도록 해야 한다. 따라서 토니가 네로에게 은행 거래 내역서와 같은 전리품의 실체를 하나의 의식을 치르기 위한 수단으로 취급하도록 했던 것은 옳았다.

그것은 금전적인 가치와 무관하고 구매력과도 무관한 상징적인 가치에 불과했다. 9장에서 보았듯이, 율리우스 카이사르가 굳이 수고스럽게 베르킨게토릭스를 로마로 끌고 와서 많은 사람들에게 보여주려고 했던 것과 마찬가지다. 손에 잡히지 않는 승리는 아무런 가치가 없다.

말은 날아다닌다. 근대에는 말만 앞서고 실천하지 않는 사람들이 이전에 비해 더 많이 눈에 띄고 중요한 역할을 맡고 있다. 그들이 바로 근대, 그리고 분업이 낳은 산물이다.

나는 미국의 힘은 많은 사람들이 리스크를 기꺼이 받아들이려고 했고, 그런 사람들을 존중했던 데서 나온다고 말했다. 표 7의 오른쪽 줄에 해당하는 탈레스처럼 뛰어난 인물들이 실패를 두려워하지 않고 옵션을 활용하려고 했다. 그러나 유감스럽게도 지금 미국은 이런 모델에서 점점 멀어지고 있다.

스티글리츠 신드롬

일을 벌이기만 하고 자신이 했던 말에 대해서는 전혀 책임지지 않는 부류의 사람으로서 토머스 프리드먼보다 더 심각한 사람이 있다.

나는 이런 부류의 사람이 일으키는 문제를 이른바 지성인으로 여겨지는 경제학자 조지프 스티글리츠Joseph Stiglitz의 이름을 따서 '스티글리츠 신드롬Stiglitz syndrome'이라고 부를 것이다. 이를 설명하자면 다음과 같다.

나는 19장에서 프래질의 탐지와 패니메이에 가졌던 강박관념을 이야기했다. 한 가지 다행인 것은 내가 인신공격에 노출되면서 자신의 의견에 대해 어느 정도 승부의 책임을 지고 있었다는 사실이다. 그리고 2008년 패니메이는 예상했던 대로 미국 납세자들에게 수천 억 달러에 달하는 부담(그 부담은 지금도 계속되고 있다)을 안기면서 붕괴되었다. 전체적으로 비슷한 리스크를 안고 있던 은행 시스템을 포함해 금융 시스템 자체가 무너졌다.

그러나 같은 시기에 조지프 스티글리츠와 그의 동료들인 오재그 형제(피터 오재그Peter Orszag와 조나단 오재그Jonathan Orszag)가 문제의 패니메이를 평가하고 있었다. 그들은 '역사적 경험에 비추어 볼 때, 정부가 정부보조기업들의 잠재적 채무 불이행으로 리스크에 처할 가능성은 실질적으로 제로'라는 내용의 보고서를 제출했다.[1] 아마 그들은 시뮬레이션을 하면서 명백한 사항을 놓쳤을 것이다. 또한 그들은 채무 불이행 가능성은 탐지가 불가능할 정도로 매우 작다는 말까지 했다. 나에게 이 말은 경제에서 보기 드문 사건에 더 많이 노출되도록 만든 것은 바로 지적 교만과 이런 사건을 이해했다는 환상이라는 말처럼 들렸다. 이것이 바로 내가 싸우고 있는 블랙 스완 문제이고, 후쿠시마 원전 사고가 그 예다.

2010년 스티글리츠가 자신의 저서에서 '내가 그렇게 말했잖아.'라는 식의 이야기를 늘어놓으면서 2007년과 2008년에 자신이 경제위기를 예상했다는 주장을 펼친 것은 스티글리츠 신드롬의 정점에 해당한다.

이처럼 사회가 스티글리츠와 그의 동료들에게 엉뚱하게 제공하는

---

[1] 정부보조기업Government Sponsored Enterprise은 패니메이와 프레디 맥Freddie Mac을 의미한다. 두 기업 모두 파산 지경에 이르렀다.

안티프래질을 보라. 내 기준으로 스티글리츠는 예측가가 아닐 뿐만 아니라 작은 확률을 가진 사건에 더 많이 노출되도록 하고, 심지어 그런 사건을 일으키는 데 일조하는 인물이다. 그러나 스티글리츠는 이런 사실을 알아차리지 못하고 있다. 학계는 그의 말을 기억하도록 설계되어 있지 않다. 그는 자신의 의견 때문에 리스크에 처해지는 일이 없다.

이런 상황에서, 그들이 이상한 기술을 가지고 자신의 논문을 저널에 발표하면서 리스크에 대한 이해 수준을 낮추는 동안 보통 사람들은 위험에 빠져든다. 바로 그들과 같은 경제학자들이 위기를 일으키고, 이런 위기를 사후적으로 예상하면서 위기에 관한 전문가가 된다. 따라서 우리가 더욱 심한 위기를 겪게 되리라는 예상은 놀랍지 않다.

핵심은 이렇다. 스티글리츠가 생산 라인에 자신의 돈을 투자하는 사업가라면 그는 파산했을 것이고, 자연 속의 인물이라면 그의 유전자는 퇴출되었을 것이다. 따라서 스티글리츠처럼 확률을 제대로 이해하지 못하는 사람은 우리 인간의 DNA에서 결국 사라져야 한다. 그러나 정부가 그의 공저자 중 한 사람을 고용하는 모습을 보면서 나는 당혹스럽기만 하다.[2]

나는 이런 신드롬에 스티글리츠의 이름을 마지못해 붙였다. 그가 시스템의 프래질에 관해 아무런 단서를 갖고 있지 않다는 사실만 제외하

---

2 나는 오재그 형제 중 한 사람인 피터 오재그가 경제위기 이후에 오바마 행정부에 합류했다는 뉴스를 전해 듣고 정말이지 너무나 당혹스러웠다. 눈을 가리고 버스를 운전하는 사람을 다시 고용한 것이다. 이후에 그는 시티은행Citibank의 부회장이 되었다. 이는 시티은행이 왜 다시 무너지게 되는지, 우리 납세자들이 왜 그에게 높은 임금을 지원하는 결과가 되고 마는지를 말해준다.

면 가장 똑똑한 경제학자고, 논문에 나오는 내용에 대해서는 가장 앞서가고 있기 때문이다. 그리고 스티글리츠는 작은 확률을 가진 사건에 대한 경제학계의 위험한 착각을 상징하는 인물이기 때문이다. 이런 신드롬은 심각한 질병이다. 그리고 경제학자들이 왜 우리를 다시 한 번 파멸의 길로 안내할 것인지 설명해준다.

스티글리츠 신드롬은 가해자 자신이 무엇을 하는지 모르기 때문에 가장 위험한 형태의 체리 피킹에 해당한다. 위험을 알아차리지 못하고 그 원인을 제공한 사람이 자신은 이미 예상하고 이에 대해 경고한 적이 있다는 식으로 자신을, 그리고 때로 다른 사람까지 납득시키는 상황을 의미한다. 이는 굉장한 분석 기술과 프래질에 대한 무지, 선별적 기억, 승부의 책임 부재가 한데 어우러져 나오는 현상이다.

> 스티글리츠 신드롬 = (좋은 의도를 가진) 프래질리스타 + 사후적 체리 피킹

여기서 처벌 메커니즘의 부재와 관련한 또 다른 교훈이 있다. 처벌 메커니즘의 부재는 학자들에게 논문 발표 신드롬을 매우 격렬하게 자극한다(만약 처벌이 있다면 그들은 아마 자신의 논문에 영혼을 담으려고 할 것이다). 따라서 많은 학자들이 어떤 논문에는 어떤 내용을 발표하고, 다른 논문에는 그 반대가 되는 내용을 발표한다. 그리고 단일 논문 안에서만 일관성이 있다면 첫 번째 논문이 틀렸더라도 아무런 처벌이 가해지지 않는다. 자신이 썼던 논문 전체에 대한 일관성은 문제가 되지 않는다. 여기까지는 좋다. 사람들의 생각이 발전하면 이전과 다른 생

각을 가질 수 있기 때문이다. 그러나 이전의 연구 결과물이 더 이상 유통되지 않도록 철회하고 새 것으로 교체해야 한다. 연구 결과물이 책이라면 새로운 판으로 교체해야 한다.

이런 처벌 메커니즘의 부재는 그들의 연구 결과를 엄격하게 받아들이는 사회에 피해를 주면서 그들을 안티프래질하게 만든다. 나는 스티글리츠의 진지함을 의심하지 않는다. 나는 그가 자신이 금융위기를 예측했다고 진정으로 믿는다고 생각한다. 따라서 문제를 다시 한 번 정리해보자. 자신이 피해를 초래하지 않았다고 생각하는 사람들의 문제는, 그들이 과거의 서로 모순되는 진술에서 체리 피킹을 할 수 있고, 이를 통해 다보스 포럼으로 가면서 자신의 지적 명료함을 스스로 납득하게 된다는 것이다.

의원성 질환을 일으키는 의사와 수상쩍은 약을 파는 사람은 타인에게 피해를 준다. 그러나 그들은 이런 사실을 어느 정도는 알고, 문제가 생기면 낮은 자세를 취한다. 그러나 전문가가 사후적으로 자신은 피해를 경고했다고 주장하면서 지위를 이용해 퍼뜨리는 의원성 질환은 훨씬 더 심각하다. 그들은 자신이 의원성 질환을 일으킨다는 사실을 모르기 때문에 의원성 질환을 가지고 의원성 질환을 고치려고 한다. 따라서 사태는 걷잡을 수 없게 된다.

결국 다양한 윤리 문제를 해결하기 위한 방법은 지금 이야기하는 스티글리츠 신드롬 효과를 치료하는 방법과 정확하게 일치한다.

> 누구에게든지 의견, 예상, 자문을 얻으려 하지 말라. 단지 그들의 포트폴리오에 무엇이 들어 있는지만 물어보라.

우리는 많은 순진한 퇴직자들이 신용평가기관의 무능함 때문에 피해를 보고 있다는 이야기를 듣는다(사실은 좀 심하게 무능하다). 대부분의 서브프라임 대출은 안전에 관한 한 정부에 준한다는 의미인 'AAA'라는 옷을 입힌 유독성 폐기물에 불과하다. 사람들은 순진하게 자산을 거기에 투자한다. 더구나 규제 당국은 자산 관리자에게 신용평가기관의 평가자료를 사용하도록 권한다. 그러나 신용평가기관은 보호받을 뿐만 아니라 부정을 밝혀야 하는 언론의 숭고한 의무를 생각하지 않고 자신을 언론처럼 내세운다. 그리고는 언론 자유로부터 혜택을 누리고 있다. 수정 제1조First Amendment(미국 헌법에서 종교·언론·집회의 자유 등을 정한 조항-옮긴이)가 미국인들의 사고방식에 아주 깊이 배어들어 있기 때문이다. 나는 보잘것없지만 이런 제안을 하고 싶다. 우리는 자신이 원하는 것을 무엇이든지 말할 수 있다. 그러나 자신의 포트폴리오는 이런 발언과 일맥상통해야 한다. 그리고 물론 규제 당국은 예측에 바탕을 둔 접근방식(즉 쓰레기 과학)을 공인하는 프래질리스타가 되기를 거부해야 한다.

심리학자 게르트 기거렌처는 간단한 경험법칙을 말해준다. 당신이 무엇을 해야 할 것인지 의사에게 묻지 말라. 차라리 그에게 당신과 같은 상황이라면 무엇을 하겠는지 물어라. 아마 당신은 그 차이에 깜짝 놀랄 것이다.

빈도의 문제(논쟁에서 지는 것이 오히려 더 낫다)
뚱보 토니는 옳은 것보다 단지 돈만 추구하는 삶을 선호한다. 이 말에는 통계적으로 중요한 의미가 내포되어 있다. 잠시 탈레스주의자와 아리스토텔레스주의자의 차이를 생각해보고, 다음과 같은 관점에서 생각의 진화를 살펴보자. 현실세계에서는 어떤 사람이 얼마나 자주 옳았는지, 빈도는 아무런 의미가 없다. 그러나 유감스럽게도 이런 빈도를 제대로 이해하려면 말만 앞서는 사람이 아니라 실행가가 되어야 한다. 논문에서는 그 빈도가 중요하다. 그러나 논문에서만 그렇다.

대체로 프래질한 보상은 이익이 거의 없거나 아주 없고, 안티프래질한 보상은 손실이 거의 없다. 이는 프래질한 경우에는 1달러를 잃고 1페니를 버는 것을 의미하고, 안티프래질한 경우에는 1페니를 잃고 1달러를 버는 것을 의미한다. 따라서 안티프래질한 사람이 한 번만 옳다면 오랫동안 큰 손해를 보지 않고 틀려도 된다. 반면 프래질한 사람은 한 번 틀리면 끝장이다.

만약 금융기관이 프래질해서 포트폴리오 가치가 하락할 것으로 예상하고 베팅을 했다면, 토니와 네로처럼 2008년 금융위기 이전의 몇 년 동안에 얼마 안 되는 비용만 부담하면 된다(프래질한 대상의 반대편에 있으면 당신은 안티프래질해진다). 당신의 예상이 몇 년 동안에는 틀렸고 잠시 옳았다면, 작게 잃고 크게 벌어들여서 파산한 사람에 비해 훨씬 더 크게 성공했을 것이다. 따라서 프래질의 반대 방향으로 베팅하면 안티프래질해지기 때문에 탈레스처럼 큰돈을 벌 것이다. 그러나 토니와 네로처럼 단지 말로만 금융 위기를 예측했던 사람이라면 언론은 '수년 동안 잘못된 예측을 했던 사람', 혹은 '주로 잘못된 예측을 했던 사람'으로 평가할 것이다.

우리가 여론 주도자의 의견이 옳았는지 틀렸는지를 계속 기록한다면, 최종 결과가 중요할 뿐이지 비율은 중요하지 않다. 그러나 이런 생각이 널리 적용되지 않았기 때문에 지금 곤경에 처해 있는 것이다.

우리가 기업가들을 어떻게 바라보고 있는지 다시 생각해보자. 그들은 대체로 잘못된 예측을 했고 오류를 범했다. 실제로 엄청나게 실패했다. 하지만 그들은 볼록성을 띤다. 따라서 중요한 것은 성공으로부터 얻는 보상이다.

지금까지 이야기를 다시 정리해보자. 현실 세계에서의 의사결정, 즉 실행은 탈레스주의자들의 특징을 대변한다. 반면에 말로만 예상하는 것은 아리스토텔레스주의자의 특징을 대변한다. 12장에서 보았듯이, 이런 의사결정의 한쪽 측면은 다른 쪽 측면에 비해 훨씬 더 큰 결과를 가져다 준다. 예를 들어, 우리는 어떤 사람이 테러리스트라는 증거를 가지고 있지는 않지만 그들의 무기소지 여부를 확인한다. 물에 독이 들어 있지 않다고 믿지만 그것을 마시기를 꺼린다. 이 예는 아리스토텔레스주의자들의 논리를 편협하게 적용하는 사람에게는 터무니없게 여겨질 수 있다. 토니식 화법으로 표현하자면, '잘 속아 넘어가는 사람은 옳은 것을 추구한다. 속아 넘어가지 않는 사람은 돈을 벌려고 한다.' 혹은 이렇게도 표현할 수 있다.

> 잘 속아 넘어가는 사람은 논쟁에서 이기려고 한다. 속아 넘어가지 않는 사람은 결과에서 이기려고 한다.

다른 말로 표현하자면, 논쟁에서는 지는 것이 오히려 바람직하다.

옳은 판단 그러나 잘못된 근거

더 일반적으로 말하자면, 대자연에서 의견과 예측은 중요하지 않다. 중요한 것은 생존이다.

여기서 진화론을 둘러싼 논쟁이 등장한다. 지금까지 가장 과소평가된 주장은 중앙 계획과 관료 기구가 아닌 자유 기업과 애덤 스미스가 '모험가adventurer'라고 일컫는 개별적인 행동가에 의해 움직이는 사회를 지지하는 주장이다. (대기업 종사자든 공직자든) 관료들은 화술과 직무 평가, 동료 평가와 같은 다른 사람의 의견에 근거해 보상을 받아가는, 즉 우리가 마케팅이라고 부르는 시스템에서 살고 있다. 결국 아리스토텔레스주의자가 되라는 것이다. 그러나 생명 세계는 '나는 이렇게 예상한다.' 혹은 '내가 그렇게 말했잖아.'라는 식의 의견이 아닌 생존에 의해 진화한다. 진화는 사회에 퍼져 있는 확증의 오류를 싫어한다.

경제 세계도 그렇게 되어야 한다. 그러나 잘 속아 넘어가는 사람들이 많아지면서 금융기관들이 상황을 어지럽힌다. 금융기관은 구제금융과 국가 통제를 초래하면서 진화를 가로막는 요인이 되고 있다. 장기적으로 보면 사회와 경제의 진화는 심술궂게도 갑자기 불연속적으로 비약하듯이 일어난다.[3]

나는 진화적 인식론을 이야기하면서 칼 포퍼의 생각을 언급한 적이 있다. 의사결정자가 아닌 그는 경쟁 관계에 있는 아이디어는 가장 오류가 적은 것이 결국 살아남을 것이라는 환상을 가졌다. 그는 살아남는 것은 아이디어가 아니라 옳은 아이디어를 가진 사람이나 옳은 경험법칙을 가진 사회, 혹은 맞든 틀리든 간에 이런 경험법칙을 바람직하게 활용하는 사회라는 사실을 놓쳤다. 그는 틀렸지만 피해를 주지 않는 아이디어가 살아남을 수 있다는 탈레스주의자들의 생각을 놓쳤다. 틀렸지만 피해가 얼마 안 되는 경험을 쌓은 사람들은 살아남을 것이다. 불합리해 보이는 행동이라도 피해가 없다면 좋은 결과를 줄 수 있다.

잘못된 믿음으로 보이지만 생존에 도움이 되는 예를 한 가지 들어보겠다. 곰을 돌로 오인하는 것과 돌을 곰으로 오인하는 것 중에서 어느 것이 더 위험한가? 인간이 곰을 돌로 오인하기는 어렵다. 인간의 직관은 피해를 주는 가장 낮은 가능성에도 과잉반응하도록 하여 오류를 범하게 만든다. 곰처럼 보이는 것을 보고 과잉반응하면 생존에 도움이 된다. 반면에 반대의 오류를 범하는 사람은 유전자 풀에서 사라질 가능성이 높다.

결국 우리의 임무는 더욱 가치 있는 말을 하자는 것이다.

옛날 사람과 스티글리츠 신드롬

실제로 우리는 옛날 사람들이 스티글리츠 신드롬을 얼마나 잘 이해했는지 살펴본 적이 있다. 그들은 대리인 문제(피해를 집단에게 떠넘기는

---

3 대마불사의 관행 too big to fail은 사라져야 하고, 고용주에게 구제금융의 혜택을 제공하지 말아야 한다는 나의 생각은 다음과 같이 정리된다. 파산할 경우, 구제금융의 대상이 될 가능성이 높은 기업의 임원은 공무원보다 임금을 더 많이 받아서는 안 된다. 그렇지 않으면, 납세자들의 이해관계와 무관하게 그들은 서로 원하는 것을 자유롭게 주고받을 수 있다. 이런 제한은 기업들에게 실패할 경우 구제금융의 대상이 되지 않을 정도로 작은 규모를 유지하게 만든다.

문제를 에둘러 표현한 것이다)를 해결하기 위해 상당히 정교한 메커니즘을 가지고 있었다. 앞에서 로마인들은 기술자들에게 자신이 만든 다리 밑에서 일정 시간을 보내도록 했다는 사실을 이야기한 적이 있다. 로마인들이라면 스티글리츠와 오재그 형제들에게 패니메이라는 다리 밑에서 잠을 자도록 했을 것이고, 결국 그들을 유전자 풀에서 퇴출시켰을 것이다(따라서 그들은 우리들에게 더 이상 해를 끼치지 않을 것이다).

로마인들은 다양한 상황에 대해서 게임 이론을 효과적으로 적용하는 방식으로, 오늘날 어느 누구도 생각하지 못했던 훨씬 더 강력한 경험법칙을 가지고 있었다. 로마 군인들은 패전할 경우 처벌받겠다는 맹세의 성사sacramentum를 치러야 했다. 이는 군인과 군대 간의 혜택과 피해에 관한 약속을 분명히 나타내는 일종의 협약이었다.

당신과 내가 정글 속에서 표범이나 다른 맹수와 마주쳤다고 하자. 우리 두 사람 중 한 사람이 허약 체질이 아니라면 우리 두 사람이 힘을 합치면 이런 상황을 극복할 수 있다. 하지만 당신이 도망가기로 결정했다면, 당신에게 요구되는 것은 맹수가 아니라 나보다 더 빨리 달리는 것이다. 따라서 가장 빨리 달릴 수 있는 사람, 즉 가장 비겁한 사람이라면 상대방이 죽도록 내버려두고 겁쟁이가 되는 것이 최선의 선택이다.

로마인들은 십분형decimation을 활용해 군인들이 다른 사람에게 피해를 주는 겁쟁이가 되려는 인센티브를 제거할 수 있었다. 어떤 부대에 겁쟁이가 많아서 싸움에서 졌다는 정황이 드러나면, 무작위적인 추첨에 의해 군인과 지휘관의 10%를 사형에 처한다. 10분의 1을 제거한다는 의미의 십분형은 근대의 언어에 의해 그 의미가 타락했다. 마법의 수는 10분의 1이다. 이보다 더 큰 비율로 사형에 처하면 군대의 힘은 약해진다. 더 작은 비율이라면 겁쟁이가 되는 것이 최선의 전략이다. 그리고 이런 방법은 자주 적용되지 않았기 때문에 군인들 중에서 겁쟁이가 나타나지 않도록 하는 데 확실히 도움이 되었다.

영국인들도 십분형의 또 다른 버전을 생각해냈다. 그들은 1757년 군법회의를 열어 존 빙 John Byng 제독이 미노르카 해전 Battle of Minorca 에서 최선을 다하지 않아 결국 미노르카를 프랑스에게 넘겨주게 된 책임을 물어 그를 사형에 처했다.

군함을 태워라

사람들의 마음속에 자리를 잡고 있는 대리인 문제에 개입하면 엄청난 효과를 얻을 수 있다. 군인들에게 다른 선택을 하지 못하도록 하여 엄청난 안티프래질을 얻을 수 있었던 사례는 많다.

711년 4월 29일 아라비아 군대의 사령관 타렉 Tarek 은 소규모 군대를 이끌고 모로코에서 스페인으로 가기 위해 지브롤터 해협 Strait of Gibraltar (지브롤터라는 이름은 타렉의 산을 의미하는 아랍어 자발 타렉 Jabal Tarek 에서 나왔다)을 건너고 있었다. 타렉은 육지에 도착하자마자 군함을 태우라는 명령을 내렸다. 그리고는 내가 학교에 다닐 때 모든 학생들이 외웠던 명연설을 했다. 그의 연설을 간단하게 번역해서 옮기면 다음과 같다. "너희들 뒤에는 바다가 있다. 너희들 앞에는 적이 있다. 적은 너희들보다 훨씬 더 많다. 너희들이 가진 것이라고는 칼과 용기뿐이다."

그리고 타렉이 지휘하는 소규모 군대는 스페인을 제압했다. 이와 비슷한 사례는 이로부터 800년 후 멕시코의 코르테스 Cortés 장군부터

800년 전 시라쿠사의 참주 아가토클레스Agathocles에 이르기까지 역사 전반에 걸쳐서 나온다. 아이러니하게도 아가토클레스는 카르타고와 싸우면서 타렉과 반대 방향인 남쪽을 향해 진격해 아프리카 땅에 도착했다.

절대 적을 궁지에 빠뜨리지 마라.

시가 당신을 어떻게 죽이는가

아랍어를 포함해 여러 나라 말을 하는 사람에게 어떤 나라 언어든 상관없이 최고의 시인이 누구인지 물어보라. 아마 지금부터 약 1000년 전에 살았던 알 무타나비Al-mutanabbi를 꼽을 가능성이 높다. 그의 시는 독자에게 최면을 거는 듯한 효과를 지녔다. 그리고 그와 필적할 만한 시인으로는 러시아의 푸시킨Pushkin밖에 없다. 문제는 알 무타나비가 이런 효과를 알았다는 데 있다. 그의 이름을 글자 그대로 해석하면 '자신을 예언가로 생각하는 사람'이라는 뜻이다. 이 때문인지 모르겠지만 그는 자의식이 엄청나게 강했다.

그의 시를 맛보기 위해 하나를 골라서 읽다 보면 이미지가 너무나도 강렬해 눈이 어두운 사람들도 읽을 수 있고, 귀가 어두운 사람들도 들을 수 있다는 생각이 들 정도다. 어쨌든 알 무타나비는 자신의 시를 위해 죽으면서까지 승부의 책임을 졌던 보기 드문 시인이었다.

알 무타나비는 자기중심적인 시에서 손에 땀을 쥐게 하는 언어의 마술을 펼치는, 우리가 상상할 수 있는 가장 강렬한 시인일 뿐만 아니라 실제로 행동으로 보여주는 시인의 면모를 과시했다. 그는 『말, 밤, 사막, 펜, 책the horse, the night, the desert, the pen, the book』(고대 아랍 작가들의 시,

산문을 모아놓은 시집-옮긴이)의 내용을 항상 머릿속에 담고 있었다. 그리고 용감한 행동으로 많은 작가들로부터 존경을 받았다.

그런데 시가 그에게 목숨을 요구했다. 그는 과연 알 무타나비답게 자신의 시에서 사막의 어떤 부족을 비방했고, 그 부족민들은 그를 붙잡으려고 했다. 그들은 알 무타나비의 여행지까지 찾아왔다. 알 무타나비는 수적으로 밀리는 상황이었기 때문에 이성적으로 행동하면서 수치스럽지 않게 그 순간을 빠져나왔다. 자신의 동료 중 한 사람이 뒤에서 『말, 밤, 사막, 펜, 책』을 암송하기 시작한 것을 제외하고 말이다.

그는 몸을 돌려 부족민들에게 다가가 자신의 죽음을 순순히 받아들였다. 이렇게 하여 알 무타나비는 1000년이 지난 지금 명예를 지키기 위해 죽음을 맞이했던 시인으로 남아 있으며, 우리는 그의 시가 진실하다고 생각한다.

어린 시절 나의 롤 모델은 프랑스의 모험가이자 작가 앙드레 말로André Malraux였다. 그는 자신이 체험했던 모험이 스며든 글을 썼다. 어렸을 때부터 책을 매우 많이 읽었던 그는 학교를 중퇴하고 20대에 아시아 지역을 여행했다. 스페인 내전에는 전투기 조종사로 참전했고, 제2차 세계대전 중에는 프랑스 레지스탕스의 일원이었다. 약간의 과시욕이 있었던 그는 저명인사와의 만남을 지나칠 정도로 미화하려고 했다. 그리고 작가가 지식인이어야 한다는 생각을 받아들이려고 하지 않았다.

이미지 메이킹에 관심이 많았던 헤밍웨이Hemingway와 달리 그는 이미지가 아닌 실물이었다. 그리고 시시껄렁한 이야기는 결코 하지 않았다. 그의 전기 작가가 하는 말에 의하면 다른 작가들은 저작권과 인세를 가지고 말이 많았지만, 그는 대화의 주제를 주로 신학으로 이끌어갔다고 한다(아마 그는 21세기가 종교의 세기가 될 것인지 혹은 그렇지 않을 것인지에 대해 이야기했을 것이다). 나에게 가장 슬펐던 날 중 하루를 꼽자면 그가 죽은 날이다.

분리의 문제

우리 체제에는 연구자들이 말로와 같은 사람이 되도록 하는 인센티브가 없다. 위대한 회의주의자 흄은 자신의 회의주의적 고뇌를 철학이라는 장식장에 남겨두고 친구들과 함께 에든버러에서 파티를 즐겼다고 한다. 철학자 마일즈 번이트Myles Burnyeat는 이를 두고 '분리의 문제problem of insulation'라고 했다. 특히 회의주의자들이 한쪽 영역에서는 회의주의자면서 다른 쪽 영역에서는 그렇지 않을 때 이런 문제가 나타난다.

그는 시간의 실체를 연구하던 어떤 철학자가 내년에 돌아오는 안식년에 시간의 철학적 문제를 연구하기 위해 내년이 온다는 사실을 의심하지 않고 연구비를 신청하는 경우를 예로 들었다. 번이트가 생각하기에 그 철학자는 자신이 일상적으로 해야 하는 1차적인 판단을 철학적 사색의 영역으로부터 분리시키고 있다는 것이다. 번이트 박사에게는 미안한 이야기지만, 나는 철학과 이와 비슷한 순수 수학은 학문 분야에 불과하고, 이를 현실과 관련시키려 할 필요가 없다고 생각한다. 하지만 굳이 그렇게 하려고 한다면 실내 게임 정도로 보면 되고 거기에 다른 이름을 붙이면 된다.

마찬가지로 게르트 기거렌처는 '포트폴리오 선택portfolio selection'이라고 불리는 이론을 개척하고 이런 공로를 인정받아 스웨덴은행이 머턴과 스티글리츠처럼 의원성 질환을 유포하는 프래질리스타들에게 주는 상(노벨 경제학상)을 받았던 해리 마코위츠Harry Markowitz가 더욱 심각한 위반행위, 즉 분리의 문제에 해당하는 행위를 저질렀다고 보고한다. 나는 그가 말하는 포트폴리오 선택 이론이 엉터리라는 사실을 보여주기 위해 시간을 보냈다. 왜냐하면 그의 이론은 학계에서 인정받은 것을 제외하면 타당성이라고는 전혀 없으며 (부록에서 설명하다시피) 파산의 길로 안내하기 때문이다. 프래질리스타 마코위츠는 자신의 포트폴리오를 위해 자신의 이론을 사용하지 않는다. 그는 만델브로와 내가 제안했던 방법과 비슷한 택시 운전기사들의 방법처럼 더욱 정확하고, 실천하기에도 간단한 방법에 의지한다.

나는 예측 연구자들에게 자신이 저지른 잘못을 자신이 책임지도록 하는 것만이 과학에서 나타나는 심각한 문제를 해결할 수 있다고 믿는다. 이제부터는 다음과 같은 간단한 경험법칙을 받아들이도록 하라. 자신의 아이디어를 현실 세계에 적용하는 과학 연구자들은 그 아이디어를 자신의 일상 생활에도 적용하는가? 그렇다면 그가 하는 말을 진지하게 받아들이라. 그렇지 않다면 그가 하는 말을 무시하라(과학 연구자가 순수 수학, 신학, 시를 전공한다면 아무런 문제가 되지 않는다. 그러나 응용 학문을 전공한다면 조심해야 한다).

이런 경험법칙은 엉터리 주장을 하는 트리파트와 같은 사람과 세네카를, 그리고 말만 앞세우는 사람과 행동가를 비교하게 만든다. 나는 언젠가 5만 달러를 초과하는 연봉은 더 이상의 추가적인 행복을 전해주지 않는다고 주장하는 행복 연구가를 만났을 때, 학자들이 쓴 글보다 행동에 관심을 가지라는 원칙을 적용해보았다. 당시 그는 대학교에서 이보다 2배가 넘는 연봉을 받고 있었다. 따라서 그가 생각하는 기준에 의하면 그는 무사히 잘 지내고 있었다. 실험에 바탕을 둔 그의 주장을 다른 학자들이 널리 인용하는 것으로 보아 논문으로서 설득력이 있어 보였다. 비록 내가 행복의 개념 혹은 행복 추구에 대한 근대적 해석이라는 조잡한 화법에 빠져 있지는 않았지만 말이다.

그래서 나는 바보처럼 그를 믿었다. 그러나 1년 정도 지나서 그가 특히 돈을 밝히는 사람이고 여기저기서 돈을 받고 강연을 하느라 바쁘게 지낸다는 이야기를 다른 사람에게서 들었다. 나에게 이런 사실은 수천 번의 인용보다 더욱 충분한 증거다.

샴페인 사회주의

분리의 문제와 관련해 또 다른 뻔뻔스러운 경우가 있다. 때로 말과 행동의 분리는 명백하고 설득력 있게 나타난다. 이제 다른 사람은 어떤 식으로 살았으면 좋겠다고 말하지만, 정작 자신은 그렇게 살지 않으려는 사람들을 살펴보자.

자신의 재산을 나눠주지 않거나 자신이 다른 사람에게 원하는 방식대로 살지 않는 좌파 인사가 하는 말에는 귀를 기울이지 말아야 한다. 프랑스 사람들이 일컫는 캐비어 좌파 la gauche caviar 혹은 앵글로색슨 사람들이 일컫는 샴페인 사회주의자는 사회주의나 공산주의, 또는 사치를 단속하는 정치 시스템까지 지지하면서, 주로 물려받은 재산으로 호화로운 생활을 영위하는 사람을 말한다. 그들은 자신의 생활 방식과 다른 사람들이 그렇게 살기를 원하지 않는다는 자신의 생각에 모순이 있다는 사실을 깨닫지 못한다. 여색에 빠져 있던 교황 존 12세 John XII 나보르지아Borgias도 크게 다르지 않다.

사회주의 정당 출신으로 화려함에 있어서는 프랑스 군주에 필적했던 프랑스 대통령 프랑수아 미테랑François Mitterrand이 보여주었던 이런 모순적인 모습은 실소를 자아내는 수준을 뛰어넘는다. 훨씬 더 아이러니한 것은 그와는 전통적으로 반대 입장에 있던 보수주의자 드골de Gaulle 장군은 부인이 그의 양말을 꿰매줄 정도로 검소하게 살았다는 사실이다.

나는 훨씬 더 안 좋은 상황도 목격했다. 과거에 나의 고객이면서 사회적 의무감을 가진 것으로 보이는 어떤 부자가 나에게 세금 인상을 공약으로 내세우는 후보자를 위해 수표를 끊어달라는 부탁을 했다. 나는 윤리적인 이유를 들어 거절했지만, 그가 대단하다는 생각이 들었다. 그 후보자가 선거에서 이기면 그가 내야 할 세금은 엄청나게 오를 것이다. 1년이 지나 그 고객이 세금 회피를 위한 엄청난 음모에 연루되어 수사받고 있다는 사실을 알게 되었다. 그는 자신이 아니라 다른 사람이 세금을 더 많이 내기를 원했던 것이다.

나는 지난 몇 년 동안 행동주의자 랄프 네이더와 친분을 맺어오면서 앞서 이야기했던 사람들과 크게 대조되는 특징을 발견했다. 대단한 용기를 지닌 그는 중상모략에 대해 너무나도 초연했다. 뿐만 아니라 말과 행동이 완전히 일치했다. 정말 완전히 일치했다. '승부의 영혼'을 가진 성인과도 같았다. 그는 현세의 성인이다.

승부의 영혼

관료적인 저널리스트의 화법으로부터 자유로운 사람들이 있다. 그들은 승부의 책임을 뛰어넘어 승부의 영혼을 가진 사람들이다.

예언가를 생각해보자. 예언은 다름 아닌 믿음을 약속하는 일이다. 예언가는 어떤 생각을 처음으로 가졌던 사람이 아니라, 그 생각을 처음으로 믿고 그것을 가지고 결론을 이끌어가는 사람을 일컫는다.

20장에서 제거, 프래질 탐지의 측면에서 올바른 예언을 설명했다. 그러나 승부의 책임을 갖고 피해를 받아들이려는 태도가 진정한 사상가와 사후적으로 말만 늘어놓은 사람을 구분시켜주는 것이라면, 예언가의 지위를 얻기 위해서는 그 이상의 단계가 필요하다. 이는 약속이나 철학자가 말하는 '믿음의 약속doxastic commitment' 문제, 또는 뚱보 토니와 네로의 표현에 따르면 믿음과 약속에 근거한 행동의 문제다(스티글리츠 신드롬과는 정반대 지점에 있다). 그리스어 Doxa는 믿음을 의미하지만 지식episteme과는 대비되는 개념이다. 믿음이 단지 단어가 갖는 의미를 뛰어넘어 약속과 어떻게 연관되는지를 이해하려면, 그리스 정교회에서 믿음이 찬송glorification의 의미를 갖는다는 사실을 생각해보면 된다.

그런데 이런 개념은 모든 형태의 사상과 이론에도 적용된다. 어떤 이론의 배후에 있는 주요 인물, 즉 창시자는 그 이론을 자연스러운 결론으로 이끌어가기 위해 희생이 따르는 약속을 하고 그 이론을 믿는 사람을 의미한다. 디저트로 와인을 마실 때나 저널이나 논문의 각주에서 그 이론을 처음 언급했던 사람을 의미하지는 않는다.

오직 진정한 믿음을 가진 사람만이 자기모순에 빠져들지 않을 뿐만 아니라, 사후 예측의 오류에도 빠져들지 않는다.

옵션, 안티프래질, 사회적 공정성

주식 시장은 역사상 가장 대규모의 산업 규모로 안티프래질을 이전하는 곳이다. 부도덕하고 비대칭적인 형태의 '승부의 책임' 때문이다. 나는 여기서 투자에 관해 이야기하지는 않겠다. 실제로 리스크를 부담하는 기업가보다 더 많은 권위를 가지고 시스템을 조작할 수 있는 경영자와 기업에 대한 주식 투자를 패키지화하는 현재의 시스템에 관해서 이야기하겠다.

대리인 문제는 다음과 같이 뚜렷하게 나타난다. 소유자가 아닌 경영자가 관리하는 기업과 소유자가 관리하기 때문에 손실이 발생하더라도 자신이 아닌 다른 누구에게 그 결과를 알릴 필요가 없는 기업 간에는 차이가 있다. 기업 경영자들은 자신들에게 적절한 인센티브가 주어지고 있다는 환상을 가지고, 마이너스 인센티브는 가져가지 않고 플러스 인센티브만 가져간다. 일반 대중들은 이런 인센티브 구조를 갖고 있지 않다. 결국 순진한 저축가와 투자자가 경영자들에게 공짜 옵션을 제공하는 셈이다. 다시 한 번 강조하지만, 나는 지금 소유자가 경영하지 않는 기업의 경영자에 관해 이야기하고 있다.

내가 이 글을 쓰고 있는 지금, 미국 주식 시장은 지난 12년 동안 퇴직자들에게 머니마켓펀드Money Market Fund, MMF(공사채를 중심으로 투자하는 투자 신탁의 일종이다. 정부가 발행하는 단기 증권 등에 투자해 원금의 안전성을 확보하면서 안정된 이율을 얻을 수 있도록 운용한다-옮긴이) 투자에 비해 3조 달러가 넘는 손실을 보도록 했지만(나는 관대하게 계산했다. 실제로 그 차이는 훨씬 더 크다), 주식 시장을 좌우하고 있는 기업의 경영자들은 스톡옵션이 갖는 비대칭성 덕분에 4000억 달러에 가까울 정도로 더 많은 돈을 벌었다.

그들은 가난한 저축가들을 상대로 탈레스처럼 옵션을 행사했다. 더욱 화나는 일은 은행들의 운명이다. 은행은 역사상 가장 많은 돈을 잃었다. 그런데도 은행 경영자들은 수십 억 달러를 가져갔다. 납세자들은 피해를 보고 은행업자들은 이익을 본 것이다. 그리고 문제를 해결하겠다는 정책은 순진한 사람들에게 피해를 주고 은행업자들에게는 쌩트로페 St. Tropez에서 요트를 타면서 드 프로방스 로제 de Provence Rosé 섬머와인을 즐기도록 해주었다.

이런 비대칭성은 확연히 드러난다. 경영자들이 보상의 한쪽 측면만 얻기 때문에 가변성은 그들에게 이익이 된다. 가장 핵심은 (슬프게도 거의 모든 사람들이 놓치고 있지만) 그들이 가변성으로부터 이익을 얻는 위치에 있다는 사실이다. 가변성이 클수록 이런 비대칭성의 가치도 커진다. 따라서 그들은 안티프래질하다.

안티프래질의 이전이 어떻게 일어나고 있는지 보기 위해 두 가지 시나리오를 생각해보자. 시장은 평균적으로 같은 값을 지니지만 다음과 같이 다른 길을 가고 있다.

> 시나리오 1: 시장은 50% 상승했다가 모든 이익을 날려버릴 정도로 하락한다.
> 시나리오 2: 시장은 전혀 움직이지 않는다.

시나리오 1이 가변성이 더 크고 경영자들에게 더 많은 이익을 제공해줄 수 있다. 왜냐하면 그들은 스톡옵션을 통해 현금을 챙길 수 있기 때문이다. 따라서 주식시장이 요동칠수록 경영자들에게는 더 이익이다.

물론 사회(여기서는 주로 퇴직자들)는 은행업자와 경영자들에게 자금을 공급해주기 때문에 정반대의 보상을 갖는다. 따라서 사회는 손해를 본다. 사회는 은행업자의 손실을 보전해주지만, 그들로부터 보너스를 받지는 않는다. 이처럼 도둑질과 같은 안티프래질의 이전을 알아차리지 못한다면 당신은 확실히 문제가 있는 사람이다.

게다가 이런 시스템을 인센티브에 바탕을 둔 시스템이라고 부르면서 자본주의와 조화를 이룰 수 있는 것으로 보는 사람들이 있다. 그들은 아마 경영자의 이해관계가 주주들의 이해관계와 일치한다고 보는 모양이다. 이는 무슨 인센티브를 의미하는가? 경영자들에게는 이익만 있고 손해는 없어서 마이너스 인센티브가 전혀 없다.

로버트 루빈의 공짜 옵션

재무장관을 지냈던 로버트 루빈Robert Rubin은 시티은행으로부터 약 10년에 걸쳐 1억 2000만 달러를 보너스로 받았다. 시티은행이 처하게 될 위기는 보이지 않았고, 그 숫자는 점점 더 좋아 보였다. 적어도 칠면조가 깜짝 놀랄 때처럼 나빠질 때까지는 그랬다. 시티은행은 무너졌지만, 그는 돈을 계속 가지고 있다. 정부가 은행의 손실을 떠안고 자력으로 일어설 수 있도록 도와주었기 때문에 결국 납세자들의 돈이 그에게 가 있는 셈이다. 이런 방식의 보상은 아주 흔하다. 수천 명에 달하는 경영자들이 이와 같은 보상을 받았다.

복잡한 법률 제도의 보호를 받으면서 붕괴를 늦추기 위해 리스크를 땅 속에 묻어두고 거액의 돈을 챙기는 건설업자도 마찬가지다.

이런 문제를 해결하기 위해 나중에 실패할 경우에는 과거에 받았던 보너스를 반납하도록 하는 환수 규정을 제안하는 사람도 있다. 우리는 이런 규정을 다음과 같이 실시할 수 있다. 경영자들이 과거에 받았던 보너스를 지금 당장 반납할 수 없다면, 3~5년 정도 지나서 손실이 없을 때 반납하도록 한다. 그러나 이런 방법이 문제를 해결하지는 못한다. 경영자들은 여전히 순이익을 남기고 순손실은 없기 때문이다. 그들의 순자산이 위험에 처하는 경우는 없다. 따라서 이런 시스템도 여전히 옵션의 특징과 함께 프래질을 이전하는 요소를 많이 지니고 있다.

연금 펀드를 관리하는 펀드 매니저들도 마찬가지다. 그들은 결코 손해를 보지 않는다. 그러나 과거에는 은행업자들이 함무라비 규정을 따라야 했다. 카탈로니아의 전통에 따르면 은행업자는 자신의 은행 앞에서 참수당해야 했다. 파산이 임박해지면서 도망치는 은행업자들도 있었는데, 1360년 프란체스코 카스텔로Francesco Castello가 바로 이런 운명이었다.

근대에 와서는 오직 마피아 조직만이 공짜 옵션을 없애기 위해 이와 같은 전략을 실천한다. 바티칸의 은행업자 로베르토 칼비Roberto Calvi는 암브로시아노 은행Banco Ambrosiano의 은행장으로 있다가 1980년 은행이 파산하자 런던으로 피신했다. 그는 그곳에서 자살한 것으로 알려져 있다. 마치 이탈리아는 자살과 같은 드라마를 찍기에는 더 이상 좋은 곳이 아닌 것처럼 말이다. 하지만 최근 그가 자살하지 않았다는 사실이 밝혀졌다. 그가 마피아 조직의 돈을 잃어버렸기 때문에 조직이 살해했다는 소문이 있다. 라스베이거스의 개척자 벅시 시겔Bugsy Siegel도 마피아가 투자했던 카지노장에서 수익을 내지 못해 같은 운명에 처했다.

그리고 브라질과 같은 일부 국가들에서는 지금도 은행업자들에게 자신이 보유한 총자산의 범위에서 무조건적인 책임을 지도록 하고 있다.

애덤 스미스의 생각

대기업 편을 드는 우파 인사들은 애덤 스미스의 저작을 읽어보지도 않고는 그를 자본주의의 수호신으로 여기면서, 그의 사상을 이기적인 방식으로 선별해 인용한다. 하지만 정작 애덤 스미스 본인은 자본주의라는 말을 꺼낸 적이 없고, 그들이 주장하는 내용에 대해서도 대부분 동의하지 않을 것이다.[4]

스미스는 『국부론The Wealth of Nations』 4권에서 누군가에게 손해 없이 이익만을 제공하려는 생각에 상당히 조심스러운 태도를 취했고, 합자회사joint-stock company(근대의 유한책임회사의 원조)의 유한 책임에 관해 의문을 가졌다. 그가 안티프래질의 이전에 관하여 생각한 것은 아니지만, 이런 생각에 충분히 근접하게 다가갔다. 그리고 다른 사람의 기업을 경영하는 데서 오는 문제, 즉 조종사가 기내에 탑승하지 않는 문제를 파악했다.

---

[4] 나는 내 책을 이해하기 위한 최소한의 노력도 하지 않고 인용하는 저널리스트에게서도 같은 경험을 했다. 이는 저널리스트, 학술계 종사자 그리고 이들과 비슷한 가짜 전문가들이 원전을 읽지 않으면서 자신의 생각을 발표하기 전에 의견이 일치하는 요소를 찾아내야 할 필요가 있기 때문이었다.

주식회사의 이사들은 자신의 돈이 아닌 다른 사람들의 돈을 관리하는 사람이기 때문에, 공동 경영자가 자기 돈을 감독하는 만큼의 주의력으로 남의 돈을 감독해줄 것이라 기대할 수는 없다.

더구나 스미스는 그들의 경제적 성과까지 의심하면서 이렇게 적었다. "해외 무역에 종사하는 주식회사는 개인 모험 사업가들과의 경쟁에서 밀리게 된 것이다."

이제 논점을 더욱 자세히 살펴보겠다. 자본주의 형태든 필요한 어떤 경제 체제든 트라이애드의 왼쪽 줄에는 최소한의 사람들이 있다. 소비에트 시스템의 핵심적인 문제는 경제활동을 하는 모든 사람들을 그처럼 고약한 프래질을 의미하는 왼쪽 줄에 두게 된다는 사실을 어느 누구도 깨닫지 못하고 있다.

안티프래질과 대기업의 윤리

기업은 불량 음료를 판매하지만 장인들은 치즈와 와인을 판매한다는 사실을 알고 있는가? 큰 것을 선호하게 되면 작은 것에서 큰 것을 향한 안티프래질의 이전이 나타난다. 그리고 이런 이전은 큰 것이 망할 때까지 진행된다.

업계의 문제는 제거(비아 네가티바)가 아닌 추가(비아 포지티바)에 의해 움직인다는 사실이다. 당신이 설탕을 피하면 제약 회사는 수익을 올릴 수 없다. 당신이 (휴대폰을 사용하지 않고서) 돌을 들어 올리고 돌

길을 걷기로 결심하면 운동기구 제작업체는 수익을 올릴 수 없다. 사촌이 운영하는 레스토랑이나 동네 아파트처럼 당신이 눈으로 확인한 것에만 투자하기로 결심한다면, 증권회사는 수익을 올릴 수 없다. 이 모든 회사들이 머리가 느슨하게 돌아가는 뉴욕 출신의 MBA 애널리스트들이 부과하는 기준을 만족시켜주기 위해 수익을 올려야 한다. 물론 그들은 결국 스스로 망하게 되겠지만, 이는 또 다른 측면에서의 이야기다.

불행하게도 여전히 존재하는(독자들은 이 말의 의미를 곰곰이 생각해보기 바란다) 코카콜라나 펩시콜라와 같은 기업을 생각해보자. 그들은 어떤 사업을 하고 있는가? 사람들에게 설탕물 혹은 설탕의 대체재를 팔면서 사람들의 몸에 생물학적 신호체계를 망쳐놓는 물질을 주입해 당뇨병을 일으키고, 당뇨병으로 먹고사는 제약 회사 사람들의 배를 채워준다.

대기업이 사람들에게 물이나 와인을 팔아 돈을 벌도록 해서는 안 된다(와인은 장인 경제를 지지하게 만드는 가장 좋은 근거가 된다). 그러나 대기업은 엄청난 마케팅 기법을 동원해 그들의 제품이 대단한 것처럼 보이게 만든다. 소비자들을 미혹시키는 이미지와 "125년 동안 당신을 행복하게 해드립니다!"라는 식의 슬로건을 동원한다. 나는 담배 회사에 대항하여 펼치는 주장을 다른 대기업들에게는 적용하지 않는 이유를 모르겠다. 그들도 우리 몸을 병들게 하는 제품을 만들기는 마찬가지다.

언젠가 뉴욕 공립도서관이 주관하는 행사에서 역사학자 니얼 퍼거슨Niall Ferguson과 내가 펩시콜라 회장과 토론을 벌인 적이 있었다. 니얼과 나는 그녀에 대해 아무런 관심이 없었지만(나는 그녀의 이름도 기억하지 못한다), 그 토론은 안티프래질에 관한 커다란 교훈을 전해주었다. 문제를 일으킨 장본인은 안티프래질했다. 우리 두 사람은 종이 한 장 준비하지 않았지만, 그녀는 비서진들과 함께 나타났다. 그들이 준비한 두꺼운 서류 파일로 보아, 그들은 우리 둘의 구두 사이즈까지 훤히 꿰고 있는 것처럼 보였다(나는 토론자 대기실에서 그녀의 비서진 중 한 사람이 내가 웨이트 트레이닝을 시작하기 전의 보기 흉한 사진이 담겨 있는 내 신상 자료를 유심히 살펴보는 모습을 보았다).

니얼과 나는 아무런 제재를 받지 않고 하고 싶은 말을 마음대로 할 수 있었지만, 그녀는 연말 보너스를 받기 전에 주식 애널리스트들이 펩시콜라 주가가 2달러 30센트 떨어지게 만드는 보고서를 작성하도록 해서는 안 된다는 자신의 정책노선을 고수하기 위해 무진장 애를 썼다. 뿐만 아니라 지루한 회의실에서 훌륭하지 못한 자료를 읽으면서 많은 시간을 보내려고 하는 그들의 태도에서 알 수 있듯이, 기업 경영자로 일했던 나의 경험은 그들이 뛰어나게 똑똑할 수 없다는 사실을 깨닫게 했다. 그들은 기업가가 아니라 겉만 번드르르한 배우였다. 경영대학은 이런 배우들을 양성하는 곳이다.

똑똑한 사람이나 자유로운 영혼을 지닌 사람이 그런 곳에서 훈련을 받게 되면 아마 폭발할 것이다. 따라서 니얼은 당장 그녀의 약점을 알아차리고 직접 그 약점을 찔렀다. 그녀의 주장은 자신이 60만 명에 달하는 사람들을 고용해서 경제에 기여했다는 것이다. 니얼은 즉각 반론을 제기하면서(실제로는 마르크스와 엥겔스가 제기한 것이다) 그녀의 주장이 허위라는 사실을 밝혔다.

그의 반론은 관료주의적인 대기업이 거대 고용주가 되어 국가를 통제하고 중소기업의 희생을 바탕으로 이윤을 벌어들이고 있다는 주장이었다. 따라서 60만 명을 고용하는 기업이라면 아무런 제재를 받지 않고 시민의 건강을 해칠 수 있으며, 미국의 자동차 기업처럼 구제금융으로부터 혜택을 얻을 수 있다. 반면 미용사, 구두 수선공과 같은 장인들은 이런 특권을 갖고 있지 않다.

그때 나는 한 가지 법칙이 떠올랐다. 마약 판매상과 같은 예외는 있지만, 중소기업과 장인들은 우리 몸에 좋은 자연의 제품을 판매한다. 반면 거대 제약회사를 포함한 대기업은 대규모의 의원성 질환을 일으키면서 사람들의 돈을 가져가고, 몸을 상하게 하고, 로비스트 군단을 동원해 국가를 집어삼키고 있다. 게다가 주로 마케팅을 요구하는 제품들이 이런 부작용을 일으키고 있다. 그들에게는 콜라가 사람들에게 행복을 전해준다는 확신을 가지게 해줄 마케팅 기법이 필요하다. 그리고 이런 마케팅 기법은 효과가 있었다.

물론 예외도 있다. 장인의 영혼을 가진 기업, 예술가의 영혼을 가진 기업이 있다. 언젠가 로한 실바는 "스티브 잡스는 애플 제품의 내부가 비록 고객들에게 보이지 않도록 설계되어 있지만 미학적으로 매력 있게 보이기를 원했다."고 전했다. 이는 진정한 장인만이 가질 수 있는 생각이다. 자부심을 가진 목수는 찬장 내부가 겉모습과 다를 때 그것은 가짜라고 생각한다. 다시 한 번 말하지만, 이는 미학적·윤리적 보상을 전해주는 일종의 여분이다. 그러나 스티브 잡스는 효율성을 추구하기 위해 완전히 틀린 이야기를 널리 퍼뜨리는, 세상에서 아주 예외적인 사람이다.

장인, 마케팅, 가장 저렴하게 전달하는 방법

장인에게는 또 다른 특징이 있다. 내가 특히 좋아하는 상품들은 광고나 마케팅을 통해 알게 된 것들이 아니다. 치즈, 와인, 육류, 계란, 토마토, 바질 잎, 사과, 레스토랑, 이발사, 예술품, 책, 호텔, 구두, 셔츠, 안경, 바지(아버지와 나는 베이루트에서 아르메니아인 재단사가 3대째 운영하는 양복점을 이용한다), 올리브, 올리브유 등이 그렇다. 도시, 박물관, 예술, 소설, 음악, 회화, 조각(나는 고대의 공예품과 로마 시대의 두상에 심취한 적도 있었다)도 마찬가지다. 이런 것들은 어떤 의미에서 사람들에게 자신의 존재를 알리기 위한 마케팅이 이루어지기도 하지만, 나는 마케팅이 아니라 주로 사람들의 입소문을 통해 알게 되었다. 사람들이 전하는 이야기는 자연스럽고 유일한 필터 기능을 한다.

지금은 어떤 제품이든지 그 특징을 가장 저렴하게 전달하기 위한 방법이 널리 퍼져 있다. 자신이 치즈라고 부르는 제품을 판매하는 기업이라면 여전히 치즈라고 불릴 수 있을 정도의 성분을 적당히 함유한 고무를 가장 저렴하게 제공하려는 인센티브를 갖는다. 그리고 사람들의 미각을 속이는 방법을 연구하는 데 몰두한다. 실제로 이는 단순한 인센티브 이상의 역할을 한다. 그들은 제품의 특징을 충족시키면서 최대한 저렴한 제품을 생산하기 위해 높은 수준의 전문성을 갖추고 조직적으로 움직이고 있다.

비즈니스 서적도 마찬가지다. 출판사와 저자는 사람들의 관심을 끌기를 원한다. 그리고 가장 소멸하기 쉬운 잡지에서나 다룰 법한 아이템을 가지고 여전히 책이라고 불릴 수 있을 정도로만 만들어서 팔고 싶어 한다. 바로 이런 방식으로 이미지와 상품 포장의 최대화, 노력과 비용의 최소화를 토대로 작업의 최적화를 달성하려고 한다.

나는 탄산음료 회사가 우리를 최대한 혼란스럽게 만들고자 하는 마케팅 기법에 관해서 이야기했다. 마케팅에 치중해야 하는 제품은 반드시 열등한 제품이거나 해로운 제품이다. 그리고 무언가를 실제보다 더욱 좋게 묘사하는 행위는 윤리적으로 옳지 않다. 다른 사람들에게 새로 나온 벨리 댄싱 벨트처럼 어떤 제품의 존재를 알릴 수는 있다. 그러나 나는 사람들이 마케팅을 하는 제품들은 반드시 열등하다는 사실을 깨닫지 못하는 이유를 잘 모르겠다. 제품이 우수하다면 마케팅이 필요 없을 텐데 말이다.

마케팅은 좋은 방법이 아니다. 나는 자연주의적, 생태학적 본능에 주로 의존한다. 크루즈 여행을 하다가 어떤 사람을 만났다고 하자. 그 사람이 자신은 뛰어나고, 돈이 많고, 키가 크고, 멋지고, 재주가 많고, 유명하고, 힘이 세고, 교육을 많이 받았고, 유능하고, 잠자리에서도 잘한다고 자랑하기 시작한다면 당신은 어떻게 할 것인가? 그 자리를 피하거나 그 사람을 말이 많고 짜증나게 하는 또 다른 사람과 함께 있도록 하여 두 사람 모두를 피하려고 할 것이다. (그 사람의 어머니가 아닌) 다른 사람들이 그 사람에 대해 좋게 이야기하고, 그 사람이 겸손한 모습을 보일 때가 훨씬 더 기분이 좋을 것이다.

실제로 이 이야기는 일리가 있다. 나는 영국 항공 비행기를 타고 이 책을 쓰는 동안, 어떤 신사가 커피에 크림이나 설탕을 원하는지를 묻는 승무원과 나누는 2초도 안 되는 대화를 우연히 엿듣게 되었다. 그는 자신은 생리학자이고 노벨 의학상을 받았으며, 유명한 왕립 아카데미 원장이라고 했다. 승무원은 노벨이 무엇을 의미하는지도 몰랐지만 정중했다. 그러자 그 신사는 그녀에게 무지에서 깨어나라는 듯이 '노벨상'이라는 말을 여러 번 반복했다. 나는 그 사람을 빤히 쳐다보면서 냉랭한 말투로 인정해주었다. 그러자 그 사람은 갑자기 풀이 죽은 모습을 보였다. 자신의 하녀에게 위대한 사람이 되기는 어렵다는 말이 있다. 정보 전달을 넘어 자신을 선전하려고 하면 미덥지 못하다.

자신을 내세우는 사람들은 다른 사람들을 짜증나게 한다. 기업은 어떤가? 사람들은 왜 자신이 위대하다고 선전하는 기업을 보면서 짜증을 내지 않는가? 우리는 다음과 같은 세 가지 단계에서 오류를 범하고 있다.

첫 번째 단계는 가벼운 오류로서, 기업은 원래부터 영국 항공 비행기를 탄 승객처럼 스스로 선전할 수 있는 뻔뻔스러움을 갖고 있다는 생각이며, 이는 오직 기업 자신만을 해롭게 한다. 두 번째 단계는 더욱 심각한 오류다. 우리가 이런 오류를 예상하고 그 기업 제품을 사용하는 사람들의 의견에 의존하려고 하자, 기업은 자신을 가장 잘 표현하기 위해 노력하면서 자신의 제품이 갖는 약점을 숨기려고 한다(그래도 여기까지는 우리들에게 크게 해롭지 않다).

세 번째 단계는 훨씬 더 심각한 오류다. 기업은 우리들의 인지 바이어스cognitive bias, 무의식적인 연상을 이용해 자신이 판매하는 제품을 거짓되게 선전하려고 한다. 이것은 비열한 짓이다. 이런 오류는 석양을 배경으로 하는 시적 이미지와 담배 피는 카우보이의 모습을 함께 보여주면서 멋지고 낭만적인 순간과 담배를 억지로 연상시키는 식으로 나타난다. 실제로는 아무런 관계가 없는데도 말이다. 낭만적인 순간을 추구하다가 결국 암에 걸리게 된다.

기업 제도가 기업들에게 세 번째 오류를 일으키게 만들기도 한다. 자본주의가 갖는 문제의 핵심은 (여기서 다시 한 번 말하지만 제발 더 이상 애덤 스미스를 들먹이지 말기 바란다), 집단의 이해관계와 개인의 이해관계가 서로 다르다는 데 있다. 기업은 자연적인 윤리를 가지고 있지 않다. 그저 대차대조표만 들여다볼 뿐이다. 결국 기업이 하는 일은 주식 애널리스트가 부과한 기준을 만족시켜주면서 스스로 사기꾼이 되는 것이다.

(상장) 기업은 수치심을 느끼지 않는다. 반면 우리 인간은 육체적, 자연적 제지를 받는다.

기업은 동정심을 느끼지 않는다. 기업은 명예를 생각하지 않는다. 그러나 유감스럽게도 마케팅 자료에서는 프라이드를 언급한다. 기업은 관대한 행위를 하지 않는다. 오직 이기적으로 움직일 뿐이다. 기업이 왜 매출 채권을 일방적으로 취소했는지 생각해보라. 그저 그 결정이 적절했기 때문이다. 그럼에도 불구하고 사회는, 때로 전혀 알지 못하는 사람들 간에 무작위적으로 행해지는 관대한 행위 덕분에 굴러간다.

문화적이든 생물학적이든 이 모든 문제들이 승부의 책임이 없기 때문에 나타나는 결과들이다. 즉 자신의 이익을 챙겨가기 위해 다른 사람에게 피해를 주는 비대칭성 때문에 나타난다.

이제 이런 시스템이 붕괴하려고 한다. 마치 더 이상 너무나 많은 사람들을 속일 수는 없다고 말하듯이 말이다. 그러나 경영자들에게는 이런 붕괴가 아무런 문제가 되지 않는다. 바로 대리인 문제 때문에 그들의 관심은 기업이 아니라 자신의 현금 흐름에 가 있다.

그들은 나중에 실패하더라도 피해를 보지 않는다. 마이너스 보너스와 같은 것이 없는 덕분에 자신이 이전에 가져갔던 보너스를 계속 유지하게 될 것이다.

결국 기업은 프래질하므로 장기적으로는 대리인 문제가 주는 압박으로 붕괴하게 될 것이다. 반면 경영자들은 보너스를 위해 기업을 등쳐먹고 나서는 남은 뼈를 납세자에게 던져줄 것이다. 로비스트가 없다면 그들은 곧 망한다. 그들은 국가가 당신의 목구멍에 설탕물을 주입하는 일을 돕도록 강요하고 있다. 미국에서는 대기업이 국회의원까지 통제하고 있다. 이 모든 움직임은 앞으로 우리들의 돈으로 치르게 될 기업의 장례식을 지연시킬 뿐이다.[5]

아라비아의 로렌스와 메이어 랜스키

마지막으로 당신이 갱단 두목의 약속과 고위 공무원의 약속 중에 선택을 해야 한다면, 언제든지 갱단 두목의 약속을 선택하라. 기관은 명예의식이 없지만, 개인은 이를 가지고 있다.

아라비아의 로렌스Lawrence of Arabia라고도 불리는 로렌스T. E. Lawrence는 제1차 세계대전 중에 아랍 사막 지역의 부족들이 오토만 제국과 전쟁을 치르는 영국을 돕고, 그 대가로 그들이 아랍 국가를 수립하도록 허용해주는 계약을 체결했다. 순진한 부족들은 그들에게 주어진 의무를 이행했다. 그러나 영국 정부와 프랑스 정부는 비밀리에 문제가 되는 지역을 그들끼리 분할한다는 사이크스 피코 협정Sykes-Picot Agreement을

---

[5] 주인이 경영하는 중소기업 혹은 가족이 경영하는 기업에게는 살아남는 데 따르는 혜택이 있을 것이다.

맺었다. 전쟁이 끝나고 로렌스는 실망한 채 영국으로 돌아왔다. 그러나 물론 크게 실망할 필요는 없다. 그는 우리들에게 훌륭한 교훈을 가르쳐주었다. 자유롭지 못한 사람이 하는 말을 믿어서는 안 된다는 교훈을 말이다.

한편으로 갱단 두목이 가진 가장 소중한 자산은 바로 '그의 말은 금'이라는 평판이다. 유명한 갱단 두목 메이어 랜스키Meyer Lansky와의 악수는 여러 명의 변호사들이 작성해놓은 강력한 계약서보다 더 가치 있다는 이야기가 전해져 내려온다. 실제로 그는 시칠리아 마피아의 자산과 부채를 늘 기억하고 있었으며, 그들의 은행 구좌 역할을 하기도 했다. 물론 문서 한 장 없이 오직 명예로만 말이다.

트레이더 시절 나는 기관 대표와의 거래를 결코 신뢰하지 않았다. 곡물 트레이더에게는 개인적인 연줄이 중요하다. 그리고 나는 다른 사람과의 약속을 존중하지 않고 20년 넘게 독립 트레이더로 지낸 사람을 단 한 사람도 본 적이 없다. 오직 명예 의식만이 거래를 가능하게 한다. 모든 거래가 다 그렇다.

다음 이야기

우리는 안티프래질(그리고 비대칭성, 볼록성)에 대한 잘못된 이해 덕분에, 특정 계층의 사람들이 어느 누구도 깨닫지 못하는 사이에 숨은 옵션을 사용해 집단에게 피해를 주는 과정을 살펴보았다. 그리고 승부의 책임을 지우기 위한 해법도 살펴보았다. 다음 장에서는 옵션의 또 다른 측면, 즉 사람들이 윤리 규정을 자신의 행동에 맞도록 어떻게 체리피킹하는지 살펴볼 것이다. 또한 그들이 개인적 탐욕을 충족시키기 위한 수단으로 공직자를 어떻게 활용하는지도 살펴볼 것이다.

윤리를 직업에 짜맞추다

노예들은 어떻게 지배력을 획득하는가? / 겁쟁이들 쥐어짜기
/ 영원히 애를 태우면서 살아야 하는 계층

인류 역사상 다음과 같은 상황이 첨예한 형태로 나타난 적은 없었다. 법학 박사 존 스미스 주니어John Smith Jr.가 담배 회사의 로비스트로 워싱턴 D.C.에서 활동한다고 하자. 그렇다면 그는 이윤을 위해 사람을 죽이는 일에 관여하고 있는 셈이다(우리가 제거적 전략에 따라 담배 산업을 몰아내면 의료 산업이 죽게 된다). 그의 친척이나 친구들에게 왜 그를 따돌리거나 괴롭히지 않고 그의 활동을 묵인하면서 가족들의 장례식에 오는 것을 허용하는지 물어보라. 그들의 대답은 '다 먹고살자고 하는 일'이라는 것이다. 그들은 언젠가 자신도 같은 상황에 처하게 될 가

능성에 대비하려고 한다.

이제 우리는 (새에게 날아가는 법을 가르칠 때 사용했던 논리를 가지고) 화살의 방향을 따져볼 필요가 있다.

윤리(그리고 신뢰) ➡ 직업

혹은,

직업 ➡ 윤리(그리고 신뢰)

뚱보 토니와 소크라테스가 논쟁을 하기 전에, 네로는 두 사람이 서로에게 갖게 될 첫인상이 궁금했다. 2500년이라는 세월의 차이가 있었기 때문이다. 특히 소크라테스를 놀라게 할 물리적 여건의 요소들을 동일시하는 것은 간단한 문제가 아니다. 네로의 역사 지식을 마지못해 부분적으로 인정해주는 토니가 제기하는 문제에 대해서 네로가 오랜 고민 끝에 내린 결론은 '지금은 노예 제도가 없기 때문'이었다.

"그런 사람들은 집안일을 스스로 해본 적이 없어. 그래서 소크라테스가 그처럼 가엾은 몰골을 하게 된 거지. 배가 볼록 튀어나오고 다리가 가늘어진 거야. 그곳에는 노예가 있었잖아?"

토니가 불쑥 이렇게 내뱉었다. "하지만 네로, 지금도 여전히 노예가 있어. 넥타이라는 착잡한 장치를 매고 다니지."

네로는 "장치 좋아하시네요. 토니 씨, 넥타이를 맨 사람 중에는 돈이 엄청나게 많은 사람도 있어. 당신보다 돈이 훨씬 더 많아."라고 했다.

그러자 토니는 "순진하기도 하셔라. 네로 씨, 돈에 속아 넘어가서는 안 되지. 그저 숫자일 뿐이야. 중요한 건 마음 상태야."라고 반박했다.

독립이 없는 상태에서의 부

앞에서 네오매니어를 설명하면서 트레드밀 효과에 관한 이야기를 한 적이 있다. 같은 상태를 유지하기 위해 계속 새로운 것을 사들여야 한다. 탐욕은 안티프래질하다. 그러나 그 희생자는 프래질하다.

부가 사람들을 더욱 독립적으로 만든다는 믿음은 잘못되었다. 이런 주장을 뒷받침하는 증거는 지금 일어나고 있는 현상만으로도 충분하다. 인류 역사를 돌이켜보면 지금보다 더 부유한 적이 없었다. 그리고 지금보다 더 많은 빚을 져본 적도 없었다(고대인들은 빚을 지면 자유로울 수가 없었다. 빚을 지면 강제 노동을 해야 했기 때문이다). 그리고 지금보다 더 높은 경제성장을 이룬 적도 없었다.

특정 계층의 수준에서 보면, 우리는 일정한 사회적 환경에서 서로 어울리면서 지낸다. 따라서 트레드밀 효과에 노출되어 있다. 당신은 코네티컷 주 그리니치로 이사를 가서, 2000만 달러짜리 호화 주택에서 100만 달러짜리 생일 파티를 여는 사람의 이웃이 되어 상대적으로는 극빈자가 되기를 원한다. 그리고 당신은 직장에 더 많이 의존하게 된다. 특히 이웃이 월스트리트에서 국민의 세금을 축내면서 보너스를 엄청나게 많이 챙겨가는 사람이라면 더욱 그렇다.

이런 부류의 사람들은 영원한 형벌을 받은 탄탈로스Tantalus와도 같다. 탄탈로스는 과일 나무 아래 연못에 서 있었다. 그가 과일을 따려고 손을 뻗으면 과일은 손이 닿지 않도록 높이 올라가버리고, 물을 마시려고 고개를 숙이면 물은 말라버렸다.

근대는 이처럼 영원히 애를 태우면서 살아야 하는 계층을 만들어냈다. 로마인들은 이런 사회적 트레드밀 효과를 피해갔다. 사회적 삶의 대부분은 평민을 보호하는 귀족 patron과 귀족에게 예속된 평민 client 간의 관계에서 발생했다. 평민은 귀족의 관대함으로부터 혜택을 보면서 살았고 귀족의 식탁에서 함께 식사를 했다. 그리고 어려운 일이 있으면 귀족의 도움을 받았다. 당시에는 복지라는 것이 없었고 자선을 베풀거나 권유하는 교회도 없었다. 모든 것들이 사적인 관계에서 발생했다(앞에서 언급했던 세네카의 저서 『자선에 관해서 De beneficiis』는 이와 같은 상황에서 사람들이 어떤 의무를 져야 하는지에 관해 정확하게 제시해준다).

마피아 두목이 자신의 부하들을 제외하고는 다른 마피아 두목과 관계를 맺지 않는 것처럼, 귀족들도 다른 귀족들과 관계를 맺는 경우는 드물었다. 나의 할아버지와 증조할아버지도 지역의 지주이면서 정치인이었기 때문에 이런 방식은 나의 조상들이 살던 방식과 크게 다르지 않았다. 실제로 권력은 자신에게 의존하는 사람에게서 나온다. 지역의 지주들은 수시로 집을 개방해 평민들과 함께 부의 결실을 나누어 가지려고 했다. 반면 궁중 생활은 부정으로 얼룩졌다. 그곳에서 시골 출신 귀족들은 기가 꺾인 채 지냈다. 그들은 더욱 화려하고 영리한 사람들과 부딪혀야 했고, 자존감을 유지해야 하는 압박을 받았다. 결국 도시에서 자신의 지위를 잃어버린 사람들이 시골에서 그 지위를 지켜가려고 했다.

당신은 트레드밀에 사로잡혀 있는 사람을 신뢰해서는 안 된다.

전문 직업인과 집단

사람들은 일련의 세뇌 과정을 거치면서 급격하게 직업의 노예가 되어 간다. 어떤 주제에 관한 의견은 자신의 이익을 위한 것이 되고, 집단의 입장에서는 신뢰할 수 없는 것이 된다. 이것이 바로 고대 그리스인들이 전문 직업인들을 못마땅하게 여기는 요인이었다.

내가 처음 일했던 곳은 월스트리트에 있는 기업이었다. 첫 출근을 하고 몇 달이 지났을 때였다. 전무이사가 나와 동료를 부르더니 매력적인 보수를 제시하면서 몇몇 정치인들의 선거운동을 도와달라는 부탁을 했다. 그 정치인들은 좋은 사람들이었다. 여기서 좋다는 의미는 투자은행이 추진하는 사업에 그렇다는 것이다. 그들은 투자은행을 보호할 법안을 만드는 데 힘을 발휘할 것이다. 내가 그들의 선거운동을 도왔더라면, 나는 윤리적으로 공익을 위한 정치적 의견을 피력할 자격이 없는 사람이다.

아테네의 정치가 데마데스Demades가 위대한 사람들의 죽음을 통해 이익을 챙겨가는 장례용품 거래업자를 비난했다는 이야기가 오랜 세월에 걸쳐 전해져 내려온다. 몽테뉴는 세네카의 저서 『자선에 관하여』에 나오는 주장을 인용하면서 우리는 모든 전문 직업인들을 규탄해야 한다고 주장했다. 그의 주장에 따르면, 상인들은 젊은이들이 방탕해야 번성하고, 농부들은 곡물이 귀해져야 유리하고, 건설업자들은 건물이 파괴되어야 돈을 벌고, 법조인들은 사람들 간에 분쟁이 생겨 소송이 늘어나야 돈을 번다. 의사 입장에서는 친구도 건강하지 말아야 한다. 군인들은 평화를 원하지 않는다. 그리고 가장 최악은 사람들의 내면에 자리잡은 사적인 생각과 동기를 파고들면 그들의 소망은 거의 변함없이 다른 사람들의 희생을 대가로 얻을 수 있다는 것이다.

그러나 조금 지나칠 정도로 이기심에 관대한 편이었던 몽테뉴와 세네카는 상당히 중요한 사항을 놓치고 있었다. 그들은 경제 활동이 반드시 이타적인 동기에 의존하는 것은 아니라는 사실과, 집단은 개인과 다르게 움직인다는 사실을 정확히 알고 있었다. 특히 세네카는 애덤 스미스보다 1800년 전에 태어났고 몽테뉴는 300년 전에 태어났다. 따라서 인간이 본질적으로 올바르지 못하다는 측면에 혐오감을 가질 수는 있지만, 그들의 생각에 상당히 깊은 인상을 받게 된다. 애덤 스미스 이후 우리는 이기심이 경제성장의 동력이므로 집단은 개인의 자선을 요구하지 않는다는 사실을 알게 되었다. 그렇다고 해서 이 모든 것이 집단을 도외시하라는 뜻은 아니다. 결국 인간은 다른 사람들과 서로 부대끼면서 살아가야 하기 때문이다.

몽테뉴와 세네카가 놓친 것은 승부의 책임뿐만 아니라 사람들이 공공의 이익을 회피할 수 있다는 사실이었다. 다시 말하면 그들은 대리인 문제를 깨닫지 못했다. 비록 이 문제가 경험적으로 알려지기는 했지만(함무라비, 황금률) 그들의 의식 속에 자리 잡지는 않았다.

여기서 논점은 직업을 통해 생계를 꾸려간다는 것이 본질적으로 나쁘다는 데 있는 것이 아니다. 정확하게 말하자면, 이런 사람이 다른 사람이 관련된 공공의 문제를 다룰 때 저절로 문제의 인물이 되어버린다는 데 있다. 아리스토텔레스가 말하는 자유인free man은 생각이 자유로운 사람을 의미한다. 다시 말해서 자유로운 시간을 가진 사람을 의미한다.

이런 의미에서 본다면 자유는 정치적으로 진실한 견해를 갖는가의 문제로 귀결된다.

그리스인들은 직업 세계를 세 가지로 구분했는데, 장인, 전쟁 기술자, 농업 기술자였다. 전쟁 기술자와 농업 기술자는 이기심을 추구하지 않고, 집단의 이해관계와 갈등을 일으키지 않기 때문에 신사의 직업으로 간주되었다. 그러나 아테네인들은 주로 어두운 방에 앉아 물건을 만들어 생계를 꾸려가는 장인들을 경멸했다. 크세노폰은 이런 공예 기술은 그들의 신체적인 능력을 떨어뜨리고 정신을 나약하게 만들어, 주변 사람들과 도시를 위해 일할 시간을 갖지 못하도록 한다고 말했다. 편협한 기술은 사람들을 작업장에만 머물도록 하여 자신의 이익에만 관심을 갖게 만든다.

전쟁 기술자와 농업 기술자는 넓은 안목을 지닐 수 있어서 주변 사람들과 도시를 위한 일에 관심을 가질 수 있다. 크세노폰이 보기에 농부는 다른 기술자의 어머니이자 보모였다(고대에는 기업이 없었다. 만약 크세노폰이 지금 살아 있다면, 장인들에 대한 그의 불신은 기업 경영자들을 향했을 것이다).

아랍어와 히브리어에는 '자유인의 손은 저울'이라는 말이 있다. 자유인의 의미는 쉽게 정의되지 않는다. 결국 자기 자신만의 생각을 갖고 있는 사람이 바로 자유인이다.

메테르니히Metternich가 보기에 인간다움은 남작의 지위에서 시작되었다. 아리스토텔레스와 (비록 다른 형태이기는 하지만) 20세기까지의 영국인들이 보기에 인간다움은 직업에 구애받지 않는 한가로운 자유인에게서 시작되었다. 그렇다고 해서 인간다움이 일을 하지 않는다는 의미는 결코 아니었다. 단지 자신의 개인적·감정적 정체성이 일에서 비롯되지 않고, 일을 취미와 같은 선택 사항으로 간주한다는 의미다.

어떤 면에서 직업은 당신이 지닌 다른 특성(예를 들어, 생년월일이나 그 외의 것)만큼 정체성을 확인시켜주는 요소가 되지 않는다. 결국 인간다움은 탈레스처럼 돈에 목을 매지 않으면서 자신의 의지대로 살아갈 수 있는 상태를 말한다. 스파르타인에게 인간다움은 용기를 의미했고, 토니에게는 자기소유권self-ownership을 의미했다. 우리의 뚱보 영웅이 말하는 자기소유권에는 이전의 사상가들보다 훨씬 더 민주적인 의미가 담겨 있다. 이는 자신의 의견에 대한 소유권자는 바로 자기 자신임을 의미했다. 이는 부, 출생, 지능, 외모, 구두 사이즈와는 아무런 상관이 없으며 개인적 용기와 관련이 있다. 다시 말하면 토니는 자유인에 대한 아주 구체적인 정의를 말해준다. 자유인은 다른 상황에서도 결코 하지 않을 무엇인가를 억지로 할 필요가 없는 사람이다.

아테네에서 브루클린에 이르기까지 인식의 변화를 살펴보자. 그리스인들이 보기에는 자유로운 시간을 가진 사람만이 자유로운 생각을 갖는다. 우리의 친구이자 자문가인 토니가 보기에는 용기를 가진 사람만이 자유로운 생각을 갖는다. 겁쟁이는 만들어지는 것이 아니라 타고나는 것이다. 당신이 그들을 아무리 독립시켜주려고 하더라도, 그리고 아무리 돈이 많더라도 겁쟁이는 겁쟁이로 남는다.

추상적이고도 근대적인 국민국가와 지역 정부 간의 차이에는 또 다른 측면이 있다. 옛날의 도시국가 혹은 근대의 지방자치제에서는 부도덕한 행동을 했을 때 받게 되는 수치심이 보상을 더욱 대칭적이도록 해주었다. 유배, 추방 혹은 더욱 심하게 국외 추방은 무거운 형벌이었다. 당시 사람들은 자발적으로 이사를 가지 않았고 이런 형벌을 끔찍하게 생각했다. 반면 너무나도 신성한 국민국가와 같은 커다란 조직 사회에서는 직접적인 만남이나 사회적 뿌리가 중요한 의미를 잃었으므로, 수치심은 규율을 지키게 만드는 기능을 중단하게 된다. 우리는 수치심을 느끼는 사회를 다시 만들어야 한다.

그리고 이런 수치심과는 별도로, 집단과 다른 이해관계를 지닌 무리의 구성원으로서 어떤 환경에서의 친구 관계와, 대인 관계의 문제도 작용한다. 펠로폰네소스 전쟁의 영웅 클레온Cleon은 공공의 문제를 다룰 때는 친구 관계를 단념할 것을 주장했다. 이 때문에 그는 일부 역사가로부터 비난을 받기도 했다.

이런 문제에 대해서는 간단하지만 강력한 해결 방법이 있다. 공직자들이 퇴직 후에 민간 활동을 할 경우, 가장 많은 임금을 받는 공직자보다 더 많은 임금을 받도록 해서는 안 된다는 것이다. 이는 자발적인 임금 상한과도 같은 것으로서, 공직을 잠깐 동안 경력을 쌓는 곳으로 이용하고 수백만 달러의 임금을 받고 월스트리트로 향하는 사람이 나타나지 않도록 하는 장치다. 그리고 공직을 천직으로 여기는 성직자 같은 사람만 공직을 선택할 수 있게 만든다.

클레온이 비난을 받은 것과 마찬가지로, 근대에 와서는 올바른 일을 하는 사람에게 대리인 문제의 반대가 발생한다. 그래서 공익을 위한 행위를 하면 중상모략과 따돌림을 당한다. 특히 행동주의자이자 공익의 대변자 랄프 네이더는 자동차 산업을 포함해 여러 곳으로부터 인신 공격을 받은 적이 있다.

윤리와 법

나는 다음과 같은 사기 행위를 오랫동안 폭로하지 않았던 것에 대해서 자괴감을 느낀다(앞에서 나는 당신이 사기꾼을 보고 사기꾼이라고 말하지 않는다면, 당신도 사기꾼이라는 말을 한 적이 있다). 이제부터 이런 사기 행위를 앨런 블라인더 문제 Alan Blinder problem라고 부르겠다.

다보스에서 나는 포럼에 모인 사람들과 커피를 마시면서 어떻게 하면 도덕적 해이와 대리인 문제로부터 세상을 구원할 수 있을 것인가를 두고 개인적인 대화를 나누고 있었다. 그때 연방준비은행 부총재를 지냈던 앨런 블라인더가 불쑥 나타나서는 나에게 납세자들을 합법적으로 교묘하게 속이도록 설계된 투자상품을 팔려고 했다. 그것은 순자산이 많은 투자자들이 예금보험의 보장한도 규정(당시에는 10만 달러였다)을 피하면서 거의 무제한적으로 보장받을 수 있는 상품이었다. 따라서 투자자는 얼마든지 큰 금액으로 펀드에 가입할 수 있었고, 블라인더 교수가 일하는 회사가 그 금액을 작은 구좌로 쪼개 은행에 투자해 실질적으로 한도규정을 피해갈 수 있었다.

실질적으로는 단일 구좌지만 전액을 보장받을 수 있는 상품이었다. 다시 말해 돈이 엄청나게 많은 부자가 정부가 보증하는 공짜 보험을 얻는 방식으로 납세자에게 사기를 치는 것이었다. 이는 납세자들을 합법적으로 속이는 행위가 틀림없다. 내부자의 강점을 지닌 전직 공직자의 도움을 받아서 말이다.

나는 "윤리적으로 문제가 있지 않습니까?"라고 불쑥 내뱉었다. 그랬더니 그는 "법적으로 전혀 문제가 없습니다. 우리 회사에는 전직 공직자들이 많이 있습니다."라고 말하면서 훨씬 더 많은 사람들이 범죄에 연루되어 있음을 밝히고는 합법적인 것이 곧 윤리적인 것이고, 전직 공직자들은 일반 시민보다 우위에 있다는 점을 강조했다.

내가 〈나는 고발한다 J'accuse〉라는 공개 서한을 통해 이 사건에 반응을 보이는 데에는 몇 년이 걸렸다. 앨런 블라인더는 내가 정한 윤리 기준을 어긴 사람 중 최악의 인물은 아니다. 아마도 다보스에서의 대화가 세상을 악으로부터 구원하자는 쪽으로 초점이 맞추어지면서 과거에 그가 유명한 고위 공직자였다는 사실이 나를 자극했는지도 모른다(당시 나는 그에게 은행업자들이 납세자의 희생을 바탕으로 리스크를 수용하게 되는 이유를 설명했다). 그러나 여기서 우리가 관심을 가져야 할 문제는 사람들이 납세자로부터 합법적으로 이익을 취하기 위해 공직자들을 어떻게 이용하고 있는가에 있다.

독자 여러분 중에서 이 문제를 가장 간단하게 해결할 수 있는 분이 있다면 나에게 말해주기 바란다. 전직 공직자들은 시민의 이해관계를 대변하기 위해서 시민에 의해 고용된 사람들이었다. 그런데 이렇게 바로 그들이 로펌과 같은 민간으로 진출해 공직에서 얻은 전문성과 인맥을 이용하여 시스템이 갖는 작은 결함으로부터 이익을 취할 수 있단 말인가?

이 문제에 대해서 좀 더 깊이 생각해보자. 규정이 복잡할수록 네트워크는 더욱 관료화된다. 그리고 공직자의 우위가 자신의 차별적인 지식에 대한 볼록 함수가 되면서, 허점과 결함을 아는 공직자들이 이로부터 이익을 취하게 된다. 우리는 이런 현상을 일종의 독점권, 즉 다른 사람의 희생으로부터 나타나는 비대칭성으로 설명할 수 있다. 이런 비대칭성은 경제 전반에 걸쳐 퍼져 있다. 예를 들어, 자동차 회사인 도요타는 미국의 전직 공직자들을 고용해 도요타 차량의 결함 심사과정을 처리하는 데 그들의 '전문성'을 이용한 적이 있다.

그 다음 단계는 더욱 심각하다. 블라인더와 컬럼비아대학교 경영대학원 학장은 어느 신문의 칼럼에서 정부가 예금보험의 보장 한도를 인상하는 데 반대하는 글을 쓴 적이 있다. 두 사람은 이 글에서 블라인더의 고객들이 혜택을 받는 무제한적인 보장이 일반인들에게 적용되어서는 안 된다는 주장을 펼쳤던 것이다.

여기서 하고 싶은 이야기가 몇 가지 더 있다.

첫째, 규제가 복잡할수록 내부자들에 의한 중개 거래가 더 많이 나타나는 경향이 있다. 이는 경험법칙에서 나오는 또 하나의 주장이다. 2300쪽에 달하는 규제(나는 이를 함무라비 법전으로 교체하고 싶다)는 전직 공직자들을 위한 돈다발이 될 것이다. 따라서 규제자들은 규제를 복잡하게 만들고 싶은 인센티브를 갖게 된다. 다시 말하지만 내부자는 단순한 것이 더 낫다는 원칙의 적이다.

둘째, 시스템이 복잡해지면 규제 조항과 규제 정신의 차이를 인식하기가 어려워진다. 이 점은 기술적인 문제지만, 비선형성을 갖는 복잡한 환경일 때, 변수가 몇 개 되지 않는 선형성을 갖는 환경일 때보다 훨씬 더 쉽게 이익을 챙길 수 있다. 법과 윤리의 괴리에도 같은 논리를 적용할 수 있다.

셋째, 아프리카 국가에서는 정부 관리들이 드러내놓고 뇌물을 요구한다. 미국 관리들은 절대로 그렇게 하지 않는다. 그들은 자신을 우호적으로 바라보는 은행으로부터 퇴직 후에 연봉 500만 달러에 명예직으로 일하겠다는 약속을 암묵적으로 받아둔다. 그리고 이런 행위에 대한 규제를 쉽게 피해간다.

앨런 블라인더 문제에서 나를 가장 화나게 하는 것은 내가 이 문제를 거론할 때 사람들이 보여주는 반응이었다. 그들은 전직 공직자들이 과거의 지위를 활용해 돈을 벌려고 하는 것은 자연스러운 일이라고 생각했다. 우리의 희생을 바탕으로 말이다. 그들의 주장은 세상에는 돈을 싫어하는 사람이 없다는 것이었다.

옵션의 특징으로서 결의론

인간은 어떤 사후적 의견을 옹호할 만한 주장이나 윤리적 명분을 항상 찾아낼 수 있다. 그러나 체리 피킹에 해당되는 이런 태도는 위험하다. 행동하고 나서가 아니라 행동하기 전에 윤리 원칙을 제시해야 하고, 자신이 하는 일에 이야기를 짜맞추려는 생각을 버려야 한다. 의사결정의 미묘한 차이를 주장하는 기술, 즉 결의론은 오랫동안 이야기를 짜맞추기 위한 기술이 되어왔다.

먼저 정직하지 못한 의견의 의미를 정의하겠다. 이는 대체로 공공의 이익을 내세우면서 기득권을 유지하려는 사람의 의견이다. 예를 들어, 미용사는 국민의 위생을 내세우면서 머리를 깎으라고 권한다. 총기 산업 로비스트들은 총기 소지가 미국을 위해 바람직하다고 주장한다. 모두가 집단의 이익을 위하는 것처럼 보이려고 하지만, 실제로는 자신의 개인적인 이익을 위한 주장에 불과하다. 다시 말해, 모두가 표 7의 왼쪽 줄에 있지 않은가? 마찬가지로 앨런 블라인더도 자기 회사가 추진하는 사업이 아니라 공익이라는 일반적인 의미에서 예금보험의 보장한도 인상에 반대한다는 글을 썼다.

그러나 간단한 질문을 통해서 경험법칙을 적용하기는 쉽다. 나는 키프로스에서 열린 어느 컨퍼런스에서 미국의 대학교에서 석유화학공학을 가르치는 키프로스 출신 교수가 환경 행동주의자 니콜라스 스턴 경Lord Nicholas Stern을 큰 소리로 비난하는 모습을 보았다. 스턴 경은 컨퍼런스에 참석하기는 했지만 저녁 만찬 시간에는 자리에 없었다. 키프로스인 교수는 상당히 흥분해 있었다. 나는 무엇이 문제인지 잘 몰랐지만, 그가 증거의 부재와 부재의 증거를 혼동하고 있다는 느낌이 들었다. 그래서 갑자기 끼어들어 내가 한 번도 본 적이 없는 스턴 경을 옹호하는 발언을 했다.

그는 화석 연료가 지구에 해를 끼친다는 증거가 없다고 말하면서, 자신의 논점을 화석 연료가 지구에 해롭지 않다는 증거를 가지고 있다는 주장으로 돌렸다. 그는 스턴 경이 불필요한 보험을 추천한다는 식으로 잘못된 주장을 했다. 이에 나는 그가 일어나지 않은 사건에 대비해 자동차 보험과 건강 보험을 비롯해 다양한 보험에 가입했다면 그것이 바로 스턴 경과 같은 식의 행동 방식이 아니냐고 따졌다. 게다가 우리는 지구에게 새로운 일을 하고 있으며 증거를 제시해야 할 책임은 자연의 시스템을 교란시키는 사람에게 있고, 대자연은 우리가 아는 것보다 더 많이 알고 있으며 결코 그 반대가 될 수 없다는 말도 덧붙였다. 하지만 피고측 변호사, 즉 진실을 향해 수렴하지 않는 궤변만 잔뜩 늘어놓은 사람에게 말하는 것 같았다.

그러자 한 가지 경험법칙이 떠올랐다. 나는 옆에 앉아 있는 컨퍼런스 진행자에게 그 교수가 자신의 발언에서 혹시 이익을 취할 만한 것이 있는지 넌지시 물어봤다. 그는 석유회사와 깊이 연관되어서 자문위원, 컨설턴트면서 투자자기도 했다. 당장 나는 그가 하는 말에 관심을 갖지 않고 다른 사람들이 보는 앞에서 그와 논쟁하면서 에너지를 소모하지 않기로 했다. 그가 하는 말은 일고의 가치조차 없는 헛소리에 불과하니까 말이다.

이런 사례가 승부의 책임과 어떻게 부합되는지 생각해보자. 어떤 사람이 의견을 가지고 있다면(예를 들어, 은행 시스템이 프래질하고 붕괴될 것이라는 의견), 나는 그에게 자신의 의견에 돈을 투자해보라는 말을 해주고 싶다. 그래서 자신의 의견에 따라 움직이는 사람이 손해를 본다면, 자신도 손해를 보아야 한다. 다시 말해서 그 사람은 자신이 공허한 정장 차림의 인간이 아니라는 사실을 보여주어야 한다. 그러나 집단의 이익이라는 막연한 소리를 할 때는 투자하지 말아야 한다. 이것이 바로 비아 네가티바의 원칙이다.

나는 지금 윤리 문제와 관련해 옵션의 메커니즘을 이야기했다. 이런

표 8 직업과 행동의 비교

편의주의자가 되어 윤리를 직업에 짜맞춘다	가짜 윤리 게임을 거부한다
금광 탐사자	매춘부
네트워크를 중시하는 사람	사회적인 사람
공약을 제시하는 사람	공약을 제시하지 않는 사람
공익을 위해 도움을 주겠다는 사람	박식한 사람, 애호가, 아마추어
고대 그리스·로마 시대의 상인, 전문가	고대 그리스·로마 시대의 지주
경영자	장인
연구 중심 대학의 학자, 연구비에 의존하는 연구원	렌즈 제조업자, 대학 철학 강사 혹은 프랑스의 리세 교사, 독립적인 학자

메커니즘은 사람들에게 행동을 윤리적 믿음에 맞추도록 하지 않고, 윤리적 믿음을 행동에 맞추도록 한다. 표 8은 이런 윤리적 메커니즘과 관련해서 직업을 비교하고 있다.

한편 앨런 블라인더 문제의 반대, 즉 자신의 이익에 반하는 행동을 하는 사람들이 있다. 우리는 자신의 이익에 반하는 행동을 하는 사람들의 의견에 더 많은 관심을 가져야 한다. 예를 들어, 당뇨병을 치료하기 위한 방법으로 단식이나 비아 네가티바를 주장하는 약사나 제약회사의 임원은 약물 치료를 권장하는 사람보다 더욱 신뢰가 간다.

빅 데이터 그리고 연구자의 옵션

이 꼭지는 약간 기술적인 내용을 담고 있으므로 독자는 그냥 넘어가도 된다. 옵션은 모든 곳에 존재한다. 그리고 이번 꼭지에서는 연구정신을 훼손하면서 지식 형성에 큰 해가 되는 데이터를 대량으로 만들어내는 체리 피킹의 또 다른 방식을 설명하겠다.

더 많은 데이터는 더 많은 정보를 의미한다. 그러나 더 많은 잘못된 정보를 의미하기도 한다. 기존의 연구를 모사한 논문은 점점 사라지고 있다[교과서(예를 들어 심리학)는 개정되어야 할 필요가 있다]. 그리고 경제학에 대해서는 신경을 쓰지 말자. 통계분석에 기반을 둔 과학은 신뢰할 수 없기 때문이다. 특히 연구자가 경력을 위해 논문을 발표해야 한다는 압박을 받는 경우는 더욱 그렇다. 그럼에도 불구하고 지식이 발전하고 있다는 주장은 계속 제기될 것이다.

앞에서 나는 실생활과 학문적 이론 간의 차이를 가지고 부수 현상을 설명했다. 학문적 이론을 통해 역사를 바라보는 사람은 실생활에서 벌어지는 사건의 전개 과정을 살펴보는 사람에 비해 잘못된 관계를 더 많이 받아들이게 될 것이다. 그는 더 많은 부수 현상에 속아 넘어가게 될 것이다. 이런 부수 현상은 실제 신호에 비해 지나치게 많은 데이터가 직접적으로 빚어낸 결과다.

7장에서 나는 소음의 발생에 관해 설명했다. 여기서 소음은 연구자가 은행업자가 가진 것과 크게 다르지 않은 옵션을 갖고 있기 때문에 더욱 나쁜 문제가 된다. 연구자는 두각을 나타내지만 진실은 가려진다. 연구자의 공짜 옵션은 자신의 믿음을 뒷받침하거나 자신에게 유리한 결과를 보여줄 만한 통계를 찾아내는 능력을 의미한다. 그리고 나머지 것들은 버린다. 또한 연구자는 자신이 원했던 결과를 얻고 나면 이야기를 끝낼 수 있는 옵션도 갖고 있다. 그러나 통계적 관계를 보여주고 나서는 그것이 잘못된 관계라는 사실이 표면에 드러난다. 데이터에는 다음과 같은 특징이 있다. 데이터가 많아지면 편차가 커지고, 이런 편차는 정보(즉 신호)가 아니라 주로 소음(즉 분산) 때문이다.[1]

의학 연구에서 연구자가 컴퓨터를 통해 통계적 관계를 살펴보는 관찰 연구 observational study와 실생활을 그대로 모사하는 현실적인 방법을 통해 정보를 추출하는 이중맹검법 double-blind experiment(약의 효과를 객관

---

[1] 여기서 표본추출이 갖는 특징이 나타난다. 실생활에서 당신이 어떤 대상을 실시간으로 관찰한다면, 편차가 커지는 문제를 중요하게 받아들인다. 그러나 연구자가 이런 편차를 찾아 나선다면, 그것은 사기일 가능성이 크다. 실생활에서는 이런 체리 피킹이 없다. 그러나 연구자의 컴퓨터에서는 이런 체리 피킹이 나타난다.

적으로 평가하기 위한 방법. 병세가 같은 피험자들에게 진짜 약과 가짜 약을 무작위로 주고, 또한 효과를 판정하는 의사에게도 진짜와 가짜를 알리지 않고 시험해 결과를 살핀다-옮긴이) 간에는 커다란 차이가 있다.

컴퓨터를 통한 관찰 연구는 온갖 종류의 결과를 만들어낸다. 그런데 최근에 존 아이언니디스John Ioannides가 컴퓨터 계산을 통해 밝혀냈듯이, 이런 결과는 10개 중에서 8개 이상이 허위라고 보면 된다. 그럼에도 불구하고 관찰 연구의 결과가 일부 과학 저널에 게재되고 있다. 여기서 한 가지 다행스러운 일은 미국 식품의약국Food and Drug Administration이 이런 관찰 연구를 인정하지 않고 있다는 사실이다. 식품의약국 과학자들은 이런 연구의 허점을 알기 때문이다.

나는 허위 통계에 맞서 싸우는 위대한 행동주의자 스탠 영Stan Young과 함께 〈뉴잉글랜드저널오브메디슨New England Journal of Medicine〉에 실린

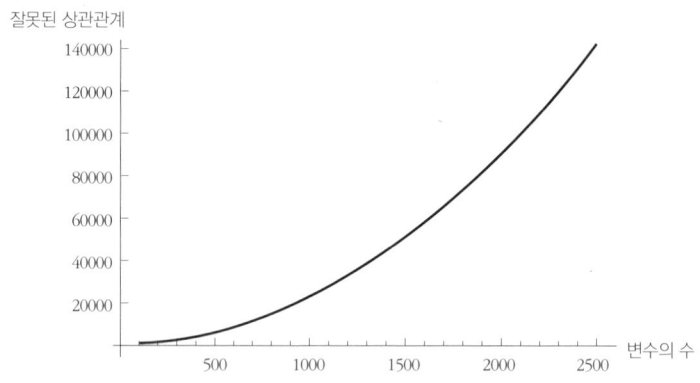

그림 18 빅 데이터의 비극. 솜씨가 좋은 연구자는 변수가 많을수록 유의성을 지닌 상관관계를 더 많이 보여준다. 잘못된 상관관계는 정보보다 더 빨리 늘어난다. 즉 데이터에 대해 비선형성(볼록성)을 띤다.

한 유전학 연구 논문이 주장하는 통계적 유의성을 조사한 적이 있다. 그 결과는 무작위적인 것과 아무런 차이가 없었다. 우리는 저널 편집인에게 그 결과를 편지로 알렸지만 달라진 것은 아무 것도 없었다.

그림 18은 잠재적으로 잘못된 관계가 더 많아지고 있는 모습을 보여준다. 확률 변수가 200개이고 이들이 아무런 상관관계가 없음에도 불구하고, 이들 간에 높은 수준의 상관관계가 일정 수준으로 나타난다(이를테면, 30% 정도). 그러나 이런 상관관계는 전적으로 잘못된 관계다. 체리 피킹을 통제하는 기법이 있기는 하지만(그 기법 중 하나로 본페로니 조정 Bonferoni adjustment 이 알려져 있다), 범인을 잡아내지는 못한다. 규제가 있다 하더라도 내부자는 여전히 시스템을 가지고 농간을 부릴 수 있는 것이다. 따라서 이런 사실은 우리가 10년이 넘는 세월에 걸쳐 인간 게놈의 암호를 풀려고 노력했지만 의미 있는 발전을 이루지 못했던 이유를 말해준다. 나는 데이터에 정보가 없다는 사실을 주장하려는 것이 아니다. 문제는 그 정보를 정말 찾기 힘들다는 데 있다.

실험도 바이어스로 인해 손상을 입을 수 있다. 연구자는 실패한 시도는 숨기고 자신이 원하는 결과를 보여줄 만한 실험을 선택하려는 인센티브를 갖는다. 또한 실험 결과가 나오고 나서 가설을 세울 수도 있다. 결국 가설을 실험에 짜맞추게 된다. 한편 이런 경우의 바이어스는 다른 경우보다 크지는 않다.

데이터에 속아 넘어가는 현상은 빠른 속도로 늘어난다. '빅 데이터 Big Data'라고 불리는 심술궂은 현상은 연구자들이 체리 피킹을 광범위하게 할 수 있도록 했다. 근대는 너무나도 많은 변수들을 제공한다. 그러나 각각의 변수에 대해 너무나 적은 데이터를 제공한다. 그리고 잡음이 볼록성을 띠고 정보가 오목성을 띠면서 잘못된 관계는 실제 정보보다 훨씬 더 빠른 속도로 늘어난다.

데이터는 오직 비아 네가티바 방식의 지식을 통해서만 제대로 전해질 수 있다. 다시 말하면, 무엇인가를 확증할 때가 아니라 그것의 정체를 폭로할 때 더 효과적으로 사용될 수 있다.

그러나 비극은 기존의 연구를 모사해 그 결과를 부정하기 위한 연구로는 연구비를 얻어내기가 아주 어렵다는 데 있다. 그리고 이를 위한 연구기금이 있다 하더라도 이런 기금을 받아가려는 연구자를 찾기도 쉽지 않다. 현실은 모사 연구를 통해서는 영웅이 될 수 없도록 한다. 따라서 우리는 비아 네가티바를 추구하는 사람을 제외하고는 경험적 결과에 대한 불신으로 불구가 되고 있다.

이제 아마추어, 차를 마시던 영국 목사의 낭만적인 아이디어로 되돌아가야 한다. 그러나 전문 연구자들은 관계를 찾기 위해 경쟁하고 있다. 과학은 경쟁이 되어서는 안 되고, 순위를 매겨서도 안 된다. 이런 시스템이 어떻게 붕괴될지는 뻔하다. 또한 지식에 대리인 문제가 개입되어서도 안 된다.

집단의 횡포

개인이 아니라 집단이 저지르는 잘못은 조직화된 지식의 특징을 보여주며, 이는 주목할 만한 쟁점을 제공한다. 우리는 '모든 사람이 그렇게 하기 때문이다.' 혹은 '다른 사람은 그렇게 한다.'는 식의 이야기를 많이 한다. 생각해볼 만한 가치가 있는 말이다. 어떤 일을 어리석은 짓이라고 생각하면서 하지 않으려고 했던 사람이 집단의 구성원이 되어서는 그 일을 하려고 하는 경우가 있다. 제도권 학술계가 과학을 혼란스럽게 만드는 경향도 바로 이런 경우에 해당한다.

언젠가 S로 시작하는 성을 가진 크리스Chris라는 학생이 나를 찾아온 적이 있었다. 그는 매사추세츠주립대학교의 박사 과정을 밟고 있었다. 크리스는 '꼬리가 두꺼운 현상'에 대한 나의 생각과 현재의 리스크 관리방법에 대한 회의주의에 공감하긴 했지만, 자신이 학계에서 일자리를 얻는 데에는 도움이 되지 않는다고 말했다. 도움이 되는 것은 모든 사람이 가르치고 논문에서 사용하는 방법이라고 했다. 또 다른 학생은 좋은 대학교의 교수가 되어 전문적인 연구자로 인정받고 돈도 많이 벌기를 원한다고 했다.

아마 두 학생 모두 사람들이 사용하는 교과서에 등장하지 않는 '강건한 리스크 관리'에 관한 나의 생각을 수용하지 않을 것이다. 또한 내가 엉터리라고 생각하는 표준적인 리스크 방법론을 가르칠 수 있는지 물어보는 학교도 있었다. 물론 나는 거절했다. 교수가 되어 사회에 피해를 주면서 학생들이 일자리를 얻도록 해주는 것이 더 좋은가? 아니면 나 자신이 생각하는 시민의 의무를 이행하는 것이 더 좋은가?

첫 번째 입장을 선택한다면, 경제학과와 경영학과는 윤리적으로 심각한 문제를 갖게 된다. 현실에서는 첫 번째 입장이 광범위하게 받아들여지고 있기 때문에, 경제학이 명백하게 엉터리 주장을 하고 있다는 사실이 과학적으로 입증되었는데도 불구하고 아직까지 힘을 발휘하고 있다(나는 논문에서 경제학의 방법론이 경험적으로 타당하지 않으며 수학적으로도 심각한 모순을 안고 있으므로 과학의 탈을 쓴 사기에 불과하다는 주장을 한 적이 있다). 경제학 교수들이 금융 시스템을 붕괴시키는 내용을 가르치더라도 아무런 불이익이 따르지 않기 때문에 이런 사기는 계속 이어지고 있다. 경제학과는 학생들이 일자리를 얻는 데 도움이 되는 내용을 가르친다. 그것이 터무니없는 내용이라도 개의치 않는다. 결국 우리는 악순환의 덫에 빠져든다. 모든 사람들이 그것이 잘못되었다는 사실을 알지만, 이에 대해 문제를 제기할 만한 자유와 용기를 가진 사람은 아무도 없다.

문제는 '다른 사람들도 그렇게 생각한다'는 식의 주장이 지구상에서 가장 통하지 않는 곳이 바로 과학이라는 데 있다. 정확하게 말해서 과학은 자신이 스스로 일어설 수 있는 주장을 펼치는 곳이다. 그리고 경험적으로나 수학적으로 잘못된 것은 분명히 잘못된 것이다. 100명의 전문가 혹은 그 이상의 수많은 전문가들이 반대하더라도 잘못되었다는 사실에는 변함이 없다. 그리고 자신의 주장을 뒷받침하기 위해 다른 사람을 이용하는 것은 바로 자신과 타인을 구성하는 전체 집단이 나약하다는 사실을 입증한다.

부록에서는 경제학에서 무너진 것이 무엇이며, 오류에 의한 피해를 보지 않고 직장을 얻고 승진하는 데 최적의 전략이라는 이유로 사람들이 계속 사용하는 것이 무엇인지를 보여준다.

그러나 한 가지 다행인 점은, 용기 있는 단 한 사람이 겁쟁이들로 구성된 집단을 해체시킬 수 있다는 사실이다. 우리는 해결책을 찾기 위해 다시 한 번 역사를 되돌아볼 필요가 있다. 성서에서는 책임의 분산 문제를 상당히 잘 인식하고, 사악한 행위를 하는 집단을 따르는 자를 죄인으로 규정하고 있다. 뿐만 아니라 집단에 순응하기 위해 허위 증언을 하는 자도 마찬가지다.

누군가가 '나는 윤리적인 사람'이라는 말을 할 때마다 나는 긴장한다. 윤리 강의를 들을 때에는 훨씬 더 긴장한다. 내가 원하는 것은 다른 사람의 희생을 바탕으로 하는 옵션과 안티프래질을 제거하는 일이 전부다. 간단히 말해 비아 네가티바를 원한다. 그러면 나머지는 저절로 해결된다.

결론

여느 때처럼 나는 집필의 긴 여정이 끝날 무렵, 레스토랑에 앉아 원고 전체를 살펴보고 있었다. 그때 한 사람이 가까이 다가와 이번 책에 관해서 물었다. 확률을 전공하는 유태인 친구 샤이 필펠Shaiy Pilpel이었다. 20년 지기인 그와 나는 만날 때마다 주로 깊이 있는 대화를 해왔다. 사물의 본질을 꿰뚫어볼 수 있을 정도로 박식하고 자신만만한 사람을 만나기란 쉽지 않다. 그런 사람은 하찮은 일로 트집을 잡는 법이 없다.

그의 동료 중 한 사람도 지난 번 책에 관해 샤이와 똑같은 질문을 했다. 당시 나는 그 질문에 대한 답을 깊이 생각해봐야 했지만 이번에는 그런 노력을 할 필요가 없었다.

샤이 역시 자신의 질문에 대한 답을 스스로 생각해보았음이 틀림없다. 그는 모든 진정한 아이디어는 전문화와 전문가연하는 사람들의 잘못된 인식 때문에 그 분야에 종사하는 대다수의 사람들이 완전히 놓쳐버리는 중요한 알맹이에서 나온다는 믿음을 갖고 있었다. 종교법의 모든 내용은 '무엇이든지 남에게 대접을 받고자 하는 대로 너희도 남을 대접하라.'와 같은 황금률의 도출, 적용, 해석으로 귀결된다. 이는 함무라비 법전에 내재된 논리다. 그리고 이런 황금률은 프로크루스테스의 침대가 아닌 진정한 알맹이다. 핵심적인 주장은 요약된 것이 아니라 발전기와 같은 것이다.

샤이는 모든 대상은 가변성으로부터 무엇인가를 얻거나 잃는다고 생각했다. 프래질은 가변성과 불확실성으로부터 무엇인가를 잃는 것이다. 테이블 위에 놓인 유리잔이 가변성에 취약한 것처럼 말이다.

알베르 카뮈Albert Camus의 소설 『페스트The Plague』에는 소설을 시작하기에 가장 완벽한 첫 문장을 찾기 위해 인생의 일부분을 보낸 사람이 등장한다. 그 인물은 첫 문장을 찾고 나서는 그 문장에서 파생된 한 권의 책을 썼다. 그러나 독자들은 첫 문장을 이해하고 그 진가를 알기 위해 책 전체를 읽어야 한다.

나는 차분하면서도 의기양양한 기분을 갖고서 이번 책의 원고를 살펴보았다. 이번 책의 모든 문장은 간단한 금언을 도출하고 적용하고 해석하기 위한 것이었다. 특히 불투명성을 지닌 상황에서의 의사결정을 다룰 때 때로는 공을 들여 상세하고도 확장적인 설명을 했는데, 직관에 반하게 여겨질 수도 있다. 그러나 결국 모든 내용이 금언에서 나온 것이다.

독자들도 같은 작업을 해보기 바란다. 주변을 둘러보면서 인생, 사물, 관계, 본질을 생각해보라. 명료함을 위해 가변성을 이 책의 여기저기에 나오는 무질서과에 속하는 다른 표현으로 대체해볼 수도 있겠지만, 상징적으로는 모두가 같은 의미이기 때문에 불필요한 일이다. 시간은 가변성을 갖는다. 인격의 형성과 진정한 지식의 습득이라는 의미에서 교육은 무질서를 좋아한다. 하지만 간판을 따기 위해 교육을 찾는 사람과 교육 행정가는 이런 무질서를 싫어한다.

실패로 무너지는 사람도 있지만 그렇지 않은 사람도 있다. 산산이 부서지는 이론도 있지만 그렇지 않은 이론도 있다. 혁신은 불확실성으로부터 얻는 것이다. 그리고 어떤 사람은 우리 조상들처럼 가만히 앉아서 불확실성을 기다리다 이를 자원으로 활용한다.

프로메테우스는 무질서로부터 이익을 얻는다. 에피메테우스는 무질서로부터 피해를 본다. 우리는 무질서에 대한 노출과 성향에 바탕을 두고 사람들과 그들의 경험이 갖는 특징을 구분할 수 있다. 스파르타의 장갑 보병은 블로거와 대비되고, 모험가는 편집자와 대비되며, 페니키아 상인은 라틴어 문법학자, 해적은 탱고 강사와 대비된다.

비선형성을 띠는 모든 대상은 스트레스의 정도에 대해 볼록성을 갖거나 오목성을 갖거나 두 가지 모두를 갖는다. 볼록성을 갖는 것은 무작위성을 좋아한다. 모든 대상은 어느 정도까지는 무작위성을 좋아하거나 혹은 싫어한다.

우리는 볼록성이나 가속도 그리고 고계 효과 덕분에 가변성을 좋아하는 것이 무엇인지 알 수 있다. 무질서를 좋아하는 것이 볼록한 반응을 보여주기 때문이다. 우리는 오목성을 탐지할 수 있기 때문에 블랙 스완에 대비하는 시스템을 구축할 수 있다. 또한 피해의 볼록성, 대자연의 팅커링에 내재된 논리를 이해하고 나면, 불확실성에 직면해 어느 편에 서야 하는지 그리고 실패에는 어떤 리스크가 따르는지에 대해 의학적 결정을 쉽게 내릴 수 있다. 윤리 문제는 주로 도둑맞은 볼록성과 옵션에 관한 것이다.

기술적으로 말하자면 우리는 결코 x를 알지 못한다. 그러나 x에 대한 노출을 제어할 수 있다. 다시 말해서 노출을 줄이기 위해 바벨이라고 불리는 변환을 시도하는 것이다. x가 우리가 인식할 수 있는 범위의 훨씬 밖에 있다 하더라도 x의 함수 f(x)를 제어할 수 있다. 즉 바벨을 멋있게 부르는 볼록 변환convex transformation이라는 메커니즘을 가지고 f(x)에 만족할 수 있을 때까지 f(x)를 변환할 수 있다.

이처럼 간단한 금언은 프래질이 어디에서 진실을 대체하고, 왜 우리가 아이들에게 거짓말을 하고, 근대라고 불리는 거대한 조직에서 자기 자신보다 앞서 나가려고 하는지 말해준다.

무작위성이 한데 모여 있지 않고 넓게 퍼져 있도록 하는 것은 선택이 아니라 필수다. 큰 것은 모두 가변성이 커지면서 피해를 본다. 빠르게 움직이는 것도 마찬가지다. 크고 빠른 것은 혐오의 대상이다. 근대는 가변성을 좋아하지 않는다.

그리고 세상은 우리에게 자신을 알려주지 않는다. 이때 트라이애드는 우리가 이런 세상에서 살아가기 위해서 무엇을 해야 할 것인지 알려준다. 세상이 갖는 매력은 우리가 세상을 진정으로 이해할 수 없다는 사실에서 나온다.

유리잔은 생명체가 아니다. 생명체는 가변성으로부터 이익을 본다. 당신이 살아 있다는 사실을 입증하는 가장 좋은 방법은 당신이 가변성을 좋아하는지 확인하는 것이다. 배가 고프지 않으면 음식은 맛이 없다. 노력이 없는 성과는 의미가 없다. 슬픔이 없는 기쁨도 의미가 없다. 불확실성이 없는 확신도 마찬가지다. 개인적인 리스크를 받아들이지 않으면 도덕적인 삶도 마찬가지로 의미가 없다.

내 책을 끝까지 읽어준 독자들에게 감사하다는 말을 전하고 싶다.

에필로그

부활에서 부활로

대동맥의 이상비대 현상 때문이었다.

　네로는 아도니스의 죽음과 부활을 기리는 기념식에 참석하기 위해 레반트 지역에 왔다. 울부짖는 여인들과 함께 애도의 시간을 보내고 나서는 부활을 기념하는 의식이 뒤따랐다. 그는 지중해 지역의 온화한 겨울에서 깨어나고 있는 자연을 보았다. 멧돼지에게 상처를 입은 페니키아 신 아도니스의 피와 산에서 녹은 눈이 흘러 내려오면서 붉게 물든 강은 넘칠 지경에 이르렀다.

　자연 속에서 만물은 부활하고 또 부활하면서 앞으로 나아간다.

　그때 토니의 운전기사에게서 전화가 왔다. 그의 이름 역시 토니다. 그는 경호원처럼 보이고 싶어 했다. 하지만 실제로 두 사람의 체구를 비교해보면 오히려 토니가 그의 경호원처럼 보일 수도 있다. 네로는 토니의 운전기사를 좋아하지 않았다. 이상하게도 신뢰하지 않으려는 생각이 마음속에 항상 자리를 잡고 있었다. 따라서 토니 소식을 접하는 순간에도 야릇한 기분이 들었다. 네로는 조용히 전화기를 붙들고는 토니의 운전기사에게 조의를 표했다.

네로가 토니의 유언 집행자로 정해졌다. 처음에는 걱정스러운 마음이 앞섰다. 그는 토니의 지혜에는 어딘가 거대한 아킬레스건이 있을 것이라는 두려움을 가지고 있었다. 그러나 심각한 상황이 아니라는 사실이 밝혀졌다. 문제가 될 만한 재산은 없었다. 물론 채무도 없었고 상당히 보수적이고 분산적인 투자를 하고 있었다. 매춘부로 보이는 어떤 여인에게 조심스럽게 전해주라는 돈도 일부 있었다. 토니는 안티프래질한 사랑의 감정을 품고서 그녀에게 과도하게 집착했다. 물론 그녀가 토니의 부인보다 나이가 많고 훨씬 덜 매력적이라는 사실이 도움이 되었다. 따라서 심각한 일은 아니었다.

토니는 죽으면서까지 네로에게 엉뚱한 짓을 했다. 2000만 달러에 달하는 유산을 물려주고는 네로가 재량껏 쓸 수 있도록 했다. 이는 아무도 모르게 주어진 고귀한 비밀 임무였다. 물론 모호하기도 하고 위험한 일이기도 했다. 그리고 네로가 토니에게 받았던 최고의 호의이기도 했다. 토니는 네로가 자신의 마음을 알아줄 것이라는 믿음을 갖고 있었다. 그리고 네로는 그랬다.

용어 설명

- 트라이애드 Triad: 프래질, 강건함, 안티프래질 세 개가 모여서 한 벌을 이룬다.
- 기본적인 비대칭성 혹은 세네카의 비대칭성 Fundamental Asymmetry : 어떤 사람이 어떤 상황에서 하강국면보다 상승국면에 더 많이 있다면, 그 사람은 안티프래질하고 가변성, 무작위성, 오차, 불확실성, 스트레스 요인, 시간으로부터 이익을 얻을 수 있다. 그 반대도 성립한다.
- 프로크루스테스의 침대 Procrustean bed: 프로크루스테스는 그리스 신화에 나오는 여관 주인인데, 침대 길이에 손님을 맞추기 위해 키가 작은 사람은 사지를 잡아 늘렸고 키가 큰 사람은 잘라냈다고 전해진다. 결국 침대 길이는 손님에게 꼭 맞게 되었다. 이는 단순화가 단순하게 되지 않는 상태를 의미한다.
- 프래질리스타 Fragilista: 어떤 대상의 진행 과정에 대해서 자신이 이해하고 있다고 생각하기 때문에 프래질을 초래하는 사람이다. 그들은 대체로 유머 감각이 부족하다. 의원성 질환에 대해서 살펴보라. 프래질리스타들은 때로 무작위성을 좋아하는 시스템에서 무작위성을 제거하고, 작은 실수를 좋아하는 시스템에서 이런 실수를 제거하는 식으로 시스템을 프래질하게 만든다. 유기체를 기계 혹은 공학적 프로젝트의 대상으로 오인하는 경향이 있다.
- 새에게 날아가는 법을 가르친 효과 Lecturing-Birds-How-to-Fly Effect: 기술이 제도권 과학

에게 실제보다 더 많은 신세를 지고 있는 것처럼 보이기 위해서 지식의 화살의 방향을 바꾸어서 학계 ➡ 실행 혹은 교육 ➡ 부로 간다고 주장한다.

- 투어리스티피케이션Touristification: 삶에서 무작위성을 제거하려는 시도를 의미한다. 사커 맘, 워싱턴의 공직자, 전략 계획가, 사회공학자, 슬쩍 조작하는 사람들이 이에 해당한다. 반대 의미는 합리적인 산책가다.

- 합리적인 산책가 혹은 산책가Rational flâneur or just flâneur: 여행가와 달리 스케줄(혹은 목적지)을 수정하기 위해서 매 단계마다 자기중심적으로 결정을 내린다. 따라서 새롭게 얻은 정보를 바탕으로 새로운 대상에 동화될 수 있다. 연구자 혹은 기업가로서 산책가는 옵션을 추구하는 사람으로 볼 수 있다. 화술에 의존하는 삶을 살지 않는다.

- 바벨 전략Barbell Strategy: 이원적인 전략으로서 하나는 안전하고 다른 하나는 위험한 두 개의 극단을 조합한다. 일원적인 전략보다 더 강건하며, 때로 안티프래질로 가기 위한 필요조건이 되기도 한다. 예를 들어 회계사와 결혼하고 가끔은 록 스타와 바람을 피려는 전략, 작가가 안정적인 한직을 갖고 남는 시간에 직업이 주는 압박에 시달리지 않고서 글을 쓰려는 전략이 이에 해당한다. 심지어 시행착오도 일종의 바벨 전략이 될 수 있다.

- 의원성 질환Iatrogenics: 의사의 개입이 환자에게 혜택보다 피해를 더 많이 주게 되는 상황.

- 의학을 벗어난 영역에서의 의원성 질환Generalized Iatrogenics: 정책 담당자 혹은 학술계 종사자의 행위가 부작용을 일으켜 사회에 피해를 주게 되는 상황.

- 영원히 애를 태우면서 살아야 하는 계층Tantalized Class: 최저 임금보다는 많이 벌지만 더 많은 부를 갖기 원하는 계층. 장인, 수도승, 히피족, 일부 예술가, 영국 귀족은 이런 계층이 되지 않으려고 했다. 중산층이 바로 이런 계층에 속하는 경향이 있다. 또한 러시아의 부자, 로비스트, 은행업자, 관료들도 이런 계층에

속한다. 이들에게 결의론에 바탕을 두고 정당성을 제시하면 돈으로 쉽게 매수할 수 있다.

- 블랙 스완 오류

    예측을 요구하지 않는 접근 방식 Nonpredictive Approach: 어떠한 혼란에도 흔들리지 않고 자신이 정해놓은 원칙을 따른다. 따라서 미래의 변화에도 강건함을 잃지 않는다.

    탈레스주의자와 아리스토텔레스주의자 Thalesian versus Aristotelian: 탈레스주의자는 노출, 즉 의사결정에 따르는 보상에 관심을 갖는다. 반면에 아리스토텔레스주의자는 논리, 즉 옳고 그름에 관심을 갖는다. 뚱보 토니의 생각에 문제는 속아 넘어가는 사람과 그렇지 않은 사람의 차이 혹은 리스크와 보상에 있는 것으로 보인다(비선형성과 볼록성 효과를 참조하라).

    사건과 노출의 통합 Conflation of Event and Exposure: 변수의 작용을 변수 그 자체로 오인한다.

- 자연주의적 리스크 관리 Naturalistic Risk Management: 리스크 관리와 관련해서 합리주의를 추구하는 인간보다 대자연이 훨씬 더 좋은 성적을 내고 있다는 믿음을 의미한다. 이는 완벽하지는 않지만 훨씬 더 낫다.

- 입증의 책임 Burden of evidence: 입증의 책임은 자연적인 것을 부정하는 쪽 혹은 비아 포지티바 정책을 제시하는 쪽에 있다.

- 루딕 오류 Ludic Fallacy: 잘 구성된 수학 문제와 과학 실험을 생태학적으로 복잡한 현실 세계에 잘못 적용하는 것. 카지노장의 무작위성을 우리 삶의 무작위성으로 오인한다.

- 안티프래질한 팅커링, 브리콜라주 Antifragile Tinkering, Bricolage: 시행착오의 한 가지 형태로, 이때 실수는 바람직하면서도 이에 따른 손실은 작다. 합리적인 산책가와 같은 의미를 지닌다.

- 호르메시스 Hormesis: 소량의 독성 물질이나 스트레스가 적당한 양, 적당한 강도로 주어지면 유기체를 자극하여 더욱 좋게, 강하게, 건강하게 만들어서 이전보다 조금 더 강한 독성 물질이나 스트레스에 대비할 수 있도록 한다(뼈와 가라테를 생각해보라).

- 어설픈 개입 Naive Interventionism: 의원성 질환을 무시하고 개입한다. 아무 것도 하지 않는 것보다 무엇인가를 하는 것이 더 낫다고 생각한다. 심지어 무엇인가를 해야 한다는 의무감까지 갖는다. 이러한 본능은 응급실이나 조상 환경에서는 도움이 되지만, 전문가들이 다루는 문제의 영역에서는 다른 사람들에게 피해를 준다.

- 어설픈 합리주의 Naive Rationalism: 사물의 원인은 학술계에 저절로 알려지게 되어 있다고 생각한다. 소비에트-하버드 환상이라고도 불린다.

- 칠면조와 칠면조 문제의 반대 Turkey and Inverse Turkey: 푸줏간 주인은 칠면조에게 1000일 동안 먹을 것을 제공한다. 그리고 칠면조는 매일 통계적 신뢰도를 조금씩 높여가면서 주인이 절대로 자신을 해치지 않을 것으로 믿는다. 칠면조는 블랙 스완 현상이 벌어지는 추수감사절이 되어서야 비로소 자신의 믿음을 수정한다. 칠면조 문제의 반대는 이와 반대 이미지를 갖는 것으로서, 좋은 기회를 바라보지 못하고 금을 캐거나 치료법을 찾는 사람이 아무런 성과를 내지 못할 것이라고 믿어버리는 것을 말한다.

- 믿음의 약속 Doxastic Commitment 혹은 승부의 영혼 Soul in the Game: 우리는 자신의 믿음에 헌신하고, 이러한 믿음이 틀렸을 때에는 희생이 따르는 사람의 예측이나 의견만을 믿어야 한다.

- 경험적 지식 Heuristics: 간단하고 실용적이면서 실행에 옮기기 쉬운 경험법칙으로 우리 삶을 편리하게 해준다. 이러한 법칙은 필요하지만(우리는 모든 정보를 흡수할 정도의 지적 능력을 가지고 있지 않으며 세세한 부분에 대해서는

혼란스러워할 수 있다), 상황을 판단하면서 이러한 법칙을 활용하고 있다는 사실을 모를 때에는 자신을 어려움에 빠뜨릴 수도 있다.

- **불명료한 경험적 지식** Opaque Heuristic: 타당성이 뒷받침되지는 않지만 관례적으로 받아들여지는 일상적인 절차나 행동이다. 이러한 절차나 행동은 알 수 없는 원인에 의해서 오랫동안 유지되고 있다.

- **디오니소스적인 것** Dionysian: 겉으로는 합리적이지 않게 여겨지는 불명료한 경험적 지식. 술과 주연의 신, 디오니소스(혹은 로마 신화에 나오는 바쿠스)에서 이름이 붙여졌다. 이에 반해 아폴로적인 것은 질서를 의미한다.

- **대리인 문제** Agency Problem: 기업 경영자는 진정한 주인이 아니다. 따라서 그들은 겉으로는 건전해 보이지만 속으로는 진정한 주인 혹은 사회가 프래질해지는 대가로 자신은 안티프래질해지는 전략을 따른다. 그들은 자신의 판단이 옳았을 때에는 엄청난 혜택을 가져가지만, 틀렸을 때에는 다른 사람이 그 대가를 치른다. 이러한 위험을 쉽게 숨길 수 있기 때문에, 대리인 문제는 주로 프래질을 초래하게 된다. 또한 대리인 문제는 정치인과 학술계 종사자들에게도 영향을 미쳐서, 프래질을 일으키는 주요 원인이 된다.

- **함무라비식 리스크 관리** Hammurabi Risk Management: 건축업자가 안전 진단자보다 더 많이 알고 있어서 가장 눈에 띄지 않는 기초에 위험을 숨길 수 있다. 이에 대한 처방은 위험을 지연시키려는 동기를 제거하는 것이다.

- **생목의 오류** Green Lumber Fallacy: 중요하거나 필요한 지식의 범위를 외부에서는 잘 보이지 않고 다루기도, 설명하기도 쉽지 않은 다른 무엇인가로 잘못 이해한다. 이론가들은 특정 사업에서 우리가 알고 있어야 할 지식의 범위를 잘못 설정한다. 실제로 '적절한 지식'이라고 부르는 것들 중에는 그렇지 않은 것들이 많다.

- **승부의 책임** Skin in the Game/Captain and Ship Rule: 선장은 배와 함께 침몰한다. 승부의

책임은 대리인 문제를 극복하고, 믿음의 약속이 결여된 상황을 제거한다.

- 엠페도클레스의 타일Empedocles' Tile: 개는 오랫동안 되풀이되는 방문에서 자연스럽게 생물학적으로 설명할 수 있거나, 혹은 설명할 수 없는 조화에 따라 같은 타일 위에서 잠을 잔다. 우리는 그 이유를 결코 알 수 없다. 그러나 이러한 조화는 분명히 존재한다. 예를 들어 우리는 왜 책을 읽는가?

- 체리 피킹Cherry-picking: 자신의 주장을 입증할 만한 데이터는 선별하고 부당성을 입증할 만한 데이터는 무시한다.

- 프래질의 이전(보상과 처벌의 비대칭성)에 따른 윤리적 문제Ethical Problems as Transfers of Asymmetry fragility: 어떤 사람은 다른 사람에게 옵션과 안티프래질을 훔쳐서 상승국면을 얻고 다른 사람이 하강국면에 빠져들도록 한다. 반면에 승부의 책임을 가진 사람도 있다.

>   로버트 루빈의 공짜 옵션The Robert Rubin violation: 옵션을 훔쳐서 자신은 상승국면을 얻고 사회에 피해를 끼친다. 루빈은 시티은행으로부터 1억 2000만 달러를 보너스로 받았다. 그의 잘못에 대한 대가는 납세자들이 치렀다.

>   앨런 블라인더 문제The Alan Blinder problem: (1) 전직 공직자의 지위를 활용하여 결국 시민들에게 피해를 끼친다. (2) 법을 완벽하게 준수하지만 윤리원칙을 위배한다(윤리와 법을 혼동한다). (3) 규제자들은 퇴직 후에 민간 부문에서 자신의 전문성을 바탕으로 돈을 벌기 위해서 규제를 복잡하게 만들고 싶은 인센티브를 갖게 된다.

>   조지프 스티글리츠 문제The Joseph Stiglitz problem: 타인에게 피해를 초래하는 잘못된 권고에 대해서는 아무런 대가를 치르지 않는다. 위기의 원인을 제공한 사람이 자신은 그러한 위기를 예상했다고 스스로를 납득시키는 관념적인 체리 피킹의 한 가지 형태다. 승부의 책임을 지지 않고 자신의 견해를 피력하는 사람이 이에 해당된다.

- 옵션의 합리성 Rational Optionality: 주어진 프로그램에 매몰되지 않도록 하고 새로운 발견 혹은 정보에 근거하여 자신의 생각을 바꿀 수 있도록 한다. 합리적인 산책가가 이에 해당된다.

- 윤리적 전도 Ethical Inversion: 윤리를 행동이나 직업에 짜맞춘다.

- 이야기 구성의 오류 Narrative Fallacy: 이야기나 패턴을 일련의 연관되거나 그렇지 않은 사실에 짜맞추려고 한다. 통계적으로는 데이터 마이닝이 이에 해당한다.

- 이야기 구성의 방법 Narrative Discipline: 그럴 듯하고 좋게 들리는 이야기를 과거에 짜맞추는 방법으로, 경험적 방법과 대비된다. 사람들을 속이는 가장 좋은 방법은 이야기를 구성하면서 통계를 활용하는 것이다. 이는 체리 피킹을 통해서 데이터로부터 좋은 이야기를 찾아내는 것을 의미한다. 의학 분야에서 전염병 연구는 통제 실험보다는 이야기 구성의 오류에 의해 손상되는 경우가 많다. 통제 실험은 더욱 엄격하고 체리 피킹의 영향을 덜 받는다.

- 말보다 행동을 중시하기 Non-narrative action: 행동이 올바르다는 사실을 입증하기 위해서 말에 의존하지 않는다. 말은 단지 행동에 동기, 자극, 즐거움을 부여할 뿐이다. 산책가를 보라.

- 강건한 이야기 구성 Robust Narrative: 가정이나 환경의 변화에 따라 이야기에서 반대되는 결론이 도출되거나, 반대 행동을 권고하지 않는 경우를 의미한다. 그렇지 않으면 이야기는 프래질해진다. 마찬가지로 강건한 모델이나 수학적 도구는 일부 부속품을 바꾸었을 때 다른 정책을 도출하지는 않는다.

- 제거적 지식 Subtractive Knowledge: 당신은 옳은 것이 아니라 틀린 것에서 더 많은 것을 알 수 있다. 이것이 비아 네가티바의 적용이다.

- 비아 네가티바 Via negativa: 신학과 철학에서 어떤 대상이 아닌 것은 무엇인가에 초점을 두고 간접적으로 정의한다. 행동의 측면에서는 피해야 할 것, 하지 말아야 할 것에 대한 처방을 제시한다. 예를 들어 의학에서는 추가가 아닌

제거에 초점을 맞춘다.

- **제거적 예언**Subtractive Prophecy: 어설프게 무엇인가를 추가하는 방식이 아니라 프래질한 것을 제거하는 방식으로 미래를 예언한다. 비아 네가티바의 응용이다.

- **린디 효과**Lindy Effect: 인간, 고양이, 개, 토마토처럼 소멸하는 대상과 달리 기술이나 소멸하지 않는 대상은 앞으로 남아 있거나 살아가는 날들이 수명을 연장시킨다. 따라서 어떤 책이 100년 동안 계속 발간되었다면, 앞으로 100년 동안 계속 발간될 것으로 기대할 수 있다.

- **네오매니어**Neomania: 일종의 속물 근성으로 변화 그 자체를 좋아하며, 린디 효과와는 상충된다. 프래질을 초래하고, 제거가 아니라 추가하는 방식으로 미래를 예언한다.

- **불투명성**Opacity: 러시아 룰렛 게임을 할 때는 총열을 보지 못한다. 우리에게 불투명하게 비쳐지는 대상이지만, 우리가 그것을 이해하고 있다는 환상을 갖게 한다.

- **평범의 왕국**Mediocristan: 극단적인 성공 혹은 실패가 거의 존재하지 않고 평범한 일상이 지배하는 세계(예를 들어 치과의사의 수입). 단 하나의 사건이 전체에 커다란 영향을 미치지는 않는다. 꼬리가 얇고 정규 분포를 따른다.

- **극단의 왕국**Extremistan: 단 하나의 사건이 전체에 커다란 영향을 미치는 세계(예를 들어 작가의 수입). 꼬리가 두껍고 프랙탈 분포 혹은 멱함수 분포를 따른다.

- **비선형성, 볼록성 효과**Nonlinearities, Convexity Effects (웃는 얼굴과 찡그린 얼굴): 비선형성은 볼록성, 오목성 혹은 두 가지의 혼합으로 구분된다. 볼록성 효과는 기본적인 비대칭성을 연장하거나 일반화한 개념이다. 부의 볼록성 효과는 프래질을 기술적으로 표현한 개념이고, 정의 볼록성 효과는 안티프래질을 기술적으로 표현한 개념이다. 볼록한 곡선은 웃는 모습을 하고 있고, 오목한 곡선은 찡그린 모습을 하고 있다.

- **철학자의 돌 또는 볼록성 바이어스** Philosopher's Stone, also Convexity Bias: 비선형성 혹은 옵션의 특징에서 나오는 혜택을 정확하게 측정한다(더욱 기술적으로 표현하자면, x의 움직임과 x의 볼록 함수의 움직임 간의 차이를 의미한다). 예를 들어 이러한 바이어스는 폐에 공기를 주입할 때 일정한 압력으로 주입하는 것보다 압력을 변화시켜서 주입하는 것이 환자에게 더 낫다는 사실, 혹은 무작위적인 영양 섭취로부터 얻는 혜택을 수량적으로 나타낼 수 있다. 단순화를 위해서 비선형성을 무시하는 프로크루스테스의 침대는 이러한 볼록성 바이어스가 존재하지 않는다는 가정에서 비롯된다.

부록 I

A GRAPHICAL TOUR OF THE BOOK
그래프로 이해하기

For those nonliterary folks who like to see things in graphs, rather than words, and those only.

NONLINEARITY AND LESS IS MORE (& PROCRUSTEAN BED)

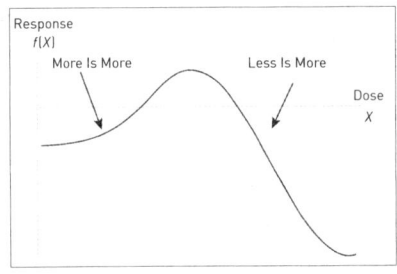

FIGURE 19. *This graph explains both the nonlinear response and the "less is more" idea. As the dose increases beyond a certain point, benefits reverse. We saw that everything nonlinear is either convex, concave, or, as in this graph, mixed. Also shows how under nonlinearities, reductions fail: the Procrustean bed of words "good for you" or "bad" is severely distorting.*

Also shows why tinkering-derived heuristics matter because they don't take you into the danger zone—words and narratives do. Note how the "more is more" zone is convex, meaning accelerated initial benefits. (In Levantine Arabic, the zone beyond the saturation has a name: كترتا متل قلتا "more of it is like less of it.")

Finally, it shows why competitive "sophistication" (rather, complication masked as sophistication) is harmful, as compared to the practitioner's craving for optimal simplicity.

Fragility Transfer Theorem:
Note that by the Fragility Transfer Theorem,

CONVEX EXPOSURE [OVER SOME RANGE] ↔ LIKES VOLATILITY [UP TO SOME POINT]

(volatility and other members of the disorder cluster), and

CONCAVE EXPOSURE ↔ DISLIKES VOLATILITY

MAPPING OF FRAGILITIES

In Time Series Space

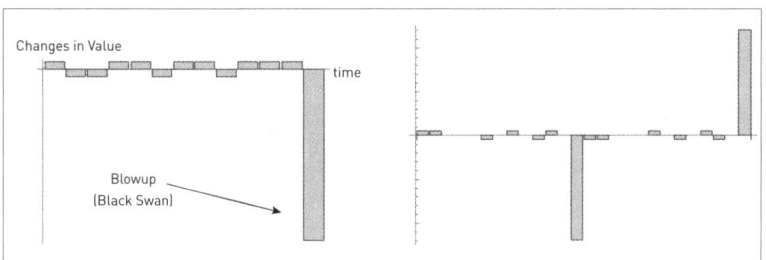

FIGURE 20. *Fragile variations through time, two types of fragilities. A representative series. The horizontal axis shows time, the vertical one shows variations. This can apply to anything: a health indicator, changes in wealth, your happiness, etc. We can see small (or no) benefits and variations most of the time and occasional large adverse outcomes. Uncertainty can hit in a rather hard way. Notice that the loss can occur at any time and exceed the previous cumulative gains. Type 2 (left) and Type 1 (right) differ in that Type 2 does not experience large positive effects from uncertainty while Type 1 does.*

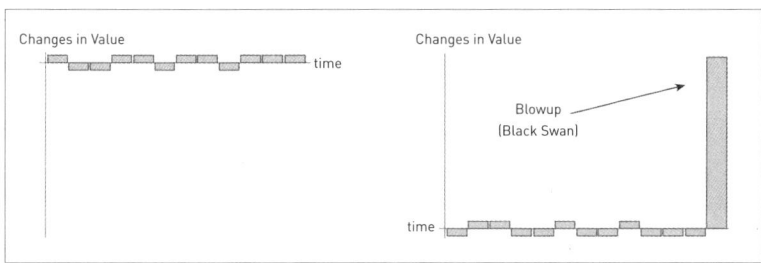

FIGURE 21. *The Just Robust (but not antifragile) (on the left): It experiences small or no variations through time. Never large ones. The Antifragile system (right): Uncertainty benefits a lot more than it hurts—the exact opposite of the first graph in Figure 20.*

Seen in Probabilities

FIGURE 22. *The horizontal axis represents outcomes, the vertical their probability (i.e., their frequency). The Robust: Small positive and negative outcomes. The Fragile (Type 1, very rare): Can deliver both large negative and large positive outcomes. Why is it rare? Symmetry is very, very rare empirically yet all statistical distributions tend to simplify by using it. The Fragile (Type 2): We see large improbable downside (often hidden and ignored), small upside. There is a possibility of a se-*

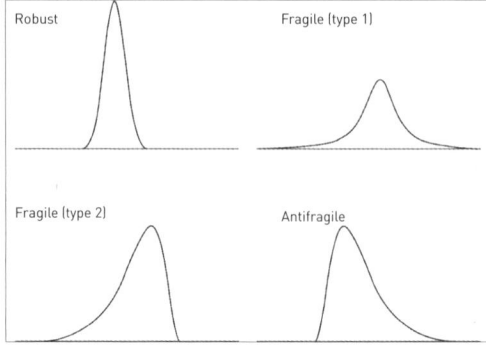

vere unfavorable outcome (left), much more than a hugely favorable one, as the left side is thicker than the right one. **The Antifragile:** *Large upside, small downside. Large favorable outcomes are possible, large unfavorable ones less so (if not impossible). The right "tail," for favorable outcomes, is larger than the left one.*

TABLE 9 • THE FOUR DIFFERENT CLASSES OF PAYOFFS

Left Tail of the Distribution	Right Tail of the Distribution	Condition
Thin	Thick	Antifragile
Thick	Thick	Fragile (Type 1) [Very Rare]
Thick	Thin	Fragile (Type 2)
Thin	Thin	Robust

Fragility has a left tail and, what is crucial, is therefore sensitive to perturbations of the left side of the probability distribution.

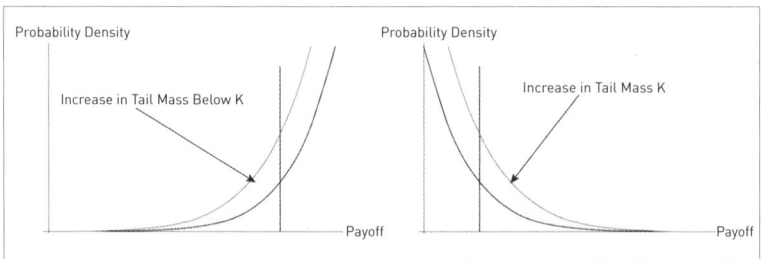

FIGURE 23. *Definition of Fragility (left graph): Fragility is the shaded area, the increase in the mass in left tail below a certain level K of the target variable in response to any change in parameter of the source variable—mostly the "volatility" or something a bit more tuned. We subsume all these changes in s^-, about which later in the notes section (where I managed to hide equations).*

For a **definition of antifragility** (right graph), which is not exactly symmetric, the same mirror image for right tail plus robustness in left tail. The parameter perturbated is s^+.

It is key that while we may not be able to specify the probability distribution with any precision, we can probe the response through heuristics thanks to the "transfer theorem" in Taleb and Douady (2012). In other words, we do not need to understand the future probability of events, but we can figure out the fragility to these events.

BARBELL TRANSFORMATION IN TIME SERIES

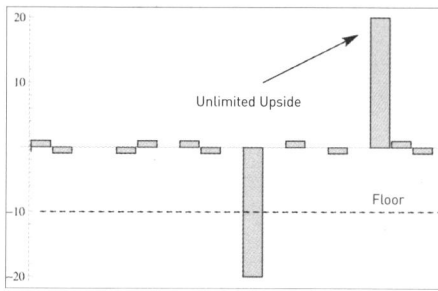

FIGURE 24. *Barbell seen in time series space. Flooring payoffs while keeping upside.*

BARBELLS (CONVEX TRANSFORMATIONS) AND THEIR PROPERTIES IN PROBABILITY SPACE

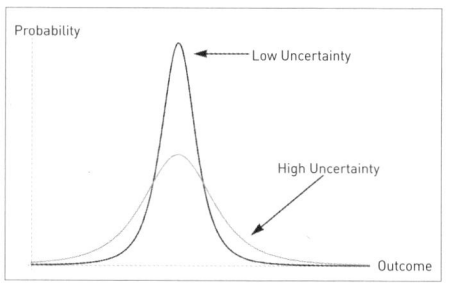

A graphical expression of the barbell idea.

FIGURE 25. *Case 1, **the Symmetric Case**. Injecting uncertainty into the system makes us move from one bell shape—the first, with narrow possible spate of outcomes—to the second, a lower peak but more spread out. So it causes an increase of both positive and negative surprises, both positive and negative Black Swans.*

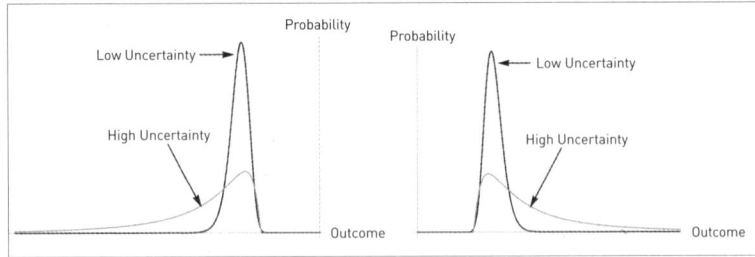

FIGURE 26. *Case 2 (left):* **Fragile.** *Limited gains, larger losses. Increasing uncertainty in the system causes an augmentation of mostly (sometimes only) negative outcomes, just negative Black Swans. Case 3 (right):* **Antifragile.** *Increasing randomness and uncertainty in the system raises the probability of very favorable outcomes, and accordingly expand the expected payoff. It shows how discovery is, mathematically, exactly like an anti–airplane delay.*

TECHNICAL VERSION OF FAT TONY'S "NOT THE SAME 'TING,'" OR THE CONFLATION OF EVENTS AND EXPOSURE TO EVENTS

This note will also explain a "convex transformation."

$f(x)$ is *exposure* to the variable x. $f(x)$ can equivalently be called "payoff from x," "exposure to x," even "utility of payoff from x" where we introduce in f a utility function. x can be anything.

> **Example:** x is the intensity of an earthquake on some scale in some specific area, $f(x)$ is the number of persons dying from it. We can easily see that $f(x)$ can be made more predictable than x (if we force people to stay away from a specific area or build to some standards, etc.).

> **Example:** x is the number of meters of my fall to the ground when someone pushes me from height x, $f(x)$ is a measure of my physical condition from the effect of the fall. Clearly I cannot predict x (who will push me, rather $f(x)$).

> **Example:** x is the number of cars in NYC at noon tomorrow, $f(x)$ is travel time from point A to point B for a certain agent. $f(x)$ can be made more predictable than x (take the subway, or, even better, walk).

Some people talk about $f(x)$ thinking they are talking about x. This is the problem of the **conflation of event and exposure**. This error present in Aristotle is virtually ubiquitous in the philosophy of probability (say, Hacking).

One can become antifragile to x without understanding x, through convexity of $f(x)$.

The answer to the question "what do you do in a world you don't understand?" is, simply, work on the undesirable states of $f(x)$.

It is often easier to modify $f(x)$ than to get better knowledge of x. (In other words, robustification rather than forecasting Black Swans.)

Example: If I buy an insurance on the market, here x, dropping more than 20 percent, $f(x)$ will be independent of the part of the probability distribution of x that is below 20 percent and impervious to changes in its scale parameter. (This is an example of a barbell.)

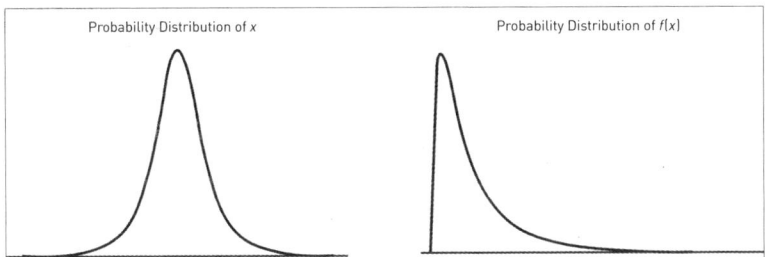

FIGURE 27. *Convex Transformation ($f(x)$ is a convex function of x). The difference between x and exposure to x. There is no downside risk in the second graph. The key is to modify $f(x)$ in order to make knowledge of the properties of x on the left side of the distribution as irrelevant as possible. This operation is called convex transformation, nicknamed "barbell" here.*

Green lumber fallacy: When one confuses $f(x)$ for another function $g(x)$, one that has different nonlinearities.

More technically: If one is antifragile to x, then the variance (or volatility, or other measures of variation) of x benefit $f(x)$, since distributions that are skewed have their mean depend on the variance and when skewed right, their expectation increases with variance (the lognormal, for instance, has for mean a term that includes $+\frac{1}{2}\sigma^2$).

Further, the probability distribution of $f(x)$ is markedly different from that of x, particularly in the presence of nonlinearities.

> When $f(x)$ is convex (concave) monotonically, $f(x)$ is right (left) skewed.

> When $f(x)$ is increasing and convex on the left then concave to the right, the probability distribution of $f(x)$ is thinner-tailed than that of x. For instance, in Kahneman-Tversky's prospect theory, the so-called utility of changes in wealth is more "robust" than that of wealth.

Why payoff matters more than probability (technical): Where $p(x)$ is the density, the expectation, that is $\int f(x)p(x)dx$, will depend increasingly on f rather than p, and the more nonlinear f, the more it will depend on f rather than p.

THE FOURTH QUADRANT (TALEB, 2009)

The idea is that tail events are not computable (in fat-tailed domains), but we can assess our exposure to the problem. Assume $f(x)$ is an increasing function, Table 10 connects the idea to the notion of the Fourth Quadrant.

TABLE 10

	THIN-TAILED DISTRIBUTION FOR X	FAT-TAILED DISTRIBUTION FOR X
$f(x)$ "mitigating" by clipping extreme outcomes, i.e., convex-concave	Very robust outcome	Quite robust outcome
$f(x)$ concave-convex, exacerbates remote outcomes	Robust outcome (sort of)	FOURTH QUADRANT Fragile (if $f(x)$ is concave) or antifragile

LOCAL AND GLOBAL CONVEXITIES (TECHNICAL)

Nothing is open-ended in nature—death is a maximum outcome for a unit. So things end up convex on one end, concave on the other.

In fact, there is maximum harm at some point in things biological. Let us revisit the concave figure of the stone and pebbles in Chapter 18: by widening the range we see that boundedness of harm brings convexities somewhere. Concavity was dominant, but local. Figure 28 looks at the continuation of the story of the stone and pebbles.

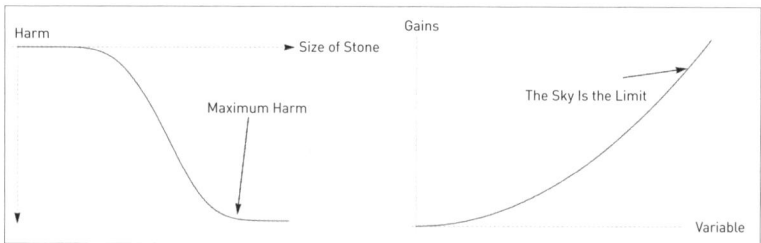

FIGURE 28. *The left graph shows a broader range in the story of the stone and pebbles in Chapter 18. At some point, the concave turns convex as we hit maximum harm. The right graph shows strong antifragility, with no known upper limit (leading to Extremistan). These payoffs are only available in economic variables, say, sales of books, or matters unbounded or near-unbounded. I am unable to find such an effect in nature.*

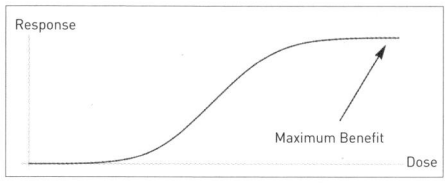

FIGURE 29. *Weak Antifragility (Mediocristan), with bounded maximum. Typical in nature.*

FREAK NONLINEARITIES (VERY TECHNICAL)

The next two types of nonlinearities are almost never seen outside of economic variables; they are particularly limited to those caused by derivatives.

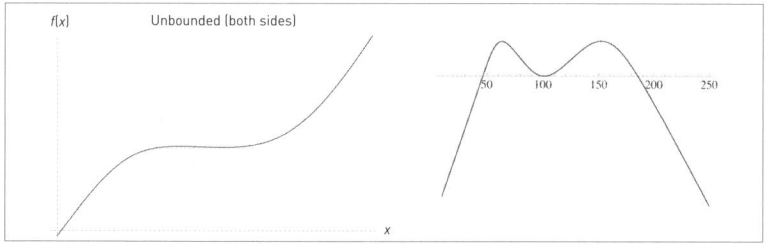

FIGURE 30. *The left graph shows a convex-concave increasing function, the opposite of the bounded dose-response functions we see in nature. It leads to Type 2, Fragile (very, very fat tails). The right graph shows the most dangerous of all: pseudoconvexity. Local antifragility, global fragility.*

MEDICAL NONLINEARITIES AND THEIR PROBABILITY CORRESPONDENCE (CHAPTERS 21 & 22)

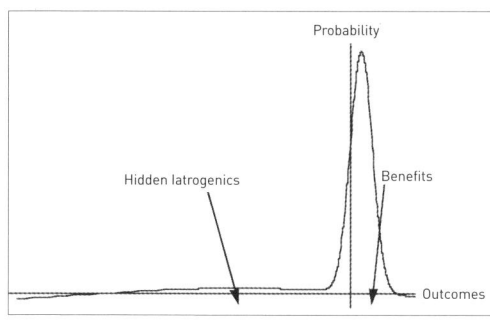

FIGURE 31. *Medical Iatrogenics:* Case of small benefits and large Black Swan–style losses seen in probability space. Iatrogenics occurs when we have small identifiable gains (say, avoidance of small discomfort or a minor infection) and exposure to Black Swans with delayed invisible large side effects (say, death). These concave benefits from medicine are just like selling a financial option (plenty of risk) against small tiny immediate gains while claiming "evidence of no harm."

In short, for a healthy person, there is a small probability of disastrous outcomes (discounted because unseen and not taken into account), and a high probability of mild benefits.

부록 | 679

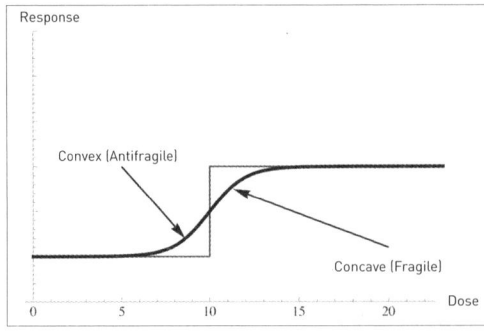

FIGURE 32. **Nonlinearities in biology.** *The shape convex-concave necessarily flows from anything increasing (monotone, i.e., never decreasing) and bounded, with maximum and minimum values, i.e., does not reach infinity from either side. At low levels, the dose response is convex (gradually more and more effective).* Additional doses tend to become gradually ineffective or start hurting. The same can apply to anything consumed in too much regularity. This type of graph necessarily applies to any situation bounded on both sides, with a known minimum and maximum (saturation), which includes happiness.

For instance, if one considers that there exists a maximum level of happiness and unhappiness, then the general shape of this curve with convexity on the left and concavity on the right has to hold for happiness (replace "dose" with "wealth" and "response" with "happiness"). Kahneman-Tversky prospect theory models a similar shape for "utility" of changes in wealth, which they discovered empirically.

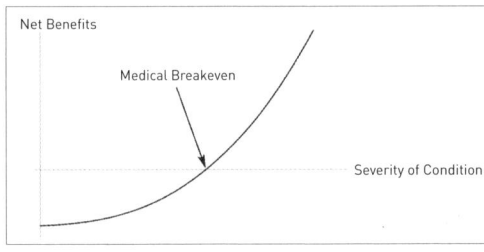

FIGURE 33. *Recall the hypertension example. On the vertical axis, we have the benefits of a treatment, on the horizontal, the severity of the condition. The arrow points at the level where probabilistic gains match probabilistic harm. Iatrogenics disappears nonlinearly as a function of the severity of the condition.* This implies that when the patient is very ill, the distribution shifts to antifragile (thicker right tail), with large benefits from the treatment over possible iatrogenics, little to lose.

Note that if you increase the treatment you hit concavity from maximum benefits, a zone not covered in the graph—seen more broadly, it would look like the preceding graph.

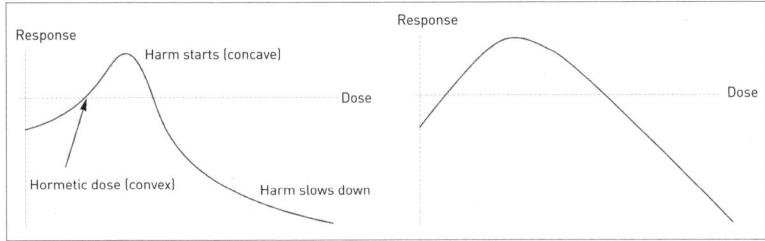

FIGURE 34. *The left graph shows hormesis for an organism (similar to Figure 19): we can see a stage of benefits as the dose increases (initially convex) slowing down into a phase of harm as we increase the dose a bit further (initially concave); then we see things flattening out at the level of maximum harm (beyond a certain point, the organism is dead so there is such a thing as a bounded and known worst case scenario in biology). To the right, a wrong graph of hormesis in medical textbooks showing initial concavity, with a beginning that looks linear or slightly concave.*

THE INVERSE TURKEY PROBLEM

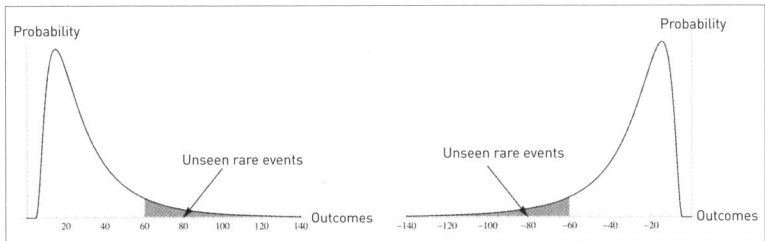

FIGURE 35. *Antifragile, Inverse Turkey Problem: The unseen rare event is positive. When you look at a positively skewed (antifragile) time series and make inferences about the unseen, you miss the good stuff and underestimate the benefits (the Pisano, 2006a, 2006b, mistake). On the right, the other Harvard problem, that of Froot (2001). The filled area corresponds to what we do not tend to see in small samples, from insufficiency of points. Interestingly the shaded area increases with model error. The more technical sections call this zone ω_B (turkey) and ω_C (inverse turkey).*

DIFFERENCE BETWEEN POINT ESTIMATES AND DISTRIBUTIONS

Let us apply this analysis to how planners make the mistakes they make, and why deficits tend to be worse than planned:

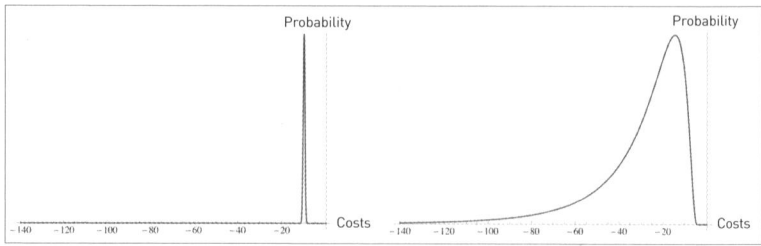

FIGURE 36. *The gap between predictions and reality:* probability distribution of outcomes from costs of projects in the minds of planners (left) and in reality (right). In the first graph they assume that the costs will be both low and quite certain. The graph on the right shows outcomes to be both worse and more spread out, particularly with higher possibility of unfavorable outcomes. Note the fragility increase owing to the swelling left tail.

This misunderstanding of the effect of uncertainty applies to government deficits, plans that have IT components, travel time (to a lesser degree), and many more. We will use the same graph to show model error from underestimating fragility by assuming that a parameter is constant when it is random. This is what plagues bureaucrat-driven economics (next discussion).

부록 II

WHERE MOST ECONOMIC MODELS FRAGILIZE AND BLOW PEOPLE UP
사람들을 가장 프래질하게 만들고 붕괴시키는 경제 모델 영역
(매우 전문적인 내용)

When I said "technical" in the main text, I may have been fibbing. Here I am not.

The Markowitz incoherence: Assume that someone tells you that the probability of an event is exactly zero. You ask him where he got this from. "Baal told me" is the answer. In such case, the person is coherent, but would be deemed unrealistic by non-Baalists. But if on the other hand, the person tells you "I *estimated* it to be zero," we have a problem. The person is both unrealistic and inconsistent. Something estimated needs to have an estimation error. So probability cannot be zero if it is estimated, its lower bound is linked to the estimation error; the higher the estimation error, the higher the probability, up to a point. As with Laplace's argument of total ignorance, an infinite estimation error pushes the probability toward ½.

We will return to the implication of the mistake; take for now that anything estimating a parameter and then putting it into an equation is different from estimating the equation across parameters (same story as the health of the grandmother, the average temperature, here "estimated" is irrelevant, what we need is average health across temperatures). And Markowitz showed his incoherence by starting his "seminal" paper with "Assume you know E and V" (that is, the expectation and the variance). At the end of the paper he accepts that they need to be estimated, and what is worse, with a combination of statistical techniques and the "judgment of practical men." Well, if these parameters need to be estimated, with an error, then the derivations need to be written differently and, of course, we would have no paper—and no Markowitz paper, no blowups, no modern finance, no fragilistas teaching junk to students. . . . Economic models are extremely fragile to assumptions, in the sense that a slight alteration in these assumptions can, as we will see, lead to extremely consequential differences in the results. And, to make matters worse, many of these models are "back-fit" to assumptions, in the sense that the hypotheses are selected to make the math work, which makes them ultrafragile and ultrafragilizing.

Simple example: Government deficits.

We use the following deficit example owing to the way calculations by governments and government agencies currently miss convexity terms (and have a hard time accepting it). Really, they don't take them into account. The example illustrates:

(a) missing the stochastic character of a variable known to affect the model but deemed deterministic (and fixed), and

(b) *F*, the function of such variable, is convex or concave with respect to the variable.

Say a government estimates unemployment for the next three years as averaging 9 percent; it uses its econometric models to issue a forecast balance *B* of a two-hundred-billion deficit in the local currency. But it misses (like almost everything in economics) that unemployment is a stochastic variable. Employment over a three-year period has fluctuated by 1 percent on average. We can calculate the effect of the error with the following:

Unemployment at 8%, Balance B(8%) = −75 bn (improvement of 125 bn)
Unemployment at 9%, Balance B(9%)= −200 bn
Unemployment at 10%, Balance B(10%)= −550 bn (worsening of 350 bn)

The concavity bias, or negative convexity bias, from underestimation of the deficit is −112.5 bn, since ½ {B(8%) + B(10%)} = −312 bn, not −200 bn. This is the exact case of the **inverse philosopher's stone**.

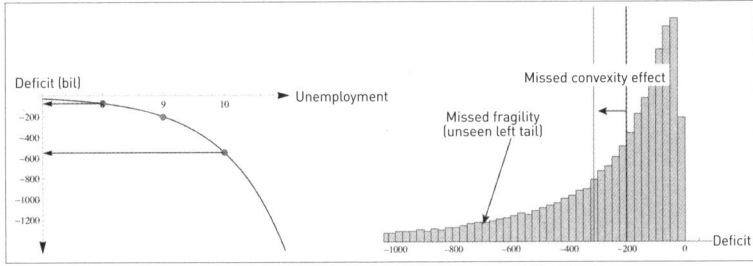

FIGURE 37. *Nonlinear transformations allow the detection of both model convexity bias and fragility. Illustration of the example: histogram from Monte Carlo simulation of government deficit as a left-tailed random variable simply as a result of randomizing unemployment, of which it is a concave function. The method of point estimate would assume a Dirac stick at −200, thus underestimating both the **expected** deficit (−312) and the tail fragility of it. (From Taleb and Douady, 2012).*

Application: Ricardian Model and Left Tail—The Price of Wine Happens to Vary

For almost two hundred years, we've been talking about an idea by the economist David Ricardo called "comparative advantage." In short, it says that a country should have a certain policy based on its comparative advantage in wine or clothes. Say a country is good at both wine and clothes, better than its neighbors with whom it can trade freely. Then the visible *optimal* strategy would be to specialize in either wine or clothes, whichever fits the best and minimizes opportunity costs. Everyone would then be happy. The analogy by the economist Paul Samuelson is that if someone happens to be the best doctor in town and, at the same time, the best secretary, then it would be preferable to be the higher-earning doctor—as it would minimize opportunity losses—and let someone else be the secretary and buy secretarial services from him.

I agree that there are benefits in *some* form of specialization, but not from the models used to prove it. The flaw with such reasoning is as follows. True, it would be inconceivable for a doctor to become a part-time secretary just because he is good at it. But, at the same time, we can safely assume that being a doctor insures some professional stability: People will not cease to get sick and there is a higher social status associated with the profession than that of secretary, making the profession more desirable. But assume now that in a two-country world, a country specialized in wine, hoping to sell its specialty in the market to the other country, and that *suddenly the price of wine drops precipitously*. Some change in taste caused the price to change. Ricardo's analysis assumes that both the market price of wine and the costs of production remain constant, and there is no "second order" part of the story.

TABLE 11 • RICARDO'S ORIGINAL EXAMPLE (COSTS OF PRODUCTION PER UNIT)

	CLOTH	WINE
Britain	100	110
Portugal	90	80

The logic: The table above shows the cost of production, normalized to a selling price of one unit each, that is, assuming that these trade at equal price (1 unit of cloth for 1 unit of wine). What looks like the paradox is as follows: that Portugal produces cloth cheaper than Britain, but should buy cloth from there instead, using the gains from the sales of wine. In the absence of transaction and transportation costs, it is efficient for Britain to produce just cloth, and Portugal to only produce wine.

The idea has always attracted economists because of its paradoxical and counterintuitive aspect. For instance, in an article "Why Intellectuals Don't Understand Comparative Advantage" (Krugman, 1998), Paul Krugman, who fails to understand the concept himself, as this essay and his technical work show him to be completely innocent of tail events and risk management, makes fun of other intellectuals such as S. J. Gould who understand tail events albeit intuitively rather than analytically. (Clearly one cannot talk about returns and gains without discounting these benefits by the offsetting risks.) The article shows Krugman falling into the critical and dangerous mistake of confusing function of average and average of function. (Traditional Ricardian analysis assumes the variables are endogenous, but does not add a layer of stochasticity.)

Now consider the price of wine and clothes *variable*—which Ricardo did not assume—with the numbers above the unbiased average long-term value. Further assume that they follow a fat-tailed distribution. Or consider that their costs of production vary according to a fat-tailed distribution.

If the price of wine in the international markets rises by, say, 40 percent, then there are clear benefits. But should the price drop by an equal percentage, −40 percent, then massive harm would ensue, in magnitude larger than the benefits should there be an equal rise. There are concavities to the exposure—severe concavities.

And clearly, should the price drop by 90 percent, the effect would be disastrous. Just imagine what would happen to your household should you get an instant and unpredicted 40 percent pay cut. Indeed, we have had problems in history with countries specializing in some goods, commodities, and crops that happen to be not just volatile, but extremely volatile. And disaster does not necessarily come from variation in price, but problems in production: suddenly, you can't produce the crop because of a germ, bad weather, or some other hindrance.

A bad crop, such as the one that caused the Irish potato famine in the decade around 1850, caused the death of a million and the emigration of a million more (Ireland's entire population at the time of this writing is only about six million, if one includes the northern part). It is very hard to reconvert resources—unlike the case in the doctor-typist story, countries don't have the ability to change. Indeed, monoculture (focus on a single crop) has turned out to be lethal in history—one bad crop leads to devastating famines.

The other part missed in the doctor-secretary analogy is that countries don't have family and friends. A doctor has a support community, a circle of friends, a collective that takes care of him, a father-in-law to borrow from in the event that he needs to reconvert into some other profession, a state above him to help. Countries don't. Further, a doctor has savings; countries tend to be borrowers.

So here again we have fragility to second-order effects.

Probability Matching: The idea of comparative advantage has an analog in probability: if you sample from an urn (with replacement) and get a black ball 60 percent of the time, and a white one the remaining 40 percent, the optimal strategy, according to textbooks, is to bet 100 percent of the time on black. The strategy of betting 60 percent of the time on black and 40 percent on white is called "probability matching" and considered to be an error in the decision-science literature (which I remind the reader is what was used by Triffat in Chapter 10). People's instinct to engage in probability matching appears to be sound, not a mistake. In nature, probabilities are unstable (or unknown), and probability matching is similar to redundancy, as a buffer. So if the probabilities change, in other words if there is another layer of randomness, then the optimal strategy is probability matching.

How specialization works: The reader should not interpret what I am saying to mean that specialization is not a good thing—only that one should establish such specialization after addressing fragility and second-order effects. Now I do believe that Ricardo is ultimately right, but not from the models shown. Organically, systems without top-down controls would specialize progressively, slowly, and over a long time, through trial and error, get the right amount of specialization—not through some bureaucrat using a model. To repeat, systems make small errors, design makes large ones.

So the imposition of Ricardo's insight-turned-model by some social planner would lead to a blowup; letting tinkering work slowly would lead to efficiency—true efficiency. The role of policy makers should be to, *via negativa* style, allow the emergence of specialization by preventing what hinders the process.

A More General Methodology to Spot Model Error

Model second-order effects and fragility: Assume we have the right model (which is a very generous assumption) but are uncertain about the parameters. As a generalization of the deficit/employment example used in the previous section, say we are using f, a simple function: $f(x|\bar{\alpha})$, where $\bar{\alpha}$ is supposed to be the average expected input variable, where we take φ as the distribution of α over its domain $\wp_\alpha$, $\bar{\alpha} = \int_{\wp_\alpha} \alpha\, \varphi(\alpha)\, d\alpha$.

The philosopher's stone: The mere fact that α is uncertain (since it is estimated) might lead to a bias if we perturbate from the *inside* (of the integral), i.e., stochasticize the parameter deemed fixed. Accordingly, the convexity bias is easily measured as the difference between (a) the function f integrated across values of potential α, and (b) f estimated for a single value of α deemed to be its average. The convexity bias (philosopher's stone) ω_A becomes:[*]

$$\omega_A \equiv \int_{\wp_x} \int_{\wp_\alpha} f(x|\alpha)\varphi(\alpha)\,d\alpha\,dx - \int_{\wp_x} f\left(x \Big| \left(\int_{\wp_\alpha} \alpha\, \varphi(\alpha)\, d\alpha\right)\right) dx$$

The central equation: Fragility is a partial philosopher's stone below K, hence ω_B the missed fragility is assessed by comparing the two integrals below K in order to capture the effect on the left tail:

$$\omega_B(K) \equiv \int_{-\infty}^K \int_{\wp_\alpha} f(x|\alpha)\varphi(\alpha)\,d\alpha\,dx - \int_{-\infty}^K f\left(x \Big| \left(\int_{\wp_\alpha} \alpha\, \varphi(\alpha)\, d\alpha\right)\right) dx$$

which can be approximated by an interpolated estimate obtained with two values of α separated from a midpoint by $\Delta\alpha$ its mean deviation of α and estimating

$$\omega_B(K) \equiv \int_{-\infty}^K \frac{1}{2}\left(f(x|\bar{\alpha}+\Delta\alpha) + f(x|\bar{\alpha}-\Delta\alpha)\right)dx - \int_{-\infty}^K f(x|\bar{\alpha})\,dx$$

Note that antifragility ω_C is integrating from K to infinity. We can probe ω_B by point estimates of f at a level of $X \leq K$

$$\omega'_B(X) = \frac{1}{2}\left(f(X|\bar{\alpha}+\Delta\alpha) + f(X|\bar{\alpha}-\Delta\alpha)\right) - f(X|\bar{\alpha})$$

so that

$$\omega_B(K) = \int_{-\infty}^K \omega'_B(x)\,dx$$

which leads us to the fragility detection heuristic (Taleb, Canetti, et al., 2012). In particular, if we assume that $\omega'_B(X)$ has a constant sign for $X \leq K$, then $\omega_B(K)$ has the same sign. The detection heuristic is a perturbation in the tails to probe fragility, by checking the function $\omega'_B(X)$ at any level X.

---

[*] The difference between the two sides of Jensen's inequality corresponds to a notion in information theory, the Bregman divergence. Briys, Magdalou, and Nock, 2012.

TABLE 12

MODEL	SOURCE OF FRAGILITY	REMEDY
Portfolio theory, mean-variance, etc.	Assuming knowledge of the parameters, not integrating models across parameters, relying on (very unstable) correlations. Assumes ω_A (bias) and ω_B (fragility) = 0	1/n (spread as large a number of exposures as manageable), barbells, progressive and organic construction, etc.
Ricardian comparative advantage	Missing layer of randomness in the price of wine may imply total reversal of allocation. Assumes ω_A (bias) and ω_B (fragility) = 0	Natural systems find their own allocation through tinkering
Samuelson optimization	Concentration of sources of randomness under concavity of loss function. Assumes ω_A (bias) and ω_B (fragility) = 0	Distributed randomness
Arrow-Debreu lattice state-space	Ludic fallacy: assumes exhaustive knowledge of outcomes and knowledge of probabilities. Assumes ω_A (bias), ω_B (fragility), and ω_C (antifragility) = 0	Use of metaprobabilities changes entire model implications
Dividend cash flow models	Missing stochasticity causing convexity effects. Mostly considers ω_C (antifragility) = 0	Heuristics

Portfolio fallacies: Note one fallacy promoted by Markowitz users: *portfolio theory entices people to diversify, hence it is better than nothing*. Wrong, you finance fools: it pushes them to optimize, hence overallocate. It does not drive people to take less risk based on diversification, but causes them to take more open positions owing to perception of offsetting statistical properties—making them vulnerable to model error, and especially vulnerable to the underestimation of tail events. To see how, consider two investors facing a choice of allocation across three items: cash, and securities A and B. The investor who does not know the statistical properties of A and B and knows he doesn't know will allocate, say, the portion he does not want to lose to cash, the rest into A and B—according to whatever heuristic has been in traditional use. The investor who thinks he knows the statistical properties, with parameters σ_A, σ_B, $\rho_{A,B}$, will allocate ω_A, ω_B in a way to put the total risk at some target level (let us ignore the expected return for this). The lower his perception of the correlation $\rho_{A,B}$, the worse his exposure to model error. Assuming he thinks that the correlation $\rho_{A,B}$, is 0, he will be overallocated by $1/3$ for extreme events. But if the poor investor has the illusion that the correlation is −1, he will be maximally overallocated to his A and B investments. If the investor uses leverage, we end up with the story of Long-Term Capital Management, which turned out to be fooled by the parameters. (In real life, unlike in economic papers, things tend to change; for Baal's sake, they change!) We can repeat the idea for each parameter σ and see how lower perception of this σ leads to overallocation.

I noticed as a trader—and obsessed over the idea—that correlations were never the same in different measurements. Unstable would be a mild word for them: 0.8 over a long period becomes −0.2 over another long period. A pure sucker game. At times of stress, correlations experience even more abrupt changes—without any reliable regularity, in spite of attempts to model "stress correlations." Taleb (1997) deals with the effects of stochastic correlations: One is only safe shorting a correlation at 1, and buying it at −1—which seems to correspond to what the $1/n$ heuristic does.

Kelly Criterion vs. Markowitz: In order to implement a full Markowitz-style optimization, one needs to know the entire joint probability distribution of all assets for the entire future, plus the exact utility function for wealth at all future times. And without errors! (We saw that estimation errors make the system explode.) Kelly's method, developed around the same period, requires no joint distribution or utility function. In practice one needs the ratio of expected profit to worst-case return—dynamically adjusted to avoid ruin. In the case of barbell transformations, the worst case is guaranteed. And model error is much, much milder under Kelly criterion. Thorp (1971, 1998), Haigh (2000).

The formidable Aaron Brown holds that Kelly's ideas were rejected by economists—in spite of the practical appeal—because of their love of general theories for all asset prices.

Note that bounded trial and error is compatible with the Kelly criterion when one has an idea of the potential return—even when one is ignorant of the returns, if losses are bounded, the payoff will be robust and the method should outperform that of Fragilista Markowitz.

Corporate Finance: In short, corporate finance seems to be based on point projections, not distributional projections; thus if one perturbates cash flow projections, say, in the Gordon valuation model, replacing the fixed—and known—growth (and other parameters) by continuously varying jumps (particularly under fat-tailed distributions), companies deemed "expensive," or those with high growth, but low earnings, could markedly increase in expected value, something the market prices heuristically but without explicit reason.

Conclusion and summary: Something the economics establishment has been missing is that having the right model (which is a very generous assumption), but being uncertain about the parameters will invariably lead to an increase in fragility in the presence of convexity and nonlinearities.

FUHGETABOUD SMALL PROBABILITIES

Now the meat, beyond economics, the more general problem with probability and its mismeasurement.

How Fat Tails (Extremistan) Come from Nonlinear Responses to Model Parameters

Rare events have a certain property—missed so far at the time of this writing. We deal with them using a model, a mathematical contraption that takes input parameters and outputs the probability. The more parameter uncertainty there is in a model designed to compute probabilities, the more small probabilities tend to be underestimated. Simply, small probabilities are convex to errors of computation, as an airplane ride is concave to errors and disturbances (remember, it gets longer, not shorter). The more sources of disturbance one forgets to take into account, the longer the airplane ride compared to the naive estimation.

We all know that to compute probability using a standard Normal statistical distribution, one needs a parameter called *standard deviation*—or something similar that characterizes the scale or dispersion of outcomes. But uncertainty about such standard deviation has the effect of making the small probabilities rise. For instance, for a deviation that is called "three sigma," events that should take place no more than one in 740 observations, the probability rises by 60% if one moves the standard deviation up by 5%, and drops by 40% if we move the standard deviation down by 5%. So if your error is on average a tiny 5%, the underestimation from a naive model is about 20%. Great asymmetry, but nothing yet. It gets worse as one looks for more deviations, the "six sigma" ones (alas, chronically frequent in economics): a rise of five times more. The rarer the event (i.e., the higher the "sigma"), the worse the effect from small uncertainty about what to put in the equation. With events such as ten sigma, the difference is more than a billion times. We can use the argument to show how smaller and smaller probabilities require more precision in computation. The smaller the probability, the more a small, very small rounding in the computation makes the asymmetry massively insignificant. For tiny, very small probabilities, you need near-infinite precision in the parameters; the slightest uncertainty there causes mayhem. They are very convex to perturbations. This in a way is the argument I've used to show that small probabilities are incomputable, even if one has the right model—which we of course don't.

The same argument relates to deriving probabilities nonparametrically, from past frequencies. If the probability gets close to 1/ sample size, the error explodes.

This of course explains the error of Fukushima. Similar to Fannie Mae. To summarize, small probabilities increase in an accelerated manner as one changes the parameter that enters their computation.

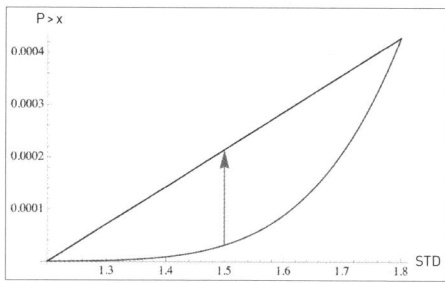

FIGURE 38. *The probability is convex to standard deviation in a Gaussian model. The plot shows the STD effect on P>x, and compares P>6 with an STD of 1.5 compared to P>6 assuming a linear combination of 1.2 and 1.8 (here a(1)=1/5).*

The worrisome fact is that a perturbation in σ extends well into the tail of the distribution in a convex way; the risks of a portfolio that is sensitive to the tails would explode. That is, we are still here in the Gaussian world! Such explosive uncertainty isn't the result of natural fat tails in the distribution, merely small imprecision about a future parameter. It is just epistemic! So those who use these models while admitting parameters uncertainty are necessarily committing a severe inconsistency.*

Of course, uncertainty explodes even more when we replicate conditions of the non-Gaussian real world upon perturbating tail exponents. Even with a powerlaw distribution, the results are severe, particularly under variations of the tail exponent as these have massive consequences. Really, fat tails mean incomputability of tail events, little else.

Compounding Uncertainty (Fukushima)

Using the earlier statement that *estimation implies error,* let us extend the logic: errors have errors; these in turn have errors. Taking into account the effect makes all small probabilities rise regardless of model—even in the Gaussian—to the point of reaching fat tails and powerlaw effects (even the so-called infinite variance) when higher orders of uncertainty are large. Even taking a Gaussian with σ the standard deviation having a proportional error $a(1)$; $a(1)$ has an error rate $a(2)$, etc. Now it depends on the higher order error rate $a(n)$ related to $a(n-1)$; if these are in constant proportion, then we converge to a very thick-tailed distribution. If proportional errors decline, we still have fat tails. In all cases mere error is not a good thing for small probability.

The sad part is that getting people to accept that every measure has an error has been nearly impossible—the event in Fukushima held to happen once per million years would turn into one per 30 if one percolates the different layers of uncertainty in the adequate manner.

---

* This further shows the defects of the notion of "Knightian uncertainty," since *all tails* are uncertain under the slightest perturbation and their effect is severe in fat-tailed domains, that is, economic life.

주

여기서는 추가로 읽을거리를 소개하고 책을 다 쓰고 난 다음에 떠오른 생각들을 덧붙이겠다. 가령 신학자들이 신을 강건한 존재로 보는지 안티프래질한 존재로 보는지, 혹은 측정의 역사가 확률 분야에서 골치 아픈 문제인지를 고찰하겠다. 추가로 소개하는 읽을거리는 내 전작에 실린 참고문헌과 중복되지 않는 문헌들이고, 특히 귀납법의 철학적 문제, 블랙 스완 문제, 불확실성의 심리학에 관한 문헌들은 생략했다. 수학 공포증이 있는 런던의 알렉시스 K. 편집자 몰래 수학 자료 몇 편을 숨겨두었다(특히 4권의 주석에서 프래질을 정의한 부분과 '작은 것이 아름답다'의 유래를 요약한 부분에 숨겨두었다). 관련된 전문적인 논의는 웹페이지에 추가로 올려놓았다.

- 은둔: 『블랙 스완』이 출간된 이후 나는 1150일 동안 실제로 은둔생활을 하면서 1년에 300일 이상을 평온한 마음으로 살면서 바깥세상과는 최소한으로만 소통했다. 지난 20년간 나는 비선형성과 비선형적 노출에 관해 생각해온 터였다. 그래서 제도권 지식이나 허울뿐인 지식을 견디지 못하게 된 모양이다. 과학과 지식에서는 설득력 있고 풍부한 논의를 통해 결론을 끌어내야지, 순진한 (비아 포지티바) 경험론이나 가벼운 연구로는 결론에 이르지 못한다. 그래서 상품성을 추구하는 (그리고 과도하게 농간을 부리는) 언론처럼 '참고문헌'을 싣는 대신 '추가로 읽을거리'를 넣은 것이다. 내가 얻은 결과는 비아 포지티바를 파헤친 부분을 빼고는 한 편의 논문이나 연구결과에 의존해서는 안 되고 실제로도 그렇지 않다. 구체적인 예를 들어 설명했다.
- 사기꾼들: ⟨*International Journal of Forecasting*⟩에 실린 논문 ⟨사사분면(fourth quadrant)⟩(『블랙 스완』의 근거가 되는 자료 중 하나로 웹페이지에도 올려놓았다)에서 가급적 모든 경제 데이터를 구해 **경험적으로** 활용하면서 '두꺼운 꼬리'는 심각하고 다루기 힘들며, 따라서 '제곱'을 이용한 모든 방법은 사회경제학적 변수인 회귀, 표준편차, 상관 등과는 연결되지 않는다는 사실을 제시했다(엄밀히 말해서 데이터 1만 개 중에서 첨도(尖度)의

80%는 단일 관찰로 얻을 수 있고, 따라서 두꺼운 꼬리의 모든 수치는 단순한 표본오차다). 이것은 매우 강한 *비아 네가티바* 진술로서, 공분산 행렬을 쓸 수 없다는 뜻이다. 공분산 행렬은 신뢰할 수 없고 정보가 충분히 담겨 있지 않기 때문이다. 사실 두꺼운 꼬리를 인정하기만 해도 이와 같은 결론에 도달하기 때문에 경험적 연구는 필요하지 않다. 그럼에도 불구하고 나는 데이터를 처리했다. 정직한 과학자라면 이런 질문을 던질 것이다. "그런 증거로 무엇을 할 것인가?" 하지만 경제학과 금융계에서는 이런 질문을 간단히 무시했다. 과학적 규준과 윤리적 기준으로 보면 일군의 사기꾼일 뿐이다. 많은 '노벨상 수상자'(엥글, 머턴, 숄스, 마코위츠, 밀러, 사무엘슨, 샤프를 비롯한 학자들)가 이런 중요한 질문을 통해 결론에 도달했고, 이런 질문을 던지지 않았다면 그들의 연구 성과는 아무 의미가 없었을 것이다. 사기꾼들(과 프래질리스타)은 제도 안에서 잘 나간다. 윤리의 문제다. 이 문제에 관해서는 7권의 주석을 보라.

여기서는 우리의 목적을 위해(단지 허풍을 떨기 위한 용도로) 두꺼운 꼬리 영역에서 회귀분석을 사용한 경제학 논문은 무시했다. 다만 Pritchet(2001)처럼 결과가 두꺼운 꼬리에 영향을 받지 않는 논문은 예외로 두었다.

서문과 1권

- 안티프래질과 복잡성: Bar-Yam & Epstein(2004)은 민감함을 작은 자극에 크게 반응할 가능성으로 정의하고 강건함을 큰 자극에 작게 반응할 가능성으로 정의한다. 사실 이런 민감함은 정의 반응일 때 안티프래질과 유사하다.
- 야니르 바 얌(Yaneer Bar-Yam)과의 개인적인 편지: 바 얌은 너그럽게도 이렇게 적어 보냈다. "한 걸음 물러나 좀 더 개괄적으로 분할 시스템과 연결 시스템 문제를 생각해보면, 분할 시스템은 보다 안정적이고 연결 시스템은 좀 더 취약하면서도 집단적인 조치를 취할 기회가 커집니다. 취약성(프래질)은 반응 없이 연결만 되어 있는 상태입니다. 반응이 있다면 연결을 통해 기회가 생깁니다. 집단 조치로 리스크를 없애거나 기회를 잡을 수 있다면 취약성이 줄어들고 이득이 늘어날 수 있습니다. 이것이 저희의 민감함 개념과 선생의 안티프래질 개념 사이의 기본적인 관계입니다." (허락을 받고 인용함)
- 다모클레스와 복잡화: Tainter(1988)는 정교화가 프래질로 이어진다고 주장하지만 추론 과정은 전혀 다르다.
- 외상후 성장: Bonanno(2004), Tedeschi & Calhoun(1996), Calhoun & Tedeschi(2006), Alter et al.(2007), Shah et al.(2007), Pat-Horenczyk & Brom(2007).
- 조종사의 책임을 시스템에 넘기기: FAA 보고서: John Lowy, AP, 2011년 8월 29일.
- 루크레티우스 효과: 『블랙 스완』 후기에 실린 사사분면 논의와 관련 논문의 경험적 증거를 참

조하라.
- 최고 수위: Kahneman(2011)은 통찰력이 뛰어난 하워드 쿤로이더(Howard Kunreuther)의 연구를 근거로 "개인이든 정부든 주로 실제로 겪은 최악의 재난에 대비하도록 보호 조치를 설계한다……. 그보다 더 심각한 재난은 잘 떠오르지 않는다."고 밝힌다.
- 심리학자와 '회복력': Seery(2011), 피터 비벌린(Peter Bevelin)의 허락을 받고 인용한다. "하지만 몇 가지 이론과 경험적 증거에 의하면 어려운 일을 겪으면 나중에 스트레스가 심한 상황에서 탄력적으로 대처하는 경향이 강해지는 효과가 있다." 사람들이 회복력을 이용한다! 다시 말하지만 '회복력 문제가 아니다.'
- 단쉰의 논문: Danchin et al.(2011).
- 공학적 오차와 안전에 대한 순차적 효과: Petroski(2006).
- 잡음과 노력: Mehta et al.(2012).
- 노력과 능숙도: Shan & Oppenheimer(2007), Alter et al.(2007).
- 바리케이드: 사이프딘 아무스(Saifedean Ammous)가 말한 개념이다.
- 부차티: Una felice sintesi di quell'ultimo capitolo della vita di Buzzati è contenuto nel libro di Lucia Bellaspiga 《Dio che non esisti, ti prego. Dino Buzzati, la fatica di credere》
- 자기이해: 대니얼 웨그너(Daniel Wegner)가 『행운에 속지 마라』에서 소개한 의식적 의지의 착각.
- 책 판매와 불리한 서평: 아인 랜드의 경우: Michael Shermer, "The Unlikeliest Cult in History," *Skeptic* vol. 2, no. 2, 1993, pp. 74–81. 단지 사례를 들었을 뿐이다. 나를 아인 랜드의 팬으로 오해하진 말길 바란다.
- 인신공격: 독일의 철학자 브렌타노(Brentano)는 익명으로 마르크스에 대한 공격을 감행했다. 처음에는 『자본론』의 개념과 아무런 관계도 없는 몇 가지 사소한 사실을 은폐했다고 비난했다. 브렌타노는 심지어 유작에서도 주요 주제와는 동떨어진 논의를 전개했다. 그래서 엥겔스는 논문의 3권 서문에서 마르크스를 옹호하는 주장을 펼쳤다.
- 루이 14세부터 나폴레옹까지 인신공격 방법: Darnton(2010).
- 볼프의 법칙과 뼈, 운동, 수영선수의 골밀도: Wolff(1892), Carbuhn(2010), Guadaluppe-Grau(2009), Hallström et al.(2010), Mudd(2007), Velez(2008).
- 무질서의 미학: Arnheim(1971).
- 나노복합체: Carey et al.(2011).
- 카젠티와 뼈: 함께 논의하고 카젠티를 소개해준 자크 메랍(Jacques Merab)에게 감사드린다. Karsenty(2003, 2012a), Fukumoto & Martin(2009). 남성 생식력과 뼈에 관해서는 Karsenty(2011, 2012b)를 참조하라.
- 경제를 시계에 비유하는 오류: Grant(2001)에 나오는 전형적이고 몹시 거슬리는 오류다. "사

회를 거대하고 복잡한 시계로 보고 한번 작동하기 시작하면 자동으로 예측 가능한 방식으로 돌아간다고 여긴다. 전체 시스템이 부품들 사이의 관계를 이루는 기계 법칙에 의해 통제된다는 것이다. 뉴턴이 자연세계에서 운동을 관장하는 중력의 법칙을 발견했듯이 애덤 스미스는 경제의 운동을 관장하는 수요와 공급의 법칙을 발견했다. 그는 시계와 기계의 은유를 빌어 사회체계를 설명했다."

- 이기적 유전자: '이기적 유전자'는 (분명) 로버트 트리버스가 만든 개념인데 흔히 리처드 도킨스(Richard Dawkins)의 개념으로 알고 있다. — 로버트 트리버스와 주고받은 개인적인 편지에서. 안타까운 일이다.
- 단쉰의 체계적 안티프래질과 호르메시스에 대한 새로운 정의: 단쉰과 나는 피드백을 주고받으면서 논문을 썼다. Danchin et al.(2011): "근본 개념은 개체가 모인 집단이 심각한 도전에 노출되는 운명에 처할 때 대체로 긍정적인 결과를 얻을 가능성이 있다는 것이다. 집단 안에서 하나의 개체가 크게 성공하면 나머지 모든 개체의 실패를 메워주고 더 나아가 아무런 도전에 직면하지 않는 집단보다 훨씬 크게 성공한다. 이렇게 볼 때 호르메시스는 단지 과정이나 구조나 분자의 모집단 수준에서 작동하는 기본적인 시나리오를 전체론으로 설명한 개념일 뿐이고, 전체를 위한 긍정적인 결과에 주목할 뿐이다. 살아 있는 유기체의 경우 이것은 유기체의 모집단이나 세포의 모집단이나 세포내 분자의 모집단 수준에서 작동할 수 있다. 우리는 여기서 안티프래질이 살아 있는 유기체 수준에서 어떻게 작동하는지 탐색하면서 안티프래질이 구현될 때 자연선택이라는 개념을 연상시키는 특징이 어떻게 나타나는지에 주목한다. 특히 안티프래질이 난관에 부딪힌 집단에서 일부 개체가 돋보일 수 있도록 해주는 내장된 프로세스라면, 그래서 전체의 운명을 좋은 방향으로 이끌 수 있다면, 정보를 수집하고 활용하는 프로세스가 어떻게 구현되는지 명확히 설명해줄 것이다."
- 스티브 잡스: "죽음은 삶을 가장 아름답게 창조한다. 죽음은 한물간 낡은 모델의 시스템을 없애준다." Beahm(2011).
- 스위스 뻐꾸기시계: 오손 웰즈(Orson Welles), 〈제3의 사나이(*The Third Man*)〉.
- 브루노 레오니: 나는 알베르토 민가르디(Alberto Mingardi) 덕분에 법적 강건함이라는 개념을 알았고, 2009년에 밀라노에서 레오니의 강의에 초청받는 특전을 누릴 수 있었다. Leoni(1957, 1991).
- 대안정기: 칠면조 문제. 2008년의 혼란이 시작되기 전에 벤자민 버냉키라고, 당시에는 프린스턴대 교수였다가 나중에 미국 연방준비은행 의장이자 경제계와 금융계에서 가장 영향력 있는 인물이 된 사람이 우리가 겪은 그 시기에 '대안정기'라는 이름을 붙여주었다. 그 덕에 나는 프래질의 증가를 찬성해야 하는 난감한 입장에 처했다. 한 10년간 무균실에 있다 나온 사람한테 '아주 건강한' 상태라고 말하는 격이었다. 알고 보면 그 어느 때보다 취약한 시기인데 말이다. 칠면조 문제는 러셀의 닭이 발전한 이야기다(『블랙 스완』).
- 루소: *Contrat Social*. Joseph de Maistre, Oeuvres, Éditions Robert Laffont도 참조하라.

- 도시국가: 반(半)자치 도시를 건설하기 위한 운동을 옹호하는 훌륭한 논쟁으로 Benjamin Barber, Long Now Foundation Lecture(2012), Khanna(2010), Glaeser(2011)를 참조하라. 시장은 대통령보다 쓰레기 수거 문제를 잘 해결하는 데다 시민들을 전쟁으로 끌고 들어갈 가능성도 적다. 레반트에 관한 자료로 Mansel(2012)도 참조하라.
- 오스트리아-헝가리 제국: Fejtö(1989). 사후 가정의 역사: 페이토는 제1차 세계대전을 피할 수 있었다는 입장을 고수한다.
- 무작위성 탐지와 석유 탐사: Menard & Sharman(1976)을 참조하라. White et al.(1976), Singer et al.(1981)의 논쟁을 참조하라.
- 정치인 무작위 추출: Pluchino et al.(2011).
- 스위스: Fossedal & Berkeley(2005)에 실린 설명을 참조하라.
- 현대 국가: Scott(1998)은 고도로 현대화된 국가에 관한 비평을 제시한다.
- 레반트 경제: Mansel(2012)은 도시국가를 다룬다. 경제사에 관해서는 Pamuk(2006), Issawi(1966, 1988), von Heyd(1886)를 참조하라. 에드몽 아부의 통찰(About, 1855)을 참조하라.
- 역사 속의 도시국가: Stasavage(2012)는 과두제 도시국가를 장기 성장의 엔진이라고 비평한다(다만 초반에 높은 성장률을 보일 뿐이라고 지적한다). 하지만 그의 논문은 두꺼운 꼬리를 감안하지 않은 탓에 계량경제학적으로 전혀 설득력이 없다. 프래질과 리스크관리가 관건이지, 겉만 번드르한 성장은 중요하지 않다. 베버와 피레네 말고도 이런 모델을 지지하는 연구로 Delong & Schleifer(1993)가 있다. Ogilvie(2011)도 참조하라.
- 편도선 절제술: Bornstein & Emler(2001)이 인용한 Bakwin(1945)과 Freidson(1970)의 논의를 참조하라. Avanian & Berwick(1991)에서 다시 연구했다.
- 올로브: Orlov(2011).
- 개발의 어설픈 개입: Easterly(2006)는 생목의 오류를 보고한다.

"어쨌든 나는 번영과 평화만 누리는 사회에 살면서 공부했으니 다른 사회들도 번영과 평화를 누리는 데 필요한 계획을 세워줄 수 있을 정도로 잘 안다고 가정한 데 패착이 있다. 예전에 내 친구 에이프릴이 지적했듯이 경주마가 경마장을 건설하는 작업을 맡을 수 있다고 생각하는 격이다."

또한 개발의 행운에 관해서는 Easterly et al.(1993), Easterly & Levine(2003), Easterly(2001)를 참조하라.
- 중국의 기근: Meng et al.(2010).
- 워싱턴의 죽음: Morens(1999), Wallenborn (1997).
- 코란과 의원성 질환:

وإذا قيل لهم لا تفسدوا في الأرض قالوا إنما نحن مصلحون. ألا إنهم هم المفسدون ولكن لا يعلمون
وإذا قيل لهم آمنوا كما آمن الناس قالوا أنؤمن كما آمن السفهاء ألا إنهم هم السفهاء ولكن لا يعلمون

- 제멜바이스: 가장 의외의 참고문헌 중에서 루이 페르낭 셀린(Louis- Ferdinand Céline)의 박사학위 논문, Gallimard(1999)에서 재판되고 글로리아 오리기(Gloria Origgi)가 제공한 논문을 참조하라.
- 거짓 안정화: 7장의 일부 주장은 〈포린어페어스(*Foreign Affairs*)〉의 마크 블라이스와 함께 발전시켰다. Taleb & Blyth(2011).
- 스웨덴: "Economic elites had more autonomy than in any successful democracy," Steinmo(2011).
- 교통량과 도로 표지판 철거: Vanderbilt(2008).
- 중국사: Eberhard(재판본, 2006).
- 넛지: 일반적으로 현상유지 바이어스라고 하는데, 일각에서는 정부가 우리를 현상유지 바이어스에서 벗어나게 해주기를 바란다. 좋은 의견이긴 하지만 우리를 '넛지(쿡 찌르는)' 하는 '전문가'가 전문가가 아니라면 얘기가 달라진다.
- 꾸물거림과 우선순위 경험법칙: Brandstetter & Gigerenzer(2006).
- 프랑스의 다양성: Robb(2007). 국가 스포츠로서의 프랑스 폭동에 관해서는 Nicolas(2008)를 참조하라. 1680년에서 1800년까지 프랑스 민족국가에 관해서는 Bell(2001)을 참조하라.
- 복잡성: 여기서는 다른 속성보다는 두꺼운 꼬리에 미치는 영향에 관심이 있다. Kaufman(1995), Hilland(1995), Bar-Yam(2001), Miller & Page(2007), Sornette(2004).
- 복잡성과 두꺼운 꼬리: 여기서는 수학에 신경 쓸 필요가 없다(수학 전문가인 친구에게 맡기면 된다). 단순하고 철저한 주장을 제시하기만 하면 최소한의 용어를 써서 어떻게 두꺼운 꼬리가 복잡한 시스템의 몇 가지 속성에서 나오는지 입증할 수 있다. 수학적으로 중요한 효과는 무작위 변수의 독립성이 부족한 데서 생기는데 가우스 유역으로 수렴하지 못하게 막기 때문이다.
동적 헤징과 포트폴리오 조정의 효과를 살펴보자.

A — 두꺼운 꼬리가 레버리지와 피드백 루프에서 나오는 이유. 한 명의 중개인으로 단순화한 사례.

A1 [레버리지] — 레버리지 L을 가진 중개인이 (보유 증권의 가치가 상승한 덕분에) 재산이 늘어날 때 증권을 사들이고 재산 가치가 하락할 때 증권을 팔아서 레버리지 L을 일정한 수준(노출에서 오목곡선)으로 유지하려고 시도하는 경우.

A2 [피드백 효과] — 증권 가치가 구매자에게 반응해서 비선형적으로 상승하고 매출에 반응해서 하락한다면 증권 가치의 변동 사이에 독립성이 깨져서 CLT(중심극한정리)가

더 이상 적용되지 않는다(가우스 유역으로 수렴되지 않는다). 따라서 두꺼운 꼬리는 피드백과 레버리지의 직접적인 결과이고, 레버리지 L 수준으로부터 오목성에 의해 악화된다.

A3 — 피드백 효과가 규모에 따라 오목성을 띤다면(1개를 팔 때보다 10개를 팔 때 개당 가격이 상승한다면) 증권과 재산 프로세스의 부의 비대칭성이 나타난다. (간단히 말해서 포트폴리오 보험의 '부의 감마'와 마찬가지로 중개인이 구입할 때는 옵션이 있지만 판매할 때는 옵션이 없어서 부의 비대칭을 형성한다. 주식 강제처분은 적은 옵션을 조정하는 과정과 동일하다.)

경로의존성 악화 비대칭도에 관한 주: 좀 더 구체적으로 말해서 재산이 먼저 증가하면 리스크와 비대칭성이 늘어난다. 긴축과 주식 강제처분은 줄어든다. 그래서 시장이 더 하락하지(다만 빈도는 줄어든다), 상승하지는 않는다.

B — 복수의 중개인: 게다가 중개인이 둘 이상이면 한 중개인이 다른 중개인에게 조정하도록 만드는 동적 조정(헤징)과 결합해서 효과가 나타나는데, 이것을 주로 '감염'이라고 한다.

C — 무엇으로든 일반화될 수 있다. 이를테면 국내 가격은 과잉유동성으로 인해 국내 구매에 반응해서 상승한다. 마찬가지로 강제 실행과 비용의 오목성이 더해진 일반적인 개념에서 무작위로 분포하는 시스템의 우월성이 생긴다.

수치가 주어질 때 위험 상승: 앵커링 효과(『블랙 스완』에서 검토했다)에 관한 참고문헌을 참조하라. 메리 케이트 스팀러(Mary Kate Stimmler)의 박사 학위 논문도 참조하라. Berkeley(2012), 필 테틀록(Phil Tetlock)의 허락을 받음. 스팀러의 실험은 다음과 같다. 단순한 조건에서는 피험자에게 다음과 같이 말한다.

참고로 아래 공식을 이용해서 수익률(R)이 주어질 때 초기 투자(I) 이후 3개월 동안 투자로 벌어들이는 총액(T)을 계산하시오.

$$T = I^*R$$

복잡한 조건에서는 피험자에게 이렇게 말한다.

참고로 아래 공식을 이용해서 수익률 r이 주어질 때 초기 투자 A_{n-1} 이후 3개월 동안 투자로 벌어들이는 총액 A_n을 계산하시오.

$$A_n = A_{n-1} + (n+1) \sum_{j=1}^{n-1} \left[A_j r_j \frac{j}{n^2-n+j} - jA_{j-1} r_{j-1} \frac{1}{j+(n-1)^2+n-2} + A_j r_{j-1} \frac{1}{j+(n-1)^2+n-2} \right]$$

물론 단순한 조건과 복잡한 조건 모두에서 같은 결과가 나왔다. 하지만 복잡한 조건이 주어진 사람은 더 큰 리스크를 감수했다.

- 확률 측정의 착각: 택시 기사와 할머니들에게는 당연한 일들이 대학 강의실에서는 실종된다. 역사학자 알프레드 크로스비(Alfred Crosby)는 『수량화 혁명(The Measure of Reality)』(1997)이라는 책에서 다음과 같은 논지를 펼쳤다. 서구유럽과 다른 지역을 가르는 기준은 측정, 곧 질을 양으로 변형하는 과정에 집착하는 태도다. (꼭 맞는 얘기는 아니다. 고대인들도 측정에 집착했지만 아라비아 숫자가 없어서 제대로 계산하지 못했으니 말이다.) 크로스비는 인간이 사물에 관해 정확히 알아내는 법을 배웠고 이런 태도에서 과학혁명이 일어났다고 믿는다. 최초의 기계식 시계(시간 수량화), 해도와 원근법을 이용한 그림(공간 수량화), 복식 기장 부기(재무회계 수량화)를 예로 든다. 측정에 대한 집착은 적절한 분야에서 시작해서 서서히 엉뚱한 분야까지 파고들었다.

  문제는 측정 오차가 큰 분야까지 측정을 적용하기 시작한 데 있다. 어떤 때는 오차가 심각할 정도로 컸다. (앞의 후쿠시마 사례를 참조하라.) 보통 중간값과의 오차는 미미하지만 극단값과의 오차는 매우 크다. 측정 오차가 클 때는 '측정'이라는 용어를 써서는 안 된다. 물론 내가 지금 글을 쓰는 책상은 '측정' 가능하다. 온도도 '측정'할 수 있다. 하지만 미래의 리스크를 '측정'할 수는 없다. 확률도 '측정'할 수 없다. 책상과 달리 연구에 적합하지 않다. 기껏해야 일어날지도 모를 일을 추측해서 평가할 뿐이다.

  Hacking(2006)은 두꺼운 꼬리를 전혀 고려하지 않는다! Hald(1998, 2003), von Plato(1994), Salsburg(2001), 그리고 아직 부족한 연구로 Stigler(1990)도 마찬가지다. 나쁜 리스크 모델을 홍보한 책으로는 Bernstein(1996)이 있다. Daston(1988)은 확률 측정을 계몽주의 시대와 연결한다.

  확률을 질이 아닌 양적 구성개념으로 보는 시각이 사실상 전염병처럼 퍼졌다. 그리고 과학이란 곧 오차 없는 측정이라는 생각으로 인해 (대체로 맞는 말이긴 하지만 모든 경우에 해당되지는 않는다) 우리는 온갖 허구와 망상, 꿈에 사로잡힌다.

  확률을 회의주의와 연결한 가장 훌륭한 연구: Franklin(2001). 이외에 확률의 현실적 문제를 돌아본 철학자는 거의 없다.

- 사사분면: 『블랙 스완』이나 Taleb(1999) 논문의 논의 참조.
- 핵, 새로운 위기관리: 개인적인 편지, Atlanta, INPO, 2011년 11월.
- 일화적 지식과 증거의 힘: 칼 슐츠라는 독자가 이런 편지를 보냈다. "나이든 교사이자 저의 동료인 어떤 분이 (버번을 홀짝이며) 제게 이렇게 말했습니다. '개의 목을 잘랐는데 개가 짖는다면 같은 실험을 반복할 필요가 없습니다.'" 비슷한 예를 드는 건 어렵지 않다. 가령 변호사는 'N=1'인 주장을 펼치며 변론하면서 '이 사람은 한 번밖에 죽이지 않았습니다.'라고 말하지 않는다. 비행기 사고를 '일화적' 사건으로 간주하는 사람은 없다.

  나라면 더 나아가 N=1로 충분한 사례를 들어 부당성을 입증하겠다.

연구자들은 종종 '일화적' 결과를 반사적인 반응으로 간주하지만 결과는 정확히 정반대다. 스티븐 핑커(Steven Pinker)는 존 그레이가 두 차례 세계대전을 스스로 훌륭하게 절제한 이야기의 반증이라고 언급할 때 '일화적'이라고 보았다. 내가 보기에 사회과학자들은 '증거'를 말하면서도 정확히 무슨 말을 하는지 모르는 경우가 많다.

3권

- 의사결정 이론가가 실행가를 가르치기: 설상가상으로 의사결정 연구자들은 '실행'이라는 정반대의 명칭을 가진 개념을 사용한다. Hammond, Keeney & Raiffa(1999)은 의사결정을 내리는 방법을 제시하려 한다. 실행가들은 어떻게 행동하지 않는 반면 학자들은 실행가의 행동을 어떻게 생각하는지를 정확히 설명한 책으로 Schon(1983)이 있다.
- 좋은 상태와 나쁜 상태의 비대칭성: Segnius homines bona quam mala sentiunt, Livy's Annals(XXX, 21).
- 스토아 철학과 감정: 스토아 철학은 식물처럼 사는 태도라는 일반적인 믿음에 반박한다. Graver (2007).
- 경제성장 속도가 그리 빠르지 않았다: Crafts(1985), Crafts & Harley(1992).
- 록 스타와 바람피우기: Arnavist & Kirkpatrick(2005), Griffi th et al.(2002), Townsend et al.(2010).
- 심농: "Georges Simenon, profession: rentier," Nicole de Jassy *Le Soir illustré* 9 janvier 1958, N° 1333, pp. 8 - 9, 12.
- 달리오: 브리지워터 어소시에이츠 레이 달리오 원칙.

4권

| 목적론적 |
- 아리스토텔레스와 그의 영향: Rashed(2007), 아라비아 학자이자 그리스 학자.
- 실패의 고귀함: Morris(1975).

| 옵션의 특징 |
- 브리콜라주: Jacob(1977a, 1977b), Esnault(2001).
- 부자가 더 부유해지기: 고액 순자산가의 총자산이 증가하는 현상에 관해서는 질 트레너(Jill Treanor)가 〈가디언〉, 2012년 6월호에 쓴 "세계 최고의 부자들은 지금 신용경색 이전보다

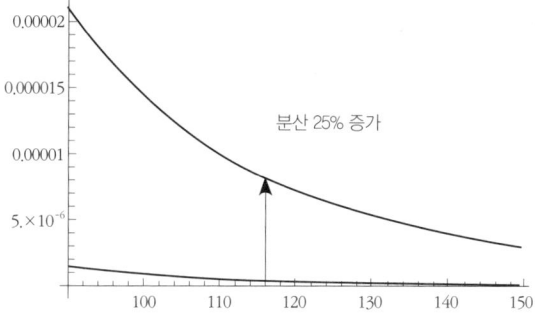

그림 39 사치품과 옵션의 특징. 세로 축은 확률이고 가로 축은 재산의 필수 요소다. 안티프래질 도시에서는 불평등에서의 변화가 최고 부자들 집단에 주는 효과가 꼬리 부분에서 비선형적으로 증가한다. 거부들의 재산은 세계 총자산이 아니라 불평등에 반응한다. 부자들이 총자산에서 차지하는 몫은 총자산 분산이 25% 만큼 변하면 50배까지 증가한다. GINI 계수가 0.01 정도만 바뀌어도(0은 완벽한 균형 상태, 1.00은 한 사람이 전부 차지하는 상태) 실질 국내총생산에서는 8% 상승하고, 따라서 확률분포와 상관없이 효과가 매우 크다.

더 부유해졌다."라는 기사에 실은 메릴 린치 자료를 참조하라. 아래 그래프는 성장이나 총자산 형성과 아무 관계가 없는 이유를 보여준다.
- 아라비아의 낙타: Lindsay(2005).
- 우회: Kay(2010).
- 실물옵션 관련 문헌: Trigeorgis(1993), Dixit & Pindyck(1994)의 논평, Trigeorgis(1996), Luehrman(1998), McGrath(1999) — 가역적 투자와 비가역적 투자에 중점을 둔다.
- 중개 격차: Wooton(2007), Arikha(2008b), 최근의 연구로 Contopoulos-Ioannidis et al.(2003, 2008), Bosco & Watts(2007)의 논평을 참조하라.
- 우튼의 비판: Brosco & Watts(2007).
- 부수 현상과 그래인저 인과관계: Granger(1999)를 참조하라.
- 새들에게 나는 법 가르치기: 에라스무스가 "물고기에게 헤엄치는 법 가르치기"라고 말했다. *Adages*, 2519, III, VI, 19. "Piscem nature doces I'χθ□ν νήχεσθαι διδάσκεις, id est piscem nature doces. Perinde est ac si dicas : Doctum doces. Confine illi, quod alibi retulimus : Δελφ□να νήχεσθαι διδάσκεις id est Delphinum natare doces." 이 표현은 2006년에 발표한 Haug & Taleb(2010)에서 처음 인용했고 Triana(2009)에도 나온다. 우리는 에라스무스의 비유를 몰랐지만 미리 알았다면 그것으로 썼을 것이다.
- 교육, 그리고 교육이 성장과 부에 미치는 영향: Pritchett(2001), Wolf(2002), Chang(2011).
- 발전을 위한 파괴에 대한 슘페터의 생각: Schumpeter(1942). 하버드 경제학자들이 McCraw(2007)의 기술적 접근 부족을 비판한 내용이다.

- 아마추어: Bryson(2010), Kealey(1996).
- 바실리에와 소프를 비롯한 학자들의 연구에 나오는 과학적 귀인 오류: Haug & Taleb(2010). Triana(2009, 2011)의 논의를 참조하라.
- 제트 엔진: Scranton(2006, 2007, 2009), Gibbert & Scranton(2009).
- 사이버네틱스의 인식론 파헤치기: Mindell, 2002. 자신의 연구를 소개해준 데이비드 에드거턴 (David Edgerton)에게 감사한다.
- 대성당과 이론적, 공리적 기하학: Beaujoan(1973, 1991), Portet (2002). 샤르트르 대성당 건축의 역사에 관해서는 Ball(2008)을 참조하라.
- 인식론적 기반과 융합: 인식론적 기반은 일종의 x이지, $f(x)$가 아니다. 기술에서 x와 $f(x)$의 차이를 알아보는 좋은 방법으로 마이클 폴라니(Michael Polanyi)가 제시한 방법이 있다. $f(x)$는 기술이라서 특허를 받을 수 있지만 x는 과학 지식이라서 특허를 받을 수 없다. Mokyr(2005)
- 인식론적 기반: Mokyr(1999, 2002, 2005, 2009). 모커의 가장 큰 문제는 ω_C를 얻지 못한 점이다. 더불어 시행착오를 생략한 동양에 대한 언급(중국에 관한 논의도 참조하라)은 Tetlock et al.(2009)에서 Tetlock을 참조하라. 모키어와 마이센잘(Mokyr & Meisenzahl)은 미시적인 발명이 거시적인 발명에 기여한다는 데서 의견을 달리 한다. 여전히 이론적으로 빈약하다.
- 경제학의 기술적 인식론: Marglin(1996). 그러나 이런 방향의 연구 전통은 크게 성공하지 못했다.
- 니덤의 중국 연구: Winchester(2008).
- 종신 재직권: Kealey (1996): "애덤 스미스는 영국 교수들이 부패한 원인으로 임금 보장과 종신 재직권을 들었다(스코틀랜드 대학과 비교)."
- 신앙주의: Popkin(2003).
- 선형 모델: Edgerton(1996a, 1996b, 2004). 에드거턴은 선형 모델이 퇴보하는 개념, 곧 과거에 어울리는 개념이라고 밝혔다. 그는 또한 이렇게 말한다. "이렇게 진지한 학문과 연구에 기반을 둔 21세기 과학의 모델은 놀라운 성과다. 무엇보다도 '근대 과학의 비학문적 기원을 강조해온'(강조 표시는 내가 했다), 특히 기술 전통을 중시하는 과학사에서 지난 20년간 염색에서 양조, 엔진 제작에 이르기까지 주로 산업적 맥락에 중점을 둔 전통을 감안하면 더욱 놀랍다."
- 볼록성 바이어스: 상품과 금융 선물거래의 초기에 발견되었다. Burghardt & Hoskins(1994), Taleb(1997), Burghardt & Liu(2002), Burghardt & Panos(2001), Kirikos & Novak(1997), Pieterbarg & Renedo(2004). 대다수 사람들이 효과를 오해하고 분노를 표출했다.

나의 박사 학위 논문에서 볼록성 편향(ω_A)을 발견하고 제시한 사례: 나는 동적 헤징과 동적 조정이 필요한 부분을 찾는 방법을 활용했다. 도구 중에서 '엄밀한 의미로' 옵션은 아니지만 동적 헤징이 필요한 것으로 간주되는 도구를 넓은 의미의 볼록성 도구라고 말할 수 있다. (1) 로우 쿠폰 장기 상환 채권. 별도로 시간의 틀을 가정한다. 예를 들어 $B(r, T, C)$ 채권은 만기 T가 다 된 채권으로서 $rt = \int rs\, ds$일 때 쿠폰 C를 지불한다. 볼록성 $\partial^2 B/\partial r^2$는 T와 함께 증가하고 C와 함께 감소한다. (2) 융자가 선물 가격과 높은 상관관계를 보이는 계약. (3) 기하학적 특징을 계산에 넣은 바스킷 방식. (4) 흔히 무시하는 자산 종류로 '콴토 정의' 계약이 있다(계약한 국가의 통화로 지불하지 않는 계약). 가령 일본의 니케이 선물을 미국 통화로 지불하는 것이다. 요컨대 일본 엔화표시 니케이 계약은 선형인데 반해 미국 달러 표시 계약은 비선형이라서 동적 헤징을 할 필요가 없다.

초기 시간 t_0, 최종 조건 $V(S, T) = S_T$이고 여기서 T가 만기일인 예를 들어보자. 좀 더 간단히 말해서 상기한 증권은 단순 선물이라 선형성을 보일 것이다. 아직 Ito 용어는 없는 듯하다. 하지만 중간 보상이 있어 회계 기간 i/T일 때 변동증거금이 현금지출금으로 지급되기 때문에 약간의 복잡성이 상승할 것이다. (t_i, t_{i-1}) 기간 동안 포트폴리오 가치에 $\Delta(t_i)$만큼의 변화가 생기면 $\Delta(t_i) = (V(S, t_i) - V(S, t_{i-1}))$이라고 가정한다. 변동증거금을 ti 기간에 지급해야 한다면 운영자는 t_i와 T 사이의 기간, 여기서는 $r(t_i, T)$에 선물 시세로 빌려야 한다. 이와 같은 자금 조달 방식에서는 $V(S, T)$와 S_r을 현재가치로 비교할 수 있어야 한다. 추정상 t_{i-1}에서 t_i 사이의 회계기간 중에 추정 현금흐름 방법으로 변동증거금을 할인해야 할 것이다. T 기간으로 보면 변동증거금의 가치는 $E_t[\exp[-r(t_i, T)(T-t_i)]\,\Delta(t_i)]$이 되는데, 여기서 E_t는 t 시기(가령 리스크 중립적 확률척도에서)의 예상 연산자다. 따라서 t_0 기간에 본 것처럼 추정상의 T 기간에 일련의 선물 변동증거금 $E_{t0}[\Sigma\,\exp[-r(t_i, T)(T-t_i)]\,\Delta(t_i)]$을 전달한다. 하지만 기간 이율 $r(T)$를 이용해 현재 수준으로 할인해야 한다. 앞의 방정식은 $V(S, T)|_{t=t0} = V[S, T_0] + \exp[r(T)]\,E_{t0}[\Sigma\,\exp[-r(t_i, T)(T-t_i)]\,\Delta(t_i)]$이 되고, 이것은 선물 이자율이 추정치일 때의 S_T와 다르다. 결과(의례적으로 말하면 '정리'): 선물 할인율 $r(t_i, T)$의 변동증거금과 기본 증권 S_T가 철저히 정적 관계이고 둘의 상관관계가 1보다 작을 때 $V(S, T)|_{t=t0} \neq S_T$이다. 증명: 예상 연산자의 속성을 점검하는 방법. 따라서 $F(S, t_0) = F(S, t_0 + \Delta t)$인 반면에 비선형적 도구는 단지 $E[V(S, t_0)] = E[V(S, t_0 + \Delta t)]$을 충족시킬 것이다.

- 킬리의 비평: Posner(1996).
- 일반적인 기술의 역사: 볼록성 바이어스를 고려하지 않은 현상에 관해 Basalla(1988), Stokes (1997), Geison(1995)을 참조하라.
- 혁신의 개념: Berkun(2007), Latour & Woolfar(1996), Khosla(2009), Johnson(2010).
- 의학적 발견과 인과관계 지식의 부재: Morton(2007), Li(2006), Le Fanu(2002), Bohuon & Monneret(2009). Le Fanu(2002): "의사와 과학자들은 현대의학을 주도하려 하면서도 매우 중요한 역할을 하는 자연의 미스터리를 알아채지도 못하고 사실상 인정하지도 않는다. 자연히 스스로 지식에 기여한 역할이 실제보다 더 크다고 믿고 실제보다 더 많이 안다고 믿었다. 이들은 기술 혁신과 약물 혁신의 철저히 경험적인 성격을 모르지만, 사실은 이런 혁신 덕

분에 인과관계의 역사나 자연의 역사를 폭넓게 이해하지 않고도 질병 치료에서 획기적인 발전을 이룰 수 있었다."
- 상업의 복록성: Ridley(2010)가 페니키아 상인들에 관해 논한 바 있다. Aubet(2001).
- 제약회사 내부자: La Matina(2009).
- 부작용이 증폭하는 현상: Tatonetti et al.(2012)은 상호작용을 과소평가했다. 약물을 혼합해서 복용한 사람들에게서 부작용이 나타났는데, 여러 가지 약물을 섞어서 복용하면 부작용이 더 커진다(부작용이 네 배나 커진다는 결과가 나왔다).
- 전략적 계획: Starbuck et al.(1992, 2008), Abrahamson & Freedman(2007). 두 번째 연구는 장애와 '문제'에 보내는 한 편의 아름다운 시다.
- 기업가 정신: Elkington & Hartigan(2008).
- 하버드 경영대학원 교수들이 작은 확률을 심각하게 오해하다: 실증적인 얘기가 아니라 그냥 재미 삼아 해보는 얘기다. ω_B와 ω_C를 간과하는 사람들을 찾아보려면 언제든 가장 먼저 하버드로 눈을 돌리면 된다. Froot(2001), Pisano(2006a, 2006b). Froot: "보험회사 관리자들은 적정 가격보다 훨씬 높은 가격에 재보험을 구입하기 때문에 분명 리스크 관리에 의해 엄청난 가치가 더해진다고 믿을 것이다." 그는 스스로 적정 가격을 잘 안다고 생각한다.
- 르 고프: Le Goff (1985): "*L'un est un professeur, saisi dans son enseignement, entouré d'élèves, assiégé par les bans, où se presse l'auditoire. L'autre est un savant solitaire, dans son cabinet tranquille, à l'aise au milieu de la pièce où se meuvent librement ses pensées. Ici c'est le tumulte des écoles, la poussière des salles, l'indifférence au décor du labeur collectif,*" "*Là tout n'est qu'ordre et beauté / Luxe, calme, et volupté.*"
- 마티그넌: *Geschlechtsspezifi sche Unterschiede im Gehirn und mögliche Auswirkungen auf den Mathematikunterricht*. Wissenschaftliche Hausarbeit zur Ersten Staatsprüfung für das Lehramt an Realschulen nach der RPO I v. 16.12.1999. Vorgelegt von: Ulmer, Birgit. Erste Staatsprüfung im Anschluss an das Wintersemester 2004/05, Pädagogische Hochschule Ludwigsburg. Studienfach: Mathematik. Dozenten: Prof. Dr. Laura Martignon, Prof. Dr. Otto Ungerer.
- 르낭: *Averroès et l'averroïsme*, p. 323 (1852).
- 소크라테스: 마크 버논과의 대화(Vernon, 2009). 버논은 소크라테스가 뚱보 토니와 비슷하다고 본다. Wakefield(2009)는 거대한 배경을 제시한다. Calder et al.(2002)는 성인(聖人) 언행록과 비슷하게 제시한다.
- 소크라테스의 오류: Geach(1966).
- 인식-기술: 아프로디시아스의 알렉산드로스, *On Aristotle's Metaphysics, On Aristotle's Prior Analytics* 1.1 – 7, *On Aristotle's Topics* 1, *Quaestiones* 2.16 – 3.15.
- 암묵적-명시적 지식: Colins(2010), Polanyi(1958), Mitchell(2006).

표 13 대상 알기와 방법 알기, 그리고 그 유형

1 유형	2 유형
'대상' 알기	'방법' 알기
명시적	암묵적
실증적 지식	비실증적 지식
인식	기술
인식론적 기초	경험적 지식
명제적 지식	경험법칙
문자 그대로의 의미	비유적 의미
목표 행동	브리콜라주
합리주의	경험주의
학문	실행
수학	공학
아리스토텔레스 목적론적 원칙을 활용한 귀납적 지식	이필로지즘(니코메디아의 메노도토스와 경험의학 학파)
인과관계 역사편찬	감각 지식의 역사
진단	부검
법조문	법의 정신
이념	관습
루딕 확률, 통계 교재	생태학적 불확실성, 교재로 다루기 어려움
이성	신화
선교(종교에서 설명하고 가르칠 수 있는 부분)	신조(신앙심, 설명할 수 없는 부분)
개방적인 신학(아베로에스와 스피노자)	비밀스런 신학(아베로에스와 스피노자)

왼쪽에 열거한 단어는 모두 서로 연결된 것처럼 보인다. 합리주의와 명시성과 문자 그대로의 의미가 어떻게 어우러지는지 설명하기는 어렵지 않다. 반면에 오른쪽의 단어들은 논리적으로 서로 연결된 것으로는 보이지 않는다. 관습과 브리콜라주, 신화와 방법 알기와 비유적 의미가 서로 어떻게 연결되는가? 종교적 신념과 팅커링이 서로 어떻게 연결되는가? 무언가 이어주기는 할 텐데 설명하기가 만만치 않다. 하지만 비트겐슈타인의 가족유사성 개념이 있다.

- 레비스트로스: Lévi-Strauss(1962)는 다양한 형태의 지식을 연구했다. 하지만 Charbonnier(2010)에 따르면 레비스트로스는 1980년대의 인터뷰에서 미래에는 과학이

주 705

발전해서 '일단 사물의 이론을 얻으면' 머지않아 상당히 정확하게 예측할 수 있다고 믿는 듯 했다고 한다. 생물학은 Wilken(2010)을 참조하라. 유사한 문제를 사회학자가 본 연구는 Bourdieu(1972)를 참조하라.

- 진화적 경험법칙: 중요한 문제지만 여기 숨겨둔다. 문헌의 내용과 이 책의 생각들을 결합해서 요약하자면, 어떤 주어진 활동의 진화적 경험법칙에는 다음과 같은 특성이 있다. (a) 경험법칙에 따르면서도 자각하지 못한다. (b) 오랜 시간에 걸쳐 아주 똑같은, 혹은 상당히 유사한 환경에서 세대를 거듭해 사용되며 진화적으로 몇 가지 집단의 지혜를 반영한다. (c) 대리인 문제가 없고 경험법칙을 써먹는 사람이 살아남는다(다만 환자가 살아남지 못할 수도 있기 때문에 의사들이 사용하는 의학적 경험법칙은 제외하고 사회에서 사용하는 집단적 경험법칙을 지지한다). (d) 수학적 해법이 필요한 복잡한 문제를 대신한다. (e) 연습하고 다른 사람들을 관찰하기만 해도 배울 수 있다. (f) 언제나 컴퓨터에서 '더 효과적으로' 수행할 수 있다. 현실보다 컴퓨터에서 더 효과적으로 수행한다. 어떤 이유에선지 차선의 경험법칙이 최선의 경험법칙보다 좋은 결과를 낸다. (g) 경험법칙이 발전한 분야에서는 피드백이 신속하게 오기 때문에 실수를 저지르면 대가를 치르고 한 자리에 너무 오래 머물지 않는다. 마지막으로 카너먼과 트버스키가 보여준 것처럼 경험법칙이 형성된 영역 밖에서는 아주 잘못된 결과가 나올 수 있다.

- 논증과 생목의 오류: Mercier & Sperber(2011). 소크라테스 이후로 추론을 진리를 찾는 도구로 간주해온 태도가 최근에는 더 그 가치를 인정받지 못한다. 그래도 소크라테스의 토론 방식은 유익해 보이지만 그것도 대화 형식일 때만 그렇다. 메르시에와 스페르베르는 추론을 통해 진리를 탐구한다는 생각의 오류를 파헤쳤다. 이들의 연구에서는 논쟁의 목적은 의사결정을 내리는 데 있는 아니라 다른 사람을 설득하는 데 있다고 밝혔다. 대개 추론으로 내린 결정은 엄청난 왜곡으로 점철되어 있다. 이들은 실험을 통해 사람들은 혼자 있을 때보다 사회적인 상황에서(설득할 상대가 있을 때) 주장을 더 잘 펼친다는 증거를 발견했다.

- 반(反)계몽주의: Sternhell(2010), McMahon(2001), Delon(1997)을 참조하라. 호르크하이머(Horkheimer)와 아도르노(Adorno)는 근대성의 다양한 개념 가운데 코스메티시즘(cosmeticism)과 함정을 강하게 비판한다. 그리고 물론 존 그레이의 연구, 그중에서도 Gray(1998)와 Straw Dogs, Gray(2002)를 참조하라.

- 비트겐슈타인과 암묵적 지식: Pears(2006).

- 조제프 드 메스트르에 관하여: Companion(2005).

- 생태학적, 비(非)사커 맘의 경제: Smith (2008), 카너먼과 함께 한 노벨 강의도 참조하라. 더불어 기거렌처(Gigerenzer)도 참조하라.

- 고대인의 지혜: Oakeshott(1962, 1975, 1991). 오크숏의 보수주의는 필요하다면 어느 정도의 변화는 받아들인다는 의미다. 내가 보기에 유기적인 변화를 원하지, 합리적인 변화를 원하는 것 같지 않다.

Taleb & Douady(2012)에 나오는 그래프에 관한 설명을 좀 더 공식적으로 완성하자면, pdf f_λ에서의 스트레스 수준이 K이고 반(半) 편차 수준이 $s^-(\lambda)$일 때 매개변수가 λ에 따른 무작위 변수 X_λ의 **국지적 프래질**은 K-좌측 꼬리 세미베가 민감성('베가'는 일부 변동성 측정치에 대한 민감성)으로, $V(X, f\lambda, K, s^-)$에서 s^-까지이고, 절대 평균 반 편차가 Ω 미만이고, 여기서는 $s^-(\lambda) = \int_{-\infty}^{\Omega}(\Omega - x)f_\lambda(x)dx$, $\xi(K, s^-) = \int_{-\infty}^{K}(\Omega - x)f_{\lambda(s^-)}(x)dx$, $V(x, f_\lambda, K, s^-) = \frac{\partial \xi}{\partial s}(K, s^-)$이다. 스트레스 수준이 $L = \varphi(K)$이고 X의 좌측 반 편차 수준이 $s^-(\lambda)$일 때 X에 대한 Y의 **상속된 프래질**은 도함수 $V_x(Y, g_\lambda, L, s^-(\lambda)) = \frac{\partial \xi}{\partial s}(L, s^-(\lambda))$이다. 스트레스 수준과 pdf 함수는 Y 변수에 대해 정의되지만 미분에 사용된 매개변수는 X의 좌측 절대 반 편차다. 안티프래질의 경우는 Ω 위에서 반전될 뿐 아니라 동일한 스트레스 수준인 K 미만으로 강건성이 생긴다. **전달 이론**에서는 Y의 프래질을 2차 도함수 $\varphi(K)$와 관련시키고 **전달 함수** H^K를 통해 꼬리 부분에서 볼록성(오목성 혹은 혼합 비선형성) 변환의 효과를 보여준다. 안티프래질의 경우에는 s^+를 사용하고 K 위쪽을 적분한다.

- **프래질은 심리학이 아니다**: 우리는 프래질을 꼬리 베가 민감성으로 정의하는 것부터 시작해서 마지막에는 상속된 사례에서 이런 프래질의 원천인 필수 속성으로서 비선형성을 다룬다. 말하자면 질병 자체가 아니라 질병의 원인을 다루는 셈이다. 하지만 경제학자와 의사결정 연구자들이 심리적 선호도에 위험을 포함시켜 연구한 역사가 길다. 그 동안 위험이란 수익의 '유용성'이라는 혼란스러운 개념의 오목성과 함께 불확실성을 안고 선택해야 하는 구조에서 위험 회피의 결과로 나타난 현상이라고 설명해왔다. Pratt(1964), Arrow(1965), Rothschild & Stiglitz(1970, 1971)를 참조하라. 하지만 '유용성' 연구는 아무런 성과를 얻지 못한 채 오직 Machina & Rothschild(2008)에서 '위험은 위험 회피자들이 싫어하는 것'이라고 언급한 환원론만 남는다. 사실 위험을 선택의 오목성을 회피한 결과로 국한시키면 무척 안타까운 결과가 생긴다.

- **도자기 컵과 오목성**: 물론 커피잔이나 집이나 다리는 심리적 선호도나 주관적 유용성 따위를 내포하지 않는다. 하지만 각각은 손해에 대한 반응에서 오목성을 보인다. 간단히 말해서 z를 스트레스 수준이라고 하고 $\Pi(z)$를 손해 함수라고 할 때 모든 $0 < n\,z < Z^*$에서 $n > 1$, $\Pi(n\,z) < n\,\Pi(z)$이고 Z^*는 해당 항목이 깨지는 수준(꼭 지정할 필요는 없다)이라고만 해두자. 이런 불평등으로 인해 $\Pi(z)$는 초기값 z에서 부적 2차 도함수를 갖는다. 따라서 커피잔이 $n\,Z$ 강도의 스트레스 요인보다 Z 강도의 스트레스 요인에서 n배나 손해를 덜 입는다면 손해(부적 함수)는 깨지는 시점까지의 스트레스 요인에 대해 오목성을 띄어야 한다. 이런 제약은 생존 확률의 구조와 위험한 사건의 분포에 의해 발생하지, 주관적 유용성이나 일부 다른 상상의 산물과는 상관이 없다.

- **정적 방향의 스케일링, 도시의 볼록성**: Bettencourt & West(2010, 2011), West(2011). 도시

는 동물과 같은 3-D 항목이고, 이런 유익한 비선형성은 효율성과 일치한다. 하지만 교통을 생각해보라!

- "더 많이 다르다": Anderson(1972).
- 동물의 상대적 프래질: Diamond(1988).
- 플리비에크와 동료들의 지연에 관한 연구: Flyvbjerg(2009), Flyvbjerg & Buzier(2011).
- 작은 것이 아름답다, 낭만적인 관점: Dahl & Tufte(1973), Schumacher(1973)에서 짧은 인용구를 참조하라. Kohr(1957)에서는 통치 단위의 크기에 반박하는 첫 선언을 참조하라.
- 정부의 크기: 볼록성 효과라는 관점으로 생각하는 사람은 찾을 수 없다. 자유주의자조차 찾을 수 없다. Kahn(2011)을 보라.
- 작은 국가가 낫다: 도시국가의 통치를 연구한 전통이 길다. 정치체제로 해석하는 대상은 크기에서 나오는 경우가 있는 듯하다. Easterly & Kraay(2000)를 참조하라.
- 프래질이 증가하는 시대: Zajdenwebber, 『블랙 스완』의 논의를 참조하라. 최근에 다시 계산한 수치는 〈The Economist〉, "Counting the Cost of Calamities," 2012년 1월 14일을 참조하라.
- 볼록성이 평균에 미치는 효과: Jensen(1906), Van Zwet(1966). 전자가 단조함수를 다루는 한편 후자는 오목성-볼록성과 그밖의 조합을 다룬다. 그래도 단순한 비선형성이 나타난다. Taleb & Douady(2012)는 모든 형태의 국지적 비선형성에 적용한다.
- 더 큰 것에 관한 실증적 기록: 합병과 자만심 가설: Roll(1986). 이후 연구로는 Cartwright & Schoenberg(2006)를 참조하라.
- 고대사에서의 부채: 바빌로니아의 대희년에 관해서는 Hudson et al.(2002)을 참조하라. 아테네에 관해서는 Harrison(1998), Finley(1953)를 참조하라. 부채의 역사는 Barty-King(1997), Muldrew(1993), Glaeser(2001)를 참조하라. 마지막 연구자는 무정부주의적 관점이다. 실제로 부채가 물물교환보다 먼저 출현한다고 본다.
- 음식 네트워크: Dunne et al.(2002), Perchey & Dunne(2012), Valdovinos & Ramos-Jiliberto(2010). 프래질과 자원에 관해서는 Nasr(2008, 2009)를 참조하라.
- 패니메이: 모든 중요한 변수에서 오목성이 나타났다. 오바마 위원회에서 확률-비선형성 측면이 부족한 일부 연구원들이 위기의 원인을 조사하면서 루머를 퍼뜨렸지만 내가 알아본 바로는 패니메이의 금리 위기만 나타났을 뿐 사실이 아니었다.
- 실행 비용: '가격 충격', 곧 실행 비용은 크기에 따라 증가한다. 제곱근을 따르는 경향이 있는데 총가격은 볼록성을 띠고 3/2 지수로 증가한다(따라서 비용은 오목성을 띤다). 하지만 문제는 소시에테제네랄의 사례처럼 편차가 큰 경우에 훨씬 악화된다는 점이다. 거래비용은 가속화되지만 점차 정확성이 떨어진다. 그러니까 새로운 연구 전통에서 이루어진 가격 충격에 관한 연구는 모두 우리가 필요로 할 때는 의미가 없다. 놀랍게도 벤트 플리비에크가 비슷한 효과를 발견했지만 전체적으로 오목성이 약간 떨어졌다. 다리와 터널은 비례비가 $10 \log[x]$

의 크기로 증가하는 탓이었다.
- **작은 것이 아름답다, 기술적 접근**: 도시국가나 소규모 회사가 해로운 사건에 더 강건해지는 과정을 설명하기 위해 불확실성의 원인인 '의도하지 않은 노출'의 무작위 변수 X를 예로 들어보자. (소시에테제네랄에서는 보이지 않은 위치였다. 기업의 경우는 일부 재고 목록에서 돌발적으로 필요한 항목일 수 있기 때문이다). 의도하지 않은 손해의 크기는 규모에 비례하는데, 작은 기업일수록 큰 기업보다 소규모 거래에 관여하기 때문이다. 우리는 확률분포로 모든 의도하지 않은 노출의 변수 ΣX_i를 사용하는데, 여기서 X_i는 독립된 무작위 변수이고 간단히 $X_i = X/N$으로 조정된다. 꼬리 진폭이 k이고 꼬리 지수가 α일 때 $\pi(k, \alpha, X) = \alpha\, k^\alpha\, x^{-1-\alpha}$이다. 의도하지 않은 노출의 전체 좌표 $N\,\Sigma\, X_i$에서 N-콘벌루션 파레토 분포: $\pi(k/N, \alpha, X)_N$. 여기서 N은 분포에서 콘벌루션의 수다. 분포의 평균은 N에 따라 변하지 않는 값으로 $\alpha\, k/\alpha-1$이다.
- **긴축과 초과의 손실**: 손실함수로 $C[X] = -b\,X^\beta$를 살펴보자. 여기서 손해 비용은 X의 오목함수다. 미세 구조와 실행에 관한 연구에서 소규모 편차의 경우 $\beta = 3/2$이다.
- **손해로 나타난 확률 분포**: 우리는 y의 분포에 관심이 있기 때문에 확률변수를 변형한다. $y = C[X]$가 분포에서 얻는 손해: $\pi[C^{-1}[x]]/C'[C^{-1}[x]]$. 꼬리 진폭이 k^β이고 꼬리 지수가 α/β인 파레토 분포 $L_1(Y) = \frac{\square}{\beta}K^\alpha Y^{-1-\alpha/\beta}$를 따르고, 평균값은 $\frac{k^\beta \square}{\alpha - \beta}$ 이다.

이제 종합해보자. N개 항목의 콘벌루션 총합의 경우에 점근분포는 $L_N(Y) = N\frac{\square}{\beta}\left(\frac{K}{N}\right)Y^{-1-/}$이 된다. 여기서 (가산성에 의한) 평균값은 $M(\square, \square, k, N) = \frac{N\overset{\square}{\square}}{\alpha - \beta}$을 포함하는 변수의 함수다. α에 대한 β 비율의 여러 값에서 $N=1$에서 $N=10$까지 꼬리에서 예상 손실의 비율을 확인해보면, 10단위에 대한 1단위의 기댓값 $\frac{M(\square=3,\,\square/\square,\,k,\,N=1)}{M(\square=3,\,\square/\square,\,k,\,N=10)}$ 비율은 다양한 수준의 오목성에서 '작은 것이 아름다운' 효과를 드러낸다.

6권

| 제거적 지식 |

- **지도**: 지도 제작자인 장 루이라는 독자가 이런 편지를 보냈다. "지도 제작자로서 오래 전에 배운 대로라면 좋은 지도를 만드는 핵심은 바로 생략하기로, 선택한 정보에 있습니다. 저는 지도 제작을 의뢰한 고객들에게 지도 안에 정보가 지나치게 많이, 지나치게 정확히 들어가 있으면 보는 사람이 혼란에 빠진다는 점을 강조했습니다."
- 이맘 알리: Nahj- el- Balagha, Letter. 31.
- **모세의 신은 안티프래질이 아니다**: 신, 곧 아브라함 - 모세의 신(유태인, 기독교도, 이슬람교도의 신)은 온전한 강건성과 무류성을 의미한다. 첫인상과 반대로 완벽의 본질은 강건함이지

안티프래질이 아니다. 나는 번번히 (레반트의) 신을 안티프래질 범주에 넣으라는 제안을 받았다. 동부 지중해의 종교에 따르면 큰 실수일 것이다. 신의 안티프래질은 바빌로니아, 그리스, 시리아, 이집트 신화에만 적용된다. 하지만 레반트의 유일신 신학은 고대 셈족의 엘(혹은 알)부터 현대의 알라나 작게는 바이블 벨트(기독교 성향이 강한 미국 남부 지역*)에서 '주님'이라고 부르는 대상에 이르기까지, 창세기부터 코란에 이르기까지, 갈수록 추상적인 신에 대한 정의로 발전했고, 따라서 순수한 강건성의 정의에 가장 부합한다. 유일신교의 신은 결코 프래질한 존재가 아니다. 그렇다고 안티프래질도 아니다. 당연히 신은 특유의 지극히 추상적인 성격에 따라 더 향상될 수 있는 존재가 아니라 그 자체로 완벽한 존재다. 오직 불완전한 인간만이 더 나아질 수 있고, 따라서 더 나아지려고 노력하기 위해 안티프래질을 필요로 한다. 코란에는 신의 특성 중 하나로 'Smd'라는 말이 나오는데 아라비아어에도 동의어가 없어서 번역도 불가능하다. 따라서 반복해서 등장하는 단편적인 설명을 통해서만 의미를 전할 수 있다. Smd란 사물이든 사람이든 외부 환경에 의존하지 않고 완벽의 수준에 도달한 상태이고, 모든 공격을 막아주는 보호자이며, 시간 개념을 초월한 존재다. 이 개념은 레반트의 다른 제도에도 존재한다. 동방 정교회에서는 'theosis(신과 같이 된다는 의미*)'라는 개념을 통해 신과의 결합과 완벽한 수준에 도달하려는 열망을 추구하면서 마침내 다른 모든 것으로부터의 독립을 추구한다.

- 종교의 금지령: Fourest & Venner(2010)는 모든 신념을 포괄하는 목록을 제시한다.
- 스티브 잡스: Beahm(2011).
- 글래드웰: "머레이 바가 10년간 노숙하는 동안 들어간 병원비를 전부 계산하면(약물남용 치료비와 진료비, 기타 비용까지 더하면) 아마 네바다 주의 웬만한 사람 못지않게 의료비가 들어갔을 것이다. '머레이 바에게 아무 조치를 취하지 않으면 비용이 백만 달러나 들어간다.'고 오브라이언은 말했다." Gladwell(2009)
- 반증과 귀납법의 문제: 『블랙 스완』의 참고문헌을 참조하라.
- 흡연과 전반적인 의료 효과: Burch(2009).
- 프랙탈 성질: Mandelbrot(1983).
- 에드거턴이 말하는 과거의 충격: Edgerton(2007).

| '단순한 것이 더 낫다'는 의사결정 이론 |

- 단순함과 스티브 잡스: "내가 항상 주문처럼 외우는 말로 집중과 단순함이 있다. 단순한 것이 복잡한 것보다 더 강할 수 있다. 생각을 정리해서 단순하게 만들려면 엄청난 노력이 필요하다. 하지만 결국에는 노력할 만한 가치가 있다. 단순함을 얻으면 산도 옮길 수 있다." 〈BusinessWeek〉, 1998년 5월 25일.
- 효과적인 (그리고 필수적인) 지름길로서의 경험법칙: Gigerenzer & Brighton(2009)은 리처드 도킨스의 『이기적 유전자』에 나오는 잘못된 믿음을 깨트린다. 이 책에서는 외야수가 공을 잡

는 법을 다음과 같이 설명한다.
"외야수는 미분 방정식을 풀어서 공의 궤도를 예측하는 것처럼 움직인다 …… 무의식 차원에서 기능적으로 수학 계산을 하는 일이 일어난다."
꼭 그렇지는 않습니다, 도킨스 교수님. 기거렌처와 연구자들은 그런 일이 전혀 일어나지 않는다고 반박한다. 그들은 이렇게 설명한다.

실험에서는 선수들이 몇 가지 경험법칙을 따르는 것으로 나타났다. 응시 경험법칙은 가장 단순한 방법으로 공이 이미 공중에 높이 떠 있을 때 작동한다. 이를테면 선수는 공을 응시하면서 뛰기 시작하고 뛰는 속도를 조정하여 응시 각도를 일정하게 유지한다. 선수가 응시 경험법칙에 따르면 공의 궤도를 계산하는 데 필요한 모든 원인 변수를 무시해도 된다. 가령 최초 거리, 속도, 각도, 공기 저항, 속도와 바람의 방향, 회전을 비롯한 다양한 변수를 무시할 수 있다. 오직 하나의 변수에 집중해서 결국 계산하지 않고도 공이 낙하하는 지점에 정확히 도달한다.
동물들도 먹잇감을 사냥하고 짝짓기 상대를 가로챌 때 이런 경험법칙에 따른다. 박쥐, 새, 잠자리들은 추격하고 포식할 때 그들과 먹잇감 사이에 늘 일정한 시각(視角)을 유지하고, 개가 프리스비를 쫓아다닐 때도 마찬가지다.

추가 사례:

암컷 공작도 짝을 고를 때 경험법칙에 따른다. 구애장소에서 관심을 끌려고 몸짓하고 과시하는 수컷을 일일이 조사하거나 수컷의 모든 특징에 가중치를 주고 계산해서 기대효용이 가장 높은 수컷을 선별하는 것이 아니라, 서너 마리만 조사해서 눈꼴 무늬가 가장 많은 수컷을 선택한다.

사람하고 마찬가지다. 또 하나의 사례:

개미들은 바위틈의 좁은 구멍에 개미굴을 만들 자리를 측정할 때 야드 자 없이도 어림짐작으로 측정할 수 있다. 개미들은 일정한 기간에 불규칙한 경로로 뛰어다니며 페로몬 흔적을 남기고 떠난다. 나중에 돌아와서 다른 불규칙한 경로로 돌아다니다가 전에 남긴 흔적을 다시 만나는 빈도로 구멍의 크기를 가늠한다. 이런 경험법칙은 놀랍도록 정확하다.

기타: Czerlinski & Gigerenzer et al.(1999), Goldstein & Gigerenzer(1999), Gigerenzer (2008).

- 마크리다키스, 예측, 단순한 것이 더 낫다: Makridakis et al.(1982, 1993), Makridakis & Hibon(2000), Makridakis & Taleb(2009).
- 위험을 측정하기 위한 경험법칙: Taleb, Canetti et al.(2012)— IMF 담당자와 함께 실시한 연구.

| 린디 효과와 관련 주제 |

린디 효과는 Mandelbrot(1997)에서 입증했다. 만델브로는 처음에 린디 효과를 작가의 생애에 따라 경계가 지워지는 예술 제작에 적용했다. 나는 그의 말년에 함께 대화를 나누던 중 소멸하는/소멸하지 않는 경계를 제안했고, 그는 소멸하지 않는 경계는 멱함수 법칙으로 분포하는 반면에 소멸하는 경계(처음의 린디 이야기)는 단지 은유의 역할만 한다는 데 동의했다. 초기 시간에 대한 지식에 맞춰 조정하는지에 따라 지수함수의 남은 생존주기는 향후 조건에 상관없이 일정하게 유지되는데, 멱함수는 개시 이후 시간에 따라 ($\alpha/1-\alpha$) 요인만큼 증가하기 때문이다. 여기서 α는 꼬리 지수다. 그리고 가우스나 세미 가우스의 경우에는 멱함수가 줄어든다.

- 고트: Gott(1993, 1994)는 획기적인 생각을 내놓긴 했지만 확률을 적절히 조정하지 않았다. Caves(2000)에서 바로잡았다. Rees(2003)의 논의와 Bostrom(2002)에서 역설을 다루는 법을 참조하라.
- 생존 관련 논문과 분포 특성: 멱함수를 지수함수로 착각하기 쉬운데, 꼬리 부분의 자료가 부족하기 때문이다. 따라서 지수분포는 멱함수가 될 수 있지만 그 반대는 성립하지 않는다고 연역적으로 가정한다. 반대 방향에서 오류가 발생할 가능성이 훨씬 적다. Pigolotti et al.(2005). 제국에 관해서는 Arbesman(2011), Khmaladze et al.(2007, 2010), Taagepera(1978, 1979)를 참조하라. 회사에 관해서는 Fujiwara를 참조하라. Turchin(2003, 2009)도 참조하라.
- 분포에서 조건부 생존 예상 시간: Sornette & Knopoff(1997). 두 학자는 역설적으로 지진을 기다리는 시간이 길어질수록 앞으로 기다릴 예상 시간도 길어진다고 밝힌다.

| 기타 네오매니어 |

- 르 코르뷔지에: Christopher Caldwell, "Revolting High Rises," 〈New York Times〉, 2005년 11월 27일.
- 케인즈와 고대 미터법: Cairns(2007). 케인즈의 연구는 요아브 브랜드(Yoav Brand)의 관심을 끌었고, 브랜드는 강의가 끝나고 나서 고맙게도 내게 책을 주었다.
- 비목적론적 설계: 건물이 변형되고 변화하는 방식, Brand (1995).
- 개: *Moral*, ii. 11; 1208 b 11. "그리고 그는 이렇게 말한다. 개가 항상 같은 타일에서 자도록 길들여졌을 때 엠페도클레스는 개가 왜 항상 같은 타일에서 자느냐는 질문을 받고, 개는 타일과 어느 정도 비슷한 면이 있는데 이런 유사성 때문에 자주 찾는 것이라고 답했다."

| 의학에 관한 일반적 논의와 철학적 논의 |

- 의학은 철학의 자매다: 의학의 역사를 고찰한 연구로는 Mudry(2006), Pigeaud(2006)가 있고, 의원성 질환을 논의한 연구로는 Camguillem(1995)이 있다. 정신에 관해서는 Pager(1996), Bates(1995)를 참조하라.
- 이슬람 의학: Porman & Savage-Smith(2007), Djebbar(2001).
- 아리스토텔레스의 『동물운동론(De motu animali)』과 의학을 수학화하려는 시도: Wear(1995)를 참조하라. 다시 말하건대, 수학은 선하지만, 그릇된 수학은 선하지 않다.
- 고대 의학: Edelstein(1987), Lonrig(1998). 비비안 너턴의 『고대의학사(Ancient Medicine)』(2004)에는 유익한 정보가 풍부하게 담겨 있지만 경험론자들을 거의 거론하지 않는 데다 기본적인 논문 몇 편을 빼고는 고대 의학을 충분히 다루지 않는다. 중요한 연구인 Zeller(1905)에서 의학(회의주의와 갈리교도)을 더 자세히 다룬다. 혹은 브로샤드의 『Les Sceptiques Grecs』가 훨씬 훌륭하다.
- 오렌지: 현대 그리스어로 'portokali'라고 하는데 포르투갈어를 변형한 단어로서, 나아가 레반트 아라비아어를 변형해서 'burduqan'라고 하고 시칠리아 방언으로도 같은 이름이다.
- 의학의 경험법칙: Palmieri(2003).
- 중세와 르네상스: French(2003).
- 일반 역사: Conrad et al.(1995), Porter(2002, 2003), Meslin et al.(2006), Kennedy(2004).
- 의원성 질환: 가장 완벽한 연구로 Sharpe & Faden(1998)이 있다. 제1악장 격의 연구로 Illich(1995)가 있다. 후속 연구로는 Hadler(2009)가 있다. Duffin(1999), Welsh et al.(2011)는 과잉진단에 관한 연구다(다만 잡음/신호와 필터링에 관한 주장은 없다.), Lebrun(1995).
- 대리인과 의원성 질환: 무작위로 추출한 사례만 제시하겠다. "Surgeons do more operations if they're on the board of surgery centers," 2012년 6월 22일, "The Daily Stat," 〈Harvard Business Review〉.
- 의원성 질환에 관한 재미있는 역사적 관점: Gustave Jules A. Witkowski, 1889, Le mal qu'on a dit des médecins.
- 합리주의/갈레노스식 의술: Garicia-Ballester(1995).
- 몽테뉴: "Mais ils ont cet heur, selon Nicocles, que le soleil esclaire leur succez, et la terre cache leur faute; et, outre-cela, ils ont une façon bien avantageuse de se servir de toutes sortes d'evenemens, car ce que la fortune, ce que la nature, ou quelque autre cause estrangere (desquelles le nombre est infini) produit en nous de bon et de salutaire, c'est le privilege de la medecine de se l'attribuer. Tous les heureux succez qui arrivent au patient qui est soubs son regime, c'est d'elle qu'il les tient. Les occasions qui m'ont guery, moy, et qui guerissent mille autres qui n'appellent point les medecins à leurs secours, ils les usurpent en leurs subjects; et, quant aux

주 713

mauvais accidents, ou ils les desavouent tout à fait, en attribuant la coulpe au patient par des raisons si vaines qu'ils n'ont garde de faillir d'en trouver tousjours assez bon nombre de telles...." [Note the detection of the attribution problem 귀인문제를 발견한 데 주목하라……]

On demandoit à un Lacedemonien qui l'avoit fait vivre sain si long temps: L'ignorance de la medecine, respondit il.

Et Adrian l'Empereur crioit sans cesse, en mourant, que la presse des medecins l'avoit tué.

- 현대의 대체의학: Singh & Edzard(2008). 두 연구자는 대체의학 분야에 적극적인 관심을 보인 탓에 소송까지 당했다.
- 동종요법과 경험적 증거: Goldacre(2007). 상당히 재미있는 책으로 『배드 사이언스(Bad Science)』(2009)도 참조하라.
- 현대의 증거 기반 의학: Sacket et al.(1998)의 매뉴얼을 참조하라. 합리주의 방법론의 결함에 관해서는 Silverman(1999), Gauch(2009), Sestini & Irving(2009)을 참조하라.
- 얼음찜질: Collins(2008): "한랭요법으로 연조직 부상을 치료할 때 임상 결과가 향상된다는 증거는 충분하지 않다." 반대로 입증하는 논문도 찾지 못했다. 유익한 면이 미미해서 재미있지도 않다.
- 혈압의 볼록성: 수치는 Welch et al.(2011)에서 인용했다.
- 옌센의 부등식과 폐 환기 장치: Brewster et al.(2005), Graham et al.(2005), Mutch et al.(2007).
- 파라셀수스: 반항아 같은 흥미로운 인물; 아아, Coulter(2000)와 같은 동종요법 지지자들에게 납치당했다. Ball(2006), Bechtel(1970), Alendy(1937)에서 그의 전기를 참조하라.
- 불멸화: Gray(2011).
- 스탕달: *Le Rouge et le noir: "La besogne de cette journée sera longue et rude, fortifions- nous par un premier déjeuner; le second viendra à dix heures pendant la grand'messe."* Chapitre XXVIII.

| 특정 의학 주제 |

나의 관심사는 증거가 아니라 증거의 부재와 연구자들이 그 문제를 어떻게 다루는지에 있다. 볼록성을 빠뜨린 예를 찾는 데 중점을 두겠다.

- 저칼로리 감미료의 효과: 이권을 누리는 연구자들의 연구를 살펴보면 풍부한 정보를 얻을 수 있다. De la Hunty et al.(2006)는 메타분석을 통해 아스파르테임의 '장점'을 밝히지만 칼로리를 넣고 빼는 방식에 치중한 나머지 전반적인 체중 증가 효과를 간과한다. 꼼꼼히 읽어보면 핵심이 빠진 사실이 드러난다. "대체된 에너지에 대해 약간의 이득이 생기긴 하지만 대체

된 에너지의 3분의 1밖에 되지 않고 아마도(내가 강조했다) 아스파르테임 감미료를 넣은 음료수를 사용할 때보다 이득이 적을 것이다. 그럼에도 불구하고 이런 이득의 가치는 단기간 연구에서 끌어낸 것이다." 분명 이 논문은 아스파르테임 제조업체에서 연구비를 지원받았을 것이다. 물론 이해관계가 충돌하는 문제가 있긴 하지만(연구자들이 식품회사에서 지원을 받았다) 그나마 괜찮은 연구인 Anderson et al.(2012)에서는 이렇게 결론을 내린다. "LCS(저칼로리 감미료)가 성인의 체중증가의 원인이라고 볼 만한 증거는 없다. 마찬가지로 체중관리에서 어떤 역할을 한다는 가설을 지지하는 증거도 부족하다." 마지막 문장은 현재로서 '이해관계에 반하는' 증거에 관심을 기울일 만한 유일한 대목이다. 만약 혜택이 있었다면 벌써 널리 알려졌을 것이다. 다시 말해서 우리는 2012년 현재 아무 증거도 없이 칼로리 없는 감미료의 의원성 질환을 만들어내고, 심지어 이는 잘 통한다!

- 미트리다티제이션과 호르메시스: Pliny, Kaiser(2003), Rattan(2008), Calabrese & Baldwin(2002, 2003a, 2003b)을 참조하라. 연구자들은 볼록성 논쟁이나 표준에서 멀어지는 상태에 대한 통찰을 간과했다. 호르메시스는 단지 표준으로 회복한 상태일 수도 있다.
- 단식과 호르메시스: Martin, Mattson et al.(2006). 암치료와 단식에 관해서는 Longo et al.(2008), Safdie et al.(2009), Raffaghelo et al.(2010)을 참조하라. 제한적 조건에서 이스트와 수명을 연구한 논문은 Fabrizio et al.(2001)를 참조하라. SIRT1에 관해서는 Longo et al.(2006), Michan et al.(2010)을 참조하라. Blagosklonny et al.(2010)의 재검토 연구도 참조하라.
- 호르메시스의 정의: 지엽적인 정의로 접근한 연구로는 Mattson(2008)이 있고, 보다 복잡한 체계로 접근한 연구로는 Danchin et al.(2011)이 있다.
- 노화, 수명, 호르메시스: 풍부한 연구가 이루어졌다. 예쁜꼬마선충(C. elegans)을 다룬 연구로는 Radak et al.(2005), Rattan(2008), Cypster & Johnson(2002)이 있다. Gems & Partridge(2008), Haylick (2001), Masoro(1998), Parsons(2000)를 참조하라. 염증과 알츠하이머병 연구에 관해서는 Finch et al.(2001)를 참조하라.
- 골밀도와 하중: 여성 연구는 Dook(1997), 일반 선수 연구는 Andreoli et al.(2001), 일반 운동 연구는 Scott, Khan, et al.(2008)을 참조하라. 여성의 노화 연구는 Solomon(1997), Rautava et al.(2007)를 참조하라. 젊은 여성 연구는 Conroy et al.(1993)를 참조하라.
- 골밀도와 자전거 타기: Nichols et al.(2003), Barry et al.(2008).
- 골밀도와 올림픽 역도: 일부 '역도' 연구에서는 기계로 하는 저항성 운동을 실제로 골격에 부담을 주면서 하는 역도로 잘못 이해한다. Conroy et al.(1993)는 중량에 초점을 맞추기 때문에 생태학적으로 보다 탄탄한 연구다.
- 갑상선: Earle(1975).
- 콜레스테롤: 어설프지 않아 보인다, Scanu & Edelstein(2008).
- 르원틴과 기대수명: Lewontin(1993). 르원틴 추정치의 잠재적으로 신뢰할 수 없는 측면을 생

각해냈고, 지금 생각나지는 않지만 어느 웹사이트에 올라온 논문에서 CDC 데이터에 주목했다.
- 스포츠가 아니라도 야외에 나가 있기: Rose et al. (2008). 스포츠를 즐기지 않더라도 야외에 나가 있는 총 시간이 길어질수록 정밀작업, 부모의 근시, 민족성 요인을 조정한 이후 근시가 감소하고 원시 평균 대기 굴절이 상승했다.
- '잘못 사용되는 신경학 용어', '뇌 포르노' 연구: Weisberg(2008), McCabe(2008)와 영국 왕립 학술원의 〈신경과학과 법〉 보고서를 참조하라. 저자 요나 레러(Jonah Lehrer)는 뇌 포르노를 효과적으로 활용했는데, 몇 가지 근거 없는 뇌 이야기로 주장을 펼치면서 이야기의 오류를 최대로 써먹었다. 그러나 결국 주장을 뒷받침하기 위해 이야기와 자료를 모두 날조한 사실이 드러났다.
- 치과의사가 받는 수익 창출의 압박: "Dental Abuse Seen Driven by Private Equity Investments," Sydney P. Freedberg, 〈Bloomberg News〉, 2012년 5월 17일.
- 유의도: 한마디로 회계사에게 외과수술용 메스를 쥐어주지 말아야 하는 만큼 사회과학 연구자들은 통계를 사용해서는 안 된다. 유의도를 잘못 이해하는 문제가 연구자들에게 영향을 미친다. McCloskey & Ziliak(1996), Ziliak & McCloskey(2008), Soyer & Hogarth(2011), Kahneman & Tversky(1971), Taleb & Goldstein(2012)을 참조하라.
- 금융수학 연구자와 이론가들은 통계의 기초도 이해하지 못하고 말만 요란하다: Taleb & Goldstein(2007)의 증거를 참조하라.
- 용량 반응에서 비선형성을 놓치다: 방사선 사례는 다소 냉혹하다. Neumaier et al. (2012). "현재 통용되는 표준 모델은 선형 척도를 적용하여 고용량에서 저용량까지 전리 방사선이 유발할 수 있는 암의 위험을 추정한다. 하지만 우리는 이렇게 널리 뻗은 DSB를 발견하면서 전리 방사선의 위험이 용량에 비례한다는 일반적인 가정에 큰 의구심을 던지고, 대신에 전리 방사선 위험의 용량 의존도를 보다 정확히 알아낼 수 있는 기제를 제시한다." 방사선 호르메시스란 저용량 방사선이 예방 효과와 함께 호르메시스 과잉반응을 일으킨다는 개념이다. Aurengo(2005)도 참조하라.
- 스타틴과 볼록성: 예를 들어 스타틴 약물을 혈중 지질이 낮은 환자에게 정기적으로 처방할 때 특정 유형의 환자들에게 통계적으로 유의미한 결과가 나오기는 했지만 효과는 미미하다. "30세에서 69세 사이의 고위험군 남성에게 50명 정도의 환자들은 한 번의 (심혈관) 삽화를 예방하기 위해 5년간 치료를 받아야 한다고 알려야 한다." (Abramson & Wright, 2007).
- 스타틴 부작용과 (다소) 숨은 위험: 여성의 근골격 손상이나 단순 통증에서의 부작용에 관해서는 Speed et al.(2012)를 참조하라. 일반적인 평가는 Hilton-Jones(2009), Hu Chung et al.(2012)을 참조하라. Roberts(2012)는 효과의 볼록성에서 다른 측면을 밝히면서 극소수의 피해 사례를 제시한다. Fernandez et al.(2011)는 임상 실험에서 근질환 위험이 발생하지 않는 사례를 제시한다. 한편 Reedberg & Katz(2012)와 Hamazaki et al.는 "전 원인 사

망률에서 스타틴의 영향이 있더라도 미미한 수준이다."라고 설명한다.

Harlan Krumholz, 〈*Forbes*〉, 2011년 4월 29일:

문제는 혈액검사 결과를 향상시키는 약물이 위험을 낮추지 않을지도 모른다는 데 있다. 예를 들어 LDL을 낮추거나 HDL을 높이거나 혈당이나 혈압을 낮추는 수많은 약물이 예상과 달리 위험을 낮추지 못하고 때로는 오히려 위험을 높이기도 한다.

이런 결과는 심장마비 같은 미래의 사건을 예방하기 위한 치료법을 고려할 때 특히 중요하다. 안타깝게도 위험요인에 영향을 주는 다양한 약물로 환자가 효과를 보는지에 관해 조사한 연구가 없거나 연기되었다. 환자의 결과에 관한 정보가 포함된 연구는 환자가 에제티미브를 끊을 때만 실시하기 때문에 이후 몇 년 간 약물이 위험에 어떤 영향을 주는지는 알 수 없다. 이런 식으로 수십억 달러 규모의 약물을 승인하고 판매하는 과정에서 오직 혈액검사에 미치는 효과만 근거로 삼았다.

하지만 파이브레이트의 경우는 운이 좋은 편이다. 환자의 결과에 대한 연구가 이루어지고 애보트 약이라는 페노파이브레이트는 두 차례나 대규모 연구를 통해 검증되었다. 두 번의 연구 모두에서 환자가 애보트 약을 복용할 때 트리글리세리드 수준이 떨어지기는 하지만 환자의 위험이 줄어들지는 않았다. 최근 실시된 미국 국립보건원의 3억 달러 규모의 실험에서는 애보트 약을 스타틴과 혼합할 때 아무런 효과를 밝히지 못했다. 게다가 여성에게는 해로운 영향을 주는 것으로 나타났다. 이 연구에서 심각한 우려를 제기한 탓에 FDA가 자문위원회를 소집해 연구 결과를 검토하기에 이르렀다.

- **허리**: McGill(2007)을 참조하라. 의원성 질환 수술 혹은 하반신 마취제에 관해서는 Hadler(2009), Sayre(2010)를 참조하라.
- **의사의 파업**: 병원에서 몇 차례 파업이 일어나 대기 수술은 취소됐지만 응급 치료는 그대로 진행됐다. 자료가 충분하지는 않지만 비아 네가티바 방식으로 해석하면 통찰을 얻을 수 있다. 대기 수술의 효과에 관한 정보는 Argeseanu et al.(2008)을 참조하라.
- **당뇨병과 약물치료(ACCORD 연구)**: ACCORD(당뇨병 환자의 심혈관 위험 조절 조치) 연구에서는 혈당이나 그밖에 측정치를 낮추는 방법으로는 아무런 효과를 얻지 못한다는 사실을 발견했다. 사실 약물로 치료하는 단순한 혈당 문제보다 모호할 수 있다. 통합 연구로는 Skyler et al.(2009)를 참조하고, 과거의 방식에 관해서는 Westman & Vernon(2008)을 참조하라.
- **당뇨병과 식이요법에 관한 논의**: Taylor(2008), 당뇨병 완치 연구는 Lim et al.(2011), Boucher et al.(2004), Shimakuru et al.(2010)를 참조하고, 식이요법만으로 당뇨병을 치료하는 방법에 관한 초기 연구는 Wilson et al.(1980)을 참조하라. Couzin, "Deaths in Diabetes Trial Challenge a Long-Held Theory," 〈*Science*〉 2008년 2월 15일: 884–885. 당뇨병 완치와 비만 (혹은 기타) 수술에 관해서는 Pories(1995), Guidone et al.(2006), Rubino et

al.(2006)를 참조하라.
- 암의 자식작용: Kondo et al.(2005).
- 자식작용(일반): Danchin et al.(2011), Congcong et al.(2012).
- 의학과 운동에서 옌센 부등식: Schnohr & Marott(2011)를 비롯한 다수의 연구에서 전력 질주하고 아무 것도 안 하는 방법(바벨 효과로서)이 꾸준히 운동하는 방법보다 바람직한 결과를 낸다는 점을 다루었지만 볼록성 편향 부분을 간과했다.
- 아트 드 베니와 옌센 부등식: 아트 드 베니와 주고받은 개인적인 편지: "조직이 늘어나기는 하지만 영양 섭취에 따라 볼록성을 띕니다(곡선은 상승하지만 속도는 줄어듭니다). 안정 상태를 찾기 위한 방법의 출발점이 되어야 합니다. 이를테면 지방을 포함한 음식을 규칙적으로 섭취할 때, 같은 열량과 영양소의 용량에 변화를 주면서 섭취할 때보다 체중은 더 증가합니다. 근육과 지방은 기질(基質)을 두고 경쟁합니다. 그래서 지방이 더 많은 사람은 체지방이 근육에서 인슐린 저항을 유발하기 때문에 근육 쪽으로 영양가를 분배합니다. 인슐린은 규칙적으로 분출하기 때문에 하루 여섯 끼를 섭취해서 만성으로 증가할 때보다는 규칙적으로 증가할 때 훨씬 효과적입니다. 지방과 근육이 손실될 때는 곡선이 아래로 기울지만 감소 비율에 의해 (오목하게) 줄어듭니다. 따라서 연속으로 음식을 섭취할 때보다 간헐적으로 섭취할 때 지방이 더 많이 줄어듭니다. 평균적으로 일정하게 식사할 때(하루 여섯 끼를 조금씩 섭취할 때)보다 같은 양이라도 적은 양에서 많은 양까지 변화를 주면서 섭취할 때 지방이 많이 줄어듭니다. 보다 미묘한 특징은 간헐적으로 식사할 때보다 평균적으로 식사할 때 체중이 더 많이 줄긴 하지만 이것은 간헐적 박탈보다 만성 박탈일 때 근육이 더 많이 줄어들기 때문입니다. 결국 간헐적으로 음식을 섭취하면 체성분 구성이 좋아집니다."
- 굶주림, 간헐적 단식, 노화: 뉴런의 저항과 뇌의 노화에 관한 연구로 Anson, Guo, et al.(2003), Mattson et al.(2005), Martin, Mattson et al.(2006), Halagappa, Guo, et al.(2007), Stranahan & Mattson(2012)을 참조하라.
- 열량제한: Harrison(1984), Wiendruch(1996), Pischon(2008)을 참조하라.
- 격렬한 운동: 삽화적 에너지 불균형에 관한 문헌을 통합한 연구는 De Vany(2011)를 참조하라. 여기서는 추가로 먹힘수 효과를 살펴본다.
- 약물은 추측에 근거하는 경향이 강하다는 사실을 간과하다: Stip(2010)은 비아 포지티바 방식으로 생명을 연장하는 데 공을 들이면서 제약회사에 얽힌 복잡한 이야기를 소개한다.
- 포도당과 의지력: 바우마이스터(Baumeister)의 실험에서 포도당이 사람들을 보다 예리하게 만들고 의지력을 길러주는 효과는(Kahneman(2011) 참조) 신진대사가 원활하지 않은 사람에게만 적용될 수 있다. 통계 도구를 살펴보려면 Kurzban(2011)을 참조하라.
- 서문에 제시한 것처럼 무작위성 부족으로 인한 질병의 군집 현상: Yaffe & Blackwell(2004), Razay & Wilcock(1994). 알츠하이머와 인슐린과잉혈증, Luchsinger, Tang, et al.(2004), Janson, Laedtke, et al.(2004).

- 굶주림과 뇌: Stranahan & Mattson(2012). 뇌에는 케톤이 아니라 포도당이 필요하고 뇌에서는 자식작용이 일어나지 않는다는 오랜 믿음이 점차 바로잡혔다.
- 라마단과 단식 효과: 라마단에는 계절에 따라 12시간 정도밖에 금식하지 않으므로 흥미로운 연구주제는 아니다(사실 저녁부터 이튿날 점심까지 금식하면 17시간 동안 아무 것도 먹지 않고 보낼 수 있고, 내가 자주 쓰는 방법이다). 더군다나 라마단에 참여하는 사람들은 새벽에 실컷 먹으면서 트리폴리(레바논)의 디저트로 탄수화물을 양껏 축적한다. 그럼에도 불구하고 의미는 있다. Trabelsi et al.(2012), Akanji et al.(2012)를 참조하라.
- 스트레스의 혜택: 스트레스 요인의 두 가지 유형인 단기 요인과 만성 요인의 각기 다른 효과에 관해서는 Dhabar(2009)를 참조하라. 스트레스가 면역력 향상과 암 저항력에 주는 혜택에 관해서는 Dhabhar et al.(2010), Dhabhar et al.(2012)을 참조하라.
- 위생과 철저한 세균 제거로 인한 의원성 질환: Rook(2011), Garner et al.(2006), 헬리코박터에 관해서는 Mégraud & Lamouliatte(1992)를 참조하라.
- 고생물학 연구자인 드 베니와 게리 토브스와 친구들: Taubes(2008, 2011), De Vany(2011). 진화인류학은 Carrera-Bastos et al.(2011), Kaplan et al.(2000)을 참조하라.

7권

- 자본주의에 관한 현대의 철학적 논의: Cuillerai(2009)와 같은 통찰력 있는 담론에서도 중요한 요인으로서 단순한 경험법칙에 관심을 보이지 않는다.
- 역사 속의 용기: Berns et al.(2010).
- 검투사: Veyne(1999).
- 트레드밀: 루크레티우스, *Nimirum quia non bene norat quæ esset habendi / Finis, et omnino quoad crescat vera voluptas.*
- 집단과 단체: Haidt(2012).
- 애덤 스미스의 자본주의: "그가 말하지 않은 단어" — 사이먼 샤머(Simon Schama)와 나눈 개인적인 대화.
- 스티글리츠의 위험한 보고서: Joseph E. Stiglitz, Jonathan M. Orszag & Peter R. Orszag, "Implications of the New Fannie Mae and Freddie Mac Risk-based Capital Standard," *Fannie Mae Papers*, Volume I, Issue 2, 2002년 3월.
- 메이어 랜스키: 전직 뉴욕경찰국 마피아 수사관 랠프 살레모가 들려준 이야기, Ferrante(2011).
- 치료가 아닌 환자를 찾아다니는 제약회사의 부도덕한 활동: 특히 정신의학 분야의 직접적이고 간접적인 부패에 관한 이야기. 하버드 의과대학의 한 정신의학 교수는 제약회사로부터 160만 달러를 받았다. "그 교수 때문에 현재 두 살밖에 안 된 아이들이 양극성장애 진단을 받는다

……." 마르시아 앵겔(Marcia Angell), 〈The New York Review of Books〉. 앵겔은 예전에 〈The New England Journal of Medicine〉의 편집자로 일하면서 대부분의 임상실험을 믿지 않게 되었다. 한편 추측을 기반으로 하는 연구에는 돈을 쓰지 않고 일반 의약품을 이용한 '안전한' 연구에만 돈을 쓰는 세태에 관해서는 Light & Lexchin(2012)을 참조하라.
- 반박 연구: 나는 카너먼 덕분에 Malmendier & Tate(2008, 2009)와 같은 연구에 관심을 갖게 되었다. 이들의 연구에서는 관리자들이 회사에 필요 이상으로 투자하면서 승부의 책임을 느끼고 지나치게 깊이 개입하는 현상을 보여준다. 마이런 숄즈와 로버트 머턴은 LTCM에 투자했다. 하지만 전반적으로 자유 옵션이 지배적이다(관리자들의 지불금 총액을 주주들의 수익과 비교해서 측정하면 된다). '무작위성에 속는 사람'과 '무작위성을 이용하는 사기꾼'이 있다. 두 가지가 결합된 경우가 흔하다. (출처: Nicolas Tabardel).
- 비대칭성과 채굴업: Acemoglu & Robinson(2012)은 착취적인 경제제도와 환경을 언급하면서 불균형을 논의한다. 이런 환경에서는 남의 희생을 밟고 부자가 되지만 볼록성을 띤 협력의 구조에서는 한 사람의 재산이 조화로운 전체를 이룬다. 제도의 역할에 관해서는 North(1990)를 참조하라.
- 캐비어 사회주의와 번이트의 문제: Riffard(2004), Burnyeat(1984), Wai-Hung(2002).
- 집단 맹목과 책임 분산: 동물의 영역(개미)에 관해서 Deneubourg, Goss et al.(1983), Deneubourg, Pasteels et al.(1983)을 참조하라.
- 로마의 생활과 사회화: Veyne(2001).
- 방 안의 코끼리: 모두가 알면서도 논의하지 않는 문제. Zerubavel(2006).
- 대기업의 사망률: 생각보다 높다. Greenwood & Suddaby(2006)를 참조하라. Stubbart & Knight(2006)에서도 거론된다. 제일 좋은 방법으로 S&P 100이나 S&P 500 기업들을 대상으로 기업의 구성을 들여다보는 방법이 있다. 물론 또 하나의 방법으로 합병에 관한 자료를 살펴볼 수 있다.
- 정보 캐스케이드: 집단 안에서 오류와 착각과 소문을 악화시키는 기제에 관한 통합 연구로는 Sunstein(2009)이 있다.
- 앨런 블라인더 문제: 알려지지 않은 이해관계의 충돌에 관한 기사로 〈Wall Street Journal〉, 'Blanket Deposit Insurance Is a Bad Idea,' 2008년 10월 15일자를 참조하라. 컬럼비아 대학교 경영대학원장 글렌 허버드(R. Glenn Hubbard)와 함께 썼다.
- 가족기업의 상대적인 실적: McConaughy & Fialco(2001), Le Breton - Miller & Miller(2006), Mackie(2001).
- 승부의 책임: Taleb & Martin(2012a).

| 데이터 마이닝, 빅 데이터, 연구자의 옵션 등 |
- 사회과학 연구 문헌의 오류: 전형적인 실수, Ayres(2007)과 같은 개념을 적극 옹호하는 사람

들이 이런 오류를 간과하는 현실을 생각해보라. "유로화 대량 매입을 헤징하고 싶은가? 사실 26가지 기타 주식과 상품을 신중히 조율한 포트폴리오를 팔아야 한다. 여기에는 월마트 주식이 포함될 수도 있다." 11쪽.
- 스탠 영의 적극적인 활동: Young & Carr(2011), Ioannides(2005, 2007)도 참조하라.
- 믿음의 약속: Levi(1980).
- 소금: 매우 설득력 있는 연구인 Freedman & Petitti(2001)에서는 지표가 아닌 데이터를 시각화하는 과정에 의존한다. "연구자들 중 누구도 소금업계에 조언을 구하지 않았다."가 '처음' 내 눈에 들어온 내용이었다.
- 빅 데이터에 관한 그래프: 몬테카를로 시뮬레이션. 사회과학에서 좋아하는 상관으로 >0.1이나 그 이상을 사용했다(방대한 지표가 있어야 양(陽)의 값을 유지하기 때문에 분석적으로 분석하기가 어렵다). 볼록성은 상관 임계값에 따라 달라지지 않는다.
- 임상실험에서 연구자 바이어스를 해결하기 위한 방법: Goldacre(2009)에서는 실험 데이터베이스를 구축하는 방법을 통해 실패를 기록하라고 연구자들에게 제안한다. 무엇을 하든 지금보다는 낫다.
- 집단과 프래질: 집단의 힘은 효율성에서 나오는 혜택에 의존하므로 프래질이하다. 사람들은 개인의 판단을 집단의 판단으로 대체하기 시작한다. 이런 방식은 훌륭하게 작동하기 때문에 개인이 쓸데없이 시간을 낭비하는 대신 더 빠르고 비용도 적게 든다(따라서 보다 효율적이다). 하지만 지름길이 다 그렇듯 결국은 걸림돌이 된다. 우리가 사는 세상에서 효과는 복합적인 성격을 띤다. 갈수록 규모가 커지고 집단이 전 세계로 확장되기 때문이다.
- 잡스와 장인의 윤리: 걱정스런 문제다.
플레이보이: "PCjr을 만든 사람들은 제품에 자부심이 없다는 말씀입니까?"
잡스: "자부심이 있다면 PCjr 같은 건 만들지 않았겠죠." 〈Playboy〉 [sic], 1985년 2월 1일.
- 과도한 가치폄하 가설 깨트리기: Read & Airoldi(2012).
- 그밖에 빅 데이터에 관한 논의, 그리고 시스템으로 농간을 부리는 연구자들: 심리학의 자기보고에 관한 연구는 Baumeister et al.(2007)를 참조하라. 결과에 따른 가설에 관해서는 Kerr(1998)를 참조하라. 사후검정은 Yauan & Maxwell을 참조하라. 큰 M(차원) 낮은 N (데이터) 문제는 Yarkoni를 참조하라.

참고문헌

About, Edmond, 1855, *La Grèce contemporaine*.
Abrahamson, Eric, and David H. Freedman, 2007, *A Perfect Mess: The Hidden Benefits of Disorder: How Crammed Closets, Cluttered Offices, and On- the- Fly Planning Make the World a Better Place*. Little, Brown.
Abramson, J., and J. Wright, 2007, "Are Lipid-Lowering Guidelines Evidence-Based?" *Lancet* 369(9557): 168–169.
Acemoglu, Daron, and James A. Robinson, 2012, *Why Nations Fail: The Origins of Power, Prosperity and Poverty*. New York: Crown Books.
ACCORD Study Group, 2007, "Action to Control Cardiovascular Risk in Diabetes (ACCORD) Trial: Design and Methods." *American Journal of Cardiology* 99 (suppl): 21i–33i.
Akanji, A. O., O. A. Mojiminiyi, and N. Abdella, 2000, "Beneficial Changes in Serum Apo A-1 and Its Ratio to Apo B and HDL in Stable Hyperlipidaemic Subjects After Ramadan Fasting in Kuwait." *European Journal of Clinical Nutrition* 54(6): 508–13.
Allendy, René, 1937, *Paracelse; le médecin maudit*. Gallimard.
Alter, A. L., D. M. Oppenheimer, et al., 2007, "Overcoming Intuition: Metacognitive Difficulty Activates Analytic Reasoning." *Journal of Experimental Psychology: General* 136(4): 569.
Anderson, G., J. Foreyt, M. Sigman-Grant, and D. Allison, 2012, "The Use of Low-Calorie Sweeteners by Adults: Impact on Weight Management." *Journal of Nutrition* 142(6): 1163s–1169s.
Anderson, P. W., 1972, *Science*, New Series, Vol. 177, No. 4047 (Aug. 4), pp. 393–396.
Anderson, R. C., and D. M. Reeb, 2004, "Board Composition: Balancing Family Infl uence in S&P 500 Firms." *Administrative Science Quarterly* 209–237.
Andreoli, A., M. Monteleone, M. Van Loan, L. Promenzio, U. Tarantino, and A. De Lorenzo, 2001, "Effects of Different Sports on Bone Density and Muscle Mass in Highly Trained Athletes." *Medicine & Science in Sports & Exercise* 33(4): 507–511.
Anson, R. M., Z. Guo, et al., 2003, "Intermittent Fasting Dissociates Beneficial Effects of Dietary Restriction on Glucose Metabolism and Neuronal Resistance to Injury from Calorie Intake." *Proceedings of the National Academy of Sciences of the United*

States of America 100(10): 6216.
Arbesman, S., 2011, "The Life-Spans of Empires." *Historical Methods: A Journal of Quantitative and Interdisciplinary History* 44(3): 127–129.
Arikha, Noga, 2008a, *Passions and Tempers: A History of the Humours.* Harper Perennial.
Arikha, Noga, 2008b, "Just Life in a Nutshell: Humours as Common Sense," *Philosophical Forum Quarterly* XXXIX: 3.
Arnheim, Rudolf, 1971, *Entropy and Art: An Essay on Disorder and Order.* Berkeley: University of California Press.
Arnqvist, G., and M. Kirkpatrick, 2005, "The Evolution of Infidelity in Socially Monogamous Passerines: The Strength of Direct and Indirect Selection on Extrapair Copulation Behavior in Females." *American Naturalist* 165 (s5).
Aron, Raymond, 1964, *Dimensions de la conscience historique.* Agora/Librairie Plon.
Arrow, Kenneth, 1971, "Aspects of the Theory of Risk-Bearing," Yrjö Jahnsson Lectures (1965), reprinted in *Essays in the Theory of Risk Bearing,* edited by Kenneth Arrow. Chicago: Markum.
Atamas, S. P., and J. Bell, 2009, "Degeneracy-Driven Self-Structuring Dynamics in Selective Repertoires." *Bulletin of Mathematical Biology* 71(6): 1349–1365.
Athavale, Y., P. Hosseinizadeh, et al., 2009, "Identifying the Potential for Failure of Businesses in the Technology, Pharmaceutical, and Banking Sectors Using Kernel-Based Machine Learning Methods." IEEE.
Aubet, Maria Eugenia, 2001, *The Phoenicians and the West: Politics, Colonies and Trade,* Cambridge: Cambridge University Press.
Audard, Catherine, ed., 1993, *Le respect: De l'estime à la déférence: une question de limite.* Paris: Éditions Autrement.
Aurengo, André, 2005, "Dose-Effect Relationships and Estimation of the Carcinogenic Effects of Low Doses of Ionizing Radiation." Académie des Sciences et Académie Nationale de Médecine.
Ayanian, J. Z., and D. M. Berwick 1991, "Do Physicans Have a Bias Toward Action?" *Medical Decision Making* 11(3): 154–158.
Ayres, Ian, 2007, *Super Crunchers: Why Thinking- by- Numbers Is the New Way to Be Smart.* New York: Bantam.
Bakwin, H., 1945, "Pseudodoxia Pediatrica." *New England Journal of Medicine* 232(24): 692.
Ball, Philip, 2006, *The Devil's Doctor: Paracelsus and the World of Renaissance Magic and Science.* New York: Farrar, Straus and Giroux.
Ball, Philip, 2008, *Universe of Stone: A Biography of Chartres Cathedral.* New York: Harper.
Bar-Yam, Yaneer, and I. Epstein, 2004. "Response of Complex Networks to Stimuli." *Proceedings of the National Academy of Sciences of the United States of America* 101(13): 4341.
Bar-Yam, Yaneer, 2001, *Introducing Complex Systems.* Cambridge, Mass.: New England Complex Systems Institute, 57.
Barkan, I., 1936, "Imprisonment as a Penalty in Ancient Athens." *Classical Philology* 31(4): 338–341.
Barry, D. W., and W. M. Kohrt, 2008, "BMD Decreases over the Course of a Year in

Competitive Male Cyclists." *Journal of Bone and Mineral Research* 23(4): 484–491.

Barty-King, H., 1997, *The Worst Poverty: A History of Debt and Debtors.* Budding Books.

Basalla, George, 1988, *The Evolution of Technology.* Cambridge: Cambridge University Press.

Bates, Don, ed., 1995, *Knowledge and the Scholarly Medical Traditions.* Cambridge: Cambridge University Press.

Baumeister, R. F., K. D. Vohs, and D. C. Funder, 2007, "Psychology as the Science of Self-Reports and Finger Movements: Whatever Happened to Actual Behavior?" *Perspectives on Psychological Science* 2: 396–403.

Beahm, George, 2011, *I, Steve: Steve Jobs in His Own Words.* Perseus Books Group.

Beaujouan, G., 1991, *Par raison de nombres: L'art du calcul et les savoirs scientifiques médiévaux.* Variorum Publishing.

Beaujouan, G., 1973, *Réflexions sur les rapports entre théorie et pratique au moyen age.* D. Reidel Publ. Co.

Bechtel, Guy, 1970, *Paracelse et la naissance de la médecine alchimique.* Culture, Art, Loisirs.

Bell, David A., 2001, *The Cult of the Nation in France: Inventing Nationalism 1680–1800.* Cambridge, Mass.: Harvard University Press.

Bennett, G., N. Gilman, et al., 2009, "From Synthetic Biology to Biohacking: Are We Prepared?" *Nature Biotechnology* 27(12): 1109–1111.

Berkun, Scott, 2007, *The Myths of Innovation.* Sebastol, Calif.: O'Reilly.

Berlin, Isaiah, 1990, *The Crooked Timber of Humanity.* Princeton, N.J.: Princeton University Press.

Berns, Thomas, Laurence Blésin, and Gaelle Jeanmart, 2010, *Du courage: une histoire philosophique.* Encre Marine.

Bernstein, Peter L., 1996, *Against the Gods: The Remarkable Story of Risk.* New York: Wiley.

Bettencourt, L., and G. West, 2010, "A unified theory of urban living," *Nature* 467(7318): 912–913.

Bettencourt, L., and G. West, 2011, "Bigger Cities Do More with Less." *Scientific American* 305(3): 52–53.

Beunza, D., and D. Stark, 2010, "Models, Reflexivity, and Systemic Risk: A Critique of Behavioral Finance." Preprint.

Biezunski, Michel, ed., 1983, *La recherche en histoire des sciences.* Paris: Éditions du Seuil.

Blagosklonny, M., J. Campisi, D. Sinclair, A. Bartke, M. Blasco, W. Bonner, V. Bohr, R. Brosh Jr., A. Brunet, and R. DePinho, 2010, "Impact Papers on Aging in 2009." *Aging* (Albany, N.Y.), 2(3): 111.

Blaha, M. J., K. Nasir, R. S. Blumenthal, 2012, "Statin Therapy for Healthy Men Identified as 'Increased Risk.'" JAMA 307(14): 1489–90.

Bliss, Michael, 2007, *The Discovery of Insulin.* Chicago: University of Chicago Press.

Blundell-Wignall, A., G. Wehinger, et al., 2009, "The Elephant in the Room: The Need to Deal with What Banks Do." *OECD Journal: Financial Market Trends* (2).

Boehlje, M., 1999, "Structural Changes in the Agricultural Industries: How Do We Measure, Analyze and Understand Them?" *American Journal of Agricultural*

Economics 81(5): 1028–1041.
Bohuon, Claude, and Claude Monneret, 2009, *Fabuleux hasards: histoire de la découverte des médicaments.* EDP Sciences.
Bonanno, G. A., 2004, "Loss, Trauma, and Human Resilience: Have We Underestimated the Human Capacity to Thrive After Extremely Aversive Events?" *American Psychologist* 59: 20–28.
Borkowski, M., B. Podaima, et al., 2009, "Epidemic Modeling with Discrete-Space Scheduled Walkers: Extensions and Research Opportunities." *BMC Public Health* 9 (Suppl 1): S14.
Bostrom, Nick, 2002, *Anthropic Bias: Observation Selection Effects in Science and Philosophy.* London: Routledge.
Boucher, A., et al., 2004, "Biochemical Mechanism of Lipid-Induced Impairment of Glucose-Stimulated Insulin Secretion and Reversal with a Malate Analogue." *Journal of Biological Chemistry* 279: 27263–27271.
Bourdieu, Pierre, 1972, *Esquisse d'une théorie de la pratique.* Paris: Éditions du Seuil.
Brand, Stewart, 1995, *How Buildings Learn: What Happens After They're Built.* Penguin.
Brandstätter, E., G. Gigerenzer, et al., 2006, "The Priority Heuristic: Making Choices Without Trade-offs." *Psychological Review* 113(2): 409.
Brewster, J. F., M. R. Graham, et al., 2005, "Convexity, Jensen's Inequality and Benefits of Noisy Mechanical Ventilation." *Journal of the Royal Society* 2(4): 393–396.
Brosco, J., and S. Watts, 2007, "Two Views: 'Bad Medicine: Doctors Doing Harm Since Hippocrates.' By David Wootton." *Journal of Social History* 41(2): 481.
Bryson, Bill, 2010, *At Home: A Short History of Private Life.* New York: Doubleday.
Burch, Druin, 2009, *Taking the Medicine: A Short History of Medicine's Beautiful Idea, and Our Difficulty Swallowing It.* Chatto and Windus.
Burghardt, G., and W. Hoskins, 1994, "The Convexity Bias in Eurodollar Futures." *Carr Futures Research Note,* September.
Burghardt, G., and G. Panos, 2001, "Hedging Convexity Bias." *Carr Futures Research Note,* August.
Burnyeat, F., 1984, "The Sceptic in His Place and Time." In R. Rorty, J. B. Schneewind, and Q. Skinner, eds., *Philosophy in History.* Cambridge: Cambridge University Press, p. 225.
Cairns, Warwick, 2007, *About the Size of It: The Common Sense Approach to Measuring Things.* London: Pan Books.
Calabrese, E. J., 2005, "Paradigm Lost, Paradigm Found: The Re-emergence of Hormesis as a Fundamental Dose Response Model in the Toxicological Sciences." *Environmental Pollution* 138(3): 378–411.
Calabrese, E. J., and L. Baldwin, 2002, "Defining Hormesis." *Human & Experimental Toxicology* 21(2): 91.
Calabrese, E. J., and L. A. Baldwin, 2003a, "Toxicology Rethinks Its Central Belief." *Nature* 421(6924): 691–692.
Calabrese, E. J., and L. A. Baldwin, 2003b, "Hormesis: The Dose-Response Revolution." *Annual Review of Pharmacology and Toxicology* 43(1): 175–197.
Calder, William M. III, Bernhard Huss, Marc Mastrangelo, R. Scott Smith, and Stephen M. Trzaskoma, 2002, *The Unknown Socrates.* Wauconda, Ill: Bolchazy-

Carducci Publishers.
Calhoun, L. G., and R. G. Tedeschi, 2006, *Expert Companions: Post- Traumatic Growth in Clinical Practice*. Lawrence Erlbaum Associates Publishers.
Canguilhem, Georges, 1966, *Le normal et le pathologique*. Presses Universitaires de France.
Canguilhem, Georges, 1995, *Études d'histoire et de philosophie des sciences*. Librairie Philosophique J. Vrin.
Carbuhn, A., T. Fernandez, A. Bragg, J. Green, and S. Crouse, 2010, "Sport and Training Influence Bone and Body Composition in Women Collegiate Athletes." *Journal of Strength and Conditioning Research* 24(7): 1710–1717.
Carey, B., P. K. Patra, et al., 2011, "Observation of Dynamic Strain Hardening in Polymer Nanocomposites." *ACS Nano*. 5(4): 2715–2722.
Carrera-Bastos, P., M. Fontes Villalba, et al., 2011, "The Western Diet and Lifestyle and Diseases of Civilization." *Research Reports in Clinical Cardiology* 2: 215–235.
Cartwright, S., and R. Schoenberg, 2006, "Thirty Years of Mergers and Acquisitions Research: Recent Advances and Future Opportunities." *British Journal of Management* 17(S1): S1–S5.
Caves, Carlton M., 2000, "Predicting Future Duration from Present Age: A Critical Assessment," *Contemporary Physics* 41: 143–153.
Chang, H. J., 2011, *23 Things They Don't Tell You About Capitalism*. London: Bloomsbury Press.
Charbonnier, Georges, 2010, *Entretiens avec Claude Lévi- Strass*. Les Belles Lettres.
Collins, Harry, 2010, *Tacit and Explicit Knowledge*. Chicago: University of Chicago Press.
Collins, N. C., 2008, "Is Ice Right? Does Cryotherapy Improve Outcome for Acute Soft Tissue Injury?" *Emergency Medicine Journal* 25: 65–68.
Compagnon, Antoine, 2005, *Les antimodernes de Joseph de Maistre à Roland Barthes*. Paris: Gallimard.
Congcong, He, et al., 2012, "Exercise-Induced BCL2-Regulated Autophagy Is Required for Muscle Glucose Homeostasis." *Nature*, 2012.
Conrad, Lawrence I., Michael Neve, Vivian Nutton, Roy Porter, and Andrew Wear, 1995, *The Western Medical Tradition: 800 BC to AD 1800*. Cambridge: Cambridge University Press.
Conroy, B. P., W. J. Kraemer, et al., 1993, "Bone Mineral Density in Elite Junior Olympic Weightlifters." *Medicine and Science in Sports and Exercise* 25(10): 1103.
Contopoulos-Ioannidis, D. G., E. E. Ntzani, et al., 2003, "Translation of Highly Promising Basic Science Research into Clinical Applications." *American Journal of Medicine* 114(6): 477–484.
Contopoulos-Ioannidis, D. G., G. A. Alexiou, et al., 2008, "Life Cycle of Translational Research for Medical Interventions." *Science* 321(5894): 1298–1299.
Convery, F. J., C. Di Maria, et al., 2010, "ESRI Discussion Paper Series No. 230."
Coulter, Harris L., 1994, *Divided Legacy: A History of the Schism in Medical Thought*, Vol. I. Center for Empirical Medicine.
Coulter, Harris L., 2000, *Divided Legacy: A History of Schism in Medical Thought*, Vol. II. North Atlantic Books.

Cowan, R., P. A. David, et al., 2000, "The Explicit Economics of Knowledge Codification and Tacitness." *Industrial and Corporate Change* 9(2): 211.
Coy, P., 2009, "What Good Are Economists Anyway?" *BusinessWeek* 27: 26–29.
Crafts, Nicholas F. R., 1985, *British Economic Growth During the Industrial Revolution.* New York: Oxford University Press.
Crafts, Nicholas F. R., and C. Knick Harley. "Output Growth and the British Industrial Revolution: A Restatement of the Crafts-Harley View." *Economic History Review* 45 (1992): 703–730.
Cretu, O., R. B. Stewart, et al., 2011, *Risk Management for Design and Construction.*
Crosby, Alfred W., 1997, *The Measure of Reality: Quantification and Western Society, 1250–1600.* Cambridge: Cambridge University Press.
Cuillerai, Marie, 2009, *Spéculation, éthique, confiance: Essai sur le capitalisme vertueux.* Éditions Payots-Rivages.
Cunningham, Solveig Argeseanu, Kristina Mitchell, K.M. Venkat Narayan, Salim Yusuf, 2008, "Doctors' Strikes and Mortality: A Review." *Social Science & Medicine* 67(11), 1784–1788.
Cypser, J. R., and T. E. Johnson, 2002, "Multiple Stressors in *Caenorhabditis Elegans* Induce Stress Hormesis and Extended Longevity." *Journals of Gerontology: Series A: Biological Sciences and Medical Sciences* 57(3): B109.
Czerlinski, J., G. Gigerenzer, et al., 1999, "How Good Are Simple Heuristics?"
Dahl, Robert A., and Edward R. Tufte, 1973, *Size and Democracy.* Stanford: Stanford University Press.
Danchin, A., P. M. Binder, et al., 2011, "Antifragility and Tinkering in Biology (and in Business) Flexibility Provides an Efficient Epigenetic Way to Manage Risk." *Genes* 2(4): 998–1016.
Darnton, Robert, 2010, *The Devil in the Holy Water, or The Art of Slander from Louis XIV to Napoleon.* University of Pennsylvania Press.
Daston, Lorraine, 1988, *Classical Probability in the Enlightenment.* Princeton, N.J.: Princeton University Press.
Davidson, P., 2010, "Black Swans and Knight's Epistemological Uncertainty: Are These Concepts Also Underlying Behavioral and Post-Walrasian Theory?" *Journal of Post Keynesian Economics* 32(4): 567–570.
Davis, Devra, 2007, *The Secret History of the War on Cancer.* Basic Books.
Dawes, Robyn M., 2001, *Everyday Irrationality: How Pseudo- Scientists, Lunatics, and the Rest of Us Systematically Fail to Think Rationally.* Westview.
De Finetti, B., 1937, *La prévision: ses lois logiques, ses sources subjectives.* Institut Henri Poincaré.
De Finetti, B., 1974, *Theory of Probability,* Vol. 1. London: John.
De Finetti, B., 1989, "Probabilism." *Erkenntnis* 31(2): 169–223.
De la Hunty, A., S. Gibson, and M. Ashwell, 2006, "A Review of the Effectiveness of Aspartame in Helping with Weight Control." *Nutrition Bulletin* 31(2):115–128.
De Long, J. Bradford, and Andrei Shleifer, 1993, "Princes and Merchants: European City Growth Before the Industrial Revolution." *Journal of Law and Economics* 36: 671–702.
De Soto, H., 2000, *The Mystery of Capital: Why Capitalism Triumphs in the West and*

Fails Everywhere Else. Basic Books.

De Vany, A., 2011, *The New Evolution Diet.* Vermilion.

Delon, Michel, ed., 1997, *Dictionnaire européen des lumières.* Presses Universitaires de France.

Deneubourg, J. L., S. Goss, N. Franks, and J. M. Pasteels, 1989, "The Blind Leading the Blind: Modelling Chemically Mediated Army Ant Raid Patterns." *Journal of Insect Behavior* 2: 719–725.

Deneubourg, J. L., J. M. Pasteels, and J. C. Verhaeghe, 1983, "Probabilistic Behavior in Ants: A Strategy of Errors?" *Journal of Theoretical Biology* 105: 259–271.

Derman, E., and N. N. Taleb, 2005, "The Illusions of Dynamic Replication." *Quantitative Finance* 5: 4.

Dhabhar, F. S., 2009, "Enhancing Versus Suppressive Effects of Stress on Immune Function: Implications for Immunoprotection and Immunopathology." *Neuroimmunomodulation* 16(5): 300–317.

Dhabhar, F. S., A. N. Saul, C. Daugherty, T. H. Holmes, D. M. Bouley, T. M. Oberyszyn, 2010, "Short-term Stress Enhances Cellular Immunity and Increases Early Resistance to Squamous Cell carcinoma." *Brain, Behavior and Immunity* 24(1): 127–137.

Dhabhar, F. S., A. N. Saul, T. H. Holmes, C. Daugherty, E. Neri, J. M. Tillie, D. Kusewitt, T. M. Oberyszyn, 2012, "High-Anxious Individuals Show Increased Chronic Stress Burden, Decreased Protective Immunity, and Increased Cancer Progression in a Mouse Model of Squamous Cell Carcinoma." *PLOS ONE* 7(4): e33069.

Diamond, Jared, 1988, "Why Cats Have Nine Lives." *Nature,* Vol. 332, April 14.

Dixit, A. K. and R. S. Pindyck, 1994, *Investment Under Uncertainty.* Princeton, N.J.: Princeton University Press.

Djebbar, Ahmed, 2001, *Une histoire de la science arabe.* Éditions du Seuil.

Dook, J. E., C. James, N. K. Henderson, and R. I. Price, 1997, "Exercise and Bone Mineral Density in Mature Female Athletes." *Medicine and Science in Sports and Exercise* 29(3): 291–296.

Douady, R. and N. N. Taleb, 2011, "Statistical Undecidability," preprint.

Driver, P. M., and D. A. Humphries, 1988, *Protean Behaviour: The Biology of Unpredictability.* Oxford: Oxford University Press.

Duffin, Jacalyn, 1999, *History of Medicine: A Scandalously Short Introduction.* Toronto: University of Toronto Press.

Dunne, J. A., R. J. Williams, et al., 2002, "Network Topology and Biodiversity Loss in Food Webs: Robustness Increases with Connectance." *Ecology Letters* 5(4): 558–567.

Earle, J., 1975, "Thyroid Cancer. Delayed Effects of Head and Neck Irradiation in Children (Medical Information)." *Western Journal of Medicine* 123:340, October.

Easterly, W., 2001, *The Elusive Quest for Growth: Economists' Adventures and Misadventures in the Tropics.* Cambridge, Mass.: The MIT Press.

Easterly, W., and A. Kraay, 2000, "Small States, Small Problems? Income, Growth, and Volatility in Small States." *World Development* 28(11): 2013–2027.

Easterly, W., M. Kremer, L. Pritchett, and L. Summers, 1993, "Good Policy or Good Luck? Country Growth Performance and Temporary Shocks" *Journal of Monetary*

Economics 32(3): 459–483.
Easterly, William, 2006, *The White Man's Burden: Why the West's Efforts to Aid the Rest Have Done So Much Ill and So Little Good*. Penguin Group.
Eberhard, Wolfram, 1950, 1977, *A History of China*. University of California Press.
Edelstein, Ludwig, 1987, *Ancient Medicine*. Johns Hopkins University Press.
Edgerton, David, 1996a, "The 'White Heat' Revisited: British Government and Technology in the 1960s." *Twentieth Century British History* 7(1): 53–82.
Edgerton, David, 1996b, *Science, Technology, and the British Industrial 'Decline,' 1870–1970*. Cambridge: Cambridge University Press.
Edgerton, David, 2004, "The 'Linear Model' Did Not Exist: Reflections on the History and Historiography of Science and Research in Industry in the Twentieth Century." In Karl Grandin and Nina Wormbs, eds., *The Science–Industry Nexus: History, Policy, Implications*. New York: Watson.
Edgerton, David, 2007, *The Shock of the Old: Technology and Global History Since 1900*, Oxford.
Ekern, S., 1980, "Increasing Nth Degree Risk." *Economics Letters* 6(4): 329–333.
Elkington, John, and Pamela Hartigan, 2008, *The Power of Unreasonable People: How Social Entrepreneurs Create Markets That Change the World*. Cambridge, Mass.: Harvard Business Press.
Emer, J., 2009, "An Evolution of General Purpose Processing: Reconfigurable Logic Computing." *Proceedings of the 7th Annual IEEE/ACM International Symposium*.
Esnault, Y., 2001, "Francois Jacob, l'éloge du bricolage." *Biofutur* (213).
Fabrizio, P., F. Pozza, S. Pletcher, C. Gendron, and V. Longo, 2001, "Regulation of Longevity and Stress Resistance by Sch9 in Yeast." *Science's STKE* 292(5515): 288.
Fejtö, François, 1989, *Requiem pour un Empire défunt. Histoire de la destruction de l'Autriche- Hongrie*. Paris: Lieu Commun.
Ferguson, Niall, 2011, *Civilization: The West and the Rest*. Penguin.
Fernandez, G., E. S. Spatz, C. Jablecki, P. S. Phillips, 2011, "Statin Myopathy: A Common Dilemma Not Reflected in Clinical Trials." *Cleveland Clinic Journal of Medicine* 78(6): 393–403.
Ferrante, Louis, 2011, *Mob Rules: What the Mafia Can Teach the Legitimate Businessman*. Penguin.
Finch, C., V. Longo, A. Miyao, T. Morgan, I. Rozovsky, Y. Soong, M. Wei, Z. Xie, and H. Zanjani, 2001, "Inflammation in Alzheimer's Disease." In M.-F. Chesselet, ed., *Molecular Mechanisms of Neurodegenerative Diseases*, pp. 87–110.
Fink, W., V. Lipatov, et al., 2009, "Diagnoses by General Practitioners: Accuracy and Reliability." *International Journal of Forecasting* 25(4): 784–793.
Finley, M. I., 1953, "Land, Debt, and the Man of Property in Classical Athens." *Political Science Quarterly* 68(2): 249–268.
Flyvbjerg, Bent, 2001, *Making Social Science Matter: Why Social Inquiry Fails and How It Can Succeed Again*. Cambridge: Cambridge University Press.
Flyvbjerg, Bent, and Alexander Budzier, 2011, "Are You Sitting on a Ticking Time Bomb?" *Harvard Business Review*, September.
Flyvbjerg, Bent, 2009, "Survival of the Unfittest: Why the Worst Infrastructure Gets Built— and What We Can Do About It." *Oxford Review of Economic Policy*, Vol.

25, No. 3, 344–367.

Fossedal, G. A., and A. R. Berkeley III, 2005, *Direct Democracy in Switzerland*. Transaction Pub.

Fourest, Caroline, and Fiametta Venner, 2010, *Les interdits religieux*. Éditions Dalloz.

Franklin, James, 2001, *The Science of Conjecture: Evidence and Probability Before Pascal*. Baltimore: Johns Hopkins University Press.

Freedman, D. A., and D. B. Petitti, 2001, "Salt and Blood Pressure: Conventional Wisdom Reconsidered." *Evaluation Review* 25(3): 267–287.

Freedman, D., D. Collier, et al., 2010, *Statistical Models and Causal Inference: A Dialogue with the Social Sciences*. Cambridge: Cambridge University Press.

Freeman, C., and L. Soete, 1997, *The Economics of Industrial Innovation*. London: Routledge.

Freidson, Eliot, 1970, *Profession of Medicine: A Study of the Sociology of Applied Knowledge*. Chicago: University of Chicago Press.

French, Roger, 2003, *Medicine Before Science: The Rational and Learned Doctor from the Middle Ages to the Enlightenment*. Cambridge: Cambridge University Press.

Froot, K. A., 2001, "The Market for Catastrophe Risk: A Clinical Examination," *Journal of Financial Economics* 60(2–3): 529–571.

Fujiwara, Y., 2004, "Zipf Law in Firms Bankruptcy." *Physica A: Statistical and Theoretical Physics* 337: 219–30.

Fukumoto, S., and T. J. Martin, 2009, "Bone as an Endocrine Organ." *Trends in Endocrinology and Metabolism* 20: 230–236.

Fuller, Steve, 2005, *The Intellectual*. Icon Books.

García-Ballester, Luis, 1995, "Health and Medical Care in Medieval Galenism." In Don Bates, ed., *Knowledge and the Scholarly Medical Traditions*. Cambridge: Cambridge University Press.

Garland, Robert, 1998, *Daily Life of the Ancient Greeks*. Indianapolis: Hackett.

Gauch, Ronald R., 2009, *It's Great! Oops, No It Isn't: Why Clinical Research Can't Guarantee the Right Medical Answers*. Springer.

Gawande, Atul, 2002, *Complications: A Surgeon's Note on an Imperfect Science*. Picador.

Geach, Peter, 1966, "Plato's Euthyphro," *The Monist* 50: 369–382.

Geison, Gerald L., 1995, *The Private Science of Louis Pasteur*. Princeton, N.J.: Princeton University Press.

Gems, D., and L. Partridge, 2008, "Stress-Response Hormesis and Aging: That Which Does Not Kill Us Makes Us Stronger." *Cell Metabolism* 7(3): 200–203.

Gibbert, M. and P. Scranton, 2009, "Constraints as Sources of Radical Innovation? Insights from Jet Propulsion Development." *Management & Organizational History* 4(4): 385.

Gigerenzer, Gerd, 2008, "Why Heuristics Work." *Perspectives on Psychological Science* 3(1): 20–29.

Gigerenzer, Gerd, and H. Brighton, 2009, "*Homo heuristicus:* Why Biased Minds Make Better Inferences." *Topics in Cognitive Science* 1(1): 107–143.

Gigerenzer, Gerd, and W. Gaissmaier, 2011, "Heuristic Decision Making." *Annual Review of Psychology* 62: 451–482.

Gladwell, Malcolm, 2009, *What the Dog Saw: And Other Adventures*. Hachette Group.

Glaeser, E., 2011, *Triumph of the City: How Our Greatest Invention Makes Us Richer, Smarter, Greener, Healthier, and Happier.* New York: Penguin

Glaser, Scott, and Rinoo Shah, 2010, "Root Cause Analysis of Paraplegia Following Transforaminal Epidural Steroid Injections." *Pain Physician* 13: 237–244.

Gold, Rich, 2007, *The Plenitude: Creativity, Innovation, and Making Stuff.* Cambridge, Mass.: The MIT Press.

Goldacre, B., 2007, "Benefits and Risks of Homoeopathy." *Lancet* 370(9600): 1672–1673.

Goldacre, B., 2009, *Bad Science: Quacks, Hacks, and Big Pharme Flacks.* London: Harper Perennial.

Goldstein, D. G., and G. Gigerenzer, 1999, "The Recognition Heuristic: How Ignorance Makes Us Smart."

Goldstein, D. G., and G. Gigerenzer, 2002, "Models of Ecological Rationality: The Recognition Heuristic." *Psychological Review* 109(1): 75.

Goldstein, D. G., and N. N. Taleb, 2007, "We Don't Quite Know What We Are Talking About When We Talk About Volatility," *Journal of Portfolio Management*, Summer.

Gott, J. Richard III, 1993, "Implications of the Copernican Principle for Our Future Prospects." *Nature* 363(6427): 315–319.

Gott, J. Richard III, 1994, "Future Prospects Discussed." *Nature* 368: 108.

Graeber, David, 2011, *Debt: The First 5000 Years.* Melville House Publishing.

Graham, M. R., C. J. Haberman, et al., 2005, "Mathematical Modelling to Centre Low Tidal Volumes Following Acute Lung Injury: A Study with Biologically Variable Ventilation." *Respiratory Research* 6(1): 64.

Granger, Clive W. J., 1999, *Empirical Modeling in Economics: Specification and Evaluation.* Cambridge: Cambridge University Press.

Grant, Ruth W., 2011, *Strings Attached: Untangling the Ethics of Incentives.* Princeton, N.J.: Princeton University Press.

Graver, M., 2007, *Stoicism and Emotion.* Chicago: University of Chicago Press.

Gray, John, 1998, *Hayek on Liberty.* Psychology Press.

Gray, John, 2002, *Straw Dogs: Thoughts on Humans and Other Animals.* London: Granta Books.

Gray, John, 2011, *The Immortalization Commission: Science and the Strange Quest to Cheat Death.* Allen Lane.

Greenwood, R., and R. Suddaby, 2006, "The Case of Disappearing Firms: Death or Deliverance?" *Journal of Organizational Behavior* 27(1): 101–108.

Grice, E. A., and J. A. Segre, 2011, "The Skin Microbiome." *Nature Reviews Microbiology* 9(4): 244–253.

Griffith, S. C., I.P.F. Owens, and K. A. Thuman, 2002, "Extrapair Paternity in Birds: A Review of Interspecific Variation and Adaptive Function." *Molecular Ecology* 11: 2195–212.

Grob, Gerald N., 2002, *The Deadly Truth: A History of Disease in America.* Cambridge, Mass.: Harvard University Press.

Guadalupe-Grau, A., T. Fuentes, B. Guerra, and J. Calbet, 2009, "Exercise and Bone Mass in Adults." *Sports Medicine* 39(6): 439–468.

Guarner, F., R. Bourdet-Sicard, et al., 2006, "Mechanisms of Disease: the Hygiene Hypothesis Revisited." *Nature Clinical Practice Gastroenterology & Hepatology* 3(5): 275–284.

Guidone, C., et al., 2006, "Mechanisms of Recovery from Type 2 Diabetes After Malabsorptive Bariatric Surgery." *Diabetes* 55: 2025–2031.

Hacking, Ian, 1984, *The Emergence of Probability: A Philosophical Study of Early Ideas About Probability, Induction and Statistical Inference*. Cambridge: Cambridge University Press.

Hacking, Ian, 1990, *The Taming of Chance*. Cambridge: Cambridge University Press.

Hacking, Ian, 2006, *The Emergence of Probability*, 2nd ed. New York: Cambridge University Press.

Hadler, Nortin M., M.D., 2008, *Worried Sick: A Prescription for Health in an Overtreated America*. Chapel Hill: University of North Carolina Press.

Hadler, Nortin M., M.D., 2009, *Stabbed in the Back*. Chapel Hill: University of North Carolina Press.

Haidt, J., 2012, *The Righteous Mind: Why Good People Are Divided by Politics and Religion*. New York: Pantheon.

Haigh, J., 2000, "The Kelly Criterion and Bet Comparisons in Spread Betting." *Journal of the Royal Statistical Society: Series D (The Statistician)* 49(4): 531–539.

Hajek, A., 2003, *Interpretations of Probability*. Citeseer.

Halagappa, V.K.M., Z. Guo, et al., 2007, "Intermittent Fasting and Caloric Restriction Ameliorate Age-Related Behavioral Deficits in the Triple-Transgenic Mouse Model of Alzheimer's Disease." *Neurobiology of Disease* 26(1):

Hald, Anders, 1998, *A History of Mathematical Statistics from 1750 to 1930*. New York: Wiley.

Hald, Anders, 2003, *A History of Probability and Statistics and Their Applications Before 1750*. Hoboken, N.J.: Wiley.

Haleblian, J., C. E. Devers, et al., 2009, "Taking Stock of What We Know About Mergers and Acquisitions: A Review and Research Agenda." *Journal of Management* 35(3): 469–502.

Hallström, H., H. Melhus, A. Glynn, L. Lind, A. Syvänen, and K. Michaëlsson, 2010, "Coffee Consumption and CYP1A2 Genotype in Relation to Bone Mineral Density of the Proximal Femur in Elderly Men and Women: A Cohort Study." *Nutrition and Metabolism* 7:12.

Hamazaki, T., et al, 2012, "Rethinking Cholesterol Issues," *Journal of Lipid Nutrition* 21.

Hammond, John S., Ralph L. Keeney, and Howard Raïffa, 1999, *Smart Choices: A Practical Guide to Making Better Life Decisions*. Cambridge, Mass.: Harvard Business Press.

Harrison, A.R.W., 1998, *The Law of Athens: The Family and Property*. Indianapolis: Hackett.

Harrison, D. E., J. R. Archer, and C. M. Astle, 1984, "Effects of Food Restriction on Aging: Separation of Food Intake and Adiposity." *Proceedings of the National Academy of Sciences USA* 81: 1835–1838.

Haug, E. G., 1998, *The Complete Guide to Option Pricing Formulas*. McGraw-Hill

Companies.

Haug, E. G., and N. N. Taleb, 2010, "Option Traders Use Heuristics, Never the Formula Known as Black-Scholes-Merton Equation," *Journal of Economic Behavior and Organizations* 27.

Hayek, F. A., 1945, "The Use of Knowledge in Society." *American Economic Review* 35(4): 519–530.

Hayek, F. A., 1991, *The Fatal Conceit: The Errors of Socialism*. Chicago: University of Chicago Press.

Hayflick, L., 2001, "Hormesis, Aging and Longevity Determination." *Human & Experimental Toxicology* 20(6): 289.

Heyde, C. C., and E. Seneta, eds., 2001, *Statisticians of the Centuries*. New York: Springer.

Hilton-Jones, D., 2009, "I-7. Statins and Muscle Disease." *Acta Myologica* 28(1): 37.

Hind, K. and M. Burrows, 2007, "Weight-Bearing Exercise and Bone Mineral Accrual in Children and Adolescents: A Review of Controlled Trials." *Bone* 40: 14–27.

Holland, John H., 1995, *Hidden Order: How Adaptation Builds Complexity*. Basic Books.

Hollis, Martin, 1994, *The Philosophy of Social Science: An Introduction*. Cambridge: Cambridge University Press.

Horkheimer, Max, and Theodor W. Adorno, 2002, *Dialectic of Enlightenment*. Stanford: Stanford University Press.

Hu, M., B.M.Y. Cheung, et al., 2012, "Safety of Statins: An Update." *Therapeutic Advances in Drug Safety* 3(3): 133–144.

Huang, Chi-fu, and Robert H. Litzenberger, 1988, *Foundations of Financial Economics*. Prentice-Hall, Inc.

Hudson, M., M. Van de Mieroop, et al., 2002, *Debt and Economic Renewal in the Ancient Near East: A Colloquium Held at Columbia University*. Potomac: CDL Press.

Illich, Ivan, 1995, *Limits to Medicine: Medical Nemesis, the Expropriation of Health*. London: Marion Boyars.

Ioannidis, J.P.A., 2005, "Why Most Published Research Findings Are False." *PLoS Medicine* 2(8), 696–701, doi:10.1371/journal.pmed.0020124.

Ioannidis, J.P.A., and T. A. Trikalinos, 2007, "An Exploratory Test for an Excess of Significant Findings." *Clinical Trials* 4: 245–253, doi:10.1177/174077450707944.

Issawi, Charles, 1988, *The Fertile Crescent, 1800–1914: A Documentary Economic History*. Oxford: Oxford University Press.

Issawi, Charles, 1966, in Charles Issawi, ed., *The Economic History of the Middle East, 1800–1914*. Chicago: University of Chicago Press.

Jacob, François, 1977a, "Evolution et bricolage." *Le Monde* 6(7): 8.

Jacob, François, 1977b, "Evolution and Tinkering," *Science* 196(4295): 1161–1166.

Janson, J., T. Laedtke, et al., 2004, "Increased Risk of Type 2 Diabetes in Alzheimer Disease." *Diabetes* 53(2): 474–481.

Jaynes, E. T., 2003, 2004, *Probability Theory: The Logic of Science*. Cambridge: Cambridge University Press.

Jensen, J.L.W.V., 1906, "Sur les fonctions convexes et les inégalités entre les valeurs moyennes." *Acta Mathematica* 30.

Johnsgard, P. A., 2010, "Ducks, Geese, and Swans of the World: Tribe Stictonettini (Freckled Duck)." In Paul A. Johnsgard, *Ducks, Geese, and Swans of the World*. University of Nebraska Press.

Johnson, P.D.R., 2011, "Extensively Resistant Tuberculosis in the Lands Down Under." *Medical Journal of Australia* 194(11): 565.

Johnson, Steven, 2010, *Where Good Ideas Come From: The Natural History of Innovation*. Riverhead Books.

Josipovici, Gabriel, 2010, *What Ever Happened to Modernism?* New Haven: Yale University Press.

Kahn, James, 2011, "Can We Determine the Optimal Size of Government?" *Cato Institute* No. 7, September.

Kahneman, D., 2011, *Thinking, Fast and Slow*. New York: Farrar, Straus and Giroux.

Kahneman, D., 1982, "On the Study of Statistical Intuitions." In D. Kahneman, P. Slovic, and A. Tversky, eds., *Judgment Under Uncertainty: Heuristics and Biases*. Cambridge: Cambridge University Press.

Kahneman, D., and Amos Tversky, 1979, "Prospect Theory: An Analysis of Decision Under Risk." *Econometrica* 46(2): 171–185.

Kaiser, Jocelyn, 2003, "Hormesis: Sipping from a Poisoned Chalice." *Science* 302 (5644): 376–379.

Kantorovich, Aharon, 1993, *Scientific Discovery: Logic and Tinkering*. State University of New York Press.

Kaplan, H., K. Hill, J. Lancaster, and A. M. Hurtado, 2000, "A Theory of Human Life History Evolution: Diet, Intelligence, and Longevity." *Evolutionary Anthropology* 9:156–185.

Karsenty, G., 2003, "The Complexities of Skeletal Biology." *Nature* 423 (6937): 316–318.

Karsenty, G., 2011, *Regulation of Male Fertility by Bone*. Cold Spring Harbor Laboratory Press.

Karsenty, G., 2012a, "Bone as an endocrine tissue." *Annual Review of Physiology* 74(1).

Karsenty, G., 2012b, "The Mutual Dependence Between Bone and Gonads." *Journal of Endocrinology* 213(2): 107–114.

Kauffman, Stuart, 1995, *At Home in the Universe: The Search for Laws of Self-Organization and Complexity*. Oxford: Oxford University Press.

Kay, John, 2010, *Obliquity*. Penguin.

Kealey, T., 1996, *The Economic Laws of Scientific Research*. London: Macmillan.

Kennedy, Michael T., 2004, *A Brief History of Disease, Science and Medicine: From the Ice Age to the Genome Project*. Mission Viejo, Calif.: Asklepiad Press.

Kerr, N. L., 1998, "HARKing: Hypothezising After the Results Are Known." *Personality and Social Psychology Review* 2: 196–217, doi:10.1207/s15327957 pspr0203_4.

Khanna, P., 2010, "Beyond City Limits." *Foreign Policy* 181: 120–128.

Khmaladze, E. V., R. Brownrigg, and J. Haywood, 2010, "Memoryless Reigns of the 'Sons of Heaven.'" *International Statistical Review* 78: 348–62.

Khmaladze, E., R. Brownrigg, and J. Haywood, 2007, "Brittle Power: On Roman Emperors and Exponential Lengths of Rule." *Statistics & Probability Letters* 77: 1248–1257.

Khosla, V., 2009, "Whose Rules? Terms of Discussions Around a Global Cap-and-Trade System." *Innovations: Technology, Governance, Globalization* 4(4): 23–40.
Kirikos, G., and D. Novak, 1997, "Convexity Conundrums." *Risk Magazine,* March: 60–61.
Kohr, Leopold, 1957, *The Breakdown of Nations.* Rinehart.
Kondo, Y., T. Kanzawa, and R. Sawaya, 2005, "The Role of Autophagy in Cancer Development and Response to Therapy." *Nature Reviews Cancer* 5: 726–734.
Krugman, P., 1998, "Why Intellectuals Don't Understand Comparative Advantage." *Freedom and Trade: The Economics and Politics of International Trade* 2: 22.
Kurzban, R., 2010, "Does the Brain Consume Additional Glucose During Self-Control Tasks?" *Evolutionary Psychology* 8: 244–259. Retrieved from http://www.epjournal.net/wp-content/uploads/ep08244259.pdf.
La Mattina, John L., 2009, *Drug Truths: Dispelling the Myths About Pharma R&D.* Wiley.
Latour, Bruno, and Steve Woolgar, 1996, *La vie de laboratoire: La production des faits scientifiques.* La Découverte.
Laumakis, M., C. Graham, et al., 2009, "The Sloan-C Pillars and Boundary Objects as a Framework for Evaluating Blended Learning." *Journal of Asynchronous Learning Networks* 13(1): 75–87.
Lavery, J. V., 2011, "How Can Institutional Review Boards Best Interpret Preclinical Data?" *PLoS Medicine* 8(3): e1001011.
Le Bourg, Eric, 2009, "Hormesis, Aging and Longevity." *Biochimica et Biophysica Acta (BBA): General Subjects* 1790(10): 1030–1039.
Le Breton–Miller, I., and D. Miller, 2006, "Why Do Some Family Businesses Out-Compete? Governance, Long-Term Orientations, and Sustainable Capability." *Entrepreneurship Theory and Practice* 30(6): 731–746.
Le Fanu, James, M.D., 2002, *The Rise and Fall of Modern Medicine.* Carroll and Graf.
Le Goff, Jacques, 1985, *Les intellectuals au moyen age.* Éditions du Seuil.
Le Goff, Jacques, 1999, *Un autre moyen age.* Gallimard.
Lebrun, François, 1995, *Se soigner: Médicins, saints et sorciers aux XVII et XVIII siècles.* Éditions du Seuil.
Leoni, B., 1957, "The Meaning of 'Political' in Political Decisions." *Political Studies* 5(3): 225–239.
Leoni, B., and A. Kemp, 1991, *Freedom and the Law.* Indianapolis: Liberty Fund.
Levi, Isaac, 1980, *The Enterprise of Knowledge.* Cambridge, Mass.: The MIT Press.
Lévi-Strauss, Claude, 1962, *La pensée sauvage.* Plon.
Lewis, Ben, 2008, *Hammer and Tickle.* London: Weidenfeld & Nicolson.
Lewontin, Richard, 1993, *Biology as Ideology: The Doctrine of DNA,* Harper Perennial.
Li, Jie Jack, 2006, *Laughing Gas, Viagra, and Lipitor: The Human Stories Behind the Drugs We Use.* Oxford: Oxford University Press.
Light, D. and J. Lexchin, 2012, "Pharmaceutical Research and Development: What Do We Get for All That Money?" *British Medical Journal,* 345.
Lim, E. L., et al., 2011, "Reversal of Type 2 Diabetes: Normalisation of Beta Cell Function in Association with Decreased Pancreas and Liver Triacylglycerol." *Diabetologia* 54: 2506–2514.

Lindsay, James E., 2005, *Daily Life in the Medieval Islamic World.* Indianapolis: Hackett.

Lloyd, R., K. Hind, et al., 2010, "A Pilot Investigation of Load-Carrying on the Head and Bone Mineral Density in Premenopausal, Black African Women." *Journal of Bone and Mineral Metabolism* 28(2): 185–190.

Longo, V., and B. Kennedy, 2006, "Sirtuins in Aging and Age-Related Disease." *Cell* 126(2): 257–268.

Longo, V., M. Lieber, and J. Vijg, 2008, "Turning Anti-Ageing Genes Against Cancer." *National Review of Molecular Cell Biology* 9(11): 903–910, 1471–1472.

Longrigg, James, 1998, *Greek Medicine from the Heroic to the Hellenistic Age: A Source Book.* London: Routledge.

Luchsinger, J. A., M. X. Tang, et al., 2004, "Hyperinsulinemia and Risk of Alzheimer Disease." *Neurology* 63(7): 1187–1192.

Luehrman, T. A., 1998, "Strategy as a Portfolio of Real Options." *Harvard Business Review* 76: 89–101.

Lustick, I., B. Alcorn, et al., 2010, "From Theory to Simulation: The Dynamic Political Hierarchy in Country Virtualization Models." *American Political Science Association.*

Machina, Mark, and Michael Rothschild, 2008, "Risk." In Steven N. Durlauf and Lawrence E. Blume, eds., *The New Palgrave Dictionary of Economics,* 2nd ed. London: Macmillan.

Mackie, R., 2001, "Family Ownership and Business Survival: Kirkcaldy, 1870–1970." *Business History* 43: 1–32.

Makridakis, S., and N. N. Taleb, 2009, "Decision Making and Planning Under Low Levels of Predictability," *International Journal of Forecasting* 25 (4): 716–733.

Makridakis, S., A. Andersen, R. Carbone, R. Fildes, M. Hibon, R. Lewandowski, J. Newton, R. Parzen, and R. Winkler, 1982, "The Accuracy of Extrapolation (Time Series) Methods: Results of a Forecasting Competition." *Journal of Forecasting* 1: 111–153.

Makridakis, S., and M. Hibon, 2000, "The M3–Competition: Results, Conclusions and Implications." *International Journal of Forecasting* 16: 451–476.

Makridakis, S., C. Chatfield, M. Hibon, M. Lawrence, T. Mills, K. Ord, and L. F. Simmons, 1993, "The M2–Competition: A Real-Time Judgmentally Based Forecasting Study" (with commentary). *International Journal of Forecasting* 5: 29.

Malhotra, Y., 2000, "Knowledge Assets in the Global Economy: Assessment of National Intellectual Capital." *Journal of Global Information Management* 8(3): 5.

Malmendier, U., and G. Tate, 2008, "Who Makes Acquisitions? CEO Overconfidence and the Market's Reaction." *Journal of Financial Economics* 89(1): 20–43.

Malmendier, U., and G. Tate, 2009, "Superstar CEOs." *Quarterly Journal of Economics* 124(4): 1593–1638.

Mandelbrot, Benoît B., 1983, *The Fractal Geometry of Nature.* W. H. Freeman.

Mandelbrot, Benoît B., 1997, *Fractals and Scaling in Finance: Discontinuity, Concentration, Risk.* New York: Springer-Verlag.

Mandelbrot, Benoît B., and N. N. Taleb, 2010, "Random Jump, Not Random Walk." In Richard Herring, ed., *The Known, the Unknown, and the Unknowable.* Princeton, N.J.: Princeton University Press.

Mansel, P., 2012, *Levant.* Hachette.

Marglin, S. A., 1996, "Farmers, Seedsmen, and Scientists: Systems of Agriculture and Systems of Knowledge." In Frédérique Apffel-Marglin and Stephen A. Marglin, *Decolonizing Knowledge: From Development to Dialogue*. Oxford University Press, 185–248.

Martin, B., M. P. Mattson, et al., 2006, "Caloric Restriction and Intermittent Fasting: Two Potential Diets for Successful Brain Aging." *Ageing Research Reviews* 5(3): 332–353.

Masoro, E. J., 1998, "Hormesis and the Antiaging Action of Dietary Restriction." *Experimental Gerontology* 33(1–2): 61–66.

Mattson, M. P., 2008, "Hormesis Defined." *Ageing Research Reviews* 7(1): 1–7.

Mattson, M. P., and R. Wan, 2005, "Beneficial Effects of Intermittent Fasting and Caloric Restriction on the Cardiovascular and Cerebrovascular Systems." *Journal of Nutritional Biochemistry* 16(3): 129–137.

Matz, David, 2002, *Daily Life of the Ancient Romans*. Indianapolis: Hackett.

McAleer, M., A. Pagan, and P. Volker, 1985, "What Will Take the Con Out of Econometrics?" *American Economic Review* 75(3): 293–307.

McCabe, D. P., and A. D. Castel, 2008, "Seeing Is Believing: The Effect of Brain Images on Judgments of Scientific Reasoning." *Cognition* 107: 343–352.

McCloskey, D., and S. Ziliak, 1996, "The Standard Error of Regressions." *Journal of Economic Literature* 34(1): 97–114.

McConaugby, D., C. Matthews, and A. Fialko, 2001, "Founding Family Controlled Firms: Performance, Risk and Value." *Journal of Small Business Management* 39: 31–49.

McCraw, Thomas 2007, *Prophet of Innovation: Joseph Schumpeter and Creative Destruction*. Cambridge, Mass.: The Belknap Press of Harvard University.

McGill, S., 2007, *Low Back Disorders: Evidence- Based Prevention and Rehabilitation*. Human Kinetics Publishers.

McGrath, R. G., 1999, "Falling Forward: Real Options Reasoning and Entrepreneurial Failure." *Academy of Management Review*: 13–30.

McKnight, Scot, 2009, *Fasting*. Thomas Nelson.

McMahon, Darrin M., 2001, *Enemies of the Enlightenment: The French Counter-Enlightenment and the Making of Modernity*. Oxford: Oxford University Press.

Mégraud, F., and H. Lamouliatte, 1992, "*Helicobacter pylori* and Duodenal Ulcer." *Digestive Diseases and Sciences* 37(5): 769–772.

Mehta, R., R. J. Zhu, et al., 2012, "Is Noise Always Bad? Exploring the Effects of Ambient Noise on Creative Cognition."

Meisenzahl, R., and J. Mokyr, 2011, *The Rate and Direction of Invention in the British Industrial Revolution: Incentives and Institutions*. National Bureau of Economic Research.

Menard, W., and G. Sharman, 1976, "Random Drilling." *Science* 192(4236): 206–208.

Meng, X., N. Qian, and P. Yared, 2010, *The Institutional Causes of China's Great Famine, 1959–61*. National Bureau of Economic Research.

Mercier, H., and D. Sperber, 2011, "Why Do Humans Reason? Arguments for an Argumentative Theory." *Behavioral and Brain Sciences* 34(2) 57–74.

Meslin, Michel, Alain Proust, and Ysé Tardan-Masquelier, eds., 2006, *La quête de guérison: Médicine et religions face à la souffrance*. Paris: Bayard.

Meyers, Morton A., M.D., 2007, *Happy Accidents: Serendipity in Modern Medical Breakthroughs*. New York: Arcade.

Michán, S., Y. Li, M. Chou, E. Parrella, H. Ge, J. Long, J. Allard, K. Lewis, M. Miller, and W. Xu, 2010, "SIRT1 Is Essential for Normal Cognitive Function and Synaptic Plasticity." *Journal of Neuroscience* 30(29): 9695–9707.

Micklesfield, L., L. Rosenberg, D. Cooper, M. Hoffman, A. Kalla, I. Stander, and E. Lambert, 2003, "Bone Mineral Density and Lifetime Physical Activity in South African Women." *Calcified Tissue International* 73(5): 463–469.

Miller, John H., and Scott E. Page, 2007, *Complex Adaptive Systems: An Introduction to Computational Models of Social Life*. Princeton, N.J.: Princeton University Press.

Mindell, D. A., 2002, *Between Human and Machine: Feedback, Control, and Computing Before Cybernetics*. Baltimore: Johns Hopkins University Press.

Mitchell, Mark T., 2006, *Michael Polanyi: The Art of Knowing*. ISI Books.

Mokyr, Joel, 1990, *The Lever of Riches: Technological Creativity and Economic Progress*. Oxford: Oxford University Press.

Mokyr, Joel, ed., 1999, *The British Industrial Revolution: An Economic Perspective*. Westview Press.

Mokyr, Joel, 2002, *The Gifts of Athena: Historical Origins of the Knowledge Economy*. Princeton, N.J.: Princeton University Press.

Mokyr, Joel, 2005, "Long-Term Economic Growth and the History of Technology." In Philippe Aghion and Steven N. Durlauf, eds., *Handbook of Economic Growth*, Vol. 1B. Elsevier.

Mokyr, Joel, 2009, *The Enlightened Economy: An Economic History of Britain, 1700–1850*. New Haven: Yale University Press.

Morens, David M., 1999, "Death of a President." *New England Journal of Medicine* 342: 1222.

Morris, Ivan I., 1975, *The Nobility of Failure: Tragic Heroes in the History of Japan*. Farrar, Strauss and Giroux.

Mudd, L., W. Fornetti, and J. Pivarnik, 2007, "Bone Mineral Density in Collegiate Female Athletes: Comparisons Among Sports." *Journal of Athletic Training*, Jul-Sep 42(3): 403–408.

Mudry, Philippe, 2006, *Medicina, soror philosophiae*. Éditions BHMS.

Muldrew, C., 1993, "Credit and the Courts: Debt Litigation in a Seventeenth-Century Urban Community." *Economic History Review* 46(1): 23–38.

Mutch, W.A.C., T. G. Buchman, et al., 2007, "Biologically Variable Ventilation Improves Gas Exchange and Respiratory Mechanics in a Model of Severe Bronchospasm." *Critical Care Medicine* 35(7): 1749.

Nasr, G., 2008, "Applying Environmental Performance Indices Towards an Objective Measure of Sustainability in the Levant." *International Journal of Sustainable Development* 11(1): 61–73.

Nasr, G., 2009, "Limitations of the Hydraulic Imperative: The Case of the Golan Heights." *Water Resources Development* 25(1): 107–122.

Nelson, R. R., 2005, *Technology, Institutions, and Economic Growth*. Cambridge, Mass.: Harvard University Press.

Neumaier, T., J. Swenson, et al., 2012, "Evidence for Formation of DNA Repair Centers and Dose-Response Nonlinearity in Human Cells." *Proceedings of the National Academy of Sciences* 109(2): 443–448.

Nicholas, Jean, 2008, *La rebellion française: Mouvements populaires et conscience sociale 1661–1789*. Gallimard.

Nichols, J. F., J. E. Palmer, et al., 2003, "Low Bone Mineral Density in Highly Trained Male Master Cyclists." *Osteoporosis International* 14(8): 644–649.

North, Douglass C., 1990, *Institutions, Institutional Change and Economic Performance*. Cambridge: Cambridge University Press.

Nowak, Martin A., 2006, *Evolutionary Dynamics: Exploring the Equations of Life*. Cambridge, Mass.: The Belknap Press of Harvard University.

Nutton, Vivian, 2004, *Ancient Medicine*. Psychology Press.

O'Hara, Kieron, 2004, *Trust: From Socrates to Spin*. Icon Books.

Oakeshott, Michael, 1975, *On Human Conduct*. Oxford: Clarendon Press.

Oakeshott, Michael, 1991, "The Rationalist." *Quadrant* 35(3): 87.

Oakeshott, Michael, 1962, 1991, *Rationalism in Politics and Other Essays*. Liberty Fund.

Ober, J., 2010, *Wealthy Hellas*, Vol. 140. Baltimore: Johns Hopkins University Press.

Ogilvie, Sheilagh, 2011, *Institutions and European Trade: Merchant Guilds 1000–1800*. Cambridge: Cambridge University Press.

Orlov, Dmitry, 2011, *Reinventing Collapse: The Soviet Experience and American Prospects*. New Society Publishers.

Palmieri, Nicoletta, ed., 2003, *Rationnel et irrationnel dans la médecine ancienne et médiévale*. Saint-Étienne: Université de Saint-Étienne.

Pamuk, Sevket, 2006, "Estimating Economic Growth in the Middle East Since 1820." *Journal of Economic History* 66(3).

Parsons, P. A., 2000, "Hormesis: An Adaptive Expectation with Emphasis on Ionizing Radiation." *Journal of Applied Toxicology* 20(2): 103–112.

Pat-Horenczyk, R., and D. Brom, 2007, "The Multiple Faces of Post-Traumatic Growth." *Applied Psychology* 56(3): 379–385.

Pautler, P. A., 2003, "Evidence on Mergers and Acquisitions." *Antitrust Bulletin* 48: 119.

Pavitt, K., 1998a, "The Inevitable Limits of EU R&D Funding." *Research Policy* 27(6): 559–568.

Pavitt, K., 1998b, "The Social Shaping of the National Science Base." *Research Policy* 27(8): 793–805.

Payer, Lynn, 1996, *Medicine and Culture*. New York: Henry Holt.

Pears, David, 2006, *Paradox and Platitude in Wittgenstein's Philosophy*. Oxford: Oxford University Press.

Pérez-Jean, Brigitte, 2005, *Dogmatisme et scepticisme*. Presses Universitaires du Septentrion.

Petchey, O. L., and J. A. Dunne, 2012, "Predator-Prey Relations and Food Webs." *Metabolic Ecology: A Scaling Approach*. Wiley, p. 86.

Petroski, Henry, 2006, *Success Through Failure: The Paradox of Design*. Princeton, N.J.: Princeton University Press.

Pigeaud, Jackie, 2006, *La maladie de l'âme*. Les Belles Lettres.

Pigolotti, S., A. Flammini, et al., 2005, "Species Lifetime Distribution for Simple

Models of Ecologies." *Proceedings of the National Academy of Sciences of the United States of America* 102(44): 15747.
Pirenne, Henri, 2005, *Mahomet et Charlemagne*. Presses Universitaires de France.
Pisano, G. P., 2006a, "Can Science Be a Business?" *Harvard Business Review* 10: 1–12.
Pisano, G. P., 2006b, *Science Business: The Promise, The Reality, and the Future of Biotech*. Cambridge, Mass.: Harvard Business Press.
Pischon, T., et al., 2008, "General and Abdominal Adiposity and Risk of Death in Europe." *New England Journal of Medicine* 359: 2105–2120.
Pi-Sunyer, X., et al., 2007, "Reduction in Weight and Cardiovascular Disease Risk Factors in Individuals with Type 2 Diabetes: One-Year Results of the Look AHEAD Trial." *Diabetes Care* 30: 1374–1383.
Piterbarg, V. V., and M. A. Renedo, 2004, "Eurodollar Futures Convexity Adjustments in Stochastic Volatility Models." Working Paper.
Pluchino, A., C. Garofalo, et al., 2011, "Accidental Politicians: How Randomly Selected Legislators Can Improve Parliament Efficiency." *Physica A: Statistical Mechanics and Its Applications*.
Polanyi, M., 1958, *Personal Knowledge: Towards a Post-Critical Philosophy*. London: Routledge and Kegan Paul.
Pomata, Gianna, and Nancy G. Siraisi, eds., 2005, *Historia: Empiricism and Erudition in Early Modern Europe*. Cambridge, Mass.: The MIT Press.
Popkin, Richard, 2003, *The History of Scepticism: From Savonarola to Bayle*. Oxford: Oxford University Press.
Popper, Karl, 1961, *The Poverty of Historicism*. London: Routledge.
Pories, W. J., et al., 1995, "Who Would Have Thought It? An Operation Proves to Be the Most Effective Therapy for Adult-Onset Diabetes Mellitus." *Annals of Surgery* 222: 339–350; discussion 350–352.
Pormann, Peter E., and Emilie Savage-Smith, 2007, *Medieval Islamic Medicine*. Georgetown University Press.
Porter, Roy, 2002, *Blood and Guts: A Short History of Medicine*. Penguin.
Porter, Roy, 2003, *Flesh in the Age of Reason*. W. W. Norton.
Portet, P., 2002, *La mesure géométrique des champs au moyen âge*. Librairie Droz.
Posner, M. V., 1996, "Corrupted by Money?" *Nature* 382: 123–124.
Pratt, John W., 1964, "Risk Aversion in the Small and in the Large," *Econometrica* 32 (January–April), 122–136.
Pritchard, James B., ed., 2011, *The Ancient Near East: An Anthology of Texts and Pictures*. Princeton, N.J.: Princeton University Press.
Pritchett, L., 2001, "Where Has All the Education Gone?" *World Bank Economic Review* 15(3): 367.
Radak, Z., H. Y. Chung, et al., 2005, "Exercise and Hormesis: Oxidative Stress-Related Adaptation for Successful Aging." *Biogerontology* 6(1): 71–75.
Raffaghello, L., F. Safdie, G. Bianchi, T. Dorff, L. Fontana, and V. Longo, 2010, "Fasting and Differential Chemotherapy Protection in Patients." *Cell Cycle* 9(22): 4474.
Rashed, Marwan, 2007, *L'héritage aristotélien*. Les Belles Lettres.
Rattan, S.I.S., 2008, "Hormesis in aging." *Ageing Research Reviews* 7(1): 63–78.
Rautava, E., M. Lehtonen-Veromaa, H. Kautiainen, S. Kajander, and O. J. Heinonen,

2007, "The Reduction of Physical Activity Reflects on the Bone Mass Among Young Females: A Follow-Up Study of 143 Adolescent Girls." *Osteoporosis International* (18)7: 915–922.

Razay, G. and G. K. Wilcock, 1994, "Hyperinsulinaemia and Alzheimer's Disease." *Age and Ageing* 23(5): 396–399.

Read, D., S. Frederick, and M. Airoldi, 2012, "Four Days Later in Cincinnati: Longitudinal Tests of Hyperbolic Discounting." *Acta Psychologica* 140(2): 177–185, PMID: 22634266.

Redberg, R. F., and M. H. Katz, 2012, "Healthy Men Should Not Take Statins." JAMA 307(14): 1491–1492.

Rees, Martin, 2003, *Our Final Century: Will Civilisation Survive the Twenty- First Century?* Arrow Books.

Rein, R., K. Davids, et al., 2010, "Adaptive and Phase Transition Behavior in Performance of Discrete Multi-Articular Actions by Degenerate Neurobiological Systems." *Experimental Brain Research* 201(2): 307–322.

Ridley, Matt, 2010, *The Rational Optimist: How Prosperity Evolves*. 4th Estate.

Riffard, Pierre, 2004, *Les philosophes: Vie intime*. Presses Universitaires de France.

Robb, Graham, 2007, *The Discovery of France*. Picador.

Roberts, B. H., 2012, *The Truth About Statins: Risks and Alternatives to Cholesterol-Lowering Drugs*. New York: Simon and Schuster.

Roberts, Royston M., 1989, *Serendipity: Accidental Discoveries in Science*. Wiley.

Roll, R., 1986, "The Hubris Hypothesis of Corporate Takeovers." *Journal of Business* 59:197–216.

Rook, G.A.W., 2011, "Hygiene and Other Early Childhood Influences on the Subsequent Function of the Immune System." *Digestive Diseases* 29(2): 144–153.

Rose, K. A., I. G. Morgan, et al., 2008, "Outdoor Activity Reduces the Prevalence of Myopia in Children." *Ophthalmology* 115(8): 1279–1285.

Rothschild, M., and J. E. Stiglitz, 1970, "Increasing Risk: I. A Definition." *Journal of Economic Theory* 2(3): 225–243.

Rothschild, M., and J. E. Stiglitz, 1971, "Increasing Risk: II. Its Economic Consequences." *Journal of Economic Theory* 3(1): 66–84.

Rubino, F., et al., 2006, "The Mechanism of Diabetes Control After Gastrointestinal Bypass Surgery Reveals a Role of the Proximal Small Intestine in the Pathophysiology of Type 2 Diabetes." *Annals of Surgery* 244: 741–749.

Sackett, David L., W. Scott Richardson, William Rosenberg, and R. Brian Haynes, 1998, *Evidence- Based Medicine: How to Practice and Teach EBM*. Churchill Livingstone.

Safdie, F., T. Dorff, D. Quinn, L. Fontana, M. Wei, C. Lee, P. Cohen, and V. Longo, 2009, "Fasting and Cancer Treatment in Humans: A Case Series Report." *Aging* (Albany, N.Y.), 1(12): 988.

Salsburg, David, 2001, *The Lady Tasting Tea: How Statistics Revolutionized Science in the Twentieth Century*. Freemen.

Sandis, Constantine, 2012, *The Things We Do and Why We Do Them*. London: Palgrave Macmillan.

Scanu, A. M., and C. Edelstein, 2008, "HDL: Bridging Past and Present with a Look at the Future." *FASEB Journal* 22(12): 4044–4054.

Schlumberger, M. J., 1998, "Papillary and Follicular Thyroid Carcinoma," *New England Journal of Medicine* 338(5) 297–306.

Schnohr, P., J. L. Marott, et al., 2011, "Intensity Versus Duration of Cycling: Impact on All-Cause and Coronary Heart Disease Mortality: The Copenhagen City Heart Study." *European Journal of Cardiovascular Prevention & Rehabilitation.*

Schon, Donald, 1983, *The Reflective Practitioner: How Professionals Think in Action.* Basic Books.

Schumacher, E. F., 1973, *Small Is Beautiful: A Study of Economics as if People Mattered.* London: Blond & Briggs.

Schumpeter, Joseph A., 1942, *Capitalism, Socialism and Democracy.* New York: Harper and Brothers. 5th ed., London: George Allen and Unwin, 1976.

Schumpeter, Joseph A., 1994, *History of Economic Analysis.* Oxford: Oxford University Press.

Scott, A., K. M. Khan, V. Duronio, and D. A. Hart, 2008, "Mechanotransduction in Human Bone: In Vitro Cellular Physiology That Underpins Bone Changes with Exercise." *Sports Medicine* 38(2): 139–160.

Scott, James C., 1998, *Seeing like a State: How Certain Schemes to Improve the Human Condition Have Failed.* New Haven: Yale University Press.

Scranton, P., 2006, "Urgency, Uncertainty, and Innovation: Building Jet Engines in Postwar America." *Management & Organizational History* 1(2): 127.

Scranton, P., 2007, "Turbulence and Redesign: Dynamic Innovation and the Dilemmas of US Military Jet Propulsion Development." *European Management Journal* 25(3): 235–248.

Scranton, P., 2009, "The Challenge of Technological Uncertainty." *Technology and Culture* 50(2): 513–518.

Seery, M. D., 2011, "Resilience." *Current Directions in Psychological Science* 20(6): 390–394.

Sestini, P., and L. B. Irving, 2009. "The Need for Expertise and the Scientific Base of Evidence-Based Medicine." *Chest* 135(1): 245.

Shackle, G.L.S., 1992, *Epistemics and Economics: A Critique of Economic Doctrines.* Transaction Publishers.

Shah, A. K., and D. M. Oppenheimer, 2007, "Easy Does It: The Role of Fluency in Cue Weighting." *Judgment and Decision Making* 2(6): 371–379.

Sharpe, Virginia A., and Alan I. Faden, 1998, *Medical Harm: Historical, Conceptual, and Ethical Dimensions of Iatrogenic Illness.* Cambridge: Cambridge University Press.

Shelford, April G., 2007, *Transforming the Republic of Letters: Pierre- Daniel Huet and European Intellectual Life, 1650–1720.* Rochester, N.Y.: University of Rochester Press.

Shimabukuro, M., et al., 1998, "Lipoapoptosis in Beta-Cells of Obese Prediabetic Fa/Fa Rats. Role of Serine Palmitoyltransferase Overexpression." *Journal of Biological Chemistry* 273: 32487–32490.

Silverman, William A., 1999, *Where's the Evidence: Debates in Modern Medicine.* Oxford: Oxford University Press.

Singer, S. Fred Charles A. S. Hall, Cutler J., 1981, Cleveland: Science, New Series, Vol.

213, No. 4515 (Sep. 25, 1981).

Singh, Simon, and Ernst Edzard, M.D., 2008, *Trick or Treatment: The Undeniable Facts About Alternative Medicine*. New York: W. W. Norton.

Skyler, J., R. Bergenstal, R. Bonow, J. Buse, P. Deedwania, E. Gale, B. Howard, M. Kirkman, M. Kosiborod, and P. Reaven (2009), "Intensive Glycemic Control and the Prevention of Cardiovascular Events: Implications of the ACCORD, ADVANCE, and VA Diabetes Trials." *Circulation* 119(2): 351–357.

Smith, V. L., 2008, *Rationality in Economics: Constructivist and Ecological Forms*. Cambridge: Cambridge University Press.

Sober, Elliott, 2008, *Evidence and Evolution: The Logic Behind Science*. Cambridge: Cambridge University Press.

Solomon, L., 1979, "Bone Density in Ageing Caucasian and African Populations." *Lancet* 2: 1326–1330.

Sorabji, Richard, 2000, *Emotion and Peace of Mind: From Stoic Agitation to Christian Temptation*. Oxford: Oxford University Press.

Sornette, Didier, and L. Knopoff, 1997, "The Paradox of the Expected Time Until the Next Earthquake." *Bulletin of the Seismological Society of America* 87(4): 789–798.

Sornette, Didier, and D. Zajdenweber, 1999, "Economic Returns of Research: The Pareto Law and Its Implications." *The European Physical Journal, B: Condensed Matter and Complex Systems* 8(4): 653–664.

Sornette, Didier, 2003, *Why Stock Markets Crash: Critical Events in Complex Financial Systems*. Princeton, N.J.: Princeton University Press.

Sornette, Didier, 2004, *Critical Phenomena in Natural Sciences: Chaos, Fractals, Self-organization and Disorder: Concepts and Tools,* 2nd ed. Berlin and Heidelberg: Springer.

Stanley, J., 2010, "Knowing (How)." *Noûs*.

Starbuck, W. H., 1992, "Strategizing in the Real World," in "Technological Foundations of Strategic Management." Special issue, *International Journal of Technology Management* 8, no. 1/2.

Starbuck, W. H., 2004, "Why I Stopped Trying to Understand the Real World." *Organizational Studies* 25(7).

Starbuck, W. H., M. L. Barnett, et al., 2008, "Payoffs and Pitfalls of Strategic Learning." *Journal of Economic Behavior & Organization* 66(1): 7–21.

Stasavage, D., 2012, "Was Weber Right? City Autonomy, Political Oligarchy, and the Rise of Europe." Preprint.

Steinmo, S., 2010, *The Evolution of Modern States: Sweden, Japan, and the United States (Cambridge Studies in Comparative Politics)*. Cambridge University Press

Steinmo, S., 2012, "Considering Swedish Exceptionalism," draft, European University Institute.

Sternberg, Robert J., 2003, *Wisdom, Intelligence and Creativity Synthesized*. Cambridge: Cambridge University Press.

Sternhell, Zeev, 2010, *The Anti-Enlightenment Tradition*. New Haven: Yale University Press.

Steven, S., et al., 2010, "Dietary Reversal of Type 2 Diabetes Motivated by Research Knowledge." *Diabetic Medicine* 27: 724–725.

Stigler, Stephen M., 1990, *The History of Statistics: The Measurement of Uncertainty Before 1900*. Cambridge, Mass.: The Belknap Press of Harvard University.
Stipp, David, 2010, *The Youth Pill*. Current.
Stokes, Donald E., 1997, *Pasteur's Quadrant: Basic Science and Techonological Innovation*. Brookings Institution Press.
Stranahan, A. M., and M. P. Mattson, 2012, "Recruiting Adaptive Cellular Stress Responses for Successful Brain Ageing." *Nature Reviews Neuroscience*.
Stroud, Barry, 1984, *The Significance of Philosophical Scepticism*. Oxford: Oxford University Press.
Stubbart, C. I., and M. B. Knight, 2006, "The Case of the Disappearing Firms: Empirical Evidence and Implications." *Journal of Organizational Behavior* 27(1): 79–100.
Sunstein, Cass, 2009, *On Rumors: How Falsehoods Spread, Why We Believe Them, What Can Be Done*. Allen Lane.
Taagepera, R., 1978, "Size and Duration of Empires: Growth-Decline Curves, 3000 to 600 B.C." *Social Science Research* 7: 180–196.
Tainter, J., 1988, *The Collapse of Complex Societies: New Studies in Archaeology*. Cambridge: Cambridge University Press.
Taleb, N. N., and M. Blyth, 2011, "The Black Swan of Cairo." *Foreign Affairs* 90(3).
Taleb, N. N., and A. Pilpel, 2007, "Epistemology and Risk Management." *Risk and Regulation* 13, Summer.
Taleb, N. N., and C. Tapiero, 2010, "The Risk Externalities of Too Big to Fail." *Physica A: Statistical Physics and Applications*.
Taleb, N. N., D. G. Goldstein, and M. Spitznagel, 2009, "The Six Mistakes Executives Make in Risk Management," *Harvard Business Review* (October).
Taleb, N. N., 2008, "Infinite Variance and the Problems of Practice." *Complexity* 14(2).
Taleb, N. N., 2009, "Errors, Robustness, and the Fourth Quadrant." *International Journal of Forecasting* 25.
Taleb, N. N., 2011, "The Future Has Thicker Tails than the Past: Model Error as Branching Counterfactuals." *Benoît Mandelbrot's Scientific Memorial,* Preprint (see Companion Volume).
Taleb, N. N., and R. Douady, 2012, "A Map and Simple Heuristic to Detect Fragility, Antifragility, and Model Error," arXiv Preprint.
Taleb, N. N., and G. Martin, 2012a, "How to Avoid Another Crisis," *SIAS Review of International Affairs*.
Taleb, N. N., and G. Martin, 2012b, "The Illusion of Thin Tails Under Aggregation (A Reply to Jack Treynor)." *Journal of Investment Management*.
Taleb, N. N., and D. Goldstein, 2012, "The Problem Is Beyond Psychology: The Real World Is More Random Than Regression Analyses," *International Journal of Forecasting* 28(3), 715–716.
Taleb, N. N., Elie Canetti, Elena Loukoianova, Tidiane Kinda, and Christian Schmieder, 2012, "A New Heuristic Measure of Fragility and Tail Risks: Application to Stress Testing," IMF Working Paper.
Tatonetti, Nicholas P., et al., 2012, "Data-Driven Prediction of Drug Effects and Interactions." *Science Translational Medicine* 4, 125ra31, doi: 10.1126/scitransl

med.3003377.
Taubes, G., 2008, *Good Calories, Bad Calories: Fats, Carbs, and the Controversial Science of Diet and Health.* New York: Anchor Books.
Taubes, G., 2011, *Why We Get Fat: And What to Do About It.* New York: Anchor Books.
Taylor, R., 2008, "Pathogenesis of Type 2 Diabetes: Tracing the Reverse Route from Cure to Cause." *Diabetologia* 51: 1781–1789.
Tedeschi, R. G., and L. G. Calhoun, 1996, "The Posttraumatic Growth Inventory: Measuring the Positive Legacy of Trauma." *Journal of Traumatic Stress* 9(3): 455–471.
Tetlock, Philip E., Richard Ned Lebow, and Geoffrey Parker, eds., 2009, *Unmaking the West: "What- If?" Scenarios That Rewrite World History.* Ann Arbor: University of Michigan Press.
Thomas, Keith, 1997, *Religion and the Decline of Magic.* Oxford: Oxford University Press.
Thompson, M. R., 2010, "Reformism vs. Populism in the Philippines." *Journal of Democracy* 21(4): 154–168.
Thorp, E., 1971, "Portfolio Choice and the Kelly Criterion." *Stochastic Models in Finance,* 599–619.
Thorp, E., 1998, "The Kelly Criterion in Blackjack, Sports Betting, and the Stock Market." *Finding the Edge: Mathematical Analysis of Casino Games.*
Thorsrud, Harald, 2009, *Ancient Scepticism.* Acumen.
Todd, E., 2010, "The International Risk Governance Council Framework and Its Application to *Listeria monocytogenes* in Soft Cheese Made from Unpasteurised Milk." Food Control.
Townsend, A., A. Clark, and K. McGowan, 2010, "Direct Benefits and Genetic Costs of Extrapair Paternity for Female American Crows (*Corvus brachyrhynchos*)." *American Naturalist* 175 (1).
Trabelsi, K., K. El Abed, S. R. Stannard, K. Jammoussi, K. M. Zeghal, and A. Hakim, 2012, "Effects of Fed-Versus Fasted-State Aerobic Training During Ramadan on Body Composition and Some Metabolic Parameters in Physically Active Men." *International Journal of Sport Nutrition and Exercise.*
Triana, P., 2009, *Lecturing Birds on Flying: Can Mathematical Theories Destroy the Financial Markets?* Wiley.
Triana, P., 2011, *The Number That Killed Us: A Story of Modern Banking, Flawed Mathematics, and a Big Financial Crisis.* Wiley.
Trigeorgis, L., 1993, "Real Options and Interactions with Financial Flexibility." *Financial Management,* 202–224.
Trigeorgis, L., 1996, *Real Options: Managerial Flexibility and Strategy in Resource Allocation.* Cambridge, Mass.: The MIT Press.
Trivers, Robert, 2011, *The Folly of Fools: The Logic of Deceit and Self- Deception in Human Life.* Basic Books.
Turchin, P., 2003, *Historical Dynamics: Why States Rise and Fall.* Princeton, N.J.: Princeton University Press.
Turchin, P., 2009, "A Theory for Formation of Large Empires." *Journal of Global History* 4(02): 191–217.

Urvoy, Dominique, 1996, *Les penseurs libres dans l'Islam classique*. Champs Flammarion.
Valdovinos, F., R. Ramos-Jiliberto, et al., 2010, "Consequences of Adaptive Foraging for the Structure and Dynamics of Food Webs." *Ecology Letters* 13: 1546–1559.
Vanderbilt, T., 2008a, "The Traffic Guru." *Wilson Quarterly* (1976), 32(3): 26–32.
Vanderbilt, T., 2008b, *Traffic: Why We Drive the Way We Do (and What It Says About Us)*. New York: Knopf.
Van Zwet, W. R., 1964, *Convex Transformations of Random Variables*. Mathematical Center Amsterdam, 7.
Velez, N., A. Zhang, B. Stone, S. Perera, M. Miller, and S. Greenspan, "The Effect of Moderate Impact Exercise on Skeletal Integrity in Master Athletes." *Osteoporosis International* (October 2008), 19(10): 1457–1464.
Vermeij, Geerat J., 2004, *Nature: An Economic History*. Princeton, N.J.: Princeton University Press.
Vernon, Mark, 2009, *Plato's Podcasts: The Ancient's Guide to Modern Living*. London: Oneworld.
Veyne, Paul, 1999, "Païens et chrétiens devant la gladiature." *Mélanges de l'École française de Rome. Antiquité*, vol. 111, issue 111–2, 883–917.
Veyne, Paul, 2001, *La société romaine*. Paris: Éditions du Seuil.
Vigarello, Georges, 1998, *Histoire des pratiques de santé*. Paris: Éditions du Seuil.
von Heyd, Wilhelm, 1886, *Histoire du commerce du Levant au moyen-âge* (French translation). Éd. fr., refondue et augmentée, Leipzig.
von Plato, Jan, 1994, *Creating Modern Probability: Its Mathematics, Physics and Philosophy in Historical Perspective*. New York: Cambridge University Press.
Wagner, Andreas, 2005, *Robustness and Evolvability in Living Systems*. Princeton, N.J.: Princeton University Press.
Wai-Hung, Wong, 2002, "The Problem of Insulation," *Philosophy*, vol. 77, no. 301 (July 2002), 349–373.
Wales, J. K., 1982, "Treatment of Type 2 (Non-Insulin-Dependent) Diabetic Patients with Diet Alone." *Diabetologia* 23: 240–245.
Wallenborn, White McKenzie, 1997, "George Washington's Terminal Illness: A Modern Medical Analysis of the Last Illness and Death of George Washington." The Papers of George Washington, University of Virginia.
Waller, John, 2002, *Fabulous Science: Fact and Fiction in the History of Scientific Discovery*. Oxford: Oxford University Press.
Waterfield, Robin, 2009, *Why Socrates Died: Dispelling the Myths*. London: Faber and Faber.
Wear, Andrew, 1995, "Anatomy." In Lawrence Conrad et al., eds., *The Western Medical Tradition*, Vol. 1, Cambridge: Cambridge University Press.
Weber, Max, 1905, 2000, *L'éthique protestante et l'esprit du capitalisme*. Flammarion.
Weindruch, R., 1996, "The Retardation of Aging by Caloric Restriction: Studies in Rodents and Primates." *Toxicologic Pathology* 24: 742–745.
Weisberg, D., F. Keil, J. Goodstein, E. Rawson, and J. R. Gray, 2008, "The Seductive Allure of Neuroscience Explanations." *Journal of Cognitive Neuroscience* 20: 470–477.
Welch, H. Gilbert, Lisa M. Schwartz, and Steven Woloshin, 2011, *Overdiagnosed:*

Making People Sick in the Pursuit of Health. Boston: Beacon Press.

West, G. B., 2011, "Can There Be a Quantitative Theory for the History of Life and Society?" *Cliodynamics* 2(1).

Westman, E. and Vernon, M., 2008, "Has Carbohydrate Restriction Been Forgotten as a Treatment for Diabetes Mellitus? A Perspective on the ACCORD Study Design." *Nutrition and Metabolism* (Lond), 5:10.

Whitacre, J. M., 2010, "Degeneracy: A Link Between Evolvability, Robustness and Complexity in Biological Systems." *Theoretical Biology and Medical Modelling* 7(1): 6.

White, David A., and Thomas A. Fitzgerald, "On Menard and Sharman Random Drilling." *Science*, New Series, Vol. 192, No. 4236 (Apr. 16, 1976).

Whitehead, Alfred North, 1967, *Science and the Modern World*. The Free Press.

Wilcken, Patrick, 2010, *Claude Lévi-Strauss: The Poet in the Laboratory*. Penguin.

Wilson, E. A., et al., 1980, "Dietary Management of Maturity-Onset Diabetes." *BMJ* 280: 1367–1369.

Wilson, Emily, 2007, *The Death of Socrates: Hero, Villain, Chatterbox, Saint*. London: Profile Books.

Wilson, Stephen, 2003, *The Bloomsbury Book of the Mind*. London: Bloomsbury.

Winchester, Simon, 2008, *Bomb, Book and Compass: Joseph Needham and the Great Secrets of China*. New York: Viking.

Wolf, Alison, 2002, *Does Education Matter? Myths About Education and Economic Growth*. London: Penguin UK.

Wolff, J., 1892, *Das Gesetz der Transformation der Knochen*. Reprint: Pro Business, Berlin 2010.

Women, P., W. Speed, et al., 2012, "Statins and Musculoskeletal Pain."

Wootton, David, 2006, *Bad Medicine: Doctors Doing Harm Since Hippocrates*. Oxford: Oxford University Press.

Yaffe, K., T. Blackwell, et al., 2004. "Diabetes, Impaired Fasting Glucose, and Development of Cognitive Impairment in Older Women." *Neurology* 63(4): 658–663.

Yarkoni, T., 2009, "Big Correlations in Little Studies: Inflated Fmri Correlations Reflect Low Statistical Power," commentary on Vul et al., 2009, *Perspectives on Psychological Science* 4(3), 294–298, doi:10.1111/j.1745-6924.2009.01127.x.

Young, S. S., and A. Karr, 2011, "Deming, Data and Observational Studies." *Significance* 8(3): 116–120.

Yuan, K. H., and S. Maxwell, 2005, "On the Post Hoc Power in Testing Mean Differences." *Journal of Educational and Behavioral Statistics* 30(2), 141–167.

Zeller, Eduard, 1905 (reprint), *Outlines of History of Greek Philosophy*. Whitefish, Mont.: Kessinger Publishing.

Zerubavel, Eviatar, 2006, *The Elephant in the Room: Silence and Denial in Everyday Life*. Oxford: Oxford University Press.

Ziliak, S., and D. McCloskey, 2008, *The Cult of Statistical Significance: How the Standard Error Costs Us Jobs, Justice, and Lives*. Ann Arbor: University of Michigan Press.

찾아보기

ㄱ

갈레노스Galen 367, 713
게르트 기거렌처Gerd Gigerenzer 470, 471, 603, 612, 706, 711
경로 의존성path-dependent 245, 246, 279
경험법칙 27, 42, 83, 452, 465, 470, 471, 473, 476, 487, 496, 500, 509, 514, 521, 546, 567, 589, 590, 603, 606, 608, 613, 644, 646, 706, 710~713, 719
계획 오류 438, 440
고든 브라운Gordon Brown 183
공짜 옵션 133, 270, 344, 581, 590, 595~597, 617, 620, 649, 668
과잉보상overcompensation 66, 71, 72, 74, 78, 79, 161, 250
국민국가 43, 137, 139, 152~156, 166, 171, 203, 514, 640, 641
귀인 문제attribution problem 547, 714
그레그 스템Greg Stemm 293
그레이엄 그린Graham Greene 82

극단의 왕국Extremistan 143~146, 216, 334, 351, 352, 361, 363, 426, 445, 471, 472, 670
근사화 130, 423
글렌 보워삭Glen Bowersock 83
기 도이처Guy Deutscher 58, 59
기르사노프 정리Girsanov theorem 332, 333
끈 이론string theory 306

ㄴ

네오매니어neomania 20, 185, 477, 482, 486, 493, 500, 501, 503, 506, 510, 511, 538, 576, 635, 670
노가 아리카Noga Arikha 291
니체Nietzsche 295, 379, 384, 392~396. 576
니콜라에 차우셰스쿠Nicolae Ceausescu 503

ㄷ

다모클레스 Damocles 55~58, 236, 693
다이내믹 헤징 Dynamic Hedging 408
단순계 noncomplex system 91, 97
대니얼 골드스타인 Daniel Goldstein 470, 550
대니얼 사이먼스 Daniel Simons 475, 545
대니얼 카너먼 Daniel Kahneman 211, 496, 498, 512
대리인 문제 agency problem 177, 439, 548, 581, 585, 591, 607, 609, 617, 629, 630, 638, 641, 642, 652, 667, 668, 706
데이비드 민델 David Mindell 337
데이비드 에드거턴 David Edgerton 331, 337, 349, 484, 702, 710
데이비드 우튼 David Wooton 291
데이비드 핼펀 David Halpern 67
데이비드 흄 David Hume 152, 215, 612
도시국가 43, 134, 150, 152, 154, 640, 696, 708, 709
동종요법 homeopathy 63, 64, 714
디노 부차티 Dino Buzzati 80, 694
디에틸스틸베스트롤 Diethylstilbestrol 527
디오니소스의 힘 394, 395
디오니시우스 2세 Dionysius II 55
디 클레멘시아 De Clemencia 79
디킨스 Dickens 313

ㄹ

라이프니츠 Leibniz 175
랄프 네이더 Ralph Nader 589, 615, 641
래리 서머스 Larry Summers 274
랜트 프리쳇 Lant Pritchet 310~312
레몽 아롱 Raymond Aron 479, 593
레이 달리오 Ray Dalio 256
로버트 루빈 Robert Rubin 619, 668
로버트 모제스 Robert Moses 503, 504
로버트 트리버스 Robert Trivers 108, 695
로빈 도스 Robyn Dawes 470, 524
로자 룩셈부르그 Rosa Luxemburg 118
론 폴 Ron Paul 66
롤프 도벨리 Rolf Dobelli 38
롱사르 Ronsard 85
루드비히 비트겐슈타인 Ludwig Wittgenstein 42, 273, 398, 705, 706
루딕 오류 281, 370, 665
루크레티우스 Lucretius 75, 81, 693
루키우스 안나이우스 세네카 Lucius Annaeus Seneca 40, 61, 79, 217, 231, 232, 234~239, 240, 241, 248, 253, 267, 283, 309, 373, 395, 400, 415, 613, 636~638, 663
리비우스 Livy 237, 592
리스크 감수 Risk taking 17, 18, 25, 128, 233, 591, 699
리스크 관리 Risk Management 16, 40, 74, 189, 208, 215, 292, 434, 450, 517, 539, 541, 653, 665, 667, 704
리처드 고트 Richard Gott 492, 712
리카도 Ricardo 324, 325

ㅁ

마르쿠스 아우렐리우스 Marcus Aurelius 82
마이클 아티야 Michael Atiyah 306
마이클 오크숏 Michael Oakeshot 398, 706
마크 루빈스타인 Mark Rubinstein 336
마크 블라이스 Mark Blyth 140, 205
마키아벨리 Machiavelli 151
매트 리들리 Matt Ridley 37, 358
메갈로사이콘 megalopsychon 42, 586
메노도투스 Menodotus of Nicomedia 367, 521, 546
모턴 마이어스 Morton Meyers 353
몽테뉴 Montaigne 253, 268, 548, 560, 637, 638, 713
무질서과 30, 66, 241, 658
미트리다테스 6세 Mithridates VI 60, 61
미트리다티제이션 Mithridatization 62, 65, 107, 113, 122, 715
믿음의 약속 doxastic commitment 34, 616, 666, 668, 721

ㅂ

바벨 전략 barbell strategy 44, 217, 243~245, 247~249, 253~257, 365, 377, 380, 434, 465, 470, 664
발자크 Balzac 82
버트란트 러셀 Bertrand Russell 147, 190, 273, 695
베르길리우스 Virgil 164, 302
베를렌 Verlaine 98

벤 버냉키 Ben Bernanke 155, 181
보들레르 Baudelaire 70, 99, 129, 347
보상 부족 Undercompensation 70
복잡계 complex system 16, 20, 21, 25, 26, 91, 92, 94, 97, 107, 110, 206, 216, 426, 444, 540, 541, 594
볼록성 바이어스 convexity bias 276, 461, 462, 530, 531, 533, 570, 671, 702
볼테르 Voltaire 83, 84, 136, 137, 163, 593
볼프의 법칙 Wolff's Law 88, 694
부의 영역 negative domain 273
분리의 문제 problem of insulation 612~614
브누아 만델브로 Benoit Mandelbrot 35, 114, 304, 352, 490, 501, 502, 506, 613, 712
브라이언 애플야드 Bryan Appleyard 177
브루노 레오니 Bruno Leoni 142, 695
브리콜라주 Bricolage 42, 276, 344, 540, 665, 705
블라인드 펀딩 blind funding 352
블랙 스완 현상 18~21, 29, 32, 130, 147, 167, 187, 215, 416, 417, 421, 588, 589
블랙 스완 문제 Black swan problem 20, 599, 692
비아 네가티바 via negativa 38, 40, 464, 469, 470, 480, 522, 530, 553, 559, 564, 565, 647, 648, 652, 655, 669, 670, 693
비아 포지티바 via positiva 526, 529, 559, 622, 665, 692, 718
비트겐슈타인 Ludwig Wittgenstein 42, 273, 398, 705, 706
빅토르 위고 Victor Hugo 313

ㅅ

사커 맘 25, 170, 372, 664, 706

상향식 17, 42, 138, 142, 143, 155, 501

생존 페르스 Saint-John Perse 252

샤를르 드 골 Charles De Gaulle 204, 615

선택 편향 selection bias 84, 333, 376, 482, 596

세잔 Cézanne 315

섹스투스 엠피리쿠스 Sextus Empiricus 215, 546

셀수스 Celsus 61

소비에트-하버드 이상주의자들 17

소비에트-하버드 환상 Soviet-Harvard delusions 16, 24, 301, 666

속아 넘어가는 사람들의 게임 sucker game 25

수크 Souk 37, 150, 188, 324, 333, 442

슈테판 츠바이크 Stefan Zweig 156

슈퍼가법함수 superadditive function 358

스콧 아트란 Scott Atran 123

스탕달 Stendhal 252, 379, 572, 714

스튜어트 카우프만 Stuart Kaufman 97

스트레스 테스팅 Stress Testing 75

스티브 잡스 Steve Jobs 27, 149, 262, 277, 289, 345, 469, 625, 695, 710, 721

스티븐 핑커 Steven Pinker 155, 700

스피노자 Spinoza 111, 252

스피로스 마크리다키스 Spyros Makridaki 470, 558, 712

승부의 책임 Skin in the game 17, 41, 579, 589, 590, 591, 599, 601, 610, 616, 617, 629, 631, 638, 647, 667, 668, 720

신뢰 수준 confidence level 402, 403

실비아 플라스 Sylvia Plath 99

십분형 Decimation 608, 609

ㅇ

아그리피나 Agrippina 61

아론 브라운 Aaron Brown 78

아리스토텔레스 Aristotles 45, 232, 260, 264, 266, 267, 275, 276, 323, 367, 384, 395, 518, 521, 586, 638, 639, 713

아리엘 루빈스타인 Ariel Rubinstein 323, 324

아모스 트버스키 Amos Tversky 496, 550

아인 랜드 Ayn Rand 82, 179, 694

안토니오 가우디 Antoni Gaudi 502

알가젤 Algazel 215, 357, 358

알레산드로 플루치노 Alessandro Pluchino 163

알 무타나비 Al-mutanabbi 610, 611

앙드레 말로 André Malraux 379, 611, 612

앙뜨완느 단쉰 Antoine Danchin 113, 114, 694, 695

애덤 스미스 Adam Smith 96, 357, 358, 512, 606, 621, 629, 638, 395, 715

앤서니 트롤럽 Anthony Trollope 252, 302

앨런 그린스펀 Alan Greenspan 17, 183

앨런 블라인더 Alan Blinder 642, 643, 645, 648

앨리슨 울프 Alison Wolf 312~314, 405

어닐링 annealing 161~164

어설픈 개입 naive interventionism 172, 174, 184, 196, 348, 465, 666, 696

에드거 앨런 포 Edgar Allan Poe 99

에드먼드 버크 Edmund Burke 42, 398

에르네스트 르낭 Ernest Renan 396

에스펜 하우그Espen Haug 333, 334, 336, 346
에우리피데스Euripides 310, 394
엘리아스 카네티Elias Canetti 123
여행가 42, 101, 261
영역 의존성domain dependence 64~67, 79, 200, 279, 294, 428
옌센의 부등식Jensen's inequality 42, 257, 461, 531, 568, 714
오목성 바이어스 462
오비디우스Ovid 68, 309, 479
외상후 성장Post-Traumatic Growth 67, 68, 78, 236, 310, 693
윌리엄 글래드스턴William Gladstone 59
윌리엄 하비William Harvey 291
율리우스 카이사르Julius Caesar 226, 598
의사결정 15, 29, 31, 44, 87, 141, 164, 176, 182, 183, 193, 197, 223, 232, 233, 237, 275, 324, 400, 402, 438, 450, 470, 471, 475, 496, 520, 521, 530, 558, 605, 645, 657, 665, 700, 706, 707
의원성 질환iatrogenics 42, 174~180, 183, 184, 187, 189, 196, 198, 200, 201, 210, 211, 292, 300, 305, 315, 348, 368, 371, 525~528, 530, 531, 535, 537, 539, 547, 553, 555, 557~559, 564~567, 579, 594, 595, 602, 613, 625, 663, 664, 666, 696, 713, 715, 717, 719
이그나즈 제멜바이스Ignaz Semmelweis 175, 176, 180, 697
이중맹검법double-blind experiment 649
인과관계의 불투명성causal opacity 93, 94, 544
인지 바이어스cognitive bias 628

ㅈ

자기조직화self-organization 91, 171, 357
자크 라캉Jacques Lacan 72
장 니콜라Jean Nicolas 203
장 드 브리당Jean de Buridan 160
장 밥티스트 콜베르Jean-Baptiste Colbert 202
장 자크 루소Jean-Jacques Rousseau 151
장 쥬네Jean Genet 85
장 폴 사르트르Jean-Paul Sartre 593
장 프레롱Jean Fréron 83
정의 비대칭성positive asymmetry 277, 362, 363, 401, 521
제거적 인식론subtractive epistemology 466
제논Zeno 234
제니퍼 던Jennifer Dunne 444
제인 제이콥스Jane Jacobs 503, 507
제임스 클러크 맥스웰James Clerk Maxwell 157
조르주 심농Georges Simenon 254
조상들의 경험법칙 42
조상 환경ancestral environment 87, 102, 103, 200, 508, 557, 666
조제프 드 메스트르Joseph de Maistre 42, 165, 398, 706
조지 산타야나George Santayana 35
조지프 니덤Joseph Needham 344
조지프 슘페터Joseph Schumpeter 295, 394
조지프 스티글리츠Joseph Stiglitz 598~602, 607, 608, 613, 616, 719
조지프 테인터Joseph Tainter 57
존 그레이John Gray 399, 576, 706
존 케이John Kay 349(플라잉 셔틀 발명자)

356(경제학자)
주다 포크만Judah Folkman 356, 509
줄 르노Jules Regnault 510
중개 격차translational gap 291, 701
쥘리앵 그라크Julien Gracq 313
짐 시몬스Jim Simons 323

ㅊ

찰스 다윈Charles Darwin 42, 407
철학자의 돌philosopher's-stone 23, 40, 41, 276, 295, 358, 400, 405, 455, 458, 510, 531, 671
체리 피킹cherry-picking 33, 282, 306, 343, 596, 597, 601, 602, 632, 645, 648, 651, 668, 669
칠면조 문제 362, 363, 364, 384, 526, 666, 695

ㅋ

카토cato the Elder 41, 69, 70, 397
카프카Kafka 252, 379
칼리굴라Caligula 61
칼 포퍼Karl Popper 328, 467, 495, 606
캐비어 좌파la gauche caviar 614
케인스J. M. Keynes 273
크리스토퍼 차브리스Christopher Chabris 475, 545
클라이브 그랜저Clive Granger 303, 304
클로드 레비 스트로스Claude Lévi-Strauss 379,

399, 705
키에르케고르Kierkegaard 304
키케로Cicero 304
킬러 애플리케이션killer application 486

ㅌ

탈레스Thales of Miletus 41, 240, 264~269, 271, 283, 290, 365, 384, 400, 508, 521, 598, 604, 618, 640
탈리도마이드Thalidomide 527
탈지식화deintellectualization 318, 326
테렌스 킬리Terence Kealey 297, 330, 347, 348, 349, 350, 703
토마스 아퀴나스Saint Thomas Aquinas 259
토머스 프리드먼Thomas Friedman 563, 593, 594, 598
톰 홀랜드Tom Holland 83
투어리스티피케이션touristification 101, 223, 373, 664
트레드밀 효과treadmill effect 498, 500, 635, 636
팅커링tinkering 17, 22, 37, 42, 43, 276, 283, 326, 327, 331, 338, 341, 344, 351, 361, 362, 366, 368, 383, 395, 398, 529, 540, 659, 665

ㅍ

파스퇴르Pasteur 291
퍼블릴리어스 사이러스Publilius Syrus 246, 309,

583, 594

평범의 왕국 Mediocristan 143, 144, 145, 154, 183, 216, 342, 426, 670

포트폴리오 선택 portfolio selection 612, 613

폰지 사기 Ponzi scheme 125, 451

폴 벤느 Paul Veyne 585

폴 클로델 Paul Claudel 252

푸시킨 Pushkin 610

프랑수아 자코브 François Jacob 276

프래질리스타 Fragilista 24~26, 35, 75, 85, 86, 96, 183, 217, 336, 363, 393, 455, 563, 587, 593, 596, 603, 613, 663

프랜시스 베이컨 Francis Bacon 297

프레데리크 미스트랄 Frédéric Mistral 203

프루스트 Proust 80, 379

프리드리히 하이에크 Friedrich Hayek 26, 398, 399, 400, 512

플라톤 Platon 97, 149, 192, 222, 233, 384, 391, 395, 464, 467, 486, 583

플루타르크 Plutarch 397

피터 드러커 Peter Drucker 72

필립 만셀 Philip Mansel 149

필 스크랜턴 Phil Scranton 337

헨리 페트로스키 Henry Petroski 116

헬리콥터 맘 helicopter mom 314

호르메시스 hormesis 62~65, 72, 73, 107, 112, 113, 122, 129, 427, 538, 666, 695, 715

확률적 공명 Stochastic Resonance 161

확증의 오류 confirmation fallacy 299, 606

회고적 왜곡 retrospective distortion 478, 541, 595

후건 긍정 affirming the consequent 557

후광 효과 halo effect 315, 316

휴고 슐츠 Hugo Schulz 62

히드라 Hydra 56, 58, 74, 79, 95

ㅎ

하향식 16, 17, 75, 96, 135, 167, 202, 324, 344, 501, 502, 505, 540

해리 마코위츠 Harry Markowitz 613, 693

헤론 Hero of Alexandria 287, 289, 348, 482

헨리 밀러 Henry Miller 82, 379

옮긴이 안세민

고려대학교 경제학과를 졸업하고 동 대학원에서 석사학위를 받았으며, 미국 캔자스 주립대학교에서 경제학 박사 과정을 수학했다. 대외경제정책연구원, 에너지관리공단, 현대자동차 등을 거쳐 현재는 전문 번역가로 활동하고 있다. 옮긴 책으로는 『그들이 말하지 않는 23가지』 『자본주의 사용설명서』 『회색 쇼크』 『중국이 세계를 지배하면』 『혼돈을 넘어 위대한 기업으로』 『경쟁의 종말』 『인스턴트 경제학』 등 다수가 있다.

불확실성과 충격을 성장으로 이끄는 힘
안티프래질

초판 1쇄 발행 2013년 10월 1일 | 초판 17쇄 발행 2025년 4월 14일

지은이 나심 니콜라스 탈레브 | 옮긴이 안세민

펴낸이 신광수
출판사업본부장 강윤구 | 출판개발실장 위귀영
단행본팀 김혜연, 조기준, 조문채, 정혜리
출판디자인팀 최진아, 당승근 | 저작권 김마이, 이아람
출판사업팀 이용복, 민현기, 우광일, 김선영, 이강원, 신지애, 허성배, 정유, 정슬기, 정재욱, 박세화, 김종민, 정영묵, 전지현
출판지원파트 이형배, 이주연, 이우성, 전효정, 장현우

펴낸곳 (주)미래엔 · 등록 1950년 11월 1일(제16-67호)
주소 137-905 서울시 서초구 신반포로 321
미래엔 고객센터 1800-8890
팩스 (02)541-8248 | 이메일 bookfolio@mirae-n.com
홈페이지 www.mirae-n.com

ISBN 978-89-378-3433-2 13300

* 와이즈베리는 ㈜미래엔의 성인단행본 브랜드입니다.
* 책값은 뒤표지에 있습니다.
* 잘못 만들어진 책은 구입처에서 교환해 드립니다.

와이즈베리는 참신한 시각, 독창적인 아이디어를 환영합니다.
기획 취지와 개요, 연락처를 bookfolio@mirae-n.com으로 보내주십시오.
와이즈베리와 함께 새로운 문화를 창조할 여러분의 많은 투고를 기다립니다.